Die

grundlegenden Entscheidungen

des

deutschen Reichsgerichts

auf dem Gebiete

des

Strafrechts.

Für das Studium und die Praxis

bearbeitet

von

Dr. Max Apt,
Gerichtsassessor.

Zweite verbesserte und vermehrte Auflage.

Berlin 1898.
J. J. Heines Verlag.

Vorwort zur ersten Auflage.

Eine jede Entscheidung des Reichsgerichts hat ihren eigenen Wert. Aber nicht jede hat gleichen Wert. In jeder Materie heben sich aus der großen Reihe von Entscheidungen einige hervor, welchen nicht allein wegen der Wichtigkeit der in ihnen behandelten Fragen, sondern insbesondere wegen der Art und Weise der Behandlung eine größere Bedeutung zukommt. Es sind dies Entscheidungen, welche bei Gelegenheit des einzelnen Falles die dem Gesetz zu Grunde liegenden Prinzipien teils geschichtlich, teils dogmatisch entwickeln oder in abschließender Weise Stellung nehmen zu Fragen, welche in der Theorie lebhaft bestritten sind oder endlich solche, welche durch die Art der Diktion und andere hier nicht zu erschöpfende Vorzüge sich merklich auszeichnen. Derartige Entscheidungen, welche infolge der eben hervorgehobenen Eigenschaften für die Praxis des Reichsgerichts als grundlegend anzusehen sind, zunächst auf dem Gebiete des Strafrechts*) systematisch zu bearbeiten, ist der Zweck vorliegender Sammlung. Ein dreifaches Ziel verfolgt dieselbe.

Dem Praktiker und Theoretiker, welcher sich im Besitz der offiziellen Ausgabe der Entscheidungen des Reichsgerichts befindet, wird ein Buch willkommen sein, welchem er ohne Mühe und zeitraubendes Suchen die grundlegenden Entscheidungen dieses höchsten Gerichtshofes entnehmen kann. Ganz besonders erwünscht wird es ihm sein, wenn er im Zusammenhange die Gesammtjudikatur des Reichsgerichts in ihren grundlegenden Entscheidungen sich in die Erinnerung zurückrufen will. Einen erhöhten Wert wird das Buch für denjenigen haben, welcher die offizielle Ausgabe der Entscheidungen nicht besitzt. Für ihn wird es einen gewissen Ersatz für dieselbe bilden. In erster und vornehmster Linie jedoch ist es zum Studium für jüngere Juristen bestimmt.

Es giebt dem jungen Juristen eine Anzahl ausgewählter und zugleich grundlegender Entscheidungen, welche ihn mit der Ansicht des Reichsgerichts in den wichtigsten strafrechtlichen Fragen bekannt machen soll. Sein juristischer Blick erweitert sich. An der Hand der vorgeführten Entscheidungen gewinnen die Theorien, welche ihm früher allzu grau erschienen waren, Fleisch und Blut.

Er lernt den innigen Zusammenhang von Praxis und Wissenschaft kennen, und kein Zweifel, daß er hieraus die Anregung empfängt, sein theoretisches Wissen einer geläuterten Prüfung zu unterziehen und dasselbe durch stetes Studium höchstrichterlicher Entscheidungen zu befruchten.

Aus diesem vornehmsten Ziele erklärt sich die Anlage des Buches. Nicht auf das quantum, sondern auf das quale kam es an. Gerade in der strengen

---

*) Die übrigen Rechtsgebiete worden in gleicher Weise bearbeitet werden. Zunächst folgt das Strafprozessrecht.

Auswahl lag die große Schwierigkeit der Arbeit. Naturgemäß konnten auch nicht zum Vorbild dienen die für den praktischen Gebrauch bestimmten und möglichste Vollständigkeit erfordernden Sammlungen von Fuchsberger und Zuerl, von welchen der erstere lediglich Entscheidungsgründe, der letztere lediglich Rechtsgrundsätze wiedergiebt. Für das Studium muß jedoch gerade auf die Mitteilung der Thatbestände Wert gelegt werden. Und wie wichtig die Mitteilung der Thatbestände für den Praktiker ist, das zeigt die in den Entscheidungen des Reichsgerichts häufig wiederkehrende Wendung, daß der Beschwerdeführer zwar die Gründe des früheren Urteils, auf das er sich berufen, richtig mitgeteilt, nicht aber den Sachverhalt scharf erfaßt habe, auf welchen jene Gründe Anwendung gefunden hätten.

Dem Lehrzweck des vorliegenden Buches entsprach es ferner nicht, das System des Strafgesetzbuches beizubehalten, vielmehr hat der Verfasser es für erforderlich gehalten, eine besondere, den üblichen Lehr-Systemen nachgebildete Anordnung zu treffen. Das beigegebene Sachregister wird hoffentlich über sämtliche in den Entscheidungen behandelte Fragen schnell Aufschluß geben.

Was endlich die Litteratur anlangt, so hat der Bearbeiter mit Absicht sich auf möglichst kurze Hinweise auf die Werke von Binding, Hälschner, Berner, von Liszt, Meier und Olshausen beschränkt. In ihnen wird der Suchende mühelos die weitere Litteratur finden.

Was den äußeren Bau der Arbeit betrifft, so sind die Erläuterungen und die, wo es zweckmäßig erschien, umgearbeiteten Thatbestände in kleiner Schrift, die in ihrem Wortlaut wiedergegebenen Entscheidungsgründe in gewöhnlicher Schrift abgedruckt worden. Daß besonders lehrreich und wichtig erscheinende Sätze durch gesperrten Druck hervorgehoben sind, auch wo sich dieser im Original nicht findet, daraus wird wohl dem Bearbeiter ein Vorwurf nicht gemacht werden.

So möge denn das Buch Freunde finden, auch außerhalb der Kreise, für welche es vorzugsweise bestimmt ist. Und glaubt der Kenner der reichsgerichtlichen Judikatur, daß bei Auswahl der Entscheidungen ein richtiger Takt obgewaltet hat, dann wird das Buch gewiß von selbst sich seinen Platz erobern.

Berlin, den 16. Juni 1892.

Max Apt.

Vorwort zur zweiten Auflage.

Die nochmalige Durcharbeitung des gesammten Judikatenmaterials unter Berücksichtigung der seit Erscheinen der ersten Auflage ergangenen Entscheidungen hat zu einer Vermehrung des Umfanges und, wie ich hoffe, zur Verbesserung des Inhaltes geführt. Dabei ist die Anlage, welche in der Kritik Beifall gefunden hat, die gleiche geblieben. Auch die vorliegende Auflage soll in erster Linie den Zwecken des Studiums, insbesondere des akademischen Studiums, dienen. Das Buch ist an einzelnen Universitäten in den strafrechtlichen Vorlesungen und seminaristischen Übungen als Hilfsmittel herangezogen worden, und mein Bestreben ging dahin, dasselbe gerade für den Lehrzweck immer brauchbarer zu gestalten. Die Lehrbücher von Berner, Binding, v. Liszt und Meyer sowie die Kommentare von Olshausen und Frank sind fortlaufend citiert worden.*)

Bei den einzelnen Entscheidungen ist möglichst überall die Stellung der Litteratur durch Hinweise auf die genannten Werke angedeutet worden, dagegen ist mit Absicht von Anführung der Speziallitteratur Abstand genommen. In größerem Umfange als bisher ist ein Hinweis auf Parallelentscheidungen des Reichsgerichts erfolgt.**)

Möge der zweiten Auflage das Wohlwollen nicht fehlen, welches der ersten Auflage in so reichem Maße entgegengebracht worden ist.

Berlin, im September 1897.

Max Apt.

---

*) Durch das gütige Entgegenkommen der Herren Verfasser und Verleger ist es möglich geworden, die im Erscheinen begriffenen Neuauflagen der Werke von v. Liszt und Olshausen vollständig zu benutzen. Ich gestatte mir auch an dieser Stelle meinen verbindlichsten Dank hierfür auszusprechen.

**) Die von mir herrührenden Anmerkungen sind zur Unterscheidung von den zu den offiziellen Entscheidungen gehörenden in lateinischen Lettern gedruckt.

Inhalts-Uebersicht.

A. Allgemeiner Teil.

Die Lehre vom Verbrechen und der Strafe.

Erster Abschnitt.

Die Lehre vom Strafgesetz.

Seite

§ 1. Die Analogie 1
§ 2. Die Herrschaft der Strafgesetze in zeitlicher Beziehung 1
§ 3. Die Herrschaft der Strafgesetze in räumlicher Beziehung 2
§ 4. Reichs- und Landesstrafrecht 6
§ 5. Die Geltung der Strafgesetze nach der Person 6

Zweiter Abschnitt.

Die Lehre vom Verbrechen.

Erstes Kapitel.

Die Willensseite des Verbrechens.

§ 6. Die Zurechnungsfähigkeit und Gründe ihres Fortfalles 8
§ 7. Die subjective Verschuldung im allgemeinen 11
§ 8. Der Vorsatz 12
§ 9. Insbesondere der Einfluß des Irrtums 24
§ 10. Die Fahrlässigkeit 26

Zweites Kapitel.

Die Thatseite des Verbrechens.

§ 11. Der Kausalzusammenhang 29
§ 12. Der Versuch 38

Drittes Kapitel.

Die Strafrechtswidrigkeit und Gründe ihres Fortfalls.

§ 13. Die Notwehr 43
§ 14. Der Notstand 49
§ 15. Einwilligung des Verletzten 49

Viertes Kapitel.

Verbrechenseinheit und Verbrechermehrheit.

§ 16. Die Mitthäterschaft 57
§ 17. Die Anstiftung 59
§ 18. Die Beihilfe 69
§ 19. Die Begünstigung 76

Fünftes Kapitel.

Handlungseinheit und Verbrechensmehrheit.

§ 20. Das fortdauernde und fortgesetzte Verbrechen 80
§ 21. Das gewohnheits- und gewerbsmäßige Verbrechen 80
§ 22. Die s. g. Idealkonkurrenz 81
§ 23. Die Gesetzeskonkurrenz 86
§ 24. Die s. g. Realkonkurrenz 89

Dritter Abschnitt.

Die Lehre von der Strafe.

Erstes Kapitel.

Das Strafensystem des deutschen Strafgesetzbuchs.

Seite

§ 25. Die Buße 100
§ 26. Die öffentliche Bekanntmachung 103

Zweites Kapitel.

Wegfall der Strafe.

§ 27. Der Antrag 107
§ 28. Die Verjährung 120

B. Besonderer Teil.

Die Lehre von den einzelnen Delikten.

Erster Abschnitt.

Die Delikte gegen die Privatperson.

Erstes Kapitel.

Die Delikte wider Leib und Leben.

§ 29. Die Tötung 125
§ 30. Die Abtreibung 129
§ 31. Die Körperverletzung 133

Zweites Kapitel.

Freiheitsdelikte.

§ 32. Die Nötigung 144
§ 33. Die Bedrohung 147
§ 34. Die Freiheitsberaubung 148

Drittes Kapitel.

Die Ehrverletzung und die falsche Anschuldigung.

§ 35. Die Beleidigung 149
§ 36. Die üble Nachrede 154
§ 37. Die falsche Anschuldigung 155

Viertes Kapitel.

Die Vermögensdelikte.

§ 38. Der Diebstahl 160
§ 39. Die Unterschlagung 166
§ 40. Raub und Erpressung 167
§ 41. Der Betrug 168
§ 42. Die Untreue 182
§ 43. Die Hehlerei 187
§ 44. Die Sachbeschädigung 196
§ 45. Die Vereitelung drohender Zwangsvollstreckung 199
§ 46. Der Bankerott 202
§ 47. Der Wucher 210
§ 48. Das Glückspiel 212

Zweiter Abschnitt.

Die Fälschungen.

§ 49. Die Urkundenfälschung. — Fälschung von Legitimationspapieren . . . 218
§ 50. Die Eidesdelikte 238

Dritter Abschnitt.

Delikte gegen die Sittlichkeit.

Seite

§ 51. Die Unzucht 248
§ 52. Die Notzucht 248
§ 53. Die Blutschande 249
§ 54. Der Ehebruch 250
§ 55. Die Doppelehe 256
§ 56. Die Verführung 257
§ 57. Die Kuppelei 259
§ 58. Die Erregung öffentlichen Ärgernisses 265

Vierter Abschnitt.

Die Staatsverbrechen.

§ 59. Die Beleidigung des Landesherrn 271
§ 60. Widerstand gegen die Staatsgewalt 273
§ 61. Der Auflauf 281
§ 62. Die strafbaren Aufforderungen 282
§ 63. Der Arrestbruch 284

Fünfter Abschnitt.

Delikte wider den öffentlichen Frieden.

§ 64. Der Zweikampf 292
§ 65. Der Hausfriedensbruch 301

Sechster Abschnitt.

Die Religionsdelikte.

§ 66. Die Gotteslästerung 309
§ 67. Störung des Gottesdienstes 310

Siebenter Abschnitt.

Die Amtsdelikte.

§ 68. Die Bestechung 310
§ 69. Die falsche Beurkundung 311

Achter Abschnitt.

Gemeingefährliche Delikte.

§ 70. Die Brandstiftung 319
§ 71. Die Eisenbahngefährdung 324

Sachregister 329

Abkürzungen.

Berner = Berner, Lehrbuch des deutschen Strafrechts 17. Aufl. 1895.

Binding = Binding, Handbuch des deutschen Strafrechts Bd. I, 1885.

Binding Gr. = Binding, Grundriß des Gemeinen deutschen Strafrechts; I. Allgemeiner Teil 5 Aufl. 1897; II. Besonderer Teil. Erste Hälfte 1896.

Frank = Frank, das Strafgesetzbuch für das deutsche Reich 1897.

v. Liszt = von Liszt, Lehrbuch des deutschen Strafrechts, 8. Auflage 1897.

Meyer = Meyer, Lehrbuch des deutschen Strafrechts 5. Aufl. 1895.

Olshausen = Olshausen, Kommentar zum Strafgesetzbuch für das deutsche Reich 5. Aufl. 1897.

U. v. 5. XI. 81 III. E. V, 296 = Urteil vom 5. November 1881 III. Strafsenat abgedruckt Band V Seite 296 der Entscheidungen des Reichsgerichts in Strafsachen herausgegeben von den Mitgliedern des Gerichtshofes.

A. Allgemeiner Teil.

Die Lehre vom Verbrechen und der Strafe.

Erster Abschnitt.

Die Lehre vom Strafgesetz.

§ 1.

Die Analogie.

Berner § 136, Binding I, S. 41, Binding Gr. I § 21, v. Liszt § 16, Meyer § 14, Frank und Olshausen zu § 2 St. G. B.

Zu dem in der Litteratur herrschenden Streite über die Zulässigkeit der Analogie im Strafrecht, hat das R. G. in grundlegender Weise noch nicht Stellung genommen. Aus den gelegentlich ergangenen Entscheidungen (E. III, 150 und II 255) ist jedoch zu entnehmen, daß das R. G. auf der einen Seite auf Grund des § 2 Abs. 1 St. G. B. für unzulässig erachtet, im Wege der Analogie eine Strafbestimmung für eine Handlung abzuleiten, daß es aber andererseits für statthaft hält, Gesetzeslücken anderer Art durch analoge Anwendung auszufüllen, wenn auch die Analogie nie über das Recht hinaus zur Ausfüllung von Lücken des Rechts führen darf.*)

In E. II, 255. U. v. 1. VII. 80 wird im Wege der Analogie die s. g. gleichartige Idealkonkurrenz, d. h. die wiederholte Verletzung desselben Strafgesetzes durch ein und dieselbe Handlung als unter § 73 St. G. B. fallend eingeführt.**)

§ 2.

Die Herrschaft der Strafgesetze in zeitlicher Beziehung.

Berner § 122, Binding I, 225, Binding Gr. I, § 22, v. Liszt § 18, Meyer § 15, Frank und Olshausen zu § 2 St. G. B.

I. Durch § 2 Abs. 1 St. G. B. ist der Grundsatz aufgestellt, daß **Strafgesetze rückwirkende Kraft nicht haben sollen.** Damit erscheint positivrechtlich die bestrittene Frage nach der Rückwirkung der Strafgesetze als erledigt.***)

---

*) Ebenso Olshausen zu § 2 No. 4, Binding I, 214 und Grundriss I § 21, v. Liszt § 16, Meyer § 14; siehe noch E. XXIX, 116 („die Rechtsprechung kann nicht den Mangel gesetzlicher Bestimmungen durch analoge Anwendung von Normen ausfüllen, die für diesen Fall nicht gegeben sind.")

**) Uebereinstimmend Berner § 122, Binding I, 221, 578, Olshausen zu § 73 St. G. B.

***) Uebereinstimmend v. Liszt § 18, woselbst die verschiedenen Ansichten skizziert sind.

Eine Ausnahme von dieser Regel des § 2 Abs. 1 St. G. B. wird in § 2 Abs. 2 St. G. B. aufgestellt, wonach bei Verschiedenheit der Gesetze von der Zeit der begangenen Handlung bis zu deren Aburteilung das mildeste Gesetz anzuwenden ist.

II. **Einzelfälle.** 1) E. XVI, 171: Die Anwendbarkeit des § 328 St. G. B's. mit Rücksicht auf § 2 Abs. 2 l. c. wird nicht dadurch ausgeschlossen, daß eine Aufsichtsmaßregel im Sinne der erstgedachten Vorschrift nach deren Verletzung, aber vor der Aburteilung aufgehoben worden ist.

2) E. XXI, 294: Das Gesetz vom 28. Oktober 1878 gegen die gemeingefährlichen Bestrebungen der Sozialdemokratie findet auf alle bis zum 1. Oktober 1890, dem Endtermin der Geltungsdauer des Gesetzes, gegen seine Normen verübten Delikte Anwendung, auch wenn die letzteren erst nach dem 30. September 1890 zur strafgerichtlichen Aburteilung gelangten. So auch Olshausen zu § 2 Nr. 16, Meyer § 15, dagegen v. Liszt § 18, Frank zu § 2 Nr. IV.

3) E. XXVII, 98: Gegenüber der Anschuldigung, eigene Sachen dem Pfandgläubiger weggenommen zu haben, findet eine inzwischen in Kraft getretene Norm des bürgerlichen Rechtes, welche die weggenommenen Sachen von dem bisher darauf lastenden gesetzlichen Pfandrechte befreit, als das „mildeste Gesetz“ im Sinne des § 2 Abs. 2 keine Anwendung.

§ 3.

Die Herrschaft der Strafgesetze in räumlicher Beziehung.

Berner § 125; Binding Gr. I § 29; v. Liszt § 20; Meyer § 16; Frank und Olshausen zu §§ 3 ff. St. G. B.

Das St. G. B. hat von den in der Wissenschaft vertretenen Prinzipien: Weltrechts-, Territorialitäts-, Personalitäts-, Subjektions-, Real-Prinzip in § 3 St. G. B. das Territorialitätsprinzip adoptiert, dasselbe jedoch in den folgenden §§ mannigfach modifiziert. Diesen Standpunkt hat das R. G. gegenüber abweichenden Ansichten in konstanter Praxis festgehalten. Zwei Fragen sind vor allem zu beantworten: welcher Ort ist als Ort der Begehung der Strafthat anzusehen und was bedeutet „Handlung“ im Sinne des § 3 St. G. B. In E. XI. 20 u. v. 24. VI. 84 IV. sind diejenigen Grundsätze niedergelegt, welche das R. G. auch in Zukunft (E. XIX., 147, XXIII, 155, XXV 424) festgehalten hat.

> Nach der Annahme der Vorinstanz hat der Angeklagte, welcher in Preußen wohnhaft und zweifellos preußischer Staatsangehöriger ist, dem St., der in gewinnsüchtiger Absicht dem auf Grund des Gesetzes vom 7. April 1869 zur Verhütung der Einschleppung der Rinderpest erlassenen Verbote der Einfuhr lebender Wiederkäuer durch Einführung einer Kuh aus Polen nach Preußen zuwidergehandelt hat, zur Begehung dieses Verbrechens durch That wissentlich Hilfe geleistet, und zwar ist diese Hilfeleistung darin gefunden worden, daß der Angeklagte bei dem in Polen erfolgten Ankaufe der Kuh als Vermittler thätig gewesen ist. Daß sich der Angeklagte auch bei dem Transporte der Kuh über die Grenze beteiligt habe, ist nicht festgestellt.

Die Revision rügt Verletzung der §§ 3, 4 Nr. 3 St. G. B.'s, weil die Feststellung fehle, daß die dem Angeklagten zur Last gelegte Handlung im Inlande begangen, oder sofern dies nicht der Fall, auch nach den an dem ausländischen Begehungsorte geltenden Gesetzen strafbar sei.

Diese Rüge wurde indes nicht für zutreffend erachtet.

Als außer Zweifel stehend ist anzusehen, daß die Hauptthat — die verbotswidrige Einführung einer Kuh nach Preußen — im Inlande begangen ist und ihrer Natur nach nur hier begangen werden konnte. Nach obigem ist aber auch die Annahme geboten, daß die als Beihilfe qualifizierte Thätigkeit des Angeklagten ihrem äußeren Verlaufe nach nur im Auslande stattgefunden hat. Gleichwohl nötigt der im § 3 St. G. B.'s ausgesprochene Grundsatz, wonach die Strafgesetze des Deutschen Reiches auf alle im Gebiet desselben begangenen strafbaren Handlungen Anwendung finden, nicht dazu, die dem Angeklagten zur Last gelegte strafbare Handlung für eine im Auslande begangene zu erachten. Zwar hat diese Gesetzesvorschrift in beabsichtigter Weise das sog. Territorialitätsprinzip zu der für das Deutsche Reich geltenden Regel des internationalen Strafrechts gemacht. Allein sie hat darüber, welcher Ort als Ort der Begehung der Strafthat anzusehen sei, eine Bestimmung nicht getroffen, obwohl man sich, wie die Motive des Entwurfs ergeben, der Schwierigkeiten bei der Beantwortung dieser Frage im Einzelfalle, namentlich bei Teilnahme- und Versuchshandlungen, wohl bewußt war. In der That ist diese Frage eine in der Doktrin wie in der Rechtsprechung außerordentlich bestrittene. Man hat jedoch aus theoretischen und praktischen Gründen derjenigen Meinung den Vorzug zu geben, welche nicht auf den Ort, an welchem sich der Handelnde zur Zeit seiner äußeren Thätigkeit befindet, ausschließliches Gewicht legt, sondern neben demselben auch denjenigen Ort, an welchem das Handeln den gewollten Abschluß erreicht, als entscheidend betrachtet, dergestalt, daß es zur Anwendung des inländischen Strafgesetzes genügt, wenn auch nur einer dieser Orte im Inlande belegen ist.

Das Wort „Handlung" ist an sich zweideutig. Man kann darunter verstehen die durch den Willen verursachte körperliche Bewegung des Handelnden ohne Rücksicht auf den bei derselben beabsichtigten Erfolg; man kann aber auch ebendiesen Erfolg, welcher den Endpunkt, das Ziel der durch die Handlung im engeren Sinne in Vollzug gesetzten Veränderung der Außenwelt bildet, in der Weise in den Begriff hineinnehmen, daß man die durch die gewollte körperliche Bewegung hervorgerufene Kausalreihe bis zur Erreichung oder Verfehlung des Zieles als eine, durch die Absicht des Handelnden zu einer Einheit verbundene Handlung ansieht. Ueberall, wo es wesentlich auf die Wirkung des Handelns ankommt, wird es näher liegen, bei der Vorstellung der Handlung, als eines Geschehenen, von dem letztgedachten weiteren Begriffe derselben auszugehen, und dies gilt insbesondere auch dann, wenn von Handlungen, als juristischen Thatsachen, d. h. als Ursachen von Rechtsfolgen, die Rede ist, da ohne diese Wirkung das Handeln als körperliche Bewegung gedacht, juristisch bedeutungslos ist. Daß nun in diesem Sinne das Wort Handlung auch in dem § 3 a. a. O. zu verstehen ist, ergiebt sich zur vollen Evidenz aus dem Beiworte: „strafbare.“ Denn diese Eigenschaft vermag dieselbe nur durch ihre rechtsverletzende Wirkung zu erlangen. Sie ist mithin als „strafbare“ erst da zum Abschlusse gelangt, wo sie dasjenige Rechtsgut, durch dessen absichtliche oder fahrlässige Verletzung der staatliche Strafanspruch hervorgerufen wird, getroffen hat, und folgeweise kann der Ort, an welchem diese Wirkung eingetreten ist, auch wenn derselbe von dem Orte der körperlichen Thätigkeit des Handelnden verschieden ist, im Sinne des Strafgesetzes sehr wohl als Ort der Begehung der strafbaren Handlung angesehen werden, wie dies vom Reichsgerichte bereits mehrfach anerkannt ist.

Vgl. Entsch. des R. G's. in Straff. Bd. 1 S. 274 flg., Bd. 3 S. 316.*)

In dem gleichen, den nächsten strafrechtlich relevanten Erfolg einschließenden Sinne ist der Begriff der Handlung vom Reichsgerichte auch bei Auslegung des den Anfangspunkt der Verjährung normierenden § 67 Abs. 4 St. G. B.'s trotz des hier beigefügten einschränkenden Zusatzes („ohne Rücksicht auf den Zeitpunkt des eingetretenen Erfolges“) aufgefaßt.

Vgl. Entsch. des R. G's. in Straff. Bd. 5 S. 283 flg. besonders S. 286.

Die Gegenmeinung scheint zum Teile durch eine nicht gerechtfertigte Ausdehnung des Begriffes „Erfolg“ über die nächste strafrechtlich relevante Wirkung der Handlung hinaus beeinflußt zu sein. Sie führt überdies vornehmlich in denjenigen Fällen zu unannehmbaren Konsequenzen, in welchen vom Auslande her durch vom Willen des Handelnden gelenkte Werkzeuge strafbare körperliche Einwirkungen auf inländische Personen oder Sachen ausgeübt werden (z. B. beim Schießen, Werfen u. s. w. über die Grenze), und macht ohne innere oder äußere Nötigung den Schutz inländischer Rechtsgüter in weitem Umfange von den Gesetzen des Auslandes abhängig, auf deren Gestaltung dem Deutschen Reiche selten ein maßgebender Einfluß zustehen wird. Das Gesagte findet in eminenter Weise auf Fälle der vorliegenden Art Anwendung, wo zum Schutze des Inlandes gegen das Ausland Verbote erlassen sind, deren Uebertretung nur vom Auslande her denkbar, nach dessen Gesetzen aber regelmäßig, soweit nicht Staatsverträge eine Ausnahme bedingen, nicht strafbar ist.

Die vorstehenden Ausführungen betreffen nun zwar zunächst nur die Fälle, in denen es sich um strafbare Handlungen eines Thäters handelt. Dieselben geben aber auch die Grundsätze zur Beantwortung der Frage an die Hand, nach welchem örtlichen Rechte mehrere Teilnehmer an einer Strafthat zu beurteilen sind, wenn die körperliche Thätigkeit der einzelnen zum Zweck der Herbeiführung des gewollten Erfolges teils im Auslande, teils im Inlande stattgefunden hat. Zuvörderst unterliegt es hinsichtlich der Mitthäter keinem Bedenken, daß alle nach inländischen

*) Ausserdem noch E. X. 420, XI. 20, XIII. 337, XV. 232, XVI. 188, XIX. 147, XX. 146.

Strafgesetzen zu beurteilen sind, wenn auch nur durch die Thätigkeit eines von ihnen die strafbare Handlung im Inlande zur Vollendung gebracht ist. Dies folgt mit Notwendigkeit aus dem Prinzipe, daß jeder Mitthäter die Verantwortung für die innerhalb des Rahmens des gewollten Zusammenwirkens fallende Thätigkeit des Genossen trägt. Was aber die hier in Frage stehende Beihilfe anbelangt, so kommt, sofern die körperliche Thätigkeit des Gehilfen und des Thäters in verschiedenen Territorien stattgefunden hat, folgendes in Betracht:

Die Handlung der Beihilfe fällt in der Regel für sich nicht unter das Strafgesetz; sie wird vielmehr erst strafbar, wenn die durch sie beförderte Hauptthat zu einem dem Strafgesetze unterliegenden Erfolge vorgeschritten ist, und erhält solchenfalls ihre strafrechtliche Qualifikation durch die Hauptthat. Es wird daher auch diese Hauptthat dem Gehilfen zur Verantwortung zugerechnet, weil und soweit deren Begehung seiner durch die Beihilfe bethätigten Absicht entsprochen hat. Ist also die Hauptthat seiner Absicht gemäß im Inlande verübt, und ist erst hierdurch seine Handlung zu einer strafbaren geworden, so ist kraft der accessorischen Natur der Beihilfe die Auffassung berechtigt, daß auch die im Auslande geleistete Beihilfe als eine im Inlande begangene strafbare Handlung zu gelten und dem inländischen Strafgesetze zu unterliegen habe. Es ist dies die nämliche Auffassung, welche in anderer Richtung dahin geführt hat, die Verjährung der strafbaren Anstiftung erst mit der Vollendung der Hauptthat beginnen zu lassen.

Vgl. Entsch. des R. G's. in Straff. Bd. 5 S. 282 flg.

So wie das gesamte strafbare Handeln eines Thäters, welches im Auslande begonnen, aber im Inlande zur Vollendung gediehen ist, nach den Strafgesetzen des Inlandes zu beurteilen ist, so wird auch dem im Auslande thätig gewesenen Gehilfen die im Inlande konsumierte Hauptthat als Vollendung seiner eigenen strafbaren Handlung zugerechnet.*)

Hierdurch wird andererseits nicht ausgeschlossen, daß das inländische Strafgesetz auch dann einzugreifen hat, wenn im Inlande eine Beihilfehandlung zu einer im Auslande begangenen, auch nach dortigem Rechte strafbaren Hauptthat geleistet ist.

Vgl. Entsch. des R. G.'s. in Straff. Bd. 9 S. 10 flg.

Denn wie oben ausgeführt und auch in dem eben angeführten Urteile des Reichsgerichts vom 14. Juni 1883 anerkannt ist, kann die nämliche Handlung, je nachdem man sie von ihrer äußerlichen Seite als körperliche Thätigkeit der handelnden Person oder in Hinsicht auf ihre strafrechtlich relevante Wirkung betrachtet, sehr wohl den Gebieten verschiedener Staaten angehören, und die Rücksicht auf den Zweck der Strafe in Verbindung mit dem Verbote der Auslieferung deutscher Staatsangehörigen an das Ausland erfordert nicht minder als das natürliche Rechtsgefühl, daß das inländische Strafgesetz Anwendung finde, so oft eine strafbare Handlung auch nur nach einer jener Seiten dem Inlande angehört.

---

*) Ebenso hinsichtlich der Beihilfe E. XIX, S. 149 und hinsichtlich der Anstiftung E. XXV, 426 A. M. Frank zu § 3 IV und die dort. Cit.

§ 4.

Reichs- und Landesstrafrecht.

Berner § 25, Binding I 270, Binding Gr. I § 23, v. Liszt § 19, Meyer § 13, Frank und Olshausen zu § 2 E. G. St. G. B.

Das Verhältnis des Reichs- zum Landesstrafrecht ist in §§ 2 ff. E. G. St. G. B. geregelt.

Zu der Streitfrage*), ob in den nach § 2 Abs. 2 in Kraft bleibenden Spezialgesetzen insbesondere auch diejenigen Vorschriften aufrecht erhalten seien, welche von den im St. G. B. geregelten Materien allgemeiner Bedeutung abweichen, nimmt das R. G. Stellung u. a. in dem U. vom 27. I. 81 I. (E. IV, 2).

Die allgemeinen Grundsätze des Strafgesetzbuches über die Bestrafung von Delikten und insbesondere über die Teilnahme beherrschen das ganze Gebiet des Strafrechts. Sie sind nicht bloß für die im Strafgesetzbuche, sondern, abgesehen von den nach § 2 Abs. 2 des Einführungsgesetzes zum Strafgesetzbuch in Kraft gebliebenen besonderen Vorschriften, auch für die in späteren Reichsgesetzen bedrohten Delikte maßgebend, soweit nicht in diesen Gesetzen abweichende Bestimmungen enthalten sind.

§ 5.

Das Geltungsgebiet der Strafgesetze nach der Person.

Berner § 128, Binding I 667, Binding Gr. I § 25, v. Liszt § 23, Meyer § 17.

Zu der Haupt-Streitfrage: ob die von einem Abgeordneten in Ausübung seines Berufs gethane Aeußerung auf Grund des § 199 St. G. B. zur Aufrechnung gegen eine andere Beleidigung benutzt werden könne, hat das R. G. Stellung genommen in dem Urteil vom 5. III. 81 III. (E. IV, 15):

> Im August 1879 hielt der Angeklagte Redakteur D. in der evangelisch-lutherischen Konferenz zu Berlin einen die Gemeindeschulen betreffenden Vortrag; auf denselben nahm eine Rede Bezug, welche der preußische Landtags-Abgeordnete L. in dieser seiner Eigenschaft am 11. Februar 1880 in einer Sitzung des Abgeordnetenhauses zu Berlin hielt. Mit dieser Rede beschäftigte sich ein Artikel der N. N.'schen Volkszeitung vom 17. Februar 1880, welcher vom Angeklagten, dem verantwortlichen Redakteur der Zeitung, verfaßt war; einige Sätze des Artikels veranlaßten den Abgeordneten L. zu einem Strafantrage gegen den Angeklagten wegen Beleidigung.
>
> Die vorigen Richter haben gefunden, daß in dem Artikel zweifellos eine Beleidigung des Abgeordneten L. enthalten sei. Sie erklären indessen den Angeklagten für straffrei, weil die Invektiven des Artikels sich nur als ein

*) v. Liszt § 19 behauptet die völlige Unabhängigkgit der Landesgesetzgebung von den allgemeinen Vorschriften des St. G. B.'s.; Binding I 308 die ausnahmslose Anwendbarkeit derselben auch auf die in den betr. Spezialgesetzen vorgesehenen strafbaren Handlungen. Ueber die Mittelmeinungen s. Olshausen zu § 2 E. G. St. G. B. No. 3 ff.

Wiederhall derjenigen beleidigenden Ausdrücke gegen die Berliner August-Konferenz darstellen, deren sich der Abgeordnete L. in seiner Rede vom 11. Februar schuldig gemacht und durch die er den Angeklagten auch persönlich angegriffen habe. Es wird daher festgestellt, der Angeklagte habe durch seinen Zeitungsartikel den Abgeordneten L. öffentlich beleidigt, dagegen habe auch der letztere in seiner Rede vom 11. Februar den Angeklagten öffentlich beleidigt, und erscheine die Beleidigung des Angeklagten gegen L. nur als eine auf der Stelle erfolgte Erwiderung der Beleidigung des L. gegen den Angeklagten. Auf Grund dieser Feststellung haben die vorigen Richter, von der Befugniß des § 199 St. G. B's. Gebrauch machend, den Angeklagten zwar der Beleidigung für schuldig erklärt, aber von Strafe und Kosten freigesprochen.

Die Revision der Staatsanwaltschaft hält hierdurch die §§ 11 und 199 St. G. B's. in Verbindung mit dem Art. 84 der preußischen Verfassung für verletzt, denen zufolge ein Abgeordneter wegen der in Ausübung seines Berufs gethanen Aeußerungen nicht zur Verantwortung oder zur Rechenschaft gezogen werden dürfe.

Auch die vorigen Richter haben diesen Grundsatz nicht übersehen, sie erörtern jedoch in ihren Urteilsgründen, die Bestimmungen des § 11 und des Art. 84 müßten als Ausnahmebestimmungen strikt interpretiert werden und wollten nur besagen, daß ein Abgeordneter wegen beleidigender oder verläumderischer Aeußerungen, die er in Ausübung seines Berufs gethan, nicht zur Verantwortung gezogen werden könne, bezögen sich aber nicht auf den Schutz, welchen ein Abgeordneter wegen ihm zugefügter Beleidigungen zu beanspruchen habe; in dieser Beziehung ständen ihm nur dieselben Rechte zu, welche jedem anderen Staatsbürger im vierzehnten Abschnitt des zweiten Teils des Strafgesetzbuchs gewährt worden seien.

Die im § 199 St. G. B.'s dem Richter erteilte Befugnis, in dem Fall, wenn eine Beleidigung auf der Stelle erwidert wird, beide Beleidiger oder einen derselben für straffrei zu erklären, setzt voraus, daß gegen beide in Rede stehenden Personen der Thatbestand einer Beleidigung festgestellt worden sei, wenngleich die erwiderte Beleidigung möglicherweise schon aus anderen Gründen straflos sein kann, namentlich weil kein Strafantrag gestellt worden oder ein persönlicher Strafausschließungsgrund vorhanden ist. Der Richter muß also, um von jener Befugnis Gebrauch zu machen, die beleidigenden Handlungen oder Aeußerungen beider Personen vor sein Forum ziehen und nach Maßgabe der Bestimmungen des Strafgesetzbuchs beurteilen, und hat in dem hier vorliegenden Falle beide Personen für schuldig erklärt. Diesem Verfahren würde kein rechtliches Hindernis entgegenstehen, wenn die Vorschrift des § 11 St. G. B.'s, daß Abgeordnete wegen ihrer in Ausübung des Berufs gethanen Aeußerungen nicht zur Verantwortung gezogen werden sollen, und wenn die entsprechende Verfassungsbestimmung keine weitere Bedeutung hätte, als für die Abgeordneten hinsichtlich solcher Aeußerungen einen besonderen Strafausschließungsgrund einzuführen. Der § 11 St. G. B.'s hat jedoch eine andere und eine weiter gehende Bedeutung.

Es ist darin und ebenso in den, ihrem Sinne nach entsprechenden Verfassungsbestimmungen zunächst ein Gewicht darauf gelegt, daß die Abgeordneten nicht außerhalb der Versammlung, deren Mitglieder sie sind, zur Verantwortung gezogen werden sollen; sodann spricht der Artikel 84 der preußischen Verfassung aus, daß sie nur auf Grund der Geschäftsordnung zur Rechenschaft gezogen werden sollen. In ähnlicher Weise sagt der Art. 30 der Reichsverfassung, kein Mitglied des Reichstages dürfe wegen der in Ausübung seines Berufes gethanenen Aeußerungen gerichtlich oder disziplinarisch verfolgt oder sonst außerhalb der Versammlung zur Verantwortung gezogen werden. Das Muster dieser Art von Vorschriften hat der Artikel 9 der englischen bill of right von 1689 gegeben, welcher erklärt, daß the free dom of speech and debates or proceedings in parliament ought not to be impeached or questioned in any court, or place out of parliament. Hiermit wird ausgesprochen, daß über die Aeußerungen der Abgeordneten den Gerichten keine Jurisdiktionsbefugnis zukomme, daß vielmehr der Reichstag oder Landtag selbst die einzige Stelle sei, wo über dieselben geurteilt werden dürfe. Die Kompensationsbefugnis des § 199 St. G. B.'s kann aber nicht ausgeübt werden, ohne daß das Gericht, wenn die Aeußerung eines Abgeordneten, mit einer Beleidigung erwidert worden ist, auch die erstere als eine Beleidigung rechtlich qualifiziert, also ein gerichtliches Urteil über sie abgiebt, während nach jenen Vorschriften der Verfassungen und nach § 11 St. G. B.'s die Gerichte keine Befugnis haben, sich mit solchen Aeußerungen in der Art einer rechtlichen Beurteilung zu befassen*). Zugleich erhellt, daß mit den zitierten Vorschriften der Standpunkt eines bloßen Strafausschließungsgrundes verlassen ist.

Das Gleiche folgt aus der Stelle, welche der § 11 St. G. B.'s im System des Gesetzbuches erhalten hat . . . . .

Zweiter Abschnitt.

Die Lehre vom Verbrechen.

Erstes Kapitel.

Die Willensseite des Verbrechens.

§ 6.

Die Zurechnungsfähigkeit und Gründe ihres Fortfalls.

Berner §§ 62 ff., Binding Gr. I, § 37, v. Liszt §§ 35 ff, Meyer §§ 21 ff., Frank und Olshausen zu §§ 50 ff. St. G. B.'s.

I. Von Handlung im Sinne des Strafrechts.

Von „Handlung" im Sinne des Strafrechtes und überhaupt im Sinne des Rechtes kann nur dann die Rede sein, wenn das, was eine

*) Uebereinstimmend v. Liszt § 72, A. M.; Binding I, 676.

Person äußerlich that, seinen Ursprung in dem freien Willen dieser Person hatte. Daher sind Handlungen einer Person, deren freie Willensbestimmung durch Geisteskrankheit ausgeschlossen war, nicht Handlungen im Sinne des Strafrechts. Wenn man sagt, eine solche Person sei für ihre Handlungen nicht verantwortlich oder es seien ihre Handlungen ihr nicht zuzurechnen, oder sie seien keine Verbrechen oder Vergehen, so drückt dies nur eine rechtliche Konsequenz davon aus, daß die Person in Wahrheit gar nicht gehandelt hat; was sie that, trug nach dem vorstehend referierten Ausdrucke der preußischen Materialien nicht nur blos den Schein eines Verbrechens, sondern auch blos den Schein einer Handlung an sich. Die Worte des § 51 St. G. B.'s: „eine strafbare Handlung ist nicht vorhanden", können daher nicht dahin verstanden werden, es sei zwar eine Handlung im Rechtssinne, aber nicht eine strafbare Handlung vorhanden, sondern haben an dieser Stelle des Gesetzbuches den Sinn, daß im Sinne des Strafrechtes keine Handlung vorhanden ist. (So U. v. 16. VI. 84 E. XI, 58.)

II. Andere Grundsätze greifen jedoch Platz bezüglich der **strafrechtlichen Unverfolgbarkeit von Kindern**, welche das zwölfte Lebensjahr noch nicht vollendet haben. Hier ist Teilnahme an den Handlungen solcher Kinder denkbar.*) U. v. 12. IV. 82, III. (E. VI, 187.)

Die Angeklagte hat durch zwei verschiedene selbständige Handlungen Diebstähle an Holz von einem umschlossenen Holzplatze dergestalt ausgeführt daß ein noch nicht zwölf Jahre alter Knabe durch ein unter der Einfriedigung im Erdboden befindliches, nicht für einen Erwachsenen, wohl aber für ein Kind zureichendes Loch von der Straße aus auf den Holzplatz hindurchkroch und der Angeklagten das Holz hinüberreichte. Die Vorinstanz geht von der Annahme aus, daß, wenn auch „die That mit Hilfe eines noch nicht zwölfjährigen Knaben verübt" sei, der durch das vorbezeichnete Loch in den Hof eingestiegen sein möge, doch ein Einsteigen im rechtlichen Sinne nicht vorliege, weil in Gemäßheit des § 55 St. G. B.'s der Knabe strafrechtlich nicht selbst als Thäter, sondern nur als Werkzeug des Thäters gelten könne, und deshalb, da die Angeklagte mittelst dieses Werkzeuges den Diebstahl von außen her, also ohne einzusteigen, vollführt habe, lediglich die Merkmale des einfachen, nicht die des schweren mittelst Einsteigens verübten Diebstahls vorliegen.

Der Staatsanwaltschaft ist darin beizupflichten, daß dieser Entscheidungsgrund auf einem Rechtsirrtum beruht. Der § 55 St. G. B.'s stellt nicht den Grundsatz auf, daß eine „strafbare Handlung nicht vorhanden ist", wenn dieselbe von einer noch nicht zwölf Jahre alten Person

---

*) Ebenso R. G. XIX., S. 192. A. M. v. Liszt § 36 IV. und die dort. Cit. Frank zu § 55, welche überhaupt das Vorliegen eines Verbrechens und somit die Möglichkeit der Teilnahme bestreiten. In dem Falle des § 51 St. G. B.'s leugnet auch R. G. XXI, 14 die Möglichkeit einer strafbaren Teilnahme. Cfr. dazu Frank zu § 51 IV.

begangen sei, sondern er verordnet, abweichend von dem Wortlaute der §§ 51—54 St. G. B.'s lediglich, daß ein solcher Thäter „strafrechtlich nicht zu verfolgen ist". Dadurch ist, wie der durch die Novelle vom 26. Februar 1876 dem § 55 St. G. B.'s hinzugefügte Absatz 2 beweist, nicht einmal ausgeschlossen, daß der Thäter anderweitig korrektionell oder disziplinarisch zur Strafe gezogen wird; nur die Zulässigkeit gemeiner krimineller Verfolgung und Bestrafung wird verneint. Auch läßt sich nicht behaupten, daß durch die Vorschrift des § 55 St. G. B.'s die Zurechnungsfähigkeit der Strafunmündigen schlechthin mit der Wirkung beseitigt sei, daß schon aus diesem subjektiven Grunde nicht von „strafbaren Handlungen" solcher Personen gesprochen werden könne.

Es kann zugegeben werden, daß in dieser Beziehung weder der Wortlaut des § 55 St. G. B.'s in seiner jetzigen Fassung, noch die amtlichen Motive von unbedingter und zwingender Beweiskraft sind. Die wechselnde Ausdrucksweise in den §§ 51—55 St. G. B.'s „eine strafbare Handlung ist nicht vorhanden" und (der Thäter) „kann nicht strafrechtlich verfolgt werden" braucht nicht notwendig auf bewußter Verschiedenheit des Grundgedankens zu beruhen, und es ließe sich sehr wohl behaupten, daß beispielsweise im § 54 St. G. B.'s, wo im Falle des Notstandes das Vorhandensein einer „strafbaren Handlung" verneint wird, auch dieser Ausdruck wiederum nur im Sinne der persönlichen Straflosigkeit des Thäters gebraucht werden kann. Die Motive andererseits sprechen ebenso davon, das Gesetz „kehre dadurch, daß es annehme, der Mensch ermangele bis zu einem gewissen Lebensalter der strafrechtlichen Zurechnungsfähigkeit überhaupt, zu der deutschrechtlichen Auffassung zurück," wie sie an anderer Stelle diesen Gesichtspunkt doch wieder nur in dem Sinne verwerten, es solle, abweichend von dem Code pénal und von der durch den Code beeinflußten preußischen und bayerischen Gesetzgebung eine legale Altersgrenze für die strafrechtliche Verfolgbarkeit jugendlicher Personen statuiert werden. Auch würde die Frage, auf den § 55 St. G. B.'s beschränkt und in dieser Beschränktheit abstrakt erörtert, kaum ein besonderes strafrechtliches Interesse von praktischer Bedeutung darbieten, ob man nun das von einer Person unter zwölf Jahren verübte Delikt als ein begrifflich nicht existierendes, als die strafrechtlich indifferente Handlung eines gesetzlich Unzurechnungsfähigen, oder als die nur wegen der persönlichen Eigenschaften des Delinquenten kriminell nicht verfolgbare Strafthat grundsätzlich definieren will. Die praktische Bedeutung der Frage liegt nicht hier, sondern auf dem Gebiete des Zusammenwirkens einer gesetzlich strafunmündigen Person in den äußeren Formen strafbarer Teilnahme mit anderen strafmündigen Personen. Und nach dieser Richtung hin erscheint es unhaltbar, die Mitwirkung der Strafunmündigen zur Herstellung des Thatbestandes einer strafbaren Handlung anders aufzufassen, als es der Gesichtspunkt einer nur persönlichen Unverfolgbarkeit der letzteren bedingt. Gesetzgebung und Rechtsprechung haben sich mit der Thatsache des täglichen Lebens abzufinden, daß fortgesetzt Kinder unter zwölf Jahren mit Erwachsenen gemeinschaftlich delinquieren.

Es kann nicht die Rede davon sein und würde allen Grundsätzen des Strafrechtes widersprechen, wollte man die Straflosigkeit im Handeln des Kindes zur Straflosigkeit des gesamten Deliktes erweitern. Es würde aber nicht minder zu unzureichenden und für zahlreiche Fälle schlechthin untauglichen Konsequenzen führen, wollte man mit der Vorinstanz prinzipiell das Kind stets nur als Werkzeug in der Hand des Erwachsenen ansehen und von diesem Gesichtspunkte aus die Mitwirkung des ersteren als die eigene, unmittelbar zuzurechnende Handlung des Erwachsenen qualifizieren. Thatsächlich wird in einzelnen Fällen der verbrecherische, bewußte Wille des Kindes und sein bewußtes Handeln die wesentlichsten Elemente des Thatbestandes einer Strafthat so vollständig erfüllen, die Mitwirkung des Strafmündigen sich so zweifellos nur in der Form accessorischer Beistandleistung, strafgesetzlicher Beihilfe vollziehen, daß die Annahme, das Kind sei nur Mittel in der Hand des Teilnehmers gewesen, als widersinnig schlechthin auszuschließen ist. — Deshalb muß allerdings daran festgehalten werden, daß der § 55 St. G. B.'s nach seinem Wortlaute, nach seiner Vorgeschichte, wie nach seinem Zusammenhange mit den übrigen Strafvorschriften lediglich eine auf die Person des Strafunmündigen beschränkte Unverfolgbarkeit desselben begründet, daß er potentiell auch bei den Strafunmündigen das Dasein strafbaren Willens und strafbaren Handelns im weiteren Sinne nicht ausschließt, und deshalb auch strafbare Teilnahme an der Strafthat solcher Personen begrifflich zulässig ist. Die entgegengesetzte Annahme der Vorinstanz, ein noch nicht zwölfjähriger Knabe, weil aus § 55 St. G. B.'s nicht strafbar, könne stets nur als Werkzeug der mitbeteiligten strafmündigen Angeklagten, niemals als Mitthäter oder Gehilfe, oder diese Angeklagte niemals als Mitthäterin oder Gehilfin des Strafunmündigen strafrechtlich in Betracht kommen, vermag daher die getroffene Entscheidung nicht zu rechtfertigen.

§ 7.

Die subjektive Verschuldung im Allgemeinen.

I. Kein Verbrechen ohne Schuld. Nur ausnahmsweise, in einzelnen Nebengesetzen zum St. G. B. finden sich Bestimmungen, welche die Strafe lediglich an das Vorliegen des objektiven Thatbestandes knüpfen. Die einzelnen Entscheidungen des R. G. (VII 240, VIII 182, VIII 390, XIV 145, XXI 259) führen regelmäßig aus, daß in den betr. Bestimmungen weder ein bewußt rechtswidriges, noch ein schuldhaft fahrlässiges Handeln vorausgesetzt werde und deshalb auch nicht § 59 St. G. B. anwendbar sei.

II. Hieran schließt sich der im St. G. B. häufig vorkommende Fall (§§ 224, 226, 227, 178, 307, 314, 315 Abs. 2 u. a.), in welchem der Gesetzgeber von dem Eintritt eines bestimmten Erfolges entweder die Strafe oder wenigstens eine schwerere Strafe abhängig macht.

Hier braucht weder Vorsatz noch Fahrlässigkeit in Beziehung auf diesen Erfolg vorzuliegen. Diesen Grundsatz hat das R. G. in einer Reihe von Entscheidungen durchgeführt,*) von welchen wir als grundlegend hervorheben das Urteil v. 28. IX. 81 III (E. V, 29). Da dasselbe auch für die Lehre vom Causalzusammenhang von grundlegender Bedeutung ist, haben wir es im § 11 im Zusammenhang wiedergegeben.

§ 8.
Der Vorsatz.

Berner §§ 66 ff., Binding Gr. I § 47, v. Liszt § 38, Meyer § 25, Frank und Olshausen zu § 59 St. G. B.

I. Der Begriff des Vorsatzes ist bestritten.

Binding (Normen II, 403) versteht unter strafrechtlichem Vorsatz den bewußt rechtswidrigen Willen.

Meyer definiert: Vorsatz ist der Wille, diejenigen Erscheinungen zu verwirklichen bezw. die vorhandenen Erscheinungen zu derjenigen Gesamtheit von Erscheinungen zu ergänzen, die das Gesetz zur objektiven Seite eines Delikts erfordert. Nach v. Liszt bedeutet Vorsatz die Voraussicht des durch die Willensbethätigung bewirkten oder nicht gehinderten rechtswidrigen Erfolges.

Dieser Definition kommt am nächsten die Auffassung des R. G.: **Vorsätzlich handelt in Beziehung auf einen gewissen Erfolg** — heißt es E. V, 317 U. 23. XII. 81 III. — **wer das Bewußtsein hat, daß seine Handlung diesen Erfolg notwendig herbeiführen werde.** Ebenso R. G. XVI, 363 und XVIII, 167.

In R. G. XXIV 255 und XXVII, 241 wird zum Ausdruck gebracht, daß der bloße Eventualdolus von dem Begriffe der Absicht im Sinne der §§ 211, 288 St. G. B.'s nicht getroffen wird. Hiergegen v. Liszt § 38 A. 4.

II. Gehört zum strafrechtlichen Vorsatz begrifflich das Bewußtsein der Rechtswidrigkeit?**)

Die Frage wird bejaht von Binding, Olshausen, überwiegend jedoch verneint und bejaht nur für den Fall, wo entweder die Rechtswidrigkeit des Vorsatzes oder die Rechtswidrigkeit allein ausdrücklich in den Thatbestand aufgenommen ist.

Das R. G., welches vereinzelt (z. B. E. II 376, U. 22. X. 80 II) das Bewußtsein der Rechtswidrigkeit als ein zum allgemeinen Thatbestand des strafrechtlichen dolus gehörendes Merkmal angesehen hat, hat dasselbe in jetzt festgehaltener Rechtsprechung für **unerheblich** erachtet. Im U. v. 17. I. 87 I. E. XV, 158 heißt es:

Das angefochtene Urteil hat festgestellt, daß der Angeklagte im Jahre 1886 zu K. Dynamit in Besitz gehabt hat, ohne polizeiliche Erlaubnis dazu nachweisen zu können. Diese Feststellung entspricht dem Thatbestande des § 9 Abs. 1 des Gesetzes gegen den verbrecherischen und gemeingefährlichen Gebrauch von Sprengstoffen vom 9. Juni 1884 in objektiver Beziehung, und da ferner für erwiesen angenommen worden, daß der Angeklagte nach der im § 14 bestimmten Frist gewußt habe, daß er das im Jahre 1883 gekaufte Dynamit noch in seinem Besitze und eine

---

*) Uebereinstimmend v. Liszt § 35 u. die dort. Cit.

**) S. die Litteratur bei v. Liszt § 40.

polizeiliche Erlaubnis nicht eingeholt hatte, so ist auch die subjektive Voraussetzung für die Strafverhängung aus dem genannten § 9, das vorsätzliche Handeln.

Vgl. Entsch. des R. G.'s in Strafs. Bd. 12 S. 244, 256, gegeben.

Die gleichwohl erfolgte Freisprechung begründet die Strafkammer damit, es habe dem Angeklagten jedes Bewußtsein der Rechtswidrigkeit gefehlt; ohne solches bestehe keine Verschuldung, das Gesetz von 1884 enthalte keine diesem allgemeinen strafrechtlichen Grundsatze widersprechende Spezial-Bestimmung; der nicht polizeilich erlaubte Besitz von Dynamit sei an und für sich nichts Unerlaubtes, nichts Unsittliches, und es sei darum dem Angeklagten, an dessen Wohnort Dynamit nicht häufig gebraucht und Zeitungen nicht gelesen werden, zu glauben, daß er von dem Verbotensein solchen Besitzes seit Herbst 1884 durchaus nicht gewußt habe.

Diese Begründung beruht auf Rechtsirrtum. Richtig ist allerdings, daß das Gesetz vom 9. Juni 1884 nichts von dem deutschen allgemeinen Strafrechte abweichendes Besonderes in der betreffenden Beziehung normiert, aber es ist rechtsirrig, wenn das Urteil der Strafkammer den Satz aufstellt: jede Bestrafung verlange, daß dem Thäter bei vorsätzlichen Delikten das Bewußtsein seiner Schuld, das Bewußtsein der Rechtswidrigkeit seiner Handlung innewohne. Einen solchen Satz stellt das Strafgesetzbuch nicht auf, und er ist auch „aus dem Sinne und Zusammenhange der gesetzlichen Vorschriften" (Motive zum Entwurfe der Strafprozeßordnung S. 212) nicht als Rechtsnorm im Sinne des § 376 St. P. O. zu begründen. Vielmehr hat die Rechtsprechung des Reichsgerichtes in Uebereinstimmung mit der überwiegenden Zahl der Rechtslehrer wiederholt und bestimmt den gegentheiligen Grundsatz zum Ausdrucke gebracht, daß das Bewußtsein der Normwidrigkeit nicht zum Begriffe des Vorsatzes gehört. Den entgegengesetzten, erst bezeichneten, allerdings in der Theorie vereinzelt lebhaft vertretenen Satz hat offenbar die Strafkammer unter dem von ihr aufgestellten Erfordernisse des Bewußtseins der Rechtswidrigkeit verstanden, sie meint die strafrechtliche Rechtswidrigkeit und unterscheidet mit der eben erwähnten Doktrin das Bewußtsein der gestörten Rechtsordnung (der Normwidrigkeit) von dem der Strafbarkeit (der staatlichen Strafandrohung). Es handelt sich also bei der Auslegung des einschlagenden Entscheidungsgrundes nicht um das in einzelnen Fällen, in denen das Strafgesetzbuch den Begriff der Widerrechtlichkeit in die Begriffsbestimmung von Vergehen aufgenommen hat, erforderliche Bewußtsein des Mangels eines subjektiven Rechtes, wie bei dem Hausfriedensbruche (§§ 123, 124 St. G. B.'s), der Freiheitsberaubung (§ 239), der Nötigung (§ 240), dem Diebstahle (§ 242), der Munitionsaneignung (§ 291), der Amtsnötigung (§ 339) u. a., sondern um das als Inhalt jedes strafrechtlichen Dolus angenommene Erfordernis der Kenntnis der Strafbarkeit. Hinsichtlich des allgemeinen Begriffes des Vorsatzes ist aber die Unterscheidung zwischen der Strafnorm und der Strafandrohung ohne Bedeutung und eben-

sowenig als das Bewußtsein von dem speziellen Strafgesetze, das Bewußtsein von dem rechtlichen Gebote oder Verbote für die Verschuldung Voraussetzung (vgl. Entsch. des R. G.'s in Straff. Bd. 1 S. 99, 273, Bd. 12, S. 277, besonders Bd. 2 S. 269), **sondern die Schuldbarkeit des Vorsatzes lediglich durch die objektive Rechtswidrigkeit bedingt.***)

III. Ueber Verschuldung bei Preßvergehen. Beschluß der Vereinigten Strafsenate v. 6. VI. 91 E. XXII, 75.

Die Meinungsverschiedenheiten, welche sich in der Frage der Anwendbarkeit der allgemeinen Schuldausschließungsgründe, insbesondere des § 193 St. G. B.'s, auf den verantwortlichen Redakteur einer periodischen Druckschrift geltend gemacht haben, nehmen ihren Ausgang von den Zweifeln zu denen das innere Verhältnis der Abs. 1, 2 im § 20 des Preßgesetzes vom 7. Mai 1874 zu einander, sowie überhaupt Sinn und Bedeutung der im § 2 a. a. O. aufgestellten Rechtsnorm Anlaß geben. Die letztere verdankt ihre Entstehung nach Inhalt wie Wortfassung der Kommission des Reichstages. Soviel aus dieser Entstehungsgeschichte mit einiger Sicherheit gefolgert werden kann, ruht die Vorschrift auf etwa nachstehenden gesetzgeberischen Gedanken: Gegenüber dem Prinzipe einer stufenweise geordneten, durch rechtliche Fiktionen verstärkten Verantwortlichkeit, wie solches dem Regierungsentwurfe des Preßgesetzes zu Grunde lag, sollte der Grundsatz der Unterordnung der Presse unter das gemeine Recht zum herrschenden Prinzipe erhoben werden. Deshalb stellt der § 20 in Abs. 1 den Satz an die Spitze:

„Die Verantwortlichkeit für Handlungen, deren Strafbarkeit durch den Inhalt einer Druckschrift begründet wird, bestimmt sich nach den bestehenden allgemeinen Strafgesetzen."

Dieser Grundsatz sollte ganz allgemein im gesamten Preßstrafrechte zur Verwirklichung gelangen, also auf dem Gebiete der periodischen Presse nicht weniger, wie auf dem der nichtperiodischen Presse. Der unbeschränkten Durchführung des Prinzipes stellten sich aber warnend die Erfahrungen entgegen, welche in Preußen auf dem Boden des preußischen Preßgesetzes vom 12. Mai 1851 und des den gleichen Grundsatz vertretenden § 34 dieses Gesetzes in der Rechtsprechung gemacht worden waren. Die preußischen Gerichte, unter Billigung des preußischen Obertribunals, verlangten grundsätzlich für den die Thäterschaft eines Redakteurs betreffenden Anschuldigungsbeweis, den strikten Nachweis der vom Angeschuldigten gewollten und verursachten Veröffentlichung, verwarfen die Heranziehung bloßer Beweisvermutungen und wiesen jede Anklage ab, welche jenen Beweis nicht zu erbringen vermochte. Da das letztere der Regel nach praktisch unausführbar war, hatte sich in Preußen thatsächlich die strafrechtliche Verantwortlichkeit der Redakteure verflüchtigt zu einer formalen in Gemäßheit des § 37 des preußischen Preßgesetzes durch bloße Geld-

*) Ebenso R. G. XIX, 352, XX, 393, XXVI, 265, v. Liszt § 38, Meyer § 25.

buße sühnbaren Haftung für fahrlässige Verschuldung von Preßdelikten. Um derartigen Preßzuständen zu begegnen, um, wie man sich im Berichte der Reichstagskommission ausdrückte, „der Strafjustiz den nötigen Rückhalt zu sichern“ und die übliche „Ausflucht“ der Redakteure, den strafbaren Artikel erst nach der Veröffentlichung kennen gelernt zu haben, zu erschweren, wurde dem im § 20 Abs. 1 des Preßgesetzes vorangestellten Prinzipe im Abs. 2 der Satz hinzugefügt:

„Ist die Druckschrift eine periodische, so ist der verantwortliche Redakteur als Thäter zu bestrafen, wenn nicht durch besondere Umstände die Annahme seiner Thäterschaft ausgeschlossen wird.“

Hiermit wurde entfernt nicht beabsichtigt, den vorangestellten Grundsatz der Herrschaft der allgemeinen Strafgesetze materiell zu durchbrechen, oder eine neue Gattung nur von Zeitungsredakteuren zu verübender Preßdelikte zu schaffen. Man wollte im Gegenteile die Herrschaft der allgemeinen Strafgesetze auch auf dem Gebiete der periodischen Presse dadurch gewährleisten, daß man den Strafverfolgungsbehörden die Führung des Anschuldigungsbeweises erleichterte, die Ueberführung des schuldigen Redakteurs sicherte nnd solchergestalt eine ernsthafte strafrechtliche Verantwortlichkeit für die Delikte der periodischen Presse herstellte. Die Bedeutung der Vorschrift im Abs. 2 a, a. O. in ihren Verhältnissen zum Abs. 1 ist also wesentlich eine deklaratorische. Sie bringt den Gedanken zum Ausdrucke: Wer die Stellung des verantwortlichen Redakteurs einer periodischen Druckschrift übernommen und in dieser Eigenschaft das Erscheinen derartiger Preßerzeugnisse ermöglicht hat, der hat die Vermutung mit seinem Wissen und Willen geschehener Veröffentlichung des gesamten Inhalts der Druckschrift stets dergestalt gegen sich, daß diese Vermutung als gesetzliche Regel so lange gegen ihn streiten soll, bis sie durch „besondere Umstände“ als ausnahmsweise im Einzelfalle nicht zutreffend besonders entkräftet wird. Mehr als eine Beweisvermutung und eine Abweichung von den allgemeinen strafprozessualen Grundsätzen freier Beweiswürdigung enthält hiernach der § 20 Abs. 2 a. a. O. nicht.

Es fragt sich, wie weit diese Beweisvermutung greift, und was unter dem Begriffe der hiernach zu präsumierenden „Thäterschaft“ des Redakteurs zu verstehen ist. Gerade an dieser Stelle setzen vornehmlich die Zweifel ein, welche für die Behandlung der jetzigen Schuldausschließungsgründe ausschlaggebend werden. Geht man davon aus, daß „Thäter“ im Sinne des § 20 Abs. 2 a. a. O. der den vollen subjektiven wie objektiven Thatbestand einer strafbaren Handlung in sich verkörpernde Delinquent ist, so gelangt man mit Notwendigkeit zu dem Schlusse, daß die gesetzliche Präsumtion der „Thäterschaft“ den subjektiven Thatbestand mit umfaßt, und folgeweise beim Vorliegen objektiv strafbaren Inhalts einer periodischen Druckschrift der strafbare Vorsatz des Redakteurs ohne weitere Prüfung so lange präsumiert werden muß, bis dem Richter durch „besondere Umstände“ das Gegentheil nachgewiesen wird. Auf diesem Standpunkte stehen wesentlich die Ausführungen im Urteile des Reichsgerichtes vom 22. April 1887.

Vgl. Entsch. des R. G.'s in Straff. Bd. 16 Nr. 3 S. 16 flg.

Solcher Auffassung stellen sich jedoch die erheblichsten Bedenken entgegen. Von vornherein erscheint es nach der oben berührten Entstehungsgeschichte des § 20 des Preßgesetzes als gewiß, daß man bei Unterstellung einer derartigen im Gesetze mit enthaltenen „besonders“ zu widerlegenden Präsumtion zu materiell rechtlichen Konsequenzen gelangt, welche weit über das erkennbar von der Gesetzgebung verfolgte Ziel hinausgehen. Während gesetzgeberisch lediglich beabsichtigt wurde, den Beweis bewußter, mit voller Kenntnis des Inhaltes erfolgter Veröffentlichung gegen den Redakteur sicherzustellen, gegen den letzteren die regelmäßig mit jeder bewußt gewollten Veröffentlichung einer bestimmten Druckschrift verknüpfte strafrechtliche Verantwortlichkeit des gewöhnlichen Veröffentlichers zu realisieren, würde der Redakteur fortan mit einer Doluspräsumtion belastet sein, die ihn erheblich ungünstiger stellte als den sonst nach allgemeinen Strafgesetzen verantwortlichen Urheber eines strafbaren Preßerzeugnisses. Man würde dann entweder innerhalb derselben Zeitung strafrechtliche Unterschiede machen müssen zwischen der Haftung des Redakteurs für Artikel, die er nachweisbar selbst verfaßt bezw. vorsätzlich veröffentlicht hat, und solchen, bei denen seine Thäterschaft nur vermutet wird, oder man würde denselben Autor nach verschiedenen Grundsätzen haftbar erklären, je nachdem er einen von ihm verfaßten Aufsatz mittels selbständiger, nicht periodischer Druckschrift oder als Redakteur in der von ihm redigierten Zeitschrift veröffentlicht hat. Es würden sich ferner die unlösbarsten Schwierigkeiten ergeben, sobald Delikte in Frage kommen, welche, je nachdem der Vorsatz des Thäters von dieser oder jener Beschaffenheit ist, einen durchaus verschiedenen Charakter annehmen, und nunmehr entschieden werden soll, ein wie gearteter Vorsatz im konkreten Falle gesetzlich zu vermuten ist. Der mögliche Ausweg, zu unterscheiden zwischen eigentlichen und uneigentlichen Preßdelikten, oder doch zwischen solchen Delikten, welche unmittelbar in der Veröffentlichung den vollen objektiven wie subjektiven Thatbestand einer strafbaren Handlung darstellen, und solchen, welche außerhalb der Veröffentlichung selbst liegende Thatsachen oder thatsächliche Beziehungen der Außenwelt zur Strafbarkeit voraussetzen, würde ohne den festen Boden positiver Rechtsnormen als Grundlage, durch die Eröffnung einer Fülle neuer, mehr oder weniger willkürlicher, künstlicher, überall anfechtbarer Distinktionen die vorhandenen Schwierigkeiten für die Rechtsprechung nur noch steigern.

Nach alledem erscheint der Schluß gerechtfertigt, daß die Wirkung der im § 20 Abs. 2 a. a. O. aufgestellten Präsumtion sich nicht weiter zu erstrecken hat, als es die Befriedigung des praktischen Bedürfnisses erfordert, daß der Anschuldigungsbeweis nach der Richtung aber auch nur nach der Richtung hin unterstützt und gesichert werden soll, wo sich nach den bisherigen Erfahrungen die repressive Kraft der Strafgesetze unzureichend erwiesen hatte, und daß dieser Mangel lediglich in dem unsicheren Erweise der vom Redakteur gewollten, d. i. der mit Kenntnis und Verständnis des Inhaltes von ihm vorsätzlich verursachten Veröffentlichung hervorgetreten ist. Daß er die

Druckschrift mit Kenntnis und Verständnis des Inhaltes vorsätzlich veröffentlicht hat, soll gegen den Redakteur kraft gesetzlicher Vermutung ohne weiteres so lange als erwiesen gelten, bis das Gegenteil dargethan ist. Weil die Art, wie im konkreten Falle der Redakteur seines Amtes gewaltet, wie er den zu veröffentlichenden Stoff geprüft, die Veröffentlichung angeordnet hat und er solchergestalt der eigentliche intellektuelle Urheber der Publikation geworden ist, in der Regel unerkennbar im Dunkel des Redaktionsbureaus verborgen bleibt, deshalb sollte hier eine gesetzliche Vermutung intellektueller Urheberschaft nachhelfend eintreten. Was dagegen die andere Frage anbetrifft, mit welchem strafrechtlichen Vorsatze der Redakteur als wirklicher oder vermuteter Thäter der Veröffentlichung in dem eben begrenzten Sinne gehandelt hat, so wird diese durch die Norm des § 20 Abs. 2 a. a. O. nicht berührt. Steht der intellektuelle Urheber der Veröffentlichung fest, dann bietet jene Frage bei der periodischen Presse nicht mehr Schwierigkeiten, wie der nicht periodischen Presse gegenüber. Daß der Redakteur einer Zeitschrift als Herausgeber der einzelnen Nummer der Regel nach mehr fremden Stoff verarbeitet und publiziert, als der Verfasser einer einzelnen Brochüre, bedingt nur einen unwesentlichen thatsächlichen Unterschied; dem Herausgeber eines Sammelwerkes gegenüber verschwindet der Unterschied vollends. Der Regel nach wird es hier wie dort eine thatsächliche Frage bleiben, ob je nach der Beschaffenheit des in Rede stehenden Deliktes und des von ihm erforderten Vorsatzes, je nach der zweifellosen und unmittelbaren Verkörperung des Vorsatzes in dem vorliegenden objektiven Thatbestande für Bestreiten, Prüfen und Erörtern des subjektiven Thatbestandes mehr oder weniger Raum übrig bleibt. Insoweit wird also in zahlreichen Fällen die Vermutung intellektueller Urheberschaft einer Veröffentlichung strafbaren Inhaltes thatsächlich zugleich das Vorhandensein strafbaren Vorsatzes mitumfassen. Daher kann auch nicht die Rede davon sein, als führe der hier vertretene Standpunkt dahin, nun etwa regelmäßig noch einen besonderen Nachweis des Dolus gegen den Redakteur zu fordern. Worauf es hier ankommt, ist lediglich die Ablehnung der Folgerung, als suppliere schon die Norm des § 20 Abs. 2 a. a. O. den strafbaren Vorsatz, ist die Betonung der Forderung, daß der verantwortliche Redakteur gleich jedem anderen bekannten Autor und Veröffentlicher eines Preßerzeugnisses strafbaren Inhaltes mit der Einrede, ohne strafbaren Vorsatz gehandelt zu haben, gehört werden muß.

Zu dem gleichen Ergebnisse führt die wörtliche Auslegung des § 20 Abs. 2 a. a. O. Das geltende Strafrecht braucht den Ausdruck „Thäter" in dem weitesten Sinne der kausalen Urheberschaft eines rechtsverletzenden Erfolges, ohne dabei entscheidendes Gewicht auf schuldhafte oder nicht schuldhafte Thäterschaft zu legen. Gelegentlich, wo der Gegensatz der Deliktsformen von Alleinthäterschaft und Teilnahme (Mitthäterschaft, Gehilfenschaft ꝛc. in Frage ist (§§ 47, 49, 50, 63, 257 St. G. B.'s), wird unter dem „Thäter" der hauptsächliche oder alleinige Delinquent verstanden. An anderen Stellen (§§ 51, 52, 53 Abs. 2 54 St. G. B.'s) bezeichnet das Gesetz als „Thäter“ auch den schuldlosen, im Zustande der Willensunfreiheit, der Notwehr, des Notstandes handelnden Verursacher einer Rechtsverletzung. Mit diesem legalen Sprachgebrauche befindet sich der hier vertretene Satz in voller Uebereinstimmung, daß die Worte im § 20 Abs. 2 a. a. O.: „ist als Thäter zu bestrafen“, nur besagen sollen, der Redakteur haftet strafrechtlich als bewußter, mit Kenntnis und Verständnis des Inhaltes handelnder Verursacher der Veröffentlichung. Die hiervon unabhängige Frage, mit welchem, wie beschaffenen Vorsatze die Veröffentlichung bewirkt worden ist, wieweit der „Thäter“ auch subjektiv für seine That strafrechtliche Verantwortlichkeit zu tragen hat, bedarf in jedem Einzelfalle besonderer Entscheidung.

Hieraus aber folgt für die vorangestellte Rechtsfrage eine zweifache Konklusion. Erstens erscheint es unstatthaft, zwischen dem in Gemäßheit des § 20 Abs. 1 nach den allgemeinen Strafgesetzen verantwortlichen und dem in Gemäßheit des § 20 Abs. 2 kraft gesetzlicher Vermutung haftbaren Redakteur, zwischen dem wirklichen und dem präsumtiven „Thäter“ des in einer periodischen Druckschrift verübten Preßdeliktes materiell-rechtlich unterscheiden zu wollen. Ob der Beweis bewußter Urheberschaft der Veröffentlichung in dem obigen Sinne mit den gewöhnlichen Beweismitteln (Geständnis, Zeugen, Urkunden, Anzeichen u. dgl.) oder mit Hilfe einer unwiderlegt gebliebenen gesetzlichen Vermutung geführt wird, dafür ist allerdings § 20 Abss. 1, 2 von Bedeutung. Steht aber einmal die „Thäterschaft“ fest, dann hat jeder materielle Unterschied zwischen wirklichem oder präsumtiven Thäter ein Ende. Zum zweiten ist hiermit zugleich ausgesprochen, daß die allgemeinen Strafgesetze, insoweit sie die materiellen Grundsätze vom Dolus enthalten, also die gesetzlichen Schuldausschließungsgründe mitsamt der den Beleidigungsvorsatz regelnden Norm des § 193 St. G. B.'s dem verantwortlichen Redakteur in gleichem Maße und mit der gleichen Wirkung zur Seite stehen, wie jedem anderen „Thäter“ eines Preßdeliktes, und daß diese Schuldausschließungsgründe begrifflich nicht den „besonderen Umständen“ zugezählt werden dürfen, durch deren Nachweis eine für die Schuld streitende Vermutung besonders entkräftet werden müßte.

Im Zusammenhange mit den zuletzt ausgeführten Erwägungen mußte sodann in eine Erörterung der weiteren Frage eingetreten werden, welche Bedeutung den „besonderen Umständen“ positiv beizumessen sei, deren Erweis die im § 20 Abs. 2 a. a. O. aufgestellte Vermutung zu widerlegen berufen ist. Geht man davon aus, daß der Grundsatz der Herrschaft der allgemeinen Strafgesetze für die periodische wie für die nichtperiodische Presse in erster Reihe maßgebend bleibt, daß bezüglich der periodischen Presse lediglich die Führung des Anschuldigungsbeweises durch eine gesetzliche Präsumtion ergänzt worden ist, daß Grund und Zweck dieser Präsumtion sich auf den Nachweis vorsätzlicher, mit voller Kenntnis des Inhaltes verursachter Veröffentlichung beschränkt, im übrigen aber der kraft solcher Präsumtion haftbar gemachte Redakteur materiellrechtlich, vor allem hinsichtlich des Dolus, dem sonstigen bewußten Urheber eines strafbaren Preßerzeugnisses vollkommen gleichsteht, so zwingen diese Vordersätze zu dem Schlusse, daß die „besonderen Umstände“ des § 20 Abs. 2 a. a. O. alle thatsächlichen Momente umfassen müssen, durch welche mit der Annahme vorsätzlicher Veröffentlichung zugleich jeder strafbare Vorsatz ausgeschlossen wird. Einen Redakteur, welcher erwiesenermaßen an der Herstellung und Veröffentlichung eines Preßerzeugnisses strafbaren Inhaltes in keiner Weise vorsätzlich mitthätig geworden ist, dennoch zum dolosen Thäter des Strafdeliktes stempeln zu wollen, würde zweifellos eine so wesentliche Durchbrechung der gemeinrechtlichen Grundsätze vorsätzlicher Verschuldung enthalten, wie sie nur auf dem Boden unzweideutiger positiver Gesetzesnormen für statthaft erachtet werden könnte.

Die bisherige Rechtsprechung des Reichsgerichts hat an der Hand des für die Entstehung des § 20 a. a. O. charakteristischen legislativen Materiales die „besonderen Umstände“ des Abs. 2 a. a. O. in einem engeren Sinne ausgelegt. Auf Grund der innerhalb der Reichstagskommission wie im Plenum des Reichstages gefallenen Aeußerungen einzelner Mitglieder, auf Grund des bei der Fassung des Abs. 2 beliebten Wechsels der Ausdrücke — „besondere“ für „konkrete Umstände“ —, auf Grund endlich der klar erkennbaren Absicht des Abs. 2, eine effektive Verantwortlichkeit der Redakteure herzustellen, erschien es geboten und gerechtfertigt, die Vermutung wissentlich gewollter Veröffentlichungen nur durch solche Umstände für widerlegbar zu erklären, welche sich als außerordentliche, ungewöhnliche, unverschuldete bezeichnen ließen. Dem hierdurch vorgebeugt werden sollte, war die naheliegende Gefahr, durch willkürliche Abwälzung der eigentlichen, aktuellen Redaktionsthätigkeit durch Vorschiebung von Scheinredakteuren oder durch sonstige auf Umgehung des Gesetzes berechnete Manöver die vom § 20 Abs. 2 angestrebte Verantwortlichkeit völlig illusorisch zu machen. Eine erneute Prüfung aller dieser Gesichtspunkte hat zu dem Ergebnisse geführt, daß den gegen die bisherige einschränkende Auslegung des Begriffs „besondere Umstände“ sprechenden Bedenken der Vorrang vor den gegenteiligen Argumenten einzuräumen sei. Gegenüber den unsicheren, dunkeln, sich mannigfach widersprechenden, kaum einen klar leitenden Gedanken zum Ausdruck bringenden Aeußerungen der Reichstagsmitglieder, wie sie in der Entstehungsgeschichte des § 20 hervortreten, mußten zwei Gründe entscheidend ins Gewicht fallen. Sollen „besondere“ Umstände nicht lediglich „besonders“ zu erweisende, von der, der Vermutung zu Grunde liegenden Regel abweichende, sondern qualitativ besonders geartete Umstände bedeuten, dann muß diese besondere Qualifikation auch begrifflich bestimmbar sein. Ohne solche klar begrenzte begriffliche Bestimmung verliert sich der Ausdruck in das Gebiet reiner Willkür. Für eine derartige feste Begriffsbestimmung fehlt es aber sowohl im Gesetze wie in der Natur der Sache an allen Unterlagen. Ausdrücke, wie „ausnahmsweise“, „ungewöhnlich“, „außergewöhnlich“, „außerordentlich“, behalten eine rein relative Bedeutung ohne feste, begriffliche Grenzen. Sodann ordnet das Preßgesetz im § 21 noch besonders die fahrlässige Verschuldung für Preßdelikte und die Haftbarkeit der Redakteure für solche Fahrlässigkeitsschuld. Will man zur Widerlegung der im § 20 Abs. 2 aufgestellten Vermutung nur solche „besondere Umstände" gelten lassen, welche nach Annahme des Strafrichters mit sorgsamer Pflichterfüllung vereinbar sind, folgeweise alle derartigen Umstände von der Klausel ausschließen, welche eine schuldhafte Nachlässigkeit in Erfüllung der Redaktionspflichten einschließen, so gelangt man unabwendbar zu der Verurteilung wegen doloser Thäterschaft auf Grund des § 20 des Preßgesetzes, obwohl erwiesenermaßen nur fahrlässige Thäterschaft im Sinne des § 21 des Preßgesetzes vorliegt. Man schuldet dann Antwort auf die Frage, wie sich die eine und die andere Fahrlässigkeit von einander scheiden, und wo die Grenze für das Anwendungsgebiet der §§ 20, 21 untereinander hinsichtlich der Redakteure periodischer Druckschriften zu suchen ist. Der Ausweg aus diesem Dilemma, zwischen Graden von Fahrlässigkeit zu unterscheiden, etwa die gröbste Form derselben dem § 20, die leichteren Formen dem § 21 zuzuweisen, mußte nach der ganzen Entwickelung, welche die Lehre von der Fahrlässigkeit im neueren Strafrechte genommen hat, als ungangbar abgelehnt werden. Ueberzeugt man sich aber von der Unlösbarkeit des solchergestalt formulierten Problemes, entschließt man sich, dem § 21 des Preßgesetzes sein volles Recht und sein klar begrenztes Anwendungsgebiet zu belassen, dann zwingt auch diese Erwägung zu dem Schlusse, daß an sich die „besonderen Umstände" des § 20 Abs. 2 a. a. O. alle Thatmomente begreifen, welche die Annahme vorsätzlich, mit Kenntnis und Verständnis des Inhaltes verursachter Veröffentlichung nach den gewöhnlichen Grundsätzen des Strafprozesses im Einzelfalle zu widerlegen geeignet sind. Hierin findet zugleich diejenige Auffassung ihre Widerlegung, welche in dem § 20 Abs. 2 a. a. O. nicht lediglich eine Präsumtion, sondern die Fiktion der Thäterschaft und die Beschränkung des Gegenbeweises auf die äußere Stellung und Pflichterfüllung des Redakteurs betreffende Thatumstände erkennen will.

Daß mit solcher wesentlichen Erweiterung des zulässigen Exkulpationsbeweises zu Gunsten der Redakteure die oben angedeuteten Gefahren einer möglichst unverantwortlich redigierten Tagespresse sich mehren können, ist nicht verkannt worden. Der Beruf des Strafrichters, die repressive Kraft des Strafgesetzes ungeschwächt zu erhalten, vermag sich indessen nicht weiter zu bethätigen, als dem Strafgesetze selbst repressive Kraft beiwohnt. Daß durch die hier vertretene Auslegung der §§ 20, 21 des Preßgesetzes der Präsumtion des § 20 Abs. 2 a. a. O. das beste Teil realer Wirksamkeit entzogen werde, kann im übrigen nicht zugegeben werden. Zunächst darf in dieser Beziehung nicht übersehen werden, daß, wenn das Gesetz eine gewisse thatsächliche Beweisvermutung aufstellt, und nur deren Widerlegung durch Gegenbeweise zuläßt, der Strafrichter unbedingt verpflichtet ist, jener Vermutung so lange ihre volle gesetzliche Wirksamkeit zuzuerkennen, bis sie durch die entgegengesetzte Evidenz positiv aufgehoben wird. Bebürdet auch § 20 Abs. 2 den Redakteur nicht formal mit der Beweislast der die Annahme der Thäterschaft ausschließenden „besonderen Umstände", so folgt doch zweifellos aus dem Wesen der primär wirkenden gesetzlichen Vermutung, daß Ankläger wie Richter mit Anrufung der letzteren ihrer Pflicht, den Ueberführungsbeweis zu führen, genügt haben, daß sie das Hervortreten und Erbringen der Gegenbeweise, sei es von Seiten des Redakteurs, sei es von anderer Seite, abzuwarten haben, und daß die Gegenbeweise, um wirksam zu werden, stark genug sein müssen, dem Richter eine positive, die gesetzliche Vermutung aufhebende Ueberzeugung zu verschaffen. Thun sie das letztere nicht, wirken sie über ein non liquet nicht hinaus, so bleibt die gesetzliche Vermutung gegen den Redakteur in ihrer vollen, ungeschwächten Kraft bestehen. Halten die Strafgerichte diesen legalen Standpunkt mit Ernst und Nachdruck fest, dann bleibt mindestens für das Vorbringen unwahrer Ausflüchte wenig Raum.

Andererseits wird die Bedeutung des dolus eventualis auf dem vorliegenden Gebiete intellektueller Verantwortlichkeit für Preßdelikte nicht unbeachtet bleiben dürfen. Die Stellung des Redakteurs einer Zeitung oder Zeitschrift und die Natur dieser Redaktionsthätigkeit bringen es unter normalen Verhältnissen mit sich, daß, insoweit sich der Redakteur fremder literarischer Kräfte (Mitredakteure, Mitarbeiter, Korrespondenten 2c.) regelmäßig bedient, er deren Thätigkeit regelt und stetige geistige Wechselbeziehungen zwischen ihnen stattfinden. Zwischen dem Redakteur und derartigen Mitarbeitern wird in der Regel Einverständnis wie über Tendenz der Zeitschrift, so auch über Inhalt und Form der darin zu veröffentlichenden Artikel obwalten. Von dem Grade solchen Einverständnisses wird dann meist die größere oder geringere Genauigkeit in der redaktionellen Prüfung des von fremder Hand gelieferten, durch die Zeitschrift zu veröffentlichenden Stoffes abhängen. Schon hieraus folgt, daß beispielsweise die Einrede eines Redakteurs, einen unter seiner Redaktion veröffentlichten Artikel vorher nicht „gelesen" zu haben, von vornherein völlig bedeutungslos ist. Der Umstand schließt nicht aus, daß ihm der Inhalt des fraglichen Artikels von dritter Seite mitgeteilt worden ist oder daß er sonst von dem Inhalte genaue Kenntnis erlangt hat. Worauf es ankommt, ist ja allein, ob der Redakteur, gleichviel auf welchem Wege, mindestens soviel Kenntnis und Verständnis von dem Inhalte des strafbaren Artikels erlangt hat, daß anzunehmen ist, er habe diesen Inhalt vorausgesehen, gebilligt und die Veröffentlichung desselben mit in seinen Willen aufgenommen. Es werden daher nur solche Umstände geeignet sein, den eventuellen Vorsatz auszuschließen, welche dem Strafrichter die volle Ueberzeugung gewähren, die Veröffentlichung sei gegen den Willen des Redakteurs erfolgt, derselbe würde bei Kenntnis oder doch Verständnis des Inhalts die Veröffentlichung unterlassen haben.

Nun darf freilich auch der Begriff des dolus eventualis nicht über die durch das Wesen vorsätzlicher Verschuldung bedingten Grenzen ausgedehnt werden. Die Möglichkeit, daß es einem auf Umgehung des Gesetzes hinstrebenden Redakteur einmal gelingt, durch den Nachweis einer, ohne jede ihm mittelbar oder unmittelbar zum Vorsatze zuzurechnende Mitverursachung bewirkten Veröffentlichung sich der vollen Haftbarkeit aus § 20 des Preßgesetzes zu entziehen, bleibt hiernach offen. Doch wird der Regel nach in solchem Falle pflichtwidriges und fahrlässiges Verhalten des Redakteurs um so zweifelloser hervortreten und die Strafsanktion des § 21 des Preßgesetzes mit dem bis zu einem Jahre Gefängnis hinaufreichenden Höchstbetrage immer noch genügende Handhaben nachdrücklicher Repression darbieten. Daneben wird der Redakteur den Nachweis seiner Schuldlosigkeit an der Veröffentlichung kaum zu erbringen imstande sein, ohne zugleich den wahren Urheber der Veröffentlichung namhaft zu machen und solchergestalt die Ueberführung und Bestrafung des für das Preßdelikt verantwortlichen Thäters zu sichern. Für die Interessen der Strafrechtspflege kommt es aber entscheidend nicht sowohl darauf an, daß die von der Tagespresse verübten strafbaren Handlungen unter allen Umständen an den Redakteuren voll gesühnt werden, als vielmehr darauf, daß sie überhaupt an dem schuldigen Thäter ihre gerechte Ahndung finden.

Alle diese Erwägungen mußten zur Verneinung der der Entscheidung der vereinigten Strafsenate unterliegenden Rechtsfrage führen.

IV. Genügt auch eventueller Vorsatz zur Bestrafung?

Im Allgemeinen äußert sich U. 24. XI. 87 I. E. XVI., 363 dahin.

Das Urteil stellt als Ausgangspunkt für den Beweis des subjektiven Thatbestandes auf, daß nach dem Wortlaute des § 352 St. G. B.'s — „Gebühren, von denen er weiß, daß der Zahlende sie nicht schuldet" — zum Thatbestande das positive Wissen, die zweifellose Ueberzeugung des Thäters davon gehöre, daß die von ihm erhobenen Gebühren nicht geschuldet werden, daß aber der sog. dolus eventualis zu einer Verurteilung nicht ausreiche, daß es also nicht genüge, wenn der Thäter im Zweifel über seine Berechtigung zur Erhebung von Gebühren sich auf die ihm bewußte Gefahr hin, den Thatbestand des Vergehens zu erfüllen, über die Zweifel wegsetzt und unberechtigte Gebühren erhebt. Die Anschauung hat das Urteil an verschiedenen Stellen noch weiter zum Ausdrucke gebracht, und es läßt keinen Zweifel darüber, daß es den Dolus nur „in dem hervorgehobenen Sinne" verneint und nur von diesem Standpunkte aus geprüft hat. Die angeführte Grundlage der erstinstanzlichen Beurteilung ist aber rechtsirrig.

Das Strafgesetzbuch läßt nirgend hervortreten, daß es den in der Theorie aufgestellten Unterschieden im Begriffe des strafrechtlichen Vorsatzes, je nachdem die Vorstellung des Erfolges der That eine bestimmte oder unbestimmtere ist, sei es überhaupt, sei es in einzelnen Fällen einen Einfluß auf die Frage der Verschuldung und Verantwortung der That beilege. Indem es nur Vorsatz oder Fahrlässigkeit als Schuldformen kennt, nimmt es ersteren überall an, wo der Thäter mit der Vorstellung der Verursachung des normwidrigen Erfolges durch seine That handelt, beschränkt ihn nicht auf den Fall, wo der Erfolg das Motiv der Handlung ist, aber auch nicht auf den, wo die Absicht auf die Herbeiführung des

Erfolges gerichtet ist. Motiv und Absicht aber sind von ihm ausnahmsweise in den Thatbestand einzelner Strafverbote aufgenommen, dagegen ist der bestimmte Vorsatz nirgends ausgezeichnet, und der subjektive Thatbestand ist dann stets zu bejahen, wenn der Wille den eingetretenen Erfolg irgendwie, direkt, alternativ, eventuell umfaßt. Mit Unrecht glaubt das angefochtene Urteil in dem vom § 352 a. a. O. gebrauchten Worte „weiß" eine Besonderheit zu finden, daraus die Meinung des Gesetzes, daß ein bestimmter Vorsatz erforderlich sei, herleiten zu sollen. Das Wissen ist nichts anderes als das Bewußtsein, die Vorstellung von der Ursächlichkeit. Das gilt nicht nur da, wo das Strafgesetzbuch das Wort „wissentlich" in die Begriffsbestimmung eines Vergehens aufgenommen (vgl. §§ 48 Ziff. 2, 49, 156, 257, Ziff. 1, 276, 324, 364 a. a. O.), sondern auch, wo das Wissen in unmittelbaren Zusammenhang mit einem einzelnen Thatbestandsmerkmale gebracht ist (vgl. §§ 131, 171, 259, 270, 338, 352, 353 a. a. O.).

Vgl. Entsch. des R. G.'s in Straff. Bd. 5 S. 40 und Bd. 9 S. 85.

Insbesondere trifft es nicht zu, wenn der Angeklagte aus der Fassung des § 259 a. a. O. folgern zu können glaubt, daß hier in dem „annehmen müssen"*) der sog. Eventualdolus zum Ausdrucke gebracht und deshalb der § 352 a. a. O. enger zu verstehen sei, denn das Reichsgericht hat bereits ausgesprochen, daß jene Worte lediglich Bedeutung für die Beweisfrage des Dolus überhaupt, mit dem Eventualdolus sowenig, als mit der Fahrlässigkeit zu thun haben und neben ihnen der erstere seine Bedeutung auch bei der Hehlerei behält.

Vgl. Entsch. d. R. G.'s in Straff. Bd. 7 S. 87.

Wenn daher das Urteil annimmt, es könne dahingestellt bleiben, ob der Angeklagte seine Zweifel über die Gesetzlichkeit erhobener Gebühren unterdrückt, ob er in der Sucht nach Gebühren zu dem Gesetze widersprechenden Annahmen gelangt sei, und unbekümmert um die Mittel auf möglichst raschen und hohen Verdienst ausgehend auf die Gefahr hin, unberechtigte Gebühren zu erheben, gehandelt habe, so legt es den für den § 352 a. a. O. erforderlichen Dolus zu enge aus. Nur der irrige gute Glaube von der Berechtigung würde das rechtswidrige Bewußtsein ausschließen, das Gebiet des Zweifels über die Berechtigung dagegen fällt ebenmäßig, wie das „volle Bewußtsein", die „volle Ueberzeugung der Nichtberechtigung" in die Verschuldung, wenn trotz dieses Zweifels die That gewollt war. Die Beweisfrage kann unter Umständen in solchen Fällen eine schwierige sein, die prinzipielle Entscheidung aber beruht in dem Satze, daß der subjektive Thatbestand vorsätzlicher Vergehen immer dann erfüllt ist, wenn der Thäter weiß, daß derjenige Erfolg, von dem das Gesetz die Strafbarkeit abhängig macht, durch seine Handlung herbeigeführt werden könne, und mit diesem Erfolge, wenn er eintritt, einverstanden ist, d. h. ihn eventuell gewollt hat.

---

*) S. darüber unten § 43.

§ 9.

Insbesondere der Einfluß des Irrtums.

Berner § 64. Binding Gr. I § 40. v. Lizst § 39 u. § 40 III. Meyer § 25 Frank und Olshausen zu § 59 St. G. B.

I. **Einflußlos ist der Irrtum in Bezug auf das Strafgesetz, jeder andere Rechtsirrtum und Thatirrtum entschuldigt.**

Diese Grundsätze hat das R. G. in einer großen Reihe von Entscheidungen durchgeführt.

In E. II, 269 (U. 25. IX. 80, III.) heißt es:

Das Strafgesetzbuch fordert für die Anwendung seiner Bestimmungen, soweit es nicht im einzelnen Falle eine besondere Willensrichtung des Thäters voraussetzt, mehr nicht, als daß der Thäter das Bewußtsein derjenigen Umstände gehabt habe, in welchen das Gesetz die Merkmale einer strafbaren Handlung erblickt. Fehlt die Kenntnis von Thatumständen, welche zum gesetzlichen Thatbestande gehören, so greift § 59 St. G. B.'s Platz. Liegt dagegen die Kenntnis der Thatbestandesmerkmale vor, so ist ein Irrtum über die Strafbarkeit der Handlung einflußlos. Es ist in Theorie und Praxis kein Zweifel darüber, daß die Unwissenheit des Thäters über das Bestehen des speziellen Strafgesetzes ohne Einfluß sei.*)

Ergänzend führt E. IV 325 (U. 27 V 81 I) aus:

Es besteht kein allgemeines Prinzip, wonach ein Rechtsirrtum von strafrechtlicher Haftbarkeit für ein doloses Vergehen u. s. w. überhaupt nicht entschuldigen soll, und außerdem kann ein Irrtum, welcher nicht Dasein und Sinn des Strafgesetzes als solchen betrifft, vielmehr bei vorhandener Kenntnis des Angeklagten von der bestehenden Strafnorm sich auf civilrechtliche oder kirchenrechtliche Bestimmungen, bezw. auf die im Einzelfalle zutreffenden faktischen Voraussetzungen für Anwendung des Strafgesetzes, bezieht, als ein thatsächlicher Irrtum sich darstellen.

In E. XXVII, 401 (U. 29. X. 95 II) ist zum Ausdruck gebracht, daß durch die irrige Annahme des Thäters, daß er vermöge öffentlichen Rechtes die Befugnis gehabt habe, ihm amtlich übergebene, amtlich anvertraute oder zugängliche Urkunden zu vernichten, die Anwendung der §§ 133, 348 Abs. 2 St. G. B's. ausgeschlossen wird.**)

II. § 59 St. G. B's. bezieht sich nur auf die Unkenntnis der zum gesetzlichen Thatbestand gehörenden und der straferhöhenden Thatumstände, dagegen nicht auf die Unkenntnis strafvermindernder, strafausschließender und strafaufhebender Thatumstände, auch nicht auf den Irrtum bezüglich des Motivs, der Kausalität der Handlung oder des Erfolges. So Olshausen zu § 59 Nr. 23 und E. IV, 98 VI, 405 XVI, 150 XVIII, 337 XIX, 298 XXI, 189.

---

*) Ein solcher Irrtum kommt dem Thäter nur in wenigen Ausnahmefällen auf Grund besonderer Gesetzesvorschrift zu statten. R. G. VI., 408.

**) v. Liszt § 3907 hält dieses Urteil für bedenklich.

III. Aberratio ictus und error in persona.

Die rechtliche Verschiedenheit beider Fälle behandelt das U. 25. IV. 89, E. XIX., 179.

Der Angeklagte ist wegen vorsätzlicher Körperverletzung verurteilt worden, weil er in der Absicht, den Heinrich H. zu mißhandeln, den Christian W., welchen er für den Heinrich H. gehalten, mißhandelt habe. Die Revision bringt gegen diese Verurteilung die Einwendung vor, es falle dem Angeklagten nur der straflose Versuch einer Mißhandlung des Heinrich H. in Verbindung mit einer fahrlässigen Mißhandlung des Christian W. zur Last. Denn der Vorsatz desselben sei nicht auf die Mißhandlung des Christian W. gerichtet gewesen. Diese Einwendung ist jedoch nicht begründet, weil es nur darauf ankommen kann, daß der Angeklagte den Menschen, welchen er mit seinem Schlage hat treffen wollen, auch wirklich mit seinem Schlage getroffen hat. Allerdings befand sich derselbe, indem er sich den Heinrich H. als den Gegenstand seiner beabsichtigten Mißhandlung individualisierte, in einem Irrtume. Allein dieser Irrtum ist darum ohne Bedeutung, weil der Christian W. mit dem Heinrich H. vor dem Gesetze, da es die rechtswidrige Mißhandlung eines jeden beliebigen Menschen verbietet, gleichwertig, und sich sonach der Thäter, wenn er mit seinem Willen einen Menschen rechtswidrig verletzt, bewußt ist, daß er diesem Verbote auch für den Fall vorsätzlich zuwiderhandele, daß der Verletzte eine andere als die von ihm gemeinte Person sein sollte. Wäre freilich die von dem Angeklagten beabsichtigte Verletzung des Heinrich H. eine rechtswidrige nicht gewesen, so würde demselben auch die aus Irrtum stattgefundene Verletzung des Christian W. nicht als eine vorsätzlich rechtswidrige zugerechnet werden können. Aber es besteht zwischen dem Heinrich H. und dem Christian W. im Hinblick auf die That des Angeklagten nur die rechtliche Verschiedenheit, daß ihn das vorausgegangene Verhalten des H. in große Erregtheit versetzt hatte, und diese Thatsache ist bei der Strafzumessung zu seinen Gunsten von dem Urteil berücksichtigt worden.

In der bezeichneten Weise hat sich denn auch bereits das Reichsgericht in seiner Entscheidung vom 29. December 1888, Entsch. des R. G.'s in Straff. Bd. 18 S. 337, bezüglich des sog. error in persona ausgesprochen. Die von der Revision angerufenen Entscheidungen Bd. 2 S. 335 und Bd. 3 S. 384 aber beschäftigen sich nicht mit diesem Irrtume in der Person, sondern mit der Aberration, mit dem Falle also, daß ein Irrtum des Thäters bezüglich der Person, welche getroffen werden soll, nicht besteht, und vielmehr nur in Folge eines nicht erwarteten Kausalverlaufes eine andere Person als die gemeinte getroffen wird. Hatte der Thäter seinen Gegner mit einem Schlage verletzen wollen, er verfehlt ihn aber und verletzt eine neben demselben stehende andere Person, die er sich nicht als den Gegenstand seines Schlages ausersehen hatte, so kann allerdings behauptet werden, den Menschen, welchen er habe treffen wollen, habe er nicht getroffen, und er würde darum in diesem Falle auch nur des Versuches in etwaiger Konkurrenz mit Fahrlässigkeit schuldig befunden werden dürfen. Und insbesondere könnte auch hier die Erwägung, daß die beiden in Frage stehenden Menschen den gleichen Rechtsschutz genießen, nicht zu dem Ergebnisse führen, daß der Vorsatz des Thäters auf den wirklich getroffenen Menschen gerichtet gewesen sei.

§ 10.

Die Fahrlässigkeit.

Berner § 71. Binding Gr. I § 48. v. Liszt § 41. Meyer § 26.
Frank und Olshausen zu § 59 St. G. B.

I. **Das Wesen der Fahrlässigkeit** besteht nach der in zahlreichen Entscheidungen festgehaltenen Ansicht des R. G. darin, daß durch Nichtanwendung der nach den gegebenen Umständen gebotenen Sorgfalt und Umsicht von dem Handelnden ein vom Recht reprobierter Erfolg seines Handelns herbeigeführt worden ist.

(So R. G. VI, 42 (U. 15. II. 82 III).

II. **Nicht** gefordert wird zum Begriff schuldhafter Fahrlässigkeit, daß der Thäter die **thatsächlich** verursachte Schädigung in ihrer **besonderen** Gestaltung vorhersehen konnte oder mußte.

Dieser Satz begründet das U. v. 18. II. 89 (E. XIX, 51) wie folgt:

> Nach den erstinstanzlichen Feststellungen ist der Angeklagte K. überführt, bei dem Herabwinden eines Ballens Häute vom zweiten Stockwerke eines Lagerhauses nach dem Hofe herunter, insbesondere bei der Befestigung des fraglichen Ballens mittelst Einschleifens am Windehaken, dergestalt „ordnungswidrig und unvorsichtig" gehandelt zu haben, daß er das Herausfallen des Ballens aus der Schleife als Folge der ungenügenden Befestigung voraussehen konnte. Erwiesenermaßen ist diese vorhersehbare Folge eingetreten, der Ballen ist der Schleife entglitten, in den Hof hinuntergestürzt und hat hier den unter dem Windeaufzuge auf einem Wagen stehenden Botenfuhrmann F. erheblich körperlich beschädigt.

Die Erwägungen, auf Grund deren der Vorderrichter trotzdem zu dem Schlusse gelangt ist, die vorbezeichnete Körperverletzung als nicht vorhersehbar dem Angeklagten K. nicht zur Fahrlässigkeit zuzurechnen, beruhen, wie die Revision zutreffend rügt, unverkennbar auf einer zu engen und deshalb unrichtigen Auffassung der Fahrlässigkeitsschuld.

Jene Erwägungen laufen im wesentlichen darauf hinaus, der Angeklagte, welcher unter den obwaltenden Verhältnissen entschuldbarerweise „recht wohl von der Annahme ausgehen durfte", F. werde sich nicht auf dem Wagen unterhalb des Aufzuges, sondern in einer geschützten Stellung im Lagerhause befinden, habe die gegen seine Annahme eingetretene Beschädigung des F. nicht vorhergesehen, auch in der thatsächlich erfolgten konkreten Gestalt nicht vorherzusehen gebraucht. Hierbei geht das Urteil in zwiefacher Richtung fehl. Daß K. thatsächlich weder wußte, noch auch vermutete, der von ihm auf die Gefahr des Hinunterstürzens hinunterbeförderte Ballen werde unten den F. treffen und zu Boden schlagen, ist für den Begriff der Fahrlässigkeit bedeutungslos. Gerade dieser sein

Irrtum über die verursachende Natur, die Kausalität seiner Handlung scheidet sein Verhalten als fahrlässiges vom vorsätzlichen. Hätte er den Unfall als Folge des von ihm hinabgeschleuderten Ballens wirklich vorausgesehen, so würde er mindestens mit eventuellem Dolus gehandelt haben, und die Körperverletzung des F. würde als vorsätzlich zugefügte ihm haben zugerechnet werden können. Entscheidend ist allein die Möglichkeit des Vorhersehens und die Vermeidlichkeit des Irrtums. Nur, wenn der Instanzrichter zu der Ueberzeugung gelangte, der fragliche Irrtum des K., dessen Verhalten er selbst als „unvorsichtig" bezeichnet, sei ein unvermeidlicher, es sei dem Angeklagten unmöglich gewesen, die Vorstellung von der Kausalität seines Thuns zu gewinnen, durfte er die Vorhersehbarkeit des eingetretenen Erfolges verneinen. Hierbei aber — und dies ist der zweite gegen das Urteil zu erhebende Vorwurf — kann niemals die Frage in der Art gestellt werden, ob der unvorsichtig Handelnde den von ihm verursachten Schaden gerade genau in derjenigen konkreten Gestaltung, wie sie thatsächlich erfolgt ist, pflichtmäßig in den Kreis seiner Vorstellungen aufnehmen mußte. Eine derartige Voraussicht, eine so spezialisierte Vorhersehbarkeit liegt außerhalb des Bereiches der menschlichen Dinge.

Was vom Reichsgerichte bezüglich der einzelnen Zwischenglieder in einer Kette kausal bedingter Ereignisse und ihrer Vorhersehbarkeit ausgeführt worden, Entsch. des R. G.'s in Strafs. Bd. 6 S. 146, gilt in analoger Weise hinsichtlich des Erfolges, der ja nur das letzte abschließende Glied der in Frage stehenden Kausalitätsreihe abgiebt. Vorhersehbar und deshalb vermeidlich, kann auch hier nur das Schlußergebnis in seinen wesentlichsten allgemeinen Umrissen, in seiner generischen, gewisse Rechtsgüter gefährdenden Beschaffenheit sein. Wer einen schweren Gegenstand auf eine belebte Straße zum Fenster hinauswirft, muß pflichtmäßig die Vorstellung haben, daß dadurch Leben und Gesundheit der auf der Straße verkehrenden Menschen geschädigt werden können. Diese und nur diese Art von Rechtsgüterverletzung ist für ihn vorhersehbar. Welcher konkrete Mensch aber durch den hinausgeworfenen Gegenstand möglicherweise getroffen werden kann, durch welchen Zufall gerade dieser Mensch auf die Straße und in die Linie des Wurfes gekommen, in welcher Weise dieselbe verletzt wird u. s. w., alles dies bleibt außer aller menschlichen Voraussicht. Für die fahrlässiges Thun verbietende Rechtsnorm ist aber lediglich der allgemeine Rechtsschutz in seiner generellen, gewisse Rechtgüter in ihrer kategorischen Gestalt umfassenden Absicht von Bedeutung, nicht der besondere Mensch A. mit der gerade ihm zu teil gewordenen besonderen Beschädigung. Jedermann ist verpflichtet, sein Handeln so einzurichten, daß dasselbe nicht kausal werde für schädigende Ereignisse einer gewissen, vom Gesetze bezeichneten Gattung, deren Eintreten im Kreise des menschlichen Vorstellungsvermögens liegt. Ist dann aber eine jener vom Gesetze bezeichneten Rechtsverletzungen von dem unvorsichtig Handelnden thatsächlich verursacht worden, dann ist für die Frage der Vorhersehbarkeit nur noch zu untersuchen, ob das konkret eingetretene Ereignis seiner Gattung, bezw. seiner allgemeinen Beschaffenheit nach in die Kategorie der vorhersehbaren und deshalb vermeidlichen Ereignisse hineinfällt, oder ob dasselbe schlechthin außerhalb des Bereiches der vorhersehbaren und deshalb vermeidlichen Ereignisse verblieben ist. Trifft jene Voraussetzung zu, dann gehört der fragliche Unfall auch dem Bereiche der vorhersehbaren Folgen menschlicher Handlungen an, und seine Verursachung ist, als auf pflichtwidrigem Verhalten beruhend, zur Fahrlässigkeitsschuld zuzurechnen.

Vgl. Entsch. des R. G.'s in Straff. Bd. 15, S. 345.

Diese Grundsätze auf den vorliegenden Fall angewendet, ergeben, daß, da die Körperverletzung des F. als durch unvorsichtiges Verhalten des Angeklagten verursacht feststeht, für die Fahrlässigkeitsschuld des letzteren lediglich noch zu entscheiden war, ob er nach seiner Erfahrung und nach dem gewöhnlichen Verlaufe der Dinge voraussehen konnte und mußte, daß durch den, aus der losen Schlinge in den Hof hinunterstürzenden Ballen irgend ein den fraglichen Hof passierender oder sich dort aufhaltender Mensch — gleichviel, ob F. oder irgend ein anderer getroffen und geschädigt werden könne. Das angefochtene Urteil erklärt zwar in der Einleitung der betreffenden Erwägungen es nur für „bedenklich", dem Angeklagten die pflichtmäßige Voraussicht zu imputieren, daß „ein Mensch" sich unten in der Nähe des Aufzuges aufhalten und durch den herausgefallenen Ballen werde verletzt werden. Die weiteren Ausführungen des Urteils zeigen aber unzweideutig, daß der Vorderrichter nur geprüft hat, ob Angeklagter vorausgesehen. F. werde dieser „Mensch" sein, F. werde sich „sofort wieder auf den Wagen begeben", F. werde es an „der nötigen Vorsicht fehlen lassen", und daß, weil solches dem Angeklagten nicht zugerechnet werden könne, weil er auch von seinem Standpunkt aus sich überhaupt nicht zu überzeugen vermochte, „ob F. in der Nähe des Wagens oder auf diesem sich befand," deshalb die Fahrlässigkeitsschuld verneint wird. Daß etwa die Umstände, unter denen gerade F. zu Schaden gekommen, solche gewesen, wie sie K. als, sei es den F., sei es einen anderen möglicherweise gefährdend schlechthin nicht vorhersehen konnte, wird nirgends gesagt. Auf das Fehlerhafte dieser Auffassung ist schon oben hingewiesen. Hier mag noch hinzugefügt werden, daß der Vorderrichter auch darin zu irren scheint, daß er auf die eigene Unvorsichtigkeit des F., der sich von dem unter dem Aufzuge stehenden Wagen nicht rechtzeitig entfernt hat, wesentliches Gewicht zu legen scheint. An anderer Stelle erkennt das Urteil selbst an, daß, trotz der angeschlagenen Warnungen und der sonst üblichen Vorsichtsmaßregeln auf dem N.'schen Hofe, auf dem der Unfall sich ereignet hat, Nichtachtung der mit dem Aufzuge verbundenen Gefahren abseiten der auf dem Hofe verkehrenden Leute nicht zu den seltenen Erscheinungen gehörte. Traf dies zu, dann waren derartige Unachtsamkeiten Dritter auch für den Angeklagten vorhersehbar, und er hatte sein Verhalten pflichtmäßig so einzurichten, daß es auch nicht im Zusammenwirken mit der Lässigkeit Dritter

Schaden verursachte. Dann hob aber auch die dem F. selbst zur Last fallende Unvorsichtigkeit, dessen Beschädigung nicht aus dem Kreise der im allgemeinen für K. vorhersehbaren Folgen seines Handelns heraus, und der von ihm verursachte Unfall bleibt um nichts weniger ein fahrlässig-verschuldeter.

Zweites Kapitel.

Die Thatseite des Verbrechens.

§ 11.

Der Kausalzusammenhang.

Berner § 62, Binding Gr. I § 58, v. Liszt § 28, Meyer § 28, Frank zu § 1 IV.

1. Zwei Theorien stehen sich diametral gegenüber.*) Nach der einen ist Ursache nur diejenige Bedingung eines Erfolges, welche denselben mit Notwendigkeit nach sich zieht, nach der anderen ist Ursache jede Mitwirksamkeit, welche zur Hervorbringung eines Erfolges beigetragen hat, also jede Bedingung des Erfolges.**)

Das R. G. hat sich in zahlreichen Entscheidungen der letzteren, besonders von v. Buri verteidigten Theorie angeschlossen. Als grundlegend für seine Ansicht darf bezeichnet werden das U. v. 28. IX. 81. III. (E. V., 29).

Die Dienstmagd K. befand sich im Dienste der Angeklagten. Der Vorrichter hat festgestellt, daß Angeklagte die K. mittelst eines Schlages oder Stoßes, den sie ihr mit der Faust in das linke Auge versetzt, an deren Körper beschädigt und daß diese Verletzung zur Folge gehabt, daß die Beschädigte des Sehvermögens auf dem linken Auge beraubt ist.

Die Revision behauptete u. a. unrichtige Anwendung des § 224 St. G. B.'s. Der Angriff wurde als unbegründet erachtet.

Der Vorrichter stellt in den Gründen seiner Entscheidung fest, daß die Verletzte mit skrofulösen Leiden behaftet und zur Heilung einer Augenentzündung in letzterer Zeit in ein Krankenhaus aufgenommen, sowie, daß die natürliche Anlage derselben zu Skrofelkrankheiten den Verlauf der Erblindung wesentlich zu fördern geeignet gewesen sei. Es wird erwogen, daß, wenn selbst der gedachte krankhafte Zustand der Verletzten zu der eingetretenen Folge der Erblindung derselben so wesentlich mitgewirkt haben sollte, daß ohne das Vorhandensein dieser Schädlichkeit die in Rede stehende Körperverletzung überhaupt nicht, oder doch nicht in dem eingetretenen Maße würde herbeigeführt sein, die Angeklagte als Urheberin der Körperverletzung dennoch auch in diesem Falle für den Erfolg derselben in vollem Umfange zu haften habe, weil festgestellt sei, daß dieselbe mit dem krank-

*) cf. insbesondere Birkmeyer, über Ursachenbegriff und Causalzusammenhang im Strafrecht, abgedruckt im Gerichtssaal B. XXXVII., 257 ff.
**) über die übrigen Causalitätstheorien von v. Bar, Thon, Ortmann, Sigwart, Birkmeyer, Binding, s. v. Liszt § 28 V.

haften Zustande, der Neigung ihrer Dienstmagd zu Skrofeln, wohl bekannt gewesen sei.

Die Revision rügt, daß der Vorrichter mit Unrecht der Angeklagten den eingetretenen Erfolg in seiner ganzen Schwere zurechne, weil es dazu nicht allein der Feststellung der Kenntnis von dem Zustande der Verletzten, sondern auch des Bewußtseins seitens der Angeklagten von der sich aus jenem krankhaften Zustande ergebenden Gefährlichkeit ihrer Handlung bedurft habe.

Dieser Einwand der Revision ist indessen nicht angethan, die beantragte Aufhebung des Urteils wegen unrichtiger Gesetzesanwendung zu rechtfertigen, weil die von dem Instanzrichter angenommenen Voraussetzungen in betreff des Einflusses des zur Zeit der That bereits vorhandenen Krankheitszustandes der Verletzten auf den Erfolg der von der Angeklagten begangenen Körperverletzung nach keiner Richtung hin geeignet sind, den festgestellten Thatbestand des § 224 St. G. B.'s zu beseitigen.

Das Strafgesetzbuch hat die Strafe der Körperverletzung überwiegend nach dem Erfolge abgestuft und nach letzterem den Begriff der Unterarten der Körperverletzung bestimmt, ohne dabei der verschiedenen Willensrichtung des Thäters eine andere Berücksichtigung zuzugestehen, als dieselbe bei der Strafzumessung ermöglicht wird.

Auf dieser Auffassung beruhen insbesondere die Vorschriften der §§ 224, 226 St. G. B.'s — vgl. auch §§ 227, 178, 307 Nr. 1, 314, 315 Abs. 2 das. — nach welchen die schwere Qualifizierung des Thatbestandes der Körperverletzung, soweit der schwere Erfolg nicht in der Absicht des Thäters gelegen hat, lediglich von der Folge, welche die Körperverletzung gehabt hat, § 224 a. a. O., dem verursachten Erfolge, § 226 a. a. O., abhängig gemacht ist.

Handelte es sich danach im gegebenen Falle zunächst um den ursächlichen Zusammenhang der That der Angeklagten mit dem eingetretenen Erfolge und somit um die Frage, ob die eingetretene Erblindung der Verletzten auf die begangene Körperverletzung als Ursache zurückzuführen sei, so erscheint in dieser Richtung die von dem Vorrichter getroffene Feststellung, „daß in Folge des vorsätzlichen Schlages oder Stoßes der Angeklagten in das linke Auge der Verletzten die Ablösung der Netzhaut desselben eingetreten sei, welche sodann die Erblindung herbeigeführt habe,“ entscheidend, da dieselbe weder an sich noch in ihrer Begründung einen Rechtsirrtum erkennbar macht.

Insbesondere steht jener Feststellung die von dem Vorrichter zugelassene Voraussetzung, daß ohne das Vorhandensein des mehrgedachten Krankheitszustandes der Verletzten die Erblindung derselben durch die ihr von der Angeklagten zugefügte Körperverletzung nicht herbeigeführt sein würde, nicht entgegen.

Die in der älteren strafrechtlichen Doktrin herrschend gewesene Anschauung, daß ein ursächlicher Zusammenhang zwischen einer menschlichen Handlung und dem eingetretenen Erfolge nur dann anzunehmen stehe, wenn letzterer sich als ein notwendiger, ausschließlich durch die That herbeigeführter darstellt, wenn er unmittelbar bewirkt wurde und wenn das Thun allgemein und in jedem Fall, nicht bloß wegen individueller Verhältnisse, die eingetretene Wirkung gehabt haben würde, ist unrichtig. Es kommt nicht darauf an, ob der Erfolg allein und unmittelbar durch das Handeln der Angeklagten herbeigeführt ist oder ob zur Hervorbringung desselben andere, vorhergesehene oder unvorhergesehene Umstände mitgewirkt haben. Nach richtigen strafrechtlichen Grundsätzen kann vielmehr nur verlangt werden, daß die Handlung des Thäters sich unter denjenigen Faktoren befunden habe, auf welche der Erfolg als Ursache zurückzuführen ist, daß nicht die Wirksamkeit des Thuns durch eine fremde Kausalität unterbrochen worden ist. Hiervon kann aber in einem Falle nicht die Rede sein, in welchem die That, von der eingetretenen schweren Folge um deswillen begleitet gewesen ist, weil dieselbe eine Person betroffen hat, deren individuelle Anlage zu Augenkrankheiten zwar den Erfolg mitbedingt, aber jedenfalls nicht selbständig bewirkt hat.

Die Vorgeschichte der §§ 224, 226 St. G. B.'s bestätigt, daß diese Auffassung in Betreff der Erfordernisse des ursachlichen Zusammenhanges zwischen That und Folge und der Bedeutung mitwirkender Zwischenursachen dem Strafgesetzbuche zu Grunde liegt. Zwar ist die zur Feststellung des rechtlichen Begriffes der Letalität bestimmte, gegen die frühere Doktrin gerichtete Vorschrift des § 185 des preußischen Strafgesetzbuches, daß es bei Feststellung des Thatbestandes nicht in Betracht kommt, ob die Verletzung nur wegen der eigentümlichen Leibesbeschaffenheit des Getöteten oder wegen der zufälligen Umstände, unter welchen die That zugefügt wurde, den tötlichen Erfolg gehabt hat," welche bei gleichem inneren Grunde auch auf schwere Körperverletzungen Anwendung zu finden hatte, in das Strafgesetzbuch nicht aufgenommen, jedoch, wie aus den Motiven, vgl. Motive S. 112 flg., hervorgeht, nur, weil die Richtigkeit jenes früher vielfach bestrittenen Grundsatzes in der Rechtsprechung keinem Zweifel begegnen werde.

Der Angriff der Revision erscheint aber weiterhin auch insofern hinfällig, als derselbe darauf gestützt ist, daß unter den von dem Vorrichter festgestellten oder doch zugelassenen Voraussetzungen auch im Falle des festgestellten ursachlichen Zusammenhanges von That und Erfolg letzterer dennoch nicht in seinem ganzen Umfange auf den Willen der Angeklagten zurückzuführen und ihr mithin auch nicht in diesem Umfange zuzurechnen sei. In dieser Richtung erscheint die Auffassung des Vorrichters, insofern derselbe der Angeklagten den eingetretenen Erfolg nur um deshalb zuzurechnen zu dürfen vermeint, weil sie den zur Zeit der That bereits vorhandenen Krankheitszustand ohne dessen Mitwirkung jener Erfolg — wie als möglich unterstellt wird — nicht eingetreten sein würde, gekannt habe, als eine rechtsirrtümliche, und dasselbe gilt von der weiter gehenden Ausführung der Revision, daß gegen die Angeklagte nicht allein der Nachweis jener Kenntnis, sondern auch der Einsicht und des Bewußtseins zu führen gewesen wäre, daß ihre That in Verbindung mit dem Krankheitszustande der Verletzten die eingetretene schädliche Folge herbeiführen könne.

Allerdings haben sich in der Wissenschaft Anschauungen geltend gemacht, welche der Ausführung der Revision zur Seite stehen, insofern behauptet wird, daß auch nach Vorschrift der §§ 224 226 a. a. O. die Strafe der schweren Körperverletzung bezw. der Körperverletzung mit tötlichem Erfolge nur dann anwendbar erscheine, wenn die eingetretene Wirkung dem Thäter zur Fahrlässigkeit angerechnet werden könne. Es wird im wesentlichen geltend gemacht, daß die Feststellung eines äußerlichen Zusammenhanges zwischen That und Folge nach allgemeinen fundamentalen und daher ausnahmslos anzuwendenden Grundsätzen des Strafrechts die Strafbarkeit niemals begründen könne, so lange nicht der Erfolg durch den Willen des Thäters vermittelt werde; die Zurechnung könne nicht weiter reichen als die Handlung; Kasus sei niemals zuzurechnen. Auch müsse aus der Schwere der angedrohten Strafe (Zuchthaus) geschlossen werden, daß das Gesetz insbesondere im Falle des § 224 St. G. B.'s nicht beabsichtigt haben könne, dem Thäter auch den nicht voraussehbaren Erfolg zum Vorsatze anzurechnen.

Hierbei wird zunächst übersehen, daß auch in abstracto richtige allgemeine Grundsätze nicht entscheiden können, wenn ihre Anwendung durch gesetzliche Sanktion ausgeschlossen ist. In der That enthalten aber auch die Vorschriften der §§ 224 flg. a. a. O. keine Abweichung von den in Bezug genommenen allgemeinen strafrechtlichen Grundsätzen. Richtig ist, daß die Bejahung des materiellen ursachlichen Zusammenhanges zwischen That und Wirkung noch nicht die strafrechtliche Zurechnung der letzteren bedingt, und daß nur die von dem schuldhaften Willen erfüllte Wirkung der Handlung die strafrechtliche Verantwortlichkeit für den Erfolg nach sich ziehen kann. Aber es liegt unzweifelhaft auf dem Gebiete der Aufgaben der Gesetzgebung, nach der Natur des einzelnen Deliktes die Grenzen der strafrechtlichen Verantwortlichkeit des Thäters und das Maß der Zurechnung seines vorsätzlichen Handelns zu bestimmen. Es ist daher auch ein Verstoß gegen die allgemeinen Grundsätze des Strafrechts nicht darin zu erkennen, wenn das Gesetz mit Rücksicht auf die Eigentümlichkeit des Deliktes der Körperverletzung — welches erfahrungsmäßig immer die Gefahr schwererer Erfolge, als beabsichtigt und vorausgesehen worden, mit sich führt — dahin gelangt ist, den Thäter bei der begriffsmäßigen Feststellung desselben für die Folgen, seines vorsätzlichen Handelns, ohne Unterscheidung von Absicht, Fahrlässigkeit oder Zufall verantwortlich zu machen, wobei in Betracht kommt, daß von letzterem, da auch die schwereren nicht vorausgesehenen Erfolge auf eine schuldbare Thätigkeit zurückzuführen sind, und durch Unterlassung derselben vermieden werden konnten, überhaupt nicht wohl die Rede sein kann. Daß nun das Strafgesetzbuch sich, nach dem Vorbilde des preußischen Strafgesetzbuches, von der Auffassung derjenigen älteren Gesetzgebungen, welche der Voraussichtlichkeit oder der Nichtvoraussichtlichkeit des Erfolges bei der Normierung des Thatbestandes der Körperverletzung besondere Rechnung tragen, mit Bewußtsein abgewendet hat und zum Thatbestande der schweren Körperverletzung neben dem Vorsatze der Körperverletzung überhaupt lediglich den wirklich eingetretenen Erfolg, nicht auch eine Fahrlässigkeit in Beziehung auf die Herbeiführung des letzteren erfordert, ergiebt schon der Wortlaut und der Zusammenhang der §§ 224, 225, 226, sodann aber auch die Entstehungsgeschichte der in Frage kommenden Vorschriften.

Vgl., was die §§ 193, 194 des preußischen Gesetzbuches betrifft, Goltdammer, Mat. II. S. 409—415.

Bei der Beratung des Entwurfs des deutschen Strafgesetzbuches im norddeutschen Reichstage aber ist bei Erörterung der Strafdrohung für die schwere Körperverletzung, ohne Widerspruch zu finden, von dem Abgeordneten Planck geltend gemacht worden, daß nach der Intention des Gesetzes nur die absichtliche Mißhandlung vorausgesetzt werde, ohne daß der Erfolg mit derselben in einem solchem Zusammenhange zu stehen brauche, daß er dem Thäter zur culpa zuzurechnen sei.

II. **Unterbrochen** wird der Kausalzusammenhang nur durch solche Ereignisse, welche einer neuen, selbständig zum Erfolg hinführenden Kausalkette angehören.*) Es muß genügen — führt das U. v. 29. III. 82. III. (E. VI., 147) aus — wenn der Zusammenhang zwischen verursachender Handlung und schädigendem Erfolge im wesentlichen, in seinen Hauptzügen soweit erkennbar ist, daß an der geschlossenen Einheit der Kette sich kausal bedingender Ereignisse nicht gezweifelt zu werden braucht.

In Consequenz dieser Grundsätze hat das R. G. eine Unterbrechung des Kausalzusammenhanges nicht angenommen, wo eine eigene, zur Herbeiführung des Todes mitwirksam gewesene Fahrlässigkeit des Getöteten vorlag, U. v. 12. IV. 80 (E. I., 373):

> Nach den thatsächlichen Feststellungen des angegriffenen Urteils hat die Angeklagte eine mit aufgelöstem Arsenik gefüllte gewöhnliche Wein- oder Rumflasche offen auf das Fensterbrett der Wohnstube gestellt und sich dann aus derselben entfernt, obgleich ihr bei einiger Aufmerksamkeit die Möglichkeit zum Bewußtsein gekommen sein würde, daß während ihrer Abwesenheit ein Mensch, insonderheit ihr dem Trunke ergebener Ehemann, aus der Flasche trinken und an dem Genusse der Flüssigkeit sterben könne. Es trat dann auch während der Abwesenheit der Angeklagten deren Ehemann in die Stube, trank ohne weiteres aus der Flasche und starb nach wenigen Stunden an den Wirkungen des Arseniks. Er war nicht frei von jedem Verschulden an seinem Tode, weil er sich unter den obwaltenden Verhältnissen zu einer näheren Prüfung der Flasche aufgefordert fühlen mußte, bevor er aus derselben trank.

*) cf. Birkmeyer a. a. O. 275 und 331 n. 109.

Dieser Thatbestand wird von dem Urteile rechtlich dahin gewürdigt: unerachtet der verschuldeten eigenen, von dem Willen der Angeklagten ganz unabhängigen Mitwirksamkeit ihres Ehemannes zu seinem Tode sei doch die Ursache dieses Todes in ihrem ganzen Umfange auf das Hinstellen und Stehenlassen der Giftflasche zurückzuführen. Denn ohne diese Thätigkeit der Angeklagten würden das Gelüste des Getöteten, aus der Flasche zu trinken, und die Folgen dieses Gelüstes nicht hervorgerufen worden sein. Es habe aber auch dieser Verlauf ihrer Kausalität von der Angeklagten als möglich vorhergesehen werden können, und es sei darum der Tod ihres Ehemannes nicht allein von ihr verursacht worden, sondern es sei auch diese Verursachung eine verschuldete gewesen. Sonach müsse sie wegen fahrlässiger Tötung bestraft werden.

Die gegen die Verurteilung der Angeklagten eingelegte Revision wurde verworfen.

Die Revisionsschrift behauptet, die Anwendung des Begriffes der fahrlässigen Tötung setze voraus, daß die Handlung des Beschuldigten für sich allein, ohne das Hinzutreten der Handlungen anderer, den Erfolg herbeigeführt habe. Das ist aber nur insoweit richtig, als in der Thätigkeit des Beschuldigten allerdings die volle Ursache des eingetretenen Erfolges enthalten sein muß, wenn er für die Vollendung zur strafrechtlichen Verantwortung soll gezogen werden können. Ob dann auch noch die Thätigkeit anderer zur Herbeiführung des Erfolges behilflich gewesen ist, erscheint jedoch bedeutungslos. Denn die in der Thätigkeit des Beschuldigten an und für sich begründete volle Ursachlichkeit kann durch den Umstand, daß auch andere für den Erfolg mitwirksam geworden sind, nicht zum Wegfall kommen. Vorliegend ist thatsächlich angenommen worden, daß ohne das Hinstellen und Stehenlassen der Giftflasche der Ehemann der Angeklagten nicht getötet worden sein würde, daß also das Eintreten des ganzen Erfolges durch diese Thätigkeit der Angeklagten bedingt war, sonach aber auch die volle Ursachlichkeit in dieser Thätigkeit beruht. Daß der Ehemann der Angeklagten sich aus der Giftflasche den Tod trank, ist daher ein Teil deren eigener Kausalität, den sie auch verantworten muß, weil sie sich denselben bei gehöriger Aufmerksamkeit auf ihre Thätigkeit als möglich bevorstehend zum Bewußtsein gebracht haben würde. Auch ein außergewöhnlicher Verlauf der eigenen Kausalität und der Hinzutritt von Zufälligkeiten zu derselben beseitigt keineswegs die Ursachlichkeit, wie auch nicht die Verantwortlichkeit für dieselbe, insofern die betreffenden Ereignisse erwartet worden waren, oder bei einiger Aufmerksamkeit als möglich bevorstehend hätten erkannt werden können.

III. Einen lehrreichen Fall, in welchem die **Causalität der Unterlassung***) erörtert wird, behandelt das U. v. 20. XII. 86. III. (E. XV., 151).

Nach den getroffenen Feststellungen hat der Dr. med. R., nachdem er die Krankheit des ihm am 28. Februar 1886 vorgestellten, $3^1/_2$ Jahre alten Arno H. als die englische Krankheit, Rachitis, erkannt, die Anwendung des

---

*) über die verschiedenen Auffassungen in der Theorie s. v. Liszt § 29.

inneren Gebrauches von Phosphor bei demselben beschlossen, und zwar im Anschlusse an den von hervorragenden Vertretern der Heilkunde in neuerer Zeit, unter Bekämpfung entgegenstehender ernster Bedenken, verfochtenen Grundsatz, daß geeignete innere Gaben des an sich ein starkes Gift darstellenden Phosphors als einziges, für die notwendig anzustrebende Regeneration der Knochenbildung wirksames Mittel anzuwenden sei. Dr. R. hat am 2. März 1886 ein vom Angeklagten entworfenes Rezept einer phosphorhaltigen Arzneimischung, deren Zusammensetzung in den Gründen näher angegeben ist, gutgeheißen und den Angeklagten mündlich zur Anfertigung und Verabreichung der Arznei ermächtigt. Angeklagter hat dieselbe der Vorschrift entsprechend angefertigt, nach dem Verbrauche der ersten Flasche der Arznei seitens des erkrankten Kindes aber dann weiter dieselbe auf Verlangen der Mutter des letzteren am 7., 11., 16. und 20. März 1886 erneuert und der verehel. H. verabreicht, welche sie ihrerseits ihrem Sohne Arno in den vom Arzte am 2. März verordneten Einzeldosen eingegeben hat. Eine Mitwirkung des Dr. R. bei dieser viermaligen Erneuerung der Arznei hat nicht stattgefunden, er hat von ihr nichts gewußt, auch das Befinden des Arno H. bis zum Eintritte der weiteren Erkrankung desselben nicht kontrolliert. Am 22. März 1886 haben sich bei Arno H. Vergiftungssymptome gezeigt, welche trotz der nunmehr eingetretenen ärztlichen Behandlung durch Dr. R. und der Verabreichung der gebotenen Gegenmittel am 28. März 1886 zu dem, wie festgestellt, durch Phosphorvergiftung verursachten Tode des Arno H. geführt haben.

Die Vorinstanz erachtet den Tod des Knaben als durch die Fahrlässigkeit des Angeklagten verursacht, und sie findet das fahrlässige, eine schuldhafte Außerachtlassung der gebotenen Sorgfalt und Aufmerksamkeit in sich fassende Verhalten des Angeklagten darin, daß er zu der wiederholten Anfertigung der Arznei schritt, ohne vorher sich zu vergewissern, ob der Gesundheitszustand des Knaben fortgesetzt von dem Arzte beobachtet und namentlich der Fortgebrauch der Arznei von diesem autorisiert werde, ob deshalb die von der Ehefrau H. wiederholt verlangte Erneuerung der Arznei mit dessen Willen geschehe. — Die fahrlässige Handlungsweise, welche hiermit dem Angeklagten zur Last gelegt wird, hat demnach nicht sowohl in der positiven Handlung der viermaligen Erneuerung der Arznei, als vielmehr in der Unterlassung bestanden, daß er zu dieser Erneuerung ohne die nach den Umständen gebotene Vergewisserung über das Vorliegen ärztlicher Genehmigung derselben schritt. Um zu Verurteilung des Angeklagten wegen fahrlässiger Tötung zu gelangen, bedurfte es daher der Feststellung des Kausalzusammenhanges zwischen dem Tode des Arno H. und dieser schuldhaften Unterlassung, d. h. der Feststellung, daß der erstere gerade auf diese letztere als seine Ursache zurückzuführen sei. Dies ist anscheinend von der Vorinstanz verkannt worden. Der ursachliche Zusammenhang zwischen einem schuldhaften menschlichen Handeln (diesen Begriff in dem weiteren, die Unterlassung mit umfassenden Sinne verstanden) und dem eingetretenen schädlichen Erfolge erfordert nicht, daß das erstere die alleinige Ursache für den Eintritt des letzteren gewesen sei; ist der Erfolg durch eine Reihe ineinandergreifender und mitwirkender Faktoren herbeigeführt, so genügt es, wenn das schuldhafte Handeln auch nur eine der mehreren ursachlichen Bedingung geschaffen hat. Andererseits liegt es aber in dem Begriffe des Verursachens, und somit auch des Mitverursachens, daß eine Handlung dann nicht als kausal wirkend angesehen werden kann, wenn der konkrete Erfolg auch ohne dieselbe eingetreten wäre. Ist dies der Fall, so hat eben die Handlung nicht eine der verursachenden Bedingungen gesetzt, sondern der Erfolg ist auf eine andere Ursache, als die der Handlung zurückzuführen. Allerdings ist dies nicht dahin zu verstehen, daß, wenn im konkreten Falle der Nachweis vorliegt, daß das schädigende Ereignis thatsächlich als Wirkung eines menschlichen Handelns eingetreten ist, zur Beseitigung des damit hergestellten Kausalzusammenhanges schon die bloße, schwer oder gar nicht zu berechnende Möglichkeit einer Ursache genüge, welche die gleiche Wirkung hätte haben können, wenn jene, thatsächlich wirksam gewordene Ursache nicht vorhanden gewesen wäre. Liegt dagegen Gewißheit, oder, was auf dem hier fraglichen Gebiet in der Regel als gleichwertig zu erachten sein wird, ein an Gewißheit angrenzender Grad von Wahrscheinlichkeit vor, daß der vom Gesetz bezeichnete Erfolg auch eingetreten sein würde, wenn das schuldhafte Handeln nicht vorausgegangen wäre, so ist damit zugleich der Beweis geliefert, daß dieses Handeln den auch ohne dasselbe eingetretenen Erfolg nicht verursacht habe.

Unbedenklich ist nun auf Grund der oben erwähnten Feststellungen mit dem Vorderrichter anzuerkennen, einerseits, daß der Tod des Arno H. durch Phosphorvergiftung nicht eingetreten sein würde, wenn nicht das tödlich wirkende Gift seinem Körper in der vom Angeklagten viermal erneuerten Arznei zugeführt worden wäre, daß also der Erfolg des Todes auf die Thatsache dieser viermaligen Erneuerung ursächlich zurückzuführen ist, andererseits, daß die unmittelbare Folge der schuldhaften Unterlassung des Angeklagten — des Unterlassens jedesmaliger Einholung der speziellen Autorisation des Arztes zur Erneuerung — die gewesen, daß der den Tod verursachende fortgesetzte Gebrauch der Arznei thatsächlich ohne ärztliche Kontrolle erfolgt, die ärztliche Beobachtung des Knaben während dieser fortgesetzten Phosphorkur unterblieben ist. Damit ist aber noch nicht der Kausalzusammenhang zwischen diesem schuldvollen Unterlassen und dem Tode des Kindes konstatiert. Dieser würde unbedenklich vorliegen, wenn anzunehmen wäre, es würde bei pflichtmäßigem Handeln des Angeklagten der Tod des Knaben unterblieben sein, sei es, daß dann die erbetene ärztliche Genehmigung zur Erneuerung der Arznei versagt, die Kur also nicht fortgesetzt worden wäre, sei es, daß bei Fortsetzung derselben die durch Einholung der Genehmigung herbeigeführte ärztliche Kontrole der Kur den Tod verhütet hätte. Wäre dagegen nach Lage der Sache zu konstatieren, daß auch bei pflichtmäßigem Handeln des Angeklagten die Erneuerung der Arznei und die Fortsetzung der Kur ganz in gleicher Weise, wie sie thatsächlich stattgefunden hat, sich vollzogen haben und von demselben Erfolge begleitet gewesen sein würde, so müßte dies zur Verneinung des Kausalzusammenhanges führen. Es würde hierdurch zwar an dem Vorliegen schuldhaften Verhaltens des Angeklagten als solchem nichts geändert. Das Gesetz stellt aber ein solches, wenngleich den Begriff der Fahrlässigkeit erfüllendes Verhalten nicht an sich, sondern nur unter der Voraussetzung unter Strafe, daß in ihm die Ursache eines bestimmten rechtswidrigen Erfolges gegeben ist, und dies ist eben nicht der Fall, wenn der letzte ganz in gleicher Weise auch ohne das schuldhafte Verhalten eingetreten wäre.

Nach der bezeichneten Richtung hin hat aber die Vorinstanz jede Erörterung unterlassen, obwohl solche nach den weiter getroffenen Feststellungen dringend geboten gewesen wäre. Das Instanzurteil bezeichnet es ausdrücklich als erwiesen, daß die Zusammensetzung der Arznei durchaus vorschriftsmäßig, die Größe der verordneten Tages- und einmaligen Dosen sachgemäß gewesen sei, auch die Anwendung der Arznei bei einem Kinde an sich wissenschaftliche Bedenken nicht erregen könne. Die Vorinstanz erwähnt ferner bei der Erörterung der wissenschaftlichen Zulässigkeit der Phosphorkur bei Rachitis „die ernsten Bedenken“, zu denen diese Kur an sich Anlaß gebe, womit offenbar die besondere und spezifische Gefährlichkeit derselben gemeint sei, welche an anderer Stelle der Gründe dahin festgestellt wird, daß bei fortgesetztem Gebrauche von Phosphorarznei nach anscheinend eben vorhanden gewesenem guten Befinden der Kranke ganz plötzlich — also unvorhergesehener und auch vom Arzte nicht vorherzusehenderweise — von Vergiftungserscheinungen befallen wird, die trotz Anwendung der gebotenen Gegenmittel zu raschem Tode führen. Sie stellt ferner — gegenüber dem Einwande des Angeklagten, welcher die Möglichkeit behauptet hatte, daß der Tod des Arno H. auch eingetreten sein würde, wenn die Erneuerung der Arznei jedesmal ärztlich angeordnet worden wäre — auf Grund des Gutachtens der Sachverständigen fest, daß ein auf Grund fortgesetzter Beobachtung und sorgfältiger Erwägung des Arztes fortgesetzter Gebrauch der fraglichen Arznei auch bei unglücklichem Ausgange der Kur keinen Vorwurf gegen den Arzt begründen könnte. Hiermit im Zusammenhange steht offenbar die Behauptung der Revision, die Sachverständigen hätten in der Hauptverhandlung ihr Gutachten dahin abgegeben, daß bei Rachitis nach der Natur dieser Krankheit der Phosphor unbedingt längere Zeit hindurch angewendet werden müsse, wenn er überhaupt etwas nützen solle . . . . Aus alledem geht soviel hervor, daß die unternommene Kur an sich, wie in ihrer Fortsetzung während des erwähnten Zeitraumes sachgemäß und den Grundsätzen der Wissenschaft nicht zuwiderlaufend gewesen ist. Irgend welche nachteilige Veränderungen in dem körperlichen Zustande des Knaben bis zur Einstellung des Gebrauches der Medizin, welche den Arzt auch bei fortgesetzter und sorgsamer Beobachtung zur Unterbrechung der Kur hätten veranlassen müssen oder können, sind nicht konstatiert. In deren Ermangelung erscheint aber auf Grund der über die spezifische Gefährlichkeit der Kur getroffenen Feststellung die Annahme indiziert, jedenfalls aber nicht ausgeschlossen, es sei auch im vorliegenden Falle der Eintritt der Vergiftungssymptome unvorhergesehen, bei anscheinend gutem Befinden des Knaben erfolgt, es würde also auch ein Anlaß, die Kur vorher zu unterbrechen, für den Arzt nicht vorhanden gewesen sein. Ist aber dies der Fall gewesen, dann würde auch der Tod des Arno H. nicht als die Folge der im concreto wirkungslos gebliebenen schuldvollen Unterlassung des Angeklagten, sondern als die Folge der der Kur innewohnenden Gefährlichkeit eingetreten sein, und es würde für den durch diese verursachten unglücklichen Ausgang der Kur, so wenig wie der Arzt, wenn er dieselbe kontrolliert hätte, ebensowenig auch der Angeklagte strafrechtlich verantwortlich gemacht werden können.*)

§ 12.

Der Versuch.

Berner § 75, Binding Gr. I § 54, v. Liszt § 45. Meyer § 30, Frank und Olshausen zu § 43 St. G. B.

I. **Das Wesen des strafbaren Versuchs** erblickt die sog. objektive Theorie darin, daß objektiv die Gefährdung eines bestimmten Objekts vorliegt. Die sog. subjektive Theorie legt das Hauptgewicht auf das Willensmoment und verlangt in objektiver Beziehung nur Handlungen, welche der Thäter für geeignet hielt, den zur Vollendung gehörigen Erfolg herbeizuführen. Eine vermittelnde Stellung nehmen ein v. Liszt § 47 und die die dort. Cit. Das R. G. hat sich in zahlreichen Entscheidungen konsequent auf den Standpunkt der subjektiven Theorie gestellt. Hieraus folgt auch seine Stellungnahme zu der berühmten Streitfrage: ob der sog. absolut untaugliche Versuch strafbar sei.**) In grundlegender Weise bejaht es die Frage im U. V. St. S. v. 24. V. 80 (E. I, 439):

Das angefochtene Urteil des Landgerichts hat festgestellt, daß die Angeklagte I. den Entschluß, das Verbrechen der Abtreibung zu verüben, durch Handlungen, welche einen Anfang der Ausführung dieses Verbrechens enthalten, bethätigt hat, indem sie während ihrer Schwangerschaft zu dem Zwecke, ihre Leibesfrucht abzutreiben, mehrmals eine ihr von dem Mitangeklagten II. zugestellte bittere, dunkelfarbige Flüssigkeit, welche sie zur Herbeiführung des beabsichtigten Erfolges für geeignet hielt, zu sich nahm, und daß der Angeklagte II. die Angeklagte I. zur Begehung des Verbrechens der Abtreibung dadurch vorsätzlich bestimmt hat, daß er ihr, während sie, wie er wußte, schwanger war, mehrmals eine Flüssigkeit, welche er zur Abtreibung der Leibesfrucht für geignet hielt, zustellte und sie überedete, dieselbe zur Erreichung dieses Zweckes einzunehmen, und hat, auf Grund dieser Thatsachen und weil das angewendete Mittel die beabsichtigte Wirkung nicht gehabt, also das beabsichtigte Verbrechen nicht zur Vollendung gekommen, die Verurteilung der Angeklagten I. wegen Versuchs der Abtreibung der Leibes-

*) cf. ausserdem E XXIV, 340: „es kann keinem rechtlichen Bedenken unterliegen, dass nach den allgemeinen Regeln über Begehung sog. Kommissivdelikte durch Unterlassung auch die im § 239 St. G. B. mit Strafe bedrohte Handlung durch eine Unterlassung verübt werden kann, dann nämlich, wenn eine Verpflichtung zum handeln rechtlich begründet war."

**) Für Bejahung von Wächter, v. Buri, v. Schwarze u. a. Für Verneinung Binding, Olshausen, Meyer u. a.

frucht im Sinne der §§ 218 und 43 St. G. B.'s, die des Angeklagten II. wegen Anstiftung zu diesem Verbrechen im Sinne des § 48 St. G. B.'s erkannt.

Beide Angeklagte fechten diese Verurteilung wegen Verletzung der Vorschriften des Strafgesetzbuches über den Versuch an; sie gründen die gegen das Urteil eingelegte Revision auf den in demselben enthaltenen Ausspruch, daß nicht erwiesen sei, ob das angewendete Mittel, welches die beabsichtigte Wirkung nicht gehabt hat, überhaupt den beabsichtigten Zweck zu erfüllen geeignet gewesen, und finden in der gleichwohl erfolgten Anwendung des Gesetzes einen Verstoß gegen die Rechtsnorm, daß der Versuch mit absolut untauglichen Mitteln straflos sei.

Da die als unrichtiger Weise nicht angewendet bezeichnete Rechtsnorm direkt im Strafgesetzbuche nicht aufgestellt ist, und die Straflosigkeit des Versuches, wenn dieser ohne Rechtsirrtum festgestellt worden, auf den angegebenen Grund hin aus § 46 St. G. B.'s nicht herzuleiten ist, so kann die Frage nur die sein, ob aus dem Begriffe des (strafbaren) Versuches, wie ihn der § 43 St. G. B.'s giebt, der gedachte Rechtssatz als bestehend zu entnehmen ist.

Die Beantwortung dieser Frage hängt zunächst von der Auslegung der Worte des Gesetzes ab, daß zur Strafbarkeit des Versuches eine Bethätigung des Entschlusses, das Verbrechen zu begehen, durch Handlungen gehöre, welche einen Anfang der Ausführung dieses Verbrechens enthalten. Die letztangeführten Worte sind einer doppelten Auslegung fähig und haben auch eine solche verschiedene Auslegung gefunden. Man hat sie teils von solchen Handlungen verstanden, welche im Stande sind, den zur Vollendung des Verbrechens gehörenden Erfolg herbeizuführen (Anfang der Vollendung des Verbrechens), andererseits von solchen, welche der Thäter für geeignet hält, diese Wirkung zu äußeren (Anfang der Ausführung des Thäters). Für die Entscheidung, ob das Strafgesetzbuch mit den beregten Worten die eine oder die andere dieser Auffassungen habe zum Ausdruck bringen wollen, ist von erheblichem Werte, die Entstehung dieser Wortfassung ins Auge zu nehmen. Dieselbe ist nicht neu. Aus der französischen Gesetzgebung herstammend, hat sie in gleicher oder doch sehr ähnlicher Weise Eingang in fast allen strafrechtlichen Kodifikationen im laufenden Jahrhundert, vornehmlich auch in denen Deutschlands, gefunden. Auch da hat sie den gleichen Zwiespalt der Meinungen zu Folge gehabt. Es ist derselbe Gegensatz, welcher, wie dem Gesetzesausdruck gegenüber, so auch in der theoretischen Begründung der Strafbarkeit des Versuchs aus rechtsphilosophischen und kriminalpolitischen Gründen seit dem Beginn einer wissenschaftlichen Konstruktion der Grundbegriffe des Strafrechts aufgetreten ist. Als das Strafgesetzbuch für den norddeutschen Bund entstand, war der Rechtsgedanke von der Strafbarkeit des in die äußere Erscheinung getretenen verbrecherischen Entschlusses ohne Rücksicht auf die Möglichkeit seiner objektiven Verwirklichung in verschiedenen Rechtsgebieten Deutschlands geltendes Recht; er fand sich mehrfach in der bisherigen Gesetzgebung vertreten (vergleiche die Strafgesetzbücher für Oldenburg 1814, Hannover 1840,

Sachsen-Altenburg 1841), und hatte auch trotz der dem § 43 desselben entsprechenden Definition des Versuchs in einer Reihe von Strafgesetzbüchern Ausdruck gefunden (vgl. die von Braunschweig 1840, Hessen-Darmstadt 1841, Nassau 1849, Thüringen 1850, Königreich Sachsen 1855, gleichwie Baden 1845). Schon dieser Sachlage gegenüber läßt es sich nicht annehmen, daß das jene Gesetzgebungen ersetzende neue Gesetzbuch mit der in Rede stehenden Fassung diese Streitfrage habe zum Austrag bringen mögen. Kommt nun aber hinzu, daß die Motive zum Gesetzbuch ausdrücklich aussprechen, daß es nicht in der Absicht liege, die in mehreren Strafgesetzbüchern unternommene Regelung der Streitfrage, ob oder inwieweit der Versuch mit untauglichen Mitteln oder an untauglichem Objekt strafbar sei, auch hier vorzunehmen, *dann muß man nach dem Wortlaut des Gesetzes beide Auslegungen für gleichberechtigt halten und kann aus der Ausdrucksweise des Gesetzes eine Entscheidung auch nicht indirekt herleiten, sondern muß dieser Fassung des Paragraphen die Bedeutung für den Begriff der Ausführungshandlung vorbehalten.*

Jene Entscheidung wird vielmehr gegenüber dieser Stellung des Gesetzgebers zu der Frage über die Grenzen der Strafbarkeit des Versuches lediglich aus den *inneren Gründen für die Strafbarkeit überhaupt* entnommen werden können und müssen, und die Revision kann nur dann Erfolg haben, wenn die Unrichtigkeit des landgerichtlichen Urteils aus den dem § 43 St. G. B.'s zu Grunde zu legenden strafrechtlichen Prinzipien, wie sie die Wissenschaft festgestellt hat, sich ergiebt. Darüber nun kann kein Zweifel aufkommen, *daß im Versuche der verbrecherische Wille diejenige Erscheinung ist, gegen welche das Strafgesetz sich richtet,* im Gegensatz zu dem in der Vollendung zu Tage tretenden aus dem verbrecherischen Willen hervorgegangenen rechtswidrigen Erfolge. An und für sich würde jede Beziehung auf die Vollendung als den Gegensatz des Versuches außer Rücksicht zu bleiben haben und mehr nicht zu verlangen sein, als daß der verbrecherische Gedanke sich in äußeren Handlungen kundgegeben habe. Allein weil es manche Handlungen giebt, die aus verbrecherischem Entschluß hervorgegangen, doch an sich so wenig als der Gedanke des Verbrechens objektiv eine Gefahr für die öffentliche Rechtsordnung in sich tragen und weil ohne solche Gefährdung ein Strafrecht nicht gegeben, so verlangt eine viel verbreitete Lehre, daß die Handlungen, wenn sie als Versuch strafbar sein sollen, in einem Kausalverhältnis zur Vollendung, in welcher diese für jede Strafe notwendige Gefährdung oder Verletzung des Rechtes enthalten ist, stehen müssen. Nur solche Handlungen sollen strafbar sein, die, wenn die Vollendung nicht durch selbständige, vom Willen des Thäters unabhängige Umstände gehindert worden wäre, die Vollendung würden zur Folge gehabt haben. Die Wissenschaft hat das Unhaltbare dieser Theorie überzeugend nachgewiesen. *Der Kausalzusammenhang zwischen einer Handlung und dem durch dieselbe beabsichtigten Erfolge ist niemals durch das Dasein oder Fehlen eines einzelnen Zwischenereignisses* unbedingt gegeben oder aufgehoben, sondern jedes auf den endlichen Ausgang Einfluß äußernde Ereignis oder Verhältnis giebt stets als einzelner Kausalitätsfaktor nur eine größere oder geringere Möglichkeit oder Wahrscheinlichkeit des letzteren, niemals die Gewißheit seines Eintrittes oder Nichteintrittes. Die Freigebung der jede Möglichkeit einer Vollendung ausschließenden Handlungen von der Strafbarkeit als Versuch würde nicht die Beschränkung des strafbaren Versuches nur auf die eine teilweise Vollendung enthaltenden, weil es solche nicht giebt, sondern die Straflosigkeit jedes Versuches zum Resultate haben. Denn kausal für den Erfolg ist eine Handlung nie, wenn ein Erfolg nicht eingetreten; der Nichteintritt zeigt eben, daß sie nicht kausal war. Aber es darf auch weiter gesagt werden, daß es im allgemeinen derartige Handlungen, die unter allen Umständen ungeeignet seien, den beabsichtigten Erfolg hervorzurufen, in Wirklichkeit gar nicht giebt, im Einzelfalle dagegen jede Handlung, die nicht zum Erfolge geführt hat, als eine zu dessen Hervorbringung absolut ungeeignete sich erwiesen hat. Auf den Unterschied zwischen Handlungen mit absolut untauglichen und mit nur relativ untauglichen Mitteln kann die Strafbarkeit oder Straflosigkeit des Versuches nicht gegründet werden, und will man nicht letztere bei allen Handlungen mit untauglichen Mitteln statuieren, so läßt sich kein Grund dafür geltend machen, dieselbe bei den ersteren eintreten zu lassen. Auch bei ihrer Anwendung hat der Thäter das gethan, was er als zur Verwirklichung seines verbrecherischen Entschlusses geeignet angesehen hat, und damit seine Auflehnung gegen die Rechtsordnung bethätigt. Sein Irrtum über die Tauglichkeit seiner Handlung kann auf deren Strafbarkeit keinen Einfluß haben. Daß das beabsichtigte Verbrechen bei dem Versuche stehen blieb, hat jedesmal in einem Irrtum des Thäters seinen Grund, weil er die das Ausbleiben des Erfolges bewirkenden Umstände bei seinem Plane zur Verwirklichung des gefaßten Entschlusses nicht richtig in Anschlag gebracht hat. Gleichgiltig muß es aber bleiben, in Beziehung auf welche thatsächlichen Voraussetzungen, die nötig waren, um das Verbrechen zu Stande zu bringen, er geirrt hat, ob das der Vollendung entgegengetretene Hindernis im Verlaufe der Handlung eingetreten oder bereits bei deren Beginn vorhanden war, ob die vom Thäter nicht in Rechnung gezogenen Kausalitätsfaktoren außer ihm liegende Verhältnisse oder Thätigkeiten sind, oder ob er über die Wirksamkeit seiner eigenen Handlungen geirrt, ob über die Wirksamkeit eines gebrauchten Mittels seiner Art oder Menge nach oder seiner Anwendung nach, ob über das als Mittel gebrauchte Objekt selbst oder über die ihm beigemessenen oder übersehenen Qualitäten.

Es ist mithin nicht irrig, wenn das Landgericht zur Strafbarkeit des Versuches mehr nicht erfordert hat, als daß die Handlung von dem Thäter in der Vorstellung unternommen worden, sie werde zur Herbeiführung des beabsichtigten Erfolges führen.

II. **Über die Abgrenzung der Versuchshandlungen von der bloßen Vorbereitung der Strafthat** ist Theorie und Praxis zu einem allenthalben übereinstimmenden Ergebnisse zur Zeit noch nicht gelangt.*) Soviel steht aber unbestritten fest, daß wenn die Handlung des Thäters einen weiteren Erfolg noch nicht gehabt hat, als daß damit die Herbeischaffung der Mittel oder Werkzeuge zur Begehung der Strafthat selbst oder zur Realisierung eines einzelnen Thatbestandsmoments bezielt und erreicht ist, von einem Anfange der Ausführung der That selbst noch nicht gesprochen werden kann. So U. 17. XII. 85. (E. XIII., 213.)

Die Rechtsprechung wird sich bescheiden müssen, je nach der verschiedenen Natur der verschiedenen strafbaren Handlungen, die Grenzlinien der beginnenden „Ausführung" des einzelnen Delikts, der Absicht der Gesetzgebung und dem Rechtsbedürfnisse folgend, thunlichst zu bestimmen. So U. v. 15. X. 83 III. (E. IX, 86).

III. **Welchen Einfluß hat der Rücktritt des Thäters auf den Teilnehmer?**

Das R. G. erachtet denselben für einflußlos:**) U. v. 15. III. 86 III. (E. XIV., 23).

Die Straflosigkeit des Thäters im Falle des § 46 Ziff. 1 a. a. O. beruht auf der Erwägung, daß dessen Rücktritt vom Versuche, als aus freier Entschließung desselben hervorgehend, seinen verbrecherischen Willen als einen minder nachhaltigen erweist, und auf der kriminalpolitischen Rücksicht, daß die Möglichkeit, auch nach Beginn der Ausführung einer strafbaren Handlung der Strafe zu entgehen, manchen bewegen kann, von der schon begonnenen Handlung abzustehen, beide Momente treffen auf den zurücktretenden Thäter zu, nicht auf den Anstifter oder den Gehilfen. Diese würden zwar wegen der accessorischen Natur ihrer Teilnahme nicht bestraft werden können, wenn das Gesetz soweit ginge, den Rücktritt des Thäters vom Versuche als einen Schuldausschließungsgrund anzuerkennen; dies ist jedoch nicht die Meinung des Gesetzes, da dasselbe, abweichend vom preußischen Strafgesetzbuche, zum Begriffe des Versuches die Unfreiwilligkeit der Nichtvollendung der Strafthat nicht fordert, und da die Motive dies damit begründen, „daß es nur für einen Ausschließungsgrund der an und für sich verwirkten Strafe zu erachten sei, wenn der Thäter die Ausführung der beabsichtigten Handlung aufgegeben habe, ohne an dieser Ausführung durch Umstände gehindert worden zu sein, welche von seinem Willen unabhängig waren. Demgemäß hat sowohl die Rechtsprechung des preußischen Obertribunales. vgl. Oppenhof, Rechtsprechung, Bd. 16 S. 186 flg.. Bd. 17 S. 437, als auch die des Reichsgerichtes, vgl. Entsch. des R. G.'s in Strafs. Bd. 3, S. 249, Bd. 6 S. 341 flg., die Straflosigkeit des Thäters aus § 46 a. a. O. auf die Teilnehmer nicht bezogen.

---

*) cf. Frank zu § 43 I.

**) Uebereinstimmend v. Liszt § 48, Frank zu § 46 V.

Drittes Kapitel.

Die Strafrechtswidrigkeit und Gründe ihres Fortfalls.

§ 13.

Die Notwehr.

Berner § 58, Binding Gr. I § 75, v. Liszt § 32, Meyer § 39, Frank und Olshausen zu § 53 St. G. B.

I. Die Frage, ob das Recht der Notwehr dadurch ausgeschlossen werde, daß der Angegriffene in der Lage war, sich dem Angriff durch die Flucht zu entziehen, hat das R. G. in grundlegender Weise beantwortet im U. v. 10. V. 87 (E. XVI., 70).

Am Abende des 18. Juli vorigen Jahres entstand gelegentlich des Schulfestes, das zu S. gefeiert wurde und zu welchem sich auch einige Arbeiter aus L., darunter der Ziegler G. und Arbeiter R. eingefunden hatten, zwischen diesen und dem Angeklagten K. in und vor dem Gr.'schen Kruge zu S., welcher dem Angeklagten Z. gehört, aber an Gr. verpachtet ist, Streit, in dessen Verlauf K. dem G. einen Schlag mit einer Wagenrunge versetzte. Z., welcher sich bei Gr. befand, wollte sich von da nach seiner im Nebenhause gelegenen, etwa 20 Schritte entfernten Wohnung begeben, wurde indessen unterwegs von den L.'er Burschen mit Steinen beworfen und auch, nachdem er den Flur seines Hauses betreten, sowie, nachdem der von ihm zur Hilfe gerufene Zimmergeselle M. die Hausthüre geöffnet hatte, dieses Werfen gegen das Haus und die geöffnete Thüre fortgesetzt, sodaß er fürchten mußte, getroffen zu werden. Er bewaffnete sich sodann mit einem Schlachtmesser, bestehend aus einem hölzernen Griff und einer ½ Fuß langen Klinge, trat mit M. auf die Straße, wo das Werfen mit Steinen von beiden Seiten von neuem begann, worauf die L.'er Arbeiter sich auf eine Entfernung von etwa 200 Schritten zurückzogen, während Z. und M. auf etwa 16 Meter von der Hausthüre des ersteren vorgingen. Nun rief R. den L.'ern zu, „wir werden uns doch nicht von den S.'ern totschlagen lassen" und ging mit erhobener Runge unter „Hurrah" auf Z. los, wobei auch die anderen L.'er, etwa drei oder vier, welche ihm folgten, schrieen: „wir schlagen den Hund tot". Vor Z. angekommen, rief er diesem zu: „jetzt ist es mir ganz egal, ob ich das Hundeblut totschlage, worauf dieser erwiderte: „wenn es Dir egal ist, ist es mir auch egal". Während aber R. mit der Runge zum Schlage nach Z. ausholte, bückte sich dieser, wodurch er dem geführten Schlage auswich und versetzte in demselben Momente, indem er auf R. zusprang, diesem mit dem Schlachtmesser einen Stich in das Gesicht.

Die Strafkammer verneint, daß Z. sich bei diesem Vorgange in Notwehr befunden habe oder daß er die Grenzen der letzteren in Bestürzung, Furcht oder Schrecken überschritten habe, weil Angeklagter sich nicht nur verteidigte, sondern gleichzeitig, als der Angriff R.'s erfolgte, auf diesen lossprang und ihn ebenfalls angriff. Auch habe er diesem Angriffe sehr wohl entgehen können, wenn er sich zurückgezogen hätte, wozu er genügende Zeit gehabt, weil er schon aus einer Entfernung von mehreren Schritten die angriffsweise Annäherung des R. wahrgenommen.

Diese beiden Gründe erweisen sich als rechtsbedenklich.

I. Zunächst übersieht die Strafkammer, indem sie dem Beschwerdeführer zum Vorwurfe macht, daß er sich nicht nur verteidigte, sondern den R. gleichzeitig selbst angriff, daß, wenn es sich um die Abwehr eines gegenwärtigen rechtswidrigen Angriffes handelt, diesem häufig nur dadurch wird begegnet werden können, daß der Angegriffene auch seinerseits zum Gegenangriff schreitet. Wie in jedem einzelnen Falle, so mußte auch hier daher die Prüfung des Instanzgerichts sich darauf erstrecken, ob, vorausgesetzt, daß ein gegenwärtiger rechtswidriger Angriff vorlag, zu dessen Abwendung der vom Beschwerdeführer geführte Angriff notwendig war, oder, falls dieses verneint wird, ob aus Bestürzung, Furcht oder Schrecken die Ueberschreitung der Verteidigungsgrenzen erfolgt sei. Diese Prüfung ist unterblieben.

2. Unrichtig aber ist auch weiter, wenn in solcher Allgemeinheit der Satz zur Anerkennung gelangt ist, daß Notwehr nicht vorliege, wenn der Angegriffene dem Angriffe dadurch hat ausweichen können, daß er sich zurückzieht. Gegenüber den über diese Frage sich entgegenstehenden Meinungen der Doktrin, von welchen die eine bei dem Vorliegen der Möglichkeit, sich dem Angriffe durch die Flucht zu entziehen, Notwehr unbedingt ausschloß,*) die andere dagegen solche ebenso ausnahmslos zulassen wollte,**) machte sich bei Beratung des § 41 des preuß. St. G. B.'s eine Mittelmeinung geltend, welche sich auch historisch mehr an die Rechtsanschauungen der Carolina und des § 523 II. 20 preuß. A. L. R.'s anschloß. Bei Erörterung der Frage, ob der Mangel eines anderen sicheren Mittels außer der Selbstverteidigung zur Abwehr des drohenden Angriffes, welches dem Angegriffenen bekannt und gleich zugänglich war, eine wesentliche Vorbedingung der Notwehr bilde, kam auch zur Sprache, ob unter diesen anderweiten Mitteln auch die Flucht zu begreifen sei. Man hat diese Frage weder allgemein bejahen noch verneinen wollen, indem vielmehr die konkrete Lage des Falles entscheiden müsse.

Vgl. Goltdammer, Materialien Bd. 1, S. 419, 420.

Hierbei ist entscheidend, daß das Gesetz, sowie dasselbe nicht blos die Person des Angegriffenen, sondern neben dem Vermögen auch dessen Ehre durch das Recht der Selbstverteidigung hat schützen wollen, nicht hat verlangen können, daß als Mittel, dem Angriffe zu entgehen, die Flucht auch dann gewählt werde, wenn dieselbe nicht ohne eigenes Opfer an berechtigten Interessen bewirkt werden kann, namentlich also, wenn sich solche nach den Anschauungen des gesellschaftlichen Verkehrslebens unter den gegebenen Umständen als schimpflich oder unehrenhaft darstellen würde. Derartigen oft schwerwiegenden Unzuträglichkeiten braucht der Angegriffene zum Vorteile des widerrechtlichen Angreifers sich nicht auszusetzen. Dabei ist selbstverständlich, daß die Flucht auch dann

*) Wächter in Beilagen zu Vorlesungen über das deutsche Strafrecht 1881. S. 176.

**) v. Liszt § 32.

nicht als wirksames Mittel sich dem Angriffe zu entziehen, angesehen werden kann, wenn sie die Gefahr dieses Angriffes nicht beseitigt, vielmehr bei zu besorgender Verfolgung und ungedecktem Angriffe möglicherweise noch vergrößert haben würde. Jener § 41 preuß. St. G. B.'s ist in Abs. 1, 2 mit der Ausdehnung auf strafbare Handlungen jeder Art bewußt in den § 53 R. St. G. B.'s übernommen worden, vgl. Motive zu § 51 des Entwurfes S. 72, und die Auslegung desselben in dem erörterten Sinne kann umsoweniger einem Bedenken unterliegen, als auch gesetzgeberische und praktische Rücksichten hierfür sprechen. Denn wie von dem Angegriffenen nicht verlangt werden kann, daß er sein vom Gesetze ihm verliehenes Schutzrecht durch Notwehr aufgebe, wenn dasselbe auf anderem Wege nur unter Unzuträglichkeiten und unter Aufgebung anderer schutzberechtigter Interessen ersetzt werden kann, so bildet es andererseits ein wohlberechtigtes Verlangen der Rechtsordnung, daß der, wenn auch widerrechtlich Angegriffene, die Abwehr des Angriffes durch einen auch seinerseits erfolgenden Verstoß gegen das Strafgesetz unterläßt, wenn das Recht auf Schutz auch ohne jedes Opfer in der angegebenen Richtung sich erreichen läßt.

Von diesen Gesichtspunkten aus fehlte es an jeder Prüfung in der angefochtenen Entscheidung.

II. **Das gesetzliche Notwehrrecht wird nicht dadurch ausgeschlossen**, daß der Angriff, der durch die Verteidigung abgewendet werden soll, von einem nicht zurechnungsfähigen oder von einem in unvermeidbarem Irrtum handelnden Menschen ausgeht. So in Uebereinstimmung mit Binding I, 736, Olshausen § 53 Nr. 6, v. Liszt § 32 U. v. 19. II. 95 II. E. XXVII, 44.

Nach den Feststellungen der Vorinstanz hat der Angeklagte, welcher als Wärter des geisteskranken Musiklehrers L. angenommen war, diesen ihm zur Pflege übergebenen Kranken mit einem starken Filzpantoffel eine größere Anzahl von Schlägen auf den Kopf versetzt, so daß der Geschlagene zu Boden gefallen ist. Der Einwand des Angeklagten, daß er in Notwehr gehandelt habe, wird von dem ersten Richter für widerlegt erachtet. Als erwiesen wird bezeichnet, daß L. den Angeklagten durch Emporhalten einer Gabel bedroht hat.

Die Revision macht geltend, daß, da ein Geisteskranker keine rechtswidrige Handlung begehen könne, auf den vorliegenden Fall nicht der § 53, welcher einen rechtswidrigen Angriff voraussetze, sondern der § 54 Str. G. B.'s anzuwenden sei, der erste Richter aber unterlassen habe, zu prüfen, ob die strafbar befundene Handlung von dem Angeklagten im Notstande zur Rettung aus einer gegenwärtigen Gefahr für Leib oder Leben begangen worden sei.

Die Beantwortung der in der Doktrin streitigen Frage, ob durch den Angriff eines nicht zurechnungsfähigen Menschen Notwehr im Sinne des § 53 St. G. B.'s begründet werden kann, hängt von der Ermittelung ab, was das Gesetz unter einem rechtswidrigen Angriffe versteht. Der nämliche Angriff kann zugleich nicht rechtswidrig sein für den, von welchem er ausgeht, und rechtswidrig für den, gegen welchen er gerichtet ist. Der Thäter, welcher zur Zeit der Begehung der Handlung sich in einem Zustande von Bewußtlosigkeit oder krankhafter Störung der Geisteskräfte befindet, durch welchen seine freie Willensbestimmung ausgeschlossen wird, ist zu einer Handlung im strafrechtlichen Sinne nicht fähig (§ 51) und der von ihm vorgenommene Angriff für ihn nichts Rechtswidriges. Eine Rechtsverletzung fällt auch demjenigen nicht zur Last, der angreift, weil er sich hierzu aus einem unvermeidbaren Irrtume für befugt hält (§ 59). Der durch den Angriff eines Unzurechnungsfähigen oder im Irrtume Befindlichen Gefährdete hat aber nicht die Rechtspflicht, sich eine Beeinträchtigung seiner rechtlich anerkannten Interessen gefallen zu lassen, und deshalb ist der gegen solche Interessen gerichtete Angriff für den Angegriffenen ein rechtswidriger. Wäre die Notwehr davon abhängig, daß der Angriff dem Angegriffenen zur Schuld anzurechnen ist, so würde der Angegriffene nur dann zur Verteidigung übergehen dürfen, wenn er vorher ermittelt hätte, daß der Angreifer nicht in einem Zustand von Geistesstörung und nicht infolge eines unvermeidbaren Irrtumes handele. Eine solche Ermittelung ist regelmäßig unmöglich, wenn nicht der meist durch die Raschheit der Ausführung bedingte Erfolg der Verteidigung vereitelt werden soll. Wäre die Verschuldung des Angreifers entscheidend, so müßte folgerichtig auch das Maß der Schuld für die Art und den Umfang der erlaubten Abwehr von Bedeutung sein. Von alledem ist jedoch in dem § 53 St. G. B.'s nicht die Rede. In dem zweiten Absatze des § 53 wird diejenige Verteidigung, welche erforderlich ist, um einen gegenwärtigen rechtswidrigen Angriff von sich oder einem anderen abzuwenden, als Notwehr bezeichnet, also lediglich ein Angriff vorausgesetzt, der widerrechtlich ist, weil das Recht einen solchen Eingriff in fremde Interessen nicht erlaubt, und es wird lediglich nach der objektiven Beschaffenheit des Angriffes der Umfang der Verteidigungsmittel bemessen. In dem ersten Absatze des § 53 aber wird bestimmt, daß eine strafbare Handlung nicht vorhanden ist, wenn die Handlung durch Notwehr geboten war. Hiernach besteht das gesetzliche Notwehrrecht darin, daß der Angegriffene befugt ist, durch eine dem Angriffe angemessene Verteidigung ein Uebel von sich abzuwenden, das ihm durch den Angriff droht, und welches er zu erdulden rechtlich nicht verpflichtet ist, ohne daß es darauf ankommt, ob der Angriff von einem Zurechnungsfähigen oder von einem Unzurechnungsfähigen oder von einem in unabwendbarem Irrtume Handelnden ausgeht.

Wollte man der Ansicht der Revision beitreten, daß die Angriffe Geisteskränker nur Notwehr (§ 54 St. G. B.'s) begründen, so würde man, da der § 54 nur eine Handlung zur Rettung aus einer gegenwärtigen Gefahr für Leib oder Leben des Thäters oder eines Angehörigen für erlaubt erklärt, zu dem Ergebnisse gelangen, daß es unzurechnungsfähigen Personen gegenüber bei Angriffen, durch welche nur das Vermögen, nicht aber Leib und Leben gefährdet werden, ein Recht zur Verteidigung überhaupt nicht giebt, und bei Angriffen mit gegenwärtiger Gefahr für Leib oder Leben den Angegriffenen nur ein Angehöriger, nicht ein Fremder, verteidigen darf. Dies Ergebnis verletzt das natürliche Rechtsgefühl; es würde nur dann hingenommen werden können, wenn es, was, wie dargelegt, keineswegs der Fall, als Wille des Gesetzgebers einen Ausdruck gefunden hätte, der eine andere Auffassung ausschlösse.

In dem angefochtenen Urteile wird ohne nähere Erläuterung bemerkt, daß der Angeklagte nicht in Notwehr gehandelt habe, weil „in dem vorliegenden Falle das Emporhalten einer Gabel, begangen von einem Geisteskranken gegenüber seinem Wärter, sich als rechtswidriger Angriff nicht darstelle." Soll damit gesagt werden, daß bei der Eigenart der Krankheit und der Person des Pfleglings ein weiteres Vorgehen desselben gegen seinen Wärter nicht zu befürchten und deshalb für den letzteren keine ernstliche Gefahr vorhanden gewesen sei, so würde die Auffassung des ersten Richters nicht beanstandet werden können. Es kommt indes hierauf nicht an, da auch festgestellt wird, daß der Angeklagte das Maß der zur Notwehr erforderlichen Verteidigung erheblich überschritten hat, und zwar nicht in Bestürzung, Furcht oder Schrecken, und diese Feststellung genügt, um die Anwendung des § 53 St. G. B.'s auszuschließen.

III. **Den Einfluß des Irrtums auf das Notwehrrecht** beleuchtet folgendes Urteil vom 2. XII. 90. IV. (E. XXI., 189.):

Der Angeklagte suchte am 5. November 1889 den Bäckermeister B. zu T. in seiner Wohnung auf, um mit ihm ein Handelsgeschäft abzuschließen. Es kam zu einem Wortwechsel, bei welchem auf beiden Seiten beleidigende Äußerungen fielen. B. forderte darauf den Angeklagten auf, seinen Hof zu verlassen. Die Aufforderung wurde nicht sogleich befolgt; erst nach 10 Minuten zog sich der Angeklagte unter Schimpfreden zurück. B. folgte ihm und traf im Hausflur wieder mit ihm zusammen. Der Angeklagte, von der irrigen Annahme ausgehend, jener sei im Begriff, ihn thätlich anzugreifen, hielt eine Verteidigung gegen diesen Angriff für geboten, zog sein Messer, ging dem B. entgegen und schlug ihn mit seinem Stocke. Es kam zu einem Ringen zwischen ihnen, bei dessen Beendigung B. mehrere Verletzungen hatte. Der erste Richter nimmt jedoch nicht an, daß der Angeklagte absichtlich die Wunden mit dem Messer beigebracht habe.

Bei der Beurteilung des vom Angeklagten erhobenen Einwandes der Notwehr geht die Strafkammer davon aus, daß von *Notwehr nicht die Rede sein könne, da kein wirklicher rechtswidriger Angriff des Verletzten vorgelegen habe.* Ferner sei auch der Angeklagte durch die von ihm verübten Thätlichkeiten, insbesondere durch das Schlagen mit dem Stock, über die Grenzen der Verteidigung hinausgegangen. Dies habe er aber in Bestürzung, Furcht oder Schrecken gethan. Demgemäß sei eine strafbare Handlung in der Thätlichkeit des Angeklagten nach § 53 St. G. B.'s nicht zu finden. Auf Grund dessen gelangt die Strafkammer zur Freisprechung von der Anklage der vorsätzlichen Körperverletzung und verurteilt den Angeklagten nur wegen Hausfriedensbruches.

Dem Revisionsantrage der Staatsanwaltschaft entsprechend, wurde die freisprechende Entscheidung aufgehoben aus folgenden Gründen:

Wie das Reichsgericht in dem Bd. 1 S. 23 der Rechtsprechung veröffentlichten Urteile ausgeführt hat, ist die Frage, ob in einem gegebenen Falle die gewählte Art der Verteidigung erforderlich war, um einen gegenwärtigen rechtswidrigen Angriff abzulenken, nicht nach der subjektiven Auffassung des Handelnden, sondern nach der objektiven Sachlage zu beurteilen.*) Liegt daher in Wirklichkeit ein gegenwärtiger rechtswidriger Angriff nicht vor, so kann weder von einer gerechtfertigten Notwehr (§ 53 Abs. 1), noch von einem gemäß § 53 Abs. 3 straflosen Exzesse der Notwehr die Rede sein. Wohl aber erscheint, wie das angezogene Urteil weiter ausführt, die Strafbarkeit des Handelnden, soweit es sich um ein vorsätzliches Delikt handelt, wegen mangelnden Dolus ausgeschlossen, wenn der Angeklagte irrtümlicherweise der Ansicht war, daß die fragliche Handlung durch Notwehr geboten oder die von ihm gewählte Art der Verteidigung zur Abwehr erforderlich sei. Dieser Auffassung haben sich mehrfache spätere Urteile des Reichsgerichtes angeschlossen, Rechtspr. des R. G.'s Bd. 6 S. 576; Entsch. des R. G.'s in Straff. Bd. 4 S. 98, Bd. 6 S. 405, und der Senat findet keine Veranlassung, von der bisherigen Rechtsprechung des Reichsgerichts abzuweichen. Geht man aber von jener Rechtsansicht aus, so muß die angefochtene Entscheidung der Strafkammer beanstandet werden.

Glaubte der Angeklagte, daß B. ihn angreife, so konnte er allerdings nicht wegen vorsätzlicher Körperverletzung bestraft werden, wenn er sich auf diejenige Verteidigung beschränkte, die zur Abwehr des von ihm angenommenen Angriffes erforderlich war, oder wenn er zwar dieses Maß der Verteidigung überschritt, aber infolge eines thatsächlichen Irrtums die gewählte Art der Abwehr für geboten hielt, und zwar in beiden Fällen, weil es ihm an dem rechtswidrigen Vorsatze fehlte. Nun stellt aber der Vorderrichter thatsächlich fest: der Angeklagte sei zwar über die Grenze der Verteidigung gegen den von ihm irrtümlich angenommenen Angriff hinausgegangen, es sei aber anzunehmen, daß er dies in Bestürzung, Furcht oder Schrecken gethan habe. Der Vorderrichter wendet sonach zu Gunsten des Angeklagten die Vorschrift des § 53 Abs. 3 St. G. B.'s, die — wie oben angeführt — nur für den Fall gegeben ist, daß wirklich die Voraussetzung der Notwehr, ein gegenwärtiger rechtswidriger Angriff, vorliegt, auf den Fall der putativen Notwehr an, während für diesen Fall vielmehr zu prüfen war, ob der Angeklagte sich in einem thatsächlichen Irrtum über das Maß der gebotenen Verteidigung befunden habe. Diese beiden Fragen sind aber keineswegs gleichbedeutend. Es ist begrifflich nicht ausgeschlossen, daß der im Affekt Handelnde vorsätzlich handelt: mithin kann auch derjenige, der in Bestürzung, Furcht oder Schrecken die Grenze der gebotenen Abwehr überschreitet, dies mit Bewußtsein, als vorsätzlich thun. Nur bei einem wirklichen rechtswidrigen Angriffe aber erklärt das Gesetz die im Affekte der Bestürzung u. s. w. begangene

*) A. M. Wächter, a. a. O. S. 179, welcher die subjektive Auffassung des Angegriffenen entscheiden lässt, eine Mittelmeinung vertritt Binding 751 durch Konstituierung eines homo sapiens.

Ueberschreitung ohne Rücksicht auf das Vorhandensein des Bewußtseins für straflos, indem es davon ausgeht, daß derjenige, welcher einen rechtswidrigen Angriff unternimmt, sich gefallen lassen muß, daß der Angegriffene in der Bestürzung u. s. w. das nötige Maß überschreitet. Bei einem bloß eingebildeten Angriffe fällt diese Erwägung fort, es kann, wie ausgeführt, nicht der Affekt der Bestürzung u. s. w., sondern nur der auf thatsächlichem Irrtum beruhende Mangel des Dolus die Straflosigkeit bewirken.

Der Vorderrichter verletzt aber weiter das Gesetz dadurch, daß er nicht nach § 59 St. G. B.'s prüft und erörtert, ob der Irrtum, vermöge dessen der Angeklagte sich angegriffen glaubte, ein entschuldbarer, vermeidbarer war. Denn schließt auch der thatsächliche Irrtum — gleichviel ob verschuldet oder nicht — im Falle putativer Notwehr den Dolus aus, so kommt doch vorliegend in Betracht, daß eine Körperverletzung auch aus Fahrlässigkeit begangen werden kann. Eine Freisprechung des Angeklagten von der wegen Körperverletzung erhobenen Anklage wäre daher nur gerechtfertigt gewesen, wenn der erste Richter festgestellt hätte, daß der Angeklagte auch bei Anwendung der den Umständen nach gebotenen Aufmerksamkeit und Besonnenheit den Irrtum, in dem er sich befand, nicht vermeiden konnte, und dieser folglich kein schuldhafter war.

§ 14.

Der Notstand.

Berner § 57, Binding Gr. I § 76, v. Liszt § 33, Meyer § 40, Frank und Olshausen zu § 54.

Bisher hat das R. G. sich über den Notstand im Sinne des § 54 St. G. B.'s in grundlegender Weise nicht geäußert.

§ 15.

Einwilligung des Verletzten.

Das R. G. hat die bestrittenste unter den vielen ungelösten Fragen in dieser Lehre*): **ob die körperliche Verletzung des Einwilligenden als rechtswidrig nach den allgemeinen Grundsätzen über Körperverletzung zu bestrafen sei:** bejaht in dem Beschluß der Vereinigten Strafsenate vom 8. II. 96 E XXVIII, 200 ff.**).

Der I. Strafsenat hat in den Urteilen vom 15. November 1880 und vom 9. November 1893, Entsch. d. R. G.'s in Straff. Bd. 2 S. 442, Bd. 24 S. 369, den Grundsatz aufgestellt,

daß der Versuch des Vergehens gegen § 216 St. G. B.'s, welcher als solcher nicht gestraft werden könne, als Körperverletzung nach den §§ 223 flg. St. G. B.'s zu ahnden sei.

Dieser Auffassung hat der Feriensenat in dem Urteile vom 25. August 1892 (Reg. 2537/92) sich angeschlossen.

---

*) s. die verschiedenen Ansichten bei Meyer § 38c.

**) Ebenso v. Liszt § 84, Olshausen zu § 216 No. 5 A. M., Binding Gr. II § 114.

Der II. Strafsenat glaubte in der vorliegenden Rechtssache dem nicht beitreten zu können, beschloß vielmehr in der Annahme, daß die in Ausführung des Versuches eines Vergehens gegen § 216 St. G. B. verübte Körperverletzung nicht strafbar sei,

eine Entscheidung der Vereinigten Strafsenate über die im Tenor bezeichnete Rechtsfrage herbeizuführen.

Sowohl der I. Strafsenat und der Feriensenat, als auch der den Konflikt im Sinne des § 137 G. V. G.'s erhebende II. Strafsenat gingen hiernach übereinstimmend von der Ansicht aus,

daß § 216 St. G. B.'s den Thatbestand eines selbständigen Deliktes, und zwar eines Vergehens enthalte, daß folgeweise der Versuch desselben, da er nicht ausdrücklich unter Strafe gestellt ist, nach § 43 Abs. 2 a. a. O. als solcher straflos sei.

Wenn aber der Oberreichsanwalt in der von ihm abgegebenen Erklärung beantragt, die Entscheidung in dem oben wiedergegebenen Sinn zu treffen, so hat er sich damit in der Frage,

ob § 216 den Thatbestand eines selbständigen Vergehens oder nur einen die Strafbarkeit des Mordes oder Totschlages vermindernden Umstand aufstelle,

auf einen der bisherigen Praxis des Reichsgerichtes durchaus entgegenstehenden Standpunkt gestellt, der seiner präjudiziellen Natur wegen vorweg der Erörterung bedarf.

I. Der Ansicht des Oberreichsanwaltes von der Natur des im § 216 St. G. B.'s aufgestellten Deliktsthatbestandes konnte nicht beigetreten werden. Es war vielmehr daran festzuhalten, daß § 216 den Thatbestand eines selbständigen Vergehens aufstelle. Namentlich spricht die Entstehungsgeschichte dafür. Der — erste — Entwurf eines Strafgesetzbuches für den Norddeutschen Bund vom Juli 1869 (der sog. Friedberg'sche Entwurf) enthielt eine dem § 216 entsprechende Bestimmung sowenig, wie das preußische Strafgesetzbuch. In dem dem Reichstage des Norddeutschen Bundes vorgelegten Entwurfe enthielten zwar die §§ 206—210 und § 212 Bestimmungen, die denen des ersten Entwurfes ganz entsprechend waren, eingeschaltet war jedoch eine mit § 216 St. G. B.'s völlig gleichlautende Vorschrift, zu der die Motive lediglich bemerken:

> Es entspricht dem Rechtsgefühl, daß die Tötung eines Einwilligenden, wie sie der Entwurf näher charakterisiert, nicht mit der Strafe belegt werde, wie die gegen den Willen des Getöteten erfolgte Tötung. Aber das unbestrittene Sittengesetz, daß das Leben ein nicht veräußerliches Gut ist, läßt weder Straflosigkeit noch eine niedrig bemessene Strafe zu.
>
> Der Entwurf hat deshalb im Anschlusse an die meisten deutschen Strafgesetzbücher zwar eine besondere Bestimmung über diesen Fall der Tötung aufgenommen, jedoch die Strafe auf den Mindestbetrag von drei Jahren Gefängnis festgesetzt.

Abgesehen von der Strafandrohung fand sich die jetzt in § 216 St. G. B.'s enthaltene Vorschrift gleichlautend im Art. 157 des revidierten Strafgesetzbuchs für das Königreich Sachsen vom 1. Oktober 1868, sowie unter derselben Ziffer im — älteren — Strafgesetzbuche vom 13. August 1855, ja auch schon — lediglich mit der Abweichung, daß statt des Eingangswortes jemand gesagt war: „Der Thäter" — im Art. 125 des Kriminalgesetzbuches für das Königreich Sachsen vom 30. März 1838. Hier war jedoch die Bestimmung enthalten im Unterabschnitt „Totschlag", dem ein solcher über „Mord" voranging und einer über „Kindesmord" folgte, in den beiden jüngeren Strafgesetzbüchern folgte der Art. 157 den Artt. 155, 156 über „Mord" und „Totschlag", wobei im Art. 156 selbst die Reizung zum Zorn als mildernder Umstand hervorgehoben war; in den Artt. 158, 159 folgten Vorschriften über „Unterstützung beim Selbstmorde" und „Kindesmord".

Wie Schwarze, Mitglied der Kommission sieben norddeutscher Juristen, die auf Grund des Friedberg'schen Entwurfes den dem Reichstage vorgelegten (nur mit vereinzelten Abänderungen seitens des Bundesrates versehenen) Entwurf ausgearbeitet hat, im Gerichtssaal Bd. 34 S. 399 bezeugt, wurde die Bestimmung des § 216 auf seinen Antrag in den Entwurf bei Aufstellung desselben in der Bundeskommission aufgenommen. Er bemerkt, daß sie aus dem Königlich Sächsischen Gesetzbuche entlehnt worden sei, obgleich eine gleichlautende Vorschrift auch in anderen deutschen Gesetzbüchern zu finden sei und andere Gesetzgebungen — z. B. die Belgiens — das „Verlangen" als mildernden Umstand anerkannt hätten; er weist ferner darauf hin, daß die Bestimmung zu einer Zeit erlassen und in das deutsche Strafgesetzbuch aufgenommen sei, als es eine gemeinsame Strafprozeßordnung noch nicht gegeben habe, weshalb die Redaktion eine hiervon unabhängige und selbständige gewesen sei; die Tendenz der Vorschrift weise aber darauf hin, daß „man ein selbständiges Vergehen aufstellen wollte und in dieser Weise sei auch der Fall in Sachsen stets behandelt worden."

Wenn der Oberreichsanwalt im Anschluß an diese Auslassung bemerkt, es sei nicht ersichtlich, daß auch in den Herrschaftsgebieten der früheren Strafgesetzbücher von Thüringen, Hessen, Braunschweig, Hamburg und Lübeck, in denen gleichfalls eine derartige Bestimmung enthalten gewesen sei, der Fall stets wie im Königreich Sachsen behandelt worden sei, so ergiebt ein Blick auf die Lage der Gesetzgebung in Deutschland vor Erlaß des Strafgesetzbuches, daß jedenfalls eine größere Gruppe deutscher Landesstrafgesetzbücher, nämlich derjenigen von

> Braunschweig vom 10. Juli 1840 § 147; Hessen vom 17. September 1841 Art. 257 und des diesem nachgebildeten für Frankfurt a. M. vom 16. September 1856; Nassau vom 17. Mai 1849 Art. 250; Hamburg vom 30. April 1869 Art. 120,

vorhanden war, in denen — wie nach dem revidierten Strafgesetzbuche für das Königreich Sachsen — die Tötung eines Einwilligenden als ein *besonderer* Fall der Tötungsdelikte behandelt worden war. In eben diesem Sinne wurde die Bestimmung aber auch in den Entwurf der

Bundeskommission aufgenommen. Dafür spricht Schwarze's Zeugnis, und es ergiebt sich klar aus der ihr eingeräumten Stellung.

Die Bestimmung ist nicht an die Vorschriften der §§ 206, 207 des Entwurfes (§§ 211, 212 des Gesetzes) über Mord und Totschlag unmittelbar angeschlossen, was das Richtige gewesen sein würde, sobald es sich nur um die Aufstellung eines mildernden Umstandes zu den Verbrechen des Mordes und des Totschlages gehandelt hätte; sie folgt vielmehr erst auf die §§ 208—210 des Entwurfes (§§ 213—215 des Gesetzes) die lediglich von strafmildernden und straferhöhenden Umständen zum Totschlage handeln, und steht so unmittelbar vor der Bestimmung über Kindesmord (§ 212 des Entwurfes, § 217 des Gesetzes), dessen selbständige Natur bisher noch nicht angezweifelt ist.

Anzuerkennen ist freilich, daß die Fassung des § 216 St. G. B.'s der Bedeutung der Tötung eines Einwilligenden als eines selbständigen Vergehens nicht entspricht; allein sie erklärt sich aus der Hinübernahme der Vorschrift des Art. 125 des sächsischen Kriminalgesetzbuches, wo sie nur als besonderer Fall des Totschlages behandelt war, in den Art. 157 der neueren Königlich sächsischen Strafgesetzbücher und aus diesen in das Reichsstrafgesetzbuch.

Man kann aber nicht — mit dem Oberreichsanwalte — sagen, es habe der von Schwarze verfolgte Gedanke der „Schöpfung eines selbständigen Spezialdeliktes“ zunächst im Entwurfe und dann im Gesetze selbst keinen Ausdruck gefunden; denn die Stellung, die der Vorschrift im § 211 des Entwurfes und im § 216 des Gesetzes angewiesen ist, erscheint als ein solcher Ausdruck. Es kommt hinzu, daß es von der sonst für das Strafgesetzbuch befolgten Redaktionsweise völlig abweichen würde, wenn in einer Vorschrift ohne Hinweis auf die in Betracht kommenden Paragraphen (vgl. dagegen § 228 St. G. B.'s) zu zwei Verbrechen — Mord und Totschlag — eine einheitliche Bestimmung über einen mildernden Umstand gegeben worden wäre.

Auch der weitere Gang der Entstehungsgeschichte spricht für die bisherige Auffassung von der selbständigen Natur der in § 216 St. G. B.'s mit Strafe bedrohten That.

Der Entwuf der Bundeskommission wurde in der in Betracht kommenden Beziehung vom Bundesrate unverändert angenommen und stimmte mit ihm somit der vom Reichstage vorgelegte Entwurf insoweit überein. In der Reichstagskommission, welcher Teil 2 Abschn. 16 des Entwurfes mit anderen Abschnitten zur Beratung überwiesen war, wurde § 211 des Entwurfes (§ 216 des Gesetzes) unverändert angenommen.

Vgl. Zusammenstellung des Entwurfes Tl. II Abschn. 8—22 mit den Beschlüssen der Kommission in Nr. 85 der Aktenstücke des Reichstages, Stenographische Berichte der I. Legislaturperiode Session 1870 Bd. 3 S. 354 flg.

In der zweiten Lesung im Plenum (Stenographische Berichte Bd. 2 S. 656 flg.) gelangten zwar bei § 206 des Entwurfes (§ 211 des Gesetzes) zur Beratung einmal ein Prinzipalantrag der Abgeordneten

Lasker und Genossen, betreffend die Aufnahme mildernder Umstände beim Morde als Abs. 2 des § 206 des Entwurfes, alsdann ein Eventualantrag des Abgeordneten Schwarze für den Fall der Annahme mildernder Umstände, den Abs. 2 des § 206 so zu fassen:

„Ist die Tötung auf das ausdrückliche und ernstliche Verlangen des Getöteten erfolgt oder sind mildernde Umstände vorhanden, so ist“ ꝛc.

Vgl. Stenographische Berichte Bd. 2 S. 656 Bd. 4. S. 427.

Beide Anträge wurden jedoch abgelehnt (Stenographische Berichte Bd. 2 S. 656), und zwar auf Grund einer Debatte, in deren Eingang der Berichterstatter der Kommission Evelt ausgeführt hatte, daß, wenn — nach dem Standpunkte der Kommission — mildernde Umstände überhaupt beim Morde zu verneinen seien, es nur zu erörtern bleibe, ob es sich vom praktischen Standpunkte empfehle, die Tötung des Einwilligenden als selbständiges Vergehen zu konstruieren oder nicht. Er gelangt zu dem Ergebnisse, daß ersterem der Vorzug zu geben sei und beantragt:

das Vergehen des § 211 als selbständiges Vergehen bestehen zu lassen.

Der § 211 (§ 216 des St. G. B's.) wurde demnächst mit großer Majorität angenommen.

Zieht man das Ergebnis aus der gesamten Entstehungsgeschichte des § 216 St. G. B.'s, so ergiebt sich, daß alle mitwirkenden Faktoren die Tötung eines Einwilligenden als selbständiges Vergehen gewollt haben.

Diesem Ergebnisse entspricht auch, wie eingangs hervorgehoben, die bisherige Praxis des Reichsgerichtes. Wenn demgegenüber in der Erklärung des Oberreichsanwaltes im Anschlusse an die Bemerkung,

es falle die Frage, ob der Versuch aus § 216 St. G. B.'s als solcher straffrei sei, mit der ferneren Frage zusammen, ob § 216 den Thatbestand eines selbständigen Vergehens oder nur einen die Strafbarkeit des Mordes oder Totschlages vermindernden Umstand aufstelle,

darauf hingewiesen wird, daß für die letztere Ansicht — allerdings nur bei Erörterung prozeß-rechtlicher Konsequenzen, jedoch aus Gründen, welche dem materiellen Rechte angehörten — die Urteile des

II. Straffenats vom 25. März 1884, Rechtspr. des R. G.'s in Straff. Bd. 6 S. 225; I. Straffenat vom 11. März 1885, Entsch. des R. G.'s in Straff. Bd. 12 S. 253; III. Straffenats vom 20. März 1890, Entsch. des R. G.'s in Straff. Bd. 20 S. 351; II. Straffenats vom 11. Januar 1895, Entsch. des R. G.'s in Straff. Bd. 26 S. 363

sich ausgesprochen hätten, so kann der Ansicht, daß die Gründe, welche dazu führten, die Einwilligung des Getöteten im Verhältnisse zu den Vorschriften über Mord und Totschlag (St. G. B.'s §§ 211—212) als einen strafvermindernden Umstand im prozessualen Sinne (vgl. § 262, 266, 295 St. P. O.) anzusehen, dem materiellen Rechte angehörten, nicht beigetreten werden. Es kann dies wenigstens nur insoweit zugegeben werden, als das materielle Strafrecht die Verbrechensbegriffe enthält und bei deren Aufstellung so verfahren werden kann, daß zu gewissen einfachen Thatbeständen andere Thatumstände, sei es strafvermindernd oder straferhöhend, hinzutreten. Dadurch wird aber an sich über die Selbständigkeit des zusammengesetzten Thatbestandes, als eigenartigen Deliktes, noch in keiner Weise entschieden.

Auch der I. und II. Strafsenat haben in ihrer seitherigen Rechtsprechung zweifellos auf dem Standpunkte gestanden, daß der materielle und der prozessuale Gesichtspunkt auseinander zu halten seien. Es geht dies mit Notwendigkeit daraus hervor, daß sonst die oben angeführten Urteile dieser Senate, die sich mit der prozessualen Frage beschäftigen, mit dem von beiden Senaten eingenommenen Standpunkte, daß der Versuch aus § 216 als solcher nicht strafbar sei, unvereinbar sein würden. Das Urteil vom 11. Januar 1895 läßt es deshalb auch ausdrücklich dahingestellt, ob das im § 216 vorgesehene Vergehen eine selbständige Strafthat darstelle, und beantwortet die Frage, wie im schwurgerichtlichen Verfahren die Fragen zu stellen seien, aus ganz anderen, rein prozessualen Gesichtspunkten.

Das Urteil des III. Strafsenats vom 20. März 1890 erwähnt endlich lediglich gelegentlich und unter Bezugnahme auf das Urteil des II. Strafsenats vom 25. März 1884, daß — im Unterschiede von der Beihilfe im Verhältnisse zur Thäterschaft — ein vom Gesetze besonders hervorgehobener mildernder Umstand unter anderen auch im § 216 enthalten sei.

Das Verhältnis der „Tötung eines Einwilligenden" zum „Mord" und zum „Totschlag" ist in materieller und in prozessualer Beziehung ein solches, wie es im Strafgesetzbuche wiederholt sich findet. Jene ist ein selbständiges Vergehen mit allen aus der Vergehensnatur zu ziehenden Konsequenzen, sein Thatbestand aber erscheint, wenn schon kein Gewicht darauf gelegt ist, ob die Tötung mit oder ohne Ueberlegung ausgeführt wird, dennoch positiv so gestaltet, daß die Feststellung:

der Thäter sei durch das ausdrückliche und ernstliche Verlangen des Getöteten zur Tötung bestimmt worden,

strafvermindernd gegenüber den beiden Thatbeständen der §§ 211, 212 St. G. B.'s wirkt.

Das Verhältnis ist genau dasselbe, wie zwischen „Kindesmord" und „Mord" und „Totschlag"; hier erkennt jedoch auch der Oberreichsanwalt an, daß im § 217 ein „spezielles Tötungsdelikt" normiert sei; der Umstand aber, daß die Thäterin eine Mutter ist, welche ihr uneheliches Kind in oder gleich nach der Geburt tötete, wirkt prozessual strafvermindernd gegenüber den Verbrechen aus den §§ 211, 212.

Aehnliches gilt vom Verhältnisse des sogenannten Mundraubes (§ 370 Ziff. 5) zum Diebstahle, während umgekehrt beim „Raube" dessen eigentümliche Deliktsnatur überall anerkannt wird, die Anwendung oder Androhung der Gewalt gegen die Person prozessual einen straferhöhenden Umstand zum Diebstahle bildet. Die Auffassung von der selbständigen Vergehensnatur des im § 216 mit Strafe bedrohten

Deliktes ist — außer in der bisherigen Praxis des Reichsgerichtes, wie ganz überwiegend in der Litteratur — namentlich auch vom ehemaligen preußischen Obertribunale in dem Urteile vom 28. März 1878 (Oppenhoffs Rechtspr. Bd. 19 S. 175) vertreten, wo neben dem Wortlaute des § 216, seiner Stellung und seiner Entstehungsgeschichte als das für die Selbständigkeit des Vergehens Entscheidende der Umstand angeführt wird,

> daß die Tötung in dem Willen des Getöteten selbst ihren letzten Grund gehabt hat und sich deshalb nur als eine Verletzung des öffentlichen Interesses, nicht aber als ein Eingriff in das Recht des Individuums darstellt.

Dementsprechend ist auch in den Motiven zum Entwurfe des Strafgesetzbuches der Grund,

> daß die Tötung eines Einwilligenden nicht mit der Strafe belegt werden könne, wie die gegen den Willen des Getöteten erfolgte Tötung

zutreffend hervorgehoben worden.

Bei dieser Sachlage konnte der Ansicht des Oberreichsanwaltes nicht beigetreten werden; es mußte vielmehr an der bisherigen Auffassung, daß im § 216 St. G. B.'s der Thatbestand eines selbständigen Vergehens aufgestellt sei, festgehalten werden.

II. Enthält § 216 St. G. B.'s den Thatbestand eines selbständigen Vergehens, so ist der Versuch desselben, da er nicht ausdrücklich für strafbar erklärt ist, nach § 43 Abs. 2 St. G. B.'s straflos.

Der Versuch der Tötung eines Einwilligenden kann völlig fehlgeschlagen sein, er kann aber auch zu einer Körperverletzung im objektiven Sinne geführt haben, und für diesen Fall ist es fraglich,

> ob die in Ausführung eines solchen Versuches ausgeführte Körperverletzung nach Maßgabe der Vorschriften des Teils II Abschn. 17 St. G. B.'s bestraft werden kann.

Die Frage war zu bejahen.

Zunächst kann es nicht zweifelhaft sein, daß die in Ausführung eines Tötungsversuches herbeigeführte Körperverletzung eines Menschen auch subjektiv den Thatbestand einer vorsätzlichen Körperverletzung im Sinne des bezeichneten Abschnittes des Strafgesetzbuches erfüllt. Denn wer den Vorsatz hat, einen Menschen zu töten, hat mit Notwendigkeit auch den Vorsatz, diesen körperlich zu verletzen. Die Tötung eines Menschen anders als durch Verletzung seines Körpers ist nicht denkbar; mag das zur Tötung gewählte Mittel auch so rasch wirksam sein, daß dem Getöteten der Vorgang gar nicht zum Bewußtsein kommt, daß er insbesondere ein Schmerzgefühl nicht hat, immer muß sein Körper in einer Weise in Mitleidenschaft gezogen werden, daß die ihm widerfahrene Behandlung als Körperverletzung im Sinne des § 223 St. G. B.'s sich darstellt; denn die Schmerzerregung gehört nicht zum Begriffe derselben.

Hat aber der Tötungsversuch zu einer nach Obigem vorsätzlichen Körperverletzung des die Tötung Verlangenden geführt, liegt somit der

Thatbestand einer an sich in Gemäßheit der §§ 223 flg. St. G. B.'s strafbaren Handlung vor, so ist kein durchgreifender Grund erfindlich, warum — in den Fällen der leichten vorsätzlichen Körperverletzung (§ 223) unter der Voraussetzung des Vorliegens eines rechtsgültigen Strafantrags — die Handlung nicht auch im konkreten Falle mit Strafe belegt werden sollte. Ist ein in den Strafgesetzen vorgesehener Thatbestand in subjektiver und objektiver Richtung erfüllt, sind also alle Voraussetzungen gegeben, die die bestehende Rechtsnorm für die Bestrafung voraussetzt, so hat letztere auch einzutreten, sofern nicht andere positive Normen die Bestrafung ausschließen, sofern also nicht Ausnahmen von der Regel nachweisbar sind. Solche bestehen hier nicht.

Insbesondere kann für die Straflosigkeit der Körperverletzung nicht geltend gemacht werden, daß das vollendete Vergehen des § 216 die in ihm notwendig enthaltene Körperverletzung völlig absorbiere. Der Grundsatz der Absorption der Strafnorm der §§ 223 flg. durch § 216 gilt eben nur, wenn und soweit eine nach § 216 strafbare Handlung vorliegt. Ist dies, weil die That in den Grenzen des Versuches geblieben, nicht der Fall, so fällt auch der Grund weg, welcher die Strafbarkeit der in der Handlung subjektiv und objektiv in die Erscheinung tretenden Körperverletzung ausschließt. Man hat den Grund für die Straflosigkeit der in Ausführung des Versuchs der Tötung eines diese Verlangenden verübten Körperverletzung ferner darin finden wollen, daß in dem Verlangen auch die Einwilligung in die Körperverletzung liege, und diese die Strafbarkeit ausschließe. Die Vereinigten Strafsenate haben jedoch keine Veranlassung gefunden, auf die prinzipielle Frage,

> inwiefern die Einwilligung in eine Körperverletzung geeignet sei, deren Bestrafung auszuschließen,

im vorliegenden Falle einzugehen, denn sie stellten sich auf den bereits in dem Urteile des I. Strafsenats vom 9. November 1893, Entsch. des R. G.'s in Strafs. Bd. 24 S. 369, vertretenen Standpunkt,

> daß insoweit die Absicht von entscheidender Bedeutung sei, und deshalb die Einwilligung zwar auf Tötung, nicht aber auf Körperverletzung gehe.

Auch ein anderer gegen die bisherige Praxis des Reichsgerichts häufig vorgebrachter Grund vermag nicht durchzugreifen. Man wendet ein, daß dasjenige Strafgesetz, welches gegen die vorsätzliche Körperverletzung anzuwenden sein würde, unter Umständen schwerer wäre, als selbst die gegen die vollendete Tötung des Einwilligenden sich richtende Strafandrohung des § 216. Denn während nach diesem auf Gefängnis von drei bis zu fünf Jahren zu erkennen ist, würde die schwere Körperverletzung nach § 224 (vom Falle des § 225 ganz abgesehen) bei Verneinung mildernder Umstände (§ 228) mit Zuchthaus bis zu fünf Jahren bestraft werden können, ja bei dem immerhin denkbaren Vorliegen der Voraussetzungen des § 229 auf noch höhere Zuchthausstrafen erkannt werden dürfen. Diese Möglichkeiten sind anzuerkennen; sie werden jedoch im Falle des § 224 zu praktischen Inkonvenienzen kaum führen, da schon die für den Regelfall gegebene Strafandrohung gestattet, auf Gefängnisstrafe zu erkennen, und zwar mit einem zulässigen Mindestbetrage von nur einem Jahre, die für den Fall mildernder Umstände ausschließlich angedrohte Gefängnisstrafe aber sogar bis auf einen Monat hinuntergehen kann. Es ist hiernach kaum zu erwarten, daß beim Vorliegen einer schweren Körperverletzung im Sinne des § 224 St. G. B.'s auf eine härtere oder höhere Strafe erkannt werden würde als wie § 216 sie kennt. Der Hinweis auf jene Möglichkeit — und das gilt namentlich im Hinblicke auf § 229 — beweist aber überhaupt nichts. Denn die danach zweifellos bestehende Disharmonie in den Strafandrohungen des § 216 einerseits und den gegen die vorsätzliche Körperverletzung in den bezeichneten Fällen gerichteten andererseits entspringt, wie schon das Urteil des Feriensenats vom 25. August 1892 (Reg. 2537/92) hervorhebt, lediglich positiven Einzelbestimmungen des Strafgesetzbuches, die darum nicht geeignet sind, die Anwendung allgemeiner Grundsätze des Strafrechtes auszuschließen. Dem Umstande, daß Unzuträglichkeiten möglich sind, vermag gegenüber dem gegebenen Gesetze ein Einfluß nicht eingeräumt zu werden, und das Gesetz geht dahin, daß jede mit Strafe bedrohte Handlung ihre Ahndung finde, soweit das Gesetz nicht selbst Ausnahmen bestimmt. Ebendeshalb kommt endlich auch dem Umstande keine Bedeutung zu, daß nach der im § 1 St. G. B.'s gegebenen Begriffsbestimmung die im § 216 mit Strafe bedrohte Handlung nur ein Vergehen darstellt, während die strafbaren Handlungen der §§ 224, 229 als Verbrechen zu bezeichnen sind. Allerdings kann hierdurch bedingt werden, daß materiell und auch prozessual verschiedene Grundsätze Platz greifen, je nachdem die Anklage aus § 216 wegen vollendeter Tötung oder im Falle des Versuches der Tötung wegen Körperverletzung erhoben wird; allein auch diese Unzukömmlichkeit muß als das Ergebnis der positiven Gesetzgebung hingenommen werden, ohne daß sie geeignet ist, eine andere Auffassung zu rechtfertigen.

Auf Grund dieser Erwägungen war die gestellte Frage, wie geschehen, zu bejahen.

Viertes Kapitel.

Verbrechenseinheit und Verbrechermehrheit.

§ 16.

Die Mitthäterschaft.

Berner § 83, Binding Gr. I § 63, v. Liszt § 50, Meyer § 33, Frank und Olshausen zu § 47 St. G. B.

Nach der Auffassung des sog. subjektiven Standpunktes soll lediglich die Willensrichtung dafür entscheidend sein, ob eine **Mitwirkung als Mitthäterschaft** sich charakterisiere; auf die Art der äußeren Thätigkeit soll es nicht ankommen. Nach dem sog. objektiven Standpunkt ist jede Mitwirkung bei der Ausführung der Handlung selbst Mitthäterschaft. Der Standpunkt des Reichsgerichts geht, gestützt auf die Motive zu § 47 St. G. B. dahin, daß nur die **Willensrichtung** entscheide, vorausgesetzt, daß irgend **eine** äußere Mitwirkung stattgefunden hat, mag auch diese nicht Vornahme einer **Thatbestandshandlung** sein.*) Damit ist auch seine Stellung zu der Frage nach dem **Unterschied** zwischen **Mitthäterschaft** und **Beihilfe** entschieden. Aus der Fülle der Entscheidungen greifen wir folgende als grundlegend heraus:

U. v. 7. I. 81 I. (E. III., 181).

Durch das angegriffene landgerichtliche Urteil ist thatsächlich festgestellt worden, daß die Angeklagten B. und L. die K. D. trotz ihres ernstlich geleisteten Widerstandes, also mit Gewalt, zu Boden geworfen haben und B. den Beischlaf mit der Genötigten ausübte. Ausdrücklich wird hierbei hinsichtlich des Angeklagten L. noch weiter thatsächlich erwogen, sein Wille sei im Hinblick auf das ausgeführte Verbrechen der Notzucht **nur** darauf gerichtet gewesen, die von B. zur Begehung des Verbrechens entwickelte Thätigkeit zu **unterstützen** und diesem hierdurch die Ausführung der That zu erleichtern, nicht aber auf **Selbstbegehung** derselben. Gegen die hiernach stattgefundene Verurteilung des Angeklagten L. nur wegen Beihilfe zur Notzucht wendet die Revisionsschrift ein, die **Vergewaltigung** sei ein Thatbestandsmoment der Notzucht. Der Angeklagte L. habe sich aber, indem die D. von ihm und B. gemeinschaftlich überwältigt worden sei, dieses Thatbestandsmoments schuldig gemacht und darum als Mitthäter des Verbrechens in Betracht gezogen werden müssen. Die Revision wurde verworfen.

Nach § 47 St. G. B.'s bedingt die gemeinschaftliche Ausführung einer strafbaren Handlung für jeden der Mitwirkenden die Bestrafung als Thäter. **Objektiv** genügt zur gemeinschaftlichen Ausführung, wie das Reichsgericht bereits in seinem Urteil vom 12. Mai 1880 wider Sch.**) angenommen hat, **jede** Mitwirksamkeit, ohne daß es hierbei auf ein größeres oder geringeres Maß der äußerlichen Thätigkeit ankommt. **Die Mitwirksamkeit der gemeinschaftlichen Ausführung kann sonach hinsichtlich ihrer äußeren Beschaffenheit** auch diejenige **eines Gehilfen sein.** Da nun aber auch der Thäter, welcher andere Thäter nicht zur Seite hat, und der Gehilfe die That gemeinschaftlich ausführen, so würde zwischen ihnen und den Missethätern eine Verschiedenheit nicht bestehen, der Gehilfe also stets Mitthäter sein, wenn diese Verschiedenheit aus der objektiven Beschaffenheit der gemeinschaftlich geäußerten Thätigkeit hergeleitet werden müßte. **Darum kann die Verschiedenheit zwischen Hilfeleistung und Mitthäterschaft nur eine subjektive, durch die Verschiedenheit des Willens des Gehilfen und des Mitthäters begründete sein.** Und zwar haben sich die Motive in dieser Richtung dahin ausgesprochen: **Die Mitwirkung des Gehilfen kennzeichne sich dadurch, daß sie die That selbst als diejenige eines Dritten behandle, zu welcher die Hilfe geleistet werde, während die Mitwirkung des Mitthäters aus der Absicht entspringe, die That als seine eigene beziehentlich als die seiner Komplicen zu unter-**

*) so zuletzt E XXVI, 345 XXVIII, 304.

**) Entsch. Bd. 2 S. 160.

stützen und zur Vollendung zu bringen. Will aber hiernach der Mitthäter seine eigene That zur Vollendung bringen, der Gehilfe aber nur eine fremde That, diejenige des Thäters, unterstützen, so kann hierhin nur die Bedeutung gefunden werden, daß der Gehilfe nur einen von demjenigen des Thäters abhängigen Willen haben darf, er also seinen Willen demjenigen des Thäters dergestalt unterwirft, daß er es ihm anheimstellt, ob die That zur Vollendung kommen solle oder nicht. Im Gegensatz zu diesen abhängigen Willen des Gehilfen erkennt hingegen der Mitthäter einen den seinen beherrschenden Willen nicht an. Sein Wille ist vielmehr von der gleichen Beschaffenheit wie derjenige aller übrigen Mitthäter, und es soll daher nach seiner Auffassung das Verbrechen zwar unter deren Mitwirksamkeit zur Existenz gebracht werden, ohne daß er jedoch den Willen derselben als maßgebend für den seinigen betrachtet.

Nun ist zwar der Angeklagte L., indem er in Gemeinschaft mit B. die D. überwältigte, nicht allein für die Vergewaltigung, sondern zugleich auch für die Ausübung des Beischlafes mitwirksam gewesen. Denn derselbe wurde durch die Vergewaltigung ermöglicht. Er hat sich also der Mitwirkung zu dem vollen Verbrechen der Notzucht schuldig gemacht und ist darum auch nicht allein für die Vergewaltigung, sondern auch für die stattgefundene Ausübung des Beischlafes, mithin für das ganze Verbrechen, bestraft worden. Aber seine Mitwirkung konnte nur als eine beihelfende in Betracht gezogen werden, weil er eben die Beischlafsvollziehung nicht als seine That vornehmen, dieselbe vielmehr dem Angeklagten B. überlassen wollte, und, wie gesagt, die Eigenschaft als Mitthäter oder Gehilfe nicht durch die äußere Beschaffenheit der Mitwirkung zum Verbrechen bedingt wird. Thäter und Mitthäter müssen das ganze Verbrechen als ihre That realisieren wollen, dieses Erfordernis aber trifft auf den Angeklagten L. nicht zu.

Als irrig muß hiernach die Unterstellung der Revisionsschrift bezeichnet werden, daß derjenige, welcher eines von den mehreren Thatbestandsmomenten eines Verbrechens realisiere, das ganze Verbrechen als Thäter zur Ausführung bringe. Denn ein einzelnes Thatbestandsmoment ist nicht das Verbrechen, welches vielmehr nur in der Gesamtheit seiner konkretisierten Thatbestandsmomente gefunden werden kann. Darum darf aber auch die Frage, ob jemand des Verbrechens als Thäter oder Gehilfe schuldig sei, nicht von seinem Verhältnis zu einem einzelnen Thatbestandsmoment abhängig gemacht, sondern es muß zur Beantwortung dieser Frage das Verhältnis, in welches er sich zu dem Verbrechen selbst gesetzt hat, untersucht werden. Zu dem Verbrechen der stattgefundenen Notzucht aber war das Verhältnis des Angeklagten L. nach den Feststellungen des Urteils nur dasjenige eines Gehilfen.

§ 17.

Die Anstiftung.

Berner § 84, Binding Gr. I § 67, v. Liszt § 51, Meyer § 34, Frank und Olshausen zu § 48 St. G. B.

I. Das R. G. hat consequent gegenüber abweichenden Ansichten in der

Litteratur*) den Satz durchgeführt, **daß die Anstiftung intellektuelle Urheberschaft oder mittelbare Thäterschaft nicht darstelle, vielmehr durchaus accessorischer Natur den Grund ihrer Strafbarkeit aus der fremden That herleite.** U. v. 29 IV 86 I. (E XIV, 102).

Der erste Richter stellt fest, daß die Angeklagte Therese W. eine gegen sie erkannte Gefängnisstrafe zu erstehen hatte, daß sie aber im gemeinschaftlichen Zusammenwirken mit ihrer Mutter, der Mitangeklagten Walburga W., die ihnen befreundete Barbara L. dazu bestimmte, die fragliche Strafe für sie zu erstehen. Barbara L. ist deshalb wegen Begünstigung aus § 257 St. G. B.'s, Therese W. wegen Anstiftung zu diesem Rate schuldig erkannt, Walburga W. aber von der Anstiftung freigesprochen, wobei bemerkt wurde, daß § 257 Abs. 2 St. G. B.'s die von einem Angehörigen gewährte Begünstigung als straflos erkläre und diese Bestimmung so allgemein laute, daß sie nicht nur den Fall treffe, wenn der Angehörige selbst dem Thäter die Begünstigung leiste, sondern auch jenen, wo er dieselbe durch einen Dritten leisten lasse. Ein rechtlicher Grund für eine Unterscheidung bestehe nicht, da das Strafgesetz den Anstifter ebensowohl als Teilnehmer eines bestimmten Reates behandele, wie den Mitthäter, dessen Straflosigkeit außer Zweifel stehe. Die gegen die Freisprechung der Walburga W. aus § 257 Abs. 2 a. a. O. gerichtete Revision des Staatsanwaltes, welche Verletzung der §§ 48, 257 St. G. B.'s rügt, wurde verworfen.

Richtig ist allerdings, daß gemäß § 48 Abs. 2 St. G. B.'s die Strafe des Anstifters nach demjenigen Gesetze festzusetzen sei, welches auf die Handlung Anwendung findet, welche der Thäter begangen und zu welcher jener angestiftet hat. Es ist also die anscheinend vom ersten Richter adoptierte Ansicht, als ob der Anstifter ein (intellektueller) Urheber der That und deshalb stets einem Thäter oder Mitthäter der strafbaren Handlung gleich zu behandeln sei, vom Strafgesetzbuche abgelehnt, der Anstifter vielmehr lediglich als Teilnehmer der von einem anderen begangenen strafbaren Handlung angenommen und deswegen der Anstiftung, wie der Beihilfe im Verhältnisse zur Handlung des Thäters nur ein accessorischer Charakter verliehen. Folgerichtig erachtet auch das Strafgesetzbuch die Strafbarkeit des Anstifters von der Begehung der That durch einen anderen abhängig; es muß daher der objektive wie subjektive Thatbestand der Handlung gegeben sein, um die Strafbarkeit des Anstifters zu begründen. Hat hierbei das Strafgesetz, welches auf die von dem Thäter verübte strafbare Handlung anwendbar ist, den Ausgangspunkt für Bemessung der Strafbarkeit der weiteren Teilnehmer zu bilden, so kommt bei der Bestimmung des auf die Anstifter oder Gehilfen anzuwendenden Strafgesetzes vor allem die objektive Beschaffenheit der durch den Thäter verschuldeten Rechtsverletzung in Betracht, wie dieselbe durch Inhalt, Richtung, Gegenstand und Erfolg seiner subjektiven Thätigkeit qualifiziert ist. Es kann aber auch nicht zweifelhaft

*) s. die bei Meyer § 34 Cit.

sein, daß bei jenen Reaten, deren Thatbestand an und für sich durch ein bestimmtes, persönliches Verhältnis des Thäters bedingt ist oder welche durch das Vorhandensein eines solchen Verhältnisses eine besondere Qualifizierung erleiden, auch diese Momente bei Bestimmung der Strafbarkeit des Anstifters in Betracht zu ziehen sind; denn auch sie sind für die Frage, welches Strafgesetz auf die vom Thäter verübte strafbare Handlung anzuwenden sei, von Bedeutung. Eine Konsequenz dieser accessorischen Natur der Anstiftung im Gegensatze zum maßgebenden Einflusse der Handlung des Thäters ist die Möglichkeit der Anstiftung zum sog. delictum proprium, wobei beispielsweise ein Nichtbeamter zu einem Beamtenverbrechen anstiften kann.*)

Die Abhängigkeit der Strafbarkeit der Anstiftung von dem Charakter der Hauptthat erstreckt sich aber nicht auf die Modalitäten der Anwendung des durch die Handlung des Thäters bestimmten Strafgesetzes auf die einzelnen Mitschuldigen, also nicht auf die Strafzumessung, nicht auf die gesetzlich bestimmten Strafmilderungs- oder Strafschärfungsgründe und nicht auf die bei dem einen oder anderen Beteiligten etwa vorhandenen Strafausschließungs- oder Strafaufhebungsgründe. Bezüglich der Strafzumessung ist dies in den Motiven zum damaligen § 48 St. G. B.'s eingehend erörtert, bezüglich der strafmildernden oder strafschärfenden persönlichen Eigenschaften oder Verhältnisse ist durch die positive Bestimmung des § 50 St. G. B.'s ausdrücklich anerkannt, daß diese Thatumstände nur bei demjenigen Thäter oder Teilnehmer (Mitthäter, Anstifter, Gehilfen) in Betracht zu kommen haben, bei welchem sie vorliegen. Aus der Natur der Sache ergiebt sich, daß das umsomehr bezüglich der strafausschließenden Momente gelten muß, und es wurde offenbar vom Gesetzgeber als selbstverständlich vorausgesetzt, daß diese jedem Beteiligten persönlich zu gute kommen müssen, sofern nicht durch das Vorhandensein eines Strafausschließungsgrundes in der Person des Thäters der Thatbestand des betreffenden Straffalles derartig beeinflußt wird, daß überhaupt keine strafbare Handlung mehr vorhanden ist. Die in den Motiven zu § 50 St. G. B.'s betonte Absicht des Gesetzgebers, daß ein jeder lediglich nach dem Grade seiner Verschuldung wie sie sich nach seiner Thätigkeit und seinen Verhältnissen gestaltet, bestraft werde, muß naturgemäß bei Strafausschließungsgründen nicht minder durchschlagend erscheinen als bei bloßen Schärfungs- oder Milderungsgründen.

Es kann daher keinem Bedenken unterliegen, daß die Straflosigkeit eines dolos Handelnden, aber strafunmündigen Thäters den Anstifter nicht von der Strafe befreit, und ebensowenig kann der Anstifter zu einer am Thäter geahndeten Handlung dann bestraft werden, wenn er seinerseits sich als strafunmündig erweist. Einen solchen auf die persönlichen Verhältnisse des Angeklagten basierten Strafausschließungsgrund enthält aber die Bestimmung des § 257 Abs. 2 St. G. B.'s, wenn sie die Begünstigung für straflos erklärt, welche dem Thäter oder Teilnehmer von einem

*) Ueber diesen Fall s. § 69 IV.

Angehörigen gewährt worden ist, um ihm der Bestrafung zu entziehen. Es kann also bei Anwendung des § 257 Abs. 2 a. a. O. nicht gesagt werden, daß auf den Anstifter ein anderes Strafgesetz angewendet werde, als auf den Thäter; denn § 257 Abs. 2 ist im Verhältnisse zu Abs. 1 ebenda kein anderes Strafgesetz, er enthält weder eine Strafnorm, noch einen strafrechtlichen Thatbestand, er bestimmt vielmehr nur eine auf persönliche Verhältnisse des aus § 257 Abs. 1 zu Bestrafenden gestützte ausnahmsweise Ausschließung der Strafbarkeit aus letzterer Gesetzesstelle. Die Anwendung des § 257 Abs. 2 a. a. O. auf den Anstifter setzt daher gerade voraus, daß an und für sich der auf den Thäter angewendete § 257 Abs. 1 auch dem Anstifter gegenüber anwendbar erscheine, daß also dessen Verschulden nach dem für den Thäter maßgebenden Gesetze zu würdigen wäre, weil außerdem gar kein Anlaß vorläge, auf die Ausnahmebestimmung des § 257 Abs. 2 zu rekurrieren. Die Grundsätze über die Strafbarkeit des Anstifters und das hierbei anzuwendende Gesetz stehen daher der Ausdehnung des in § 257 Abs. 2 St. G. B.'s normierten Strafausschließungsgrundes auf den Anstifter nicht entgegen.

II. **Diese accessorische Natur bildet auch den Unterschied der Anstiftung von der nach § 49a St. G. B. strafbaren Aufforderung.** U. v. 16. IV. 83 I. (E. VIII, 230.)

Aus einer Unterredung mit dem Freistellenbesitzer St., welche dessen angeblich schwangere Schwägerin betraf, entnahm die Angeklagte, St. wünsche durch sie sich oder seiner Schwägerin ein Mittel behufs vorsätzlicher Abtreibung der Leibesfrucht der letzteren zu verschaffen. Zwar hegte weder St. noch dessen Schwägerin solche Absicht oder St. die Absicht, seiner Schwägerin zur Begehung dieser That durch Beschaffung von Abtreibungsmitteln wissentlich Beihilfe zu leisten, noch hat St. die Angeklagte zur Beschaffung von solchen aufgefordert, die Angeklagte glaubte jedoch — irrigerweise —, St. habe sie zur Verwirklichung jenes von ihr unterstellten Vorhabens um Beschaffung eines Mittels der bezeichneten Art gegen Entgelt angegangen. Deshalb forderte die Angeklagte die W. mündlich unter dem Anfügen, St. müsse dafür 6 Thaler geben, die sie sich teilen wollten, auf, ihr das berührte, zu dem angegebenen, beiden bekannten Zwecke zu verwendende Mittel, zu verschaffen, und zwar in der Absicht und in der Annahme der Angeklagten, daß dieses Mittel demnächst von dem St., bezw. dessen Schwägerin, zur Abtreibung benutzt werden würde.

Hierin findet die Strafkammer eine von der Angeklagten an die Gewährung von Vorteilen für letztere geknüpfte, von dieser abgelehnte Aufforderung zur Teilnahme an einem nach § 218 St. G. B.'s strafbaren Verbrechen, „indem die W., wenn sie, wissend, um was es sich handelte, das betreffende Abtreibungsmittel dem St. bezw. dessen Schwägerin verschafft und diese mittelst desselben die Frucht der letzteren vorsätzlich abgetrieben hätten, diesen Personen zur Begehung des Verbrechens" — nach § 218 — „gemäß § 49 St. G. B.'s, also dem Thäter, durch That wissentlich Hilfe geleistet hätte."

Mit Unrecht erachtet Angeklagte durch diese beweislichen Annahmen, welchen das Vorgericht bei der Strafbestimmung die Erwägung anfügt, daß die Aufforderung „von vornherein einen realen Erfolg nicht habe haben können“, die Anwendbarkeit des § 49a St. G. B.'s ausgeschlossen. Die deshalbige, oben erwähnte Ausführung der Revision verkennt den Grundgedanken und das Wesen des § 49a St. G. B.'s. In dem ersten, hier in Betracht kommenden, Satze der Pos. 1 dieses Gesetzes wird derjenige für straffrei erklärt, welcher einen anderen zur Begehung eines Verbrechens oder zur Teilnahme an einem Verbrechen auffordert, insofern (Pos. 3) das Auffordern lediglich nicht mündlich ausgedrückt, oder insofern die Aufforderung an die Gewährung von Vorteilen irgend welcher Art geknüpft worden ist. Die Strafe des § 49a St. G. B.'s tritt ein, „soweit nicht das Gesetz eine andere Strafe androht“, und ist nach der Schwere des Verbrechens, zu welchem, bezw. zu dessen Teilnahme aufgefordert wird, besonders abgestuft. Diese durch die Novelle vom 26. Februar 1876 Art. 2 (R. G. Bl. S. 25) eingeführte, wesentlich dem belgischen Gesetze vom 7. Juli 1875 (contre les offres ou propositions de commettre certains crimes) nachgebildete Strafnorm bezweckt, über die Regel des § 48 St. G. B.'s hinaus, welcher die Strafe der Anstiftung durch die von dem anderen bedingte strafbare Handlung bedingt, im Interesse der öffentlichen Sicherheit dem Werben von Thätern, Mitthätern oder Gehilfen für die Ausführung eines Verbrechens zu begegnen. Zu diesem Behufe sollte auch eine sogenannte erfolglos gebliebene, insbesondere die mißlungene Anstiftung zu einem Verbrechen oder zur Teilnahme an einem Verbrechen, wo also der andere sich überhaupt nicht bestimmen läßt, geahndet werden.

III. Zu der bestrittenen Frage, ob **eine Anstiftung zu dem Versuche*) einer strafbaren Handlung** möglich sei**) hat das R. G. in grundlegender Weise Stellung genommen in U. v. 17. II. 87 I. (E. XV., 315.).

Die Angeklagte Z. erhebt Beschwerde wegen unrichtiger Anwendung des Strafgesetzes bei ihrer Verurteilung, sowohl wegen Anstiftung der Mitangeklagten M. T. und M. Z. zum Versuche der Abtreibung deren Leibesfrucht, als wegen Hilfeleistung zu dem von der Mitangeklagten E. E. ausgeführten ebensolchen Versuche. Zugleich macht die Revision der Staatsanwaltschaft geltend, daß die A. Z., welche wegen Anstiftung der Mitangeklagten J. W. zu gleichem Versuche und wegen Hilfeleistung zu derartigen, von der Mitangeklagten P. R. unternommenen Versuche von der Anklage zur Verantwortung gezogen wurde, wegen Teilnahme an diesen Versuchshandlungen hätte verurteilt werden sollen, während das angefochtene Urteil hiervon abgesehen hat.

---

*) Wohl zu unterscheiden von dem Fall, wo zur **vollendeten** Handlung angestiftet werden sollte, die Handlung jedoch im Stadium des Versuchs stecken geblieben ist (E. XIV., 19).

**) Für Bejahung insbesondere Olshausen No. 21, mit R. G. übereinstimmend v. Liszt § 52.

Zur Begründung ihrer Beschwerde beruft sich die Angeklagte A. Z. auf die vom angefochtenen Urteile selbst festgestellte Thatsache, daß die Mittel, welche anzuwenden sie die genannten Mitangeklagten bestimmte, oder welche sie den weiter bezeichneten Mitangeklagten zum Gebrauch zukommen ließ, wie sie gewußt, zur Abtreibung einer Leibesfrucht völlig untauglich gewesen seien, sodaß sie sich bestimmt bewußt gewesen, es könne auf ihr Anstiften zum Gebrauche des Mittels, oder durch das Ueberlassen desselben zur Anwendung eine Abtreibung einer Leibesfrucht niemals verursacht werden. Dagegen geht die Staatsanwaltschaft zur Stützung ihrer Revision davon aus, daß die für die A. Z. bestehende Gewißheit der Unschädlichkeit der von ihr gereichten Mittel einen rechtlichen Einfluß hinsichtlich der fraglichen Schuld nicht zu äußern vermöge.

Faßt man lediglich den Wortlaut des § 48 St. G. B.'s ins Auge, so kann man zur Ansicht gelangen, daß zur strafbaren Anstiftung in subjektiver Beziehung nichts weiter erfordert werde, als der Wille, zur Begehung einer strafbaren Handlung zu bestimmen. Ob der Wille des Anstifters auf Ausführung der That oder nur auf Herbeiführung eines strafbaren Versuchs gerichtet sei, wäre gleichgültig; es würde genügen, daß der Angestiftete die Ausführung der That will und dieser Wille vom Anstifter vorsätzlich bestimmt ist. Gleiche Grundsätze müßten auch dem Gehilfen (§ 49 St. G. B.'s) gelten, d. h. es würde genügen, daß der Gehilfe wüßte, der Thäter sei willens, die That auszuführen, und daß die That oder ein strafbarer Versuch derselben wirklich erfolgt sei.

Solche Prinzipien würden dahin führen, daß auch derjenige wegen Teilnahme durch Anstiftung oder Beihilfe gestraft werden müßte, welcher gar nicht den Willen gehabt hat, daß eine Strafthat zur Ausführung gelange, welcher z. B. wußte, daß wegen absoluter oder relativer Untauglichkeit der anzuwendenden Mittel die Ausführung der That unmöglich sei, also nur ein erfolgloser Versuch eintreten könne. Ja es würde sogar derjenige wegen Teilnahme strafbar sein, welcher gerade in der Absicht, die Ausführung der Strafthat zu verhindern, gehandelt hätte, weil auf diese Absicht nichts ankäme, und auch von ihm gesagt werden könne, er habe im Bewußtsein gehandelt, daß der Thäter die Ausführung der That wollte, also ein strafbarer Versuch die Folge seines Handelns sein werde.

Daß diese Ergebnisse vom Gesetze gewollt seien, ist nicht anzunehmen; sie erscheinen mit den Grundprinzipien des Strafrechts nicht vereinbar.

Wenn das Strafgesetzbuch den Anstifter und den Gehilfen straft, so geschieht dies nicht etwa deshalb, weil dieselben Schuld oder Mitschuld daran tragen, daß ein anderer sich strafbar macht und verurteilt wird, sondern weil sie dazu mitwirken, daß eine der gemeingefährlichen Handlungen, welche als solche im Teil II. des Strafgesetzbuches mit Strafe bedroht sind, veübt werde; ihr Wille muß also folgerichtig auf Verübung einer solchen Handlung gerichtet sein. Der bloße Wille, den erfolglosen Versuch einer solchen Handlung herbeizuführen, bezw. zu unterstützen, kann unmöglich genügen; es fehlt jeder gesetzgeberische Grund, diesen

Willen, der an sich nicht gemeingefährlich, ja unter Umständen Gemeingefährliches zu verhüten bestrebt ist, für strafbar zu erklären. Das Gesetz straft bei dem Versuche, in Ermangelung der That, lediglich den durch Versuchshandlungen bethätigten Willen; es wäre aber prinziplos, beim Anstifter und Gehilfen, auch von diesem Willen ganz abzusehen, also Strafe zu verhängen, wo beides fehlt — That und Wille.

Diese allgemeinen Erwägungen führen dazu, sowohl den Anstifter als den Gehilfen nur strafbar zu erachten, wenn und soweit ihr Wille auf Ausführung der Strafthat gerichtet ist, bei welcher Voraussetzung Strafe allerdings auch dann eintritt, wenn die Ausführung nur zu einem strafbaren Versuche gediehen ist.

Der im übrigen richtige Grundsatz, daß der Dolus des Thäters und der Dolus des Anstifters und Gehilfen sich nicht überall zu decken brauchen, wird hierdurch nicht in Frage gestellt.

Vgl. Entsch. des R. G.'s in Strafs. Bd. 4, S. 255.

Vorstehende Lösung läßt sich mit dem Texte des Gesetzes bei richtiger Auslegung wohl vereinigen. Faßt man zunächst den § 49 St. G. B.'s ins Auge, so soll als Gehilfe bestraft werden, wer dem Thäter zur Begehung des Verbrechens oder Vergehens durch Rat und That wissentlich Hilfe geleistet hat. Unter „Verbrechen und Vergehen" versteht hier das Gesetz diejenigen Handlungen, welche im zweiten Teile des Strafgesetzbuches als solche gekennzeichnet sind, also nicht den bloßen Versuch, d. h. den durch Handlungen, welche einen Anfang der Ausführung dieser Verbrechen oder Vergehen enthalten (§ 43), bethätigten Entschluß, mag auch der Versuch, insofern er Verbrechens- oder Vergehensstrafe nach sich zieht, im allgemeinen auch als Verbrechen, bezw. Vergehen zu bezeichnen sein. Dem entsprechend bezeichnet das Wort: „wissentlich", daß der Wille des Gehilfen auf die Strafthat selbst gerichtet sei, daß er das Bewußtsein haben müsse, Hilfe zur Ausführung der Strafthat zu leisten, es daher nicht genügen könne, wenn sein Wille lediglich darauf gerichtet ist, einen erfolglosen Versuch zu unterstützen. Jenes Wort hat daher nicht bloß den Sinn, daß der Gehilfe im Bewußtsein gehandelt habe, es sei der Thäter entschlossen, die That zu verüben, sondern auch, daß sein eigener Wille auf Beihilfe zur wirklichen Ausführung der That gerichtet sei.

In gleicher Weise verhält es sich auch bei der Anstiftung (§ 48, St. G. B.'s), obgleich hier der Gesetzestext Schwierigkeiten bereitet. Zweifellos hat auch hier das Gesetz zunächst die That selbst und nicht den bloßen Versuch im Auge, wie schon daraus erhellt, daß es sinnlos wäre, davon zu sprechen, daß jemand zum Entschlusse, einen bloßen Versuch zu begehen, bestimmt werde. Ebenso wie in § 49 a. a. O. das Wort „wissentlich" wird aber auch in § 48 das Wort „vorsätzlich" nicht bloß den Sinn haben, daß der Anstifter den Willen des Thäters vorsätzlich bestimmt habe, die Ausführung der That herbeizuführen. Mag auch der bloße Wortlaut des Gesetzes eher dazu führen, einseitig nur auf den Willen zur Bestimmung des Entschlusses Wert zu legen, so erscheint doch auch die vorstehende Auslegung mit dem Wortlaute recht gut vereinbar, wenn man dem Worte „vorsätzlich“ die besagte weitere Bedeutung giebt, und sie muß, als dem Sinne und Geiste des Gesetzes entsprechend, als die richtige erachtet werden. Gerade bei der Anstiftung muß noch mehr als beim Gehilfen der auf Ausführung der That gerichtete Wille von Bedeutung sein, da das Gesetz dem Anstifter die gleiche Strafe androht, wie dem Thäter, und es doch unmöglich Absicht desselben sein konnte, einer Person die volle Strafe des Versuches zu geben, von welcher die Ausführung der That selbst gar nicht gewollt ist.

Es ist demnach der von der Revision der Angeklagten A. Z. vertretenen Ansicht beizustimmen, daß die vom Urteile festgestellten Thatumstände die rechtliche Folgerung nicht gestatte, es falle ihr in den erörterten Richtungen Anstiftung oder Beihilfe zu den Versuchen der Mitangeklagten zur Last, ihre wirklich vorhandene, oder vermeintlich bestehende Leibesfrucht abzutreiben.

IV. Über Anstiftung zu einem Fahrlässigkeits-Vergehen. U. vom 20. VI. 92 I. E. XXIII, 175, 2.

In der Anklagesache gegen Pf. von F. wegen Meineides im Sinne des § 154 St. G. B.'s und die beiden Beschwerdeführer wegen Anstiftung beantragte der Verteidiger des ersteren die Stellung einer Hilfsfrage aus § 163 St. G. B.'s und der Staatsanwalt bezüglich des Sp. und W. eine solche aus § 160 St. G. B.'s. Der Schwurgerichtshof entsprach dem Antrage des Verteidigers, lehnte aber den Antrag des Staatsanwaltes ab, und stellte von Amtswegen gegen Sp. und W. Hilfsfragen auf Anstiftung zu fahrlässigem Falscheid, welche er, wie er näher ausführte, für zulässig hielt, und welche nach seiner Meinung auch den Thatbestand des § 160 St. G. B.'s umfaßten. Die Geschworenen verneinten die Hauptfragen auf Meineid und Anstiftung hierzu, und bejahten diejenigen auf fahrlässigen Falscheid und Anstiftung zu diesem Vergehen, darauf erging das Urteil des Schwurgerichts; wonach Pf. wegen fahrlässigen Falscheides zu einer Gefängnisstrafe von 10 Monaten, die beiden Beschwerdeführer wegen Anstiftung zu diesem Vergehen jeder zu einer solchen von 6 Monaten verurteilt wurden; dieses Urteil ist gegen Pf. rechtskräftig geworden. Sp. und W. ergriffen dagegen die Revision und rügen Verletzung der §§ 48, 163 St. G. B.'s, da eine Anstiftung zu einem Fahrlässigkeitsvergehen undenkbar sei; die Staatsanwaltschaft rügt Verstoß gegen § 269 St. P. O. durch Ablehnung der Hilfsfrage aus § 160 St. G. B.'s; die Beschwerden sind begründet.

Das Strafgesetzbuch giebt in § 48 in Uebereinstimmung mit der herrschenden Auffassung des gemeinen Rechtes und der deutschen Strafgesetzbücher, insbesondere des preußischen, (§ 34) die Begriffsbestimmung der Anstiftung; die Auslegung kann nach Wortlaut und Motiven (S. 64) nicht zweifelhaft sein: der Anstifter bestimmt einen Anderen zur That dadurch, daß er in demselben den Willen, die That zu begehen, vorsätzlich hervorruft. Die Motive sagen: die That des Angestifteten ist die Folge der vorsätzlichen Einwirkung des Anstifters auf den Willen des Angestifteten; um diesen Grundgedanken der Anstiftung schärfer hervorzuheben, sei die Fassung gewählt und die Worte: „angereizt oder verleitet", welche das preußische Gesetz neben das Wort: „bestimmt" gesetzt hatte, gestrichen worden. Die Anstiftung ist nach dem Gesetze eine Form der Teilnahme; der Anstifter erweckt in der Person des Angestifteten den Entschluß zur Verübung der strafbaren Handlung und nimmt durch diese intellektuelle Einwirkung auf den Willen des Thäters an dessen Willensbethätigung, der strafbaren Handlung teil. Aus dieser Begriffsbestimmung der Anstiftung ergiebt sich, daß dieselbe nur bei dem vorsätzlichen Delikte möglich ist und bei dem Fahrlässigkeitsvergehen, wo der Thäter die Rechtsverletzung nicht gewollt und nur dadurch verschuldet hat, daß er bei seinem Verhalten die erforderliche Vorsicht und Aufmerksamkeit nicht beobachtet hat, ausgeschlossen ist. Dagegen kann nicht eingewendet werden, daß § 48 St. G. B's. selbst als ein Mittel der Anstiftung die Herbeiführung oder Beförderung eines Irrtumes anführt; der Irrtum ist hier nur insofern Anstiftungsmittel, wenn der Angestiftete trotz des Irrtumes die That mit dem Thatbestandsdolus verübt hat, also z. B. wenn der Irrtum inbetreff des Beweggrundes erregt wurde. Das Reichsgericht hat auch bereits in mehreren Entscheidungen allerdings in der Mehrzahl der Fälle nur gelegentlich sich über das Wesen der Anstiftung bezw. der Beihilfe in dem hier entwickelten Sinne ausgesprochen.

Vgl. Entsch. des R. G.'s in Strafs. Bd. 10 S. 8, Bd. 13 S. 122, Bd. 15 S. 318.

Desgleichen hat das Reichsgericht in einem dem vorliegenden entgegengesetzten Falle, in welchem der Hauptthäter des Meineides, der Anstifter des Vergehens aus § 160 St. G. B.'s schuldig erklärt war, ausgesprochen, daß die Verurteilung des Anstifters aus § 160 St. G. B.'s unzulässig sei, da Anstiftung voraussetzte, daß der Wille des Angestifteten und Anstifters zusammen treffe und das Vergehen aus § 160 St. G. B.'s mit der Anstiftung nicht zusammenfalle.

Vgl. Entsch. des R. G.'s in Strafs. Bd. 11 S. 418.

Daß Anstiftung zum fahrlässigen Falscheide nicht möglich, haben auch der oberste Gerichtshof für Bayern unterm 27. April 1878 (vgl. Entsch. desselben Bd. 7 S. 165) und das preußische Obertribunal nach dem preußischen Strafgesetzbuche (Goltdammer, Archiv Bd. 8 S. 201) im Jahre 1860 erkannt. Hiernach beruht sowohl die Ablehnung des staatsanwaltschaftlichen Antrages, als die Fragestellung, der Wahrspruch und das Urteil gegen die beiden Beschwerdeführer auf Rechtsirrtum und war letzteres aufzuheben.

V. Über den Widerruf der Anstiftung und ihren Einfluß auf die Strafbarkeit des Anstifters. U. vom 20. II. 90 III. E. XX, 259.

Die Revision bekämpft . . . die Verurteilung der Angeklagten Heinrich B. sen. und dessen Ehefrau Wilhelmine B. wegen Anstiftung ihres Sohnes, des Angeklagten Heinrich B. jun. zu dem von diesem verübten Vergehen der Beschädigung eines Grabmales als auf Rechtsirrtum beruhend und widerspruchsvoll begründet. Die That ist ausgeführt von B. jun. allein. Es ist aber festgestellt, daß die beiden erstgenannten Angeklagten, die Eltern B., gemeinschaftlich handelnd ihre beiden Kinder, den Angeklagten B. jun. und die Zeugin Wilhelmine B. unter Einsetzung ihres väterlichen Ansehens, öfters aufgefordert haben, die Zerstörung des Grabmales auszuführen, und daß sie hierdurch diese beiden zu dem Entschlusse bestimmt haben, an dem schließlich zur Verübung ausersehenen Sonntagabend die Zerstörung gemeinschaftlich in das Werk zu setzen. Als beide sich nach Eintritt der Dunkelheit zu dem Gange nach dem Friedhofe gerüstet hatten, hat allerdings der Vater B. ihnen gesagt, sie, die Wilhelmine, solle es allein thun und der Bruder sie nur begleiten, da auf sie kein Verdacht fallen würde und damit sie später beschwören könne, ihr Bruder habe es nicht gethan.

Nachdem aber beide an der Kirchhofsmauer angelangt waren, ist Wilhelmine durch die Unmöglichkeit, ihrerseits die Mauer zu übersteigen, an dem Betreten des Kirchhofes und der Ausführung der That verhindert worden. Der Bruder B. jun. ist allein übergestiegen und hat das Grabmal zerstört. — Bei der rechtlichen Beurteilung dieser Vorgänge würden zunächst erhebliche Zweifel nach der Richtung hin entstehen können, ob überhaupt in der oben wiedergegebenen Aeußerung des Vaters B.: „sie solle es allein thun ꝛc." ein Widerruf der vorher an seinen Sohn gerichteten Aufforderung, die That in Gemeinschaft mit seiner Schwester zu begehen, und nicht vielmehr nur eine veränderte Anweisung über die Art und Weise der gemeinschaftlichen Ausführung der That enthalten gewesen sei. Der Vorderrichter hat in seiner Erklärung einen Widerruf der an B. jun. vorher wiederholt gerichteten Aufforderung erblickt; er hat aber festgestellt, daß ungeachtet dieser Erklärung der Angeklagte B. jun. zu der Begehung der That doch nur durch die vorher von seinen Eltern auch an ihn gerichtet gewesene Aufforderung bestimmt worden ist, daß nur diese Aufforderung in ihm bestimmend gewirkt hat, daß durch diesen Widerruf der bestimmende Einfluß, den die Anstifter vorher auf ihn ausgeübt hatten, nicht aufgehoben worden sei. Diese Feststellung läßt die Verurteilung der Angeklagten B. sen. und Ehefrau B. wegen Anstiftung als frei von Rechtsirrtum erscheinen. Die Revision unterstellt zunächst einen anderen Sachstand, wenn sie behauptet, es sei überhaupt nur an die Wilhelmine B. die Aufforderung zur Begehung der That gerichtet und daher nur dieser gegenüber eine Anstiftungsthätigkeit entwickelt worden. Ferner enthält das Urteil nicht die als unverständlich bezeichneten Worte „Widerruf des bestimmenden Einflusses", sondern es stellt, wie bereits erwähnt, fest, daß durch den Widerruf „der bestimmende Einfluß, den die Anstifter vorher auf den Thäter ausgeübt hatten, nicht aufgehoben worden sei". Grade diese Feststellung trägt die Verurteilung. Die strafbare Anstiftung setzt nach § 48 St. G. B.'s voraus die Begehung der Hauptthat und die vorsätzliche Bestimmung des Thäters zu dieser Begehung durch eines der in § 48 bezeichneten Mittel. Der Fall, daß nach Entwickelung der anstiftenden Thätigkeit und der durch sie verursachten Entstehung des Entschlusses zur Begehung der That in dem Angestifteten der Anstifter die Anstiftung zurücknimmt, die Aufforderung zur Begehung der That ꝛc. widerruft, ist im Strafgesetzbuche nicht besonders vorgesehen. Er ist deshalb nach allgemeinen Grundsätzen zu behandeln. Hat der Widerruf den Erfolg, daß die That unterbleibt, oder daß durch denselben der vorher erzeugt gewesene bestimmende Einfluß wieder aufgehoben wird, der Angestiftete den von ihm infolge der Anstiftung gefaßten Entschluß zur Begehung der That aufgiebt, so entfällt die Strafbarkeit der Anstiftung, — in dem ersteren Falle wegen Fehlens der Hauptthat, im letzteren Falle, selbst wenn der vorher durch die Anstiftung zur Begehung der That entschlossen Gewesene dennoch zu deren Ausführung schreitet, infolge der Unterbrechung und Beseitigung des ursächlichen Zusammenhanges zwischen der früheren Anstiftung und der Begehung der That. Ist dagegen die thatsächlich geschehene Verübung der That ungeachtet des erklärten Widerrufes doch das Ergebnis und die Folge der vor dem Widerrufe liegenden Anstiftung, dann ist sie auch dem Anstifter gemäß § 48 St. G. B.'s zuzurechnen. Die in der Litteratur geäußerte Annahme, schon die Thatsache, daß der Widerruf zu der Kenntnis des Angestifteten kommt, befreie den Anstifter von der Verantwortung, „weil er die zum Erfolge hinwirkenden Bedingungen, die er schuldhaft gesetzt, auch wieder vernichtet habe", ist nicht haltbar. Der Fall ist wohl denkbar, daß die von dem Anstifter auf den Thäter vor dem Widerrufe ausgeübte Willensbestimmung ungeachtet des Widerrufes fortwirkt, der Widerruf keine Wirkung auf den Thäter äußert, dieser vielmehr zur Begehung der That nur und allein durch die Anstiftung und deren auf seinen Willen bereits geäußerten Einfluß bestimmt wird. Dann aber ist es dem Anstifter eben nicht gelungen, die von ihm gesetzten und ihm nach dem Gesetze zuzurechnenden Bedingungen für den Eintritt des strafbaren Erfolges zu vernichten; die Voraussetzung für die Bestrafung der Anstiftung, Begehung der Strafthat infolge der geübten Willensbestimmung, liegt vor.

§ 18.

Die Beihilfe.

Berner § 25, Binding Gr. I § 66, v. Liszt § 51, Meyer § 35, Frank und Olshausen zu § 49, St. G. B.

I. **Über den zur Bestrafung des Gehilfen erforderlichen dolus** führt das R. G. im U. vom 26. VI. 84 III. (E. XI, 87) zusammenfassend aus:

Das Urteil erklärt die Beschwerdeführerin Wittwe E. für schuldig, der mitangeklagten Dienstmagd S. im Januar 1884 zum Versuche der Abtreibung der Leibesfrucht durch Rat und That wissentlich Hilfe geleistet zu haben (§ 218, 43, 49 St. G. B.'s.). Soviel den objektiven Thatbestand der Beihilfe betrifft, giebt die Begründung des Urteils keinen Anlaß zu Bedenken; denn die Mitangeklagte S. hat zu dem von ihr gemachten Versuche der Abtreibung die Mittel gebraucht und die Anweisungen befolgt, welche ihr von der E. durch die Vermittlung der mitangeklagten H. zugegangen waren. Es ist aber auch ferner für bewiesen erachtet worden, daß die E. die Mittel und die Anweisungen an die H. gab, damit dieselben zum Zwecke der Abtreibung von einer Person, welche jene für schwanger hielt, benützt würden, daß sie also mit dem Vorsatze der Beihilfe zu einem Verbrechen gegen § 218 a. a. O. handelte. Dagegen ergiebt sich aus den Urteilsgründen nicht, daß sie wußte und wollte, daß ihre Beihilfe gerade der S. zu teil werde; vielmehr ist darin gesagt, die H. habe ihr mitgeteilt, sie komme im Auftrage der Frau N., welche sich schwanger fühle und von einem Abortivmittel Gebrauch machen wolle, und es fehlt nach den Urteilsgründen an jeder Veranlassung zu der Annahme, daß die E. in die Mitteilung der H. Zweifel gesetzt oder von dem Vorhaben der S. Kenntnis gehabt habe.

Der Instanzrichter geht davon aus, es genüge zur Verurteilung wegen Beihilfe, daß die E. der H. das von ihr für ein Abortivmittel gehaltene Getränk in der Absicht gegeben habe, durch dasselbe bei einer nach ihrer Meinung schwangeren Person die Abtreibung zu bewirken, und es sei gleichgültig, ob sie angenommen habe, das Mittel sei für die N. bestimmt, während thatsächlich die S. es gebrauchen wollte und gebrauchte.

Daß dies für gleichgültig zu erklären gewesen sei, bestreitet die Revisionsschrift aus dem Grunde, weil, wenn die Absicht der E. dahin gegangen sei, der N. Beihilfe zu leisten, keine strafbare That vorliege, da die N. das Verbrechen nicht begangen und nicht einmal versucht habe, strafbare Beihilfe aber das Dasein der Hauptthat voraussetze. Bei der Beschwerde handelt es sich also um die Frage, was dem Gehilfen hinsichtlich der Person des Hauptthäters bekannt sein müsse, um ihn wegen der geleisteten Beihilfe strafbar zu machen.

Die Worte des § 49 St. G. B.'s „wer dem Thäter zur Begehung des Verbrechens — — wissentlich Hilfe geleistet hat“, können nicht in dem Sinne genommen werden, als müsse der Gehilfe notwendig gewußt haben, wer der Thäter sei; sie verlangen nur, daß ihm bekannt gewesen, es solle eine That von solcher Beschaffenheit, daß dadurch die wesentlichen Begriffsmerkmale eines bestimmten Verbrechens oder Vergehens gedeckt sind, begangen werden, weil ohne solche Kenntnis der Vorsatz, ein bestimmtes Verbrechen oder Vergehen zu unterstützen, nicht gedacht werden kann, und speziell die Worte „dem Thäter“ bringen zum Ausdruck, daß der Gehilfe nicht selbst den Vorsatz eines Thäters gehabt haben darf, sondern sich im Gegensatz zum Thäter nur als den Beförderer einer fremden That gedacht haben muß. Die Individualität des Thäters gehört nicht zu den wesentlichen Begriffsmerkmalen der That, und selbst da, wo gewisse persönliche Eigenschaften desselben auf den rechtlichen Charakter und die Strafe der That Einfluß haben, kommt es regelmäßig nur auf diese Eigenschaften, die vielen Personen anhaften können, nicht aber noch weiter auf die Individualität desjenigen an, dem sie im konkreten Falle angehaftet haben: der Gehilfe ist strafbar, weil er zu einer mit Strafe bedrohten That von bestimmter Beschaffenheit, nicht weil er einem nach Stand, Namen u. s. w. bestimmten Thäter geholfen hat. Kommt dem Gehilfen nicht zur Kenntnis, wer der Thäter ist, so wird dies zeigen, daß er die Beihilfe nicht aus Interesse für den Thäter leistete; es wird aber oft gerade durch diesen Umstand die subjektive Verschuldung des Gehilfen erhöht erscheinen, namentlich in der Weise, daß der Mangel eines Interesses für den Thäter auf dem Motive der Gewinnsucht beruht und aus der gewerbsmäßigen Art sich ergiebt, wie die Leistung der Beihilfe jedermann zur Verfügung gestellt wird.

Andererseits muß feststehen, daß der Wille des Gehilfen darauf gerichtet gewesen ist, zu derjenigen **konkreten** That, die begangen oder versucht worden ist, Hilfe zu leisten, und läßt sich nicht in Zweifel ziehen, daß die That des A. nicht die nämliche konkrete That ist, wie die gleichartige eines anderen Thäters B. Wenn daher der Gehilfe zu der That bestraft werden soll, ohne daß Rücksicht darauf genommen wird, ob die eine oder die andere Person Thäter war, so wird vorausgesetzt, daß diese Abstraktion von der Person des Thäters ihre Grundlage in einer entsprechenden Abstraktion im Vorsatze des Gehilfen habe, vermöge welcher der letztere die That befördern wollte, einerlei ob der Thäter A. oder B. sei, oder so, daß er wenigstens mit eventuellem Vorsatze die That auch dann befördern wollte, wenn sie nicht, wie er zunächst annahm, von dem einen, sondern wenn sie von dem andern Thäter ausgeführt werde. Denn nach dem allgemeinen strafrechtlichen Grundsatze kann er nicht für eine vorsätzliche That, die völlig außerhalb seines Willens lag, verantwortlich gemacht werden. Selbstverständlich handelt es sich hierbei nur um die **Identität des Thäters**, nicht um die **Identität des Namens** desselben oder um die **Bekanntschaft des Gehilfen mit diesem Namen**. Wäre also im vorliegenden Falle der Wille der E. aus irgend einem Grunde ausschließlich darauf gerichtet gewesen, der N. zum Verbrechen der Abtreibung zu helfen, und hätte die H. das Mittel, welches sie von jener erhielt, ohne Vorwissen und auch ohne nur eventuelle Einwilligung derselben der S. gegeben, und diese, nicht die N. es benutzt, so würde die E. nicht bestraft werden können, denn die That der S. war eine andere, als die der N. gewesen sein würde, und zu dieser That hätte die E. **subjektiv außer jeder Beziehung** gestanden. Es wäre dann eine Sachlage eingetreten, wie in jedem Falle eines sogenannten Exzesses des Thäters gegenüber dem Vorsatze des Gehilfen, beziehungsweise des Angestifteten gegenüber dem Vorsatze des Anstifters. Von einem solchen Exzesse könnte dagegen nicht die Rede sein, wenn die E. zwar geglaubt hätte, die Person, für welche die H. das Mittel abholte, heiße oder sei die N., nicht die S., wenn sie jedoch das Mittel hergegeben hätte, damit die H. es derjenigen Person zustelle, in deren Auftrage sie gekommen und die von ihr als eine Person Namens N. bezeichnet worden war. In diesem Falle ließe sich höchstens sagen, der Vorsatz der E. sei nicht weiter gegangen, als auf Beihilfe zu einer von der damaligen wirklichen Auftraggeberin der H. zu verübenden Abtreibung, und die E. würde sich mit ihrem Irrtum über den indifferenten Namen derselben nicht entschuldigen, auch nicht, wie sie es in der Hauptverhandlung that, behaupten können, sie habe mit der Person der S., welche die damalige Auftraggeberin war, nicht in irgend welcher direkten oder indirekten Verbindung gestanden.

II. Über die Verschiedenheit der **Beihilfe** von der **Anstiftung** führt das R. G. im U. v. 18. I. 86 III E. XIII, 265 aus:

Wie das angefochtene Urteil feststellt, haben die drei Beschwerdeführer auf Bitten der Mitangeklagten S. u. W., welche nach vorausgegangener und angenommener Herausforderung zum Zweikampfe entschlossen, aber darüber uneinig waren, ob, wie die Herausforderung lautete, mit Säbeln, oder, wie der Geforderte verlangte, mit Pistolen gekämpft werden sollte, behufs Erledigung dieser Differenz und Bestimmung der Kampfwaffen ein Ehrengericht gebildet und nach einem vergeblichen Versuche, den Streit in Güte beizulegen, ihren ehrengerichtlichen Spruch dahin abgegeben, „die gefallenen Beleidigungen könnten durch eine gewöhnliche Säbelmensur geschlichtet werden.“ Daraufhin hat zwischen S. und W. ein Zweikampf auf Säbel stattgefunden. In der Erwägung, daß, wie den Beschwerdeführern bekannt war, ihre vorgeschriebene Thätigkeit dahin abzielte und thatsächlich dahin wirksam geworden ist, ein der Ausführung des Zweikampfes entgegenstehendes Hindernis, die Uneinigkeit über die zu wählenden Waffen, durch ihren für die Duellanten maßgebenden Ausspruch zu beseitigen, also den Zweikampf selbst durch Rat zu fördern, hat die Vorinstanz die gesetzlichen Merkmale strafbarer intellektueller Beihilfe im Sinne des §§ 201. 205. 49 St. G. B.'s gegen die drei Beschwerdeführer als vorliegend erachtet. Diese Gesetzesanwendung erscheint rechtlich unbedenklich.

Zunächst ist es allerdings, wie das Urteil zutreffend hervorhebt, für den Begriff wissentlicher Beihilfe völlig bedeutungslos, hypothetisch zu erörtern, ob die Ausführung der That nicht auch ohne die fragliche Hilfeleistung erfolgt wäre, und inwieweit die letztere gerade eine notwendige Vorbedingung der That bildete. Es genügt, daß thatsächlich die bewußte Mitwirkung des Gehilfen psychisch oder physisch eines derjenigen Elemente abgegeben hat, aus denen sich die That, so, wie sie konkret ausgeführt worden ist, nach der objektiven und subjektiven Seite hin zusammensetzt. Daß der Thäter schon ohnedies zur That entschlossen war und der Gehilfe den schon vorhandenen Deliktswillen nur in irgend einer Weise unterstützt oder gefördert hat, bedingt den wesentlichsten Unterschied zwischen dem sich dem Willen des Thäters unterordnenden Gehilfen und dem den Verbrechenswillen erst erzeugenden Anstifter.

III. **Über Beihilfe zu einem Fahrlässigkeitsvergehen.** U. v. 5. XII. 83. E. X, 8.

Es kann nicht bezweifelt werden, daß wenn der Wille des Angeklagten Julius J. darauf gerichtet gewesen wäre, durch seine Verabreichung eines Streichholzes an seinen Bruder Konrad J. diesem nicht etwa blos das Anmachen eines Feuers zum Kaffeekochen in der hohlen Eiche zu ermöglichen, sondern auch darauf, mittels dieses Feuers einen Waldbrand herbeizuführen, der Umstand, daß Konrad J. von dem letzteren Willen des Julius J. keine Kenntnis besessen und seinerseits eine solche Absicht nicht gehabt hat, und die ohne seine Absicht eingetretene Folge der Inbrandsetzung der Waldung durch das Anmachen von Feuer in der Eiche dem Konrad J. nur zur Fahrlässigkeit zuzurechnen, Julius J. seinerseits strafbar wäre, jedoch nicht etwa nach den Strafnormen wegen fahrlässiger Herbeiführung eines Brandes, sondern nach jenen über vorsätzliche Brandstiftung (und zwar als Thäter unter Benutzung des Konrad J. als Werkzeuges). Ausdrücklich zu erörtern, und bezw. zu verneinen, ob ein solcher Wille — ein Vorsatz der Brandstiftung — bei Julius J. vorhanden gewesen, hatte das urteilende Gericht keinen Anlaß, da der Verweisungsbeschluß nur auf das Vergehen der fahrlässigen Brandstiftung gerichtet und in der Hauptverhandlung nicht etwa ein Antrag auf Bestrafung wegen vorsätzlicher Brandstiftung gestellt worden war.

Das urteilende Gericht hat auch nach dem ganzen Zusammenhange der Entscheidungsgründe nicht etwa verneint, daß wenn der thatsächliche Sachverhalt so gewesen wäre, gleichwohl eine Freisprechung des Julius J. einzutreten gehabt hätte, sondern hat, von der Unterstellung ausgehend, daß weder bei Konrad noch bei Julius J. der Wille, einen Waldbrand herbeizuführen, vorgelegen, den Satz ausgesprochen, daß zu den bloßen Fahrlässigkeitsvergehen eine Beihilfe, nämlich eine aus den Strafnormen über Fahrlässigkeit zu ahndende Beihülfe als solche, nicht gegeben sei. Diese Rechtsansicht aber kann nach dem Strafgesetzbuche für rechtsirrtümlich nicht erachtet werden.

Nach § 49 St. G. B.'s wird „als Gehilfe bestraft, wer dem Thäter zur Begehung des Verbrechens oder Vergehens durch Rat oder That wissentlich Hilfe geleistet hat". Damit ist nicht etwa ausgesprochen, daß er zu der äußeren Handlung des Thäters wissentlich Hilfe geleistet haben müsse, sondern daß er zu ihr als zu einer, ein Verbrechen oder Vergehen bildenden Strafthat, sonach in Kenntnis der verbrecherischen Willensrichtung des Thäters, Hilfe geleistet haben müsse, daß er die That eines anderen als eine, ein Verbrechen oder Vergehen bildende, Strafthat habe fördern wollen. Es muß hiernach die Willensrichtung des Hilfeleistenden auf die Entstehung des Verbrechens oder Vergehens gerichtet sein. Damit hat das Gesetz in deutlicher Weise zu erkennen gegeben, daß, soweit der Begriff einer Beihilfe in Frage komme, es nicht genüge, daß eine Handlung eines anderen durch eine an sich wissentlich vorgenommene Handlung eine Förderung erfahren habe, sondern, daß der Fördernde mit dem Willen gehandelt haben müsse, ein Verbrechen oder Vergehen zu fördern. Eine solche bewußte und gewollte Förderung einer Strafthat liegt aber bei demjenigen nicht vor, welcher das, was eine Strafbarkeit begründet, nicht gewollt, daher dann nicht, wenn er nur eine an sich straflose Handlung eines anderen fördern wollte, diese aber einen nicht beabsichtigten Erfolg herbeiführt, dessen Eintritt erst eine Strafbarkeit für einen anderen begründet.

Das geltende Strafgesetz stellt hiernach eine strafbare

Beihilfe zu einem bloßen Fahlässigkeitsvergehen nicht auf. Insbesondere kann auch aus dem Umstande, daß zur Bestrafung als Gehilfe die Kenntnis desjenigen, welchem Hilfe geleistet wird, von der Hilfeleistung nicht erforderlich ist, ein berechtigter Schluß darauf, daß das geltende Strafgesetz eine strafbare Beihilfe zu einem Fahrlässigkeitsvergehen aufstelle, nicht gezogen werden.*)

IV. Ebenso wie bei der **Anstiftung** hat auch hier das R. G. die **Beihilfe zu dem Versuche eines Verbrechens oder Vergehens** als begrifflich **ausgeschlossen** erachtet.**) In prägnanter Weise hat das R. G. seine Ansicht formuliert in nachstehendem Urt. v. 29. V. 88. II E. XVII, 377, nachdem es die gleichen Grundsätze ausführlich begründet hatte in E. XV, 315 und E. XVI, 25:

Die Angeklagte hatte der schwangeren J. auf deren Verlangen zur Abtreibung der Leibesfrucht eine Flüssigkeit verkauft, welche die J. eingenommen hatte, aber ohne Erfolg, da sie zur Abtreibung absolut untauglich war, was der Angeklagten bekannt war. Die von der Staatsanwaltschaft gegen das die Angeklagte freisprechende Urteil eingelegte Revision ist verworfen worden.

Festgestellt ist, daß die Angeklagte gewußt hat, daß das von ihr der J. verabreichte Mittel zur Abtreibung der Leibesfrucht absolut untauglich war, und daß sie dasselbe der J. unter Täuschung derselben verabreicht hat, um für die fast wertlose Flüssigkeit den verlangten Preis von 5 M. und damit einen Vermögensvorteil, auf den sie kein Recht hatte, zu erlangen. Der erste Richter straft die Angeklagte deshalb wegen Betruges, den sie gegen die J. verübt hat.

Damit ist der strafrechtlich verfolgbare Thatbestand der Beihilfe zum Versuche der Abtreibung der Leibesfrucht seitens der J. verneint. Denn der Wille des Gehilfen muß immer darauf gerichtet sein, daß ein Verbrechen oder Vergehen verübt werde, und daraus folgt, daß strafbare Beihilfe nur denkbar, wenn der Gehilfe will, daß der Thäter die That vollende, nicht auch dann, wenn der Gehilfe nur will, daß die That versucht, aber nicht wirklich ausgeführt werde, wenn er also das Zustandekommen des Deliktes nicht will, dasselbe durch seine Thätigkeit vielleicht gerade verhindern will. Der Thäter selbst, der von vornherein die Vollendung der That nicht will, sondern es bei dem Versuche belassen will, setzt logisch von vornherein selbst die Unwirksamkeit der Ursache, aus welcher die That sich als Folge ergeben würde, wenn sie gewollt wäre, und begeht nach den §§ 43, 46 St. G. B.'s eine auch nicht einmal als Versuch strafbare Handlung, weil der Versuch nach den §§ 43, 46 St. G. B.'s das Wollen der vollendeten That voraussetzt. Für den Gehilfen kann nichts anderes gelten. Will er das Verbrechen oder Vergehen nicht, will er vielmehr, daß es nicht vollendet werde, und daß es bei dem Versuche bleibe, so

*) A. M, Olshausen No. 18; mit R. G. übereinstimmend von Liszt § 52 cf. noch E. XVI, 277 XXVII, 316.

**) Uebereinstimmend Olshausen No. 21, der bezüglich der Anstiftung abweichender Ansicht ist, und von Liszt § 52.

begeht er eine strafbare Handlung jedenfalls nicht, wenn er durch seine eigene Handlumg wissentlich die Ursache der Nichtvollendung der That setzte. Auf sein, im vorliegenden Falle verwerfliches Motiv kommt vom Standpunkte des Strafrechtes aus nichts an.

V. Nach der jetzt vertretenen Ansicht des R. G. ist eine **Beihilfe zur Anstiftung möglich.***) U. v. 8. VII. 86 I E. XIV, 318.

Der Angeklagte L. ist wegen vorher zugesagter, seines eigenen Vorteiles wegen in fortgesetzter That geleisteter Begünstigung, d. h. Beihilfe des der Anstiftung der neun Mitangeklagten zur Zolldefraudation schuldigen Kaufmannes K. in B. zu einer Geldstrafe von 2000 M. verurteilt.

Er rügt Verletzung der §§ 257, 48 St. G. B.'s und behauptet, es sei ein Widersinn, Beihilfe des Anstifters unter den obwaltenden Umständen anzunehmen, eine Beihilfe könne nur gegenüber den Hauptthätern, welche die Defraudation verübten, konstruiert werden, diese sei aber thatsächlich verneint; eine Beihilfe zur Anstiftung müßte in Beziehung zu der Handlung des Anstifters stehen und eine solche Beziehung liege nicht vor.

Die Revision läßt zweifelhaft, ob die rechtliche Möglichkeit einer Beihilfe des Anstifters überhaupt oder nur das Dasein einer solchen Beihilfe in vorliegendem Falle bestritten werden soll. Wie das Reichsgericht in einer Entscheidung vom 8. Juni 1883, vgl. Entsch. des R. G.'s in Strafs. Bd. 8 S. 317 flg. aus der Geschichte und Fassung des § 257 Abs. 3 St. G. B.'s nachgewiesen hat, ist die im voraus zugesagte Begünstigung, da sie die Begehung der That erleichtert, also die innere Natur der Teilnahme hat, eine wirkliche Beihilfe, und nicht etwa nur eine mit der Strafe der Beihilfe belegte Art der Begünstigung. Das Wesen der Beihilfe liegt in der wissentlichen Förderung einer fremden Strafthat durch Rat oder That vor oder bei der Verübung. Der Anstifter, welcher einen anderen zu der von demselben begangenen strafbaren Handlung durch Geschenke oder Versprechen, durch Drohung, durch Mißbrauch des Ansehens oder der Gewalt, durch absichtliche Herbeiführung oder Beförderung eines Irrtums oder durch andere Mittel vorsätzlich bestimmt hat, ist Teilnehmer der Handlung. Die Beihilfe kann sich dem Anstifter gegenüber durch Einwirkung auf seinen Entschluß, Bestärkung seines Vorsatzes, Gewährung der Mittel zur Anstiftung oder durch Mitwirkung bei Werbung des Thäters äußern; jede Unterstützung des Anstifters in seiner Anstiftshandlung vom ersten Stadium der Entschließung bis zu dem letzten der Bestimmung des Angestifteten zur Strafthat erscheint begrifflich als Beihilfe zur Anstiftung. Es ist also unrichtig, wenn die Revision die rechtliche Möglichkeit einer solchen Beihilfe überhaupt in Abrede zieht, eine Beihilfe zur Anstiftung ist allerdings konstruierbar, und wird auch von den meisten Kommentatoren zugelassen; auch hat das preußische Obertribunal, vgl. Rechtsprechung des preuß. Obertrib. Bd. 15. S. 238, dieselbe angenommen.

---

*) Ebenso Olshausen No. 22a, A. M. v. Liszt § 52, Meyer § 32, auch früher R. G. E. IV, 60.

§ 19.

Die Begünstigung.

Berner S. 565, Binding Gr. I § 68, von Liszt § 181, Frank und Olshausen zu § 257 St. G. B.

I. Der fundamentale Unterschied zwischen der Beistandleistung in S. des § 257 St. G. B. und der Hilfeleistung i. S. des § 49 St. G. B. liegt darin, daß die Beihülfe eine **accessorische**, die Begünstigung aber eine **selbständige** Deliktsform ist.*) U. v. 7. IV. 81. I. (E. IV, 60.)

Das angefochtene Urteil hat festgestellt, daß der Mitangeklagte H. in der Absicht, den Mitangeklagten F. der Vollstreckung einer ihm zuerkannten Gefängnisstrafe zu entziehen, demselben wissentlich Beistand geleistet habe, und daß der letztere den ersteren, indem er ihn durch Geben und Versprechen von Geschenken dazu bestimmte, angestiftet, ihm auch durch Aushändigen seiner Kleider und der schriftlichen Aufforderung zum Strafantritte und Bezahlung der Reise, sowie den Vorschlag, sich zur Unkenntlichmachung rasieren zu lassen, also durch Rat und That Hilfe geleistet habe. Das Urteil gelangt aber zur Freisprechnng aus der rechtlichen Erwägung, daß der Angeklagte F. als Begünstiger seines eigenen Vergehens erscheine, der § 257 St. G. B.'s aber die Beziehung auf einen fremden Reat zur Voraussetzung habe.

Es ist richtig, daß sich der Begünstigung nur schuldig machen kann, wer einen anderen nach Begehung eines Verbrechens oder Vergehens zu dem im § 257 St. G. B. angegebenen Zwecke Beistand leistet. Allein daraus, daß der Thäter oder Teilnehmer eines begangenen Verbrechens oder Vergehens in Beziehung auf Letzteres nicht Thäter des im § 257 als Begünstigung mit Strafe bedrohten eigenen Vergehens sein kann, folgt nicht, daß er nicht als Anstifter oder Gehilfe an der That des Begünstigers teilnehmen könne. Das Urteil kommt zu diesem Schlusse aus dem Grunde, weil ebenso wie Beihilfe zur Beihilfe selbst Beihilfe, so auch Beihilfe zur Begünstigung nur wiederum eigene Begünstigung sei. Diese Gleichstellung würde dann berechtigt sein, wenn die Begünstigung ebenso wie die Beihilfe Teilnahme an dem Vergehen des Begünstigten wäre. Das ist aber nicht der Fall.

Indem das Strafgesetzbuch die Begünstigung nicht im allgemeinen Teile wie die Teilnahme behandelt, sondern ihr als einzelnem selbständigen Delikte eine Stelle im besonderen Teile neben der Hehlerei giebt, läßt es darüber keinen Zweifel, daß dieselbe als eigene Strafthat des Begünstigers erscheint; das „Beistandleisten“ im Thatbestande (außer dem Falle des Abs. 3, in welchem die eine Begünstigung enthaltende That nicht als solche, sondern als Beihilfe, als welche sie da sich darstellt, an dem Vergehen des Begünstigten gestraft wird), weist nicht auf die Hilfeleistung des § 49 St. G. B.'s und damit auf die Zugehörigkeit zu dem Vergehen des Begünstigten hin. Das letztere ist zwar Voraussetzung für die Existenz einer Begünstigung, aber diese hört dadurch nicht auf, eine fremde That für den Begünstigten zu sein, wie das Landgericht vermißt,

*) Uebereinstimmend Olshausen No. 7 u. die dort cit.

und diese fremde That schließt aus, was das Landgericht nicht annimmt, daß sie „verwandte Züge mit der Beihilfe“ an der That des Begünstigten hat. Das Wesentliche in dem Vergehen des § 257 ist die Hemmung, der Eingriff in die staatliche Rechtsordnung, welche Sühne des vom Begünstigten begangenen Vergehens verlangt, und diese selbständige Auflehnung gegen die Strafvollstreckung hat mit der speziellen That des Begünstigten, die in der Verurteilung desselben ihren Abschluß gefunden hatte, nichts zu schaffen. An dieser neuen Strafthat kann sich deshalb auch der Begünstigte, obgleich sie seine That zur Grundlage hat (vgl. St. G. B. §§ 148, 159), als Teilnehmer ebenso beteiligen, wie das Reichsgericht dies bereits (Entsch. in Straff. Bd. 3 Nr. 52) bezüglich der Gefangenenbefreiung für den Gefangenen selbst angenommen hat.

In diesem Urteil nimmt das R. G. zugleich Stellung zu der in der Theorie lebhaft bestrittenen Frage (s. S. 104G), **ob ein an der Hauptthat selbst Beteiligter auf die Begünstigung dieser Strafthat bezüglich anderer Teilnehmer sich schuldig machen könne.** Es bejaht diese Frage.

II. Ist zur Strafbarkeit des Begünstigers dessen Wissenschaft von der **speziellen konkreten Gestaltung** des Verbrechens oder Vergehens erforderlich. Diese Frage wird von dem R. G. verneint. U. vom 26. IX. 81 I (E. V, 25).

St. G. B. § 257 verlangt, daß der Beistand wissentlich geleistet sei.

Wissentlich leistet jemand nach Begehung eines Verbrechens oder Vergehens dem Thäter oder Teilnehmer Beistand, wenn er die von demselben begangene Strafhandlung kennt. Es erscheint daher dieses Bewußtsein im Falle des § 257 St. G. B.'s als wesentliche subjektive Voraussetzung, sodaß ein Mangel desselben, der erforderlichen Kenntnis, nach § 257 und § 58 St. G. B.'s die Strafbarkeit einer objektiv in die Erscheinung getretenen Beistandsleistung nach § 257 St. G. B.'s ausschließt.

Jenes Bewußtsein (der betreffende dolus) ist der richtigen Ansicht nach so zu verstehen, daß zwar auf der einen Seite die Kenntnis des Angeklagten von der Strafbarkeit der begünstigten Handlung im allgemeinen nicht ausreicht, andererseits aber keineswegs Wissenschaft von der speziellen konkreten Gestaltung des Verbrechens, bezw. Vergehens im Einzelfalle, nicht Kenntnis davon erforderlich ist, welche Stellung das letztere im Systeme des Strafgesetzbuches einnimmt, wie das Verbrechen oder Vergehen genannt wird, und daß ebensowenig, wie es die Revision behauptet, Angeklagter die Person des Thäters — insofern nicht ausnahmsweise § 257 Abs. 2 St. G. B.'s eine Modifikation herbeiführt — gekannt haben muß. Der Begriff des „wissentlich“ Beistand leisten erfordert aber allerdings, daß der Angeklagte bei der Beistandleistung das thatsächliche Vorhandensein derjenigen Merkmale kannte, worin das Gesetz irgend ein Verbrechen oder Vergehen ausgeprägt findet, also desjenigen geschichtlichen Hergangs, wodurch die vorausgegangene That der Kategorie eines Verbrechens oder Vergehens strafrechtlich unterstellt wird. Straflosigkeit würde also anzuerkennen sein, wenn die Haupthandlung, welche wissentlich begünstigt worden, nur als Uebertretung nach dem Strafgesetze sich darstellt.

III. **Die vor der Begehung der That zugesagte Begünstigung ist ihrem innersten Wesen nach als Beihilfe anzusehen und nach den von dieser geltenden Grundsätzen zu behandeln*)**. U. v. 8. VI. 83 II E. VIII., 318.

Zwar hat § 257 St. G. B.'s mit der gemeinrechtlichen Anschauung, welche die Begünstigung als nachfolgende Teilnahme an dem noch ungetilgten Delikte eines anderen mit dem Zwecke, die vorliegende Störung der Rechtsordnung durch Sicherung der Vorteile oder Abwendung der Nachteile des Deliktes zu perpetuieren, auffaßte und der daraus sich ergebenden Stellung derselben im Systeme teilweise dahin gebrochen, daß die Begünstigung als selbständiges Vergehen (delictum sui generis), wenn auch von accessorischer Natur und demgemäß unter Ausscheidung aus der ihr herkömmlich zugewiesenen Verbindung mit den Bestimmungen über Teilnahme, im besonderen Teile des Strafgesetzbuches im Zusammenhange mit der Hehlerei behandelt ist. Vgl. Motive zum Entwurfe des Strafgesetzbuches S. 127. Hieraus aber würde nun zu folgern sein, daß, wer aus § 257 Abs. 1 a. a. O. bestraft worden ist, weil er dem Thäter oder Teilnehmer eines Diebstahls nach Begehung des Deliktes wissentlich Beistand geleistet, um denselben der Bestrafung zu entziehen oder um ihm die Vorteile des Diebstahles zu sichern, deshalb nicht die Strafe als Dieb im Sinne des § 244 St. G. B.'s erlitten hat, da als Dieb nur ein solcher erachtet werden kann, auf welchen die Rechts- und Strafgrundsätze über Diebstahl zur Anwendung gekommen sind. Dagegen folgt daraus nicht, daß wenn die Begünstigung vor Begehung der That dem Thäter zugesagt worden war, diese Regel ebenfalls Anwendung zu leiden hätte. Schon das preußische Strafgesetzbuch hatte in § 38 für diesen Fall bestimmt, daß der Begünstiger gleich demjenigen bestraft werden solle, welcher Hilfe leistet (§§ 34 Ziff. 2. 35), und es ist in der preußischen Spruchpraxis nicht zweifelhaft erschienen, daß damit die im voraus zugesagte Begünstigung als wirkliche Teilnahme deklariert werde und bei Verhängung der Rückfallsstrafe mitzuzählen sei, „da sie die Begehung der That erleichtere und daher die innere Natur der Teilnahme habe.“ Vgl. preuß. J. M. Bl. 1857 S. 134. Noch weiter ging der Entwurf des Strafgesetzbuches für den Norddeutschen Bund, welcher, die preußischen Vorschriften über Begünstigung im Prinzipe übernehmend, sich damit begnügen wollte, in § 252 die Beistandleistung „ohne vorherige Abrede“ nach Begehung eines Verbrechens oder Vergehens als Begünstigung zu definieren, dagegen die Vorschrift nicht aufzunehmen, nach welcher der Begünstiger gleich einem Gehilfen bestraft werden soll, falls die Begünstigung auf einer vor der That getroffenen Abrede beruhe, davon ausgehend, „daß die Bestrafung

*) cf. v. Liszt § 52 A. II. und Olshausen No. 44.

eines solchen Beistandes als eines Teilnehmers sich aus den allgemeinen Bestimmungen über Teilnahme ergeben und es füglich der Beurteilung des einzelnen Falles überlassen bleiben müsse, ob überhaupt nur Hilfeleistung und nicht vielmehr Anstiftung anzunehmen sei." Vgl. Motive a. a. O. S. 128. Wurde nun zwar von dem Reichstage vorgezogen, eine dem Abs. 3 des § 257 a. a. O. entsprechende Bestimmung in das Gesetz aufzunehmen und damit den § 38 preuß. St. G. B.'s wiederherzustellen, so würde, obschon die Gründe hierfür nicht angegeben sind, vgl. Stenogr. Bericht von 1870. Sitzung 53 ff., S. 1173, 1176, Aktenstücke von 1870 S. 485, 733, dieses doch nicht zu der Annahme berechtigen, daß die voraus zugesagte Begünstigung ihrer Natur nach Begünstigung habe bleiben und nur die Strafe der Beihilfe habe erleiden sollen, sondern nur ersichtlich machen, daß es vorgezogen wurde, im Anschlusse an das in Preußen geltende Recht eine Bestimmung ausdrücklich zu treffen, welche über die besondere strafrechtliche Behandlung des Falles gegenüber der gewöhnlichen Begünstigung keinen Zweifel übrig ließ.

Der vorstehend gegebenen Auslegung des Abs. 3 entspricht auch der Wortlaut des Gesetzes. Wenn dasselbe die Voraussetzungen statuiert, unter welchen „die Begünstigung als Beihilfe zu bestrafen" ist, so erscheint diese Terminologie ganz entsprechend dem § 244 a. a. O., welcher von demjenigen redet, der als Dieb, Räuber u. s. w. bestraft worden ist. Und sowie bei dieser Vorschrift feststeht, daß unter Dieb und Räuber nur solche Personen verstanden sind, auf welche nicht die Bestimmungen, welche die Strafe aussprechen, sondern die Grundsätze über Diebstahl und Raub überhaupt zur Anwendung gebracht sind, da es entgegengesetzten Falles des erweiternden Zusatzes „oder gleich einem Räuber" nicht bedurft haben würde, so wird, wenn nach Abs. 3 a. a. O. die Begünstigung als Beihilfe bestraft werden soll, darin ohne Zwang der Willensausdruck gefunden werden müssen, daß unter den daselbst gegebenen Voraussetzungen die äußerlich als Begünstigungshandlung sich darstellende That auch ihrem inneren Wesen nach Beihilfe sei. In den Fällen, welche das angegriffene Urteil im Auge hat, wo auf einen bestimmten Deliktsbegriff ohne Änderung seiner Natur nur die Anwendung eines für einen anderen Fall gegebenen Strafgesetzes ausgesprochen wird, z. B. in § 48 St. G. B.'s verb. „die Strafe des Anstifters ist nach demjenigen Gesetze festzusetzen", in § 252 verb. „ist gleich einem Räuber zu bestrafen", in § 49 verb. „die Strafe des Gehilfen ist nach demjenigen Gesetze festzusetzen" u. s. w., spricht das Gesetz sich so bestimmt aus, daß bei gleicher Absicht auch eine gleiche Wortfassung in dem hier fraglichen Falle des § 257 Abs. 3 hätte erwartet werden können. Hier ist aber verordnet, daß die so qualifizierte Begünstigung als Beihilfe zu bestrafen, mithin als solche anzusehen, nicht daß sie nur mit der Strafe der Beihilfe zu belegen sei*).

*) Ebenso E. XIV, 319, XV, 299, XVI, 376.

Fünftes Kapitel.

Handlungseinheit und Verbrechensmehrheit.

§ 20.

Das fortdauernde und fortgesetzte Verbrechen.

Berner § 19. Binding Gr. I § 60. v. Liszt § 54. Meyer § 61.
Frank und Olshausen zu § 74 St. G. B.

I. Ueber das **fortgesetzte***) Verbrechen führt das U. vom 17. I. 84. I. (E. IX. 427) aus;

Wenn es auch richtig ist, daß das Strafgesetzbuch ein fortgesetztes Verbrechen im technischen Sinne nicht kennt, so ist es doch, wie das Reichsgericht schon wiederholt ausgesprochen hat, andererseits unbedenklich und mit dem System des Strafgesetzbuches wohl vereinbar, daß eine Mehrheit von Einzelhandlungen als eine That dann aufgefaßt werden kann, wenn unter den Einzelhandlungen ein derartiger thatsächlicher und geistiger Zusammenhang besteht, daß der natürlichen Auffassung des Sachverhaltes nach keine Handlung als eine selbständige, sondern nur jede der nachfolgenden Handlungen als eine Fortsetzung der vorausgehenden erscheint. Es wurde wiederholt erörtert, daß es Sache der thatsächlichen Feststellung des Instanzrichters sei, ob im einzelnen Falle mehrere nach Willens- und Thatseite geschiedene selbständige Handlungen anzunehmen, oder ob die ganze Thätigkeit eines Angeklagten als eine sowohl der äußeren Erscheinung nach zusammenhängende, wie von demselben strafbaren Willen getragen sich charakterisiere, welche demnächst als eine Handlung aufzufassen sei.

II. Den Unterschied des **fortgesetzten** Verbrechens und der **Realkonkurrenz** behandelt das Urteil der Vereinigten St. S. II. u. III. vom 19. XII. 87. (E. XVII. 103 ff.) S. § 24, I. vergl. im übrigen noch E. XXVII, 19.

§ 21.

Das gewohnheits- und gewerbsmäßige Verbrechen.

Von Liszt § 55.

Die Erfordernisse der Gewerbsmäßigkeit bestimmt das U. v. 29. IX. 85. II. (E. XII., 388.):

Zur Gewerbsmäßigkeit eines Betriebes ist aber der Wille des Handelnden erforderlich, eine fortgesetzte auf Erwerb gerichtete Thätigkeit auszuüben. Zur Erfüllung dieses Begriffsmerkmales kann schon eine einzelne Handlung ausreichen, sofern sie nämlich den auf ihre Wiederholung gerichteten Erwerbswillen bethätigt. Wird die Gewerbsmäßigkeit aus der Wiederholung der Handlung geschlossen, so muß zwischen den einzelnen Handlungen ein Zusammenhang in der Art vorhanden sein, daß sie als aus dem einheitlichen Willen des Handelnden, sich einen fortgesetzten Erwerb zu verschaffen, hervorgegangen sich darstellen.

---

*) Ueber das fortdauernde Verbrechen hat das R. G. sich in grundlegender Weise noch nicht geäussert.

§ 22.

Die Idealkonkurrenz.

Berner § 145 und Vorrede S. XV., Binding Gr. I § 60, v. Liszt § 56, Meyer § 62, Frank und Olshausen zu § 73 St. G. B.

I. Die der **Bestrafung** konkurrierender Delikte zu Grunde liegende **legis ratio** erörtert das U. 15. X. 88. E XVIII, 193:

Eine Auslegung des § 73, welche zu einem innerlich so unhaltbaren Ergebnisse führt, verkennt zugleich die Aufgabe, mit der allein die §§ 73—79 St. G. B.'s zu thun haben und den rechtsgeschichtlichen Zusammenhang der Paragraphen mit der früheren Gesetzgebung und der einschlägigen Theorie. Dieser Teil des Gesetzes beschäftigt sich mit der Frage, wie die gesetzliche Strafandrohung für den Fall zu bemessen sei, wenn jemand nicht wegen eines Deliktes, sondern wegen mehrerer Delikte zu der nämlichen Aburteilung gelangt oder (§ 79) gelangen würde, wenn dem Richter die sämtlichen Delikte schon zur Zeit des Urteiles bekannt wären. Diese Frage war in der Wissenschaft, im gemeinen Rechte und bei Erlaß der Partikulargesetze vielfach behandelt worden, und es hatten sich die bekannten Ansichten von einer Kumulierung der mehreren Strafen, einer Absorbierung der einen durch die andere Strafe, und einer teilweisen Absorbierung oder sonstigen Abschwächung des Kumulationsprinzipes gebildet. Zwischen diesen verschiedenen Lösungen der alten Streitfrage hatte sich der Gesetzgeber auch bei Erlaß des deutschen Strafgesetzbuches zu entscheiden, und dies ist in den §§ 73—79 geschehen. Bei mehreren selbständigen Handlungen ist die Entscheidung zu Gunsten einer abgeschwächten Kumulation der mehreren Strafen ausgefallen (§ 74), weil, wie die Motive sagen, „die Wissenschaft und die Mehrzahl der neuen Gesetzbücher anerkannt haben, daß bei dem Zusammentreffen mehrerer mit Freiheitsstrafe bedrohter Handlungen eine vollständige Verbüßung sämtlicher durch sie verwirkter Strafen eine ungerechtfertigte Verschärfung der Strafen selbst enthalten würde, da die Schwere der Strafe intensiv härter wirkt, je länger sie andauert". Es ist also die Rede von einer Bestrafung aller einzelnen zur Aburteilung gelangenden Delikte, aber es ist das gesetzliche Strafmaß für all diese Delikte im Vergleiche mit dem Strafmaße, welches sich aus der Kumulierung sämtlicher verwirkter Einzelstrafen ergeben würde, herabgesetzt worden.

Im Falle der Verletzung mehrerer Strafgesetze durch eine und dieselbe Handlung (§ 73) erschien eine solche Herabsetzung des gesetzlichen Strafmaßes noch nicht als ausreichend, und der Gesetzgeber entschied sich dahin, daß in solchem Falle an die Stelle der mehreren Strafdrohungen für die Einzeldelikte eine andere Strafdrohung trete, und zwar eine solche, die der Drohung für das schwerste Einzeldelikt gleich sei. Der Gedanke des Gesetzgebers war nicht der, daß die zur Aburteilung stehende, „mehrere Strafgesetze" verletzende Handlung nicht nach allen ihren strafrechtlichen Beziehungen abgeurteilt und bestraft werden sollte, sondern lediglich der, daß die Strafdrohung und die Bestrafung der Handlung in allen ihren strafrechtlichen Beziehungen auf ein Maß vermindert werden sollte, welches im Gesetze der Kürze wegen durch Verweisung auf die Strafdrohung des verletzten schwersten Gesetzes zum Ausdrucke gebracht worden ist. Dies ist der Sinn der Worte des § 73: „es kommt nur dasjenige Gesetz, welches die schwerste Strafe androht, zur Anwendung“, das heißt, es ist aus dem schwersten Gesetze zu ersehen, welche Strafe den sämtlichen Strafgesetzverletzungen im deutschen Strafgesetzbuche gedroht ist. Einzuräumen hat man, daß die Worte des § 73 zweideutig klingen. Anders sprechen die Motive zu § 73 den Gedanken des Gesetzgebers aus: „bei der idealen Konkurrenz ist nur auf die Strafe des schwereren Verbrechens zu erkennen“; dieser Ausdruck ist insofern richtiger, als er jeden Gedanken ausschließt, als ob keine Verurteilung wegen der geringeren Delikte stattfinden solle, aber ebenfalls zweideutig hinsichtlich der Frage, ob nur das schwerste oder ob alle konkurrierenden Delikte zur Bestrafung kommen sollen. Jedoch fügen die Motive hinzu: „Der Paragraph erkennt den Satz des gemeinen Rechtes, daß bei der idealen Konkurrenz nur auf die Strafe des schwereren Verbrechens zu erkennen sei, an“. Der Paragraph soll also das gemeine Recht wiedergeben. Nun war zwar im gemeinen Rechte der Satz, daß poena major absorbet minorem, nicht unbestritten, diejenigen aber, welche diesen Satz im gemeinen Rechte fanden und nach den Motiven hat ihn auch der Gesetzgeber des deutschen Strafgesetzbuches darin gefunden, verstanden ihn stets in dem Sinne, daß durch die Strafe des schwersten Deliktes auch die übrigen Delikte als abgebüßt gelten sollten, daß die letzteren also durch jene Strafe mit bedroht und bestraft würden. Vgl. Marezoll, Kriminalrecht 3. Aufl. S. 217, Köstlin, System §§ 137, 138.

Auf diese Weise steht die nach § 73 zu verhängende Strafe zugleich in innerlicher Uebereinstimmung mit der Gesamtstrafe des § 74. Auch die letztere ist eine Strafe für die sämtlichen strafbaren Handlungen und tritt an die Stelle der sämtlichen verwirkten Einzelstrafen, auch bei ihr geht das Gesetz von einer der Einzelstrafen, und zwar von der schwersten, aus, nur nicht von der angedrohten, sondern von der verwirkten schwersten Strafe. Aber während das Gesetz, wenn mehrere selbständige Handlungen vorliegen, bestimmt, daß die schwerste verwirkte Strafe erhöht werden muß, ist dies nicht geschehen, wenn nur Eine Handlung vorliegt, teils, weil dieser Fall als der leichtere angesehen wurde, teils, weil die gesetzliche vorgeschriebene Erhöhung der verwirkten schwersten Strafe durch das Ermessen des Richters mittels erhöhter Zumessung der angedrohten schwersten Strafe in jedem Einzelfalle ersetzt werden kann, und, wie man annahm, in der Regel auch ersetzt werden würde.

Für die vorstehende Auslegung spricht sodann folgende Erwägung. Sollte durch die Anwendung des die schwerste Strafe androhenden Gesetzes (§ 73) die Handlung nur insofern, als sie gegen das schwerste der verletzten mehreren Gesetze verstößt, zur Bestrafung kommen, so hätte, was oben schon bemerkt wurde, der § 73 einen gesetzlichen Strafausschließungsgrund geschaffen, indem z. B. der Betrug für ausnahmsweise straffrei erklärt worden wäre, wenn die betrügerische Handlung zugleich Fälschung und als solche schwerer strafbar ist.

Dann aber wäre der richtige Platz für den Paragraphen der vierte Abschnitt des allgemeinen Teiles des Strafgesetzbuches unter der Ueberschrift: „Gründe, welche die Strafe ausschließen u. s. w. gewesen“, nicht der fünfte Abschnitt mit der Ueberschrift: „Zusammentreffen mehrerer strafbarer Handlungen, umsomehr, da diese Ueberschrift nur auf den Fall der Real-, nicht auf den Fall der Idealkonkurrenz paßt, da bei Idealkonkurrenz nicht mehrere strafbare Handlungen zusammentreffen, sondern nur Eine solche Handlung vorhanden ist (§ 73: „wenn eine und dieselbe Handlung u. s. w.“). Die Stellung des § 73 in dem fünften Abschnitt beweist daher, daß im Falle der Idealkonkurrenz ebensowenig, wie im Falle der Realkonkurrenz, an Strafausschließung gedacht worden ist.

Inbetreff der bisherigen Rechtsprechung braucht hier nur erwähnt zu werden, daß die preußische Praxis zu § 55 St. G. B.'s von 1851 die Verurteilung wegen aller ideal konkurrierenden Delikte gerade zu dem Zwecke gefordert hat, damit künftig die Rückfallsstrafe begründet sei, Oppenhoff, Preußisches Strafgesetzbuch Note 7 zu Art. 25 des Einführungsgesetzes und Note 11 zu § 55 des Gesetzes und das Reichsgericht in dem schon vom Instanzrichter angezogenen Urteile, Entsch. des R. G.'s in Strafs. Bd. 4, S. 180 flg., sich dahin ausgesprochen hat, die Schuldigerkennung wegen der geringeren Delikte besitze praktische Bedeutung für die Frage eines demnächstigen Rückfalles, und die aus der schwereren Strafdrohung bemessene Strafe enthalte auch die Strafe für die geringeren Delikte in sich.

Durch die obenerwähnte Exklusivität der Strafe aus dem schwersten Gesetze wird aber die hier zu entscheidende Frage, ob diese Strafe auch hinsichtlich der geringeren Delikte die Rückfallsstrafe zu begründen vermöge, gar nicht berührt.

Der Grundsatz jener Ausschließlichkeit bestimmt lediglich über Art und Größe der bei der Idealkonkurrenz zu erkennenden Strafe, nicht darüber, welche Bedeutung diese Strafe für die leichter strafbaren konkurrierenden Delikte und demgemäß für den Rückfall hat.

II. Der Fall der s. g. **gleichartigen Idealkonkurrenz** ist **nach Analogie der Vorschrift des § 73 St. G. B.** zu entscheiden. cf. das im § 1 angeführte U. v. 1. XII. 80. E. II., 255*)

III. Den Begriff, **„ein und dieselbe Handlung“** in § 73 St. G. B. erörtert in grundlegender Weise das U. v. 21. V. 81. III. E. IV., 188:

Die beiden Angeklagten A. H. und J. H. sind in gemeinsamer Verabredung und Ausführung mit dem Mitangeklagten F. in das Haus des N. widerrechtlich eingedrungen und haben auf der Diele vorsätzlich den Tagelöhner

*) Übereinstimmend Meyer § 62 A. M. von Liszt § 56 welcher die gleichartige Idealkonkurrenz weder als Konkurrenz überhaupt noch auch als Idealkonkurrenz in dem von ihm erörterten Sinne ansieht.

K. über eine Mehlkiste niedergestoßen; darauf hat A. H. von K. abgelassen, die aus der Wohnstube auf die Diele heraustretende Ehefrau N. niedergeschlagen, den Ehemann N. beiseite gestoßen, demnächst, während alle drei Angeklagten die Aufforderung des N., sich zu entfernen, unbeachtet ließen, die Ehefrau N. in die Wohnstube verfolgt, dort dieselbe niedergestoßen und am Halse gewürgt; endlich hat J. H. auch der Aufforderung des zu Hülfe herbeigerufenen Gutsherrn, des Eigentümers des N.'schen Hauses, das letztere zu verlassen, durch fortgesetztes Verweilen auf der Diele und wiederholte Oeffnung der verschlossenen Thür entgegengehandelt. Das Urteil stellt gegen die drei Angeklagten alle wesentlichen Thatbestandsmerkmale des gemeinschaftlich begangenen Hausfriedensbruchs im Sinne des § 123 St. G. B.'s, gegen A. und J. H. diejenigen der gemeinschaftlich gegen K. verübten vorsätzlichen Mißhandlung im Sinne des § 223a. St. G. B.'s, gegen A. H. endlich diejenigen der gegen den Schmied N. und dessen Ehefrau, gegen die letztere wiederholt, verübten vorsätzlichen Mißhandlung thatsächlich fest, erklärt sodann aber sowohl sämtliche hiernach festgestellte Körperverletzungen unter sich als „ein fortgesetztes Vergehen, nur eine selbständige Handlung", wie „mit Rücksicht auf die thatsächliche Einheit des gesamten Treibens der Angeklagten, welches aus dem . . . . Entschlusse hervorgegangen anzusehen ist, den Hausfrieden zu stören", und die „auf Erregung von Streit und Thätlichkeiten gerichtete Absicht" zu verwirklichen, die von den beiden Angeklagten H. begangenen Körperverletzungen mit dem vollführten Hausfriedensbruch für „ideal konkurrierend", und bestraft deshalb unter Anwendung des § 73 St. G. B.'s die Angeklagten A. und J. H. lediglich auf Grund § 223a. St. G. B.'s.

Diese Anwendung des § 73 St. G. B.'s ist unhaltbar und beruht auf einer Verkennung des Begriffs „eine und dieselbe mehrere Strafgesetze verletzende Handlung." Zunächst ist es schon bezüglich der als ein identisches Vergehen zusammengefaßten Körperverletzungen rechtsirrtümlich, wenn die Begründung für diese Annahme, trotz der festgestellten, nach Zeit, Ort, Objekt und Art der Mißhandlung völlig getrennten Mehrheit der Thätigkeitsakte, lediglich in der Bezeichnung derselben als ein „fortgesetztes" Vergehen gefunden wird. Der Begriff des „fortgesetzten" Delikts hat keine im Strafgesetzbuch derartig anerkannte legale Bedeutung, daß seine sprachliche Anwendung ohne weiteres verständlich wäre. Um von diesem Begriff Gebrauch zu machen, müssen in Auflösung desselben die thatsächlichen Feststellungen erkennen lassen, daß das Instanzgericht eine äußerlich gegebene Mehrheit menschlicher Handlungen als einen in Wirklichkeit einheitlichen Willensakt thatsächlich aufgefaßt hat. Ob dies bei einer Mehrheit gegen verschiedene Personen, verschiedenartig und zeitlich hintereinander verübter vorsätzlicher Körperverletzungen überhaupt denkbar ist, kann dahingestellt bleiben. Die vorliegenden Feststellungen enthalten kein Moment, welches zur Annahme einer fortgesetzten vorsätzlichen Körperverletzung berechtigte.

Was aber sodann die weiter vom angefochtenen Urteil unterstellte Identifizierung der Körperverletzungen mit dem Hausfriedensbruch anlangt, so ist es ebenso unrichtig, die Einheit der Handlung mit der „Einheit des gesamten Treibens der Angeklagten zusammenzuwerfen, wie es auf einem offenbaren Rechtsirrtume beruht, die „Einheit des Entschlusses,“ die Einheit der auf „Erregung von Streit und Thätlichkeiten gerichteten Absicht“ zum entscheidenden Kriterium für die Anwendbarkeit des § 73 St. G. B.'s zu erklären. Denn in ersterer Beziehung liegt es auf der Hand, daß ein zusammenhängendes verbrecherisches „Treiben“ nicht mehr besagt als die Entwickelung einer mannigfaltigen, aber irgendwie persönlich, zeitlich, oder örtlich verbundenen verbrecherischen Thätigkeit; die Mehrheit einer Reihe selbständiger Delikte wird dadurch objektiv nicht im entferntesten ausgeschlossen. Und bezüglich der unterstellten Einheitlichkeit der verbrecherischen Absicht ist es eine Verwechselung vom Beweggrund oder vom Enderfolg mit dem zum Thatbestande eines Delikts gehörenden strafbaren Vorsatz, welche hier die Urteilsgründe beirrt. Denn die Absicht, Streit und Thätlichkeiten zu erregen, deckt sich weder mit dem festgestellten Vorsatz der Körperverletzung noch mit dem des Hausfriedensbruchs; nur als Motiv oder als gewollter Endzweck des einen, wie des anderen Vergehens ist diese Voraussetzung verständlich. Zudem ist der in der Doktrin aufgestellte Satz, daß die Einheit der Absicht allein entscheide, ob und wie viel Momente einer menschlichen Thätigkeit als eine Handlung betrachtet oder in eine Mehrheit strafbarer Handlungen zerlegt werden dürften, nicht dahin zu verstehen, als ob es ohne Rücksicht auf die objektiven Momente des verbrecherischen Thatbestandes lediglich von der subjektiven Willkür des Handelnden abhängen soll, eine Mehrheit von Delikten zu einem Delikt zusammenzufassen. *Denn nicht der Handelnde, sondern das Recht bestimmt, was als eine Rechtsverletzung zu betrachten sei*, und daß der Handelnde eine Mehrheit von Rechtsverletzungen in seine Absicht aufnahm und in eine Handlung zusammenfaßte, kann nicht bewirken, daß die mehreren Rechtsverletzungen nur als eine zu betrachten wären, kann nicht hindern, daß eine jede der mehreren Rechtsverletzungen als eine strafbare Handlung darum betrachtet wird, weil eine jede beabsichtigt und vorsätzlich verursacht war. Deshalb konnte nach Maßgabe der erstrichterlichen Feststellungen für die Strafzumessung nicht der § 73 St. G. B.'s, sondern es mußte der § 74 St. G. B.'s zur Anwendung kommen, und zwar sowohl bezüglich der Mehrheit der gegen K., gegen den Ehemann N. und gegen die Ehefrau N. verübten vorsätzlichen Körperverletzungen, wie bezüglich des daneben als selbständige Handlung festgestellten Hausfriedensbruches.

IV. **Wegen aller ideal konkurrierender Verbrechen hat eine Schuldigerklärung und Verurteilung zu erfolgen.** Wenn auch für die leichteren Vergehen eine **Festsetzung der Strafe** nicht eintritt, so ist die **Schuldigerklärung** dennoch bedeutungsvoll für die **Annahme des Rückfalls.** U. v. 17. V, 81, II. E. IV., 180:

Die Strafkammer hat nach Inhalt der Entscheidungsgründe des angefochtenen Erkenntnisses in der dem Angeklagten zur Last gelegten That neben der Urkundenfälschung zugleich die gesetzlichen Merkmale des Betrugs als enthalten anerkannt und das Vorhandensein einer idealen Konkurrenz beider Strafthaten bejaht, gleichwohl aber in dem dezisiven Teile des Erkenntnisses den Angeklagten nur wegen Urkundenfälschung und nicht auch wegen

Betrugs bestraft, indem ausgeführt wird, daß es einer besonderen Verurteilung dieserhalb nicht bedürfe, weil der Betrug weder die Anwendung eines anderen Strafgesetzes als der im Eröffnungsbeschlusse benannten §§ 267, 268 St. G. B.'s begründe, noch einen die Strafbarkeit erhöhenden Umstand bilde (St. G. B. § 73 und St. P. O. § 264).

Der diesem Ausspruche zu Grunde liegende Rechtsgedanke ist als zutreffend nicht erachtet worden.

Die Strafkammer konnte, nachdem sie in derselben Handlung mit Grund ein Zusammentreffen verschiedener Strafthaten im Sinne des § 73 St. G. B.'s und nicht etwa die bloße Konkurrenz verschiedener Strafgesetze erkannt hatte, sich auf eine ausdrückliche Entscheidung über die schwerere Gesetzesverletzung nicht beschränken, da nach § 263 St. P. O. die That nach allen sich darbietenden rechtlichen Gesichtspunkten der Prüfung des Richters unterliegt und das Ergebnis dieser Prüfung in dem Urteile zum Ausdruck zu bringen ist, woran auch der Umstand nichts ändert, daß bei vorliegender Verübung mehrerer verschiedenartiger Delikte durch dieselbe Handlung für die Straffestsetzung nur die schwerere Strafandrohung zur Anwendung kommt, indem in der hiernach bemessenen Strafe stets auch diejenige für die geringere Strafthat mit enthalten ist, welche dabei als Strafausmessungsgrund sich darstellt oder wenigstens als ein solcher ohne Rechtsirrtum verwendet werden kann.

Die Anschauung der Strafkammer, daß, um einen Ausspruch über das konkurrierende Delikt notwendig zu machen, die Schuldigsprechung eine praktische Folge in Ansehung der zu erkennenden Strafe haben müsse, sei es, daß die Anwendung eines anderen als des im Eröffnungsbeschlusse angegebenen Strafgesetzes, oder sei es, daß die Berücksichtigung eines die Strafbarkeit erhöhenden Umstandes durch das konkurrierende Delikt einzutreten habe, übersieht, daß es sich um die Festsetzung der Strafe hierbei überhaupt nicht handelt, sondern um Wahrung des Grundsatzes, daß Angeklagter derjenigen Delikte, deren er sich durch seine Handlung schuldig gemacht hat, nach dem Zwecke des Verfahrens auch schuldig erkannt werden muß, und daß diese Schuldigerkennung, auch wenn sie eine besondere, von derjenigen für das schwerere Vergehen äußerlich getrennte Strafe nicht zur Folge hat, deshalb nicht einer Nichtbestrafung gleichsteht, sondern für die Frage eines demnächstigen Rückfalles ihre praktische Bedeutung besitzt.

§ 23.

Die Gesetzes-Konkurrenz.

Vergl. die zu § 22 citierte Litteratur.

I. Den Begriff der **Gesetzeskonkurrenz** bestimmt das U. v. 15. X. 86 (E. XIV, 386) dahin.

Der Begriff der Gesetzeskonkurrenz erfordert, daß die mehreren Strafgesetze denselben Thatbestand aufstellen und sich nur dadurch unterscheiden, daß das eine Gesetz eines oder mehrere der Begriffsmerkmale in engerer Begrenzung und spezieller Gestaltung enthält.*) Nur unter dieser Voraussetzung ist eine Handlung, welche mehrere Strafgesetze verletzt, nicht gemäß § 73 St. G. B.'s, sondern nach dem spezielleren Gesetze, auch wenn dasselbe das mildere ist, zu strafen.

II. **Subsidiär** sind alle die **Teilnahme** betreffenden Strafandrohungen der gegen die **Hauptthat** selbst gerichteten. Eine Ausnahme von diesem Grundsatze statuiert das R. G. für die **Teilnahme an einem fortgesetzten Delikt.** U. v. 5. III. 88. III. E. XVII., 228.

Das angefochtene Urteil geht thatsächlich davon aus, daß die nach und nach in verschiedenen Akten erfolgte Fortschaffung der M.'schen Mobilien aus der von W. gemieteten Wohnung ein einheitliches Delikt des M. im Sinne des § 289 St. G. B.'s darstelle. Dieser Voraussetzung entsprechend ist M. folgerichtig wegen Fortschaffung seiner sämtlichen Mobilien, also auch wegen der erst nach dem Strafantrage vom 29. Dezember erfolgten Wegschaffung verurteilt worden.

Nun ist klar, daß, wenn hiernach zu Gunsten des M. die Grundsätze von fortgesetzten Vergehen insofern Anwendung gefunden haben, als wegen objektiver Identität des verletzten Rechtsgutes und wegen subjektiver Einheitlichkeit des Willensentschlusses Deliktseinheit angenommen wurde, diese lediglich juristische Fiktion ausschließlich mit der Person des Hauptthäters individuell zusammenhängt und für die begriffliche Erfassung der Hauptthat bestimmend ist. Denn die eine, wenn auch nicht ausschließliche, so doch wesentliche Vorbedingung dieser juristischen Deliktseinheit, die Einheitlichkeit des Entschlusses, trifft nur in der Subjektivität des Hauptthäters zu; sobald und soweit diese subjektive Vorbedingung entfällt, verliert die juristische Abstraktion des fortgesetzten Deliktes den Boden, und die natürliche Thatsache, daß unter der juristisch fingierten Deliktseinheit eine Mehrheit von Einzelhandlungen verborgen ist, welche jede, für sich betrachtet, alle Merkmale eines selbständigen Deliktes an sich trägt, tritt wieder in ihr Recht. Diese Wirkung der wieder in Kraft tretenden Deliktsmehrheit muß sich insbesondere in den Beziehungen des Hauptthäters eines fortgesetzten Deliktes zu seinem Teilnehmer, Gehilfen, Begünstigern äußern. Jede der an sich selbständigen, und eine selbständige Strafthat darstellenden Einzelhandlungen, aus welchen sich das fortgesetzte Delikt des Hauptthäters zusammensetzt, kann ihre besonderen Mitwirkenden haben, welche eben nur an diesem und an keinem anderen Teile des fortgesetzten Deliktes beteiligt sind. Es ist ohne weiteres klar, daß solche Teilnahme in ihrer strafrechtlichen Form auch nur beurteilt werden darf nach Maßgabe der nunmehr in ihrer deliktischen Selbständigkeit wirkenden Einzelhandlung, an welche sich die Teilnahme anschließt.

Was dieser Einzelhandlung von seiten des Hauptthäters an verbrecherischer Thätigkeit vorausgegangen ist und was ihr nachfolgt, trifft unter obiger Voraussetzung den Hauptthäter allein. Ob aber der Teilnehmer als Mitthäter, Anstifter, Gehilfe oder Begünstiger im Sinne der

---

*) Mit Recht macht Olshausen dieser Definition den Vorwurf, dass sie den Begriff der Gesetzeskonkurrenz zu sehr einschränke.

§§ 47 bis 49, 257 St. G. B.'s anzusehen ist, muß ausschließlich von seinem Verhältnisse zu derjenigen Einzelhandlung aus gewürdigt werden, an der er sich beteiligt hat, nicht vom Gesichtspunkte einer Teilnahme oder Begünstigung zu der kollektiven Gesamtheit des fortgesetzten Deliktes. Hieraus folgt weiter, daß auch gegenüber einer mehrfachen Beteiligung derselben Person an einem einheitlichen Delikte die sonst maßgebenden Grundsätze von realem und idealem Zusammentreffen, von der Subsidarität der Gesetze und der Gesetzeskonkurrenz in ihrer Anwendung auf Teilnahme und Begünstigung wesentliche Aenderungen erleiden müssen, sobald die vielgestaltigen Formen solcher Teilnahme oder Begünstigung bei einem fortgesetzten Delikte in Frage kommen. Dieselbe Person kann je nach der subjektiven Beschaffenheit ihres verbrecherischen Vorsatzes ebensowohl in realem Zusammentreffen sich einer mehrfachen Teilnahme an verschiedenen, für diese Person selbständigen Einzeldelikten, wie einer einheitlich fortgesetzten Teilnahme an einem einheitlichen Delikte schuldig machen. Dieselbe Person kann in realem Zusammentreffen trotz vorliegender juristischer Einheit der Hauptthat erst Begünstiger, sodann Gehilfe, später Anstifter, zuletzt Mitthäter an je einer, an sich ein selbständiges Delikt darstellenden Einzelhandlung des Hauptthäters werden. — Vorliegenden Falles hat der Angeklagte erwiesenermaßen zuerst Anfang Januar 1887, nachdem ein Teil der M.'schen Sachen bereits aus der Mietswohnung entfernt und in bezug auf diese Sachen das Delikt des § 289 St. G. B.'s vollendet war, die letzteren im Interesse des M. verkauft und den Erlös an M. abgeführt. Unbedenklich kann hierdurch und in bezug auf diese Sachen der Angeklagte sich nur der Begünstigung im Sinne § 257 St. G. B.'s schuldig gemacht haben. — Er hat sodann einige Tage später kraft neuen Auftrages des M. und kraft neuen Entschlusses seinerseits einen anderen Teil der M.'schen Sachen in Kenntnis des daran haftenden Zurückbehaltungsrechtes unmittelbar aus der Wohnung fortschaffen geholfen, sich also als Gehilfe an der Wegnahme beteiligt und sich in bezug auf diese Sachen nach § 49 St. G. B.'s strafbar gemacht. Da ferner wie der Instanzrichter feststellt, für den Angeklagten die beiden Akte, an denen er sich beteiligte, selbständige Einzeldelikte darstellten und auch seine Teilnahmehandlungen objektiv wie subjektiv ihre Selbständigkeit bewahrten, konnte derselbe wegen real zusammentreffenden Vergehens gegen § 257 und § 49 St. G. B.'s verurteilt werden. Trotz dieses realen Zusammentreffens behielten diese Vergehensformen aber ihren juristischen Charakter als Begünstigungs- bezw. Beihilfehandlungen zu einem juristisch einheitlichen Delikte des Hauptthäters M., welches in seiner Gesamtheit, auch bezüglich der dem Strafantrage zeitlich nachfolgenden Fortsetzung, der Strafverfolgung unterlag. Unterlag aber das gesamte einheitliche Delikt des M. der Strafverfolgung, so folgt aus dem Grundsatze des § 63 St. G. B.'s mit logischer Notwendigkeit, daß auch die dem Strafantrage zeitlich nachfolgenden Begünstigungs- und Beihilfehandlungen, trotz ihrer begrifflichen Selbständigkeit zu einander, als durch den Strafantrag mitergriffen strafgerichtlich verfolgt werden durften.

§ 24.

Die Realkonkurrenz.

Berner § 148, Binding Gr. I § 61, O. Liszt § 57, Meyer § 63, Frank und Olshausen zu § 74 St. G. B.

I. **Das Wesen der Realkonkurrenz** und ihren **Unterschied von dem fortgesetzten Verbrechen***) behandelt das U. der Ver. II. und III. St. S. von 19. XII 87. E. XVII, 102 flg.

Der Angeklagte, seit dem Jahre 1872 als etatsmäßiger Kanzleibeamter des Bezirkspräsidiums zu Straßburg i. E. ohne Vorbehalt angestellt, ließ sich von Paris aus Geld zahlen und versprechen, unter anderem auch eine fortlaufende Monatsrente, um Aktenstücke und Nachrichten, von denen er wußte, daß ihre Geheimhaltung der französischen Regierung gegenüber für das Wohl des deutschen Reiches erforderlich war, dieser Regierung mitzuteilen. Er führte dieses Vorhaben aus, indem er Verwaltungsberichte, welche immer, und Verfügungen, welche zum Teil geheimzuhalten waren, nach Paris gelangen ließ. Die Verwaltungsberichte wurden vierteljährlich von den Bezirkspräsidien in Metz, Kolmar und Straßburg an das Ministerium in Straßburg erstattet. Der beim Bezirkspräsidium in Straßburg beschäftigte Drucker Gl. hatte die Verwaltungsberichte dieses Präsidiums in einer gewissen Anzahl von Exemplaren zu autographieren; er wurde durch den Angeklagten bewogen ein Exemplar mehr zu drucken und dasselbe dem Angeklagten einzuhändigen. Auch die Verfügungen der Bezirksregierung zu Straßburg hatte Gl. in bestimmter Anzahl zu drucken. Von den sekreten und von einigen nicht sekreten Verfügungen fertigte er auf Verlangen des Angeklagten mehr an und gab es dem letzteren. Von den nicht sekreten Verfügungen, die an mehrere Behörden geschickt werden sollten, wurden immer einige Abdrücke mehr, als unmittelbar gebraucht werden sollten, hergestellt und in einem Wandschranke, der sich in einem Geschäftszimmer der Kanzlei befand, aufbewahrt; der Angeklagte entnahm daraus diejenigen, die er nach Paris schicken wollte und nicht schon von Gl. erhalten hatte. Die erwähnten überzähligen Exemplare der nicht sekreten Verfügungen hatte Gl. zu dem Zwecke herzustellen, damit sie künftig entweder an Behörden amtlich verschickt, oder damit sie solchen Beamten der Bezirksregierung, die sie zu besitzen wünschen möchten, zu deren Benutzung und Eigentum ausgehändigt werden könnten.

Die Thätigkeit des Angeklagten fällt in der Gesamtheit ihrer Entwickelung unter den Begriff der Bestechung (§ 332 St. G. B.'s), des Landesverrates (§ 92 Ziff. 1 St. G. B.'s) und des Vergehens gegen § 133 St. G. B.'s, welches letztere Vergehen sich zugleich als Diebstahl (§ 242 St. G. B.'s) charakterisiert, und zwar verstieß der Angeklagte gegen jede einzelne dieser gesetzlichen Bestimmungen nicht blos durch einen Thätigkeitsakt, sondern durch eine Reihe solcher Akte, welche sich über eine längere Zeit in der Weise ausdehnte, daß jeder Akt den vollen Thatbestand des Gesetzes in sich enthielt. In Beziehung auf jede einzelne der angeführten Gesetzesstellen hat jedoch die Handlungsweise des Angeklagten

*) s. oben § 20 II.

die Merkmale eines fortgesetzten, also rechtlich einheitlichen Deliktes. Denn soviel die Bestechung betrifft, ließ der Angeklagte von vornherein durch Annahme von Geldzahlungen und Geldversprechungen sich nicht zu einer blos einmaligen Verletzung seiner Amtspflicht, sondern zu einer successiv zu wiederholenden Verletzung derselben von qualitativ gleicher Art bestimmen; sein Vorsatz richtete sich von Anfang an auf das Ganze dieser pflichtwidrigen Thätigkeit, wie denn andererseits auch der Zweck, zu welchem ihm die Geldvorteile von Frankreich aus gegeben und versprochen wurden, erst durch das Ganze dieser Thätigkeit erreicht werden sollte; beides zeigt sich unter anderem in dem dem Angeklagten erteilten und von ihm angenommenen Versprechen einer fortlaufenden Monatsrente von 100 Frcs. für die Pflichtverletzungen, zu denen er sich anheischig machte. Zugleich verletzte jeder Einzelakt solcher Pflichtwidrigkeit die nämliche Rechtsnorm des § 332 a. a. O. Die gleichen Merkmale rechtlicher Einheit des Deliktes finden sich bei den vom Angeklagten verübten landesverräterischen Akten, welche zusammen die Gegenleistung ausmachten, die er für das ihm versprochene oder bezahlte Geld ausführte; auch hierbei ging sein Vorsatz von vornherein auf die von ihm demnächst vorgenommene Gesamtleistung, und die letztere verstieß in ihren einzelnen Akten gegen die nämliche Rechtsnorm des § 92 Ziff. 1 a. a. O. Und nicht anders steht es mit der dritten Gruppe der vom Angeklagten verübten Handlungen, der Beiseiteschaffung und Zueignung von Schriftstücken; die hierauf gerichteten Einzelakte bildeten erst in ihrer Gesamtheit das von Anfang an vom Angeklagten gewählte Mittel zur Durchführung seines landesverräterischen Vorsatzes und verstießen sämtlich gegen die nämlichen Rechtsnormen der §§ 133, 242 a. a. O. Daher hat der Gerichtshof angenommen, daß sich der Angeklagte nur eines Verbrechens der Bestechung, eines Landesverrates und einer Beiseiteschaffung von Schriftstücken, welche zugleich Diebstahl war, schuldig gemacht hat. Das letztere Vergehen verletzt als eine und dieselbe Handlung sowohl den § 133 als auch den § 242 St. G. B.'s und ist deshalb, dem Grundsatze der Idealkonkurrenz (§ 73 St. G. B.'s) gemäß, aus dem § 133 Abs. 2, welcher die schwerere Strafe androht, zu bestrafen.

Dagegen stehen die vom Angeklagten verübten Delikte der Bestechung, des Landesverrates und der Beseitigung von Schriftstücken unter sich im Verhältnisse selbständiger Handlungen, also der Realkonkurrenz (§ 74 St. G. B.'s). Zwar läßt sich ein innerer Zusammenhang zwischen denselben nicht verkennen. Denn der Umstand, daß dem Angeklagten von französischer Seite Geld gegeben und versprochen worden war, welcher ein wesentliches Merkmal im Thatbestande der Bestechung ausmacht, bildete für den Angeklagten das Motiv, wodurch er zum Landesverrate getrieben wurde, und diejenige Handlung, für welche ihm das Geld gegeben und versprochen wurde, war gerade die Verübung dieses Landesverrates; die Beiseiteschaffung der Drucksachen war das dem Angeklagten erforderlich erscheinende Mittel für die Ausführung des Landesverrates, war also ebenfalls durch die Bestechung herbeigeführt und stand zugleich im Kausalzusammenhange mit dem Landesverrate. Dazu kommt, daß eine Einheit des Entschlusses des Angeklagten in der Weise, daß er sogleich, nachdem er sich hatte bestechen lassen, die Beiseiteschaffung der Drucksachen als das von ihm zu benutzende Mittel sich vorsetzte, als vorhanden anzunehmen ist; war doch der Angeklagte schon bei seiner ersten Zusammenkunft mit B. von diesem aufgefordert worden, Verwaltungssachen nach Paris zu schicken. Allein eine Verbindung dieser Art genügt nicht, den drei Delikten die Natur einer und derselben Handlung zu verleihen. Zunächst fielen die einzelnen Akte, die zum Thatbestande der Bestechung, zu dem des Landesverrates und zu dem des Vergehens gegen § 133 a. a. O. gehörten, zeitlich auseinander und unterschieden sich in ihrer natürlichen Beschaffenheit; das Geldempfangen war etwas anderes, als das Wegnehmen der Drucksachen und die Mitteilung der letzteren nach Paris. Soviel die Einheit des Entschlusses angeht, so bildet sie einen Faktor der Einheitlichkeit mehrerer zeitlich getrennter Handlungen als eines fortgesetzten Deliktes nur unter der Voraussetzung, daß sie verbunden ist mit einem verbrecherischen Vorsatze, der sich gegen das nämliche Rechtsgut und gleichzeitig gegen das nämliche, von Anfang an oder wenigstens im Verlaufe der Ausführung in den Vorsatz aufgenommene Gesamtobjekt richtet, und daß das angegriffene Rechtsgut eine Verletzung in quantitativ größerem oder geringerem Umfange, also auch in quantitativen Abschnitten in der Weise zuläßt, daß die einzelnen auf die Verwirklichung jedes Teiles gerichteten Thätigkeitsakte die gleiche rechtliche Beschaffenheit haben, indem sie sämtlich im allgemeinen den nämlichen strafbaren Thatbestand erfüllen. Es fallen dann die einzelnen Akte zwar zeitlich auseinander und bilden nicht ein einziges Thun im natürlichen Sinne, aber nur deshalb, weil ein einziger Thätigkeitsakt nicht ausreicht, um den gefaßten Vorsatz in seinem quantitativen Gesamtumfange zu realisieren. Auf der Identität des Rechtsgutes also, gegen welches sich alle successiven Akte richten, und auf der Möglichkeit einer quantitativ größeren oder geringeren Verletzung dieses Rechtsgutes einerseits, und andererseits darauf, daß der Vorsatz auf eine Gesamtverletzung dieses Rechtsgutes geht, beruht das Wesen des fortgesetzten Deliktes. Die Rechtsgüter jedoch, welche die Objekte der Bestechung, des Landesverrates und der Beiseiteschaffung von Schriftstücken (§ 133 a. a. O.) bilden, sind wesentlich voneinander verschieden; die Bestechung verletzt die Beamtentreue, der Landesverrat die Staatsbürgertreue und die Staatssicherheit nach außen, die Beiseiteschaffung von Schriftstücken, wie sie der § 133 a. a. O. mit Strafe bedroht, die öffentliche Ordnung in einer bestimmten Richtung.

Zugleich läßt zwar jedes dieser Rechtsgüter eine quantitativ größere oder geringere Verletzung zu, so daß jedes einzelne derselben das Objekt eines fortgesetzten Deliktes werden kann; aber in der Bestechung als solcher liegt auch keine noch so geringe Verletzung der Staatsbürgertreue und der Staatssicherheit nach außen, im Landesverrate als solchem keine Verletzung der Beamtentreue, in beiden keinerlei Verletzung der öffentlichen Ordnung in dem Sinne wie sie der § 133 a. a. O. schützen will. Selbstverständlich würde dasselbe auch vom Diebstahl der Abdrücke gelten, dessen rechtliches Objekt fremdes Eigentums- und Besitzrecht bildet; es kommt darauf aber wegen der Idealkonkurrenz dieses Diebstahles mit dem schwerer strafbaren Vergehen gegen § 133 a. a. O. hier nicht an. Wiederholt hat sodann die Rechtsprechung des Reichsgerichtes darauf hingewiesen, daß, wenn man durch die Einheit eines Entschlusses charakterisierte Planmäßigkeit einer länger dauernden Thätigkeit, auf welches letzte Ziel sie auch ausgehen mag, für sich allein schon genügen lassen wollte, um alle Stadien dieser Thätigkeit trotz ihrer Verschiedenartigkeit zur juristischen Einheit der Handlung zu verbinden, man zu dem Ergebnisse gelangen würde, daß alle möglichen Delikte zu einem einzigen fortgesetzten Delikte werden könnten, bloß weil der Thäter ihre successive Verübung als Mittel zu dem letzten Ziele, welches er sich setzte, für diensam erachtet hat, sodaß das Belieben des Thäters allein den Rechtsbegriff der Einheit der Handlung für jeden konkreten Fall bestimmen würde; es existiert aber kein Rechtssatz, welcher dem subjektiven Ermessen des Thäters einen derartigen Einfluß einräumte, und auch die strafrechtliche Theorie, welche den Begriff des fortgesetzten Deliktes geschaffen hat, ist soweit nur selten gegangen. Die Selbständigkeit der Handlung im Sinne des § 74 a. a. O. wird also dadurch, daß sie das Mittel zur Verübung einer anderen Handlung oder der Zweck der letzteren war, oder daß in ihr das Motiv für eine andere Handlung lag, nicht beeinträchtigt.

II. Bleiben in dem Falle, daß ein Angeklagter wegen mehrerer selbständiger Handlungen zu einer Gesamtstrafe verurteilt ist, auf die eingelegte Revision aber nur die Feststellung einer oder einzelner dieser Handlungen aufgehoben wird, die auf die anderen Feststellungen bezüglichen Einzelstrafen als solche regelmäßig bestehen und sind sie nur aufzuheben, wenn in concreto die Annahme begründet erscheint, daß die vorliegende Realkonkurrenz schon die Bemessung der Einzelstrafen beeinflußt habe oder ist umgekehrt die Aufhebung regelmäßig auf alle Einzelstrafen zu erstrecken. Beschluß der vereinigten Strafsenate vom 18. IV. 94 E. XXV, 306 f.*)

Bei der Beantwortung der gestellten Frage ist von der prozessualen Bedeutung auszugehen, welche im Falle des § 74 St. G. B.'s der Verhängung der Einzelstrafen zukommt.

Aus dem System des Strafgesetzbuches — Aufführung sämtlicher für strafbar erachteter Handlungen, Normierung der Thatbestandsmerkmale jedes einzelnen Deliktes, Feststellung einer bestimmten Strafe für jedes dieser Delikte — ergiebt sich als Wille des Gesetzgebers, daß jede begangene strafbare Handlung mit der nach dem Gesetze verdienten Strafe belegt werden soll. Aus diesem Grundsatze folgt an und für sich, daß, wenn jemand mehrere selbständige Strafthaten verübt hat, er die für diese Strafthaten verwirkten einzelnen Strafen insgesamt zu erdulden hat, daß daher alle diese Strafen gegen ihn zu vollstrecken sind, soweit nicht

*) Ebenso Olshausen No. 20.

etwa die Vollstreckung der einen Strafe die Vollstreckung der übrigen Strafen aus physischen Gründen unmöglich macht. Auch der deutsche Gesetzgeber hat sich jedoch der Erwägung nicht verschließen können, daß wenn gegen eine Person mehrere Strafen in unmittelbarer Aufeinanderfolge vollstreckt werden, das in solcher Vollstreckung liegende Uebel eben durch die unmittelbare Aufeinanderfolge in der Regel eine Verschärfung empfängt, welche das von dem Schuldigen verdiente Maß von Uebel überschreitet, und daß daher gerade das Prinzip strenger Gerechtigkeit eine Beseitigung dieses Uebermaßes fordert. Auf dieser Erwägung und nur darauf beruht die — derselben allerdings nur im beschränkten Maße stattgebende — Vorschrift in § 74 St. G. B.'s (vgl. die Motive zu dem gleichlautenden § 72 des Entwurfes), wonach gegen denjenigen, welcher wegen mehrerer realkonkurrierender Verbrechen oder Vergehen mehrere zeitige Freiheitsstrafen verwirkt hat, auf eine Gesamtstrafe zu erkennen ist, die in einer Erhöhung der verwirkten Einzelstrafe bestehen soll. Die Gesamtstrafe ist mithin nichts Anderes, als eine der Gerechtigkeit entsprechende, daher nicht blos in einer einfachen Häufung der Strafen bestehende Zusammenfassung der an sich verwirkten Einzelstrafen in eine einzige Strafe, eine der Festsetzung der Einzelstrafen nachfolgenden Umwandlung derselben in eine einheitliche Strafe.

Allerdings ist nach Vorschrift des § 74 St. G. B.'s in den dort erwähnten Fällen auf die Gesamtstrafe „zu erkennen“, sodaß also nur die Gesamtstrafe diejenige Strafe darstellt, welche ohne weiteres zur Vollstreckung gelangen kann. Mit Rücksicht hierauf hat das vormalige preußische Obertribunal den Einzelstrafen jede Selbständigkeit abgesprochen,

Oppenhoff, Rechtspr. d. Obertribunales Bd. 16 S. 437, Bd. 17 S. 500, 828,

und die nämliche Rechtsansicht, wonach die Einzelstrafen nur als Elemente oder Rechnungsfaktoren für die Bildung der Gesamtstrafe zu betrachten sind, liegt den in der Rechtspr. d. R. G.'s in Straff. Bd. 9 S. 449, sowie in Goltdammer Archiv Bd. 39 S. 233 veröffentlichten Urteil des Reichsgerichts vom 20. September 1887, und vom 9. Juni 1891 zu Grunde. Von dieser Rechtsansicht aus müßte man dazu gelangen, die Einzelstrafen lediglich als Strafzumessungsgründe zu betrachten, und hieraus würde mit Notwendigkeit folgen, daß sie mit der Aufhebung der Gesamtstrafe ohne weiteres hinwegfallen müßten, also trotz Aufrechthaltung einzelner Feststellungen, die in Ansehung derselben verhängten Einzelstrafen unter keinen Umständen in Kraft bleiben könnten. Dies würde auch durchaus zutreffend sein, wenn die Einzelstrafen in der Gesamtstrafe aufzugehen hätten. Eine derartige Bestimmung ist jedoch von dem Strafgesetzbuche nicht getroffen; dagegen wird in § 74 von den „verwirkten Einzelstrafen“ gesprochen, deren Betrag nach den dort näher gegebenen Vorschriften für die Verhängung der Gesamtstrafe maßgebend sein soll. Ferner ist für den Fall der Verurteilung zu einer Gesamtstrafe die Aberkennung der bürgerlichen Ehrenrechte in § 76 davon abhängig gemacht, ob diese neben einer der „verwirkten Einzelstrafen“ zulässig oder geboten ist, und in den Motiven (zu § 74 des Entwurfes) wird die Bestimmung durch den Hinweis darauf gerechtfertigt, daß „durch die Gesamtstrafe die Einzelstrafen nur eine Ermäßigung erfahren, sie aber nicht den Charakter derselben und der mit ihnen bedrohten Verbrechen und Vergehen aufhebt." Aus dem Wortlaute dieser Bestimmungen, insbesondere des § 74, folgt, daß das Urteil die auf jedes einzelne der konkurrienden Delikte entfallende Strafe festsetzen muß, und zwar ohne Verletzung der hierfür maßgebenden materiell-rechtlichen Grundsätze, also namentlich unter Einhaltung der in dieser Beziehung vorgeschriebenen Strafgrenzen. Das Urteil muß daher in Ansehung einer jeden dieser Delikte alle die Aussprüche enthalten, welche nach dem Gesetze erforderlich wären, wenn das betreffende Delikt allein zur Aburteilung gelangte. Der § 74 hat hiernach dem erkennenden Richter zwei selbständige, neben einander hergehende gleichwertige Operationen auferlegt, zunächst die, die für jede einzelne der begangenen mehreren Strafthaten an sich verdiente Strafe zu finden und auszusprechen, und sodann die, zum Zwecke einer allein gerecht zu nennenden Vollstreckung dieser mehreren Strafen auf dem vom Gesetze bezeichneten Wege eine einheitliche Gesamtstrafe zu bilden und zu erkennen. Richtig ist zwar, daß auf Grund des Urteils nur diese Gesamtstrafe vollstreckt werden darf, und daß daher für den Fall ihrer Vollstreckung die gefundenen Einzelstrafen ihre Bedeutung verlieren. Hieraus folgt jedoch nicht, daß die Feststellung der Einzelstrafen keinen selbständigen richterlichen Ausspruch dezisiver Natur darstelle, vielmehr entscheidet hierüber allein der wesentliche Charakter des Ausspruches selbst. Die Festsetzung der für verwirkt zu erachtenden Strafe bildet einen notwendigen Bestandteil einer richterlichen Entscheidung; erst mit dieser Straffestsetzung hat der erkennende Richter die ihm gestellte Aufgabe gelöst. Diese Eigenschaft der Straffestsetzung als eines Aktes entscheidender richterlicher Thätigkeit kann aber nicht dadurch verändert werden, daß nach gesetzlicher Vorschrift mit der gefundenen Strafe eine weitere Operation vorgenommen werden muß, die dahin gipfelt, daß die festgesetzte Einzelstrafe zusammen mit den übrigen gefundenen Einzelstrafen durch eine andere Strafe ersetzt und repräsentiert wird. Hierbei handelt es sich, wie bereits hervorgehoben wurde, nur um eine zweite richterliche Entscheidung über die Modalität der Vollstreckung der zunächst gefundenen und festgesetzten Einzelstrafen. Die Verhängung der Einzelstrafen enthält sonach die Anwendung des Strafgesetzes auf den einzelnen Fall. Hierdurch findet das allerdings auch bereits von dem vormaligen preußischen Obertribunale,

Oppenhoff, Rechtspr. Bd. 13 S. 225, Bd. 16 S. 42, 521, 766.

trotz dessen gegenteiliger Auffassung der Einzelstrafen aufgestellte und vom Reichsgerichte,

Entsch. des R. G.'s in Straff. Bd. 2 S. 235. Rechtspr. des R. G.'s in Straff. Bd. 1 S. 102, Bd. 2 S. 222

stets festgehaltene Erfordernis, daß die erkannten Einzelstrafen in dem Urteile angegeben werden müssen, seine Rechtfertigung und Begründung. Nicht minder aber führt die vorstehende Darlegung zu der für die Entscheidung der vorliegenden Frage wesentlichen Folgerung, daß durch die Aufhebung einer Gesamtstrafe die Aufhebung der in Ansehung aufrecht erhaltener Feststellungen erkannter Einzelstrafen noch nicht bedingt wird, sondern im Gegenteil diese Einzelstrafen an und für sich, d. h. wenn sie nicht ebenfalls aufgehoben werden, in Kraft bleiben müssen. Es ist daher dem Urteile des dritten Strafsenats vom 23. April 1881, Entsch. des R. G.'s in Strafs. Bd. 4 S. 140, darin beizustimmen, daß bei Aufhebung einer Gesamtstrafe in Ansehung der von der Aufhebung nicht berührten Feststellungen die bezüglichen Einzelstrafen als solche in Kraft bleiben, und zwar dies, ohne daß es einer besonderen Aufrechterhaltung derselben durch das Revisionsgericht bedürfe.

Hierdurch wird jedoch nicht ausgeschlossen, daß die Einzelstrafen allein aufgehoben werden dürfen, vielmehr ergiebt sich die Zulässigkeit einer solchen Aufhebung aus ihrem Charakter als eines selbständigen richterlichen Ausspruches dezisiver Natur und aus § 393 St. P. O., wonach die Aufhebung eines angefochtenen Urteiles nur insoweit zu erfolgen hat, als das Urteil auf einer Verletzung des Gesetzes beruht. Es werden daher die Einzelstrafen allein aufzuheben sein, wenn dies nur in Ansehung ihrer Bemessung zutrifft, während die zu Grunde liegenden Feststellungen, wenn und soweit diese nicht hiervon berührt werden, aufrechterhalten bleiben können.

Vgl. Entsch. des R. G.'s in Strafs. Bd. 7 S. 176, Bd. 9 S. 98. Ein solcher Fall liegt u. a. dann vor, wenn der Umstand, daß mehrere selbständige Strafthaten festgestellt sind, den Anlaß gegeben hat, die Einzelstrafen höher zu greifen, als es sonst geschehen wäre, die Annahme aber, daß der Angeklagte sich der mehreren Strafthaten schuldig gemacht hat, sich als rechtsirrtümmlich erweist, denn alsdann erstrecken sich die Folgen der bei dieser Annahme begangenen Gesetzesverletzung auf die Bemessung der Einzelstrafen für die von dem Rechtsirrtum nicht betroffenen Feststellungen und müssen daher ebenfalls rückgängig gemacht werden.

Aus der vorstehenden Ausführung ergiebt sich, daß für die Frage ob in dem unterstellten Falle die Einzelstrafen aufzuheben sind, der § 376 St. P. O. maßgebend ist, ihre Beantwortung also davon abhängt, ob die rechtsirrtümlich angenommene Realkonkurrenz die Höhe der Einzelstrafen beeinflußt hat. Enthält das angefochtene Urteil hierüber nach der einen oder der anderen Richtung eine sichere Entscheidung, so wird es hierbei sein Bewenden zu behalten haben; ist dies nicht der Fall, so müssen die Erwägungen Platz greifen, welche auch sonst bei Anwendung des § 376 St. P. O. leitend sind.

Nach dieser Bestimmung führt die Verletzung des Gesetzes nur dann zur Aufhebung des Urteils, wenn dieses auf der Gesetzesverletzung beruht, wenn also zwischen beiden ein ursächlicher Zusammenhang besteht, d. h. bei Berücksichtigung aller einschlagenden Gesichtspunkte angenommen werden muß, die Entscheidung würde anders ausgefallen sein, wenn die Gesetzesverletzung nicht vorgekommen wäre. Allerdings soll schon ein hierbei sich ergebender Zweifel zu Gunsten des Angeklagten gereichen, allein darüber, ob ein solcher Zweifel besteht, hat das richterliche Ermessen zu befinden.

Ein Grundsatz, daß sämtliche Einzelstrafen der Regel nach aufzuheben seien, läßt sich hiernach nicht aufstellen, denn ein solcher Grundsatz würde nur gerechtfertigt sein, wenn man — was nicht schlechthin zutrifft — davon ausgehen dürfte, daß zwischen gleichzeitig verhandelten Straffällen der Regel nach ein so enger Zusammenhang bestände, daß ein Einfluß auf die Bemessung der Einzelstrafen durch die Realkonkurrenz vermuthet werden müßte. Die Beantwortung der Frage kann vielmehr nur auf Grund der konkreten Sachlage erfolgen. Wenn also der erste Richter im Falle des § 74 St. G. B.'s nur die Höhe der Einzelstrafen angegeben, ihre Ausmessung aber nicht näher begründet hat, so ist der Revisionsrichter nach § 376 St. P. O. berechtigt und veranlaßt, dem Gedankengange des Thatrichters auf Grund dessen, was das erstrichterliche Urteil über die Art der verübten Delikte, über den Umfang und die Schwere der dadurch herbeigeführten Rechtsverletzungen, über die Triebfedern, die den Angeklagten zur Begehung der Delikte bestimmt haben, über Zeit, Ort, Art und Weise ihrer Ausführungen und sonstige Nebenumstände, über einen vorhandenen inneren Zusammenhang u. s. w. bietet nachzuspüren und von diesem Gesichtspunkte aus die Frage ob die in erster Instanz zu Unrecht erfolgte Annahme eines neben anderen Delikten vorliegenden mit diesen realkonkurrierenden Vergehens die Festsetzung der Einzelstrafen für jene Delikte beeinflußt habe oder nicht, zu entscheiden. Freilich wird dies nur möglich sein, wenn der erste Richter bei der Verhängung der Einzelstrafen richtig verfahren ist und nicht etwa zunächst die Gesamtstrafe bestimmt und alsdann in diesem Rahmen die Einzelstrafen bemessen hat. Ein solches Verfahren würde dem Gesetze gerade zuwiderlaufen, da bei dem Zusammentreffen mehrerer selbständiger Strafthaten zunächst die Strafwürdigkeit jedes einzelnen Deliktes erwogen und erst nach Verhängung sämtlicher einzelner Strafen die Gesamtstrafe, falls auf eine solche zu erkennen ist, gefunden werden, die hierbei vorzunehmende Kürzung der Einzelstrafen aber nur dazu dienen soll, einer aus der Verbüßung sämtlicher Strafen sich ergebenden Härte vorzubeugen. Werden diese oben näher entwickelten Grundsätze befolgt und giebt das angefochtene Urteil keinen Anlaß zu Zweifeln hierüber, so wird dasselbe die genügende Grundlage bieten, um die Frage, ob die Annahme der Realkonkurrenz von Einfluß auf die Bemessung der Einzelstrafen gewesen sei, prüfen zu können. Führt diese Prüfung zu der Ueberzeugung, daß kein Grund vorhanden sei, zu bezweifeln, daß eine solche Beeinflussung nicht stattgefunden habe, so werden die Einzelstrafen der durch die Revision nicht berührten Delikte bestehen bleiben; ergiebt sich dagegen ein solcher Zweifel, so werden allerdings sämtliche Einzelstrafen aufzuheben sein.

Auf Grund dieser Erwägungen konnte die gestellte Frage nur so, wie geschehen, beantwortet werden.

III. **Die bestrittene Frage, ob die Anwendung einer Gesamtstrafe aus § 79 St. G. B. zulässig sei, bis die frühere Verurteilung rechtskräftig geworden oder**

ob sie nach Verkündigung des früheren Straferkenntnisses ausgeschlossen sei, beantwortet in grundlegender Weise das U. v. 10. I. 81. I. E. III., 213).*

Das Reichsstrafgesetzbuch hat, mit Verlassen des vom preußischen Strafgesetzbuch §§ 56 flg. unter Ermäßigungen beibehaltenen sogenannten Häufungssystemes, für die Ahndung mehrerer reell zusammentreffender, von derselben Person begangener Verbrechen oder Vergehen, wodurch mehrzeitige Freiheitsstrafen verwirkt werden, das System der Gesamtstrafe eingeführt, wonach in Würdigung der infolge einer vollständigen Verbüßung sämtlicher durch die einzelnen Strafthaten verwirkten Strafen unverhältnismäßig erhöhten Härte der Bestrafung die für das schwerste Verbrechen oder Vergehen zu verhängende Strafe als Grundlage festgestellt, mit Berücksichtigung der übrigen Delikte zwar angemessen erhöht, dabei jedoch die Schranke beobachtet werden soll, daß das Maß der Gesamtstrafe den Betrag der verwirkten Einzelstrafen nicht erreichen und eine bestimmte Zeitdauer der gewählten Strafart nicht übersteigen darf.

Diese Vorschriften der §§ 74 bis 78 St. G. B.'s, welche eine gleichzeitige Aburteilung der zusammentreffend vorliegenden Verbrechen zur Voraussetzung haben, finden nach St. G. B. § 79 auch dann Anwendung:

> „wenn, bevor eine erkannte Strafe verbüßt, verjährt oder erlassen ist, die Verurteilung wegen einer strafbaren Handlung erfolgt, welche vor der früheren Verurteilung begangen war."

In Theorie und Rechtsprechung hat diese Bestimmung mannigfache Zweifel hervorgerufen und verschiedene Auslegung gefunden.

Zwar sind die in § 79 aufgestellten Bedingungen insoweit klar als erfordert wird: 1) die Begehung einer oder mehrerer als Verbrechen oder Vergehen sich darstellender Strafhandlungen, 2) vorgängige Verurteilung wegen einer oder mehrerer Strafthaten (Verbrechen oder Vergehen), 3) darauf — also abgesondert — folgende Verurteilung wegen der jetzt zum Erkenntnis vorliegenden Delikte unter 1), und 4) nicht bereits stattgehabte Erledigung der zu 2) erkannten Strafe durch Verbüßung, Verjährung oder Erlaß; allein bestritten wird u. a. die Bedeutung des Sinnes, in welchem der im letzten Satze des § 79 auftretende Ausdruck „vor der früheren Verurteilung begangen war" zu nehmen sei.

Es stehen sich in dieser Hinsicht vorzugsweise zwei Ansichten gegenüber.

Auf der einen Seite wird behauptet, es sei an der bezeichneten Stelle eine rechtskräftige Verurteilung gemeint, so daß die mildere Norm des § 79 auch demjenigen neuerdings Angeklagten zu statten komme, welcher die nunmehr abzuurteilende Strafthat in einem Zeitpunkte begangen habe, welcher vor der Rechtskraft des älteren Erkenntnisses liege, während die Gegner als Grenze für zeitliche Anwendbarkeit des § 79 schon ein verkündigtes früheres Strafurteil bestimmen, so

*) Cf. noch E. IV, 53 VI, 292 XVIII, 333 A. M. Olshausen zu § 79 No. 15.

daß nach dieser Verkündigung verübte Verbrechen u. s. w. von der Gesamtstrafe nach § 79 ausgeschlossen, vielmehr selbständig mit der regelmäßigen ordentlichen Strafe zu belegen seien.

Die Verteidiger beider Ansichten berufen sich auf gewöhnlichen und technischen Sprachgebrauch bezüglich des Wortes: „Verurteilung", auf Motive und Entstehungsgeschichte des Strafgesetzbuchs und auf die in Betracht zu ziehenden strafprozessualen Vorschriften.

In der gegenwärtigen Sache ist das Landgericht von der dem Angeklagten günstigeren, auch von dem früheren preußischen Obertribunal geteilten Ansicht ausgegangen und hat deshalb in Hinblick auf St. G. B. § 79 überhaupt eine Gesamtstrafe verhängt, welche — der Anschauung des Staatsanwaltes entgegen — auch die von dem Angeklagten am Abende des 17. August 1880, also am Abende desselben Tages, an welchem das erste schöffengerichtliche Urteil gefällt wurde, gegen R. verübte Beleidigung strafrechtlich in sich begreift. Es erscheint die oben abgedruckte strengere Ansicht den Gesetzen entsprechend.

Von den wider diese geltend gemachten Gründen entfällt zunächst die Betonung des Satzes: „in dubio mitius", wenn ein erhebliches Bedenken rücksichtlich der Richtigkeit der anderen Ansicht nicht besteht.

Auch ein weiter verwertetes Moment muß vorliegend ausgeschieden werden. Man macht nämlich geltend, das neue Urteil dürfe aus § 79 St. G. B.'s so lange nicht erteilt werden, bis das frühere noch nicht rechtskräftig geworden sei, weil es bis dahin an einer prozessualen Grundlage für Bestimmung einer Gesamtstrafe fehle. Das jetzt angefochtene Urteil des Landgerichts ist aber am 28. Oktober 1880 und sohin, wie dessen Gründe feststellen, zu einer Zeit gefällt worden, wo das in der früheren Strafsache gegen den Angeklagten in der Berufungsinstanz ergangene Erkenntnis desselben Gerichts vom 14. Oktober 1880 bereits die Rechtskraft beschritten hatte.

Im übrigen ist zunächst die Behauptung irrig, es sei unter Verurteilung sprachüblich, insbesondere nach der Terminologie des Strafgesetzbuchs, nur eine rechtskräftige Verurteilung zu verstehen. Das im gewöhnlichen Leben das bezeichnete Wort solcher Beschränkung nicht unterliegt, bedarf keiner besonderen Ausführung.

Zu solcher Einengung führt aber auch nicht die Ausdrucksweise des Strafgesetzbuchs. Ein Blick in § 5 Nr. 1, §§ 36, 93, 190 St. G. B.'s (vgl. § 154 Abs. 2 das.) ergiebt unzweideutig, daß das Strafgesetzbuch die Rechtskraft eines Strafurteils, wo es auf dieselbe als Kennzeichen einer Verurteilung Gewicht legt, der Regel nach ausdrücklich hervorhebt. An sich ist deshalb „Verurteilung" die einfache Thatsache der von irgend einem Gerichte erklärten Schuldigsprechung (zur Strafe), gleichgültig, ob diese stattgehabte Verurteilung rechtskräftig und damit vollstreckbar geworden.

Solche Unterscheidung in § 79 St. G. B.'s hineinzutragen, erscheint um so weniger zulässig, als die Worte „vor der früheren Verurteilung begangen war" sich unmittelbar an den Vordersatz „die Verurteilung wegen einer strafbaren Handlung erfolgt", anschließen, mithin beim Mangel jener angedeuteten oder angezeigten Verschiedenheit des Sinnes gerade in der Bedeutung dieses vorhergehenden Satzes aufzufassen sind. Dieser Satz aber, welcher eben nur den neuerdings erfolgten Ausspruch zum Gegenstand nimmt, bezeichnet selbstredend nur die thatsächliche Fällung des späteren Erkenntnisses, dessen Rechtskraft erst nachfolgend eintritt.

Die Entstehungsgeschichte des § 79 St. G. B.'s bietet der gegenteiligen Ansicht keine Stütze.

Wenn die Motive zum § 77 des revidierten Entwurfes des Strafgesetzbuches für den norddeutschen Bund (jetzt § 79) besagen, „es leide die Bestimmung sowohl auf den Fall Anwendung, wenn während der Verbüßung einer Gesamtstrafe nachträglich noch andere, jedoch vor der Verurteilung begangene strafbare Handlungen derselben Person zur Anzeige und Aburteilung gelangen, als wenn dies während der Verbüßung einer wegen einer einzelnen Handlung erkannten Strafe erfolgt und nunmehr erst eine Realkonkurrenz sich darstellt", so läßt sich daraus nicht mit dem früheren preußischen Obertribunal der gesetzgeberische prinzipielle Gedanke herleiten, daß die Nachsicht des § 79 St. G. B.'s jedem Angeklagten gewährt werde, welcher eine Strafhandlung bis zur Rechtskraft des früheren Urteils — als Bedingung der Strafverbüßung — begangen habe, weil augenscheinlich die Motive zur Beseitigung sonst möglicher Zweifel nur feststellen wollen, daß eine zusätzliche mildere Verurteilung einzutreten habe, gleichgültig, ob das neue, vor vollständiger Vollstreckung der früheren Strafe ergehende Urteil sich mit einer oder mehreren Strafthaten zu befassen habe, die vor der älteren Verurteilung begangen worden, und ob die Vollziehung der dieserhalb erkannten Strafe bereits begonnen habe.

Mehr Licht über den gesetzgeberischen Gedanken wird durch die Motive zu § 66 des ersten Entwurfes des Strafgesetzbuchs beschafft.

Wenn daselbst bemerkt ist, daß die Bestimmung in § 65, woselbst eine ermäßigte Anwendung des Häufungsprinzips bei gleichzeitiger Aburteilung real zusammentreffender Verbrechen u. s. w. beantragt war, auch auf erst nach erfolgter Verurteilung sich ergebende, vorher begangene Strafthaten deshalb ihre Wirkung äußern müsse, weil unerheblich, ob die verschiedenen strafbaren Handlungen gleichzeitig oder nacheinander zur Aburteilung gelangen, so ist damit als — auch dem jetzigen noch milderen § 79 unterliegendes — maßgebendes Prinzip die Erwägung hingestellt, es solle die günstigere Beurteilung des Angeklagten auch in den Fällen eintreten, wo Zufälligkeiten, die den Angeklagten nicht zum Nachteil gereichen dürfen z. B. Unkenntnis des Richters von den anderen Fällen, die gleichzeitige Aburteilung sämtlicher Delikte hindern, es solle der zweite Richter die Sache so ansehen, als ob bereits dem zuerst urteilenden Richter die Thatsache der Konkurrenz und damit der Fall in seiner Totalität und in der Gleichzeitigkeit der Begehung sämtlicher Delikte vorgelegen habe (vgl. fernere Verwertung dieses Gesichtspunktes unter anderer prozessualer Gestaltung der Sache in St. P. O. §§ 492 und 494 Abs. 3).

Der erste Richter hätte aber begreiflich diese Rücksichtnahme nur dann walten lassen können, wenn die gleichzeitige Aburteilung für ihn möglich war, eine Möglichkeit, die durch Verübung in einem Zeitpunkte, welcher seinem Urteil nachfolgte, ausgeschlossen ist.

Derselbe Gesichtspunkt prägt sich sodann auch in der Fassung des § 79 St. G. B.'s selbst aus.

Die Vorschriften der §§ 74—78 sollen unter den betreffenden Voraussetzungen beobachtet werden. Es wird sohin nicht ein neues Prinzip aufgestellt, vielmehr das Gebiet des § 74 durch die Ermöglichung nachträglicher Anwendung erweitert. Wie deshalb für § 74 der Zeitpunkt der Urteilsfällung die zeitliche Grenze bestimmt, so ist auch zu § 79 St. G. B.'s die strafbare Handlung vor der früheren Verurteilung begangen, wenn sie vor Verkündigung des ersten verurteilenden Erkenntnisses begangen ist. Strafthaten also, welche nach einem solchen Urteil verübt sind, wenn auch schon vor Eintritt der Rechtskraft desselben, werden durch § 79 St. G. B.'s nicht beherrscht, unterliegen vielmehr der regelmäßigen selbständigen Bestrafung.

Dieser grammatisch und historisch gerechtfertigten Auslegung steht noch der innere Grund zur Seite, daß die Thatsache eines verurteilenden Ausspruchs von weiteren Strafthaten in erhöhtem Maße abmahnen soll, während durch Erstreckung der „Begehung" der That bis zum Eintritt der Rechtskraft derjenige Angeklagte, welcher mittels Rechtsmittel den Eintritt derselben hinausrückt, sich die mildere Beurteilung, nach § 79 auf längere Zeitdauer sichern könnte, derjenige aber, welcher durch Verzicht auf Rechtsmittel sich der Strafe unterwirft und diese verbüßt, gleicher Begünstigung verlustig werden würde.

Dritter Abschnitt.

Die Lehre von der Strafe.

Erstes Kapitel.

Das Strafensystem des deuschen Strafgesetzbuches.

Ueber das Strafensystem im Allgemeinen hat sich das R. G. in grundegender Weise noch nicht geäußert. Als bemerkenswert heben wir folgende Urteile über die Buße und die öffentliche Bekanntmachung hervor.

§ 25.

Die Buße.

Berner § 109, Binding Gr. I § 98, v. Liszt § 67, Meyer § 50.

I. **Die Buße ist keine Strafe,** sondern eine in der **Entschädigung des Verletzten bestehende Genugthuung.*)** Dies begründet das U. vom 7. III. 87 I. E. XV., 352) wie folgt:

*) Uebereinstimmend Berner § 109, v. Liszt § 67, Meyer § 50 und E. XXIV, 398. Die abweichenden Ansichten fassen die Busse entweder als Privatstrafe auf oder als eine in der Form einer Privatstrafe erkannte Entschädigung.

Die Verurteilung ist wegen schwerer Körperverletzung im Sinne des § 224 St. G. B.'s erfolgt. Durch die Handlung des Angeklagten, einen Fußtritt auf die Geschlechtsteile des Verletzten, ist der Verlust der Zeugungsfähigkeit desselben verursacht worden. Das Instanzgericht hat neben der Strafe auf eine von dem Angeklagten an den Verletzten zu bezahlende Buße von 800 Mk. erkannt. Bei der Festsetzung dieses Betrages ging das Gericht davon aus, daß dem Verletzten zunächst 300 Mk. als Entschädigung für Verpflegungskosten, Lohnverlust und ausgestandene Schmerzen und sodann 500 Mk. als Vergütung für den Verlust „des großen Gutes der Zeugungsfähigkeit, dessen sich der Verletzte, ein verheirateter Mann, noch einige Jahre hätte erfreuen können", zu gewähren seien.

Die Revision des Angeklagten rügt die Verletzung des § 231 St. G. B.'s. Es wurde geltend gemacht: der Verlust der Zeugungsfähigkeit stelle sich nicht als ein Vermögensnachteil dar, wie ihn jene Gesetzesstelle voraussetze; jedenfalls habe, nachdem schon ein Schmerzensgeld in Berechnung genommen worden, nicht auch noch eine Vergütung für den Verlust der Zeugungsfähigkeit bewilligt werden können.

Die Revision wurde verworfen.

Das Reichsgericht hat allerdings wiederholt ausgesprochen, daß die Buße keine Strafe, sondern eine in der Entschädigung des Verletzten bestehende Genugthuung ist, auf welche im Strafverfahren neben der Strafe erkannt werden kann. An dieser Auffassung ist f e s t z u h a l t e n.

Das Strafgesetzbuch, welches in Fällen der Beleidigung (§ 188) und der Körperverletzung (§ 231) eine Buße zuläßt, hat hinsichtlich des Wesens dieses Institutes den Standpunkt des Entwurfes verlassen. Der Entwurf des Strafgesetzbuches enthielt nämlich in § 184 Abs. 3 für Fälle der Beleidigung die Bestimmung:

„Auf Verlangen des Verleumdeten kann zu Gunsten desselben neben der Strafe auf eine Buße bis zum Betrage von Eintausend Thalern erkannt werden",

und in § 225 für Fälle der Körperverletzung die Vorschrift:

„Auf Verlangen des Verletzten kann zu seinen Gunsten bei einer vorsätzlichen Körperverletzung, welche ihm ohne seine Schuld zugefügt worden, neben der Strafe auf eine Buße bis zum Betrage von Eintausend Thalern erkannt werden. Für diese Buße haften die zu derselben Verurteilten als Gesamtschuldner."

Aus diesen Bestimmungen in Verbindung mit deren Begründung in den Motiven ergiebt sich, daß der Entwurf die Buße als eine Privatstrafe aufgefaßt hat. D u r c h d i e B e s c h l ü s s e d e s R e i c h s t a g e s t r a t j e d o c h e i n e A e n d e r u n g e i n. Auf Antrag der Abgeordneten L. und Gen., vgl. Verhandlungen des Reichstages des Norddeutschen Bundes von 1870 Bd. 4, Anlagen, S. 428, 430, 432, wurden vom Reichstage die nunmehr in den §§ 188, 231 St. G. B.'s enthaltenen Bestimmungen angenommen. Vgl. Verhandlungen des Reichstages a. a. O., Bd. 1, Stenographische Berichte S. 652, 668.

Aus diesen Gesetzesstellen geht unzweifelhaft hervor, daß die Buße den Charakter einer Entschädigung hat, denn in § 188 St. G. B.'s wird dieselbe davon abhängig gemacht, daß die Beleidigung nachteilige Folgen für die Vermögensverhältnisse, den Erwerb oder das Fortkommen des Beleidigten mit sich bringe, und es ist weiter bestimmt, daß eine erkannte Buße die Geltendmachung eines weiteren Entschädigungsanspruches ausschließe. In dem § 231 sind zwar die in § 188 a. a. O. hervorgehobenen thatsächlichen Voraussetzungen nicht aufgenommen, allein auch hier ist vorgeschrieben worden, daß eine erkannte Buße die Geltendmachung eines weiteren Entschädigungsanspruches ausschließt.

II. **Die Entschädigung,** welche sich als Gegenstand der Buße darstellt, ist nicht beschränkt auf die **Vergütung rein vermögensrechtlicher Nachteile.** Das oben citierte Urteil vom 7. III. 87 fährt fort:

Es entsteht nun aber die in der Wissenschaft bestrittene Frage, ob die Entschädigung, welche sich als Gegenstand der Buße darstellt, auf die Vergütung rein vermögensrechtlicher Nachteile beschränkt ist. Daß die in § 188 a. a. O. hervorgehobenen nachteiligen Folgen für die Vermögensverhältnisse und den Erwerb nur Vermögensnachteile sein können, ist selbstverständlich; ob dies auch hinsichtlich der weiter erwähnten nachteiligen Folgen für das Fortkommen anzunehmen, kann hier unentschieden bleiben, denn im vorliegenden Falle handelt es sich nur um die Anwendung des § 231 St. G. B.'s und bezüglich dieser Gesetzesstelle ist die oben aufgeworfene Frage jedenfalls zu verneinen. Die Einschränkung der Buße auf Entschädigung für (entstandene oder zu erwartende) Vermögensnachteile ist in § 231 nicht zum Ausdrucke gebracht worden und läßt sich insbesondere aus der Bezeichnung, welche das Gesetz für das neu eingeführte Institut gewählt hat, nämlich aus dem Ausdrucke „Buße", nicht herleiten. Zu einer gegenteiligen Annahme könnte man auch in dem Falle nicht gelangen, wenn davon auszugehen wäre, daß der § 188 St. G. B.'s nur Vermögensnachteile voraussetze, denn die dort hervorgehobenen thatsächlichen Erfordernisse sind, wie erwähnt, in den § 231 nicht aufgenommen worden, und es ergeben sich aus der Fassung der letzteren Gesetzesstelle auch keine Anhaltspunkte dafür, daß von derselben jene thatsächlichen Erfordernisse des § 188 a. a. O. stillschweigend vorausgesetzt werden.

Die Entstehungsgeschichte des Gesetzes läßt sich gleichfalls nicht für die letztere Unterstellung und ebensowenig nach anderer Richtung für die Annahme verwerten, daß der § 231 a. a. O. nur Vermögensnachteile des Verletzten im Auge habe. Die Fassung der §§ 188, 231 beruht, wie oben ausgeführt worden ist, auf Anträgen von Abgeordneten. Zur Begründung des auf den § 231 a. a. O. bezüglichen Antrages hat der Antragsteller L. im Reichstage Folgendes ausgeführt:

„Der Antrag entspricht derjenigen Anschauung, welcher das hohe Haus bei den Beleidigungen bereits Ausdruck gegeben hat. Wir haben hier nur fortgelassen den darauf gerichteten Beweis, daß ein

Nachteil entstanden sei. Bei der Beleidigung ist dies nicht immer der Fall, und wir haben deswegen bei der Beleidigung nur dann die Buße für verwirkt erachtet, wenn der Nachteil nachgewiesen ist. Bei der Körperverletzung nehmen wir an, daß schon in der Verletzung der Nachteil nachgewiesen ist. Da wir nicht die Strafe, sondern die Entschädigung dabei ins Auge gefaßt haben, und der Beleidigte nur, wenn er beschädigt ist, der körperlich Verletzte aber immer zum Schadenersatze kommen soll, so ist fahrlässige und vorsätzliche Körperverletzung hierin gleichzustellen".

Vgl. Verhandlungen des Reichstages a. a. O. Bd. 1, Stenogr. Berichte S. 668.

Die Anträge der Abgeordneten L. und Gen. sind, ohne daß von irgend einer Seite Widerspruch erhoben worden wäre, von der Majorität des Reichstages angenommen worden und sind sodann in das Gesetz übergegangen.

Auf Grund des Ausgeführten muß davon ausgegangen werden, daß die Anwendbarkeit des § 231 St. G. B.'s schon durch die Körperverletzung an sich, nämlich durch den strafbaren Eingriff in die Integrität des Körpers begründet wird, und daß es lediglich dem Ermessen des Richters anheimgegeben ist, die Bedeutung der Körperverletzung für den Verletzten, sowohl in vermögensrechtlicher Beziehung, als auch nach anderer Richtung in Geld abzuschätzen und eine Vergütung festzusetzen, durch welche der Verletzte nicht bloß für die etwaige Beschädigung seines Vermögens, sondern auch für seinen durch die Verletzung verursachten, wenn auch mit Vermögensnachteilen nicht verknüpften, körperlichen oder psychischen Schaden, nämlich für die Störung seines Wohlbefindens, für die von ihm erlittenen Schmerzen, für die Beeinträchtigung oder den Verlust seiner Fähigkeit zur Ausübung körperlicher oder geistiger Funktionen und für die ihm dadurch auferlegten Entbehrungen entschädigt werden soll. Aus der Bestimmung: es schließe eine erkannte Buße die Geltendmachung eines weiteren Entschädigungsanspruches aus, folgt aber, daß die Buße den vermögensrechtlichen Schaden immer umfaßt, nicht aber, daß sie auf denselben beschränkt ist.

§ 26.

Die öffentliche Bekanntmachung der Verurteilung.

Berner S. 487, Binding Gr. I § 97c, v. Liszt § 58, Meyer § 56.

Die öffentliche Bekanntmachung der Verurteilung hat einen pönalen Charakter.*) Diese Ansicht begründet das R. G. in grundlegender Weise in dem U. d. V. St. S. v. 17. IV. 82. (E. VI, 180.)

Der Thatbestand zweier Fälle der Majestätsbeleidigung in idealer Konkurrenz mit der Beleidigung des Fürsten Bismarck, das Vorhandensein zweier selbständiger Handlungen und die Oeffentlichkeit der Beleidigung

*) Abweichend von Liszt § 58, welche die öffentliche Bekanntmachung als Privatgenugthuung der Verletzten auffassen.

sind ohne erkennbaren Rechtsirrtum festgestellt. Zweifelhaft ist nur die von der Revision noch angeregte Frage, ob die Publikationsbefugnis mit Recht erteilt ist.

Nach § 73 St. G. B.'s kommt, wenn eine und dieselbe Handlung mehrere Strafgesetze verletzt, nur dasjenige Gesetz, welches die schwerste Strafe androht, zur Anwendung. Bestritten ist, ob hier unter dem die schwerste Strafe androhenden Gesetze nur die Strafandrohung oder sämtliche Bestimmungen des Gesetzes, mögen sie auch eine Strafe nicht androhen, zu verstehen sind. Diese Streitfrage bedarf indes im vorliegenden Falle keiner Erörterung. Denn nach der ersteren Auslegung muß im Falle der Idealkonkurrenz der Majestätsbeleidigung mit der einfachen Beleidigung, weil § 95 eine schwerere Strafe androht, als § 185 St. G. B.'s, die bei dem ersteren Vergehen nicht zulässige Urteilsbekanntmachung in Wegfall treten, sofern dieselbe als Strafe im Sinne des § 73 aufzufassen ist, und dieser Auffassung muß beigetreten werden.

Das Gesetz unterscheidet nicht zwischen öffentlicher und Privatstrafe. Es ist daher nicht von Belang, ob die Bekanntmachung der Verurteilung in einer oder der anderen Beziehung von denjenigen Strafen abweicht, welche ausschließlich den Charakter der öffentlichen Strafe tragen. Entscheidend ist vielmehr, ob diese Maßnahme als ein dem Gesetzesübertreter wegen Bruches der Rechtsordnung im öffentlichen Interesse angedrohtes Übel zu gelten hat und daher ihrem Wesen nach sich als Strafe darstellt. Dafür sprechen aber folgende Momente:

Unzweifelhaft ist die öffentliche Bekanntmachung einer Verurteilung geeignet, das durch die Hauptstrafe verhängte Leiden zu erhöhen, indem sie eine Beschämung des Schuldigen innerhalb des Kreises seiner Bekannten herbeiführt. Die gemeine Ansicht findet daher in der Bekanntmachung ein Strafübel. Ob dem einzelnen seiner Individualität nach das Übel sich als ein solches fühlbar macht, läßt den Begriff der Strafe unberührt.

Der pönale Charakter der Urteilsbekanntmachung tritt ferner darin hervor, daß die Kosten derselben nach § 200 St. G. B.'s dem Verurteilten zur Last fallen, ihm also zwangsweise eine pekuniäre Einbuße auferlegt wird.

Weiter spricht für diese Auffassung das im § 200 a. a. O. enthaltene Gebot für den Richter, unabhängig von einer Anregung des Beleidigten die Befugnis im Strafurteil zuzuerkennen, nicht minder die maßgebende Bestimmung des Strafrichters über die Art der Bekanntmachung und die Frist zu derselben.

Dazu tritt die Verpflichtung der mit Handhabung der Strafrechtspflege betrauten Behörden, auf Nachsuchen des Beleidigten die zur Vollstreckung der Maßregel erforderliche Hilfe zu leisten.

Unleugbar steht die Ermächtigung zur Veröffentlichung mit dem in der früheren deutschen Praxis ausgebildeten Institute der Abbitte und der Ehrenerklärung, bezw. des Verweises und Widerrufes im Zusammenhange. Diese Maßnahmen bezweckten aber neben der dem Beleidigten zu gewährenden Genugthuung die Demütigung des Beleidigers und wurden deshalb als Strafen angesehen, wobei im wesentlichen nur darüber Streit bestand, ob sie öffentliche Strafen, Privatstrafen oder ein Gemisch beider Strafnormen wären.

In Preußen behandelt A. L. R. I. 6 unter der Rubrik: „Von den Pflichten und Rechten, welche aus unerlaubten Handlungen entstehen" die Lehre vom Schadensersatz, auch Genugthuung genannt, bemerkt aber im § 130 daselbst: Die bei verübten Ehrenkränkungen zu leistende Privatgenugthuung ist im Kriminalrecht geregelt". Dort (II. 20. §§ 584 flg.) wurde diese, außer dem Ersatze für den an dem Körper oder an äußeren Glückumständen verursachten Schaden, durch Verweis, Abbitte, Ehrenerklärung zu gewährende Genugthuung genauer geregelt, und daneben öffentliche Strafe angeordnet. Die preuß. Kabinetsordre vom 1. Febr. 1811 (G. S. S. 149) hob „die sogenannte Privatgenugthuung", als in der Ausübung nachteilig und nur zu neuen Beleidigungen und Prozessen Veranlassung gebend, unter der Motivierung auf:

„Die Strafe, welche gegen den Beleidiger erkannt wird, ist für den Beleidigten eine hinlängliche Genugthuung; es muß ihm außerdem freistehen, eine Ausfertigung der Urteilsformel auf Kosten des Beleidigers zu verlangen und bei Beleidigungen, die durch Pasquille zugefügt worden, die erkannte Strafe öffentlich bekannt zu machen. Ich will daher die . . . . auf die Privatgenugthuung Bezug habenden Dispositionen . . . . hierdurch aufheben, dergestalt, daß in Zukunft in allen Injuriensachen nur auf die von dem Beleidiger verwirkte Strafe und auf keine sonstige Privatgenugthuung erkannt werden soll."

Auf diesem Standpunkte steht auch das preuß. St. G. B. § 163. Die preußische Doktrin und Praxis faßten demgemäß die fragliche Veröffentlichung als Teil der Strafe oder doch als Privatstrafe auf. Mit jenem § 163 stimmt aber § 200 R. St. G. B.'s in seiner ursprünglichen Fassung fast wörtlich überein und die durch das Gesetz vom 26. Febr. 1876 herbeigeführte Änderung ist für den Charakter der Veröffentlichung ohne Belang.

Dieser Auffassung wird vorzugsweise entgegengesetzt, die Urteilsbekanntmachung im Falle des § 200 St. G. B.'s habe die Natur einer dem Verletzten behufs Ersatz des ideellen Schadens zu gewährenden Genugthuung. Allein ein prinzipieller Gegensatz zwischen Strafe und Genugthuung besteht nicht, im Verhältnisse zu einander schließt keiner dieser Begriffe den anderen aus. Von dieser Auffassung geht die erwähnte Kabinetsordre vom 1. Februar 1881 aus, indem sie in der Geld- und Freiheitsstrafe für den Beleidigten eine Genugthuung, für den Beleidiger eine Strafe erblickt. Ist daher auch im § 200 die Veröffentlichung der Verurteilung in der Absicht zugelassen, dem Beleidigten eine Genugthuung zu verschaffen, so ändert dieser Zweck doch nicht die Natur des dem Beleidiger angedrohten Uebels. Auch läßt sie nicht behaupten, daß die Genugthuung allein dem Verletzten geleistet werde, denn der Staat gewährt durch seine Organe die Genugthuung als Sühne für die verletzte Rechtsordnung.

Diesen Erwägungen gegenüber fällt nicht ins Gewicht, daß § 200 St. G. B.'s es dem zunächst Beteiligten überläßt, von der ihm erteilten Befugnis Gebrauch zu machen. Denn dieses Recht ist nur eine weitere Ausdehnung des nach § 194 St. G. B.'s dem Beteiligten zustehenden Rechtes durch Unterlassung des Antrages auf Strafverfolgung die Bestrafung zu hindern.

Ebensowenig kann dem Umstande Bedeutung beigemessen werden, daß T. I. Absch. 1 St. G. B.'s unter den dort aufgezählten Strafarten der Veröffentlichung der Verurteilung nicht gedenkt, weil dort auch andere Strafen, deren Charakter nicht in Zweifel gezogen werden kann, als der Verweis, die Ueberweisung an die Landespolizeibehörde, die Entziehung der Befähigung zur Beschäftigung im Eisenbahn- oder Telegraphendienste nicht aufgezählt sind.

Endlich läßt sich auch gegen den pönalen Charakter der Urteilsbekanntmachung nicht geltend machen, daß diese Vorschrift der Bekanntmachung neben der „Strafe" gedenkt; denn dieses Wort verweist nur auf die in den §§ 185, 186, 187, 189 festgesetzten Hauptstrafen.

Zugegeben ist allerdings, daß das Prinzip der absoluten Exklusivität des härtesten Strafgesetzes, wie es im § 73 St. G. B.'s ausgesprochen ist, zu höchst bedenklichen Konsequenzen führt, insbesondere auch die in Fällen der vorliegenden Art zu ziehende Konsequenz dem Rechtsgefühle widerstrebt. Derartige Erwägungen können aber dem unbedingten Gesetzesgebote gegenüber eine Bedeutung für den Richter nicht beanspruchen.

Aus diesen Gründen ist das Urteil, insoweit es die Publikationsbefugnis erteilt, aufgehoben und in der Sache selbst der Wegfall dieser Befugnis erkannt.

In Konsequenz dieser Grundsätze, jedoch dieselben einschränkend, führt das U. v. 17. V. 87. II. (E. XVI. 73) aus:

Das Gesetz will diese Strafe nur, wenn der Verletzte, Beleidigte, fälschlich Beschuldigte, sie will: es spricht dem Verletzten nur die Befugnis der öffentlichen Bekanntmachung zu, es überläßt ihm, von derselben Gebrauch zu machen, oder nicht, und zwar auch im § 165 St. G. B.'s, obwohl es in diesem Falle die Strafverfolgung von dem Willen des Verletzten nicht abhängig macht. Der Gesetzgeber giebt dadurch zu erkennen, daß er das öffentliche Interesse bei der öffentlichen Bekanntmachung nicht für beteiligt ansieht. Dadurch gewinnt die Strafe der öffentlichen Bekanntmachung die Natur einer Strafe lediglich zur Genugthuung des Verletzten auch bei dem der Ehrverletzung überdies nahe verwandten Vergehen der falschen Anschuldigung.

Zweites Kapitel.

Wegfall der verdienten Strafe.

§ 27.

Der Antrag.

Berner § 163, v. Liszt § 44, Meyer § 43, Frank und Olshausen zu §§ 61 ff. St. G. B.

I. **Der Antrag bildet nicht eine Bedingung der Bestrafung, sondern die processuale Vorbedingung für die Statthaftigkeit der Strafverfolgung.** *)

Dies folgt — so führt U. v. 4. IV. 82, II. (E. VI., 162) — sowohl aus der Wortfassung des § 61 St. G. B.'s und § 156 St. P. O., als auch aus den entsprechenden Vorschriften des § 64 Abs. 2 St. G. B.'s und § 259 Abs. 2 St. P. O., wodurch beim Mangel des erforderlichen Strafantrags oder bei rechtzeitiger Zurücknahme des Strafantrages „Einstellung des Verfahrens" geboten ist.

Dem gegenüber beruht es lediglich auf einer Inkorrektheit bei der Redaktion des Strafgesetzbuches, wenn die betreffenden Bestimmungen über den Strafantrag im Abschnitte 4 Strafgesetzbuches unter den „Gründen, welche die Strafe ausschließen oder mildern" ihre Stellung gefunden haben.

Sind aber die Vorschriften über den Strafantrag nicht als materielle, den Thatbestand und die Strafandrohung betreffende zu betrachten, haben sie vielmehr nur einen prozessualischen Charakter in dem Sinne, daß sie die Zulässigkeit eines Verfahrens auf Strafverfolgung überhaupt präjudiziell regeln, so folgt daraus, daß bei der Prüfung der Frage, ob ein wirksamer Strafantrag vorliegt, diejenigen Bestimmungen nicht maßgebend sind, welche den Beweis der Mißthat selbst, bezw. die Strafbemessung betreffen. Ebensowenig wie der von dem Beleidigten gestellte Strafantrag zu den Ueberführungsmitteln gehört, welche die Hauptverhandlung gegen den Angeklagten zu liefern hat, fallen die Mittel und Wege, wodurch das erkennende Gericht sich bei Antragsdelikten vom Vorhandensein des Antrages überzeugt, unter den Gesichtspunkt einer Beweiserhebung im Sinne der Strafprozeßordnung und unterliegen deshalb auch nicht den formalen Vorschriften derselben über das bei der Beweiserhebung über die Schuldfrage zu beobachtende Verfahren.

II. **Das Antragsrecht ist ein höchst persönliches, daher unvererbliches Recht.** U. v. 9. VI. 84 (E. XI., 54. **).

---

*) Uebereinstimmend v. Liszt § 44. Als Bedingung der Strafbarkeit fassen den Antrag auf die dort unter 3 genannten Schriftsteller. Wir werden im Folgenden, uns der von Olshausen vertretenen Mittelmeinung anschliessend, diejenigen Entscheidungen berücksichtigen, aus welchen die materielle Bedeutung des Antragrechts hervorgeht. Vergl. ausserdem Jacusiel, die grundlegenden Entscheidungen des deutschen Reichsgerichts auf dem Gebiete des Strafprozessrechts. Berlin 1893. S. 167.

**) A. M. Frank zu § 61 V.

Berechtigter Inhaber derjenigen Wohnung, in welche der Angeklagte am 8. August 1883 eindrang, war nach den Feststellungen des angefochtenen Urteiles damals zweifellos der Chausseegeld-Einnehmer Joseph K.; auch war derselbe gegenwärtig und von der Handlung des Angeklagten, soweit sie einen Hausfriedensbruch enthalten konnte, unterrichtet, hätte also den Strafantrag stellen können; es ist dies indessen von ihm bis zu seinem innerhalb der dreimonatlichen Antragsfrist (§ 61 St. G. B.'s) erfolgten Tode nicht geschehen. Kann seine Ehefrau Strafantrag stellen?

Bis zu seinem Tode hatte seine Ehefrau kein eigenes Recht, die Bestrafung des Angeklagten zu beantragen. Ein solches Recht kann zwar in Beziehung auf dieselbe Wohnung gleichzeitig mehreren Personen zustehen, aber nur dann, wenn die Wohnung einer jeden aus einem selbstständigen Titel zugehört, z. B. wenn sie an mehrere Mieter gleichzeitig vermietet worden ist. Die Ehefrau als solche dagegen ist zwar regelmäßig berechtigt, die Wohnung ihres Ehemannes zu teilen, wie sie andererseits regelmäßig dazu auch verpflichtet ist; allein dieses Recht und diese Pflicht entspringt aus ihrem Rechtsverhältnisse zu *ihrem Ehemanne*, nicht aus einem ihr unabhängig von dem des letzteren zustehenden *Rechte an der Wohnung*, so daß, wenn jemand in diese Wohnung, als in die „eines Anderen" (§ 123 St. G. B.'s) eindringt, der Andere, dessen Recht er dadurch verletzt, nur der Ehemann und nicht die Ehefrau sein kann. Vorausgesetzt ist hierbei, daß die Befugnis zur Benutzung der Wohnung aus einem Rechtsverhältnisse, worin der Ehemann hinsichtlich der Wohnung steht, sich herleitet, daß sie beispielsweise von ihm gemietet und bewohnt, seine Dienstwohnung ist und dergleichen mehr, und selbstverständlich kann es vorkommen, ist aber im gegenwärtigen Falle in keiner Weise indiziert, daß der Ehemann vielmehr die Wohnung seiner Ehefrau teilt; die aus einer solchen von der jetzigen abweichenden Sachlage sich ergebenden Konsequenzen für das Recht auf den Strafantrag brauchen hier nicht erörtert zu werden. Ebensowenig erforderlich ist es, hier zu prüfen, inwieweit, wenn jemand widerrechtlich in die Wohnung des Ehemannes eingedrungen ist, die Ehefrau als Vertreterin ihres Ehemannes zum Strafantrage zuzulassen sein würde; denn die Ehefrau K. hat sich als Vertreterin ihres Ehemannes nicht geriert, vgl. Entsch. des R. G.'s in Strafs. Bd. 1 S. 388, Bd. 2 S. 147 flg., und beantragte die Bestrafung des Angeklagten erst am 26. Oktober 1883, nachdem ihr Ehemann bereits verstorben war. Dasjenige Antragsrecht, welches der letztere bis zu seinem Tode besaß, *gehört nicht zu den vererblichen Rechten; es gehört nach seiner Natur nicht dem Privatrecht, insbesondere nicht dem Vermögensrechte an, also nicht demjenigen Rechtsgebiete, für welches grundsätzlich der Begriff der „Erbschaft" gilt, und es ist auch durch keine positive Vorschrift eine Vererbung des Antragsrechtes anerkannt.* Mit Grund zählt daher auch die Revisionsschrift das Recht auf Stellung des Strafantrages zu den sog. höchst persönlichen Rechten.

Vgl. Entsch. des R. G.'s in Strafs. Bd. 1 S. 388.

Kann aber von Vererbung hier nicht die Rede sein, so fehlt es an der juristischen Handhabe, um ein Recht, welches zwar in der Person des Einnehmers K., nicht aber, während dieser noch am Leben war, in der Person seiner Ehefrau bestand, in der Person der letzteren nach dem Tode des ersteren existent werden zu lassen. Die Bestimmungen der Strafprozeßordnung in den §§ 433 Abs. 1. 442. 444 Abs. 4, verglichen mit der modifizierenden Bestimmung in § 433 Abs. 2, geben überdies eine Analogie des positiven Rechts gegen die Zulässigkeit eines solchen Verfahrens. Allerdings entsteht nunmehr das Resultat, daß der vom Instanzrichter festgestellte Hausfriedensbruch, weil der Ehemann K., der im Sinne des § 61 St. G. B.'s alleinige Antragsberechtigte, den Strafantrag zu stellen unterlassen hat, straflos bleiben muß, ungeachtet die Antragsfrist beim Tode des K. noch nicht abgelaufen war, daß also ein Teil der Antragsfrist von niemand benutzt werden kann, während die Absicht des Gesetzes dahin ging, die vollen drei Monate der Frist für die Entschließung, ob das Vergehen bestraft werden solle, frei zu lassen. Aber diese Schwierigkeit wird durch die Erwägung gehoben, daß das Gesetz eben nur dem Berechtigten die Frist offen halten wollte, und daß, wenn der Berechtigte stirbt, ohne eine Entschließung über den Strafantrag gefaßt oder kundgegeben zu haben, dieser Umstand nicht dahin führen kann, das Recht der Antragstellung auf einen Unberechtigten zu übertragen.

III. **Wer ist berechtigt, Strafantrag zu stellen? Giebt es eine Stellvertretung in der Erklärung? Giebt es eine Stellvertretung im Willen?** U. v. 20. IV. 80 (E. I., 387.)

Die Frau G. hatte von ihrem Ehemanne Generalvollmacht zur Verwaltung eines der unmündigen Tochter des letzteren gehörenden Hauses erhalten und auf Grund dieser Vollmacht eine Wohnung in dem fraglichen Hause an den Angeklagten vermietet. Kurz vor Ablauf der Mietzeit erklärte sie dem Angeklagten, daß sie von dem ihr gesetzlich zustehenden Rententionsrecht Gebrauch mache. Als nichtsdestoweniger Angeklagter seine Mobilien heimlich aus der Wohnung schaffte, stellte sie in ihrer Eigenschaft als Generalbevollmächtigte ihres Ehemannes auf Grund des § 289 St. G. B.'s gegen ihn den Strafantrag. Auf erhobene Anklage wurde zwar gerichtsseitig das Hauptverfahren eröffnet, nach stattgehabter Hauptverhandlung aber auf Einstellung des Hauptverfahrens erkannt, weil, wenn es auch zulässig sei, daß der Antrag durch einen Bevollmächtigten gestellt werde, doch die Vollmacht eben darauf gerichtet sein müsse, das höchst persönliche Recht, die strafgerichtliche Verfolgung eines anderen eintreten zu lassen, für den Machtgeber auszuüben, eine derartige Befugnis aber durch eine Generalvollmacht nicht übertragen werde.

Die von der Staatsanwaltschaft gegen das Urteil erhobene Revision suchte auszuführen, daß angesichts der Bestimmungen im A. L. R. I. 13 § 98 flg. die Ansicht des ersten Richters, nach welcher immer eine Specialvollmacht zur Stellung eines Strafantrages notwendig sein würde, rechtlich unhaltbar sei.

Die Revision wurde für begründet erachtet.

Wenn der Beschwerdeführer seine Beschwerde ausschließlich durch den Hinweis auf die Grundsätze rechtfertigen zu können glaubt, welche das pr. A. L. R. I. 13 über den Vollmachtsauftrag aufstellt, so erscheint dies allerdings nicht zutreffend, denn die dort gegebenen Vorschriften beziehen sich (vgl. §§ 18, 19 a. a. O.) ausschließlich auf das Gebiet des Privatrechtes. Inwieweit eine Ausübung von Befugnissen, welche in dem öffentlichen Recht wurzeln — und um eine derartige Befugnis handelt es sich hier — durch Bevollmächtigte zulässig ist, muß in erster Linie auf Grund der Gesetze entschieden werden, welche den betreffenden Teil des öffentlichen Rechtes regeln, hier also des Strafgesetzbuches.

Das deutsche Strafgesetzbuch bezeichnet zum Teil die Personen ausdrücklich, welchen das Recht zustehen soll, Strafanträge zu stellen (vgl. § 4 Nr. 3, §§ 102, 103, 170, 182, 189, 195, 196, 288); wo dies nicht der Fall, ist, ist nach der Bestimmung in § 65 St. G. B.'s der Verletzte der zum Antrage Berechtigte. Eine Stellvertretung des letzteren im engeren Sinne, d. h. eine Vertretung im Willen desselben, dergestalt, daß der Wille des Vertreters als der Wille des Vertretenen gilt, kennt das Strafgesetzbuch nur in den Fällen des § 65 Abs. 2, 3, woselbst die Vertretung der Minderjährigen und der bevormundeten Geisteskranken und Taubstummen für zulässig erklärt wird. Man wird daher auch darüber hinaus eine Stellvertretung in diesem Sinne (Vertretung im Willen) grundsätzlich um so gewisser auszuschließen haben, als jede wahre Stellvertretung wegen der darin enthaltenen Fiktion, daß der Wille des Vertreters gesetzlich als der Wille des Vertretenen gilt, nur auf Grund gesetzlicher Ermächtigung zulässig und das Antragsrecht seiner Natur nach als ein höchst persönliches Recht derjenigen Personen erscheint, welchen dasselbe durch das Gesetz verliehen ist.

Es würde aber unrichtig sein, wenn man aus diesen Vordersätzen den Schluß ziehen wollte, daß deshalb ein Generalbevollmächtigter unter keinen Umständen befugt sein könne, namens des Vollmachtsgebers einen Strafantrag zu stellen.

Durch die vorstehenden Ausführungen wird zunächst nicht ausgeschlossen, daß der Antragsberechtigte in einem gegebenen Falle einen Dritten ermächtigen kann, für ihn den Strafantrag zu stellen. Es ist dies keine Stellvertretung im engeren Sinne, keine Vertretung im Willen, sondern eine Vertretung in der Willenserklärung. In solchem Falle erklärt der Vertreter den wirklichen Willen des Vertretenen; er hat rechtlich lediglich die Stellung eines Boten. Die Zulässigkeit dieser Art der Vertretung ergiebt sich daraus, daß eine Form für die Stellung eines Strafantrages nicht vorgeschrieben ist und letzterer daher durch alle Mittel, welche eine Kundgebung des Willens gestatten, innerhalb der durch St. P. O. § 156 gezogenen Grenzen gestellt werden kann. Daraus folgt weiter, daß auch in einer Generalvollmacht, durch welche jemandem die Verwaltung eines ganzen Vermögens oder eines einzelnen Vermögensstückes übertragen wird, giltig die Erklärung abgegeben werden kann, daß der Auftraggeber in allen Fällen, in welchen von Seiten Dritter strafbare Angriffe auf das der Verwaltung des Bevollmächtigten unterstellte Vermögen, beziehungsweise strafbare Eingriffe in die damit zusammenhängenden Vermögensrechte geschehen, mit einer Strafverfolgung einverstanden sei und der Bevollmächtigte ermächtigt sein solle, für den Auftraggeber den Strafantrag zu stellen. Auch in solchen Fällen, in welchen in der Generalvollmacht zugleich eine auf die Stellung von Strafanträgen bezügliche Spezialvollmacht enthalten ist, ist der Generalbevollmächtigte unbedingt zur Stellung des Strafantrages eintretenden Falles befugt; er ist als das Organ, welches den Willen des Verletzten, die Strafverfolgung eintreten zu lassen zum Ausdruck bringt, aufzufassen. Man wird aber noch einen Schritt weiter gehen müssen. Da nach den bestehenden Rechtsgrundsätzen der stillschweigend erklärte Wille dem ausdrücklich erklärten gleichsteht, soweit nicht das positive Recht in einzelnen Fällen das Gegenteil anordnet, so muß auch ohne daß in der Generalvollmacht ausdrücklich und speziell der Zustimmung des Vollmachtgebers, eine strafrechtliche Verfolgung wegen der etwa erfolgenden Vermögensbeeinträchtigungen eintreten zu lassen, gedacht ist, der Generalbevollmächtigte zur Stellung des Strafantrages befugt erscheinen, wenn und soweit im einzelnen Fall angenommen werden kann, daß die Stellung des Antrages dem wirklichen Willen des Vollmachtgebers entspricht. Es wird diese Schlußfolgerung regelmäßig bei allen Anträgen zur Verfolgung solcher strafbaren Handlungen zulässig sein, durch welche die Rechte des Vollmachtgebers in Beziehung auf das dem Bevollmächtigten zur Verwaltung anvertraute Vermögen geschädigt werden, welche also strafbare Eingriffe in die vermögensrechtlichen Interessen enthalten, mit deren Wahrung der Generalbevollmächtigte gerade betraut ist, weil man nicht annehmen darf, daß der Vollmachtgeber auf die Ausübung eines Rechts hat verzichten wollen, welches unter Umständen als das einzige, jedenfalls aber als das wirksamste Mittel erscheint, weiteren Vermögensverlusten vorzubeugen und den Ersatz der bereits entstandenen vorzubereiten. Freilich würde dieser Schluß in den Fällen nicht zutreffen, in welchen die bei der strafbaren Handlung Beteiligten in einem Verhältnisse zum Verletzten stehen, welche es zweifelhaft erscheinen lassen, ob auch in diesem Falle die rücksichtslose Ausübung des Antragsrechtes dem wirklichen Willen des Verletzten entsprechen würde. In solchen Fällen würde es sich aber auch nicht um Wahrung eines ausschließlich vermögensrechtlichen Interesses handeln und würde deshalb die Annahme einer durch die Erteilung der Generalvollmachten erfolgten stillschweigenden Willenserklärung des Vollmachtgebers, eine Strafverfolgung eintreten zu lassen, in Fällen dieser Art nicht zulässig sein, weil eine stillschweigende Willenserklärung immer nur da angenommen werden darf, wo die vorliegenden Thatsachen einen sicheren Schluß auf den wirklichen Willen gestatten.

Legt man die vorstehenden Rechtsgrundsätze zu Grunde, so erscheint die angefochtene Entscheidung rechtsirrtümlich. Es hätte zunächst die Generalvollmacht, welche die Ehefrau G. von dem gesetzlichen Vertreter des Eigentümers des Hauses erhalten haben will, vorgelegt und auf Grund derselben geprüft werden müssen, ob nach dem Inhalt derselben angenommen werden dürfe, daß die Stellung des Strafantrages dem wirklichen Willen des Vollmachtgebers entspreche, eine Frage, die nur dann zu verneinen sein würde, wenn die Generalvollmacht etwa besondere, bisher nicht zur Sprache gekommene Beschränkungen enthält, oder wenn ein die Sicherheit der sonst berechtigten Schlußfolgerung auf den Willen des Auftraggebers beeinträchtigendes persönliches Verhältnis zwischen dem Angeschuldigten und dem Antragsberechtigten festgestellt werden könnte. Von solchen Ausnahmefällen abgesehen, würde anzunehmen sein, daß die Generalvollmacht, welche der G. die Administration des Hauses den Abschluß von Mietsverträgen über die darin befindlichen Räume und die Geltendmachung des Pfandrechtes an den von den Mietern eingebrachten Sachen überträgt, dieselbe auch zur Stellung des Strafantrages in den Fällen des § 289 St. G. B.'s ermächtigt*).

IV. **Ueber die Erfordernisse eines Strafantrages** handelt das U. v. 8. X. 81. III. E. V., 97:

Gegen den Angeklagten wurde auf die Anschuldigung hin, am 31. Dezember 1880 seinen vierjährigen Sohn Hermann vorsätzlich körperlich mißhandelt und an der Gesundheit beschädigt zu haben, wegen des in § 223, 223a St. G. B.'s vorgesehenen Delikts die Voruntersuchung geführt. Der dem Beschädigten bestellte Pfleger beantragte die Strafverfolgung wegen vorsätzlicher Körperverletzung, indem behauptet wurde, daß Angeklagter seinen Sohn mit dessen Arme in kochendem Wasser gehalten habe. Durch Urteil vom 9. Juni 1881 ist Angeklagter nur der fahrlässigen Körperverletzung aus § 230, 223 St. G. B.'s schuldig erachtet, zugleich aber die Einstellung des Verfahrens wegen Mangels eines den gesetzlichen Erfordernissen entsprechenden Strafantrages ausgesprochen, da lediglich die Verfolgung wegen vorsätzlicher Körperverletzung beantragt und danach nicht anzunehmen sei, daß der Antrag zugleich auf fahrlässige Körperverletzung habe gerichtet sein sollen.

Die gegen diese Entscheidung von der Staatsanwaltschaft eingelegte und auf Verletzung des § 61 St. G. B.'s gestützte Revision wurde als begründet erachtet.

Da der in § 61 a. a. O. für bestimmte strafbare Thatbestände vorgeschriebene Strafantrag sich nach Vorschrift des Gesetzes auf diejenige „Handlung" zu beziehen hat, deren Verfolgung erstrebt wird, so hatte sich die Prüfung des Instanzrichters in betreff des Vorhandenseins eines dem Gesetze entsprechenden Strafantrages dahin zu richten, ob die von dem Antragsberechtigten bezeichnete, ein Antragsvergehen enthaltende Handlung nach dem Ergebnisse der Untersuchung für erwiesen anzunehmen sei.

Danach kommt für die Beurteilung der Richtigkeit der angefochtenen Entscheidung, soweit sie mit Rücksicht auf den Inhalt des Strafantrages

---

*) Uebereinstimmend E. XV, 144, XIX, 7 v. Liszt und Olshausen A M. Binding I 652, Meyer § 43, welche eine Stellvertretung im Willen nur auf Grund des § 65 Abs. 2 und 3 zulassen.

die Einstellung des Verfahrens verfügt hat, zunächst der Begriff der „Handlung“ in Betracht, welcher der Vorschrift des § 61 a. a. O. zu Grunde liegt. Unter Handlung kann, insofern § 61 a. a. O. eine auf dieselbe gerichtete Strafverfolgung im Auge hat, überhaupt nur ein im strafrechtlichen Sinne erhebliches Handeln, mithin nicht sowohl jede einzelne Willensäußerung, sondern die zur Erfüllung eines bestimmten strafbaren Thatbestandes erforderliche gesamte Thätigkeit nach ihrem objektiven und subjektiven Inhalte verstanden werden. Dazu kommt, daß der Strafantrag die Verfolgung der gerügten Handlung nach Maßgabe der bestehenden Prozeßgesetze bezweckt. Ist er wirksam gestellt und damit die prozessualische Voraussetzung gegeben, an welche die Statthaftigkeit der Strafverfolgung geknüpft ist, so tritt zunächst die Staatsanwaltschaft, sodann aber der Richter in die ihnen für die letztere nach näherer Bestimmung der Strafprozeßgesetze obliegende Aufgabe, die angezeigte Handlung nach ihrer wahren Beschaffenheit zu ermitteln, sowie zum Gegenstand der öffentlichen Klage zu machen, beziehungsweise abzuurteilen, mit voller Selbständigkeit ein.

Daraus folgt, daß dem Begriffe der Handlung in § 61 a. a. O. dieselbe Bedeutung und derselbe Umfang beigelegt werden muß, wie dieselben nach den Prozeßgesetzen der zum Gegenstande der Untersuchung und des Urteils gemachten That beiwohnen (vgl. §§ 153, 263 St. P. O.). Die Handlung im Sinne des § 61 St. G. B.'s umfaßt also die im Strafantrage bezeichnete That nach allen ihren rechtlichen und thatsächlichen Beziehungen und Gesichtspunkten, wie sich dieselbe nach dem Inbegriffe der in der Untersuchung ermittelten Umstände aus dem Ergebnisse der letzteren gestaltet.

Eine begrenztere, etwa auf die von dem Antragsteller geltend gemachten Thatsachen lediglich beschränkte Auffassung des Begriffes „Handlung“ würde überdies, indem sie den Instanzrichter bände, nur den im Strafantrage angegebenen Sachverhalt, als von der Willenserklärung des Antragstellers umfaßt, für die Beurteilung des Antragserfordernisses zu seiner Kognition zu ziehen, dahin führen, dem Grundsatze des ne bis in idem gemäß die spätere Verfolgung der That aus einem anderen Grunde der Strafbarkeit, welchen der Antragsteller unberücksichtigt gelassen hat, völlig auszuschließen, so wenig dies im konkreten Falle der wirklichen Intention des Antragsberechtigten und dem Interesse der Gerechtigkeit für entsprechend zu erachten sein mag.

Vgl. St. P. O. § 263.

Urteil des Reichsgerichts vom 3. März 1881. Entsch. in Strafs. Bd. 3 S. 385.

Auch hieraus ergiebt sich, daß das St. G. B. bei Aufstellung des Begriffes der Handlung im Sinne des § 61 das. die übrigens auch in § 63 das. durch die daselbst getroffene Vorschrift über die Unteilbarkeit des Antrages besonders gewahrte Selbständigkeit der richterlichen Prüfung in betreff des Umfanges der mit dem Antrage gerügten That nicht weiter hat beschränken wollen, als erstere in Beziehung auf die in der Anklage bezeichnete That und deren Würdigung nach allen Richtungen ihrer Strafbarkeit in den Prozeßgesetzen anerkannt ist. Von diesen rechtlichen Gesichtspunkten aus erscheint nun vorerst die zur Rechtfertigung der Einstellung des Verfahrens geltend gemachte Auffassung des Vorrichters, nach welcher der angenommene Mangel eines ausreichenden Strafantrages darauf gegündet wird, daß der Berechtigte nur die Verfolgung einer vorsätzlichen Körperverletzung beantragt habe, deren Thatbestand nicht ermittelt sei, als eine rechtsirrtümliche. Denn jedenfalls ist es einflußlos, ob die gerügte Handlung von dem Antragsberechtigten unter den richtigen strafrechtlichen Gesichtspunkt gebracht ist. Die Beurteilung der strafrechtlichen Qualifikation der zu verfolgenden Handlung ist Sache des erkennenden Richters. Ebensowenig aber steht es der Wirksamkeit des Antrages auf Strafverfolgung entgegen, wenn im konkreten Falle der Gegenstand der Untersuchung gewordene Vorgang bei derselben eine von der thatsächlichen Vorstellung des Antragstellers abweichende Gestalt gewonnen hat, soweit die Identität der bezeichneten That von dieser Abweichung nicht berührt wird. Letzteres ist vorliegend nicht der Fall, da der Antragsteller die Verfolgung einer dem Angeklagten zur Last fallenden, zu bestimmter Zeit und an einem bestimmten Orte begangenen Körperverletzung beantragt hat und nach den Gründen des angefochtenen Urteils kein Zweifel darüber obwaltet, daß der Vorrichter dieselbe identische That, gleichviel, wie nach ihren Modalitäten geartet, zum Gegenstande der Entscheidung gemacht hat. Die erfolgte Einstellung des Verfahrens konnte sich also insbesondere auch nicht damit rechtfertigen, daß der Antragsteller zur Begründung seines Antrages den Angeklagten wegen vorsätzlicher Körperverletzung zu bestrafen, bestimmte Thatsachen angeführt hat, welche den Schluß auf die vom Gesetze für die gedachte Deliktsgattung vorausgesetzte Willensrichtung geboten, während der vom Vorrichter in abweichender Weise festgestellte Hergang nur den Thatbestand einer fahrlässigen Körperverletzung ergab.*)

V. **Den Einfluß**, welchen die **Hinzufügung von Bedingungen, Beschränkungen oder Vorbehalten auf die Wirksamkeit des Strafantrages** ausüben, behandeln in grundlegender Weise folgende Entscheidungen:

a) U. v. 1. IV. 82 (E. VI., 152).

Durch Urteil des Landgerichts vom 25. April 1881, welches am 29. Juni d. J. die Rechtskraft erlangt hat, ist die Ehe der Th.'schen Eheleute wegen Ehebruchs der angeklagten Ehefrau, welchen sie mit dem Mitangeklagten N. begangen hat, getrennt, und es ist die gedachte Angeklagte für den allein schuldigen Teil erklärt.

Der Ehemann Th. hat rechtzeitig die Bestrafung des Mitangeklagten N. wegen Ehebruchs bei der zuständigen Staatsanwaltschaft beantragt unter Hinzufügung der Erklärung, „daß er die Bestrafung seiner Ehefrau nicht beantrage."

Beide Angeklagte sind, und zwar, was die Angeklagte betrifft, unter Hinweis auf die im § 63 St. G. B.'s vorgeschriebene Unteilbarkeit des Straf-

*) Vergl. ausserdem E. VIII, 207 XXVI, 374.

antrages, wegen Ehebruchs bestraft, und die von der Angeklagten eingelegte Revision wurde verworfen.

Nach § 63 St. G. B.'s kann der Antrag — § 61 a. a. O. — nicht geteilt werden. Das gerichtliche Verfahren findet gegen sämtliche an der Handlung Beteiligte statt, auch wenn nur gegen eine dieser Personen auf Bestrafung angetragen ist. Danach unterliegt es zunächst keinem Zweifel, daß — falls der von dem Ehemanne der Angeklagten gestellte Strafantrag überhaupt als ein dem Gesetze entsprechender, wirksamer Strafantrag zn erachten ist — von einer nur gegen den Mitangeklagten zu richtenden Verfolgung nicht die Rede sein, nnd daß die von dem Antragsteller seinem Antrage hinzugefügte Beschränkung, nach welcher er die Bestrafung seiner Ehefrau nicht beantragt, unter obiger Voraussetzung nicht dahin führen kann, die letztere und nur diese von der Verfolgung auszuschließen.

Es kann sich also nur fragen, ob der Inhalt des von dem Ehemann der Angeklagten gestellten Antrages, und zwar insbesondere mit Rücksicht auf die mehrgedachte demselben in betreff der Angeklagten hinzugefügte Erklärung, der Wirksamkeit desselben als Strafantrag entgegensteht, und ob mithin, weil jene Erklärung abgegeben ist, ein gesetzlicher Strafantrag überhaupt nicht vorliegt.

Es muß indessen dem Instanzrichter, welcher diese Frage verneint hat, beigetreten werden.

Indem § 63 a. a. O. die Teilung des Strafantrages verbietet, geht die Vorschrift grundsätzlich davon aus, daß, falls einmal die strafbare Handlung mit dem Antrage, sie zum Gegenstande der Strafverfolgung zu machen, dem Gerichte manifestiert ist, letztere nunmehr in demjenigen Umfange, wie das Gesetz verordnet, also gegen alle Beteiligten stattzufinden habe; dem Antragsberechtigten steht nur die Befugnis zu, die Verfolgung der strafbaren That dadurch, daß er dieselbe nicht verlangt, zu verhindern; hat er den Strafantrag gestellt, so hängt es nicht von ihm ab, eine weitere Einwirkung auf die Strafverfolgung zu üben, den Umfang derselben zu bestimmen. Der § 63 a. a. O. spricht diese Konsequenz des Grundsatzes der Unteilbarkeit des Strafantrages ausdrücklich aus, indem imperativ verordnet wird, daß das gerichtliche Verfahren gegen sämtliche an der Handlung Beteiligte stattfinde, auch wenn nur gegen eine dieser Personen auf Bestrafung angetragen ist.

Das Gesetz erklärt also die Teilung des Antrages, mithin die Beschränkung der Verfolgung auf einzelne Beteiligte für unzulässig, ohne damit zugleich für den Fall, daß der Inhalt des Antrages der Vorschrift des § 63 a. a. O. in der gedachten Richtung nicht entspricht, den Antrag selbst für unwirksam, die beantragte Strafverfügung für nicht zulässig zu erklären.

Dem im Gesetze besonders gedachten Falle, in welchem nur gegen einen der Beteiligten auf Bestrafung angetragen ist, steht grundsätzlich der andere Fall völlig gleich, in welchem ausgesprochen ist, daß die Bestrafung eines Beteiligten nicht beantragt werde.

Der Grundsatz der Unteilbarkeit und damit die Richtigkeit der aus demselben hergeleiteten Konsequenzen findet auch in der Vorschrift des § 64 Abs. 2 a. a. O., wonach die rechtzeitige Zurücknahme des Antrages gegen einen der Beteiligten die Einstellung des Verfahrens auch gegen die anderen zur Folge hat, gleichviel also, ob bei Zurücknahme des Antrages gegen einen der Beteiligten, der Strafantrag gegen einen anderen ausdrücklich aufrecht erhalten wird, Anerkennung und Bestätigung.

Im übrigen kommt für die Auslegung des im vorliegenden Falle von dem verletzten Ehemanne der Angeklagten gestellten Antrages auf Strafverfolgung noch folgendes in Betracht:

Allerdings ist es nach § 61 St. G. B.'s die strafbare Handlung, deren Verfolgung zum Gegenstande des Antrages gemacht werden soll. Der Strafantrag muß also den Willen des Antragsberechtigten erkennen lassen, die Verfolgung der strafbaren That nach Maßgabe der gesetzlichen Bestimmungen herbeizuführen. Andererseits wird aber aus dem Umstande allein, daß der Antragsberechtigte nicht ausdrücklich die Verfolgung der Handlung, sondern diejenige des Thäters oder eines bestimmten Thäters oder Teilnehmers wegen der Begehung der That oder Beteiligung an derselben — insofern diese seinem Interesse und dem Zwecke des Antrages von dem subjektiven Standpunkte des Verletzten aus am nächsten liege — beantragt hat, keineswegs — wie die Revision vermeint — ohne weiteres geschlossen werden können, daß die Absicht des Antragstellers nicht auf Verfolgung der strafbaren Handlung in dem durch das Gesetz gebotenen Umfange gegangen sei. Vielmehr läßt sich nur dann an dem die Strafverfolgung bedingenden Willen des Antragstellers zweifeln, wenn dem Antrage Bedingungen, Vorbehalte oder Beschränkungen hinzugefügt werden, welche erkennen lassen, daß der Antragsteller, falls ihnen nicht entsprochen werden sollte, die Herbeiführung der Verfolgung überhaupt nicht beabsichtigte.

Ein solcher Fall liegt nicht vor. Der Inhalt des Antrages ergiebt nicht, daß der Antragsberechtigte die Absicht der Strafverfolgung von der Nichtbestrafung seiner Ehefrau hat abhängig machen wollen. Vielmehr ist — wie der Wortlaut des Antrages ergiebt — die Bestrafung des Mitangeklagten N. unbedingt beantragt. Unabhängig von diesem Antrage erscheint die Erklärung des Antragstellers, daß er Bestrafung seiner Ehefrau nicht beantrage. Eines solchen Antrages bedurfte es nicht, um die in Folge des gestellten Strafantrages durch das Gesetz gebotene Strafverfolgung beider Angeklagten herbeizuführen. Es kommt nicht, wie die Revision vermeint, darauf an, daß der Antragsteller die Bestrafung seiner Ehefrau, sondern nur darauf, daß er die Verfolgung der strafbaren Handlung des Ehebruches beabsichtigt habe.

Die Absicht aber, die Strafverfolgung überhaupt ausgeschlossen zu sehen, falls die Verfolgung auf die angeklagte Ehefrau ausgedehnt werde, kann dem Antragsteller nicht untergelegt werden, da sie nicht von ihm ausgesprochen ist.

b) U. v. 16. IV. 86 (E. XIV., 96):

Das angegriffene Urteil hat das Verfahren eingestellt, weil der nach § 288 St. G. B.'s, aus welchem der Eröffnungsbeschluß ergangen, erforderliche Strafantrag des verletzten Gläubigers B. nicht gestellt sei. Dadurch ist, wie die Revision rügt, der § 61 St. G. B.'s verletzt.

Im April 1885 ist die Zwangsverwaltung des dem Angeklagten gehörigen Grundstückes Nr. 6 zu St. eingeleitet, unter dem 17. April 1885 durch den Sachwalter des B. zu den Zwangsverwaltungsakten angezeigt, daß der Angeklagte das gesamte Inventar verschleppt habe, und unter dem 25. April 1885 durch denselben die Vernehmung des Angeklagten darüber beantragt, unter welchem Rechtstitel die verschiedenen Personen Inventarienstücke an sich genommen, da der Verdacht strafbarer Handlungen gegen § 288 St. G. B.'s und § 207 K. O. vorliege. Am 27. April 1885 wurde der Angeklagte darauf in den Zwangsverwaltungsakten über zahlreiche Verkäufe an Vieh, Wirtschaftsgerät und Vorräten und den Verbleib der Erlöse daraus vernommen; er bestritt dabei die Absicht, seine Gläubiger zu benachteiligen und ihre Befriedigung durch die Verkäufe zu hintertreiben, gehabt zu haben, und versprach, binnen 4—5 Tagen von dem Erlöse aus den Verkäufen 1500 bis 2000 Mk. zur gerichtlichen Verwahrung abzuliefern. Unter dem 1. Mai 1885 hat der Gläubiger B. bei dem Amtsgerichte C. um Nachricht gebeten, ob K. sein Versprechen erfüllt, und für den Fall, daß dies nicht geschehen, die Bestrafung des K. auf Grund des § 288 St. G. B.'s beantragt, auch gebeten, der Staatsanwaltschaft Anzeige zu machen, die Beschlagnahme des im Besitze des K. befindlichen Geldes und seine Verhaftung herbeizuführen.

Auf Ersuchen der Staatsanwaltschaft um Aufnahme eines formgerechten Strafantrages von der Polizeidirektion zu St. vernommen, hat B. am 13. Juni 1885 allerdings sich seine Erklärung über die Stellung des Strafantrages vorbehalten, auf Anfrage der Staatsanwaltschaft in einem am 17. Juli 1885 bei derselben eingegangenen Schreiben vom 15. Juli 1885 demnächst aber gebeten, den Strafantrag gegen K. zu stellen.

Ob der in letzterem Schreiben, welches die Strafkammer nicht geprüft hat, offenbar enthaltene Strafantrag rechtzeitig oder verspätet gestellt ist, kann unerörtert bleiben, weil der Strafkammer in der Beurteilung des jedenfalls rechtzeitig gestellten Strafantrages vom 1. Mai 1885 nicht beigetreten werden kann.

Wo das Gesetz die Verfolgung einer strafbaren Handlung von dem Antrage des Berechtigten abhängig gemacht, ist der Antrag nach § 61 St. G. B.'s innerhalb der daselbst näher bestimmten Frist von drei Monaten zu stellen. Einen bedingten Strafantrag kennt das Gesetz nicht, und daraus, daß es die Stellung des Strafantrages an eine bestimmte Frist bindet, folgt ebenso wie bei allen anderen an eine Präklusivfrist gebundenen Rechten mit Notwendigkeit, daß in dieser Frist sicher und gewiß sein muß, daß der Berechtigte von seinem Rechte Gebrauch macht, welches nach dem Willen des Gesetzes und der allgemeinen rechtlichen Bedeutung der Präklusivfrist eben verloren ist, wenn es in der Frist nicht geltend gemacht ist. Damit verträgt es sich nicht, dem Strafantrage als der Willenserklärung, durch welche das Antragsrecht geltend gemacht und die Befugnis der Strafbehörden zur Strafverfolgung hergestellt wird, Zusätze beizufügen, welche ungewiß lassen, ob von dem Antragsrechte Gebrauch gemacht und das Recht zur Strafverfolgung entstanden ist. Von diesem Gesichtspunkte aus ist es unbedenklich, daß dem Strafantrage nicht Suspensivbedingungen im Sinne des Rechtsbegriffes beigefügt werden können, welchen das Civilrecht damit verknüpft. Ueber die Unwirksamkeit von Resolutivbedingungen für das einmal durch den Antrag entstandene Strafverfolgungsrecht kann nach der Natur desselben überhaupt kein Zweifel aufkommen. Bedingungen in jenem Sinne sind aber Zusätze zu der Willenserklärung, durch welche ihre Wirkung die Entstehung des durch sie zu begründenden Rechtes von einem zukünftigen ungewissen Ereignisse in willkürlicher Weise abhängig gemacht wird. Durch solche Zusätze zum Strafantrage würde, mag man dadurch die Willenserklärung selbst oder ihre Wirkung für eingeschränkt erachten, in einer dem unzweideutigen Sinne des § 61 St. G. B.'s widersprechenden Weise in der Schwebe bleiben, ob die Strafverfolgung nach dem Willen der Antragsberechtigten eintreten soll oder nicht. Ein solcher Strafantrag ist kein Strafantrag, wie ihn das Gesetz verlangt.

Die auf dem Gebiete des Civilrechtes bestehende Streitfrage, ob auch vergangene Begebenheiten zur Bedingung gemacht werden können, was das hier in Betracht kommende Landesrecht (§ 140 I. preußischen A. L. R.'s) zuläßt und ob solche Bedingungen als eigentliche Bedingungen zu erachten, kann unerörtert bleiben. Für die hier zu entscheidende Frage kommt nach dem oben Erörterten nur in Betracht, ob in solchem Falle im ungewissen bleibt, ob der Antragsberechtigte die Strafverfolgung will und ob das Strafverfolgungsrecht entstanden ist. Das kann der Fall sein, wenn die subjektive Ungewißheit des Antragstellers und die Unmöglichkeit der sofortigen Feststellung der bedingenden Thatsache in erkennbarer Weise Ungewißheit darüber bestehen lassen, ob das Antragsrecht geltend gemacht oder seine Geltendmachung von der Kenntnis der bedingenden Thatsache abhängig gemacht ist.

Von solcher Ungewißheit ist im konkreten Falle nicht die Rede.

Der Strafantrag vom 1. Mai 1885 ist nach seinem Wortlaute und Zusammenhange von dem Gläubiger B. — auf die Erklärung seines Sachwalters kommt nichts an — unzweideutig und klar für den Fall gestellt, daß der Angeklagte sein Versprechen, 1500—2000 Mk. einzuzahlen, nicht voll und ganz erfüllt haben sollte. Der Antrag ist nach § 156 St. P. O. zulässig bei dem Amtsgerichte in C. gestellt. Ob der Angeklagte sein Versprechen erfüllt hatte oder nicht, stand damals bei dem Amtsgerichte in C. fest, der Feststellung des letzteren blieb durch den Antrag nichts überlassen, noch weniger seinem Ermessen, ob die Strafverfolgung zweckmäßig einzutreten habe oder nicht. Das Amtsgericht zu C. hat denn auch, wie die Zwangsverwaltungsakten ergeben, kein Bedenken getragen, die Akten der Staatsanwaltschaft zur Verfügung auf den Strafantrag vorzulegen, und gleichzeitig in derselben Verfügung dem B. und damit auch der Staatsanwaltschaft erkennbar Mitteilung davon gemacht, daß der Angeklagte nichts eingezahlt hatte. Damit war das Recht der Strafverfolgung für die Strafbehörde entstanden. Durch die Erklärung des B. zur polizeilichen Verhandlung vom 13. Juni 1885 ist darin nichts geändert; der einmal gestellte Strafantrag konnte nicht zurückgenommen werden. Es kann hiernach unerörtert bleiben, ob die Auslegung des Strafantrages vom 1. Mai 1885 nicht auch dahin führte, daß B. mit der Erklärung, daß er den Strafantrag für den Fall stelle, daß der Angeklagte sein Versprechen nicht erfüllt, den Antrag nur von der selbstverständlichen Voraussetzung hat abhängig machen wollen, daß der Angeklagte bei der Beiseiteschaffung seines Gutsinventares in der Absicht, die Befriedigung seiner Gläubiger zu vereiteln, gehandelt, daß also überhaupt eine strafbare Handlung von ihm begangen sei, in welchem Falle von einem bedingten Strafantrage ebenfalls nicht die Rede sein könnte.

Die Strafkammer hat den Strafantrag vom 1. Mai 1885 danach mit Unrecht als nicht rechtsgültig erachtet. Das Urteil, welches das Verfahren nur deshalb einstellt, mußte deshalb aufgehoben und die Sache gemäß §§ 393, 394 St. P. O. zur anderweiten Verhandlung und Entscheidung in die Instanz zurückverwiesen werden.

VI. **Wann hat der Verletzte Kenntnis von der Person des Thäters erlangt?** U. v. 15. II. 95 IV E. XXVII, 34.

Am 6. Oktober 1893 wurde die Ehefrau Sch., als sie sich auf dem Heimwege nach ihrem Wohnorte befand, von einem ihr unbekannten Manne, dem Angeklagten, angesprochen. Dieser faßte sie im Weitergehen um die Schulter und stellte ihr unter Vorzeigung von Geld unzüchtige Zumutungen, die sie zurückwies. Nachher fragte der Angeklagte im Beisein der Ehefrau Sch. eine andere Person, wo er übernachten könne, und wurde dahin bedeutet, daß er in dem in der Nähe befindlichen Kruge des Gastwirtes S. Unterkommen finden werde. Die Ehefrau Sch. unterließ zunächst weitere Schritte, weil sie sich fürchtete, ihren damals krank darniederliegenden Mann aufzuregen. Erst, als später durch das Gerede der Leute die Sache dem Gensdarm zu Ohren gekommen und von diesem eine Anzeige wegen versuchter Notzucht erstattet war, hat im Laufe des Strafverfahrens die Sch., und zwar am 26. Juni 1894, einen Strafantrag wegen Beleidigung gegen den Angeklagten gestellt. Die Strafkammer nimmt an, der Strafantrag sei verspätet, da die Angeklagte bereits am 6. Oktober 1893 Kenntnis von der Person des Thäters gehabt habe; denn sie hätte an diesem Tage zur Ortspolizeibehörde gehen und die vorläufige Festnahme des Thäters oder die Feststellung seines Namens herbeiführen können. Auf die Revision der Staatsanwaltschaft wurde das auf Einstellung des Verfahrens lautende Urteil des Instanzgerichtes aufgehoben aus folgenden Gründen:

Die Revision der Staatsanwaltschaft rügt mit Recht Verletzung des § 61 St. G. B.'s. Nach der Vorschrift dieses Paragraphen beginnt die für die Stellung des Strafantrages bestimmte Frist mit dem Tage, an dem der Berechtigte Kenntnis von der Handlung und der Person des Thäters erlangt hat. Die „Kenntnis von der Person" setzt nicht notwendig das Wissen des Namens voraus; es genügt, daß der Berechtigte eine solche Kenntnis der Person erlangt hat, welche ihn in den Stand setzt, den Thäter in einer für die Strafverfolgungsbehörde erkennbaren Weise individuell zu bezeichnen. Die Vorinstanz geht nun davon aus: die Verletzte habe eine solche Kenntnis von der Person des Thäters bereits am 6. Oktober 1893 gehabt. Da sie gewußt, daß er sich am Abende gleich nach der That in die S.'sche Gastwirtschaft zu L. begeben hatte, und da sie folglich „im Stande gewesen wäre", zur Ortspolizeibehörde zu gehen und ihn hier so zu bezeichnen, daß eine vorläufige Festnahme und demnächstige Feststellung seines Namens möglich gewesen wäre. Hieraus folgt jedoch nur, daß die Verletzte, wenn sie sich sofort zur Anzeige und Antragstellung entschlossen hätte, die Kenntnis von der Person des Thäters sich hätte verschaffen können, nicht aber, daß sie in der That solche Kenntnis erlangt hat. Das Gesetz will, daß dem Verletzten die ganze Frist von 3 Monaten zur Beratschlagung und Beschlußfassung darüber freistehen soll, ob er die Strafverfolgung beantragen will. Diese Vorschrift würde aber illusorisch werden, wenn die Frist schon von dem Zeitpunkte zu laufen begönne, wo der Verletzte sich eine hinlängliche Kenntnis von der Person des Thäters hätte verschaffen können, falls er die ihm sogleich nach der That, nicht aber dauernd zu Gebot stehenden Mittel benutzt hätte.

Da hiernach die Annahme der Vorinstanz, daß die Verletzte schon am 6. Oktober 1893 Kenntnis von der Person des Thäters erlangt habe, auf Rechtsirrtum beruht, war die Aufhebung des Urteils geboten, und es wird anderweit näher zu prüfen sein, wann die Verletzte die § 61 St. G. B.'s vorausgesetzte Kenntnis erlangt hat.

§ 28.

Die Verjährung.

Berner § 156. Binding Gr. I § 108. v. Liszt § 76. Meyer § 45.
Frank und Olshausen zu §§ 66 ff. St. G. B.

I. **Die Bestimmungen des Strafgesetzbuches über die Verjährung der Strafverfolgung** — so führt das U. vom 8. X. 85. III. (E. XII., 436) aus — **sind nicht, jedenfalls nicht ausschließlich prozeßrechtlicher Natur, sondern gehören wesentlich dem materiellen Rechte an.***)

*) Ebenso v. Liszt § 76, Olshausen No. 2, sieht das Institut der Verjährung als ein solches gemischten Charakters an, derart, dass es seinem Grunde zwar dem materiellen Recht angehört, positivrechtlich aber eine sein juristisches Wesen beinflussende prozessualische Einkleidung erhalten hat. Binding I, 815, sieht die Verjährung lediglich als prozessuales Institut an.

Die Folge des Eintrittes der Verjährung ist nicht sowohl der **Wegfall einer prozessualen Voraussetzung für die Statthaftigkeit der Strafverfolgung,** als vielmehr **der Wegfall des materiellen Rechtes des Staates zur Strafverfolgung, des staatlichen Strafanspruches selbst und damit der Strafbarkeit der an sich von dem Gesetze unter Strafe gestellten That.** Die Gesetzesvorschriften, welche als die Folge des Zeitablaufes den Wegfall dieses Strafanspruches und der Strafbarkeit der That anordnen, gehören deshalb als solche dem materiellen Strafrechte an.

Abweichend hiervon sieht das U. v. 8. 15. X. 86. IV. (E. XIV. 383) die Verjährung als **prozessuales** Hindernis an, welches der zu verfolgenden Handlung den Deliktscharakter nicht nimmt.

II. **Über den Charakter der Strafvollstreckungsverjährung** hat das R. G. bisher in grundlegender Weise sich nicht ausgesprochen.

III. **Über den Beginn der Verjährung strafbarer Handlungen und den Einfluß der Verjährung auf die Teilnahme** (speziell die Anstiftung) handelt in grundlegender Weise das U. v. 30. XII. 81. (E. V. 282.)

Nach § 67 Abs. 4 St. G. B.'s sollen die in den vorhergehenden Absätzen bestimmten nach Inhalt der Entwurfsmotive mit geringen Abweichungen dem preuß. Strafgesetzbuche entnommenen Fristen für die Strafverjährung mit dem Tage beginnen, an welchem die „Handlung“ begangen ist, ohne Rücksicht auf den Zeitpunkt des eingetretenen Erfolges. Es liegt hierin eine grundsätzliche Abweichung von dem § 46 Abs. 3 des preuß. Strafgesetzbuches, insofern als dieses letztere in Uebereinstimmung mit der Wissenschaft und Gesetzgebung anderer deutscher Staaten den Tag des begangenen Deliktes entscheiden ließ, mithin da, wo der strafrechtliche Charakter einer That sich erst durch den Erfolg derselben entschied, den Beginn der Verjährung bis zum Eintritt dieses Erfolges suspendierte.

Die Wortfassung des Gesetzes führt dabei zu dem Zweifel, was unter der „Handlung“ vorliegend hat verstanden sein sollen, ob lediglich die äußere Bethätigung des Willens, wie in § 51 St. G. B.'s lautend: „wenn der Thäter zur Zeit der Begehung der Handlung sich in einem Zustande von Bewußtlosigkeit u. s. w. befand“ oder die strafbare Handlung in ihrer Totalität mit Ausnahme des erst später eintretenden Erfolges. Denn es giebt neben der Handlung im weiteren Sinne und dem schließlichen Erfolge noch eine Reihe besonderer Umstände, welche, ohne immer zu dem einen oder anderen zu gehören, Vorbedingungen für die Existenz gewisser strafbarer Handlungen bilden, sei es, daß sie die Handlung begleiten, wie viele Formen der Beihilfe, oder ihr vorausgehen, wie die Hauptthat im Verhältnisse zu der Begünstigung (St. G. B. § 257) oder ihr nachfolgen, wie die Konkurserkennung oder Zahlungseinstellung beim Bankerott (K. O. §§ 209, 210), oder die Auflösung der Ehe bei der Eheerschleichung und dem Ehebruche (St. G. B. §§ 170, 172). Hierhin gehört auch die Hauptthat gegenüber der Anstiftung.

In allen den Fällen, in denen die Strafbarkeit der Handlung von Umständen abhängt, welche derselben nachfolgen, würde die Verjährung beginnen, bevor noch von einer strafbaren Handlung die Rede wäre. Es kann dieses nicht die Absicht des Gesetzes gewesen sein; es sprechen vielmehr erhebliche Gründe für die Annahme des Begriffes „Handlung“ in einem engeren Sinne mit Einschluß der genannten Umstände, so daß also der Sinn des Gesetzes dahin gehen würde, daß die Verjährung beginnen soll, sobald die strafbare Handlung in ihren konkreten Voraussetzungen vorliegt und daher, wo diese Voraussetzungen zeitlich getrennt sind, erst mit dem Eintritte der letzten derselben, was nur da eine Ausnahme erleidet, wo der strafbare Charakter einer bereits vorliegenden strafbaren Handlung sich definitiv erst durch den noch unbestimmten schließlichen Erfolg entscheidet, indem dieser Erfolg für den Beginn der Verjährungsfrist nicht abgewartet werden soll. Es gilt diese Ausnahme nicht bloß von den Fällen, wo ohne Erfolg eine strafbare Handlung nur als Versuch zu charakterisieren sein würde, sondern auch von der einfachen Körperverletzung aus § 223 St. G. B.'s in ihrer Fortentwickelung zur schweren Körperverletzung (St. G. B. § 224) oder derjenigen mit tödlichem Erfolge, ferner von den gemeingefährlichen Verbrechen oder Vergehen in T. II Abschn. 27 (§§ 306—328 St. G. B.'s), also von solchen Delikten, deren Strafbarkeit in ihrer einfachen Gestaltung sich wegen des daraus hervorgegangenen schwereren Erfolges (St. G. B. §§ 307 Ziff. 1, 302, 314, 315, 321 Abs. 2, 322, 323, 324, 326, 327, 328) in einem Grade, welcher für die Verjährung von Einfluß ist, erhöht.

Zunächst kommt für die Auslegung die Terminologie des Strafgesetzbuches in Betracht, — welche, abgesehen von den §§ 68, 72, worin von richterlichen Handlungen die Rede ist — in den §§ 61, 63 und 71, welche ebenfalls die Verjährungsfrist und die derselben einigermaßen analoge Antragsfrist betreffen und dem § 67 teils unmittelbar vorhergehen, teils nachfolgen, überall unter „Handlung“ die strafbare Handlung des Angeklagten versteht. Bezüglich des § 61 ist von dem Reichsgericht bereits anerkannt, daß derselbe nur strafrechtlich verfolgbare Handlungen zum Gegenstand habe und deshalb für das Vergehen des Ehebruchs bei Bestimmung des Beginns der Antragsfrist die Erlassung und erfolgte Rechtskraft des Scheidungsurteils einzubegreifen sei.

Vgl. Entsch. in Straff. Bd. 2 S. 62.

Auch § 69 das. läßt sich als eine Anerkennung dieses Grundsatzes ansehen. Hiernach soll, wenn der Beginn oder die Fortsetzung eines Strafverfahrens von einer Vorfrage abhängt, deren Entscheidung in einem anderen Verfahren erfolgen muß, die Verjährung bis zu dessen Beendigung ruhen. Mag man unter diesen Vorfragen allein prozessuale Voraussetzungen der Strafverfolgung, wie im Falle der §§ 164, 191 St. G. B.'s, oder auch materielle Voraussetzungen für die Existenz des Deliktsbegriffes verstehen, wie die Entscheidung des Civilrichters über Auflösung der Ehe bei der Eheerschleichung und dem Ehebruche oder die Konkurseröffnung bei dem strafbaren Bankerott, so würde doch im einen wie im anderen Falle dadurch die Vorschrift anerkannt sein, daß so lange noch eins dieser Momente für die Strafbarkeit oder Strafverfolg=

barkeit der Handlung fehlt, von einem Beginnen der Verjährung nicht die Rede sein kann. Das Reichsgericht hat den § 67 in dem hier vertretenen Sinne bereits angewendet, indem es im Falle des einfachen Bankerotts durch unterlassene Bilanzziehung (K. O. § 210 Ziff. 3) die Verjährung aus § 67 St. G. B.'s nicht mit der fraglichen Unterlassungshandlung, sondern mit dem eingetretenen Zustande der Zahlungseinstellung oder des eröffneten Konkurses beginnen ließ.

Vgl. Entsch. in Strafs. Bd. 3 S. 350.

Diese Ansicht vermeidet die Anomalieen, welche dem Gesetze in der entgegengesetzten Auslegung zum Vorwurfe gemacht worden sind.

Es würde dann ausgeschlossen sein, daß im Strafrechtssysteme eine Reihe strafbarer Handlungen vorkommt, welche deshalb straflos bleiben, weil ihre Strafbarkeit und Strafverfolgbarkeit erst zu einem Zeitpunkte beginnt, wo den Angeklagten bereits die Verjährung schützt, ja deren Straflosigkeit teilweise in der Hand des Thäters selbst liegt, indem er z. B. die Anstiftung auf Verübung der Hauptthat erst nach Ablauf der Verjährungsfrist richtet. Derartige Abweichungen von den Regeln des vernünftigen Rechts ließen sich als vom Gesetzgeber gewollt nur anerkennen, wenn dafür der unzweideutige Wortlaut und Wille ersichtlich wäre. Daß dieses nicht der Fall, beweist sowohl die tiefgehende Meinungsverschiedenheit, welche in der Doktrin über die Frage herrscht, als die kurze Andeutung der Motive zu § 65 des Entwurfs, womit die Vorschrift in § 67 Abs. 4 St. G. B.'s gerechtfertigt wird. Wenn daselbst gesagt wird:

> „Ueber den Lauf der Verjährung ist nur angeordnet, daß derselbe mit dem Tage der begangenen That anfängt. Die besondere Bestimmung, daß hierbei der Zeitpunkt nicht maßgebend sei, an welchem der zur Vollendung des Verbrechens erforderliche Erfolg eingetreten ist, erledigt einen Zweifel",

so ist diese Aeußerung sehr wohl dahin aufzufassen, daß unter der begangenen That eine schon an sich strafbare That zu verstehen ist, bei welcher der Erfolg nur als Bedingung der vollen oder erhöhten Strafbarkeit in Betracht kommt.

Wollte man aber in dieser Beziehung noch Bedenken hegen, so läßt doch die sich unmittelbar anschließende weitere Bemerkung:

> „durch die Anordnung, daß mit dem Tage des begangenen Verbrechens die Verjährung beginne, sollte einer Streitfrage über den Endpunkt der Verjährung vorgebeugt werden",

darüber keinen Zweifel, daß der Gesetzgeber sich **nicht das bloße äußere Handeln, sondern die begangene strafbare Handlung als den Anfangspunkt der Verjährung gedacht** hat. Für diese Annahme spricht auch die Wahrscheinlichkeit; denn es läßt sich nur schwer unterstellen, daß, wenn das Gesetz sich von der Absicht hätte leiten lassen, außer der neuen Stellung, welche dem Erfolge eingeräumt wird, auch noch weitere so tief einschneidende Abweichungen von dem § 46 des preußischen Strafgesetzbuches, welcher im allgemeinen zu Grunde gelegen hat, zu treffen, und ein seither unbekanntes Prinzip in die Verjährungslehre hineinzutragen, dieses ohne jede Erwähnung in den Motiven geschehen wäre.*)

Würde hiernach schon von allgemeinen Gesichtspunkten aus bei der Anstiftung, wie bei der Beihilfe, die Verjährungsfrist erst mit der Hauptthat beginnen müssen, so kann dabei auch der Umstand nicht in das Gewicht fallen, daß die Hauptthat sich als eine Wirkung des Anstiftungsaktes darstellen muß. Denn die Anstiftung für sich ist, abgesehen von positiv-gesetzlichen Ausnahmen, ein strafrechtlich indifferenter Akt, wenn nicht die Hauptthat hinzutritt; nicht einmal ein Versuch würde vorliegen, so daß also erst im Wege der Zurückbeziehung der Hauptthat auf die Anstiftung diese ihren strafbaren Charakter gewinnt. Dieses accessorische Verhältnis der Handlung des Anstifters zu derjenigen des Thäters muß dahin führen, daß erst mit Verübung der letzteren auch erstere als strafbar verjähren kann.

IV. **Über den Beginn der Verjährung bei kollektiv- fortgesetzten und fortdauernden Vergehen** siehe E. VI, 412, X, 203, XIV, 145, XXII, 161 bei **Unterlassungsdelikten** E. VIII, 390 IX, 353.

V. **Über die Unterbrechung der Verjährung unter Berücksichtigung des Art. 31 der Verfassung ausführlich.** U. v. 24. VI. 92. IV. E. XXIII, 184.

---

*) Uebereinstimmend E. IX, 152 XXI, 228 XXVI, 261. Olshausen zu § 66 No. 9. A. M. v. Liszt § 77. Meyer § 45. Frank zu § 67 II.

B. Besonderer Teil.

Die Lehre von den einzelnen Delikten.

Erster Abschnitt.

Die Delikte gegen die Privatperson.

I. Delikte wider Leib und Leben.

§ 29.

Die Tötung.

Berner S. 500. Binding Gr. II § 112. v. Liszt § 80. Meyer § 64.
Frank und Olshausen zu § 211 St. G. B.

I. **Von welchem Zeitpunkte an schützt das Strafgesetz die persönliche Integrität im Geburtsakte?**

Diese Frage beantwortet zugleich unter Reprobierung einer früheren Ansicht das Rg. im U. v. 29. IX. 83 I. E. IX. 131.

Die Strafkammer stellte fest, daß der Angeklagte am 8. Juni 1882 nach W. zur Leistung geburtshilflicher Dienste gerufen, bei der ledigen Anna K., nachdem bei dieser gegen Mittag die ersten Wehen eingetreten und gegen 4 Uhr das Fruchtwasser abgegangen war, des normalen Beckens der Gebärenden ungeachtet und obwohl der Kopf des Kindes noch beweglich über dem Beckeneingange stand, bei dem Mangel eines jedweden einen Notstand begründenden Momentes zu einer derartigen Anlegung der Zange an den Kopf des Kindes schritt und bei ungleicher Stellung der beiden Zangenteile Extraktionsversuche in solcher Weise machte, daß die Knochen des Kopfes zertrümmert wurden und die Substanz des Gehirns unter bedeutenden, das damalige Leben des Kindes erweisenden, Blutergüssen verletzt wurde. Es erblickt das erkennende Gericht in der Anwendung der Zange unter den gegebenen Umständen bei der dem Angeklagten erkennbaren Möglichkeit der eingetretenen Folge eine fahrlässige Handlung und in derselben die alleinige Ursache des durch die Kopfverletzungen bewirkten Todes des lebenden Kindes, es gelangte jedoch das Urteil zur Freisprechung von der erhobenen Anklage wegen fahrlässiger Tötung eines Menschen deshalb, weil das Kind zur Zeit, als ihm die bezeichneten Verletzungen beigebracht wurden, sich noch vollständig im Mutterleibe befunden und mit keinem Teile denselben verlassen gehabt habe, ein solches Treten an die Außenwelt aber zur Annahme des Beginns der Geburt und Erfüllung des Begriffes des Menschen notwendig sei.

Das Strafgesetz hat durch die Fassung des vom § 217 mit Strafe bedrohten Thatbestandes des Kindesmordes, indem die vorsätzliche Tötung des unehelichen Kindes nicht bloß gleich nach der Geburt, sondern auch „in" derselben als möglich vorausgesetzt wurde, grundsätzlich jedem Kinde, ohne Unterschied unehelicher oder ehelicher Abstammung, den Schutz des Gesetzes auch schon vor dessen vollendeter Geburt und vor dessen Eintritt in ein selbständiges, von der Mutter unabhängiges Leben noch während des Zustandes, in welchem es sich im Verlaufe des Geburtsvorganges befindet, zugesichert. Da innerhalb dieses Verlaufes das Strafgesetz keinerlei Unterscheidung trifft, ist der Schluß berechtigt, daß jener Schutz sich auf den Geburtshergang in seinem vollen Umfange von dessen Beginne bis zur Trennung des Kindes von der Mutter erstrecke. Es läßt sich daher entscheidendes Gewicht nicht auf den Umstand legen, daß § 218 St. G. B.'s die Schwangere, welche ihre Frucht vorsätzlich im Mutterleibe tötet, wegen besonders gestalteten Verbrechens bestraft, denn es ist die Auffassung zulässig, daß die der Abtreibung gleichgestellte Tötung der Frucht im Mutterleibe, verübt zur Zeit vor dem Beginne der Geburt, der Vorschrift des § 217 a. a. O., der Tötung der Frucht während der Geburt entgegengestellt ist, und daß das Gesetz der in den Geburtsakt eingetretenen, wenn auch noch im Mutterleibe befindlichen Frucht, indem es diese selbst schon dem Kinde gleichgestellt und als solches bezeichnet, einen erheblich erhöhteren Schutz angedeihen lassen will. Es ergiebt sich daher keineswegs, daß etwa in Fällen, wo eine Frucht vor oder in der Geburt, aber im Mutterleibe getötet wurde, allein § 218 anwendbar erscheint, und § 217 a. a. O. ausschließlich da, wo das Kind, sei es teilweise oder vollständig, während der den Tod verursachenden Verletzung sich außerhalb des Mntterleibes befunden habe. Vielmehr ist es in dem Falle, wenn die Geburt begonnen hat, für den Thatbestand der Tötung rechtlich nicht erheblich, ob sich das Kind noch im Mutterleibe oder bereits außer demselben, ganz oder mit irgend einem Körperteile, befand.

Der Beginn der Geburt ist auch nicht erst alsdann als eingetreten zu erachten, wenn die lebende Frucht ganz oder teilweise aus dem Mutterleibe herausgetreten ist*), sondern schon dann vorhanden, sobald die naturgemäßen Ausstoßungsversuche eingetreten, um die Frucht nach außen zu treiben.

Der Grund des Strafgesetzes, der in der Geburt begriffenen Frucht, dem werdenden Kinde das volle Recht auf Leben einzuräumen und seine Integrität wie die eines schon geborenen Menschen zu schützen, kann nicht als ein solcher gedacht werden, welcher abhängig davon hätte gemacht werden sollen, daß die Geburt bereits soweit gediehen sei, um einen aus der Mutterscheide hervorragenden Körperteil des Kindes ersichtlich werden zu lassen. Es ist nicht abzusehen, warum die Gesetzgebung im Hergange der Geburt selbst eine Veranlassung hätte finden sollen, in einem Teile des

*) Dies fordert Meyer § 64, v. Liszt § 80 legt Gewicht auf die Möglichkeit der Atmung durch die Lungen.

Geburtsaktes das fragliche Recht dem Kinde zu gewähren, diesem aber in anderem Abschnitte des Geburtsvorganges jenes Recht zu versagen. Es besteht kein innerer Grund, denjenigen, welcher das Leben der im Geburtsvorgange begriffenen Frucht fahrlässig vernichtet, alsdann nicht zu bestrafen, wenn ihm der Geburtsakt gestattet, die Frucht zur Verletzung zu erreichen, obwohl solche noch innerhalb des Muttermundes liegt, während der Verletzende zu bestrafen ist, wenn er dieselbe Verletzung am nämlichen Teile der Frucht, sobald dieser aus der Mutterscheide hervorgetreten, zufügt.

Da nun die angeführten Feststellungen des Urteiles außer Zweifel setzen, daß der Akt der Geburt für die damals lebende Frucht der Gebärenden begonnen hatte, die tötenden Verletzungen vom Angeklagten mithin an einem vom Strafgesetze als Kind, welches in der Geburt sich befand, und als rechtsfähige Persönlichkeit erachteten Gegenstande vorgenommen wurden, hat die Strafkammer, von einem Rechtsirrtume geleitet, dem Kinde die Eigenschaft des Menschen abgesprochen.*)

Die Bezugnahme auf das Urteil des Reichsgerichts vom 8. Juni 1880 rechtfertigt die entgegengesetzte Beurteilung der Handlung des Angeklagten nicht. Dieses Urteil hatte die nunmehr zu lösende Frage nicht zu beantworten. Es erklärte ausdrücklich, daß die Frage, wann der Geburtsakt beginne, ob insbesondere die Thatsache, daß die Geburtswehen begonnen, zugleich den Anfang der Geburt bezeichne, für den damals zu beurteilenden Fall ohne praktische Bedeutung sei. Die dennoch an die Frage geknüpfte Erörterung hatte demnach keinen Einfluß auf die früher getroffene Entscheidung, und es ist die Ausführung, daß das Kind den Schoß der Mutter verlassen haben müsse, um als „Mensch" in Betracht zu kommen, nur als eine gelegentlich geäußerte Ansicht zu würdigen. Die im vorliegenden Falle oben geltend gemachte Auslegung der Gesetzesworte „in der Geburt" würde auch zu dem völlig gleichen Ergebnisse in dem Falle geführt haben, welcher am 8. Juni 1880 vom Reichsgerichte zu entscheiden war, da derselbe die Tötung einer Frucht betraf, welche zur Zeit der Verletzung aus dem Schoße der Mutter mit einem Arme herausgetreten gewesen ist.

II. **Genügt** es zur Erfüllung der gesetzlichen Merkmale des Mordes, daß festgestellt wird: der Angeklagte habe einen Menschen **„vorsätzlich und mit Überlegung"** getötet? U. v. 30. IV. 83 III. E VIII, 276.

Die den Geschworenen dahin vorgelegte Frage:

„Ist der Angeklagte K. Kr. schuldig, vorsätzlich und mit Überlegung seine Mutter, die Witwe Kr. in H., durch Beibringung von Gift getötet zu haben?"

ist durch formgerechten Spruch bejaht worden; das angefochtene Urteil hat hierauf den § 211 St. G. B.'s zur Anwendung gebracht, und es ist K. Kr. wegen Mordes zum Tode verurteilt. Die solchergestalt festgesetzte Schuld erfüllt nicht die gesetzlichen Merkmale des Verbrechens des Mordes.

Der § 211 St. G. B.'s schreibt vor:

*) Uebereinstimmend E. XXVII, 178.

„Wer vorsätzlich einen Menschen tötet, wird, wenn er die Tötung mit Ueberlegung ausgeführt hat, wegen Mordes mit dem Tode bestraft."

Nachdem der § 175 preuß. St. G. B.'s bestimmt hatte:

„Wer vorsätzlich und mit Ueberlegung einen Menschen tötet, begeht einen Mord",

bemerkten die Motive zum ersten Entwurfe des Strafgesetzbuches für den norddeutschen Bund zur Rechtfertigung der befürworteten Aufrechthaltung der Fassung des § 175: „Der Entwurf hat . . . eine Abänderung des preußischen Strafgesetzbuches nicht vorgenommen und sich auch denjenigen Gesetzgebungen nicht angeschlossen, welche noch besonders unterscheiden: ob das Moment der Ueberlegung beim Fassen des Entschlusses oder bei der Ausführung, oder in beiden Fällen vorhanden war (S. 157)." Im direkten Gegensatze zu diesem so motivierten Regierungsentwurfe beschloß die Bundesratskommission die jetzt vorliegende Formulierung des § 211 St. G. B.'s und heben die amtlichen Motive zum § 211 a. a. O. ausdrücklich hervor, daß eine „Abänderung der Begriffsbestimmung" des preußischen Strafgesetzbuches insofern stattgefunden habe, als in Anlehnung an das königlich sächsische Strafgesetzbuch die Zeit der Ausführung der That als die entscheidende erachtet und deshalb beim Morde das Erfordernis aufgestellt worden sei, daß die Tötung mit Ueberlegung ausgeführt wird.

Es handelt sich also nicht um eine bloß redaktionelle, sondern um eine begriffliche Verschiedenheit zwischen dem Thatbestande des „vorsätzlichen Tötens" mit Überlegung im Sinne des § 175 preuß. St. G. B.'s und demjenigen des „vorsätzlichen, mit Überlegung ausgeführten Tötens" im Sinne des § 211 St. G. B's.*) Die Gesetzgebung verfolgte die ausgesprochene Absicht, gewisse in Praxis und Theorie aufgeworfene Zweifel darüber zu beseitigen, ob eine mit überlegtem Vorsatze geplante, aber ohne Überlegung ausgeführte Tötung dem Morde oder dem Totschlage zuzurechnen sei, und entschied sich für die letztere Alternative. Gerade, weil derartige Fälle denkbar sind, und weil die Fassung des preußischen Strafgesetzbuches die Auslegung gestattete, daß, wenn nur bei Fassung des Entschlusses oder überhaupt in irgend einem Momente von Beschließung der That bis zu ihrer aktuellen Verwirklichung Überlegung vorgewaltet habe, die einmal von einem solchen Momente der Überlegung begleitete Tötung schlechthin als überlegter Mord zu gelten habe, entschloß man sich, die Fassung des § 175 a. a. O. einzuengen und das Requisit überlegter Ausführung für den Begriff des Mordes zu fordern.

Bei so klar vorliegenden Absichten und authentischen Erklärungen der Gesetzgebung kann nichts darauf ankommen, ob die hier erörterte Unterscheidung eine rationelle sei, ob ihr auch nur ein psychologisch richtiger Gedanke zu Grunde liegt. Der Richter hat das Gesetz anzuwenden, wie es sein Wortlaut und die klar erkennbare Absicht des Gesetzgebers gebietet;

---

*) von Liszt hält die Abweichung für durchaus unwesentlich.

gerade bei der mit der Frage der Todesstrafe zusammenhängenden viel bestrittenen Abgrenzung zwischen den Verbrechen des Mordes und des Totschlages erscheint es als unabweisbare Pflicht, an den positiven gesetzlichen Merkmalen des Mordes unbedingt festzuhalten.

Richtig ist, daß die Praxis des vormaligen preußischen Obertribunales zum Teil von einer anderen Auffassung geleitet gewesen zu sein scheint. Während in einem Urteile dieses Gerichtshofes vom 13. Juni 1871 (vergl. Stenglein, Zeitschr. f. Gerichtspraxis N. F. Bd. 1 S. 150) am Schlusse ausdrücklich anerkannt wird, daß § 211 St. G. B.'s, abweichend vom § 175 preuß. St. G. B.'s, nur mit Überlegung ausgeführte Tötungen dem Morde zurechne, und ein Urteil vom 13. Juli 1876 (vergl. Oppenhoff, Rechtspr. Bd. 17 S. 507) für die Fassung der Versuchsfrage daran festhält, die Überlegung dürfe nicht lediglich in das Moment des Entschlusses, sondern müsse in das Moment der Ausführungsverhandlungen gelegt werden, scheinen zwei andere Urteile desselben Gerichtes vom 2. Mai 1872 und 6. Januar 1876 (vergl. Oppenhoff, a. a. O. Bd. 13 S. 292 und Bd. 17 S. 9) ohne weitere Begründung die Fassung des § 211 R. St. G. B.'s und § 175 preuß. St. G. B.'s für ganz gleichbedeutend erklären zu wollen. Gegenargumente gegen die oben vertretene Rechtsansicht waren hieraus nicht zu entnehmen. Im Uebrigen darf auch hierbei nicht übersehen werden, daß, wenn das frühere preußische Strafprozeßrecht mit seiner Trennung zwischen That- und Rechtsfrage im Schwurgerichtsverfahren es zulässig erscheinen lassen mochte, ein die Schuld des Mordes im Sinne des § 175 preußischen St. G. B.'s bejahendes Verdikt im Wege der Subsumtion rechtlich zur Grundlage für die Anwendung des § 211 R. St. G. B.'s zu benutzen, doch der jetzt maßgebende § 293 St. P. O., welcher mit der Feststellung der gesetzlichen Merkmale" der Strafthat zugleich die Subsumtion den Geschworenen zuweist, eine derartige rechtliche Identifizierung des einen Thatbestandes mit dem anderen für die heutige richterliche Urteilsfindung in Schwurgerichtssachen schlechthin ausschließt. Bedarf es hiernach zur Anwendung des § 211 St. G. B.'s der ausdrücklichen Feststellung, daß die Tötung mit Ueberlegung ausgeführt worden, so ist ohne weiteres klar, daß der Spruch der Geschworenen, auf welchem das angefochtene Urteil ruht, die Verurteilung des K. Kr. wegen Mordes nicht rechtfertigt. Der Spruch erklärt zwar für erwiesen, daß bei der That des Angeklagten Ueberlegung mitgewirkt hat, läßt es aber ungewiß, ob in der „entscheidenden Zeit der Ausführung" (Motive) diese Ueberlegung vorhanden gewesen ist. Deshalb konnte das Urteil nebst der Feststellung, die ihm zu Grunde liegt, nicht aufrecht erhalten werden.

§ 30.

Die Abtreibung.

Berner S. 513, Binding Gr. II § 115, v. Liszt § 91, Meyer § 72, Frank und Olshausen zu § 218 St. G. B.

Über die Stellung der Abtreibung im System und über den Versuch derselben handelt in grundlegender Weise das U. v. 24. VI. 81. II. (E. IV., 302).

Nach der Anklage sollte die Wittwe D. im Frühjahr 1879 der Mitangeklagten unverehelichten H., welche sich in schwangerem Zustande befand und sich jener zu ihren diesfälligen Manipulationen darbot, Einspritzungen von einem an sich zur Herbeiführung eines Abortus geeigneten Mittel zu diesem Zweck beigebracht, die H. aber bei trotzdem regelmäßig fortschreitender Schwangerschaft die Abtreibungsversuche aufgegeben und im October 1879 einen Knaben geboren haben. Demgemäß wurde durch Gerichtsbeschluß das Hauptverfahren vor der Strafkammer eröffnet: 1) gegen die unverehelichte H., als hinreichend verdächtig, zu B. im Jahre 1879 den Entschluß, als Schwangere ihre Frucht abzutreiben, durch vorsätzliche Handlungen bethätigt zu haben, welche einen Anfang der Ausführung dieser beabsichtigten, aber nicht zur Vollendung gekommenen That enthalten, wegen Verbrechens gegen §§ 218 Abs. 1 und 43 St. G. B.'s; 2) gegen die Wittwe D., als hinreichend verdächtig, zu B. im Jahre 1879 einer Schwangeren, welche den Entschluß, ihre Frucht abzutreiben, durch vorsätzliche Handlungen, welche einen Anfang der Ausführung dieser beabsichtigten, aber nicht zur Vollendung gekommenen That enthalten, bethätigt hat, die Mittel dazu beigebracht zu haben, wegen Verbrechens gegen die §§ 218 Abs. 3 und 43 St. G. B.'s.

Da bei der Verhandlung vor der Strafkammer konstatiert wurde, daß die Wittwe D. die ihr zur Last gelegte Handlung gegen Empfang einer Vergütung von 6 Mk. ausgeführt habe, erklärte sich die Strafkammer gemäß §§ 2, 270 St. P. O. durch Beschluß für inkompetent und verwies die Sache an das zuständige Schwurgericht, indem sie a) den oben zu 1 erwähnten Eröffnungsbeschluß wider die unverehelichte H. aufrecht erhielt, b) dagegen den zu 2 gedachten Eröffnungsbeschluß wider die Wittwe D. dahin vervollständigte beziehungsweise abänderte, daß dieselbe hinreichend verdächtig sei, gegen Entgelt gehandelt, also ein Verbrechen gegen §§ 219, 43 St. G. B.'s begangen zu haben. Die Geschworenen bejahten: 1. bezüglich der unverehelichten H. die ihnen nach dem Wortlaut des Eröffnungs- und Verweisungs-Beschlusses vorgelegte Frage; 2. bezüglich der Wittwe D. folgende Frage: Ist die Angeklagte D. schuldig, zu Berlin im Jahre 1879 der Angeklagten, unverehelichten H., welche den Entschluß, ihre Frucht vorsätzlich abzutreiben, durch Handlungen bethätigt hat, welche einen Anfang der Ausführung dieses beabsichtigten, aber nicht zur Vollendung gekommenen Verbrechens enthalten, die Mittel zu der Abtreibung mit Einwilligung der Schwangeren beigebracht zu haben und zwar gegen Entgelt? billigten auch der ersteren, nicht aber der letzteren Angeklagten mildernde Umstände zu.

Auf Grund dieser Verdikte verurteilte der erste Richter beide Angeklagte wegen versuchten Verbrechens gegen das Leben und deshalb die unverehelichte H. aus §§ 43, 218 Abs. 1 und 2 St. G. B.'s zu 6 Monaten Gefängnis und die Wittwe D. aus §§ 43 und 218 Abs. 3 ebendas. zu 3 Jahren Zuchthaus und 3 Jahren Ehrverlust. Er ging dabei von der Ansicht aus, daß der in dem Verweisungs-Beschlusse gegen die Wittwe D. angezogene § 219 St. G. B.'s hier unanwendbar sei, weil der beabsichtigte verbrecherische Erfolg, die wirkliche Abtreibung, nicht eingetreten sei, mithin die That der D. nur unter die Strafbestimmung des § 218 Abs. 3 a. a. O. falle.

Die Revision der Mitangeklagten Wittwe D. stützt den Antrag auf ihre Freisprechung auf die Ausführung, daß ebenso wie § 219 so auch § 218 Abs. 3 St. G. B.'s die geschehene Abtreibung oder Tötung der Frucht voraussetze, und daß demnach nur in Frage kommen könne, ob ihr eine strafbare Teilnahme, sei es als Mitthäterin, sei es als Gehilfin der Mitangeklagten, unverehelichten H., zur Last falle, daß aber durch den Spruch der Geschworenen weder ihre Mitthäterschaft noch ihre Hilfsleistung im Sinne des Gesetzes festgestellt sei.

Die Revision ist als begründet erachtet worden.

Das Reichsstrafgesetzbuch reiht die Verbrechen der Abtreibung den im Abschnitt XII behandelten „Verbrechen und Vergehen wider das Leben" ein und unterscheidet vier Fälle: 1. die Abtreibung durch die Mutter (§ 218 Abs. 1); 2. die unentgeltliche Abtreibung durch einen Dritten mit Einwilligung der Mutter (§ 218 Abs. 3); 3. dasselbe Verbrechen gegen Entgelt begangen (§ 219); 4. die Abtreibung durch einen Dritten ohne Wissen oder Willen der Mutter (§ 220 a. a. O.). Die Verbrechen zu 2 und 3, welche sich nach Maßgabe der Bestimmungen im allgemeinen Teile des Strafgesetzbuches (§§ 47 flg.) als Teilnahme an der That eines Anderen darstellen würden, sind zu selbständigen Reaten gemacht, dergestalt, daß es insbesondere dem dritten Thäter nicht zu statten kommt, wenn die Schwangere selbst aus irgend einem ihre Schuld ausschließenden Grunde, z. B. wegen mangelnder Zurechnungsfähigkeit, straflos bleibt. Diese beiden Verbrechen haben aber den vollendeten Thatbestand des Verbrechens der Abtreibung beziehentlich Tötung der Leibesfrucht zur notwendigen Voraussetzung, d. h. der verbrecherische Erfolg, die Abtreibung oder Tötung muß infolge der angewendeten, beigebrachten, beziehentlich verschafften Mittel eingetreten sein.

Dies ergiebt zunächst der Wortlaut der beiden Strafsatzungen, wonach mit Strafe bedroht ist: Derjenige, welcher „die" Mittel zu „der" Abtreibung oder Tötung angewendet, beigebracht, beziehentlich verschafft „hat". Es ist damit zum Ausdruck gebracht, daß die Anwendung 2c. der Mittel einem anderen Ereignis gegenüber als in der Vergangenheit liegend gedacht ist, und dieses Ereignis ist die bewirkte Abtreibung der Leibesfrucht. Das Strafgesetzbuch bedient sich durchgehends des Zeitwortes im Präteritum zur Bezeichnung solcher Handlungen, welche erst durch den Erfolg, den sie gehabt haben, beziehentlich durch diejenige That, welche darauf begangen ist, strafbar werden oder eine höhere Strafe zur Folge haben, z. B. §§ 48—50, 281 flg. das. (jetzt § 209—212 R. K. O.); während es der Regel nach bei Bezeichnung und Definition der Mißthaten das Präsens des Zeitwortes gebraucht, z. B. § 211, 212, 217, 218 Abs. 1, 223, 242 u. a. das. Ebenso deutet die Fassung: „die" Mittel zu „der" Abtreibung oder Tötung auf diejenigen Mittel hin, welche die Abtreibung oder Tötung der Leibesfrucht wirklich herbeigeführt haben. Zu § 219 ist in den Worten „abgetrieben oder getötet hat" der eingetretene Erfolg der Voraussetzung der Strafbarkeit bestimmt hervorgehoben. Diese Annahme wird auch durch die Motive zu § 219 das. bestätigt.

Danach ist, wie in dem gleichartigen milderen Falle des § 218 Abs. 3 St. G. B. so auch für den schwereren Fall des § 219 das. der Eintritt des verbrecherischen Erfolges als Vorbedingung der Bestrafung des Dritten hingestellt.

Aus dieser beschränkten Beziehung der §§ 218 Abs. 3 und 219 a. a. O. auf die vollendete That der Abtreibung bezw. Tötung der Leibesfrucht folgt, daß diese Strafbestimmungen außer Anwendung bleiben, wenn die Abtreibung bezw. Tötung nicht vollendet, sondern nur versucht ist. Der in beiden Strafvorschriften vorgesehene Reat kommt dann nicht mehr in Frage, weder in der Gestalt eines vollendeten, noch in der eines versuchten Delikts. Nur in dem Falle, wenn die Abtreibung wirklich erfolgte, ist die That des Dritten, welcher dazu die Mittel mit Einwilligung der Schwangeren angewendet ꝛc. hat, als selbständiges Delikt unter Strafe gestellt, während sonst die That in den Rahmen der allgemeinen Grundsätze über Teilnahme zurückfällt.

Der Versuch setzt begriffsmäßig Nichtvollendung der That, hier also die nicht erfolgte Abtreibung der Leibesfrucht voraus, während die wirklich erfolgte Abtreibung der Leibesfrucht Voraussetzung nicht bloß des vollendeten Verbrechens gegen die §§ 218 Abs. 3 und 219 St. G. B.'s, sondern dieser Delikte überhaupt ist. Daher ist ein Versuch dieser Delikte nicht denkbar.*) Deshalb ist auch die Berufung auf die §§ 43 flg. St. G. B.'s, welche den Grundsatz der Strafbarkeit des Versuchs eines Verbrechens im allgemeinen aussprechen, für die hier besprochenen beiden Ausnahmsfälle unzutreffend.

Hat ein Dritter mit Einwilligung der Schwangeren Mittel behufs einer Abtreibung gegen Entgelt oder unentgeltlich angewendet oder beigebracht, beziehentlich gegen Entgelt verschafft, die Schwangere jedoch auf diese Weise ihre Frucht nicht abgetrieben, sondern nur abzutreiben versucht, so kann nur von einer Teilnahme des Dritten an dem Abtreibungsversuche der Schwangeren, also an dem im § 218 Abs. 1 vorgesehenen Verbrechen die Rede sein. Hinsichtlich des § 219 ist dies bereits in dem Erkenntnis des Reichsgerichts vom 9. Februar 1880 (Entsch. in Straff. Bd. 1 S. 194) anerkannt. Das im § 218 Abs. 3 vorgesehene Verbrechen unterliegt aber in dieser Beziehung nach der Absicht des Gesetzgebers, wie sie namentlich in den oben angegebenen Motiven Ausdruck gefunden hat, ganz derselben Beurteilung. Beide Delikte unterscheiden sich von einander nur dadurch, daß im Fall des § 219 der Dritte gegen Entgelt gehandelt haben muß, und daß in diesem Fall der Thatbestand auch auf bie Verschaffung von Mitteln ausgedehnt ist (Erk. des Reichsgerichts vom 10. April 1880, Entsch. in Straff. Bd. 1 S. 350).

---

*) A. M. Meyer § 72, Olshausen zu § 219 No. 3, von Liszt § 91 nimmt strafbaren Versuch an, wenn obwohl die Handlung des Lohnabtreibens fehlschlug oder unvollendet blieb, doch — infolge anderweiter Thätigkeit — die Abtreibung erfolgte.

§ 31.
Die Körperverletzung.

Berner S. 519, Binding Gr. II § 115, v. Liszt § 86, Meyer § 69, Frank und Olshausen zu § 223 St. G. B.

I. **Ueber den Begriff der Körperverletzung.** U. v. 2. VII. 96 (E. XXIX, 58).

Die Angeklagten haben den Schreiner Z. in bewußtem und gewolltem Zusammenwirken festgehalten und ihm gegen seinen Willen gewaltsam mit einer Scheere Stücke des Bartes weggeschnitten. Sie sind wegen Vergehens der Nötigung (§§ 240, 247 St. G. B.'s) verurteilt. Den Antrag des Staatsanwaltes, die Handlung zugleich als Vergehen der Körperverletzung nach §§ 223, 223a. St. G. B.'s zu bestrafen, hat die Strafkammer abgelehnt, mit der Begründung, daß Z. durch die Handlung der Angeklagten weder körperlich mißhandelt noch an der Gesundheit beschädigt worden sei. Irgend ein Schmerzgefühl oder körperliches Unbehagen sei bei ihm nicht hervorgerufen worden. Die Revision des Staatsanwaltes rügt Verletzung der §§ 223, 223a., weil Schmerzerregung kein Begriffsmerkmal, sondern nur eine gewöhnliche Folge der Mißhandlung sei, und ihre Ausführungen lehnen sich an eine Entscheidung des Reichsgerichts vom 16. April 1889,

Vgl. Entsch. d. R. G.'s in Straff. Bd. 19 S. 136.

In dem dort beurteilten Falle handelt es sich jedoch nur um die Frage, ob die Behandlung eines Menschen mit Schlägen gegen Kopf und Wangen, die unter normalen Zuständen als Mißhandlung gelte, dann nicht als solche zu strafen sei, wenn dieser Mensch sich infolge einer Krankheit (Blödsinn) oder infolge gefühlaufhebender Mittel (Schwefeläther, Chloroform etc.) im Zustande von Gefühllosigkeit befindet, sodaß die Mißhandlung keinen Eindruck auf das Empfindungsvermögen des Objektes erzeugt. Man könnte schon aus dieser Verbindung des Mangels an Schmerzgefühl mit abnormen Zuständen folgern, daß für normale Zustände die Erregung solchen Gefühles als ein Kriterium der Mißhandlung zugegeben sei. Jedenfalls dürfen die weiteren Ausführungen nur im Zusammenhange mit der erwähnten Frage gedeutet werden. Wenn also dort die Mißhandlung als ein Behandeln, wie es nicht sein sollte, ein unangemessenes, schlimmes, übles Behandeln erklärt wird, so sollte hiermit keine allgemeine Definition gegeben, sondern nur hervorgehoben werden, daß im gewöhnlichen Sprachgebrauche kein Unterschied gemacht werde, ob das Objekt die Behandlung als eine unangemessene, schlimme, üble empfindet oder nicht. Denn sonst wäre, da bei allen strafbaren Handlungen, die sich gegen die Person richten, ein Behandeln dieser Person, wie es nicht sein sollte, ein unangemessenes Behandeln, stattfindet, mit einer solchen Definition der Begriff der Körperverletzung (Mißhandlung) zu einem so ausgedehnt subsidiären oder ideell konkurrierenden gemacht, wie es weder dem Sprachgebrauche noch nachweislich der Absicht des Gesetzes entspricht. Es muß vielmehr, um der Rechtsprechung eine sichere Grundlage zu bewahren, an der vom Reichsgericht schon wiederholt anerkannten Begriffsbestimmung festgehalten werden, daß die körperliche Mißhandlung, wie sie in § 223 flg. St. G. B.'s mit Strafe bedroht ist, in der vorsätzlichen und rechtswidrigen Einwirkung auf den Körper eines Anderen besteht, durch welche in diesem eine Störung des körperlichen Wohlbefindens hervorgerufen wird — mag sie zu seinem Bewußtsein kommen oder nicht. Dies ist auch der Standpunkt des Urteiles vom 16. April 1889, wie dessen Schlußabsatz deutlich erkennen läßt, und entspricht dem Wortlaute des § 223, der durch Gleichstellung der körperlichen Mißhandlung mit der Beschädigung der Gesundheit genügend zum Ausdrucke bringt, daß geistige Mißhandlung Erregung geistigen oder seelischen Unbehagens an sich nicht unter den Begriff der Körperverletzung fällt. Selbstverständlich ist nicht ausgeschlossen, daß durch die körperliche Einwirkung mittelbar — durch Störung des Nervensystems — auch die geistige Sphäre des Mißhandelten in Mitleidenschaft gezogen wird, wie hinwieder, daß die Störung des körperlichen Wohlbefindens auch durch eine die Sinnennerven ohne körperliche Berührung seitens des Angreifers treffende Einwirkung geschehen kann.

Hierbei bedarf jedoch sowohl der Begriff des Wohlbefindens als auch der seiner Störung einer gewissen Beschränkung. Beide sind nur relativ: das heißt unter Wohlbefinden ist nur der Zustand zu verstehen, der ohne die fragliche Einwirkung bestehen würde, sodaß auch der Zustand eines sich bereits übel Befindenden darunter fällt und die Störung muß von einer gewissen Erheblichkeit sein, sonst käme man dahin, in jeder Zufügung einer der kleineren Unannehmlichkeiten des Lebens, in jeder Beleidigung des Geruchs- oder Geschmackssinns und dgl. eine fahrlässige oder vorsätzliche Körperverletzung zu erblicken.

Sache des vernünftigen Ermessens ist es, bei Prüfung der thatsächlichen Verhältnisse die Grenze zu finden; und wenn die Strafkammer zu der Feststellung gelangt ist, durch die Handlung der Angeklagten sei irgend ein Schmerzgefühl oder körperliches Unbehagen nicht hervorgerufen worden, so war es nicht rechtsirrig, den Begriff einer Körperverletzung nicht anzunehmen.

Die Revision meint, es widerstreite dem Rechtsgefühle und sei von der Gesetzgebung sicher nicht gewollt, daß es gänzlich straflos bleibe, wenn jemand einer schlummernden Person, sei es aus Rachsucht oder Neid, sei es aus Verehrung, um sich ein Andenken zu verschaffen, widerrechtlich Bart oder Zopf abschneidet. Man kann zugeben, daß wenigstens im vorliegenden Falle sich das Rechtsgefühl durch die Verurteilung wegen Nötigung noch nicht befriedigt findet, weil diese nur die Gewaltthätigkeit zur Erzwingung einer beliebigen Handlung oder Duldung trifft, der rechtswidrige Eingriff in die persönliche Unversehrtheit aber ungesühnt geblieben, ja nicht einmal im Strafmaß berücksichtigt zu sein scheint. Allein damit wäre der staatsanwaltschaftliche Antrag so, wie er gefaßt, nicht gerechtfertigt und es ist zweifelhaft, ob eine Verurteilung dessen, der einen Andern hinterlistig eine Locke zum Andenken abschneidet, wegen gefährlicher Körperverletzung mit Waffengebrauch — wie der Antrag des Staatsanwaltes will — dem Rechtsgefühle nicht noch mehr zuwiderlaufen würde.

Der Gesichtspunkt der Verletzung der körperlichen Unversehrtheit genügt hierfür nicht, weil die Unversehrtheit des Körpers an und für sich kein strafrechtlicher Begriff und ihre Verletzung nicht absolut, sondern nur in Beziehung auf die Rechtsgüter, gegen die sich der rechtswidrige Angriff richtet, unter Strafe gestellt ist. Und hier ist der Punkt, von welchem aus der Revision stattzugeben war. Das verletzte Rechtsgut kann zwar und wird in der Regel das körperliche Wohlbefinden sein, so in einem Falle des Zopfabschneidens, den v. Schwarze in der Allgemeinen Gerichtszeitung für das Königreich Sachsen (Bd. 16 S. 247) mitgeteilt hat; dann liegt zweifellos Körperverletzung vor. Das Gesetz hat aber auch Thätlichkeiten vorgesehen, bei denen dies nicht der Fall ist, sondern das Rechtsgut der Ehre verletzt wird (§ 185 St. G. B.'s). Nach dieser Seite hat die Strafkammer die Handlung der beiden Angeklagten noch nicht geprüft, obgleich der Verletzte durch seinen Strafantrag das Gericht in die Lage versetzt hatte, die That auch nach diesem Gesichtspunkte gemäß § 263 St. P. O. zu beurteilen. Daß der Verletzte die That als Sachbeschädigung aufgefaßt und hierwegen den Strafantrag gestellt hat, war belanglos, da ein Irrthum des Antragstellers über die rechtliche Qualifikation dem richterlichen Urteile nicht vorgreift, und ein Zweifel über die Identität der That, wegen deren der Strafantrag gestellt worden, nicht bestehen dürfte. Ob nun im gegebenen Falle das Abschneiden des Bartes gegen den Willen des Betroffenen eine Kundgebung der Geringschätzung seiner Persönlichkeit enthielt, ist Sache der thatsächlichen Feststellung. Da aber die Bejahung dieser Frage keinenfalls einen Rechtsirrtum erkennen ließe, vielmehr gegebenen Falles die zutreffende Bestrafung für ein bis zur körperlichen Verunglimpfung auf gewisse Dauer getriebene Mißachtung der fremden Persönlichkeit ermöglichen, und diese Seite der That zu dem Vergehen der Nötigung im Verhältnisse der ideellen Konkurrenz stehen würde, so unterliegt das Urteil der Aufhebung.

II. Was bedeutet **„das Leben gefährdende Behandlung"**. U. v. 14. VI. 82 E. VI. 396:

Wie die amtlichen Motive zu dem durch die Novelle vom 26. Februar 1876 eingeschalteten § 223a St. G. B.'s ergeben, ist die Gesetzgebung bei Aufstellung des hier streitigen Begriffsmerkmales einer „das Leben gefährdenden Behandlung" von der Erwägung ausgegangen, daß, um alle denkbar gefährlichen Begehungsarten der Körperverletzung strenger zu pönalisieren, es nicht genügt, die Anwendung eines gefährlichen Instrumentes als Mittel der Körperverletzung zum qualifizierenden Thatbestandsmoment zu erheben, es vielmehr angemessen erscheint, „eine jede das Leben gefährdende Behandlung auf gleiche Linie mit dem Gebrauche der oben bezeichneten gefährlichen Werkzeuge zu setzen". Dabei ist ausdrücklich der Gedanke vorangestellt, der Entwurf knüpfe bei seiner beabsichtigten Erhöhung des Strafmaßes gegen „durch Roheit und Rücksichtslosigkeit" ausgezeichnete Körperverletzungen, „nicht an die Folgen der Mißhandlung an, sondern habe geglaubt, das Mittel, dessen sich der Thäter bedient hat, als das erschwerende Merkmal hinstellen zu müssen". Hieraus ergiebt sich ohne weiteres, daß es für den Begriff einer „das Leben gefährdenden Behandlung" nicht darauf ankommt, ob in irgend einem Zeitpunkte thatsächlich eine imminente Lebensgefahr als Folge der Mißhandlung eingetreten ist, sondern lediglich darauf, ob die „Behandlung" geeignet war, eine solche Lebensgefahr herbeizuführen. Dabei ist freilich nicht zu verkennen, daß die letztere Frage wiederum nur geprüft werden kann nach Maßgabe der konkreten Verhältnisse des Einzelfalles, also unter Abwägung der individuellen Beschaffenheit des gemißhandelten Menschen und der individuellen Schädlichkeit der gegen Körper und Gesundheit in Bewegung gesetzten Einwirkungen. Wenn man in denjenigen Fällen, wo ein bestimmtes, mit klar erkennbaren Eigenschaften versehenes Werkzeug in Frage steht, hiernach immerhin noch in der Lage ist, die Gefährlichkeit des Mittels an sich zu bestimmen, so wird es doch nur in den seltensten Fällen zulässig sein, von einer „Behandlung" zu sprechen, welche „an sich", also im absoluten, von den konkreten Verhältnissen losgelösten Sinne als schlechthin „lebensgefährlich" zu gelten habe. Der Ausdruck „Gefahr" und Gefährdung bedeutet die größere oder geringere Wahrscheinlichkeit eines in naher oder entfernter Zukunft nach menschlicher Erfahrung und den Gesetzen der Kausalität zu erwartenden schädlichen Ereignisses. Wie stark die Wahrscheinlichkeit und wie nahe die danach zu befürchtende Eventualität sein muß, um von vorhandener Gefahr sprechen zu können, läßt sich eben nur für den Einzelfall entscheiden. Dieselbe konkrete Mißhandlung wird erfahrungsgemäß für ein neugeborenes Kind oder für einen kranken Menschen als lebensgefährlich angesehen werden müssen, die einer erwachsenen gesunden Person der Regel nach gar keine Gefahr erbringt.

Werden diese Grundsätze auf das angefochtene Urteil angewendet, so muß die Rüge unrichtiger Auffassung des im vorstehenden erörterten Begriffsmerkmales des § 223a St. G. B.'s als berechtigt angesehen werden. Das Urteil stellt thatsächlich fest, daß der Angeklagte seinem 7½ Monate alten Kinde mit der Hand vorsätzlich zwei Schläge an den Kopf versetzt, ihm dadurch gewisse näher beschriebene Verletzungen zugefügt, daß der ärztliche Sachverständige indessen den Zustand des ihm alsbald nach der Mißhandlung zugeführten Kindes für „nicht bedenklich" gehalten, deshalb auch keinen Grund zur „Besorgnis" gefunden hat, und folgert lediglich hieraus: „daß durch die vom Angeklagten dem Kinde erteilten Schläge das Leben des letzteren nicht gefährdet worden ist." Dabei wird jedoch ausdrücklich hinzugefügt, es sei allerdings zuzugeben: „daß Schläge mit der Hand gegen den Kopf eines 7- bis 8monatlichen Kindes, dessen Kopfnähte noch offen sind — wie hier der Fall gewesen —, geführt, welche die oben erwähnten Spuren hinterlassen, im allgemeinen lebensgefährlich sind."

In dieser so begründeten Feststellung, insbesondere in den Worten „Schläge . . . welche die oben erwähnten Spuren hinterlassen," kann nur die Annahme gefunden werden, daß die konkrete Mißhandlung, welche der Angeklagte seinem Kinde zugefügt hat, der Regel und den Grundsätzen der Erfahrung nach allerdings geeignet war, einer Lebensgefährdung des gemißhandelten Kindes als ursachliches Mittel zu dienen und diese Wirkung nur im vorliegenden Falle ausnahmsweise nicht zur Erscheinung gekommen ist. Nach den obigen Ausführungen ist dieser Entscheidungsgrund nicht haltbar. Denn dadurch wird dem § 223a St. G. B.'s zuwider nicht die Art der Mißhandlung als solche mit den ihr in concreto anhaftenden kausalen Qualitäten, sondern der Erfolg zum entscheidenden Kriterium einer das Leben gefährdenden Behandlung erhoben.

Deshalb mußte das auf unrichtiger Anwendung des § 223a St. G. B.'s beruhende freisprechende Urteil aufgehoben werden.

III. **Ist die körperliche Verletzung des Einwilligenden als rechtswidrig nach den allgemeinen Grundsätzen über Körperverletzung zu bestrafen?** Siehe das im § 15 abgedruckte Urteil vom 15. XI. 80. I. (E. II, 442.).

IV. **Über den Einfluß der Aberratio ictus und des error in persona bei der Körperverletzung** siehe die im § 9 II. mitgeteilten Urteile.

V. **Den Einfluß des Züchtigungsrechts** behandelt das U. v. 3. VI. 89. III. (E. XIX, 265).

Wie das Reichsgericht in fester Rechtsprechung angenommen hat, entscheidet für die Frage der Srafbarkeit einer von dem Lehrer bei Ausübung des Züchtigungsrechtes dem Schüler zugefügten Körperverletzung die Widerrechtlichkeit der betreffenden Handlung, dergestalt, daß, soweit das zuständige Landesrecht dem Lehrer ein Recht zur Züchtigung einräumt, die in Ausübung und innerhalb der Grenzen dieses Rechtes vorgenommene Züchtigung nicht unter das Strafgesetz fällt, selbst wenn ihre Wirkung in der Zufügung einer Körperverletzung im Sinne des § 223 St. G. B.'s, also namentlich, dem Zwecke der Züchtigung entsprechend, in Erregung von körperlichem Schmerze, oder sonstiger geringfügiger, mit Gesundheitsgefährdung nicht verbundener Störung der körperlichen Integrität besteht, daß dagegen, soweit das zuständige Landesrecht die Ausübung des Züchtigungsrechtes innerhalb bestimmter Grenzen einschränkt, insbesondere die Vornahme körperlicher Züchtigung an bestimmte Bedingungen knüpft, eine unter Ueberschreitung dieser Grenzen dem Schüler vom Lehrer zugefügte Körperverletzung objektiv widerrechtlich ist und, sofern dabei der Lehrer vorsätzlich gehandelt, d. h. wissentlich die ihm bekannten Grenzen des Züchtigungsrechtes überschritten hat, den Strafbestimmungen des Strafgesetzbuches wegen vorsätzlicher Körperverletzung untersteht.

Vgl. Entsch. d. R. G.'s in Straff. Bd. 2 S. 10, Bd. 5 S. 129, 193, Bd. 9 S. 302, Bd. 15 S. 376, Bd. 16 S. 34; Rechtspr. in Straff. Bd. 5 S. 794.

VI. **Über die Strafbarkeit von Körperverletzungen, welche zum Zweck des Heilverfahrens von Ärzten bei operativen Eingriffen begangen werden** U. v. 31. V. 94. III. E. XXV, 376.

Der freisprechenden Entscheidung der Vorinstanz ist folgender Thatbestand zu Grunde gelegt. Der Angeklagte ist Oberarzt der chirurgischen Abteilung des sog. Vereinshospitals in H. Diesem Hospital wurde am 13. Juni 1893 die damals 7 Jahre alte, an einer tuberkulösen Vereiterung des Fußwurzelknochens leidende Tochter des Gastwirts K. von dessen Ehefrau zugeführt, nachdem der das Kind bis dahin behandelnde Arzt eine Operation für notwendig erklärt hatte. Am 23. Juni 1893 hat Angeklagter zunächst durch Resektion der Fußknochen dem Fortschreiten der Krankheit Einhalt zu thun versucht, jedoch ohne Erfolg. Die Weiterverbreitung der tuberkulösen Infektion würde nach dem Gutachten der Sachverständigen das Kind mit „chronischem Siechtum", „schließlich mit dem Tode" bedroht haben. Daraufhin ist am 28. Juli 1893 die Amputation des Fußes im Hospital durch einen Vertreter des Angeklagten vorgenommen worden. Inzwischen hatten über die Frage dieser operativen Eingriffe Verhandlungen zwischen dem Angeklagten und dem Vater der Patientin, dem Gastwirt K. begonnen. Letzterer, als Anhänger der sog. Naturheilkunde, ein grundsätzlicher Gegner der Chirurgie, erklärte schon am 20. und 21. Juni 1893 dem Angeklagten persönlich, er wolle auf jede Gefahr hin, nicht, daß sein Kind zum Krüppel werde, und widerspreche jeder Operation. Angeklagter will seinerseits von dieser Unterredung den Eindruck erhalten haben, als sei auf sein Zureden schließlich K. mit der Amputation einverstanden gewesen. Am 22. Juni erschien jedoch K. von Neuem im Hospital, sprach dort nur die dienende Schwester C. und wiederholte dieser gegenüber „klar und deutlich", daß er die beabsichtigte Operation nicht erlaube. Obwohl die C. noch am selben Tage diesen erneuerten Widerspruch des Vaters dem Angeklagten mitgeteilt hat, hat derselbe hierfür wiederum keine Erinnerung behalten. Unmittelbar vor dem Beginn der Resektion am 23. Juni 1893, meldete sich K. zum dritten Male im Krankenhause, um nunmehr sein Kind fortzuholen. Die Schwester O., an welche sich K. dieserhalb wendete, übermittelte die Meldung sofort an den Angeklagten. „Der Vater ist da und will sein Kind holen". Angeklagter erwiderte: „Jetzt ist es zu spät, ich werde später mit dem Vater sprechen". — Die Patientin lag damals bereits, für die Operation vorbereitet, in der Narkose, und schritt zur Resektion. Nach der Amputation des Fußes sind tuberkulose Erscheinungen nicht wieder aufgetreten, die Kräfte haben zugenommen und das Kind hat sich bisher weiter entwickelt.

Das angefochtene Urteil hat den dieserhalb wegen Körperverletzung — §§ 223, 223a. St. G. B.'s — angeschuldigten Angeklagten aus einer zweifachen Erwägung freigesprochen. Einmal wird in objektiver Beziehung der Rechtssatz aufgestellt, die der K.'schen Tochter bei der Operation — Resektion der Fußknochen — zugefügten Körperverletzungen weder als „Gesundheitsschädigungen", noch als „Mißhandlungen" im Sinne des § 223 St. G. B.'s angesehen werden können, weil die Gesundheit der Patientin durch die Operation nicht verschlechtert, sondern gebessert wäre, es im Übrigen aber einen begrifflichen Widerspruch enthielte, „eine zweckmäßige, vernünftige, ja notwendige Behandlung mittels operativen Eingriffes" als „Mißhandlung" zu qualifizieren. Deshalb sei es vorliegendenfalls rechtlich gleichgültig, ob Angeklagter mit oder gegen den Willen des Vaters das in des letzteren väterlicher Gewalt befindliche unmündige Kind operiert habe. In einer mehr eventuellen Erwägung wird ferner angenommen, daß Angeklagter zwar, als er die Operation begann, sich dessen bewußt war, daß der Vater des Kindes die Operation nicht wolle, daß er jedoch zuversichtlich darauf gerechnet habe, es werde ihm nachträglich gelingen, den Willen des Vaters, den er für unvernünftig, dem Kinde schädlich und deshalb nicht ernsthaft gehalten in seinem Sinne wieder umzustimmen. Sonach fehle sowohl die objektive wie die subjektive Rechtswidrigkeit.

Diese Erwägungen sind nicht geeignet, die Freisprechung des Angeklagten zu rechtfertigen.

Zunächst erscheint es verfehlt, mit der Vorinstanz den zum Zweck des Heilverfahrens vorgenommenen chirurgischen Eingriffen in die Unversehrtheit des Körpers und der Gliedmaßen eines Menschen schon um deshalb objektiv den Charakter einer unter § 223 St. G. B.'s fallenden „Mißhandlung" absprechen zu wollen, weil nach gewöhnlichem Sprachgebrauche unter „Mißhandeln" lediglich ein unangemessenes, schlimmes oder übles, niemals aber ein an sich vernünftiges und zweckmäßiges Handeln zu verstehen sei. Als man statt der mehr kasuistischen Fassung des § 187 des preußischen Strafgesetzbuches:

„wer vorsätzlich einen Anderen stößt oder schlägt oder demselben eine andere Mißhandlung oder Verletzung des Körpers zufügt",

die jetzige Formulierung des § 223 St. G. B.'s wählte:

„wer vorsätzlich einen Anderen körperlich mißhandelt oder an der Gesundheit schädigt,"

wollte man mit dem Ausdrucke „körperlich Mißhandeln" im weitesten und allgemeinsten Sinne alle unmittelbar und physisch dem körperlichen Organismus zugefügten Verletzungen zusammenfassen. Daß dazu auch entstellende Beeinträchtigungen der körperlichen Unversehrheit mindestens in ihren wesentlichen Bestandteilen, also erheblichere Substanzverletzungen, der Verlust einzelner Gliedmaßen und dergl. zu rechnen sind, kann angesichts des § 224 Strafgesetzbuches nicht zweifelhaft sein.

Daß die Norm des § 223 St. G. B.'s rechtswidriges Handeln voraussetzt, ist freilich gewiß, und daraus wird zu folgern sein, daß eine nicht rechtswidrig zugefügte Körperverletzung keine strafbare Mißhandlung ist. Unhaltbar aber ist es, das „nicht rechtswidrige" darein setzen zu wollen, daß der Zweck oder gar der Erfolg der Körperverletzung sich als dem Verletzten heilsam, als vernünftig darstelle. **Objektiv rechtswidrig ist jedes an sich an sich normalwidrige Handeln, solange dem Handelnden nicht ein die Norm einschränkendes, selbständiges Recht zur Seite steht.** Daß jemand nach eigener Ueberzeugung oder nach dem Urteile seiner Berufsgenossen die Fähigkeit besitzt, das wahre Interesse seines Nächsten besser zu verstehen, als dieser selbst, dessen körperliches oder geistiges Wohl durch geschickt und intelligent angewendete Mittel vernünftiger fördern zu können, als dieser es vermag, gewährt jenem entfernt nicht irgend eine rechtliche Befugnis, nunmehr nach eigenem Ermessen, in die Rechtssphäre des anderen einzugreifen, diesem Gewalt anzuthun und dessen Körper willkürlich zum Gegenstande gutgemeinter Heilversuche zu benutzen. Das Absurde einer solchen Unterstellung springt mit besonderer Schärfe in die Augen, wenn man erwägt, daß das hier behauptete, durch den vernünftigen Zweck begründete „Recht", will man demselben überhaupt einen Sinn beilegen, folgerichtig dahin führt, das subjektive Belieben, den rein subjektiven Glauben des Einzelnen an seine Fähigkeit und Geschicklichkeit im Wohlthun zum rechtsbildenden Rechte schaffenden und Rechtsnorm aufhebenden Faktor zu erheben. Was hiervon der Vorinstanz jedem Arzte, jedem Kranken gegenüber als „Recht“ zu Körperverletzungen und Mißhandlungen eingeräumt wird, würde mit der gleichen logischen Notwendigkeit jedem, der sich für heilkundig hält, jedem gegenüber, den er für krank ansieht, zuzugestehen sein. Weshalb beispielsweise das, was dem Arzte um seiner physischen Heilzwecke willen ohne Weiteres erlaubt sein soll, nicht ebenso den um das Heil der Seele besorgten Geistlichen zu gestatten ist, und weshalb der vernünftig-humane Zweck nur Körperverletzungen, nicht auch Freiheitsberaubungen, Nötigung, Sachbeschädigung, Hausfriedensbruch und zahlreiche ähnliche Delikte aus dem Bereiche rechtswidriger Handlungen herauszuheben geeignet ist, bleibt in diesem Gedankengange dunkel. Nicht minder schwierig würden sich auf dem Boden der vorinstanzlichen Rechtsanschauungen die Conflikte gestalten, wenn gleichzeitig mehrere Heilkundige sich denselben Patienten zum Objekte einer gleich rationellen nur in der Methode verschiedenartigen Heilverfahrens auserlesen haben, und entschieden werden soll, welchem von ihnen das bessere „Recht“ beiwohnt. — Vollends untauglich für das Strafrecht gestaltet sich aber der Gesichtspunkt, nach den unberechenbaren Zufälligkeiten des Erfolges, also nach den der That in unbestimmter Zukunft nachfolgenden Eventualitäten begrifflich unterscheiden zu wollen, ob eine an sich alle gesetzlichen Merkmale des § 223 St. G. B.'s an sich tragende Körperverletzung ein Delikt darstellt oder nicht.

Der gelegentlich in der Doktrin gemachte Versuch, ein sog. Berufsrecht des Arztes an sich, oder doch des staatlich approbierten Arztes zur selbständigen Grundlage irgend welcher dem letzteren über den Körper von Kranken zustehenden originären Befugnisse zu' erheben, erscheint für sich allein eben so unzureichend, als leitender Grundsatz für die Lösung der hierzu entscheidenden Fragen zu dienen. Innerhalb des heute geltenden öffentlichen Rechtes Deutschlands ist der Betrieb der Heilkunde ein freies Gewerbe, das jedermann ohne Rücksicht auf Kenntnisse, Vorbildung, Erfahrung, Geschick, Verleihung 2c. offen steht. Den „Beruf“ hierfür besitzt jeder, der sich selbst solchen Beruf zuschreibt. Nachdem der letzte Rest der früher mit dem ärztlichen Stande verbunden gewesenen öffentlich-rechtlichen Pflichten durch die deutsche Gewerbeordnung beseitigt worden ist, kann eben so wenig mehr von irgend welchen aus dem freien Berufe entspringenden Rechten gesprochen werden. Die „Approbation“, wie sie § 29 der Gewerbeordnung regelt, gewährt wohl eine Befugnis, den Titel „Arzt“ und dergl. zu führen, und eine gewisse Qualifikation amtliche Funktionen anvertraut zu erhalten. Bezüglich der Berufsrechte und Berufspflichten unterscheidet sich im Uebrigen der approbierte Arzt in nichts von dem nichtapprobierten Arzte. In jedem Falle ist nicht abzusehen, wie die sog. „Approbation“ die Kraft besitzen könnte, ursprünglich und ohne Weiteres irgend ein konkretes Rechtsverhältnis zwischen dem Arzte A. und dem Patienten B. zu begründen, und wie unter den zahlreichen „approbierten“ Aerzten gerade diesem Arzte Gewaltherrschaft über diesen Patienten entstehen soll. Auch wäre es ein befremdlicher Rechtssatz, die Privilegien der Straflosigkeit, welche man jedem von einer deutschen Behörde geprüften und „approbierten“ jungen Chirurgen für seine operativen Experimente bereitwillig zugesteht, dem vom Auslande herbeigerufenen erprobten Operateur nur um deshalb zu versagen, weil ihm die deutsch-rechtliche „Approbation“ abgeht.

Im übrigen vermögen auch die Anhänger selbständiger ärztlicher Berufsrechte sich der Erkenntnis nicht zu verschließen, daß unter allen Umständen diese freien Rechte ihre Schranke in dem entgegengesetzten Willen des verfügungsfähigen Kranken, dessen Angehörigen oder sonstigen rechtlichen Repräsentanten finden. Muß man aber diese Beschränkung einräumen, dann liegt darin auch das Zugeständnis, daß es an sich nicht das Berufsrecht des Arztes, sondern in erster Reihe der Wille des Kranken ist, welcher den ersteren legitimiert, Körperverletzungen straflos zu verüben, wo sie, von irgend einem Dritten verübt, zu strafbaren Delikten werden, daß der ärztliche Beruf als solcher, die mit ihm verknüpften Qualitäten des Wissens und Könnens, Sachkunde, Erfahrung, Geschick, staatliche Anerkennung, immerhin dazu angethan sind, dem den Arzt an das Krankenbett berufenden Rechtswillen einen vernünftigen, sittlich beachtenswerten Inhalt zu verleihen, daß es aber grundsätzlich und wesentlich diese auf privater Willkür ruhende Berufung, nicht der gewerbliche Beruf als solcher ist, aus dem die rechtlichen Prärogativen des Arztes seinem Patienten gegenüber entstammen.

Es bedarf an dieser Stelle keiner Erörterung der Frage, inwieweit die Einwilligung des Verletzten als allgemeines Prinzip tauglich ist, ein Kriterium der Rechtmäßigkeit bezw. Rechtswidrigkeit gewisser Handlungen abzugeben, ob insbesondere das Delikt der Körperverletzung schlechthin bezw. der leichten oder einfachen Körperverletzung durch die Einwilligung des Verletzten aufgehoben wird, und welche Bedeutung in dieser Beziehung der bisherigen Rechtsprechung des Reichsgerichtes beiwohnt.

Vgl. Entsch. des R. G.'s in Strafs. Bd. 2 S. 442, Bd. 6 S. 61.

Für das Verhältnis zwischen Arzt und Patienten wird innerhalb der Sphäre des bürgerlichen wie des peinlichen Rechtes an der zwischen beiden Personen bestehenden Willensübereinstimmung unter allen Umständen als dem leitenden und entscheidenden Gesichtspunkte festzuhalten sein. Mag man es Auftrag, Vollmacht, Dienstmiete, Werkverdingung oder wie sonst nennen: in jedem Falle ist es der Wille des Kranken bezw. seiner Angehörigen und gesetzlichen Vertreter, welcher überhaupt gerade diesen Arzt beruft, die Behandlung dieses Kranken zu übernehmen. Solange solcher Wille nicht thätig geworden ist, besteht der Regel nach zwischen beiden Kategorien von Personen keinerlei rechtliche Beziehung. Hält man dieses fest, dann ergiebt sich die weitere Folgerung auch von selbst, daß Inhalt und Umfang der dem Arzte solchergestalt eingeräumten Befugnisse in Anwendung aller Mittel seiner Kunst sich nicht minder regeln muß durch den Rechtswillen des Kranken. Gewiß ist der Arzt zu der Annahme befugt, daß der Kranke oder dessen Willensvertreter, die im Vertrauen auf seine Kunst ihm die Behandlung der Krankheit übertragen haben, sich folgeweise auch seinem Rate unterordnen, seine Weisungen befolgen, sich seine Heilmittel gefallen lassen werden, ihm daher bei allen seinen Eingriffen in den Organismus des zu Heilenden die Zustimmung jener zur Seite steht. Auf dem Boden solcher thatsächlichen Vermutungen wird dann allerdings für die Auslegung des vernünftigen Willens der Beteiligten der staatlich anerkannte oder sonst bewährte Beruf des Arztes zweifellos von erheblicher Bedeutung werden.

So werden sich unbedenklich für die viel erörterten Ausnahmefälle, in denen wegen Bewußtlosigkeit, Geisteskrankheit, Unzurechnungsfähigkeit des Patienten, oder bei Gefahr im Verzuge wegen Abwesenheit der Vertreter des Kranken sich eine ausdrückliche Willensentschließung der hierfür zuständigen Personen nicht erzielen läßt, oder die Willensäußerungen des Kranken oder seiner Angehörigen unklar, unsicher, schwankend lauten, wertvolle praktische Folgerungen zu Gunsten des guten Glaubens und der berechtigten Voraussetzungen des behandelnden Arztes im Sinne eines ihm aktuell zur Seite stehenden Konsenses der Beteiligten ergeben. So gewiß aber der verfügungsfähige Kranke durch Berufung des Arztes zwecks Heilung seines Leidens dem Arzte nicht eine unbeschränkte Gewaltherrschaft über seine Person eingeräumt hat, so gewiß der Auftrag zum Heilverfahren jederzeit von ihm widerrufen, der eine Arzt durch einen anderen ersetzt werden kann, so gewiß ist derselbe Kranke auch befugt, der Anwendung jedes einzelnen Heilmittels, seien es innerlich wirkende Medikamente, seien es äußere operative Eingriffe, rechtswirksam Weigerung entgegenzusetzen. Und mit dem Moment solcher Weigerung des zurechnungsfähigen Kranken oder seiner gesetzlichen Willensvertreter erlischt auch die Befugnis des Arztes zur Behandlung und Mißhandlung einer bestimmten Person für Heilzwecke. Folgeweise handelt derjenige Arzt, welcher vorsätzlich für Heilzwecke Körperverletzungen verübt, ohne sein Recht hierfür aus einem bestehenden Vertragsverhältnisse oder der präsumtiven Zustimmung, dem vermuteten Auftrag hierfür legitimierter Personen herleiten zu können, überhaupt unberechtigt, d. i. rechtswidrig, und unterliegt der solche Delikte verbietenden Norm des § 223 St. G. B.'s. Noch zweifelloser tritt solche Rechtswidrigkeit hervor, wenn der Arzt gegen den erklärten Willen jener Person handelt.

Diese Grundsätze, auf den vorliegenden Fall angewendet, würden zur Schuldlosigkeit des Angeklagten führen, solange er nach dem Anlaß zur Aufnahme des K.'schen Kindes in das Hospital und dessen chirurgische Abteilung hierin den Konsens der Eltern zu operativen Eingriffen erblickte, und daraufhin, ohne spezielle und ausdrückliche Erklärungen der Letzteren einzuholen, zur Operation schritt. Da aber feststeht, daß, ehe er mit der Resektion der Fußknochen seine operativen Eingriffe begann, der gesetzliche Vertreter des zu operierenden Kindes den Auftrag zur ferneren ärztlichen Behandlung desselben positiv widerrufen und die Zustimmung zur Operation des Fußes ausdrücklich verweigert hat, trägt das Verfahren des Angeklagten objektiv alle Merkmale der Rechtswidrigkeit an sich.

Angeklagter ist ferner aber auch für überführt erachtet, sich bei seinem Handeln der vorbezeichneten Rechtswidrigkeit bewußt gewesen zu sein. Dieses den subjektiven Thatbestand des § 223 St. G. B.'s erfüllende strafbare Bewußtsein kann dadurch nicht aufgehoben werden, daß, wie das Urteil des weiteren ausführt, Angeklagter darauf rechnete, zukünftig und nachträglich die Zustimmung des besser informierten Vaters zu erlangen. Stand dem Angeklagten zur Zeit, da er die hier inkriminierten Körperverletzungen verübte, kein Recht auf solche Verübung zur Seite, und war er sich des Mangels dieser, sein Handeln begleitender rechtlichen Befugnis im Momente der Resektion bewußt, so war mit dem ersten Messerschnitt, den er gegen den Körper des Kindes ausführte, auch das Delikt vollendet, und der Strafantrag des Staates begründet. Diese öffentlich-rechtliche Thatsache konnte durch keine Privatwillkür mehr aus der Welt geschafft werden. Was dem Instanzrichter hier als nachträgliche Zustimmung und Einwilligung vorschwebt, geht im wahren Rechtssinne nicht über die Bedeutung einer nachträglichen Verzeihung einer einmal verübten Rechtsverletzung hinaus. Zu wirken vermag der Wille des Menschen nur auf gegenwärtige und zukünftige, nicht auf vergangene Dinge, ob der in der Narkose seiner Fußknochen oder des ganzen Fußes beraubte Patient nachträglich die Amputation billigt oder mißbilligt, kann Geschehenes weder in seiner objektiven, noch in seiner subjektiven Gestalt ungeschehen machen. Wie lange sollte die Frage einer durch eine solche, dem Strafrechte völlig unbekannte und nachträgliche Ratihabition bedingten Regelmäßigkeit einer Operation und die davon abhängige Frage der Deliktsverübung in der Schwebe bleiben, wollte man es dem gegen den Willen des Kranken operierenden Arzte überlassen, durch langwierige Verhandlungen wissenschaftliche Diskussionen den Kranken oder seine Angehörigen nachträglich von der Nützlichkeit und Notwendigkeit der vollzogenen Operation zu überzeugen! Denn unter allen Umständen müßte objektiv die strafrechtliche Wirksamkeit solcher nachträglichen Ratihabition feststehen, wenn subjektiv der bloßen Hoffnung des Arztes auf die letztere rechtliche Beachtung geschenkt werden soll.

Dasjenige, was das Urteil in dieser Beziehung als Mangel subjektiver Rechtswidrigkeit bezeichnet, ist in Wahrheit auch nicht der Glaube des Angeklagten an sein Recht, sondern seine Ueberzeugung, das leibliche Wohl des kranken Kindes besser zu verstehen, als dessen Vater, für die Operation vernünftigere Gründe zu besitzen, als der in dem Glauben an die Naturheilkunde befangene K. gegen dieselbe geltend machte, und hierdurch, falls es zu späteren Erörterungen hierüber käme, dem letzteren an Argumenten überlegen zu sein. Daß in der That auf eine derartige Ueberhebung des sachkundigen Arztes über den beschränkten Laienverstand die Darstellung des Urteils hinausläuft, erhellt auch daraus, daß der letztere ausdrücklich anerkennen muß, Angeklagter hätte, als er unmittelbar vor der Operation den Widerspruch des Vaters erfuhr, ohne jeden Schaden für die Kranke die Operation auf Tage und Wochen hinausschieben können. Nicht also, weil eine imminente Gefahr ihn berechtigte, anzunehmen, daß die Operation jetzt und gerade jetzt notwendig vorgenommen werden und deshalb jeder Vernünftige die am 23. Juni vollzogene Resektion billigen müsse, sondern weil er von seinem überlegenen Standpunkte des Chirurgen den Widerspruch des Vaters überhaupt für unbeachtlich hielt, ist er mit vollem Bewußtsein gegen den Widerspruch vorgegangen. Und in diesem Zusammenhange ist auch die unklare Wendung der Urteilsgründe, welche die vom Angeklagten zwischen einem „wirklichen ernsten Willen" und dessen Gegenteil gemachte Unterscheidung hervorhebt, bedeutungslos. Einmal ist auch der im Affekte, in der „Aufwallung" gefaßte Willensentschluß ein im Rechtssinne thatsächlich vorhandener, ernsthafter, rechtswirksamer Wille. Und sodann will offensichtlich das Urteil mit jener Wendung nicht mehr sagen, als daß Angeklagter überhaupt nicht geneigt war, die Ansichten und Willensmeinungen des Gastwirtes K. über chirurgische Operationen „ernsthaft" zu nehmen. Das mag medizinisch gerechtfertigt und menschlich im höchsten Maße entschuldbar gewesen sein; strafrechtlich hat Angeklagter normwidrig gehandelt, und ein nach §§ 223 flg. St. G. B.'s zu ahndendes Delikt verübt.

Zweites Kapitel.

Freiheits-Delikte.

§ 32.

Die Nötigung.

Berner S. 537, Binding Gr. II § 125, v. Liszt § 99, Meyer § 78, Frank und Olshausen zu § 240 St. G. B.

I. **Über die Erfordernisse der Strafbarkeit in subjektiver Beziehung und den Begriff der Widerrechtlichkeit***) führt das U. v. 24. XII. 79. E. II, 286 aus:

In der Auffassung der Vorderrichter ist ein Rechtsirrtum in betreff des strafbaren Charakters des der Anklage zu Grunde liegenden Vergehens nicht erkennbar gewesen; namentlich ist das Erfordernis der Ernstlichkeit des Willens korrekt behandelt und in dem Ausspruche des zweiten Richters zum Ausdruck gelangt, daß es für den Thatbestand des im § 240 St. G. B.'s bedrohten Vergehens gleichgültig erscheine, ob die Drohung ernstlich gemeint sei, sobald sie nur auf den Bedrohten den Eindruck einer ernstlich gemeinten machen konnte, und der Drohende sich dieser Eigenschaft bewußt war. Denn hiermit hat nach dem ganzen Zusammenhange der Entscheidungsgründe nur ausgesprochen werden sollen, daß die Ernstlichkeit des Willens, die Drohung auszuführen, nicht erforderlich sei. Hierüber sich auszusprechen, hatte der Appellationsrichter ganz besondere Veranlassung, indem ihm die Widerlegung der Behauptung des Angeklagten oblag, welcher ausgeführt hatte, die Handlung sei straflos, weil er mit dem Bedrohten in gutem Vernehmen gestanden, die Handlung,

---

*) von Liszt § 99 sieht das Moment der Widerrechtlichkeit bald im Nötigungsmittel, bald im Nötigungszweck. Ueber die verschiedenen Auffassungen der „Widerrechtlichkeit" cfr. Olshausen No. 11.

mit der er gedroht, nicht auszuführen beabsichtigt, vielmehr nur im Scherz gehandelt habe.

Nicht aber hat mit jenen Worten ausgedrückt werden sollen, es bedürfe nicht der Ernstlichkeit der Nötigung. Das Erfordernis der Ernstlichkeit des Handelns im allgemeinen, beziehentlich des auf Erreichung des verbrecherischen Zweckes gerichteten Willens ist, wie bei allen vorsätzlichen Vergehungen, so auch bei der Nötigung wesentliche Voraussetzung der Schuld. Allein dieses Moment ist von den Vorderrichtern auch richtig erkannt und gewürdigt, indem festgestellt worden, daß der Angeklagte den Entschluß, einen anderen durch Androhung eines Verbrechens zu einer Handlung zu nötigen, gefaßt und diesen Entschluß durch Vornahme der näher bezeichneten Handlungen auch auszuführen unternommen habe.

Ebensowenig kann es als rechtsirrtümlich angesehen werden, wenn die Vorderrichter die Widerrechtlichkeit des Handelns schon in dem Verbrecherischen des angewendeten Mittels erblickt und hierzu nicht auch den Nachweis erfordert haben, daß der Angeklagte auf die Handlung, zu welcher er nötigen wollte, kein Recht gehabt habe. Denn gerade das ist das Charakteristische der Nötigung, daß auch die Erzwingung einer an sich erlaubten und selbst einer solchen Handlung, auf welche der Nötigende einen civilrechtlich gegründeten Anspruch hat, dann strafbar wird, wenn zu jenem Zwecke die in § 240 St. G. B.'s angeführten Mittel in Anwendung gebracht worden. Gerade dieses Moment unterscheidet wesentlich mit die Nötigung von der Erpressung, bei deren Thatbestande zu der Thatsache der Anwendung von Gewalt oder Drohung überdies noch das Merkmal der Widerrechtlichkeit des beabsichtigten Zweckes hinzutreten muß.*)

II. **Über die ratio legis des § 240 St. G. B.'s, sowie über den Begriff der „Gewalt bei der Nötigung"** äußert sich zusammenfassend das U. v. 30. X. 85 (E. XIII, 49).

Der Kaufmann C. hatte dem Schneidermeister R. Stoff zur Anfertigung von Mänteln gegeben, verweigerte aber unter Ausstellungen die Bezahlung der Arbeit. R. und dessen Ehefrau wollten ohne Zahlung die gefertigten Mäntel im Geschäftslokale des C. nicht lassen. Dieser entfernte sich, um polizeiliches Einschreiten zu veranlassen, und befahl seinem Kommis W. — der strafrechtlich nur als Werkzeug des C. angesehen ist — die R.'schen Eheleute einzuschließen, um sie am Fortschaffen der Mäntel zu hindern. Dieser Befehl ist nicht vollständig ausgeführt, vielmehr nur eine Thür des Geschäftslokals verschlossen worden, ein anderer Ausgang aber unverschlossen geblieben. Die R.'schen Eheleute hielten sich indes für eingeschlossen.

Hieraus ist vom ersten Richter gefolgert, daß eine Freiheitsberaubung im Sinne des § 239 St. G. B.'s zwar nicht zur Ausführung gelangt, wohl aber der Thatbestand des § 240 St. G. B.'s erfüllt worden sei.

---

*) Ebenso v. Liszt § 99, Frank a. a. O und E III, 179 VIII, 302 XII, 194.

Die Revision suchte u. a. auszuführen, daß das Begriffserfordernis der Gewalt in unzureichender Weise festgestellt sei. Dem ist nicht beigetreten worden aus folgenden Gründen:

Der erste Richter ist davon ausgegangen, daß der Begriff der Gewalt im § 240 St. G. B.'s nicht auf „Gewalt an der Person" oder „gegen eine Person" zu beschränken sei. Eine körperliche Berührung, überhaupt ein Unternehmen körperlicher Überwältigung des zu Nötigenden ist nicht für notwendig zur Erfüllung des Begriffs erachtet worden.

Diese Auslegung entspricht dem Wortlaute im Gegensatze zu anderen Gesetzesstellen, in denen „Gewalt gegen eine Person" an sich gestellt ist, wie im § 255 gegenüber § 253 St. G. B.'s, oder doch ausdrücklich Gewalt „gegen eine Person", wie in §§ 122 Abs. 3, 249 St. G. B.'s, oder Gewalt „an" einer Person gefordert wird, wie in § 117 Abs. 2 im Gegensatze zu Abs. 1 und in § 176 Abs. 1 a. a. O.

Die Auslegung entspricht dem Zwecke des Gesetzes, welcher dahin geht, die Freiheit der Entschließung des Einzelnen zu Handlungen, Duldungen oder Unterlassungen vor widerrechtlichem Zwange zu schützen. Unter den Begriff der Gewalt im Sinne des § 240 a. a. O. fällt daher auch jede unmittelbare oder mittelbare Einwirkung auf den Körper eines anderen, welche geeignet ist und darauf abzielt, die freie Willensentschließung desselben zu hindern und ihn auf diese Weise zu einer Handlung, Duldung oder Unterlassung zu nötigen. Eine solche Einwirkung kann in der Entziehung der persönlichen Freiheit ohne Rechtsirrtum gefunden werden. Es bedarf zu einer solchen Einwirkung nicht einmal der Aufwendung physischer Kraft, sie kann auch durch ein Unterlassen, z. B. Entziehung der Nahrung oder durch Aufrechterhaltung eines ohne verbrecherischen Vorsatz herbeigeführten Zustandes der Freiheitsentziehung erfolgen.

Im vorliegenden Falle ist die Freiheitsberaubung zum Zwecke der Nötigung mittels Einschließens bewirkt worden, und in letzterem konnte auch ohne Rechtsirrtum die Anwendung physischer Kraft und eine Gewalt an Sachen gefunden werden, welche, wie das Reichsgericht in wiederholten Entscheidungen, vgl. Entsch. des R. G.'s in Straff. Bd. 3 S. 179, Bd. 7 S. 769, Bd. 9 S. 58, angenommen hat, unter den Begriff Gewalt im Sinne des § 240 St. G. B.'s fällt, wenn sie auch nur indirekt gegen eine Person gerichtet ist und darauf abzielt, den Widerstand derselben zu brechen oder auszuschließen.

Ein Rechtsirrtum läßt sich also nicht erkennen, wenn im vorliegenden Falle in dem mit dem Verstecken des Schlüssels verbundenen Verschließen der Thüre des Geschäftslokales Gewalt im Sinne des § 240 St. G. B.'s gefunden ist. Dies Verfahren ist hier mit Recht auf eine Stufe gestellt mit dem gewaltsamen körperlichen Verhindern des Weggehens mit den strittigen Mänteln.

§ 33.

Die Bedrohung.

Berner S. 393, Binding Gr. II § 126, v. Liszt § 99, Meyer § 107, Frank und Olshausen zu § 241 St. G. B.

I. **Muß die Bedrohung geeignet sein, in dem Bedrohten die Furcht vor der Verwirklichung hervorzurufen?** U. v. 24. II. 81. I. (E. IV, 10).

Die Angeklagte hatte die Drohung ausgesprochen, sie werde eine andere Frau erstechen. Die letztere hatte hiervon auch Kenntnis erhalten. Das Landgericht stützte sein freisprechendes Urteil lediglich darauf, daß die von der Angeklagten verübte Bedrohung nicht als geeignet anzusehen sei, bei der Bedrohten die Furcht vor der Verwirklichung hervorzurufen.

Auf die Revision der Staatsanwaltschaft erfolgte Aufhebung des Urteils und Zurückverweisung der Sache.

Nach § 241 St. G. B.'s ist derjenige strafbar, welcher einen anderen mit der Begehung eines Verbrechens bedroht. Es gehört zum Begriffe der „Bedrohung", daß der Wille des Thäters darauf gerichtet sein muß, in dem Bedrohten Furcht vor der Verwirklichung der Drohung hervorzurufen, den Rechtsfrieden desselben zu stören.

Das Gesetz geht davon aus, daß eine solche Bedrohung mit der Vornahme einer als Verbrechen sich darstellenden Handlung an sich geeignet sei, den Rechtsfrieden des Bedrohten zu stören, in ihm die Furcht vor der Verwirklichung der Drohung hervorzurufen. Dagegen hat das Gesetz den wirklichen Eintritt dieser Folge als Thatbestandserfordernis nicht bezeichnet und ebensowenig verlangt, daß die Bedrohung auch nach den Umständen des konkreten Falles geeignet sein müsse, jene Wirkung zu äußern. Es ist vielmehr in dieser Richtung nur die Willensbestimmung des Thäters entscheidend.

Das Landgericht hat hiernach die Freisprechung der Angeklagten aus dem Mangel eines Thatumstandes hergeleitet, welcher für den Thatbestand des Vergehens des § 241 nicht von Bedeutung ist.

II. **Giebt es bedingte Drohungen?** U. v. 23. I. 90. I. (E. XX, 180).

Nach der thatsächlichen Feststellung des Urteils hat der Angeklagte dem in seinem Zimmer befindlichen Bergmanne C. zugerufen: „er werde ihn kalt machen, zu einer Leiche, er solle verrecken". Gegen die hiernach erfolgte Verurteilung des Angeklagten in Gemäßheit des § 241 St. G. B.'s wird von der Revision eingewendet, die Drohung sei eine bedingte gewesen, denn sie müsse dahin ergänzt werden, „für den Fall C. aus seinem Zimmer herauskomme".

Diese Einwendung ist jedoch verfehlt, weil die Drohung selbst immerhin keine bedingte war und vielmehr nur die Zufügung des angedrohten Uebels als eine bedingte bezeichnet werden könnte. In diesem Sinne bedingt ist jede Drohung, weil sie darauf hinweist, daß sie erst in der Zukunft verwirklicht werden solle, wenn der Drohende hierzu in die Lage kommen werde. Lediglich darin besteht das Wesen der Drohung, daß der Bedrohte durch das ihm für den zukünftigen Vollzug angekündigte Übel sich beunruhigt fühlen soll, nnd es ist daher ohne Bedeutung, ob der Drohende diesen Vollzug ernstlich gemeint, oder sich der Bedrohte wirklich beunruhigt gefühlt hatte.

§ 34.

Die Freiheitsberaubung.

Berner S. 535, Binding Gr. II § 125, v. Liszt § 97, Meyer § 79, Frank und Olshausen zu § 239 St. G. B.

Ueber die Erfordernisse der Freiheitsberaubung in subjektiver und objektiver Beziehung handelt U. v. 26. IV. 82. III. (E. VI, 231).*)

Das angefochtene Urteil hat den Thatbestand des im § 239 St. G. B.'s vorgesehenen Vergehens lediglich dahin festgestellt, daß der Angeklagte die Kleidungsstücke von zwei sich nackt in einem Flusse badenden Personen erst von der Stelle am Ufer, wo sie von den Badenden niedergelegt waren, entfernt, dann nach einem 3 bis 4 Minuten davon entlegenen Hause hat bringen lassen, wonächst sie nach Verlauf von etwa $^1/_4$ Stunde bis 1 Stunde den Eigentümern zurückgegeben wurden, und daß der Angeklagte hierdurch mittels physischen Zwanges die gedachten Personen, die Konsumwärter N. und G., verhindert hat, sich in angekleidetem Zustande fortzubegeben. Diese Feststellung enthält nicht die gesetzlichen Merkmale des zur Anwendung gebrachten § 239 St. G. B.'s.

Es kann dahin gestellt bleiben, ob der Angeklagte, wie die Vorinstanz für erwiesen erachtet, vorsätzlich und widerrechtlich gehandelt hat, auch wenn sein Motiv lediglich gewesen, einer Verletzung der öffentlichen Schamhaftigkeit entgegenzutreten oder die Persönlichkeit der Badenden festzustellen. Ob die gesetzlichen Voraussetzungen für eine vorläufige Festnahme der beiden Konsumwärter vorlagen, insbesondere, ob die letzteren sich etwa in Ausübung einer strafbaren Handlung befanden, ist von der Vorinstanz nicht besonders erwogen.

Wenn aber der § 239 St. G. B.'s vorschreibt:

„wer vorsätzlich und widerrechtlich einen Menschen einsperrt oder auf andere Weise des Gebrauches der persönlichen Freiheit beraubt, wird mit Gefängnis bestraft",

so mögen immerhin die Worte „auf andere Weise", wie sie jetzt lauten, den in einem früheren Entwurfe (1830) des preußischen Strafgesetzbuches (§ 210) gebrauchten Worten „auf ähnliche Weise" (vergl. Goltdammer, Materialien Bd. 2 S. 450) nicht mehr gleichstehen und mag daraus gefolgert werden, daß die „auf andere Weise" bewirkte Freiheitsberaubung äußerlich der „Einsperrung" oder „Gefangenhaltung" nicht ähnlich zu sein braucht; notwendig erfordert der Begriff der „Beraubung" und der begriffliche Gegensatz zur Nötigung im Sinne des § 240 St. G. B.'s, daß eine, wenn auch vorübergehende, doch in ihrer Wirkung vollständige Aufhebung der persönlichen Freiheit stattgefunden hat. Eine bloße Beschränkung in der Wahl des Aufenthaltes nach dieser oder jener konkreten Richtung

---

*) cf. ausserdem E. XVII, 128 (Überschreitung der Grenzen der Befugnisse), XXVII, 360.

hin, eine bloße Erschwerung der freien Bewegung genügt zweifellos nicht. Deshalb ist es von vornherein unzureichend, wenn die Vorinstanz eine „Beraubung“ der persönlichen Freiheit der beiden Konsumwärter schon darin erblicken will, daß dieselben behindert waren, sich anzukleiden und angekleidet die Badestelle zu verlassen. Nicht das Ankleiden und der angekleidete Zustand steht in Frage, sondern die Aufhebung der persönlichen Freiheit. In dieser letzteren aber waren die durch die Handlungsweise des Angeklagten betroffenen wohl beengt, aber keineswegs derartig vergewaltigt, daß sie als Gefangene oder absolut Unfreie angesehen werden konnten. Sie blieben unbehindert, sich nach Willkür im Wasser weiter aufzuhalten, das Wasser ohne die Kleider zu verlassen, sich ihre Kleider, sei es vom Angeklagten, sei es aus dem B.'schen, nur wenige Minuten entfernten Hause, wo sie niedergelegt waren, wieder zu holen. Sie haben thatsächlich, wie das Urteil weiter feststellt, sich aus dem Wasser fortbegeben und, in einem trockenen Graben versteckt, die kurze Zeit gewartet, bis ihnen die Kleidungsstücke zurückgebracht wurden. Das alles sind keine Umstände, die sich als Freiheitsberaubung rechtlich qualifizieren lassen.

Wollte man indessen auch die thatsächliche Auffassung der Vorinstanz dahin verstehen, daß die Unmöglichkeit, sich anzuziehen, positiv auf N. und G. dahin physisch eingewirkt hat, daß sie an einer bestimmten Stelle, sei es nun das Wasser, sei es der trockene Graben, unbedingt willenlos festgehalten wurden, so fehlt es doch an jeder Feststellung, daß gerade hierauf der Vorsatz des Angeklagten gerichtet war. Und in dieser Verbindung kommt es allerdings in Betracht, daß der Angeklagte solchen Vorsatz in Abrede gestellt, nur in der Absicht gehandelt haben will, erst das Erscheinen der nackten Personen auf dem Ufer in Gegenwart der ihn begleitenden Tante momentan zu verhindern, demnächst, um ihre Persönlichkeit durch Retention der Kleidungsstücke zu identifizieren, und daß die Vorinstanz diese thatsächlichen Einreden nicht für widerlegt erachtet hat. Es geht vielmehr aus den Urteilsgründen hervor, daß der Angeklagte über diesen Zweck hinaus nicht in dem Bewußtsein gehandelt hat, N. und G. an einem bestimmten Aufenthaltsort zwangsweise festzuhalten. Es ist nicht einmal festgestellt worden, daß der Angeklagte von ihrem Aufenthalte im Graben überhaupt Kenntnis gehabt hat.

Drittes Kapitel.

Die Ehrverletzung und die falsche Anschuldigung.

§ 35.

Die Beleidigung.

Berner S. 467. Binding Gr. II §§ 131—139. v. Liszt § 94. Meyer § 83. Frank und Olshausen zu § 185 St. G. B.

I. **Können auch Kinder oder andere unzurechnungsfähige Personen beleidigt werden?** U. v. 2. V. 84, II. (E. X, 372).

Bei Verletzung von Personen an Leben, Leib oder Gut ist es für den Thatbestand der in Frage kommenden Reate ohne Bedeutung, ob der Verletzte sich zur Zeit der That im Zustande der Bewußtlosigkeit befunden hat oder nicht, ferner ob der Verletzte von der Verletzung seines Rechtes jemals Kenntnis erhalten hat oder nicht. Das gleiche muß auch bei Angriffen gegen die Ehre gelten. Die Beleidigung erfordert nur eine vorsätzliche und rechtswidrige Kundgebung der Mißachtung eines anderen.*) Ist, wie im vorliegenden Falle, die Kundgebung zur Kenntnis eines Dritten gelangt, so ist für den Thatbestand des § 185 St. G. B.'s gleichgültig, ob und eventuell aus welchem Grunde die Verletzung dem Verletzten unbekannt geblieben ist. Unerheblich ist selbst der Umstand, daß dem Beleidigten das Bewußtsein seiner Ehre überhaupt fehlte, wie dies bei unentwickelten Kindern und bei Geisteskranken zutreffen kann.**)

Allerdings werden für die Frage, ob eine bestimmte Kundgebung für beleidigend erachtet werden kann, die persönlichen Eigenschaften und Beziehungen des Angegriffenen regelmäßig nicht ohne Bedeutung sein; daraus läßt sich jedoch nicht als Grundsatz herleiten, daß das Bewußtsein von der stattgehabten Beleidigung auf seiten des Gekränkten zum Thatbestande des § 185 gehöre. Ist aber der Thatbestand dieses Vergehens nicht einmal von der Kenntnis des Vorganges seitens des Beleidigten abhängig, so vermag auch der Umstand, daß eine Person, trotz erlangter Kenntnis des Vorganges, die Beleidigung als solche nicht empfindet, den Thatbestand der Beleidigung nicht auszuschließen. Gewöhnlich wird in solchen Fällen keine Bestrafung eintreten, aber nur, weil regelmäßig der Verletzte einen Antrag auf Strafverfolgung zu stellen keinen Anlaß haben wird; dieser Hinderungsgrund entfällt aber, sobald eine dritte Person in Vertretung des Verletzten oder kraft eigenen Rechtes sich zum Antrage entschließt.

Insoweit der Verletzte zu den Unzurechnungsfähigen gehört, erkennt die Revision selbst an, daß für die Frage, ob eine Beleidigung verübt ist, die Empfindung des Verletzten nicht in Betracht zu ziehen ist; warum aber der Fall, daß der zurechnungsfähige Verletzte nicht zum Verständnisse der Kundgebung gelangt, einer abweichenden Beurteilung unterliegen soll, ist nicht abzusehen. Die Revision versucht zwar, die von ihr beliebte Unterscheidung in der Weise zu begründen, daß sie als Konsequenz der von ihr bekämpften Anschauung hinstellt, in jeder außerehelichen Beischlafsvollziehung, auch wenn sie mit der vollsten Zustimmung des weiblichen Teiles vor sich gehe, müsse dann eine Beleidigung der Frauenehre gefunden werden. Dieser

*) oder wie Rg. XVIII. 1. 168 es ausdrückt: Der Begriff der Beleidigung erfordert ausser vorsätzlicher Handlung mithin neben dem auf die Handlung gerichteten Willen die Vorstellung des Thäters von der Kausalität seines Thuns. Ebenso E. XXVIII. 367.

**) v. Liszt 394, der bezüglich der Geisteskranken mit Rg. übereinstimmt, macht bei Kindern den Unterschied, ob sie in irgend einen Pflichtkreis eingetreten sind oder nicht. Nur bei ersteren nimmt er Möglichkeit der Beleidigung an.

Schluß ist indes nicht gerechtfertigt, da es Handlungen absolut beleidigenden Charakters nicht giebt, für die Feststellung des objektiven wie des subjektiven Thatbestandes der Beleidigung vielmehr stets die Umstände des konkreten Falles in Betracht kommen.

II. **Ueber die Beleidigungsfähigkeit kollektiver Personeneinheiten im allgemeinen und der Behörde insbesondere***) führt das U. v. 12. IV. 81. II. (E. IV., 75.).

Die Behauptung des Angeklagten, daß eine Behörde als solche nicht beleidigt werden könne, ist unzutreffend. Richtig ist, daß juristische Personen, Korporationen oder andere durch einen Kollektivbegriff befaßte Personenmehrheiten nicht als solche, sondern nur insofern beleidigt werden können, als mittels der Beleidigungen die einzelnen durch den Kollektivbegriff bezeichneten physischen Personen betroffen werden, da die Ehre ein Attribut der Persönlichkeit und nur diese einer Ehrenkränkung fähig ist. Das positive Recht hat jedoch von diesem aus dem Begriffe der Beleidigung sich ergebenden Satze Ausnahmen gemacht, indem das Strafgesetzbuch in § 197 die Möglichkeit einer Beleidigung gegen eine gesetzgebende Versammlung des Reiches oder eines Bundesstaates oder gegen eine andere politische Körperschaft und in § 196 die Möglichkeit einer Beleidigung gegen eine Behörde anerkennt. Mit Unrecht nimmt der Angeklagte an, daß der § 196 lediglich die Antragsbefugnis regelt, über die materielle Strafbarkeit der Beleidigung aber keinerlei Bestimmung treffe. Denn abgesehen davon, daß der § 196 ausdrücklich von einer „Beleidigung gegen eine Behörde" spricht, wäre es unverständlich, wie der Gesetzgeber dazu hätte gelangen sollen, die Antragsbefugnis für ein Vergehen zu statuieren, welches, wenn die Ansicht des Angeklagten richtig wäre, gar nicht begangen werden konnte. Der § 196 hätte dann nicht lauten müssen:

> Wenn die Beleidigung gegen eine Behörde, einen Beamten . . . begangen ist,

sondern:

> Wenn die Beleidigung gegen Beamte, bezw. gegen Mitglieder einer Behörde . . . . . begangen ist.

Gerade der Umstand, daß in § 196 neben der Behörde der Beamte, also neben dem Kollektivbegriffe die physische Person genannt wird, läßt mit aller Sicherheit darauf schließen, daß der Gesetzgeber die Möglichkeit der Beleidigung einer Behörde angenommen hat. Die praktische Bedeutung dieser durch die Gesetzgebung geschaffenen Ausnahme von der aus dem Begriffe der Beleidigung sich ergebenden Regel ist die, daß die Behörde in Beziehung auf Ehrenkränkungen als Personeneinheit behandelt wird, daß es daher nicht erforderlich ist, festzustellen, daß durch die Beleidigung alle oder doch einzelne bestimmte Mitglieder der Behörde, sondern nur, daß

---

*) Uebereinstimmend v. Liszt § 94 und Olshausen No. 12. Weitergehend Frank, der insofern bei Kollektivpersönlichkeiten passive Beleidigungsfähigkeit annimmt, als sie bestimmte soziale Aufgaben nach aussen hin zu erfüllen haben.

die als Person gedachte Behörde als solche beleidigt ist. Dies ist aber im vorliegenden Falle vom ersten Richter geschehen.

III. **Über den Sinn und die Bedeutung des § 193 St. G. B.'s***) äußert sich in grundlegender Weise des U. v. 5. XI. 86. II. (XV., 15.).

*) Über die bestrittene Frage, ob im § 193 die Absicht zu beleidigen gefordert wird, handelt zusammenfassend U. v. 5. XII. 89. I. (E. XX, 100).

Das Urteil hat die Äußerung, es sei von dem Kreisausschusse ein bestehendes Gesetz mit Füßen getreten worden, als beleidigend erkannt, die Angeklagten aber freigesprochen, weil dieselbe zur Verteidigung berechtigter Interessen und nicht in der Absicht, zu beleidigen, geschehen sei. Die Revision des Staatsanwaltes meint aber, in anerkanntem Gegensatze zu der Rechtsprechung des Reichsgerichtes, wenn die Formen und Umstände der betreffenden Äußerung ergäben, daß sich die Angeklagten der beleidigenden Eigenschaften dieser Äußerung auch nur bewußt gewesen seien, so hätten sie wegen derselben verurteilt werden müssen. Die Revision verwarf das Reichsgericht mit folgenden Ausführungen:

Der § 193 St. G. B.'s beruht auf dem Gedanken, daß an und für sich beleidigende Äußerungen straflos bleiben sollen, wenn sie zum Zwecke der Rechtsverteidigung geschehen seien. Ist dies der Fall, so wird die Straflosigkeit der Äußerung selbst dann nicht beseitigt, wenn sie zugleich auch noch durch andere Motive veranlaßt worden war. Nur in dem Falle, daß sich aus den Formen und Umständen einer solchen Äußerung das Vorhandensein einer Beleidigung ergiebt, soll dieselbe bestraft werden können. Das Gesetz kann hierbei nicht den Fall unterstellt haben, daß in den Formen und Umständen eine selbständige, nicht zur Rechtsverteidigung bestimmte, Beleidigung hervortritt. Denn daß eine derartige Beleidigung nach allgemeinen Grundsätzen beurteilt werden muß, versteht sich von selbst. Vielmehr geht das Gesetz hierbei von dem Falle aus, daß die Formen und Umstände, unter welchen eine zur Rechtsverteidigung bestimmte Äußerung geschehen ist, das Vorhandensein einer gerade in ihr enthaltenen Beleidigung erkennen lassen. Nun handelte es sich aber, wie gesagt, im § 193 St. G. B.'s um Äußerungen, welche an und für sich beleidigend sind, deren beleidigende Eigenschaft also sofort offen liegt, und es würde darum nicht verständlich sein, warum noch besondere Formen und Umstände von dem Gesetze verlangt werden, welche diese Eigenschaft der Äußerung erkennen lassen. Zugleich ist es ebenfalls selbstverständlich und bedurfte darum keiner gesetzlichen Berücksichtigung, daß man für eine an und für sich beleidigende Äußerung nicht bestraft werden kann, wenn man sich dieser Eigenschaft derselben nicht bewußt gewesen ist. Hieraus aber ergiebt sich, daß das Gesetz, indem es die Formen und Umstände einer an und für sich beleidigenden Äußerung in bezug nimmt, nicht daran gedacht haben kann, daß schon das durch dieselben offenbarte Bewußtsein dieser beleidigenden Eigenschaft als Beleidigung bestraft werden solle. Denn dieses Bewußtsein wird hier regelmäßig vorliegen, und es würde sonach der

Der § 193 St. G. B.'s beruht darauf, daß die äußerlich sich als Nichtachtung fremder Persönlichkeit darstellende Handlung nicht strafbar, weil nicht rechtswidrig ist, wenn sie in Ausübung eines Rechtes erfolgt, welches neben oder über dem Rechte auf Achtung der Person steht, weil und insoweit in solchem Falle die Handlung sich nur äußerlich gegen die Person richtet, ihrem inneren Wesen nach aber nicht gegen die Person, sondern auf die Ausübung des Rechtes gerichtet ist. Der Grundgedanke des § 193 ist derselbe, welcher die Straflosigkeit des Handelns in der Notwehr und im Notstande begründet, und Mißhandlung, Freiheitsberaubung, Hausfriedensbruch als straflos, weil nicht rechtwidrig, erscheinen läßt, wenn sie in Ausübung eines Züchtigungsrechtes, eines Rechtes zur Verhaftung, Durchsuchung erfolgt oder zur Abwehr eigener oder fremder Gefahr. Von diesem Gedanken aus läßt der § 193 die Vorhaltungen und Rügen Vorgesetzter gegen Untergebene, dienstliche Anzeigen und Urteile, tadelnde Kritik von Leistungen, welche zur Kritik bestimmt, und Äußerungen zur Ausführung oder Verteidigung von Rechten straflos, weil und insoweit in allen diesen Fällen ein Recht (der Kritik, der Rüge, der Vorhaltung, Anzeige) ausgeübt wird oder geschützt werden soll. Von diesem Gedanken aus ist auch die allgemeine Kategorie der ähnlichen Fälle im § 193 zu bestimmen und der Fall der Äußerung „zur Wahrnehmung berechtigter Interessen" zu beurteilen. Das Gesetz stellt nicht die Wahrnehmung jedes Interesses gleichwertig neben die Ausübung eines Rechtes oder die Ausführung oder Verteidigung von Rechten, sondern fordert die Wahrnehmung eines berechtigten Interesses. Damit ist nicht blos ausgedrückt, daß der Wahrnehmende subjektiv zur Wahrnehmung des Interesses befugt sein muß, sondern auch der Kreis der vom Gesetze berücksichtigten Interessen objektiv begrenzt. Objektiv berechtigte Interessen sind aber nur solche, welche das Recht anerkennt und zwar auch gegenüber dem Rechte auf Achtung der Person anerkennt.

Diese Beschränkung ergiebt sich als notwendig aus dem oben entwickelten Sinne der Bedeutung des § 193. Ob ein objektiv berechtigtes Interesse in diesem Sinne vorliegt, ist in jedem einzelnen Falle zu prüfen,

---

§ 193 St. G. B.'s überhaupt kaum von rechtlicher Bedeutung sein. Kann es aber nicht schon das durch die Formen und Umstände einer an und für sich beleidigenden Äußerung offenbarte Bewußtsein dieser Eigenschaft sein, welches die Bestrafung für Beleidigung nach sich ziehen soll, so kann das Gesetz auch gerade nur die auf Beleidigung gerichtete Absicht gemeint haben, welche bestraft werden soll, wenn sich aus den Formen und Umständen einer zum Rechtsschutze vorgebrachten an und für sich, wie bewußt, beleidigenden Äußerung zu erkennen giebt. Es konnte auch das Gesetz zu einem anderen Ergebnisse überhaupt nicht gelangen, wenn es den Grundsatz aussprechen wollte, daß man mit an und für sich beleidigenden Äußerungen seine rechtlichen Interessen straflos wahrnehmen dürfe.[1])

[1]) A. M. Frank zu § 193 V u. die dort cit.

aber nicht bloß Sache thatsächlicher, sondern auch rechtlicher Prüfung, da der Begriff des berechtigten Interesses im Sinne des § 193 ein Rechtsbegriff ist.*)

IV. Mit Ausnahme der üblen Nachrede haben wir für die speziellen Fälle der Beleidigung grundlegende Entscheidungen nicht anzuführen.

§ 36.

Die üble Nachrede.

Berner S. 475, Binding Gr. II § 136, v. Liszt § 95, Meyer § 84, Frank und Olshausen zu § 186 St. G. B.

Den Thatbestand der üblen Nachrede erörtert zusammenfassend U. v. 30. XII. 82. I. (VIII, 171).

Die Beschwerdeführer rügten die unrichtige Anwendung des § 186 St. G. B.'s, indem sie geltend machten, es fehle die Feststellung des Bewußtseins der Angeklagten, daß die behaupteten Thatsachen unbewiesen seien. Ihre Revision wurde jedoch verworfen.

Nach § 186 a. a. O. ist derjenige strafbar, welcher in Beziehung auf einen anderen eine Thatsache behauptet oder verbreitet, welche denselben verächtlich zu machen oder in der öffentlichen Meinung herabzuwürdigen geeignet ist, wenn nicht diese Thatsache erweislich wahr ist. Nach subjektiver Richtung wird außer der Vorsätzlichkeit der Handlung nur das Bewußtsein des Thäters vorausgesetzt, daß die in Beziehung auf den anderen behauptete Thatsache geeignet ist, die oben bezeichneten Wirkungen hervorzubringen. Dagegen ist das Bewußtsein des Thäters, daß die Thatsache unbewiesen oder unerweisbar sei, nicht erforderlich. Durch die Worte: „wenn nicht diese Thatsache erweislich wahr ist" hat das Gesetz die Strafbarkeit nur für den Fall ausgeschlossen**), daß die fragliche Thatsache erwiesen ist. Die Meinung des Thäters, daß die Thatsache erwiesen oder erweisbar sei, schließt zwar den Thatbestand des § 187 St. G. B.'s aus, ist aber für den § 186 ohne Bedeutung.***) Das Gesetz ging von der Erwägung aus: „es könne von demjenigen, welcher eine derartige Thatsache behaupte oder verbreite, verlangt werden, daß er die Beweise für sie beibringe und nicht ohne solche die Ehre eines anderen schädige. Der Schutz, welchen der gute Name des einzelnen verlangen könne, müsse höher stehen, als die Rücksicht darauf, daß das Mißlingen des Beweises im einzelnen Falle neben der bona fides des Angeschuldigten vorkommen könne" ****) (Motive S. 68).

---

*) Uebereinstimmend E XXIV, 304, XXVI, 76; im einzelnen vergl. E XXIII, 285 XXV, 67 (mit besonderer Beziehung auf das Recht der Presse).

**) Auch Rg. IX. 151 betrachtet die Erweislichkeit als einen Strafausschliessungsgrund. A. M. Rg. II. 379.

***) Ebenso E. XXV, 355.

****) Ein weiteres Argument bringt Rg. IX. 151 aus dem § 190 St. G. B.'s: Wenn dort für den Fall, daß die behauptete oder verbreitete Thatsache eine strafbare Handlung ist, bestimmt wird, daß der Beweis der Wahrheit ausgeschlossen sei, wenn der Beleidigte wegen dieser Handlung vor der Behauptung oder Verbreitung rechtskräftig freigesprochen ist, so ist damit jedenfalls für diesen Fall die

§ 37.

Die falsche Anschuldigung.

Berner S. 430, v. Liszt § 180, Meyer § 109, Frank und Olshausen zu § 164 St. G. B.

I. **Über den subjektiven und objektiven Thatbestand** des Delikts führt das U. v. 27. IX. 90. III. (E. XXI, 101) die Rechtsprechung des Rg. zusammenfassend folgendes aus:

Der Vorderrichter hat zwar festgestellt, die Angeklagte habe wider besseres Wissen dem Polizeisergeanten L. die Anzeige gemacht, daß ihr von ihr getrennt lebender Ehemann ihr aus dem Nähtische 24 M. gestohlen habe, dieselbe aber von der aus § 164 St. G. B.'s erhobenen Anklage freigesprochen, weil die That, deren sie ihren Ehemann beschuldigte, nach § 243 Abs. 2 St. G. B.'s straflos sei. Die hiergegen gerichtete Revision der Staatsanwaltschaft konnte keinen Erfolg haben.

Zuzugeben ist, daß unter Umständen im Strafgesetzbuche als strafbar auch solche Handlungen bezeichnet werden, welche an sich den Deliktsbegriff erfüllen, bezüglich deren jedoch aus strafpolitischen Gründen ein Strafausschließungsgrund für den Thäter oder einen Teilnehmer im Gesetze anerkannt ist. Wie solches von diesem Senate, Entscheid. d. R. G.'s in Straff. Bd. 6, S. 336, in Beziehung auf den Hehler der durch einen Strafunmündigen entwendeten Sache angenommen ist, so ergiebt es sich in dem jetzt vorliegenden Falle direkt aus dem Gesetze, dem Abs. 3 des § 247 St. G. B.'s.

Damit ist aber die aufgeworfene Frage noch nicht zu gunsten der Revision, wie diese anzunehmen scheint, entschieden.

In allen solchen Fällen wird die That stets nur als eine strafbare betont in Beziehung auf andere Teilnehmer oder Begünstiger. Handelt es sich dagegen lediglich um die Person desjenigen, bezüglich dessen der Strafausschließungsgrund vorliegt, so ist es von vornherein schon sprachlich mindestens bedenklich, gegenüber seiner Person von einer strafbaren Handlung zu sprechen; für ihn ist sie eben straflos. Da nun im § 164 St. G. B.'s lediglich die Person in Frage steht, gegen welche die Anzeige gerichtet ist, so würden besondere Gründe vorliegen müssen, wenn man annehmen soll, daß dieser Paragraph auch die angezeigte Handlung des Beschuldigten, wegen deren er nicht bestraft werden kann, als eine strafbare ansieht.

In den Motiven zu § 164 (§ 161 Materialien Bd. 1, S. 96) heißt es nur, der Entwurf behandle, dem Vorgange des preußischen

---

Frage, ob die negative Bedingung für die Strafbarkeit der Beleidigung aus § 186 St. G. B.'s „wenn nicht diese Thatsache erweislich wahr ist" ein Thatbestandsmerkmal oder ein Strafausschließungsgrund sei und damit zugleich die Frage, ob der gute Glaube an die Beweisbarkeit der behaupteten Thatsache den Thäter straffrei mache, gänzlich ausgeschlossen. Da nun der gute Glaube an die Beweisbarkeit der behaupteten Thatsache mit der Thatsache der Freisprechung, zumal wenn der Thäter von letzterer keine Kenntnis erhalten hatte, sehr wohl vereinbar ist, so würde es unkonsequent und ungerechtfertigt sein, wenn der Gesetzgeber in diesem Falle den Beweis des guten Glaubens ausgeschlossen, in den übrigen Fällen aber zugelassen hätte.

Strafgesetzbuches sich anschließend, die falsche Anschuldigung nicht bei der Ehrverletzung, mit welcher der Thatbestand des Vergehens allerdings nahe verwandt sei, sondern der schwereren Natur desselben entsprechend in einem besonderen Abschnitte. Nach den älteren Entwürfen von 1833 und 1836 des hiernach zu Grunde liegenden preußischen Strafgesetzbuches war nun zwar die falsche Anschuldigung mit der Verleumdung zusammengestellt, und in den Entwürfen von 1843 und 1846 wurden beide unter Ehrverletzung abgehandelt, auch später nur aus formellen Gründen von einander getrennt.

Trotz der hiernach allerdings vorhandenen und in dem Urteile des vormaligen preußischen Obertribunales vom 14. Juni 1865, Oppenhoff, Rechtspr. Bd. 6, S. 180, besonders betonten Verwandtschaft der beiden Delikte kann es jedoch nicht zweifelhaft sein, daß die falsche Anschuldigung keineswegs blos einen schwereren Fall der Verleumdung, sondern ein selbständiges Delikt mit besonderen objektiven und subjektiven Voraussetzungen bildet, so daß nur mit der größten Vorsicht aus jener Verwandtschaft Folgerungen gezogen werden können. Gerade die früheren, beide Delikte zusammenstellenden Entwürfe des preußischen Strafgesetzbuches forderten wirkliche Einleitung der Untersuchung auf die falsche Anschuldigung, weil sonst das Vergehen sich nicht scharf genug von der Verleumdung unterscheide. Schweigen nun auch die späteren Entwürfe und die Gesetze selbst von diesem Erfordernisse, und ist es daher nicht als Thatbestandsmoment anzusehen, so muß doch nach dem preußischen wie nach dem Reichsstrafgesetzbuche die Anzeige vermöge der Natur der angezeigten Handlung objektiv geeignet sein, eine Untersuchung zu veranlassen, und subjektiv, wenn auch nicht die Absicht, so doch das Bewußtsein des Anzeigenden vorliegen, daß die Anzeige zu einer Untersuchung führen könne. Gerade diese Momente unterscheiden auch jetzt die falsche Anschuldigung von der vielleicht ideell mit ihr zusammentreffenden Verleumdung.

Vergl. Goltdammer, Materialien zum preußischen Strafgesetzbuche, Bd. 2, S. 259, 260.

Die objektive Gefährdung des Beschuldigten und die subjektive Willensrichtung rechtfertigen auch die gegenüber der Verleumdung höhere Strafe; fehlt es dagegen an einem jener Momente, so mag Verleumdung vorliegen; jedoch nicht falsche Anschuldigung.

Hiernach liegt jenes objektive Erfordernis nur vor, wenn die Anzeige nach ihrer Darstellung des Sachverhaltes die Einleitung der Untersuchung zur Folge haben kann, welche bei richtiger Darstellung nicht eintreten könnte; nach dem Inhalte der Anzeige muß die That als eine strafbare, zur Strafverfolgung gegen den Beschuldigten geeignete, erscheinen. In den meisten Fällen werden wissentlich unwahre Thatsachen vorgebracht sein; aber ebensowohl können die angezeigten Thatsachen wahr und für die Einleitung einer Untersuchung an sich geeignet, dagegen andere vorhandene Thatsachen wissentlich verschwiegen sein, welche, wenn mitgeteilt, die Einleitung einer Untersuchung von vornherein ausschließen würden, Schuldausschließungs-, Strafausschließungs-, oder Strafaufhebungsgründe. Man wird auch dann noch in der Anzeige eine falsche Anschuldigung finden können, wenn zwar die angeführten Thatsachen mutmaßen lassen, daß ein solcher Grund, z. B. Verjährung, vorliegt, dies aber erst durch eine einzuleitende Untersuchung klarzustellen ist; die von der Revision vertretene Ansicht würde aber konsequent zu dem gewiß nicht zu billigenden Resultate führen, daß, wenn die angezeigten Thatsachen wahr, ein Strafausschließungsgrund aber wissentlich verschwiegen wäre, eine falsche Anschuldigung nicht vorliegen würde, weil ja die angeschuldigte wahre That an sich eine strafbare war.

Auch die Rechtsprechung des Reichsgerichtes widerspricht nicht, wie die Revision anzunehmen scheint, der hier vertretenen Ansicht, läßt sich vielmehr für dieselbe heranziehen. So wird in den Bd. 7 S. 207 der Entsch. d. R. G.'s in Straff. und Bd. 19 S. 386 behandelten Fällen eine falsche Anschuldigung angenommen, wenn eine an sich nach § 186 St. G. B.'s strafbare üble Nachrede zur Anzeige gebracht war, der Anzeigende aber wußte, daß die ihm nachgesagte Handlung der Wahrheit entsprach, also wie in dem letzteren Urteile ausgeführt wird, ein Strafausschließungsgrund wissentlich verschwiegen war. Namentlich aber wird in dem Urteile dieses Senats vom 16. Oktober 1880, Entsch. des R. G.'s in Straff. Bd. 3 S. 228, als entscheidend hervorgehoben, daß die bloße Möglichkeit des Vorhandenseins nicht angedeuteter Strafausschließungsgründe den Inhalt der Behauptung nicht aufhebe, vielmehr der Angeklagte selbst die Strafausschließungsgründe hätte hinzufügen müssen, wenn er seine Behauptung nicht in dem Sinne des Vorwurfes einer strafbaren Handlung verstanden wissen wollte. Hier wird also indirekt anerkannt, daß, wenn der Strafausschließungsgrund bei der Anzeige ausdrücklich angegeben wird, eine falsche Anschuldigung im Sinne des § 164 St. G. B.'s nicht vorliegt.

Bedenken könnte nur die Entscheidung dieses Senates vom 25. Februar 1880 erregen.

Vgl. Entsch. des R. G.'s in Straff. Bd. 1 S. 229.

Allein abgesehen davon, daß es eine ältere Entscheidung desselben Senates ist und nicht ein Strafausschließungs- sondern ein Strafaufhebungsgrund (Verjährung) vorlag, war dieser Grund nicht ausdrücklich angeführt, sondern es konnte nur aus den angegebenen Zeitmomenten darauf geschlossen werden, während immerhin die Möglichkeit einer Unterbrechung der Verjährung offen blieb, sodaß die Anzeige noch immer zur Einleitung einer Untersuchung geeignet erscheinen konnte. Ähnlich lag es in dem bereits angeführten, vom preußischen Obertribunale entschiedenen Falle.

Vgl. Oppenhoff. Rechtspr. des Obertrib. Bd. 6 S. 180.

In dem jetzt vorliegenden dagegen hat die Angeklagte nicht blos einen ihr angeblich zugefügten Diebstahl zur Anzeige gebracht und die Person des angeblichen Thäters dem Namen nach bezeichnet, sondern ausdrücklich hinzugefügt, daß derselbe ihr Ehemann sei. Daraus ergab sich ohne weiteres, daß eine Strafverfolgung gegen denselben ausgeschlossen, eine für ihn strafbare Handlung überall nicht behauptet war; sollten auch etwa infolge mangelhafter Gesetzeskunde der betreffenden Polizeiorgane, zunächst einige Nachforschungen angestellt sein, so kann dies der Angeklagten nicht zugerechnet werden.

II. **Eine Ergänzung vorstehender Grundsätze** enthält U. v. 23. XII. 92 E. XXIII, 371.

Nach den Feststellungen der Vorinstanz hat der Angeklagte in seiner an die Staatsanwaltschaft gerichteten Anzeige den Auszügler K. beschuldigt, daß er vor zwei Jahren mehrere Bohlen von einer der Gemeinde R. gehörigen Brücke gestohlen habe. In der Hauptverhandlung hat der Angeklagte seine Beschuldigung, daß der Diebstahl vor zwei Jahren begangen sei, nicht aufrecht erhalten, sondern behauptet und unter Beweis gestellt, daß K. die Bohlen vor vierzehn Jahren gestohlen habe. Der Auffassung der Vorinstanz, daß hiernach der Angeklagte mit Rücksicht auf die große Zeitdifferenz den K. in der schriftlichen Anzeige einer ganz anderen That beschuldigt habe, als diejenige, die nach seiner jetzigen Behauptung vor vierzehn Jahren geschehen sei, ist nicht beizutreten; denn handelte es sich, — wie der erste Richter offenbar annimmt — im übrigen um dieselbe dem Denunziaten zur Last gelegten Strafthat (Diebstahl an bestimmten Brückenbohlen), so kann die bloße unrichtige Angabe der Zeit der Begehung die Identität der That nicht aufheben.

Nach dem ganzen Zusammenhange der Urteilsgründe nimmt der Vorrichter an, daß K. den Diebstahl, wenn er ihn überhaupt verübt, bereits vor vierzehn Jahren, wie der Angeklagte jetzt selbst angiebt, begangen habe. Die Strafkammer stellt ferner fest, daß der Angeklagte bei seiner Anzeige diese Thatsache, welche infolge der inzwischen eingetretenen Verjährung dem K. Straffreiheit verschafft haben würde, absichtlich verschwiegen habe. Bei dieser Sachlage ist die Verurteilung des Angeklagten wegen Vergehens gegen § 164 St. G. B.'s rechtlich nicht zu beanstanden.

Die Frage, ob der Thatbestand des § 164 a. a. O. auch dann erfüllt ist, wenn der Denunziat zwar die Handlung, deren er beschuldigt wird, begangen hat, jedoch aus irgend einem Grunde persönlich straflos bleibt, ist bestritten. Das vormalige preußische Obertribunal verneinte sie und nahm an: die „strafbare Handlung" im § 164 bezeichneten nur das Erfordernis der objektiven Qualifikation der zur Anzeige gebrachten That ohne Rücksicht auf die dem Thäter etwa zur Seite stehenden Strafausschließungsgründe; der § 164 erfordere also, daß eine Handlung zur Anzeige gebracht werde, welche der Angezeigte nicht verübt, und daß diese Handlung gesetzlich mit Strafe bedroht sei; der Thatbestand werde aber nicht dadurch erfüllt, daß eine Handlung, die der Denunziat wirklich begangen, zur Anzeige gebracht und dieser Handlung fälschlich der Charakter der Strafbarkeit in Bezug auf die Person des Denunziaten beigelegt worden sei; es könne demnach eine Anzeige nicht deshalb als eine wissentlich falsche bezeichnet werden, weil nicht zugleich die dem Denunziaten zur Seite stehenden Strafausschließungsgründe angegeben seien (Oppenhoff, Rechtsprechung Bd. 14 S. 728).

Überwiegende Gründe sprechen jedoch für die gegenteilige Ansicht.

Was zunächst den Wortlaut des § 164 betrifft, so gestattet dieser weder nach der einen, noch nach der anderen Seite einen sicheren Schluß. Denn während in den §§ 51—54 St. G. B.'s das Vorhandensein einer „strafbaren Handlung" verneint wird, wenn ein Schuldausschließungsgrund vorliegt, ist im § 56 die Rede von einer „strafbaren Handlung" auch für den Fall, daß der Schuldausschließungsgrund mangelnder Zurechnungsfähigkeit dem Thäter zur Seite steht. Auch der § 257 spricht von einer „strafbaren Handlung", ohne vorauszusetzen, daß der Thäter persönlich strafbar sei.

Es muß daher die Frage aus dem inneren Wesen, dem rechtlichen Charakter des Vergehens entschieden werden. An und für sich könnte die in § 164 bedrohte Handlung als ein besonders qualifizierter Fall der verleumderischen Beleidigung aufgefaßt werden. Wird dieser Gesichtspunkt in den Vordergrund gestellt und als der maßgebende angesehen, so erscheint die Annahme begründet, daß es wesentlich darauf ankomme, ob dem Denunziaten mit Recht oder mit Unrecht der Vorwurf gemacht wurde, eine Handlung begangen zu haben, welche in objektiver und subjektiver Beziehung den Thatbestand eines mit Strafe bedrohten Deliktes enthält.

Anders dagegen liegt die Sache, wenn das Vergehen des § 164 als Delikt gegen die Rechtspflege aufgefaßt wird. Während schon früher diese Auffassung im Hinblick auf die geschichtliche Entwickelung des Deliktes verteidigt wurde, hat sie nach dem Vorgange des preußischen Gesetzbuches im deutschen Gesetzbuche positive Anerkennung gefunden, indem das Vergehen der falschen Anschuldigung im Systeme des Gesetzes außer allem Zusammenhange mit den Vergehen gegen die Ehre steht und im unmittelbaren Anschlusse an die Eidesdelikte behandelt wird. Damit steht auch im Einklange, daß das Gesetz, wenn es auch im § 165 von einem Verletzten spricht und eine dem § 200 analoge Bestimmung trifft, die Verfolgung der Denunziaten nicht von dem Antrage des Verletzten abhängig macht. Daraus geht hervor, daß nach der Auffassung des Gesetzgebers bei dem Vergehen der falschen Anschuldigung das private Interesse nicht wie bei der Beleidigung vorwiegt. Besteht sonach der wesentliche Charakter des Vergehens darin, daß durch die falsche Anschuldigung die Behörden zu einer sachlich nicht gerechtfertigten strafrechtlichen (oder disziplinaren) Verfolgung veranlaßt werden können, und daß dadurch die Rechtspflege gefährdet wird, so fehlt es an einem Grunde, die Fälle, in denen ein vorhandener Strafausschließungs- oder Strafaufhebungsgrund wider besseres Wissen verschwiegen wird, anders zu behandeln als den Fall, wo die Begehung der Handlung selbst fälschlich behauptet wird. Aus dem Gesichtspunkte der Irreführung der Rechtspflege sind beide Fälle gleich strafbar. Auf derselben Anschauung beruht auch das in Bd. 21 S. 101 der Entsch. des R. G.'s in Straff. abgedruckte Urteil.

III. **Eventualdolus genügt nicht.** E. XVIII 83.

Viertes Kapitel.

Die Vermögensdelikte.

§ 38.

Der Diebstahl.

Berner S. 440. Binding Gr. II § 172. v. Liszt § 125. Meyer § 89. Frank und Olshausen zu § 242 St. G. B.

I. **Als dolus wird beim Diebstahl das Bewußtsein erfordert, daß die Sache eine fremde sei.**

Wer eine Sache, welche er, aus welcherlei Irrtum es sei, für eine ihm selbst gehörige hält, handelt nicht mit der in § 242 St. G. B. bezeichneten rechtswidrigen Zueignungsabsicht. So U. v. 4. V. 86, II (E. XIV, 117).

II. **In der Auffassung der „diebischen Zueignung"** schwankt das Rg. Nach U. v. 10. III 85, IV. (E, XII. 89.) ist eine Absicht der Zueignung nur da als vorhanden anzunehmen, wo der Wille des Thäters darauf gerichtet war, über die weggenommene fremde Sache mit Ausschluß des Berechtigten als Eigentümer zu verfügen.*) Dagegen führt U. v. 1. V. 84. I. (E. X., 371) aus:

Es setzt der Begriff der Zueignung keineswegs mit Notwendigkeit diese auf definitive Entziehung der Substanz der weggenommenen Sache gerichtete Absicht voraus, und es liegt vielmehr eine Zueignung der weggenommenen Sache schon dann vor, wenn der Wegnehmende beabsichtigt hatte, über die Sache auch nur eine einzelne Verfügung zu treffen, welche aber als zur ausschließlichen Zuständigkeit des Eigentümers betrachtet werden muß.**)

Der der Entscheidung zu Grunde liegende Fall war folgender:

Der Angeklagte hatte dem Besitzer ein Sparkassenbuch weggenommen in der Absicht, sich durch seinen Besitz Geld zu verschaffen. Er hat Tags darauf 90 Mk. erhoben von der in ihm eingetragenen Einlage und das Buch am nächsten Tage in den Gewahrsam des früheren Besitzers zurückgebracht.

III. **Über den Begriff „Sache" zu § 242.** U. v. 20. X. 96. IV. (E. XXIX., 112.).

Die Vorinstanz geht zutreffend davon aus, daß als eine „Sache" im Sinne des § 242 St. G. B.'s nur ein Stück der raumerfüllenden Materie gelten könne, also Körperlichkeit des Gegenstandes wesentliches Begriffsmerkmal sei. Diese Annahme findet ihre Begründung nicht in Sätzen des bürgerlichen Rechtes, d. h. der verschiedenen zur Zeit in Deutschland geltenden Privatrechtssysteme, und wird daher auch nicht berührt durch Entscheidungen des Reichsgerichts, die sich auf zivilrechtlichen Normen und Anschauungen aufbauen und sich auf privatrechtliche Verhältnisse beziehen, sondern der strafrechtliche Begriff der beweglichen Sache

*) So Olshausen No. 28, von Liszt § 125.

**) Ebenso E. X, 369 XXII, 3 XXVI, 154 XXIX, 415.

ist ein einheitlicher, selbständiger, öffentlich-rechtlicher und hat nach dem natürlichen Wortsinne und Sprachgebrauche des Reichsstrafgesetzbuches,

Entscheidung des R. G.'s in Straff. Bd. 24 S. 50,

Körperlichkeit des Gegenstandes zur Voraussetzung.

Schon die Motive zum preußischen Strafgesetzbuch,

Goltdammer Materialien Bd. 2 S. 458

bemerken:

„Bewegliche Sache. Sie ist ausdrücklich in allen Entwürfen genannt, und es versteht sich — wie dies auch zum Ueberfluß im Staatsrat anerkannt wurde —, daß hier nur der natürliche, nicht der civilrechtliche Begriff entscheidend ist. Es gehören daher einerseits hierher Teile unbeweglicher Sachen, welche zum Zwecke des Diebstahles davon getrennt werden, andererseits aber werden die unkörperlichen Sachen von dem Begriffe ausgeschlossen, bei ihnen ist eine contrectatio undenkbar."

In Uebereinstimmung mit dieser Anschauung über die Selbstständigkeit des strafrechtlichen Begriffes „der beweglichen Sache" führt das vormalige preußische Obertribunal mit Bezug auf das Reichsstrafgesetzbuch in dem Urteile vom 25. Juli 1874,

vgl. Stenglein Zeitschrift N. F. Bd. 4 S. 164,

aus, die Terminologie und die Begriffsbestimmungen, welche in den Gesetzen eines einzelnen Bundesstaates vorkämen, könnten als Normen für die Auslegung der Vorschriften des Deutschen Strafgesetzbuches nicht in Betracht kommen, wenn nicht die Satzungen dieses Gesetzbuches, der dabei erstrebten Einheit zuwider, der verschiedensten Auslegung unterworfen sein sollten, vielmehr seien die Vorschriften des Reichsstrafgesetzbuches wesentlich aus diesem selbst zu erklären und es müßten daher seine Wortbegriffe dem Zwecke des Strafgesetzbuches gemäß stets so aufgefaßt werden, wie sie dem gewöhnlichen Leben am nächsten stehen. Danach könne es einem begründeten Zweifel nicht unterliegen, daß eine Quittung über eine gezahlte Schuld „eine körperliche bewegliche Sache" im Sinne des § 242 St. G. B.'s bilde, welche als solche des Besitzes und der Besitzentziehung fähig sei. Ferner hat das Reichsgericht in den Urteilen am 8. Februar 1881 und 19. Juni 1885,

Entsch. des R. G.'s in Straff. Bd. 12 S. 313,

anerkannt, daß unter einer „beweglichen Sache" im Sinne des § 246 St. G. B.'s nur ein körperlicher Gegenstand verstanden werden könne. Selbstverständlich erscheint die Annahme ausgeschlossen, daß das Strafgesetzbuch den Ausdruck „bewegliche Sache" hinsichtlich der so nahe verwandten Delikte des Diebstahls und der Unterschlagung in verschiedenem Sinne verwendet habe.

Setzt hiernach der § 242 St. G. B.'s als Gegenstand des Diebstahles und der § 246 als Gegenstand der Unterschlagung ein Stück Materie, gleichviel, ob sie sich in festem, flüssigem oder gasförmigem Zustande befindet, voraus, so ist es rechtlich nicht zu beanstanden, wenn die Vorinstanz den Thatbestand sowohl des Diebstahles als der Unterschlagung verneint. Eine Rechtsfrage ist es, ob der Begriff der „Sache" im Sinne der §§ 242 und 246 St. G. B.'s Körperlichkeit voraussetzt oder nicht; aber die Entscheidung darüber, ob Elektrizität ein Stoff, ein körperliches oder eine bloße Kraft, eine Bewegung kleinster Teile ist, die an oder in Körpern unter gewissen Bedingungen stattfindet, kann nicht auf Grund von Rechtsnormen, sondern lediglich auf Grund naturwissenschaftlicher Forschung getroffen werden. Die Ausführungen des in erster Instanz vernommenen Sachverständigen, denen die Vorinstanz sich im wesentlichsten anschließt, ergeben, daß es sich hier um ein Problem handelt, welches von der Naturwissenschaft noch nicht endgültig gelöst ist, und daß sich noch verschiedene Ansichten und Theorien gegenüberstehen. Es kann daher jedenfalls keine Rede davon sein, daß notorisch oder allbekanntermaßen die Elektrizität ein Fluidum d. h. ein stoffliches, flüssiger oder gasförmiger Art sei. Wenn sich daher der erste Richter auf Grund der stattgehabten Beweisaufnahme und namentlich der Ausführungen des Sachverständigen für die Ansicht entschieden hat, daß die Electricität kein Fluidum, kein Stoff irgend welcher körperlichen Art, sondern eine Kraft, ein Zustand sei, in den gewisse Gegenstände durch technische Manipulationen versetzt werden, so ist darin auf keinen Fall ein Rechtsirrthum zu finden. Ob die Ansicht der Vorinstanz vom Standpunkte der heutigen Naturwissenschaft das Richtige trifft, darüber kann nach den bestehenden Gesetzen (§ 376 St. P. O.) das Reichsgericht eine autoritative Entscheidung nicht treffen.

Die Staatsanwaltschaft beruft sich für ihre Ansicht, daß der elektrische Strom Gegenstand eines Diebstahles sein könne, auf das Urteil des Reichsgerichtes vom 10. März 1887.

Vgl. Entsch. des R. G. in Civils. Bd. 17 S. 269.

Diese Bezugnahme beruht jedoch auf einem Mißverständnisse, welches sich übrigens auch mehrfach in der Litteratur findet. In dem gedachten Urteile wird es vielmehr ausdrücklich als eine allgemein geltende Wahrheit anerkannt, daß der elektrische Strom nicht eine von Natur der Selbständigkeit fähige körperliche Sache, sondern eine in den Körpern wirkende, in ihnen zur Entwickelung gelangende Kraft sei. Damit ist die Frage nach der Möglichkeit eines Diebstahles, der unter den § 242 St. G. B.'s fällt, im Sinne der Vorinstanz entschieden. Die weiteren Ausführungen des gedachten reichsgerichtlichen Urteils beschäftigen sich lediglich mit der Frage, ob der elektrische Strom Gegenstand eines Lieferungsvertrages sein könne, ob er als eine Sache im Sinne des § 981 A. L. R.'s I 11 anzusehen sei. Diese Frage wird bejaht, indem der Civilsenat ausführt, daß der Begriff der Sache im Sinne der gedachten landrechtlichen Specialbestimmung nicht auf körperliche Sachen einzuschränken sei. Es liegt auf der Hand, daß durch diese Ausführung des reichsgerichtlichen Urteiles die hier zu entscheidende strafrechtliche Frage in keiner Weise berührt wird.

IV. **Zum Gewahrsam gehört nicht der Wille der Person, die Sache zu beherrschen.** So z. B. E. V. 42 gegen Olshausen Nr. 10.

V. **Vollendet ist der Diebstahl mit der in der Absicht der rechtswidrigen Zueignung geschehenen Wegnahme.** Die Zueignung ist — so U. v. 11. V. 86. II. — (E. XIV. 123) — nicht erforderlich.*)

VI. **Den Unterschied von Diebstahl und Mundraub** behandelt in grundlegender Weise der Beschluß der V. St. S. v. 7. VII. 86. (E. XIV, 313.)

Die vereinigten Strafsenate des Reichsgerichtes haben folgenden Rechtssatz beschlossen:

Derjenige, welcher in der Absicht, lediglich Nahrungs- oder Genußmittel von unbedeutendem Werthe oder in geringer Menge zum alsbaldigen Verbrauche zu entwenden, in einem Gebäude ein Behältniß erbricht, demnächst aber infolge eines nach dem Erbrechen gefaßten neuen Entschlusses Sachen anderer Art aus diesem Behältnisse stiehlt, begeht in dem Falle, wenn eine einheitliche That vorliegt, einen schweren Diebstahl; dagegen in dem Falle, wenn mehrere selbständige Thaten vorliegen, einen einfachen Diebstahl.

Gründe:

Wer in der Absicht, um Nahrungs- oder Genußmittel von unbedeutendem Werte oder in geringer Menge zum alsbaldigen Verbrauche zu entwenden, ein Behältnis erbricht, demnächst aber infolge eines nach dem Erbrechen gefaßten neuen Entschlusses andere Sachen aus diesem Behältnisse stiehlt, begeht nur eine That, wenn dies Stehlen aus dem vor dem Erbrechen gefaßten Diebstahlsvorsatze hervorgegangen ist. Denn die Einheit der That wird dadurch nicht alteriert, daß sich der ursprüngliche Diebstahlsvorsatz auf ein anderes Objekt gerichtet hat. Zweifellos kann eine Strafthat durch eine Reihe von körperlichen Akten begangen werden, ungeachtet jeder körperliche Akt einen besonders auf ihn gerichteten Willensakt voraussetzt und mehrere körperliche Akte notwendig in mehrere Zeitmomente fallen. Diese verschiedenen Thätigkeiten bilden aber nur eine That, wenn sie alle gleichmäßig den Zweck hatten, den einen ununterbrochen fortdauernden Deliktsvorsatz (hier den Vorsatz zu „stehlen") vollständig zu realisieren.

Liegt aber nur eine Strafthat vor, so charakterisiert sich dieselbe auch als ein schwerer Diebstahl im Sinne des § 243 Nr. 2 St. G. B.'s.

Unzweifelhaft liegt ein Diebstahl mittels Einbruches ꝛc. (Einsteigens, Erbrechens von Behältnissen) nur vor, wenn schon der Einbruch ꝛc. zum Zwecke des beabsichtigten Diebstahles vorgenommen worden ist, es muß der Dolus schon dem Qualifikationsmomente beiwohnen. Wer daher in ein Gebäude einbricht oder einsteigt, nur um in demselben zu nächtigen und erst demnächst den Vorsatz zu stehlen faßt, begeht den Diebstahl nicht „mittels" Einbruches ꝛc.

---

*) Hierin kommt die Apprehensionstheorie zum Ausdrucke. Die sog. Kontrectations- und Ablationstheorie findet im St. G. B. keine Stütze. Ebenso E. VII, 540 XII, 355 XXVII, 396.

Vgl. U. des R. G.'s vom 25. 3. 1881, Entsch. des R. G.'s in Strafs. Bd. 3 Nr. 170 S. 440 und vom 25. 5. 1881 g. K. Rep. 777/81.

Es ist auch richtig, daß, wenn die Voraussetzungen eines Mundraubes im Sinne des § 370 Nr. 5 St. G. B.'s vorliegen, die Diebstahlsstrafe selbst dann ausgeschlossen bleibt, wenn einer der erschwerenden Umstände des § 243 a. a. O. obwaltete (Motive S. 151); daß also zur Anwendung des § 243 a. a. O. der Thatbestand eines nach § 242 a. a. O. strafbaren Diebstahls erforderlich ist und die im § 243 daselbst vorgesehenen erschwerenden Umstände nur geeignet sind, einen nach § 242 a. a. O. strafbaren Diebstahl zu qualifizieren.

Aber hieraus folgt nicht, daß ein Diebstahl mittels Einbruches rc. nur dann anzunehmen, wenn schon bei dem Erbrechen die Absicht vorlag, einen „nach § 242 St. G. B.'s strafbaren“ Diebstahl zu verüben. Es genügt vielmehr, daß der Vorsatz vorlag, überhaupt zu stehlen, die diebische Absicht.

Für den Diebstahlsvorsatz ist die Konkretisierung der Vorstellung auf bestimmte Diebstahlsobjekte überhaupt unwesentlich; der Diebstahlsvorsatz ist daher auch dann, wenn diese Konkretisierung stattfindet, an dieselbe nicht in dem Sinne gebunden, daß, wenn sich die Vorstellung hinsichtlich der zu stehlenden Objekte ändert, deshalb auch der Vorsatz zu stehlen ein anderer neuer Vorsatz werden müßte. Vielmehr kann der nämliche Vorsatz zu stehlen sich nach der Seite der Objekte noch während der Ausführung verengern oder erweitern. Wer also einen Einbruch rc. verübt, um einen Diebstahl im Sinne des § 242 St. G. B.'s zu begehen, macht sich eines schweren Diebstahles schuldig, wenn er auch bei dem Einbrechen rc. beabsichtigte, eine ganz bestimmte Sache und nur diese zu stehlen, nach dem Einbruche rc. aber eine andere Sache stiehlt.

Weil hiernach für das Wesen des Diebstahlsvorsatzes das zu stehlende Objekt einflußlos ist, so kann es auch am Thatbestande eines schweren Diebstahls nichts ändern, wenn der Dieb bei dem Einbrechen rc. nur Nahrungs- oder Genußmittel von unbedeutendem Werte oder in geringer Menge zum alsbaldigen Verbrauche entwenden wollte, nach dem Einbruche aber auf Grund des vor demselben schon vorhandenen Diebstahlvorsatzes andere Sachen stiehlt.

Daß zum Thatbestande des schweren Diebstahles (§ 243 St. G. B.'s) die Absicht zu stehlen, die diebische Absicht, nach der Tendenz des Gesetzes genügt, ergiebt sich aus § 243 Nr. 7 a. a. O., wo es ausdrücklich für ausreichend erklärt ist, daß der Thäter „in diebischer Absicht“ sich in das bewohnte Gebäude eingeschlichen oder „in gleicher Absicht“ sich in dem bewohnten Gebäude verborgen hatte, in welchem er zur Nachtzeit dann den Diebstahl begangen hat. Diese Gesetzesvorschrift verlangt also nicht eine Konkretisierung der Vorstellung von dem zu stehlenden Objekte; was immer der Dieb mittels Einschleichens oder Verbergens stehlen wollte, fällt in den Bereich der Qualifikation.

Hinsichtlich der subjektiven Bedeutung stehen sich aber die in den Nummern 2, 3, 4 und 7 des § 243 St. G. B.'s aufgezählten Qualifikationsmomente gleich. Das Stehlen „mittels“ Einbruches rc. (Nr. 2,

a. a. O.) ist gleichwertig mit Einschleichen „in diebischer Absicht" (Nr. 7 daselbst); denn indem der Gesetzgeber die diebische Absicht bei dem Einschleichen ausdrücklich hervorhebt, macht er dieselbe in gleicher Weise zu einem subjektiven Qualifikationsmomente, wie dies im § 243 Nr. 2 a. a. O. schon durch die Fassung der Bestimmung: „wenn mittels Einbruches ꝛc." gestohlen wird, geschehen ist. Vgl. U. des R. G.'s in Strafsachen vom 25. 5. 188 1 g. K. Rep. 777/81.

Diese diebische Absicht liegt gleichmäßig vor bei der Übertretung aus § 370 Nr. 5 St. G. B.'s (dem sog. Mundraube), wie bei einem aus § 242 a. a. O. strafbaren Diebstahle; sie wird rechtlich auch nicht dadurch alteriert, daß der Gesetzgeber den Zweck, welchen der Thäter bei Entwendung solcher Nahrungs- oder Genußmittel dahin verfolgt, sie alsbald zu verbrauchen, zu Gunsten des Thäters als strafmindernd berücksichtigt. Denn dieser Zweck ist für den Thatbestand des Diebstahles, welchen der Mundraub in objektiver und subjektiver Beziehung voraussetzt, ohne rechtliche Bedeutung. Wie man auch über die Natur des im § 370 Nr. 5 a. a. O. vorgesehenen gesetzlich ausgezeichneten Diebstahles denken mag, immer bleibt derselbe ein Diebstahl; seine Eigenart liegt nur in der Qualität und der Quantität, bezw. in dem Werte des Objektes und in der auf alsbaldigen Verbrauch gerichteten Absicht; also in Umständen, welche mit den Thatbestandsmerkmalen des gemeinen Diebstahles in keinem Punkte in Widerspruch treten.

Vgl. Urteile vom 19. März 1881, Entsch. des R. G.'s in Straff. Bd. 3, Nr. 163, S. 423; vom 8. Mai 1882, Bd. 6, Nr. 108, S. 325; vom 20. Dezember 1883, Bd. 9, Nr. 95, S. 297; 13. Februar 1885, Bd. 12, Nr. 3, S. 8; ferner vom 28. Januar 1882 g. B. Rep. 2939/81 und vom 13. Juni 1884 g. K. Rep. 1344/84.

Geht man also nach den oben entwickelten allgemeinen strafrechtlichen Grundsätzen davon aus, daß für die Beachtung des Qualifikationsmomentes die Konkretisierung des Objektes im Vorsatze unerheblich ist, und daß die beim gemeinen Diebstahle wie beim Mundraube gleichmäßig geforderte diebische Absicht des Thäters beim Einbrechen ꝛc. ausreicht, so folgt daraus mit Notwendigkeit, daß, wenn durch die nämliche That sowohl Nahrungs- oder Genußmittel im Sinne des § 370 Nr. 5 St. G. B.'s entwendet, als auch andere Sachen gestohlen sind, die Qualifikation des nur zur Verübung des Mundraubes verübten Einbruches die Wegnahme der anderen Sachen ebenso ergreift, als wenn die Vorstellung des Thäters vom Objekte der Entwendung vor und bei dem Einbrechen ꝛc. auf irgend eine andere fremde bewegliche Sache gerichtet gewesen wäre, welche kein Nahrungs- oder Genußmittel war.

Wer somit durch eine That, nachdem er nur zwecks Verübung eines Mundraubes eingebrochen ist, Nahrungs- oder Genußmittel von nicht unbedeutendem Werte oder in nicht geringer Menge zum alsbaldigen Verbrauche entwendet und zugleich noch eine andere Sache stiehlt, hat eine Übertretung gegen § 370 Nr. 5 St. G. B.'s und einen schweren Diebstahl im Sinne des § 243 Nr. 2 a. a. O. in idealer Konkurrenz begangen. Er wird gemäß § 73 St. G. B.'s aus § 243 Nr. 2 a. a. O. bestraft und dabei wird der Mundraub nur hinsichtlich der Strafzumessung berücksichtigt. Denn, da der Thäter in „diebischer Absicht" einbrach, ist er wegen Wegnahme der anderen fremden beweglichen Sache aus § 243 Nr. 2 a. a. O. verantwortlich, indem für die ganze That das Einbrechen sowohl objektiv wie subjektiv das Mittel der Ausführung war.

Blieb der Mundraub im Stadium des Versuches, so kommt derselbe nicht einmal als Strafzumessungsgrund in Betracht, weil es bei Übertretungen keinen strafbaren Versuch giebt (§ 43 St. G. B.'s).

Anders liegt der Fall, wenn der vor dem Einbrechen &c. gefaßte Diebstahlsvorsatz nach dem Einbruche &c. absorbiert worden ist, sei es, daß das beabsichtigte Stehlen ausgeführt oder aufgegeben wurde, und demnächst infolge eines neuen Diebstahlsvorsatzes ein neuer Diebstahl unter Benutzung des früheren Einbruches verübt wird.

Dann liegt — im Gegensatze zu dem Falle, wenn der Thäter nach dem zwecks Stehlens vorgenommenen Einbruche nur eine andere Sache wegnahm, als woran er beim Einbrechen gedacht hatte oder aber außer der ursprünglich im Sinne gehabten noch eine zweite Sache stahl — reale Konkurrenz zweier selbständiger Diebstähle oder unter Umständen reale Konkurrenz eines versuchten und eines vollendeten Diebstahles vor. Nur der erste Diebstahl oder Diebstahlsversuch ist mittels Einbruches begangen; der zweite Diebstahl ist nur ein einfacher. Denn dieser zweite Diebstahl lag außerhalb des ursprünglichen Diebstahlsvorsatzes des Thäters, als derselbe das Einbrechen zum ersten Diebstahle vornahm. Deshalb darf ihm dies Einbrechen bei dem neuen selbständigen Diebstahl nicht zur Schuld zugerechnet werden.

Der Umstand, daß der Dieb, als er den zweiten Diebstahl unter Benutzung des früheren Einbruches beging, das „Bewußtsein" davon hatte, daß er jenen Einbruch behufs „Stehlens" vorgenommen habe, und daß er den neuen Diebstahl ohne Benutzung dieses Einbruches nicht vornehmen könnte, vermag den für den zweiten Diebstahl fehlenden „Vorsatz" des *Einbruches* nicht zu ersetzen. Die bewußte Benutzung des früheren Einbruches enthält zwar eine nachträgliche Billigung des Einbruches auch hinsichtlich des neuen Diebstahls, diese Billigung hat aber keine rückwirkende Kraft auf den ursprünglichen Dolus; sie acceptiert nur die Thatsache des bereits geschehenen Einbruches, bringt aber diese Thatsache nicht hervor.

VII. Passend reiht sich an der in § 289 St. G. B. behandelte Fall der **rechtswidrigen Besitzesentziehung.** Als grundlegend können wir aus der großen überwiegend von der Auslegung zivilistischer Rechtssätze abhängenden Anzahl von Entscheidungen keine erachten (vgl. E. III, 57 IV, 43 VI, 321 XXI, 312 XXII, 126).

§ 39.
Die Unterschlagung.

Berner S. 556, Binding Gr. II § 171, v. Liszt § 129, Meyer § 88, Frank und Olshausen zu § 246.

I. Zum **Begriff der Unterschlagung** gehört, daß der Thäter die fremde bewegliche Sache, welche er sich rechtswidrig zueignet, bereits vorher im Besitz oder Gewahrsam gehabt haben muß. So E. X, 261 XVII, 59 XIX, 38.

II. **Die Frage, ob eine Sache eine fremde sei, ist auf Grund des am Orte der That geltenden Civilrechts zu beantworten.***) Diesen Standpunkt hat das Rg. in konstanter Rechtsprechung festgehalten. So I, 343 III, 150 XXII, 354 XXVII, 11.

III. **Stellt die unbefugte Verpfändung einer fremden Sache unter allen Umständen den Thatbestand der Unterschlagung dar?** Das Rg. hält unter der Voraussetzung der ernsten und bestimmten, durch die Umstände des Falles und die Vermögensverhältnisse des Thäters beglaubigten Absicht desselben, die verpfändete Sache alsbald wieder einzulösen, den Thatbestand einer Unterschlagung nicht für vorliegend. 1**) So E. II, 21 V, 44 XXVI, 230.

§ 40.
Raub- und Erpressung.

Berner S. 560. Binding Gr. II §§ 175, 183. v. Liszt §§ 128, 140. Meyer §§ 91, 96. Olshausen zu 249f. Frank zu 249f.

I. Grundlegende Entscheidungen sind hier nicht anzuführen. Vergl. E. I. 205. III. 262.

II. **Rechtswidrig ist jeder Vermögensvorteil, auf welchen ein Rechtsanspruch nicht besteht.** E. XXI, 114 XXVI, 354***)

III. Zu der vielfach bestrittenen Frage****) **nach dem Unterschied zwischen Raub und Erpressung** nimmt das R. G. in folgendem U. v. 23. IX. 81 II. E. IV. 429 Stellung:

Den Unterschied zwischen Raub und Erpressung legen die Motive zum Entwurfe des Strafgesetzbuches (S. 126) in Übereinstimmung mit den Definitionen in den §§ 249 und 253 dahin dar:

„Die Erpressung ist keineswegs wie der Raub auf die rechtswidrige Aneignung einer körperlichen Sache beschränkt, sondern es besteht das Wesen der Erpressung darin, daß sie den Bedrohten zu einer Handlung, Duldung und Unterlassung nötigt, durch welche der Thäter den beabsichtigten Vermögensvorteil erwerben will, so daß die Vollendung des Verbrechens in dieser Handlung ꝛc. sich erfüllt, auch wenn späterhin der durch sie erwartete Vorteil nicht erlangt wird."

Außerdem wird nur noch hervorgehoben, daß der Thatbestand des Raubes auf die Drohung eine gegenwärtige Gefahr für Leib oder Leben erfordert, während bei der Erpressung jede Drohung, durch welche ein wirksamer Zwang auf den andern ausgeübt wird, für genügend erachtet ist. Daß das Wort „Gewalt" in § 253 eine andere Bedeutung habe,

---

*) Die abweichenden Ansichten sind bei Olshausen No. 3ff. zusammengestellt.

**) Ebenso von Liszt, vergl. noch § 9 des Gesetzes betr. die Pflichten der Kaufleute bei Aufbewahrung fremder Wertpapiere vom Juli 1896 und die Erläuterungen dazu bei Apt, Depotgesetz S. 39 (Berlin 1896).

***) Ebenso v. Liszt § 128 A. M. Frank zu § 253.

****) Olshausen zu § 253 No. 20.

als im § 249, läßt sich sonach weder aus dem Wortlaute der Bestimmungen noch aus den Motiven nachweisen.

§ 41.

Der Betrug.

Berner S. 569. Binding Gr. II § 181. v. Liszt § 138. Meyer § 95. Frank und Olshausen zu § 263 St. G. B.

I. Die neben dem Vorsatz der Vermögensschädigung geforderte gewinnsüchtige „Absicht" wird nicht schon durch das Bewußtsein des Thäters erfüllt, sein Thun könne ihm Vermögensvorteile verschaffen. So U. v. 13. V. 95, E. XXVII, 217.

Damit im inneren Zusammenhange hat dann auch die Ansicht in der Litteratur Vertretung gefunden, die betrügerische „Absicht" des § 263 Strafgesetzbuches sei mit dem Begriffe des Motives identisch*) dergestalt, daß ein nicht durch das Motiv der Bereicherung bestimmtes Handeln nicht unter den Betrugsthatbestand fallen könne. Unverkennbar stehen bei der Unterscheidung von Vorsatz, Absicht, Beweggrund, Zweck u. s. w. eng aneinander grenzende Formen des deliktischen Willens in Frage, die sich bei dem hierin völlig unsicheren Sprachgebrauche des Strafgesetzbuches jeder allgemeinen normativen Bestimmung entziehen, und für den einzelnen Deliktsbegriff meist auch nur mit annähernder Bestimmtheit normirt werden können. Gegenüber dem Deliktsbegriffe des Betruges im Sinne des § 263 St. G. B.'s wird an Folgendem festzuhalten sein. Da hier „Absicht" etwas engeres bedeutet, als bloßer Vorsatz, genügt der sog. dolus eventualis keinesfalls zur Herstellung des subjektiven betrügerischen Thatbestandes. Wer den Zweck der Bereicherung positiv nicht will und die Möglichkeit der Bereicherung nur als eine unerwünschte, aber nicht absolut auszuschließende Eventualität in seinen Willen mit aufgenommen hat, dem fehlt die vom § 263 St. G. B.'s vorausgesetzte „Absicht". Andererseits aber ist klar, daß selbst Diejenigen, welche „Absicht" und „Motiv" identifizieren, damit noch nicht den Satz vertreten, der Bereicherungszweck müsse der alleinige und ausschließliche Beweggrund betrügerischen Handelns sein. Es handelt also auch Derjenige betrügerisch, dessen Willen gleichzeitig, sei es neben einander, sei es nach einander, von zwei Vorstellungen beherrscht wird: er will entweder durch Irrtumserregung und Vermögensschädigung neben anderweiten Zwecken zugleich eine bessere Gestaltung der eigenen oder fremden Vermögenslage erreichen, und wird so von einem doppelten Beweggrunde geleitet; oder er will die rechtswidrigen, ihn im übrigen in erster Reihe nicht interessierenden Vermögensvorteile lediglich als das Mittel für einen anderweit dahinterliegenden Endzweck, und ordnet solchergestalt den ihn primär leitenden Beweggrund einem damit untrennbar verknüpften, mehr subsidiären unter. In beiden Fällen liegt die vom § 263 St. G. B. erforderte „Absicht" vor.

II. **Was ist unter dem Merkmal der Vermögensbeschädigung beim Betrug zu verstehen?** In grundlegender Weise führt der Beschluß der V. St. S. vom 20. IV. 87 (E. XVI, 1) aus:

In Rechtsprechung nnd Litteratur sind über die Bedeutung, welche im Begriffe des Betruges (§ 263 St. G. B.'s) dem Merkmale der Vermögensbeschädigung zukomme, verschiedene Ansichten geäußert worden.*) Zwei Ansichten haben hauptsächlich Vertretung gefunden, nach der einen ist Vermögensbeschädigung vorhanden, wenn der Getäuschte eine auf sein Vermögen bezügliche Verfügung lediglich deshalb getroffen hat, weil er in Irrtum versetzt worden war, also eine Verfügung, die er nicht getroffen haben würde, wenn er die Wahrheit gekannt hätte, ohne daß in solchem Falle weiter untersucht zu werden brauche, ob die Verfügung auf das Vermögen des Getäuschten objektiv vorteilhaft oder nachteilig eingewirkt habe; nach der anderen Ansicht genügt es nicht, daß der Getäuschte die Verfügung nicht getroffen haben würde, wenn er nicht in Irrtum versetzt worden wäre, sondern die Verfügung muß sein Vermögen objektiv beeinträchtigt haben. Die erstere Ansicht ist nicht selten dahin ausgedehnt worden, daß, wenn jemand durch Irrtumserregung zum onerosen Erwerbe einer Sache bestimmt worden sei, die er ohne den Irrtum nicht erworben haben würde, seine eigene Schätzung allein darüber entscheide, wieviel die thatsächlich erworbene Sache wert sei und inwieweit sein Vermögen als beschädigt angesehen werden müsse, wenn er sie nach Maßgabe dieses von ihm selbst der Sache beigelegten Wertes für die von ihm gemachte Aufwendung nicht erworben haben würde, daß, wenn der Getäuschte vermöge des in ihm erregten Irrtumes glaubte in der Sache einen Gewinn zu machen, der Umstand, daß die Sache ihm in Wahrheit keinen Gewinn brachte, genüge, um ihn im Sinne des § 263 a. a. O. für beschädigt an seinem Vermögen zu halten.

Der Betrug besteht in einem mittelbaren Eingriffe in fremdes Vermögen; der Betrüger bedient sich dazu des Betrogenen, indem er denselben durch Irrtumserregung zu einer dessen Vermögen betreffenden Verfügung bestimmt; hierüber besteht kein Streit. Das Gesetz verlangt aber zur Vollendung des Betruges, daß der Betrüger das Vermögen eines anderen beschädigt habe". Die Entstehungsgeschichte des § 263 des jetzigen Strafgesetzbuches und des diesem zu Grunde liegenden, hinsichtlich des Merkmales der Vermögensbeschädigung gleichlautenden § 241 preuß. St. G. B.'s liefert keinen Anhaltspunkt dafür, daß mit den Worten „wer das Vermögen eines anderen beschädigt" eine andere Bedeutung als die diesen Worten in der Rechtsprache auch sonst zukommende verbunden worden sei. Wohl aber ergiebt sich aus jener Entstehungsgeschichte, daß der Betrug ein materielles Delikt in dem Sinne sein sollte, daß für dessen Vollendung außer der unmittelbaren Handlung des Getäuschten, zu der ihn der Irrtum bewogen hat, noch ein weiterer äußerer Erfolg notwendig sei, und zwar eben der äußere Erfolg einer Beschädigung des Vermögens. Diese Absicht des Gesetzgebers hat auch in jenen Worten des § 263 a. a. O.

---

*) s. Olshausen No. 18. Gegen Rg. besonders Binding Gr. II. § 181.

„wer das Vermögen eines anderen beschädigt“ einen an sich unzweideutigen Ausdruck gefunden. „Vermögen“ im rechtlichen Sinne ist aber die Gesamtheit der vermögensrechtlichen Beziehungen einer Person, sowohl der aktiven als auch der passiven, als ein Ganzes gedacht. Beschädigt kann dieses Ganze nur dadurch werden, daß sein Gesamtwert in Geld vermindert, wie verbessert nur dadurch, daß sein Gesamtwert in Geld vergrößert wird. Beschädigung des Vermögens ist daher nicht nur etwas wesentlich anderes, als Beschädigung einer körperlichen Sache, sondern ein Delikt, zu dessen Merkmalen jene Beschädigung gehört, ist auch etwas von einem Delikte gegen fremdes Eigentum wesentlich Verschiedenes. Könnte also die Handlung der Irrtumserregung, wodurch der Eigentümer bestimmt wird, eine in seinem Eigentum stehende Sache zu veräußern, immerhin als ein Eigentumsdelikt bezeichnet werden, so würde die Handlung darum doch nicht schon ein Delikt gegen das Vermögen sein. Daß die Vermögensbeschädigung im Sinne des § 263 a. a. O. nur in der Verminderung des Gesamtwertes des Vermögens eines anderen bestehen kann, folgt ferner daraus, daß in der Belastung des Vermögens mit einer Schuldverbindlichkeit ohne entsprechendes Entgelt unzweifelhaft eine Vermögensbeschädigung in jenem Sinne enthalten ist; denn dies ist nur in der Weise denkbar, daß die Verminderung des Gesamtwertes des Vermögens das Entscheidende bildet, da die Belastung mit einer Schuldverbindlichkeit dem Vermögen des Schuldners keinen seiner aktiven Bestandteile an Vermögensrechten entzieht, noch auch den Wert eines einzelnen dieser Rechte beeinträchtigt. Demnach hat man die Vermögensbeschädigung im Sinne des § 263 a. a. O. als die dem Getäuschten nachteilige Differenz zwischen dem Geldwerte zu definieren, welchen dessen Vermögen nach und infolge der durch die Täuschung hervorgerufenen Verfügung thatsächlich hatte, und demjenigen Geldwerte, den es gehabt hätte, wenn die Täuschungshandlung nicht vorgekommen wäre. Aus diesem Begriffe der Vermögensbeschädigung im Sinne des § 263 St. G. B.'s ergiebt sich, daß dieselben in ihrem Wesen mit dem civilrechtlichen Interesse, welches der Getäuschte daran hat, nicht getäuscht worden zu sein, gleichbedeutend ist.

Es kann daher der Ansicht **nicht** beigestimmt werden, welche das Merkmal der Vermögensbeschädigung beim Betruge **schon dann für vorhanden erachtet, wenn der Getäuschte durch den in ihm erregten Irrtum zu irgend einer vermögensrechtlichen Verfügung bestimmt worden ist.** Zwar wird auch die Irrtumserregung, eine derartige Verfügung und der Kausalzusammenhang zwischen beiden gefordert, aber das Gesetz verlangt noch mehr, indem es neben diesen Merkmalen das weitere Merkmal der Vermögensbeschädigung aufstellt. Eine solche als die zur Vollendung des Betruges notwendige Wirkung der Verfügung des Getäuschten, wird nicht dadurch hervorgebracht, daß die Verfügung ihre Ursache in einer irrigen Vorstellung hatte, und nicht dadurch ausgeschlossen, daß sie ihre Ursache in einer richtigen Vorstellung hatte. Als etwas reales, objektiv vorhandenes, kann sie ihr Dasein auch nicht einer bloßen Meinung oder lediglich subjektiven Schätzung des Getäuschten verdanken, und als reale Wertverminderung des Vermögens kann sie nicht ohne weiteres gleichbedeutend mit dem Nichteintritte einer Wertsvermehrung oder eines gehofften Gewinnes sein. Ebensowenig liegt eine Vermögensbeschädigung im Sinne des § 263 St. G. B.'s in einer Veränderung der Vermögensbestandteile als solcher.*) Letztere ist eine notwendige Folge jedes vermögensrechtlichen Aktes und findet regelmäßig bei allen Umsatzgeschäften im weitesten Sinne statt; aber während der gesamte legale Verkehr in dergleichen Umsatzgeschäften sich bewegt, besteht derselbe doch nicht in einer ununterbrochenen Kette von Vermögensbeschädigungen, sondern ist in seiner stetigen Fortdauer nur dadurch möglich, daß unter normalen Verhältnissen beide Kontrahenten jedes reellen Umsatzgeschäftes in dem letzteren ihren Vorteil finden. Drückt man sich, wie es oft geschehen ist, dahin aus, daß der Getäuschte geschädigt sei, wenn er den von ihm vorgenommenen vermögensrechtlichen Akt nicht gewollt, nämlich nur infolge Irrtums, also nicht wahrhaft gewollt habe, so bringt man nur das Erfordernis des Kausalzusammenhanges zwischen der Täuschungshandlung und dem vermögensrechtlichen Akte zum Ausdrucke und läßt das Merkmal der Beschädigung fallen. Zwar kann man behaupten, daß es formell rechtswidrig sei, durch absichtliche Irrtumserregung jemand zu irgend einer Disposition zu bestimmen; auch tritt in zahlreichen Fällen diese formelle Rechtswidrigkeit in den civilrechtlichen Folgen einer derartigen Handlungsweise zu Tage; der strafrechtliche Betrug ist aber kein Formal-, sondern ein materielles Delikt in der oben erwähnten Bedeutung dieses Ausdruckes, der dasselbe vollendende materielle Erfolg durch die formale Rechtswidrigkeit der Irrtumserregung noch nicht gegeben, und die Bedrohung einer Handlung mit Strafe nicht eine von selbst eintretende Folge der formellen oder auch der vom Civilrechte anerkannten Rechtswidrigkeit der Handlung. Dem Strafgesetze wird auch damit nicht Genüge geleistet, daß man sagt, der Getäuschte sei wenigstens dann für beschädigt zu erachten, wenn er infolge der Irrtumserregung eine Aufwendung aus seinem Vermögen gemacht habe; dies kann bei einseitigen Aufwendungen, z. B. Schenkungen und reinen Verzichten, ausreichen, nicht dagegen bei zweiseitig onerosen Geschäften, bei denen die beiderseitigen Verpflichtungen oder Leistungen ein nicht trennbares Ganzes ausmachen, die vermögensrechtliche Wirkung des Geschäftes also nicht in einseitiger Aufwendung, sondern in Aufwendung gegen Erwerb, in Leistung für Gegenleistung besteht.

Schon hierdurch zeigt sich und es folgt überhaupt aus der gesetzlichen Begriffsbestimmung des Betruges, wonach die Vermögensbeschädigung Wirkung der Irrtumserregung gewesen sein muß, daß stets die Gesamtheit der Wirkungen zu beachten ist, welche die Irrtumserregung und die Täuschungshandlung als Ursache derselben auf das Vermögen des anderen geübt hat. Diese Wirkungen können einerseits den Wert des Vermögens vermindert, andererseits vergrößert haben, dann

---

*) So M. 711.

kommt es auf das Verhältnis der Wertsverminderung zu der Wertsvergrößerung an und ist eine Vermögensbeschädigung in Gemäßheit der vorstehenden Definition derselben nur dann vorhanden, wenn die erstere die letztere im Geldwerte überwiegt. Unter anderem wird eine Abmessung dieser Art eintreten müssen, wenn bei zweiseitigen onerosen Geschäften Leistung und Gegenleistung oder Verpflichtung und Gegenverpflichtung sich einander gegenüberstehen. Aber die Wirkungen der Täuschungshandlung können nicht blos unmittelbare, sondern auch mittelbare sein, und auch die letzteren sind zu berücksichtigen, und zwar soweit, wie der Kausalzusammenhang derselben mit der Täuschungshandlung nachgewiesen werden kann. Zu den mittelbaren Wirkungen gehört nicht blos der mittelbare Schade, sondern auch ein entgangener Gewinn, vorausgesetzt, daß er mit Sicherheit würde gemacht worden sein, wenn die Täuschungshandlung nicht vorgekommen wäre, und daß der Getäuschte ein Recht besaß, in diejenige Lage versetzt zu werden, welche für ihn den Gewinn ermöglichte, nicht schon dann, wenn er ohne solchen Rechtsanspruch nur gehofft hatte und für den Fall, wenn seine Vorstellungen über ein Geschäft oder über eine Leistung des Täuschenden thatsächlich richtig gewesen wären, auch mit Grund hatte erwarten können, das Geschäft oder die Leistung werde ihm einen Gewinn eintragen. Nur das Ergebnis der Vergleichung sämtlicher den Wert des Vermögens vermindernden mit sämtlichen denselben vermehrenden Wirkungen der Täuschungshandlung giebt darüber Aufschluß, ob eine Vermögensbeschädigung stattgefunden hat. Notwendige Unterlage der Vergleichung ist jedoch, daß alle diese Wirkungen sich auf dieselbe Täuschungshandlung zurückführen lassen.

Welche Wirkungen eine Ursache äußert, hängt nicht allein von der Beschaffenheit der Ursache, sondern auch von der Beschaffenheit des Objektes ab, worauf sie wirkt und von den Umständen, unter denen sich die Wirkung vollzieht. Ist von den Wirkungen einer Täuschungshandlung auf das Vermögen einer bestimmten Person die Rede, so hat man zu beachten, daß sich das Vermögen jedes einzelnen von dem aller anderen Menschen fast ausnahmslos nach seinen Bestandteilen, nach der Benutzbarkeit unterscheidet; überdies wird die letztere nicht blos durch die Beschaffenheit des Vermögens selbst, sondern auch durch die persönlichen Eigenschaften des Inhabers desselben, seinen Stand, seinen Beruf und durch die von ihm nach Maßgabe aller dieser Faktoren verfolgten Vermögenszwecke mannigfach bedingt. Das Stattfinden einer dem Getäuschten versprochenen Leistung und die thatsächliche Beschaffenheit der Leistung, z. B. die Beschaffenheit der demselben gelieferten Sache, ebenso das Ausbleiben der Leistung oder einer solchen Leistung, wie sie versprochen war, bringt daher für das Vermögen der einen Person möglicherweise ganz andere, günstige oder ungünstige objektive Wirkungen hervor, wie auf das Vermögen irgend einer anderen Person. Für das Strafrecht überhaupt, folglich auch für die Frage nach Vermögensbeschädigung beim Betruge, hat aber stets nur der gegebene konkrete Sachverhalt Bedeutung, nicht ein Sachverhalt, der hätte eintreten können, wenn irgend ein Faktor, mag man ihn Ursache oder Bedingung nennen, mitgewirkt hätte, welcher in dem konkreten Falle nicht mitgewirkt hat. Hieraus ergiebt sich der Grundsatz, daß die Frage, ob eine Vermögensbeschädigung eingetreten sei oder nicht, streng nach der Individualität des gegebenen konkreten Falles, also nach den individuellen Vermögensverhältnissen dieses bestimmten Getäuschten beantwortet werden muß. Für den mittelbaren Schaden mit Einschluß des entgangenen Gewinnes wird auf die individuelle Betrachtung schon der Umstand führen, daß sich in den meisten Fällen nur aus der besonderen Geschäftslage des Getäuschten unter Berücksichtigung von Zeit und Ort überhaupt ermitteln läßt, ob ein derartiger Schade entstanden ist, und ob der Getäuschte ohne die Täuschung in der Lage gewesen sein würde, einen Gewinn zu erlangen. Handelt es sich aber um den unmittelbaren Schaden in der Weise, daß der Getäuschte eine Sache oder Leistung nicht erhalten hat, die ihm zugesichert war, oder daß er eine andere Sache oder Leistung als die zugesicherte, oder eine Sache von anderer Beschaffenheit erhalten hat, so hängt die Entscheidung der Frage nach der Vermögensbeschädigung davon ab, welchen Wert die nicht gelieferte oder diejenige Sache, welche hätte geliefert werden sollen, oder die thatsächlich gelieferte Sache oder Leistung gehabt habe, und dann fragt sich, nach welchem Maßstabe dieser Wert zu bemessen sei. Auch in dieser Beziehung kann nur die individuelle Beurteilung des konkreten Falles zu einem richtigen Ergebnisse führen. Denn die meisten Gegenstände haben nicht für alle Menschen den gleichen Vermögenswert, weil sie nicht für alle Menschen gleich brauchbar sind, insbesondere dann nicht, wenn sie erworben werden, um sie nach Maßgabe ihrer natürlichen Eigenschaften zu gebrauchen oder zu verbrauchen, unter Umständen auch dann nicht, wenn sie erworben werden, um sie weiter zu veräußern, z. B. Handel damit zu treiben. Der aus der Unbrauchbarkeit einer Sache zu den von einer bestimmten Person verfolgten Vermögenszwecken sich ergebende wirtschaftliche Minderwert derselben kann durch das daran erworbene juristische Recht und dessen unanfechtbare Vollständigkeit nicht ersetzt werden; wie ein juristisch zweifelloses Forderungsrecht wertlos ist, wenn der Schuldner nicht zahlen kann und sonstige Sicherheit nicht besteht, so ist eine Sache für den Eigentümer trotz dessen zweifellosen Eigentumsrechtes wertlos, wenn derselbe sie zu seinen Zwecken nicht verwenden kann. Darauf, daß der Erwerber einer Sache nur andere Zwecke zu verfolgen brauche, damit die Sache für ihn brauchbar werde, kann sich der Täuschende nicht berufen, teils weil auf diese Weise nur ein zur Zeit des Erwerbes bereits entstandener Schaden nachträglich wieder ausgeglichen, teils weil der strafrechtliche Grundsatz verlassen werden würde, daß immer nur der vorhandene Thatbestand, nicht ein davon verschiedener, wenn auch herstellbarer, darüber entscheidet, ob ein Vergehen verübt worden ist. Selbstverständlich kann die Unbrauchbarkeit einer Sache für den Zweck, zu welchem sie erworben wurde, nicht bloß die Ursache eines unmittelbaren, sondern auch eines mittelbaren Schadens des Getäuschten sein. Als ohne weiteres für alle Menschen und jederzeit in vermögensrechtlicher Hinsicht gleich brauchbar, also auch für alle Menschen jederzeit gleich wertvoll gilt nur das Geld nebst den nach Zeit und Ort im Verkehre anerkannten unmittelbaren Repräsentanten desselben; nur das Geld nebst diesen seinen unmittelbaren Repräsentanten hat daher ohne weiteres einen solchen objektiven Wert, welcher für alle Menschen oder zu bestimmten anderen Sachen nicht bedingt ist. Alle Gegenstände außer dem Gelde und dessen unmittelbaren Repräsentanten haben objektiven Wert nur, sofern sie als in Geld umgesetzt gedacht werden, ob aber ein solcher Umsatz möglich und zu welchem Preise er ausführbar ist, darüber entscheiden wiederum die individuellen Umstände des konkreten Falles. Ist eine Sache nur zu dem Zwecke erworben worden, um sie in Geld umzusetzen, besteht also der Gebrauch, der von der Sache gemacht werden sollte, im Verkaufe derselben, so fällt der individuelle Wert mit dem Umsatz- oder Verkehrswerte, d. h. mit dem Geldbetrage zusammen, wofür der Verkauf nach Zeit und Ort dem Getäuschten möglich ist, und läßt sich demgemäß dieser Verkaufswert als objektiver Wert der Sache bezeichnen. Auch kann, wenn die Sache, zwar nicht zu demjenigen Zwecke, für welchen sie erworben wurde, aber zu einem anderen gleichzeitig vom Erwerber verfolgten Zwecke verwendbar ist, sich der ersparte Einkaufspreis als objektiver Wert darstellen. Indessen auch in einem Falle, wo der Getäuschte eine Sache nicht zum Verkaufe erwerben wollte, sondern, um sie gemäß ihren natürlichen Eigenschaften anderweitig zu gebrauchen oder zu verbrauchen und wo dies für ihn wegen der Beschaffenheit der Sache nicht möglich ist, kann bei der Frage, ob er an seinem Vermögen beschädigt worden sei, geprüft werden müssen, ob er in der Lage war, die Sache sofort in Geld umzusetzen, ob er also schon im Augenblicke des Erwerbes in der Sache einen objektiven, d. h. einen Geldwert in seinem Vermögen hatte, welcher dann gegenüber der für die Sache gemachten Aufwendung, sowie gegenüber sonstigen ihm aus der Täuschungshandlung erwachsenen Vermögensnachteilen in Rechnung gezogen werden muß. Die Wiederverkäuflichkeit einer Sache hebt also für sich allein zwar die im übrigen vorliegende Vermögensbeschädigung nicht notwendig auf, ist aber für die Frage nach letzterer auch nicht notwendig ohne Belang, vielmehr können in dieser Beziehung wiederum nur die konkreten Umstände entscheiden, und ist insbesondere der Umstand erheblich, ob der Verkauf nur mit Schwierigkeiten und Unzuträglichkeiten oder ob er ohne jede Mühe und jedes Bedenken bewirkt werden konnte, und zwar sofort zur Zeit des Erwerbes der Sache; eine erst später eintretende Verkaufsmöglichkeit würde nur dazu dienen können, den bereits entstandenen Schaden wieder zu ersetzen, also der Vollendung des Betruges erst nachfolgen, folglich für den Thatbestand des Vergehens nicht in Betracht kommen.

Der Grundsatz der Individualisierung bei Beurteilung der Frage nach der Vermögensbeschädigung enthält keine Konzession an die subjektive Willkür des Getäuschten, insbesondere nicht an das Belieben desselben, ob er die ihm gelieferte Sache gebrauchen wolle; es handelt sich vielmehr darum, ob er sie gebrauchen kann. Dieses Können hat man anzuerkennen als bedingt durch die Vermögenszwecke des Getäuschten, und solche Vermögenszwecke können dem Getäuschten nicht willkürlich aufgedrungen werden. Aber der Getäuschte ist doch nicht beschädigt, wenn er die erworbene Sache zwar nicht zu dem bei dem Erwerbe ins Auge gefaßten Zweck, wohl aber zu einem anderen gebrauchen kann, der ihm ebenso genehm ist, jedenfalls dann nicht beschädigt, wenn er diesen anderen Zweck schon zur Zeit des Erwerbes ebenfalls in's Auge gefaßt hatte, vorausgesetzt, daß es sich nur um direkte Beschädigung durch Unbrauchbarkeit der Sache handelt, denn selbstverständlich kann der Erwerber nicht bloß in dem Falle, wenn die erworbene Sache dem vertragsmäßigen Zwecke entsprach, sondern auch dann, wenn sie für ihn in anderer Weise verwendbar ist; dadurch beschädigt sein, daß er durch Irrtumserregung bewogen wurde, einen zu hohen Preis dafür zu zahlen oder eine sonstige zu große Aufwendung dafür zu machen. Wie jede unnütze Ausgabe, also jede Ausgabe für einen unbrauchbaren Gegenstand, den Vermögenswert herabsetzt, geschieht das auch durch eine zu hohe Ausgabe; die letztere ist unnütz, soweit sie zu hoch ist. Ob sie es ist, unterliegt wiederum der Beurteilung nach Maßgabe der zeitlichen und örtlichen Verhältnisse. Auch in dieser Beziehung hat der Grundsatz der Individualisierung nichts gemein mit der Anerkennung einer Befugnis des Getäuschten, nach subjektiver Schätzung zu bestimmen, ob er eine Vermögensbeschädigung erlitten habe. Ausgeschlossen ist bei Entscheidung über die letztere insbesondere die Berücksichtigung des bloßen Affektionswertes, den eine Sache für den Getäuschten haben kann; der Verlust eines solchen Wertes bildet keine objektive Verminderung des Vermögens, während die letztere allerdings vorhanden sein würde, wenn jemand durch die falsche Vorspiegelung, daß eine Sache eine Eigenschaft besitze, die ihr in seinen Augen einen den gemeinen Wert übersteigenden Affektionswert verleiht, zur Aufwendung eines höheren Preises für die Sache bestimmt worden wäre.

Ist jemand durch Täuschung zur Eingehung eines Vertrages bewogen worden, so kann nach Maßgabe des Vorstehenden das Urteil darüber, ob Vermögensbeschädigung vorliege, anders lauten müssen, als wenn die Täuschung bei der Erfüllung eines Vertrages vorgekommen wäre. Vor Abschluß des Vertrages hatte der Getäuschte noch kein Recht erworben, gehörte also der Wert eines solchen Rechtes noch nicht zu seinem Vermögen; nach Abschluß des Vertrages besaß er ein Recht auf vertragsgemäße Erfüllung. Dort kommt es daher, soweit es sich bloß um unmittelbaren Schaden handelt, auf den Wert der vom Getäuschten übernommenen Verpflichtung oder der von ihm gemachten Leistung gegenüber dem Werte der Gegenverpflichtung oder der Gegenleistung des Täuschenden an, und zwar so, daß der Getäuschte infolge der Täuschung sich eine Gegenleistung von zu geringem Werte hat geben oder versprechen lassen, oder daß er seinerseits eine Leistung von zu großem Werte gegeben oder versprochen hat, zu gering oder zu groß wegen des Wertverhältnisses zwischen Leistung und Gegenleistung. Bei der Erfüllung eines Vertrages kommt es dagegen auf den Wert des vom Getäuschten vor der Täuschung erworbenen Vertragsrechtes gegenüber dem Werte derjenigen Leistung an, welche der Täuschende giebt und der Getäuschte als Erfüllung infolge des in ihm erregten Irrtums annimmt; der Getäuschte kann also bei der Erfüllung beschädigt sein, ungeachtet seine eigene Leistung durch den Wert der thatsächlich erfolgten nicht vertragsmäßigen Gegenleistung gedeckt ist; denn der Wert seiner Forderung aus dem Vertrage kann in der Zeit zwischen Abschluß und Erfüllung gestiegen und kann auch schon von Anfang an größer gewesen sein als der Wert der Leistung, für die er die Forderung erwarb. In dieser Verbindung hat man dem Satze, daß auch in dem Entgehen eines unmittelbar aus dem Wertsverhältnisse, z. B. der gekauften Sache zum Kaufpreise, erwarteten Gewinnes eine Vermögensbeschädigung liegen könne, Berechtigung einzuräumen. Ein Gewinn dieser Art darf übrigens mit demjenigen, oben bereits erwähnten, Gewinne nicht verwechselt werden, welchen jemand erst nachträglich gemacht haben würde, wenn ihm eine Sache oder Leistung, die ihm versprochen war, vertragsmäßig zugekommen und mit Vorteil verwertbar gewesen wäre; das Entgehen eines Gewinnes letzterer Art gehört zu dem unmittelbaren Schaden.

Ob auch eine Vermögensgefährdung eine Beschädigung des Vermögens darstelle, hängt davon ab, ob nach der konkreten Sachlage schon die eingetretene Gefahr eines Verlustes, also die Ungewißheit darüber, ob nicht ein Verlust eintreten werde, den Vermögenswert vermindert. Es ist dies auf mancherlei Weise möglich, z. B. durch Herbeiführung einer ungünstigeren Prozeßlage, die ihren Grund unter anderem in dem Verluste von Beweismitteln, in der Verzögerung der Möglichkeit, den Prozeß zu führen, in dem Aufdrängen der Klägerrolle anstatt der Rolle des Beklagten haben kann. Es kann auch dadurch geschehen, daß der Besitz eines Vermögenswertes anderweitig vom Zufalle abhängig geworden ist, z. B. von der Solvenz des Schuldners, wenn Kredit erschlichen wurde, oder vom Eintritte eines zukünftigen ungewissen Ereignisses, wenn jemand durch Täuschung veranlaßt worden ist, sich unter einer kasuellen Suspensivbedingung zu verpflichten. Auch in solchen Fällen ist es andererseits möglich, daß die aus der Gefahrübernahme erwachsene Vermögensminderung durch einen aus derselben Ursache, insbesondere aus demselben Vertrage, welcher zur Übernahme eines periculum führte, hervorgegangenen äquivalenten Erwerb von Anfang an ausgeglichen und dadurch die Entstehung einer Vermögensbeschädigung verhindert wird. Dies gilt auch für die Vermögensgefährdung, welche sich als Folge der Eingehung eines gewagten Geschäftes darstellt.

Wenn im vorstehendem von dem Getäuschten als demjenigen, welcher zugleich der Geschädigte war, gesprochen worden ist, so hat damit selbstverständlich die Möglichkeit, daß der Getäuschte mit dem Beschädigten nicht identisch ist, nicht verneint, sondern der Kürze wegen nur der gewöhnliche Fall bezeichnet werden sollen.*)

*) Einzelanwendungen der vorstehend dargelegten Grundsätze in E. VI, 75 XXI, 236 XXIII, 55 XXVI, 227 XXVII, 300.

III. **Was bedeutet der Ausdruck „Vermögensvorteil" in § 263?** U. v. 5. III. 88. III. (E. XVII, 234):

Bedenklich erscheint der Satz der Urteilsgründe: „Ebenso zweifellos ist, daß der Angeklagte durch den Erwerb des Gutes sich einen Vermögensvorteil — — verschaffen wollte, ohne daß näher untersucht zu werden braucht, in welcher Weise er die Erreichung dieses beabsichtigten Zweckes noch weiter auszuführen gedachte, da schon das kontraktlich verbriefte Eigentumsrecht an dem Gute wenigstens für die Gegenwart eine Verbesserung seiner Vermögenslage darstellte. Der Instanzrichter nimmt an, daß der Angeklagte einen Vermögensvorteil nicht nur erstrebt hat, was zur Vollendung des Vergehens gegen § 263 St. G. B.'s schon genügt hätte, falls die übrigen Thatbestandsmerkmale vorhanden waren, sondern daß er einen Vermögenvorteil auch bereits erlangt hat, nämlich eben das, wie an anderer Stelle festgestellt worden, ihm durch den Kaufvertrag vom 21. März 1886 für die von ihm versprochene Summe von 50700 M. übertragene Recht auf das Rittergut W.; ob dieser Vermögensvorteil der von ihm erstrebte war, geht aus dem Urteile nicht hervor, da das letztere darüber, welchen Vermögensvorteil der Angeklagte sich verschaffen wollte, schweigt. Daß das ihm verbriefte Recht auf das Rittergut wenigstens ein Mittel war, wodurch er einen Vermögensvorteil zu erlangen bezweckte, ist ebenfalls nicht festgestellt worden, kann aber nach der gesamten Sachlage als sehr wahrscheinlich angesehen werden. In betreff des erstrebten Vermögensvorteiles hat man davon auszugehen, daß der Begriff „Vermögensvorteil" im Sinne des § 263 a. a. O. nicht nach anderen Grundsätzen bestimmt werden kann, als der Begriff der „Vermögensbeschädigung" im Sinne derselben Gesetzesvorschrift; vielmehr ist jener das reine Gegenteil dieser, so daß, wie die letztere in einer Verminderung des Gesamtvermögenswertes, der erstere in einer Vermehrung des Gesamtvermögenswertes besteht (vgl. über den Begriff der Vermögensbeschädigung Entsch. des R. G.'s in Straff. Bd. 16 S. 1 flg.). Hieraus folgt, daß, wenn durch betrügerische Täuschung der Abschluß eines Vertrages herbeigeführt worden ist, welcher beide Kontrahenten zu Leistungen, die einen Vermögenswert haben, verpflichtet, wie z. B. ein Kauf, die Frage, ob der Täuschende durch den Vertragsabschluß einen Vermögensvorteil erlangt habe, — welche jedoch nur dann erheblich werden kann, wenn gerade auf dasjenige, was er erlangt hat, seine Absicht gerichtet war — nur mit Berücksichtigung des Wertes derjenigen Leistung, zu welcher er sich verpflichtete, und durch Vergleichung dieses Wertes mit dem Werte der Leistung, auf welche er ein Recht erwarb, beantwortet werden kann. Die Notwendigkeit aber, den Begriff des Vermögensvorteiles in derselben Weise zu bestimmen, wie den der Vermögensbeschädigung, ergiebt sich daraus, daß der Gesetzgeber den in § 263 a. a. O. einmal gebrauchten Ausdruck „Vermögen" unmöglich das eine Mal anders als das zweite Mal hat verstanden wissen wollen, daß der Ausdruck „Vorteil" schon sprachlich nur den Gegensatz zu dem Ausdrucke „Beschädigung", beide Ausdrücke auf „Vermögen" bezogen bedeuten kann, und daß sich ein Vermögensvorteil überhaupt nicht denken läßt, wenn jemand zwar einerseits einen Vermögenswert als Zuwachs zu seinem bisherigen Vermögen erlangt, andererseits aber gleichzeitig einen ebenso großen oder noch größeren Vermögenswert aus seinem bisherigen Vermögen dafür hinweggiebt. Diese Erwägung hat, was der Deutlichkeit wegen hinzugefügt werden mag, mit der Frage keinen Zusammenhang, ob der Thatbestand des Betruges erfordere, daß der Täuschende das, was er durch Irrtumserregung gewinnen will, aus dem Vermögen des Getäuschten gewinne und nicht aus dem Vermögen einer anderen Person; eine solche Art der Wechselbeziehung braucht zweifellos nicht stattzufinden. Vielmehr handelt es sich nur um eine Bestimmung des Begriffes „Vermögensvorteil“ an sich, ohne Rücksicht darauf, woher dasjenige stamme, was im konkreten Falle als Vermögensvorteil in Rede steht. In Gemäßheit der vorstehend gegebenen Definition durfte aber der Instanzrichter die Ansicht, der Angeklagte habe einen Vermögensvorteil erlangt, nicht schon auf den Umstand stützen, daß derselbe aus dem abgeschlossenen Kaufvertrage ein Recht auf das gekaufte Grundstück oder an demselben erlangt hatte; diesem Rechte stand seine Verpflichtung gegenüber, den Kaufpreis zu zahlen, und wie sich der Wert jenes Rechtes zu diesem Kaufpreise verhielt, darüber geben die Gründe des angefochtenen Urteiles keinen Aufschluß. War also das dem Angeklagten vertragsmäßig verbriefte Recht an dem Gute für den Angeklagten nicht bloß ein Mittel, wodurch er sich erst künftig einen Vermögensvorteil zu verschaffen suchte, dessen Beschaffenheit in diesem Falle durch das Urteil in keiner Weise aufgeklärt sein würde, sondern hat der Instanzrichter in jenem Rechte den vom Angeklagten erstrebten Vermögensvorteil selbst gesehen, so ist bis jetzt durchaus ungewiß geblieben, ob die Erlangung dieses Rechtes als ein Vermögensvorteil im Sinne des Betruges angesehen werden durfte.

Da der § 263 St. G. B.'s verlangt, daß die Absicht des Täuschenden auf die Erlangung eines Vermögensvorteiles gerichtet war, so ergiebt sich aus dem § 266 St. P. O. die Anforderung, daß in den Urteilsgründen angegeben werde, auf welches konkrete Objekt diese Absicht thatsächlich ging, eine Anforderung, welcher, wie schon bemerkt worden, der Instanzrichter nicht genügt hat. Daneben ist es vollkommen richtig, daß in den Urteilsgründen nicht auch noch gesagt zu werden brauchte, was der Angeklagte mit einem konkreten Gewinne, von welchem festgestellt worden wäre, daß er ihn zu erlangen beabsichtigte, nach dessen Erlangung weiter zu beginnen vor hatte, denn dies hätte nicht mehr zu dem Thatbestande des Vergehens gehört. Wie ferner processualisch die Angabe des konkreten Zieles, welches der Angeklagte als einen zu erlangenden Vermögenszuwachs erstrebte, notwendig war, so hatte die Angabe dieses konkreten Zieles auch aus dem Standpunkte des materiellen Rechtes zu geschehen, damit erkannt werden konnte, ob das Ziel, worauf die Absicht des Angeklagten ging, unter den richtig verstandenen Begriff „Vermögensvorteil“ zu stellen war. Dieser Begriff selbst wird durch den Umstand, daß zur Vollendung des Betruges die bloße Absicht, sich oder einem

Dritten einen Vermögensvorteil, selbstverständlich einen rechtswidrigen, zu verschaffen, genügt, grundsätzlich nicht geändert. Allerdings hat man aber zu beachten, daß für die Anwendung des Begriffes der bezeichnete Umstand erhebliche Folgen äußert.

Denn es leuchtet ein, daß für die Absicht alle diejenigen Momente außer Betrachtung zu bleiben haben, welche von dem Angeklagten nicht in den Bereich seiner Absicht mit aufgenommen worden sind. Bei dem Thatbestandsmerkmale der Vermögensbeschädigung kann hiervon, sofern es sich um vollendeten Betrug handelt, nicht die Rede sein; die Vollendung des Betruges tritt erst ein, wenn die Vermögensbeschädigung objektiv vorhanden ist; von dem Merkmale des Vermögensvorteiles ließe sich das gleiche, daß nämlich die Absicht des Thäters ohne Einfluß bliebe, nur dann behaupten, wenn die Vollendung des Betruges ebenfalls die objektive Existenz des Vermögensvorteiles forderte. Während nun ein Vermögensvorteil dadurch allein objektiv nicht erlangt wird, daß jemand für eine Sache im Werte von 100 M. diese oder eine größere Summe zu zahlen verspricht oder zahlt, ist es sehr wohl möglich, daß jemand, der für dieselbe Sache dieselbe Summe verspricht, einen Vermögensvorteil zu erlangen beabsichtigt, wenn nämlich seine Absicht darauf gerichtet ist, vermittelst des Kaufabschlusses sich Besitz oder Eigentum der Sache zu verschaffen, und gleichzeitig darauf, den Kaufpreis nicht zu zahlen; die Verpflichtung zur Zahlung ist zwar vorhanden, aber die Absicht umfaßt ihre Erfüllung nicht, sondern geht lediglich auf Erwerb der Sache ohne Entgelt, und ein Erwerb ohne Entgelt bildet einen Vermögensvorteil. Andererseits kann der Bereich der Absicht über die Wirklichkeit infolge eines thatsächlichen Irrtums des Täuschenden auch hinausgehen. Es ist möglich, daß jemand eine Sache, die 50 Mark wert ist, deren Wert er aber auf 150 Mark veranschlagt, für 100 Mark kauft; dann erlangt er keinen Vermögensvorteil, hat aber einen solchen zu erlangen beabsichtigt. Zum Wesen der Absicht gehört es, daß eine Vorstellung realisiert werden soll; was Objekt der Absicht sei, hängt also von dem Inhalte der Vorstellung ab, auf deren Realisierung der Wille gerichtet ist. Demgemäß hat man, wenn es sich bei einer Betrugsanklage um das Merkmal der auf einen Vermögensvorteil gerichteten Absicht handelt, lediglich den Inhalt der Vorstellung des Angeklagten von dem, was ihm als der zu erlangende Gewinn erschien, mit der Definition des Begriffes „Vermögensvorteil" zu vergleichen, die vorstehend erörtert worden ist. Diese Begriffsbestimmung bleibt dieselbe; unter sie zu subsumieren hat man aber nicht dasjenige, was der Angeklagte von seiner Absicht realisierte, sondern blos dasjenige und alles dasjenige, was er zu realisieren sich vorgesetzt hatte. Man kann dies auch so ausdrücken: es muß gefragt werden, ob der Angeklagte einen Vermögensvorteil, der unter jene Definition paßt, erlangt haben würde, wenn es ihm gelungen wäre, seine Vorstellung von dem zu erlangenden Gewinne, das Ziel seiner Absicht, vollständig in Wirklichkeit umzusetzen. Eben deshalb würde, wie schon bemerkt, die Absicht, einen Vermögensvorteil zu erlangen, anzunehmen sein, wenn der Angeklagte den Willen hatte, sich alles leisten zu lassen, was er sich versprechen ließ, seinerseits jedoch nicht zu leisten, was er dagegen versprach. Eben hierauf kann sich auch die von ihm dem Getäuschten gemachte falsche Vorspiegelung bezogen haben. Daß die Absicht, einen Vermögensvorteil zu erlangen, auch dann anzunehmen ist, wenn der Angeklagte eine Sache zum vollen Wert kaufte und den Kaufpreis auch zahlen wollte, aber die Sache zu einem höheren Preise weiter zu verwenden gedachte, sodaß nach dieser Seite hin eine Unredlichkeit nicht in seinem Plane lag, braucht, da „rechtswidrig" im Sinne des § 263 a. a. O. nur den Mangel eines Rechtsanspruches bedeutet, kaum bemerkt zu werden. Auch in solchem Falle kann vollendeter Betrug verübt worden sein, z. B. wenn der Angeklagte seinen Verkäufer über seine Zahlungsfähigkeit getäuscht und etwa irrig gehofft hatte, aus dem Erlöse beim Weiterverkaufe den von ihm zugesagten Preis rechtzeitig berichtigen zu können; denn dabei kann er sich bewußt gewesen sein, er werde den Verkäufer in einer Weise gefährden, die genügt, um das Merkmal einer Vermögensbeschädigung desselben für vorhanden zu erklären. Die Lage der gegenwärtigen Sache rechtfertigt es, hierauf hinzuweisen.

Hat die Absicht eines Vermögensvorteiles nach der richtigen Bestimmung nicht vorgelegen, der Angeklagte aber geglaubt, er werde, wenn er seinen Zweck erreiche, einen Vermögensvorteil erlangen, so kann zur Erwägung kommen, ob ein Versuch des Betruges verübt worden sei, sofern man die vom Reichsgerichte gebilligte Versuchslehre zu Grunde legt. Vorhin war von einem thatsächlichen Irrtume des Angeklagten die Rede, infolgedessen er z. B. den Wert einer von ihm gekauften Sache zu hoch veranschlagt, also einen Vermögensvorteil zwar nicht erlangt, aber etwas, was wirklich ein Vermögensvorteil gewesen sein würde, zu erlangen beabsichtigt hat. Der soeben erwähnte Irrtum würde nicht ein thatsächlicher, sondern ein Rechtsirrtum sein, nämlich ein Irrtum über die Bedeutung des gesetzlichen Begriffes „Vermögensvorteil". Es ist möglich, daß jemand eine Sache, die für ihn einen hohen Affektionswert hat, von dem Eigentümer derselben mittels falscher Vorspiegelungen kaufweise erlangt und zwar für den als Kaufpreis von ihm versprochenen wahren Wert der Sache, und daß er irrigerweise den für den Betrugsbegriff in Betracht kommenden Wert der Sache nach dem Affektionswerte derselben veranschlagt, seine Absicht also auf etwas geht, was in Wahrheit kein Vermögensvorteil ist, aber von ihm dafür gehalten wird, vgl. über den letzteren Entsch. des R. G.'s in Straff. Bd. 16, S. 10; eine Vermögensbeschädigung des Getäuschten kann dabei z. B. in Folge des Umstandes entstanden sein, daß die Vorspiegelung sich auch auf die Zahlungsfähigkeit des Täuschenden erstreckte. Näher auf diese Frage einzugehen, erscheint nach der Beschaffenheit der gegenwärtigen Sache nicht angezeigt.*)

---

*) Cf. ausserdem E. II, 352 III, 378 XII, 395.

IV. **Die Rechtswidrigkeit des Vermögensvorteils** wird in konstanter Rechtsprechung des Reichsgerichts in das Moment gesetzt, daß **kein Recht auf den erstrebten Vermögensvorteil bestanden habe.***) So z. B. E. XI, 157, XXVI, 354.

V. **Besteht ein Unterschied zwischen Ursache und Veranlassung der Irrtumserregung?** Das U. v. 23. II. 81 VII. (E. VII, 395) führt aus:

Angeklagter war Inhaber einer Hypothek von 4600 M., welcher zwei Posten von beziehungsweise 20000 M. und 6225 M. vorgingen. In dem Hypothekeninstrument war jedoch versehentlich nur der Posten von 20000 M. als vorgehend aufgeführt. Durch einen Unterhändler ließ nun Angeklagter seine Hypothek dem Rentier H. zum Ankaufe anbieten und versicherte selbst dem H. wissentlich wahrheitswidrig, die Hypothek stehe an zweiter Stelle hinter vorhergehenden 20000 M. H. übergab die ihm vom Unterhändler anvertraute Hypothekenurkunde dem Taxator M. zur Prüfung. Dieser forschte der Rangordnung auf dem Grundbuchamte nach und riet, nachdem der Grundbuchrichter im Irrtum erklärt hatte, die Hypothek stehe an zweiter Stelle nach vorgetretenen 20000 M., dem H. den Ankauf an, welcher auch zum Preise von 3000 M. erfolgte. Bei demnächstiger Subhastation des Grundstücks erhielt H. auf seine Hypothek nur 2750 M. Nach der vom Gerichte seiner Beurteilung grundleglich gemachten und in den Gründen mitgeteilten Aussage des H. ist nun letzterer „wesentlich durch den Rat des M. und die von diesem auf dem Grundbuchamte erhaltene Auskunft zu dem Irrtume, die Hypothek sei an zweiter Stelle lediglich hinter 20000 M. eingetragen, und folgeweise zum Ankaufe der Hypothek bestimmt worden, und würde nicht gekauft haben, wenn der Grundbuchführer das richtige Verhältnis angegeben hätte." Der Instanzrichter hat aber angenommen, „daß die Vorspiegelungen des Angeklagten zum Irrtume des H. über die Rangordnung und zum Ankaufe der Hypothek einen **mitbestimmenden** Grund abgegeben und namentlich zunächst den H. veranlaßt haben, sich mit der Sache zu befassen und auf dem Grundbuchamte Erkundigungen einzuziehen." Auf diese Erwägung ist die spätere Feststellung gegründet, daß Angeklagter das Vermögen des H. durch Erregung eines Irrtums mittels Vorspiegelung falscher Thatsachen beschädigt hat.

Die Annahme des Merkmales der Irrtumserregung muß jedoch gegenüber den festgestellten Thatsachen, in welchen das Merkmal gefunden werden will, Bedenken erregen. Die Sachlage führt zu Zweifeln darüber, ob der Richter ohne Rechtsirrtum Irrtum und Entschluß des H. auf die Vorspiegelung des Angeklagten zurückgeführt hat. Ist die täuschende Handlung eines Angeklagten die **wirkliche Ursache** des Irrtums und des Entschlusses gewesen, so ist es allerdings unerheblich, **ob auch noch andere Momente** zur Täuschung und zum Entschlusse mitgewirkt haben. Ist aber Irrtum und Entschluß auf **andere** Umstände als **Bestimmungsgrund** zurückzuführen, so kann die Feststellung, daß für den

*) Ähnlich von Liszt, abweichend Olshausen No. 45: rechtswidriger Vermögensvorteil ist ein „wider oder gegen Recht" erlangter Vermögensvorteil.

Irrtum und Entschluß auch die Vorspiegelung des Angeklagten **mitbestimmend** gewesen ist, für sich nicht ausreichen, um Angeklagten des vollendeten Betruges schuldig zu erachten. Dieser Fall liegt hier vor. Wenn H. selbst erklärt, daß er wesentlich durch die auf dem Grundbuchamte erhaltene Auskunft zu seinem Irrtume und Entschlusse gelangt sei und der Richter diese Aussage für glaubwürdig erachtet, so erscheint der Zusammenhang zwischen der Vorspiegelung des Angeklagten und der Täuschung erschüttert. Nimmt der Richter gleichwohl an, daß die Vorspiegelung dennoch ein mitbestimmender Grund zum Irrtum gewesen ist, so wäre gegenüber der vorausgeschickten eigenen Erklärung des H. mindestens darzulegen gewesen, daß für die Täuschung und den Entschluß die Vorspiegelung in ihrem Zusammentreffen und in Verbindung mit der unrichtigen Auskunft kausal war. Dieses Verhältnis drückt das Wort „mitbestimmend" jedenfalls nicht mit der durch die Sachlage gebotenen Schärfe aus. Der Richter erregt auch selbst sofort dadurch Bedenken, daß er in unmittelbarem Anschlusse an die Annahme der „Mitbestimmung" letztere „namentlich darin findet, daß die Vorspiegelung den H. veranlaßt habe, sich mit der Sache zu befassen und auf dem Grundbuchamte Erkundigungen einzuziehen;" denn hiernach ist der Vorspiegelung wesentlich nur insofern Bedeutung beigemessen, als Angeklagter sich durch dieselbe hat bestimmen lassen, das angebotene Geschäft in Erwägung zu ziehen. Die Feststellung, wie sie liegt, giebt jedenfalls zu Zweifeln Veranlassung, ob der Richter sich des Unterschiedes von Ursache und Veranlassung bewußt gewesen ist. Von der richtigen Erkennung dieses Verhältnisses hängt aber in vorliegender Sache die Entscheidung der Frage ab, ob dem Angeklagten Versuch oder Vollendung zur Last zu legen ist. Es hat daher die Aufhebung des Urteiles erfolgen müssen.

§ 42.

Die Untreue.

Berner S. 578. Binding Gr. II § 187. v. Liszt § 133. Meyer § 114. Frank und Olshausen zu § 266 St. G. B.

I. **Über den subjektiven Thatbestand der Untreue** handelt grundlegend das U. v. 28. I. 80 III. (E. I. 172):

Nach der thatsächlichen Feststellung des Vorderrichters hat der Angeklagte, welcher Vormund des unehelichen Kindes der K. T. war, mit der Mutter einen Prozeß gegen den Schwängerer auf Zahlung von Tauf-, Entbindungs- und Wochenbettkosten im Betrage von 60 Mark, sowie auf Zahlung von Alimenten für das Kind geführt. Der Verklagte ist unter dem 18. Juni 1878 zur Zahlung verurteilt. Schon vor dem Erkenntnisse hatten Vormund und Mutter mit dem Schwängerer einen demnächst gerichtlich verlautbarten und obervormundschaftlich genehmigten Vergleich abgeschlossen, nach welchem der Schwängerer im Ganzen 900 M. Abfindung zahlen sollte. Auf die Vergleichssumme hat der Schwängerer an die Mutter abschlägig den Betrag von 315 Mark gezahlt. Sie hat davon dem Angeklagten auf dessen Wunsch den Betrag von 150 Mark als Anteil der Mündel hingegeben, und zwar zum einstweiligen Gebrauche, jedoch unter der Bedingung der demnächstigen Zurückerstattung. Der Angeklagte hat das Geld zur Tilgung eigener Schuldposten verwendet, und zwar, ohne die Mittel zum sofortigen Ersatze zu besitzen. Das Landgericht hat den Angeklagten freigesprochen; es geht hierbei nach der Begründung seines Urteils davon aus, daß das Requisit der Absichtlichkeit in § 266 St. G. B.'s dadurch bedingt sei, daß die Absicht auf den Nachteil als Erfolg der Handlung gerichtet ist, so daß es nicht genüge, wenn das Handeln treulos mit dem Bewußtsein der Widerrechtlichkeit und daraus für das Vermögen des Pflegebefohlenen hervorgehenden Nachteiles geschehe. Eine solche Absichtlichkeit sei auf seiten des Angeklagten nicht vorhanden gewesen.

Die Staatsanwaltschaft hat Revision eingelegt, weil das Urteil wegen falscher Anwendung des § 266 St. G. B.'s auf einer Verletzung des Gesetzes beruhe. Der Revision wurde stattgegeben.

Das Strafgesetzbuch wendet die Worte „Absicht, beabsichtigen und absichtlich" keineswegs ausschließlich in dem von dem Vorderrichter angenommenen Sinne an.

Wohl wird in einer Anzahl von Strafbestimmungen, in welchen die Absicht schlechthin oder eine näher gekennzeichnete Absicht als Thatbestandsmerkmal hervorgehoben wird, die Absicht gleichbedeutend mit Zweck oder Motiv des Handelns genommen, als der auf einen gewissen Erfolg der Handlung gerichtete Wille. An anderen Stellen aber ist die Absicht als gleichbedeutend mit Vorsatz, absichtlich gleichbedeutend mit vorsätzlich oder wissentlich gebraucht. In Übereinstimmung mit dem gemeinen Sprachgebrauche wird hier das absichtliche Handeln wie sonst das vorsätzliche oder wissentliche Handeln im Gegensatz zu einem Handeln aus Versehen und Nachlässigkeit gestellt. Es umfaßt diejenigen Fälle, in welchen der Thäter zwar aus anderen Motiven handelt, aber mit dem Bewußtsein, daß seine That eine Verletzung der ihm obliegenden Pflicht einschließt, daß sie mit einem verbotenen Erfolge verknüpft ist. Deshalb ist sie von dem Gesetze in derselben Weise unter Strafe gestellt, wie wenn der Thäter den rechtswidrigen Erfolg unmittelbar gewollt hätte.

Bei der Feststellung des Sinnes, in welchem der Ausdruck jedesmal gebraucht ist, kommt vornehmlich die Natur der strafbaren Handlung und der Zweck der betreffenden Strafbestimmung in Betracht.

Was nun das in § 266 St. G. B.'s bedrohte Vergehen der Untreue anlangt, so besteht das Wesen desselben darin, daß eine zu den dort aufgestellten Kategorien gehörige Person durch eine Handlung oder Unterlassung die ihr in der fraglichen Eigenschaft obliegenden Pflichten verletzt und auf diese Weise die ihrer Aufsicht unterstellte Person oder Stiftung, den Auftraggeber u. s. w. benachteiligt.

Diesem Charakter des Vergehens entspricht es, wenn in subjektiver Beziehung nicht mehr gefordert wird, als daß der Thäter mit dem

Bewußtsein gehandelt habe, daß er seine Pflichten in der vorbezeichneten Weise zum Nachteil des Mündels u. s. w. verletze.

Wie bei der Unterschlagung der Nachteil des Eigentümers, die Rechtswidrigkeit der Zueignung regelmäßig der den Thäter bestimmende Beweggrund nicht sein wird und nicht zu sein braucht, so ist es zum Thatbestande der Untreue nicht erforderlich, daß der Vormund, Verwalter, Bevollmächtigte u. s. w. den Nachteil des Geschäftsherrn um des Nachteiles willen gewollt hat. Es muß hier wie dort genügen, daß der Geschäftsführer, wenn er um des eigenen Vorteiles willen, aus Leichtsinn, um einem Dritten etwas zuzuwenden, oder aus anderen Gründen gehandelt hat, das Bewußtsein hatte, daß dasjenige, was er that, zum Nachteile des Mündels, Vollmachtgebers, Geschäftsherrn gereichte.

Im zweiten Absatze des § 266 wird eine Strafschärfung für diejenige Untreue ausgesprochen, welche der Thäter begeht, um sich oder einem anderen einen Vermögensvorteil zu verschaffen. Es läßt sich nicht annehmen, der Gesetzgeber habe einen so seltenen und kaum festzustellenden Fall unter Strafe stellen wollen, wo der Thäter den eigenen Vorteil und den Schaden des Geschäftsherrn, einen jeden um seiner selbst willen neben einander erstrebt, um den häufigen und gefährlichen Fall straflos zu lassen, in welchem der Thäter sich in seinem Handeln allein durch den eigenen Vorteil bestimmen, aber durch den Umstand nicht abhalten läßt, daß jener eigene Vorteil, wie er weiß, mit einem Nachteile für den Geschäftsherrn verbunden ist, so daß er jenen nicht erreicht, ohne daß er diesen dem Geschäftsherrn zufügt.

Vielmehr ist anzunehmen, der Gesetzgeber habe sich für die im § 266 bezeichneten Verhältnisse des Privatrechts von demselben Gesichtspunkte leiten lassen, wie in § 92 unter 3 für die dort genannten Verhältnisse des öffentlichen Rechts.

Wie im § 92 mit Strafe bedroht wird, wer vorsätzlich ein ihm aufgetragenes Staatsgeschäft zum Nachteile dessen führt, der ihm den Auftrag erteilt hat, so wird im § 266 das absichtliche Handeln unter Strafe gestellt, ohne daß hier mit der Absicht etwas anderes bezeichnet wird, als dort mit dem Vorsatze.

Schon im preußischen Strafgesetzbuche § 246 war für die Untreue nicht mehr gefordert. Es war dort der unzweideutige Ausdruck „vorsätzlich“ gebraucht. Daraus aber, daß das deutsche Strafgesetzbuch den Ausdruck „vorsätzlich“ an dieser Stelle in den Ausdruck „absichtlich“ umgeändert hat, kann eine Abänderung des Sinnes nicht abgeleitet werden. Denn in den Motiven zum Entwurfe des deutschen Strafgesetzbuches sind die Änderungen, welche an dem Thatbestande des Vergehens im Entwurfe im Vergleich mit dem preußischen Strafgesetzbuche vorgenommen worden sind, hervorgehoben und begründet, dabei ist aber die eben bezeichnete Änderung übergangen, — ein Beweis dafür, daß ihr eine tiefere Bedeutung nicht beigelegt ist.

Die thatsächliche Feststellung des Landgerichts und das darauf gegründete Urteil beruhen hiernach auf einer Verletzung des § 266 St. G. B.'s.

II. **Es genügt auch Eventualdolus.** U. v. 21. XI. 82 (E. VII, 283):

Hat sich der Thäter den eingetretenen rechtverletzenden Erfolg seines Handelns als möglich vorgestellt, so kann ihm der letztere unbedenklich zum Vorsatze zugerechnet werden falls sein Wille auf diesen Erfolg wenigstens eventuell gerichtet war; nicht aber, wenn er gerade diesen Erfolg vermeiden wollte. Zwischen diesen beiden Extremen liegen viele Fälle in der Mitte, welche in der Doktrin teilweise zu divergierenden Auffassungen Anlaß gegeben haben.

III. **Für den objektiven Thatbestand der Untreue** ist lehrreich U. v. 21./28. IV. 87 III. (XVI, 77):

Das Mündel des Angeklagten wurde am 10. Mai 1885 außerehelich entbunden und bezeichnete als Vater des Kindes den Ökonomen Reinhold Gr., einen entfernten Verwandten des Angeklagten. Erst nach längerer Weigerung erhob der Angeklagte die Klage auf „Anerkennung der Vaterschaft und Gewährung von Alimenten". Der Beklagte Gr. erteilte einem Rechtsanwalte Vollmacht, wendete sich aber außerdem an den Angeklagten, welcher auch als Volksanwalt thätig ist, mit der Bitte, ihm in dem Rechtsstreite beizustehen. Der Angeklagte erklärte sich dazu bereit und verfaßte ein vom 1. März 1886 datiertes Schriftstück, worin behauptet ist, daß die Anna B. den Reinhold Gr. verführt, auch mit einigen andern — namhaft gemachten — Männern geschlechtlich verkehrt habe; ferner wird darin die B. zur Darlegung ihrer geschlechtlichen Bescholtenheit der ärgsten Schamlosigkeiten bezichtigt. Dieses von ihm geschriebene und von Reinhold Gr. unterschriebene Schriftstück ließ der Angeklagte dem Anwalte des Beklagten zugehen und es diente demselben zur Information für die Beantwortung der Klage.

Das Gericht erachtet dieses Verhalten des Angeklagten für eine grobe Verletzung der ihm als Vormund gegen sein Mündel obliegenden Pflichten. Die Wahrheit der Behauptungen in dem Schriftstücke könne dahingestellt bleiben; auch, falls sie wahr, habe er unter keinen Umständen dem Prozeßgegner seines Mündels das Material zur Beseitigung der Ansprüche in die Hände liefern zu dürfen. Die Erklärung des Angeklagten, daß er nicht in böser Absicht gehandelt habe, daß es nicht sein Wille gewesen, dem Mündel einen Schaden zuzufügen, sei mit seinem Thun unvereinbar.

Auf die Revision des Angeklagten wegen Verletzung des § 266 Nr. 1 St. G. B.'s ist das Urteil aufgehoben worden.

Dem ersten Richter ist darin beizutreten, daß der Angeklagte durch seine vorsätzliche Handlungsweise gegen seine Pflichten als Vormund aufs gröbste verstoßen hat. Dies allein aber ist zur Anwendung der fraglichen Vorschrift nicht hinreichend. Es kommt hier nicht darauf an, ob das Verhalten des Angeklagten den Strafmitteln unterliegt, welche die preußische Vormundschaftsordnung vom 5. Juli 1875 in den §§ 31, 51, 63 den Vormundschaftsgerichten gegen pflichtwidrig handelnde Vormünder gewährt. Der § 22 I 13 preuß. A. L. R.'s, welchen das Gericht durch die Handlungsweise des Angeklagten auch als verletzt bezeichnet, enthält nur den allgemeinen Grundsatz, daß ein Bevollmächtigter Aufträge verschiedener Personen, deren Interesse einander entgegenläuft, nicht annehmen kann. Es entspricht diesem Grundsatze, wenn nach § 356 St. G. B.'s der Advokat, Anwalt oder andere Rechtsbeistand, welcher bei den ihm vermöge seiner amtlichen Eigenschaft anvertrauten Angelegenheiten in derselben Rechtssache beiden Parteien durch Rat oder Beistand pflichtwidrig dient, mit Strafe bedroht wird (Prävarikation). Aber die strafrechtliche Verantwortlichkeit des Angeklagten für sein Verhalten als Vormund ist nach § 266 Nr. 1 St. G. B.'s zu beurteilen. Und die diesfällige Beurteilung seitens des Vorrichters erscheint nicht erschöpfend, schließt den Einfluß einer rechtsirrigen Auffassung nicht aus.

Der Strafvorschrift des § 266 Nr. 1 a. a. O. unterliegen Vormünder, Kuratoren, Güterpfleger 2c., wenn sie absichtlich zum Nachteile der ihrer Aufsicht anvertrauten Personen oder Sachen handeln.

Es ist also erforderlich: die Handlung, bezw. Unterlassung eines Vormundes, Kurators, Güterpflegers, Massenverwalters 2c., durch welche er die ihm nach dem bestehenden Rechtsverhältnisse obliegenden besonderen Pflichten der Treue verletzt, ferner ein Nachteil aus dem Verhalten für die betreffenden Personen oder Sachen und die Absicht einer Benachteiligung.

In objektiver Hinsicht ist zunächst bezüglich der Art des Nachteiles anzunehmen, daß das Gesetz nur einen vermögensrechtlichen Nachteil, eine gegen das Vermögen gerichtete Benachteiligung, eine Vermögensbeschädigung voraussetzt, daß der Begriff also nicht auf die Verletzung rein persönlicher Rechte und Interessen auszudehnen ist. Die Natur eines Vermögensdeliktes folgt namentlich aus der Stellung des Betruges und der Untreue in demselben Abschnitte des Strafgesetzbuches.

Vgl. Entsch. des R. G.'s in Straff. Bd. 14 S. 104.

Personen und Sachen sind unter Nr. 1 des Paragraphen nebeneinander aufgeführt, weil ein Teil der Personen, welche als zu besonderer Treue verpflichtet benannt sind, wie die Güterpfleger, Sequester, Massenverwalter 2c. eben nur mit der Sorge für anvertraute Sachen befaßt ist. Vormünder, welche das Vermögen der ihrer Fürsorge anvertrauten Personen beeinträchtigen, fügen einen Nachteil im Sinne des § 266 a. a. O. zu. Daß eine solche Benachteiligung durch den Vormund in einem Prozeßverfahren verursacht werden kann, welches das Vermögen des Mündels unmittelbar oder mittelbar berührt, es sei durch Erhebung der Klage oder durch die Art der Vertretung im Prozesse oder sonst, ist außer Zweifel. Im vorliegenden Falle ist ein vermögensrechtliches Interesse des Mündels bei dem Prozesse anzunehmen, wenn auch einerseits über den Umfang dieses Interesses, andererseits über den Pflichtenkreis des Angeklagten nach dem Urteil eine gewisse Unklarheit obwaltet. Denn als Gegenstand des von dem Angeklagten in Vertretung seines geschwängerten Mündels angestellten Prozesses ist die Anerkennung der Vaterschaft und die Gewährung von Alimenten bezeichnet; es ist aber nicht erwähnt, ob in der ein der Anna B. als der Geschwängerten nach dem preußischen Gesetze vom 24. April 1854 zustehender besonderer Anspruch (§§ 1 flg. 7) geltend gemacht ist, ferner nicht, ob der Angeklagte auch zum Vormunde des unehelichen Kindes bestellt worden, welchem in erster Linie der Anspruch auf Anerkennung der Vaterschaft und Feststellung der Alimentationspflicht zusteht (§§ 13, 19 des angeführten Gesetzes) . . .*)

§ 43.

Die Hehlerei.

Berner S. 566. Binding Gr. II §§ 184, 185. v. Liszt § 181. Meyer § 104. Frank und Olshausen zu §§ 258, 259.

I. **Das Wesen der Hehlerei erörtert** in grundlegender Weise das Urteil d. V. St. S. v. 17. IV. 82 (E. VI. 218).

Die Anklage ist in betreff der Fälle, in denen Angeklagte beschuldigt und geständig war, Kleidungsstücke ihres Vorteiles halber angekauft zu haben, obwohl sie wußte, daß dieselben durch Betteln erlangt waren, nicht für rechtlich begründet erachtet.

Das Urteil der Strafkammer führt hierbei aus: Die fraglichen Sachen seien nicht im Sinne des Gesetzes durch eine strafbare Handlung erlangt. Denn die Strafbarkeit der Handlung der Bettelei liegt nur in der Art und Weise der Bitte; die Annahme aber, das Erlangen der Sache selbst sei eine Folge der auf dem freien Willen des Gebenden beruhenden Übergabe an den Bettler. Derselbe werde dadurch einredefreier Eigentümer durch Schenkung und erhalte die volle Dispositionsbefugnis über die geschenkte Sache.

Nur die Staatsanwaltschaft zu B. hat gegen diese Entscheidung die Revision eingelegt, weil die Angeklagte der Hehlerei erbettelter Sachen und der gewerbsmäßigen Hehlerei nicht schuldig erachtet ist. Es wird ausgeführt: die Anführung des Vorrichters, daß eine Hehlerei an erbettelten Sachen nicht möglich sei, sei rechtsirrtümlich. Der § 259 St. G. B.'s bestimme, daß die Sache, an welcher Hehlerei begangen sein solle, durch eine strafbare Handlung erlangt sein müsse. Auch das Betteln sei eine strafbare Handlung und da der Angesprochene dem Bettelnden die Gabe nur infolge des Bettelns gebe, so sei auch das infolge des Bettelns Empfangene durch eine strafbare Handlung erlangt.

Danach handelt es sich nur noch um die Entscheidung der Frage, ob das Ansichbringen einer erbettelten Sache bei dem Vorhandensein der übrigen Erfordernisse der Hehlerei an Sachen — Partiererei — unter den Thatbestand des Deliktes fällt. Dieselbe ist zu verneinen.

Es wird zuzugeben sein, daß der Wortlaut der Vorschrift des § 259 St. G. B.'s:

> Wer seines Vorteils wegen Sachen, von denen er weiß oder den Umständen nach annehmen muß, daß sie mittels einer strafbaren Handlung erlangt sind 2c.

der in der Revision geltend gemachten Auffassung nicht zwingend entgegentritt.

---

*) Auch ist nicht festgestellt, ob durch die Angaben des Angeklagten ein Vermögensnachteil verursacht worden ist. Weitere Einzelfälle E. VII, 377, XIV, 184, XVII, 241, XIX, 271.

Da der Bettler, welcher auf seine Bitte eine Gabe erhält, dieselbe jedenfalls durch das Medium dieser Bitte, einer im Sinne des § 361 Nr. 4 St. G. B.'s strafbaren Handlung erlangt, so würde, soweit lediglich der Wortlaut des Gesetzes für entscheidend gelten sollte, sowie abgesehen von der Bedeutung der „strafbaren Handlung" innerhalb der Begriffsbestimmung des § 259 a. a. O., die Folgerung gezogen werden können, daß die Thätigkeit desjenigen, welcher eine erbettelte Sache an sich bringt, eine mittels einer strafbaren Handlung erlangte Sache zum Gegenstande hat und mithin den Thatbestand der Partiererei erfüllt.

Es kommt aber zunächst folgendes in Betracht.

Auf die Fassung der Vorschrift des § 259 St. G. B.'s hat die entsprechende Vorschrift des § 237 des preußischen Strafgesetzbuches:

> Wer Sachen, von denen er weiß, daß sie gestohlen, unterschlagen oder mittels anderer Verbrechen oder Vergehen erlangt sind, verheimlicht, ankauft, zum Pfande annimmt oder sonst an sich bringt oder zu deren Absatze bei anderen mitwirkt ꝛc.

— wie dies aus dem Wortlaut beider Vorschriften und den Motiven hervorgeht — Einfluß geäußert. Es sind jedoch in § 259 a. a. O. — von anderen hier nicht in Frage kommenden Änderungen abgesehen — die Worte des preußischen Strafgesetzbuchs „oder mittels anderer Verbrechen erlangt" durch die Worte „mittels einer strafbaren Handlung" ersetzt.

Die Motive begründen diese Abänderung mit der Bemerkung: „Der innere Zusammenhang, welcher zwischen der Begünstigung und der Hehlerei durch Begünstigung von Personen besteht, macht es zwar notwendig, in § 253 die Hehlerei nur auf die Beistandsleistung rücksichtlich solcher Personen zu beschränken, welche sich eines Verbrechens oder eines Vergehens schuldig gemacht haben. Dahingegen erschien es aus kriminalpolitischen Rücksichten ratsam, eine strafbare Hehlerei in Beziehung auf Sachen auch bei den nur durch eine Übertretung erlangten Gegenständen zuzulassen."

Vgl. Motive S. 128.

In den Vordergrund tritt also die Frage, ob die Gesetzgebung, indem sie abweichend von anderen deutschen Gesetzgebungen, insbesondere von dem preußischen Strafgesetzbuche, für die Strafbarkeit der Hehlerei an Sachen nur die Voraussetzung bedingte, daß die von dem Hehler an sich gebrachte Sache mittels einer strafbaren Handlung erlangt sei, damit den Begriff des Thatbestandes dieser Hehlerei derartig zu beeinflussen beabsichtigte, daß nunmehr der Erwerb von Sachen, welche durch Übertretungen erlangt sind, ausnahmslos, mithin insbesondere der Erwerb erbettelter Gegenstände, unter den Begriff des gedachten Vergehens fallen sollte.

Folgende Gründe führen zur Verneinung dieser Frage und zu dem Ergebnisse, daß bei richtigem Verständnisse des § 259 erbettelte Sachen nicht zu denjenigen gehörig erachtet werden können, welche durch eine strafbare Handlung im Sinne des Gesetzes erlangt sind.

Die Strafbarkeit des Hehlers beruht nach § 259 St. G. B.'s subjektiv betrachtet darauf, daß er die Erlangung der Sache mittels einer strafbaren Handlung kannte oder den Umständen nach annehmen mußte.

Sie setzt also objektiv angesehen notwendig voraus, daß die durch den Hehler an sich gebrachte Sache zur Zeit der That mit dem Makel eines strafrechtswidrigen Erwerbes behaftet ist. Gewiß steht es dieser vitiosen Eigenschaft der Sache und deren Fortdauer nicht entgegen, daß dieselbe — was durch den strafrechtswidrigen Erwerb nicht ausgeschlossen wird — bestehenden civilrechtlichen Bestimmungen zufolge formell in das Eigentum des Hauptthäters übergegangen ist, wie denn die Besitzergreifung der mittels Betruges erlangten Sache durch den Betrüger formell fehlerlos sein kann, und ebensowenig, daß die Sache inzwischen in die Hand eines gutgläubigen Besitzers gelangt ist, von dem sie der Hehler mit strafrechtlichem Bewußtsein an sich bringt. Aber unvereinbar ist mit der für den Thatbestand der Hehlerei gebotenen Voraussetzung des Ansichbringens einer nach ihrem Erwerbe vitiosen Sache, wenn eine rechtswidrig erlangte Innehabung seitens des Hauptthäters überhaupt nicht vorgelegen hat. Darauf weist auch die Fassung der Vorschrift des § 259 a. a. O. hin. Das Gesetz betont nicht sowohl die strafbare That und die Person des Thäters, sondern die Erlangung der Sache durch die strafbare Handlung, welche ihr einen verbrecherischen Charakter aufprägt. Das Vordelikt nach seiner Qualifikation tritt in den Hintergrund, es kommt auf die Kenntnis des letzteren seitens des Hehlers nicht an, wie bei der Personenhehlerei des § 258. Es handelt sich um den strafrechtswidrig erlangten Besitz der Sache, der dem Hehler bekannt ist oder bekannt sein muß. Ein solcher bedingt keineswegs, daß die strafbare Handlung sich unmittelbar gegen das Eigentum oder den Besitz eines anderen richte oder daß sie zu dem Thatbestande des Delikts selbst gehöre, ein Merkmal desselben erfülle. Die Beeinträchtigung eines fremden Vermögensrechtes kann auch mittels anderer strafbarer Handlungen, bei denen jene Entziehung kein Thatbestandsmoment bildet, sie kann z. B. mittels Fälschung, Meineides ꝛc. bewirkt werden. Ja, wenngleich der Thatbestand der Hehlerei überwiegend und der Regel nach eine mittelbar oder unmittelbar gegen das Eigentum gerichtete Handlung zur Grundlage hat, so läßt sich doch nicht einmal behaupten, daß diese strafbare Handlung stets gegen das Vermögen eines anderen gerichtet sein müsse. Immer aber muß die durch die strafbare Handlung erlangte Sache in strafrechtswidriger Weise in die Gewalt des Hauptthäters gelangt sein. Nur damit kann sie ein möglicher Gegenstand der Hehlerei werden. An dieser Voraussetzung fehlt es bei der durch Betteln erlangten Sache. Die Handlung des Gebers ist eine gesetzlich erlaubte, vielfach auf zu billigenden ethischen Motiven beruhende. Ebenso ist für die Strafbarkeit der Annahme der Gabe kein Anhalt im Gesetze vorhanden. Der Thatbestand der mit Strafe bedrohten Handlung ist von der Annahme der Gabe unabhängig. Ihre Annahme fällt nicht mehr in den Kreis des mit der Bitte um Almosen abgeschlossenen strafbaren Handelns. Von der Erlangung der Sache mittels einer strafbaren Handlung kann also nicht die Rede sein. Denn, wenngleich dem Erwerbe der Sache eine strafbare Handlung, die Bitte um eine Gabe, vorangegangen ist, so beruht doch die

Erlangung der Dispositionsgewalt des Erwerbers über die Sache, also die Erlangung der Sache selbst, nicht auf dieser strafbaren Handlung, sondern auf der strafrechtlich nicht bedrohten freiwilligen Besitzübertragung seitens des Eigentümers. Jedenfalls aber ist die erlangte Sache schon in der Hand des Empfängers — da ihm eine freie Verfügung über dieselbe unverschränkt ist und letztere nicht angefochten werden kann — nicht mit dem Fehler des unerlaubten Erwerbes behaftet. Damit fällt die notwendige objektive Voraussetzung für die Strafbarkeit des Ansichbringens derselben.*) Diese Strafbarkeit ist aber auch in subjektiver Richtung um deshalb auszuschließen, weil es auf seiten desjenigen, der die erbettelte Sache an sich bringt, an dem Erfordernisse des strafrechtlichen Bewußtseins fehlte. Dasselbe ist zweifellos für Fälle nicht gegeben, in denen der ursprünglich rechtswidrige Erwerb einer mittels einer strafbaren Handlung erlangten Sache inzwischen legalisiert, z. B. durch den Eigentümer der Sache genehmigt ist. Dies muß selbstverständlich um so mehr in dem Falle des Ansichbringens einer erbettelten Sache gelten, in welchem Besitzübertragung und Besitznahme der Sache von vornherein einen strafrechtswidrigen Charakter nicht trug. Es ergiebt sich also, daß es für eine strafrechtliche Sanktion, wie sie nach der Auffassung der Vorschrift des § 259 St. G. B.'s seitens der Revision — insofern dieselbe den Thatbestand der Partiererei auch auf erbettelte Sachen angewendet wissen will — gegeben sein würde, vom Standpunkte des Gesetzgebers angesehen, an der ersten legislatorischen

*) A. M. U. v. 27. IX. 81, II (E. IV, 440) mit folgender Begründung: Zunächst kann die Erwägung, daß der Thäter Eigentümer der erbettelten Sache wird, und deshalb die Erwerbung von dem Eigentümer keine strafbare Handlung zu begründen vermöge, mit ihrer Betonung des formellen Eigentumsbegriffes nicht genügen. Auch durch strafbare Handlungen kann, je nach dem herrschenden Civilrechtssystem, besonders auf dem Gebiete des gemeinen Rechts Eigentum erworben werden; dieses Eigentum ist aber kein rechtmäßiges und von seiten des Berechtigten im Wege der Kondiktion anfechtbar. Hätte aber auch der erste Richter nur das rechtmäßige Eigentum im Auge gehabt, wie solches unbedenklich auf Seiten des Bettlers bezüglich der ihm infolge seines Anrufens der Mildthätigkeit anderer geschenkten Gegenstände vorliegt, so würde auch dieses rechtmäßige Eigentum den Begriff der Partiererei nicht ausschließen. Das preußische Strafgesetzbuch stand in seinem § 237 allerdings wenigstens dem Resultate nach und insoweit es sich um bloße Uebertretungen im Sinne des damaligen Gesetzes handelte, auf diesem Standpunkte, indem es als Gegenstand der Hehlerei nur solche Sachen anerkannte, welche gestohlen, unterschlagen oder mittels anderer Verbrechen oder Vergehen erlangt waren, damit also die Uebertretungen, wozu nach § 341 das. das Betteln in seiner einfachen Form gehörte, ausschloß. Es kann unerörtert bleiben, ob sich von legislativ politischen Rücksichten aus vielleicht die Frage aufwerfen ließe, ob ein Bedürfnis dazu vorliege, auch da den Hehlereibegriff zuzulassen, wo die infolge der Strafthat erlangte Sache in das rechtmäßige und unanfechtbare Eigentum des Thäters überging und für den Käufer daher der Gedanke an die Unrechtmäßigkeit des Erwerbes und die Absicht der Beihilfe zu einer Strafthat, auf welcher die Hehlerei, ungeachtet ihrer äußeren Selbständigkeit, ihrer theoretischen Begründung nach einmal beruht, mehr oder weniger zurücktritt. In der That hat der oberste Gerichtshof für Preußen einen derartigen das Gebiet der Hehlerei beschränkenden Grundsatz in einem Falle anerkannt, wo es sich um das Schießen von Wild auf dem eigenen Grundstück innerhalb der Schonzeit handelte, und den Ankauf des geschossenen

Bedingung, dem bei der That regelmäßig vorauszusetzenden, der beabsichtigten Strafandrohung entsprechenden strafrechtlichen Bewußtsein des Thäters fehlen würde.

Es ist aber auch mit einer solchen gesetzgeberischen Auffassung die Schätzung des Deliktes, welche demselben mit der gesetzlichen dasselbe betreffenden Strafandrohung widerfährt, ganz unvereinbar. Die Hehlerei wird ohne Zulassung mildernder Umstände mit Gefängnis (§ 259 St. G. B.'s), im wiederholten Rückfalle mit Zuchthaus, bei dem Vorhandensein mildernder Umstände mindestens mit dreimonatlicher Gefängnisstrafe (§ 261 Abs. 2 St. G. B.'s), endlich im Falle der Gewerbsmäßigkeit, wiederum ohne Zulassung mildernder Umstände, mit Zuchthaus bestraft. Neben der wegen Hehlerei erkannten Gefängnisstrafe kann auf Verlust der bürgerlichen Ehrenrechte, neben jeder Verurteilung wegen Hehlerei auf Zulässigkeit von Polizeiaufsicht erkannt werden (§ 262 St. G. B.'s).

Mit Recht wird also behauptet werden müssen, daß die Partiererei in ihrer sittlichen Würdigung dem allgemeinen Rechtsbewußtsein nach als ein überwiegend aus ehrloser Gesinnung hervorgehendes Verbrechen erachtet wird, welches um deshalb mit den im

---

Wildes für straflos erklärt, weil der Erwerb desselben von seiten des Verkäufers mittels Okkupation rechtmäßig und nur die Modalität der Ausübung des Okkupationsrechts strafbar sei, die That daher einen Eingriff in ein fremdes Rechtsgebiet nicht enthalte. Vgl. Oppenhoff Rechtsspr. Bd. 17, S. 378.

Einer derartigen Auslegung steht jedoch der strikte Wortlaut des Gesetzes entgegen. Wenn, wie dieses im Reichsstrafgesetzbuch der Fall, der Gesetzgeber, weil es ihm aus kriminalpolitischen Gründen so ratsam schien, zwar die Begünstigung der Person des Thäters nur bei bestimmten Deliktsformen mit der Strafe der Hehlerei belegte (§ 258), dagegen eine strafbare Hehlerei in Beziehung auf Sachen auch bei den nur durch eine Uebertretung erlangten Gegenständen zuließ, vergl. Motive zu §§ 253, 254 des Entwurfs S. 128, so war er sich dabei der Rücksicht, welche nach Ansicht des Instanzgerichts die Ausnahme rechtfertigt, bewußt, und wenn er dennoch davon abgesehen und die Regel ausnahmslos hingestellt hat, so bietet das positive Gesetz keine Möglichkeit, hiervon abzugehen. In Wirklichkeit trifft auch auf Uebertretungen der legislative Grund, welcher die Bestrafung des Hehlers empfiehlt, vollkommen zu: denn wenn derjenige, welcher durch Uebertretungen in den Besitz von Sachen gelangt, wenn der Bettler bezw. derjenige, der unter Verletzung der Vorschriften über die Schonzeit auf dem eigenen Grundstück die Jagd ausübt, weiß, daß er für die durch diese strafbaren Handlungen erlangten Sachen, mögen sie auch sein Eigentum werden, einen bereiten Abnehmer findet, so ist dieses ein Anreiz zur Begehung dieser strafbaren Handlung, welchen gerade die Strafandrohung gegen die Hehlerei verhüten will.

Insbesondere sprechen gerade bei der vorliegenden Uebertretung keinerlei innere Gründe für die Zweckmäßigkeit einer Ausnahme, da, wer die erbettelten Gegenstände zum Gegenstande des Handels macht, damit zu erkennen giebt, daß es sich bei ihm nicht mehr um die Abhilfe momentaner Not, sondern um einen auf gewerbsmäßige Ausbeutung der Wohlthätigkeit anderer gegründeten Vermögenserwerb handelt.

Es fällt hiernach auch der Ankauf erbettelter Gegenstände unter die eingangs erörterte Regel, denn die Annahme eines Kausalzusammenhanges zwischen der Erlangung der Sache und dem Akte des Bettelns unterliegt keinen Bedenken, da die Anrufung der fremden Mildthätigkeit ausschließlich die letztere in Thätigkeit versetzt und so den Erfolg herbeigeführt hat.

Gesetze vorgesehenen Strafen bedroht ist. Mit dieser dem Gesetze nach völlig begründeten Auffassung würde sich die Vorschrift des § 259 St. G. B.'s in Widerspruch gesetzt haben, wenn dieselbe auf Gegenstände, welche durch Betteln erlangt sind, angewendet werden mußte. Die mehr als bedenklichen Konsequenzen einer Auslegung des § 259 a. a. O., wie sie in der Revision vertreten wird, dem täglichen Leben angehörige Fälle, wie der des Bäckers, welcher dem Bettler für die erbettelten Pfennige mit Kenntnis von diesem Erwerb Brod verkauft, welche, die Richtigkeit jener Auslegung vorausgesetzt, unter den Begriff der Hehlerei, unter Umständen der gewerbsmäßigen Hehlerei, fallen würden und als solche verfolgt werden müßten (vgl. § 152 St. P. O.), können in dieser Beziehung nicht außer Berücksichtigung bleiben.

Muß sonach angenommen werden, daß § 259 St. G. B.'s auf das Ansichbringen von erbettelten Sachen keine Anwendung zuläßt, weil dieselben nicht mittels einer strafbaren Handlung erlangt sind,*) so erledigt sich damit die Ausführung der Revision, welche aus dem Charakter des Betteln als einer strafbaren Handlung das Gegenteil folgert und darauf wesentlich das eingelegte Rechtsmittel stützt. Der Umstand, daß das Gesetz in § 259 a. a. O. dem Standpunkte früherer Gesetzgebungen, und insbesondere des preuß. Strafgesetzbuches § 237 daselbst, welches den Thatbestand des Deliktes auf durch Verbrechen oder Vergehen erlangte Sachen beschränkte, mit den Worten „mittels einer strafbaren Handlung erlangt sind" und zwar absichtlich verlassen hat, ist daher schon aus diesem Grunde für die gegenwärtige Entscheidung unerheblich. Aber auch abgesehen davon, ist aus der Entstehungsgeschichte des Reichsstrafgesetzbuches kein Anhalt dafür zu gewinnen, daß es in der Absicht gelegen hätte, den Thatbestand der Hehlerei auch auf Fälle auszudehnen, in welchen jemand eine rechtmäßig und unanfechtbar in das Eigentum des Hauptthäters übergegangene Sache ansichbringt, damit aber den Hehlereibegriff selbst durchgreifend zu ändern. Die gegenüber dem preußischen Strafgesetzbuche (§ 237 das.) vorgenommenen Abänderungen — Sonderung der Fälle der Personen- und Sachhehlerei ꝛc. — berühren nicht das Wesen der Hehlerei in dieser Richtung. Auch die legislatorischen Verhandlungen des Reichstages unterstützen die entgegengesetzte Auffassung nicht. Die in der Kommission vorgenommenen und vom Reichstage genehmigten Modifikationen des Entwurfs sind ohne Beziehung auf die gegenwärtig streitig gewordene Frage. Die Fassung des § 259 in den Worten „durch eine strafbare Handlung erlangt sind" ist weder in der Kommission noch im Plenum zum Gegenstande der Erörterung gemacht.

Vgl. Stenographische Berichte S. 685, 717.

Man sieht sich also für die richtige Auslegung wiederum auf den Wortlaut des Gesetzes und die Motive des Entwurfs angewiesen.

Ersterer ergiebt aber nur, daß als Objekte der Hehlerei nicht mehr lediglich durch Verbrechen oder Vergehen erlangte Gegenstände sich dar-

---

*) So auch die herrschende Ansicht in der Litteratur.

stellen, sondern daß auch durch Übertretungen erlangte Sachen von jenen Objekten nicht ausgeschlossen sein sollen.

Auch die Motive lassen eine Folgerung auf die Annahme, daß unter den im Gesetze bezeichneten, durch eine strafbare Handlung erlangten Sachen auch diejenigen uneingeschränkt zu verstehen seien, welche mittelbar oder unmittelbar infolge einer Übertretung, welcher Art sie auch sei, erlangt seien, nicht zu.

An einem begründeten kriminalpolitischen Motive für die diesbezügliche Ausdehnung des Begriffes der Hehlerei fehlt es nicht, wenn man anzunehmen berechtigt ist, daß die Vorschrift durch die Absicht hervorgerufen ist, mit dem Thatbestande der Hehlerei auch diejenigen Übertretungen zu treffen, auf welche der Hehlereibegriff unzweifelhaft Anwendung zuläßt, und zwar sowohl diejenigen, deren das Strafgesetzbuch gedenkt (vgl. u. a. § 370, Ziff. 2, 4, 5, 6 St. G. B.'s), als die auf dem Gebiete der Spezialgesetzgebung mit Strafe bedrohten.

Sonach ist es unberechtigt, aus der keineswegs dazu nötigenden Fassung der mehrgedachten Worte des § 259 den mit dem anderweitigen Inhalte der Vorschrift unvereinbaren Schluß zu ziehen, daß der Gesetzgeber mittels einer Modifikation, welche nur einem begrenzten legislatorischen Bedürfnisse zu dienen bestimmt ist, eine weitgreifendere Änderung des Verbrechensbegriffes hätte herbeiführen wollen.

II. Die Hehlerei kann nur in betreff des **unmittelbar** durch die strafbare Handlung erlangten Gegenstandes begangen werden. So U. v. 5. VI. 94, IV E. XXV 403.

Das Wesen der Hehlerei ist darin zu erblicken, daß die vom Hauptthäter durch seine strafbare Handlung verursachte Rechtsverletzung durch die nunmehr hinzutretende Thätigkeit des Hehlers in ihrem Fortbestande aufrecht erhalten, die Rückkehr des entfremdeten Gutes zum Verletzten durch Eintreten des Hehlers in den Besitz verhindert wird. Der Makel des verbrecherischen Erwerbes haftet an dem entfremdeten Gegenstande, durch dessen Rückkehr zum Verletzten allein die vom Hauptthäter begangene Rechtsverletzung ausgeglichen werden kann; er haftet an jenem Gegenstande auch dann, wenn er in andere Hände übergeht, nicht aber an den dafür als Gegenleistung in das Vermögen des Hauptthäters gelangten Sachen. Von diesem Gesichtspunkte aus ist wiederholt verneint worden, daß an dem durch Verkauf, Umtausch der gestohlenen bezw. unterschlagenen Sache vom Hauptthäter Erlangten Hehlerei begangen werden könne.

Vgl. Entsch. des R. G. in Straff. Bd. 2 S. 443, Bd. 4 S. 321, Bd. 8 S. 433, Bd. 23 S. 53.

III. **Der Begriff des „Ansichbringens"** wird erörtert im U. v. 11. XII. 88, IV. E. XVIII. 304.*)

Nach den thatsächlichen Feststellungen der Vorinstanz hat die Ehefrau S. den Überzieher ihres Ehemannes, welchen dieser dem Schlepper P. wegen eines Darlehns von 3 Mark zum Pfande gegeben hatte, dem Pfandgläubiger

---

*) cf. auch E. XX, 210.

zu Gunsten ihres Ehemannes, des Eigentümers, weggenommen. Sie hat sodann den Rock ihrem Ehemanne gegeben, und dieser hat ihn demnächst verkauft. Daß der Ehemann wußte, seine Frau habe den Überzieher dem P. ohne Bezahlung der geschuldeten 3 Mark weggenommen, stellt der Vorrichter ausdrücklich fest. Zur Verneinung des Thatbestandes des § 259 St. G. B.'s gelangt die Strafkammer, indem sie den Satz aufstellt: es könne der Eigentümer die eigene Sache, welche zu seinen Gunsten ein Dritter dem Pfandgläubiger weggenommen, nicht an sich bringen.

Mit Recht macht die Revision der Staatsanwaltschaft geltend, daß die Auffassung der Vorinstanz auf einer Verkennung des Gesetzes beruhe. . . .

Der Begriff des „Ansichbringens“ im Sinne des § 259 erfordert nicht, daß dem Hehler auf Grund eines unter eine bestimmte civilrechtliche Kategorie fallenden Vertrages die volle oder eine beschränkte rechtliche Verfügungsgewalt übertragen wird. In rechtswirksamer Weise kann derjenige, der durch eine strafbare Handlung die Sache erlangt hat, überhaupt nicht über die Sache verfügen, auch ein Kaufgeschäft würde, da der Hehler sich gleichfalls in bösem Glauben befindet, civilrechtlich nichtig sein (vgl. §§ 159, 160 I. 11 A. L. R.'s, I. 34 § 3 Dig. de contrah. emtione 18, 1). Ferner ist bereits in dem Urteile des Reichsgerichtes vom 20. Mai 1881,

Entsch. des R. G.'s in Strafs. Bd. 4 S. 184,

ausgeführt worden, daß es nicht darauf ankomme, ob das dem Ansichbringen zu Grunde liegende Geschäft nach civilistischen Regeln in die gesetzliche Form eingekleidet sei. Ist es daher für das Strafgesetz ohne Bedeutung, ob der Vertrag, auf Grund dessen der Hehler die Sache erwarb, civilrechtlich nach Form und Inhalt gültig und rechtswirksam ist, so können die Worte des Gesetzes:

„Wer . . . Sachen . . . ankauft, zum Pfande nimmt oder sonst an sich bringt“

nur dahin verstanden werden, daß eine Übertragung der thatsächlichen Verfügungsgewalt des Besitzes, auf Grund eines Vertrages im allgemeinsten Sinne, d. h. auf Grund beiderseitiger Willensübereinstimmung, stattgefunden haben muß, gleichviel ob auch ein Recht an der Sache übertragen werden konnte oder sollte. Vorauszusetzen ist nur nach der Analogie der vom Gesetze angeführten Beispiele (Ankaufen, zum Pfande nehmen), daß der Erwerber die Verfügungsgewalt nicht lediglich für den andern und im Namen desselben ausüben, sondern die Sache übernehmen sollte, um über dieselbe als seine eigene oder doch für sich selbst, für seine Zwecke zu verfügen (vgl. §§ 6, 7 I. 7 A. L. R.'s).

Zu derselben Auffassung gelangt man aber auch bei Berücksichtigung des Gedankens, auf dem der § 259 beruht. Das Gesetz will durch seine Strafandrohung einer Befestigung und Sicherung des durch die strafbare Handlung herbeigeführten rechtswidrigen Erfolges entgegentreten. Wie nun der Dieb *c. selbst durch seine Strafthat nicht das Recht des Verletzten, sondern den dem Rechte entsprechenden thatsächlichen Zustand aufhebt und nur insofern einen rechtswidrigen Vermögenszustand schafft, so erfolgt auch die Befestigung dieses Zustandes schon dadurch, daß der Hehler von dem Diebe diejenige Verfügungsgewalt erwirbt, welche dieser selbst durch seine strafbare Handlung erlangt hat, also die thatsächliche Verfügungsgewalt.

Mit der hier vertretenen Auffassung stimmt aber auch die bisherige Rechtsprechung des Reichsgerichtes überein. So heißt es z. B. in dem Urteile vom 9. Juli 1885,

Rechtspr. Bd. 7 S. 484,

der Begriff des „Ansichbringens" im Sinne des § 259 St. G. B.'s setzte voraus, daß der Hehler von einem anderen die durch eine strafbare Sache erlangte Sache erwerbe, um zu eigenem Zwecke über dieselbe zu verfügen, daß die Sache — ganz oder zum Teil — in die „Verfügungsgewalt" des Hehlers übergehe, ein solcher Wechsel des Besitzverhältnisses werde jedoch nicht schon dadurch bewirkt, daß der Dieb die gestohlene Sache seiner Haushälterin zur Verwendung im Haushalte gebe. In gleichem Sinne spricht das Urteil vom 20. November 1883,

Entsch. des R. G.'s in Straff. Bd. 9 S. 199,

aus: das Ansichbringen bezeichne im § 259 den Erwerb von einem andern, durch welchen (Erwerb) die Sache aus dem Gewahrsam des letzteren in die eigene Verfügungsgewalt gebracht werde, um über sie, als die eigene, zu verfügen. Die eigene Verfügungsgewalt, um über die Sache als die eigene oder für sich selbst zu verfügen, ist aber im rechtlichen Sinne der Besitz ohne Rücksicht auf das materielle Recht zu besitzen. Wenn daher in dem Urteile des Reichsgerichtes vom 13. Januar 1888

Entsch. des R. G.'s in Straff. Bd. 17, S. 59,

gesagt ist: das Ansichbringen bezeichne eine abgeleitete oder, wie § 6 I. 9. A. L. R.'s sich ausdrücke, eine mittelbare Erwerbungsart, die Besitzerlangung in Folge oder auf Grund eines Vertrages mit dem vorigen Besitzer, so hat, zumal auch das Gesetz selbst das „zum Pfandnehmen" erwähnt, durch die Bezugnahme auf die angeführte Stelle des Landrechtes keineswegs im Widerspruche mit der sonstigen Rechtsprechung des Reichsgerichtes ausgesprochen werden sollen, daß das Ansichbringen notwendig einen Vertrag, der die Uebertragung des Eigentums zum Gegenstand habe, voraussetze. Es hat vielmehr, wie der Zusammenhang und die ausdrückliche Bezugnahme auf die früheren Urteile des Reichsgerichtes ergiebt, nur ausgedrückt werden sollen, daß als „Ankaufen" im Sinne des § 259 nicht schon die Abschließung eines Kaufvertrages" gelten könne, sondern die Besitzerlangung auf Grund eines Kaufgeschäftes mit dem bisherigen Besitzer erfordert werden müsse. Zu einer Erörterung darüber, ob bei dem „sonstigen Ansichbringen" den Gegenstand des Vertrages die Uebertragung eines Rechtes bilden müsse, oder ob es schon genüge, wenn die Willenseinigung sich blos auf die Uebertragung des Besitzes erstreckte, lag damals keine Veranlassung vor.

IV. **Kann der Anstifter zu einem Diebstahl zugleich Hehler der vom angestifteten Diebe gestohlenen Sachen sein?** Diese lebhaft bestrittene Frage behandelt U. v. 19. VI. 83 (E. VIII, 371).

Der Revision kann nicht zugegeben werden, daß die Anstiftung zum Diebstahl die Hehlerei an den gestohlenen Sachen seitens des Anstifters ausschließe.*) Allerdings kann niemand zugleich als Dieb und als Hehler der von ihm gestohlenen Sache bestraft werden. Der Grund davon liegt aber darin, daß das Wesen des Diebstahls in der rechtswidrigen Zueignung besteht, die Diebstahlsstrafe also mit für die an die Entwendung regelmäßig sich anschließende Verwirklichung der Zueignungsabsicht durch Verheimlichung oder Verwerthung der gestohlenen Sachen verhängt wird, ein Grund, der für die Anstiftung zum Diebstahl nicht zutrifft, weil zu ihrem Wesen nicht gehört, daß der Anstifter eine auf Sicherung oder Verwertung der gestohlenen Sache gerichtete Thätigkeit entfalte, eine solche Thätigkeit mithin, wenn sie der Anstiftung und dem durch sie veranlaßten Diebstahl nachfolgt, als selbständige Handlung in Betracht kommen kann.

§ 44.

Die Sachbeschädigung.

Berner S. 615. Binding Gr. II § 164. v. Liszt § 130. Meyer § 87. Frank und Olshausen zu § 303 St. G. B.

Über den Begriff der Sachbeschädigung führt U. v. 17. I. 90, II. (E. XX. 183) folgendes aus.

Nach der Feststellung des angefochtenen Urteiles hat der Angeklagte, welcher in der Lampenfabrik von R. M. angestellt gewesen war, um sich an seinem Prinzipale wegen seiner Entlassung aus der Stelle zu rächen, an einer in der Fabrik thätigen, dem R. M. gehörigen Dampfmaschine zwischen die Führung des Hebels der Ventilbelastung einen kleinen Holzkeil und eine Eisenfeile geklemmt. Wie dem Angeklagten bekannt war, hatte die so bewirkte Hemmung der Bewegung des Ventiles die Unbrauchbarkeit der Maschine bis zur Beseitigung der eingeklemmten Gegenstände und zugleich die Gefahr einer Explosion des Dampfkessels zur Folge. Der erste Richter hat danach angenommen, daß der Angeklagte vorsätzlich und rechtswidrig eine fremde bewegliche Sache beschädigt hat, und aus § 303 St. G. B.'s Strafe verhängt.

Die von der Revision gegen diese Entscheidung gerichteten Angriffe gehen fehl.

Die Ausführungen der Revision laufen darauf hinaus, daß eine Beschädigung der Dampfmaschine infolge der Manipulationen des Angeklagten nicht eingetreten sei, weil kein Teil der Maschine und ebensowenig die Verbindung der Teile untereinander eine Änderung erfahren habe, vielmehr an der Maschine nur Vorrichtungen angebracht seien, welche den Gebrauch zeitweilig zu hindern geeignet gewesen seien, deren sofortiger Beseitigung aber ein Hindernis nicht im Wege gestanden habe. An diesen Ausführungen ist soviel richtig, daß die Sachbeschädigung in den meisten Fällen eine Änderung einzelner Teile der Sache oder ihrer Verbindung erfordert. Keineswegs ist aber dieses Erfordernis für ein rechtlich notwendiges zu erachten.

---

*) cf. dazu Olshausen No. 27 und die dort cit.

Das Strafgesetz giebt keine Definition der Begriffe „Zerstörung“ und „Beschädigung“, setzt also diese Begriffe als durch den Sprachgebrauch gegeben voraus. Nach dem Sprachgebrauche wird aber ein Sachganzes selbst bei stofflicher Unversehrtheit aller einzelnen Teile als beschädigt bezeichnet, wenn ihm nicht eine zu seinem Wesen notwendige Eigenschaft entzogen wird.

Man spricht beispielsweise von einer Beschädigung eines Kupferstiches durch einen nicht ganz leicht zu beseitigenden Schmutzfleck und zwar selbst dann, wenn keine chemische, sondern blos mechanische Verbindung des fremden Stoffes mit dem Farbstoffe oder dem Papiere stattgefunden hat. Der Sprachgebrauch legt also in solchen Fällen kein Gewicht auf die Unversehrtheit der einzelnen Stoffe; entscheidend ist vielmehr der Umstand, daß der Kupferstich infolge des Schmutzfleckes die ihm eigentümliche Zweckbestimmung nicht mehr im früheren Maße erfüllt. Denkt man sich letzteren Umstand in Wegfall, indem man unterstellt, der Fleck sei nur auf der Rückseite des Blattes bemerkbar, so entfällt regelmäßig auch der Grund, eine Beschädigung des Stiches, als eines Sachganzen, anzunehmen, selbst wenn eine Beschädigung des Papieres zweifellos vorliegen sollte. Dieser offenbar nicht willkürliche, sondern auf einer Prüfung des Wesens der Sache beruhende Sprachgebrauch ist in Ermangelung jedes inneren Grundes zu einer einschränkenden Begriffsbestimmung auch für die Anwendung des § 303 St. G. B.'s maßgebend.

Wird in das Räderwerk einer Taschenuhr eine schleimige Flüssigkeit gethan, und dadurch das Werk zum Stillstande gebracht, so wird man, auch wenn die einzelnen Teile der Uhr unversehrt bleiben, je nach den Umständen von einer Zerstörung oder Beschädigung der Uhr als einer solchen zu sprechen befugt sein, weil die Uhr, solange sie nicht in Bewegung gesetzt werden kann, ihre eigentliche Zweckbestimmung, als Zeitmesser zu dienen, nicht mehr erfüllen kann und daher dem Wesen nach aufgehört hat, eine Uhr zu sein.

Auf gleicher Linie mit dem letzten Beispiele steht der gegenwärtig zu entscheidende Fall. Der Unterschied, daß die Dampfmaschine mit Gefahr einer Kesselexplosion in Bewegung gesetzt werden kann, die Uhr im letzten Beispiele aber überhaupt nicht, kann eine wesentliche Bedeutung nicht beanspruchen. Die Erwägung des ersten Richters:

> Es steht fest, daß der Angeklagte durch seine Thätigkeit die Maschine in eine Beschaffenheit gebracht hat, in welcher sie nicht in Betrieb gesetzt werden konnte, mithin unbrauchbar war, daß infolge dessen erst noch eine Thätigkeit erforderlich war, um die Maschine wieder in ihren früheren brauchbaren Zustand zu bringen. Der Angeklagte hat also die Maschine als solche, d. h. als ein ihrer Bestimmung gemäß zusammenwirkendes Ganzes, wenn auch nicht ihre einzelnen Bestandteile durch eine physische Einwirkung beschädigt, welche auf zeitweise Unbrauchbarkeit der Maschine abzielte und solche auch zur Folge gehabt,

läßt sonach eine irrige Auffassung des Begriffes „Beschädigung“ in § 303 St. G. B.'s nicht erkennen.

Nach den Ausführungen der Revisionsschrift war die Beseitigung des durch das Einschieben des Holzkeiles und der Feile bereiteten Betriebshindernisses jederzeit mittels einfachen Herausziehens des eingeklemmten Körpers möglich. Ein derartiges Hindernis hätte allerdings eine Unbrauchbarkeit der Maschine nicht zur Folge gehabt. Daß indeß die Entdeckung und Beseitigung des Hindernisses ohne jeden Aufwand von Mühe und Zeit möglich war, ergiebt sich aus dem ersten Urteile nicht und kann keineswegs als selbstverständlich gelten.

Ohne zutreffenden Grund findet die Revision einen Widerspruch zwischen der erstrichterlichen Entscheidung und dem Urteile des Reichsgerichtes vom 19. Oktober 1885.

Vgl. Entsch. des R. G.'s in Straff. Bd. 13 S. 27.

Letzteres Urteil spricht den Rechtssatz aus, daß unter Beschädigung einer Sache nur solche Einwirkung auf dieselbe verstanden werden könne, durch welche die Substanz der Sache alteriert, die Unversehrtheit der Sache aufgehoben werde, und zieht daraus die Folgerung, daß eine Einwirkung, durch welche unbeschadet der Substanz und Unversehrtheit der Sache deren Wert oder Zweckbestimmung beeinträchtigt werde, außerhalb des Rahmens der Sachbeschädigung falle, möge auch die Sache für den Eigentümer wertlos oder gar seinem Vermögen entzogen sein. Damit ist die in der Doktrin aufgestellte Ansicht verworfen, nach welcher eine Sachbeschädigung auch dann angenommen werden soll, wenn nicht die Sache selbst, sondern nur das Verhältnis des Eigentümers zur Sache verändert, insbesondere wenn dem Berechtigten die Sache durch eine mit ihr vorgenommene Ortsveränderung entzogen wird (z. B. durch Fliegenlassen eines eingesperrten Vogels, Werfen eines Ringes in einen Abgrund). Dagegen befaßt sich das reichsgerichtliche Urteil nicht mit der allgemeinen Erörterung der Frage, unter welchen Voraussetzungen eine Alterierung der Substanz einer Sache, d. h. eine Änderung der das Wesen der Sache bedingenden Eigenschaften anzunehmen ist. Der Schwerpunkt der Entscheidung des dort behandelten Falles liegt in der Erwägung, daß nach der maßgebenden Feststellung des Thatrichters das Stauwerk, dessen Beschädigung in Frage stand, durch das Herausnehmen einzelner loser Bretter (eine auch bei dem ordnungsmäßigen Gebrauche des Werkes vorkommende Maßnahme) eine substanzielle Änderung, also eine Beschädigung nicht erlitten habe. Im vorliegenden Falle hat aber der Thatrichter genau das Gegenteil angenommen, indem er aus den Umständen des Falles folgert, daß die Dampfmaschine „als solche" beschädigt worden sei, d. h. eine substanzielle Änderung erfahren habe. Die gegen diese Annahme gerichteten Ausführungen der Revision beweisen allerdings, daß die Grenze, innerhalb welcher, wenn ein kompliziertes Sachganzes in Frage steht, eine Verletzung der Sachsubstanz angenommen werden kann, eine flüssige ist und dem Ermessen des Thatrichters Raum läßt; der Revisionsrichter ist aber auf eine Prüfung der rechtlichen Gesichtspunkte der vorinstanzlichen Entscheidung beschränkt (§ 376 St. P. O.)

Zu beanstanden wäre in den Ausführungen des ersten Urteiles der Satz:

Unter den Begriff der Sachbeschädigung fällt jede körperliche Einwirkung auf eine Sache, durch welche diese, wenn auch nur zeitweise, eine Beeinträchtigung der zu ihr eigentümlichen Zweckbestimmung erleidet,

wenn das Wort „jede“ als identisch mit „ausnahmslos“ aufzufassen wäre; allein im Nachsatze wird ersterer Ausdruck dahin erklärt, daß es auf die Art der Einwirkung (ob mechanisch, chemisch ꝛc.) nicht ankommen solle, und bei Anwendung des vorausgeschickten allgemeinen Satzes auf den abzuurteilenden Fall wird das entscheidende Moment darin gefunden, daß die Dampfmaschine „als solche, d. h. als ein ihrer Bestimmung gemäß zusammenwirkendes Ganzes“, also als ein Kraft in Bewegung umsetzender Mechanismus, beschädigt worden ist.

§ 45.

Die Vereitelung drohender Zwangsvollstreckung.

Berner S. 611. Binding Gr. II § 191. v. Liszt § 137. Meyer § 99. Frank und Olshausen zu § 288 St. G. B.

I. **Was bedeutet in § 288 St. G. B. „veräußern“?** Das U. v. 18. XI. 82, I. (E. VII, 237) führt in dieser Beziehung folgendes aus:

Die Strafkammer hat festgestellt, daß der Angeklagte, welchem zwei Gläubigerinnen Vergleichsprotokolle in vollstreckbarer Ausfertigung hatten zustellen lassen, und welchem daher die Zwangsvollstreckung unmittelbar drohte, in der Absicht, die Befriedigung dieser Gläubigerinnen zu vereiteln, seiner Ehefrau zu Gunsten ihres angeblichen Eingebrachten seinen gesamten Grundbesitz hypothekarisch verpfändete, dabei zugleich Vieh und sämtliche Ökonomiegeräthschaften, sowie die jeweiligen Erntevorräte als Pertinenzen seines Wohnhauses erklärte und laut Notariatsurkunde den Pfandnexus seiner Ehefrau als allen bisherigen Hypothekengläubigern gegenüber unterstellte.

Sie nahm aber nicht an, daß der Angeklagte hierdurch Bestandteile seines Vermögens veräußert oder beiseite geschafft habe, und erkannte deshalb auf Freisprechung.

Abgesehen von der hier nicht weiter in Betracht kommenden Verpfändung des Grundbesitzes rügt die Revision des Staatsanwaltes mit Recht, daß nicht in der zur Vereitelung der drohenden Execution vorgenommenen Pertinenzerklärung und Pfändung des gesamten Mobilars eine Veräußerung von Vermögensstücken gefunden wurde.

Der vorige Richter giebt selbst zu, daß das Wort „veräußern“ in seiner civilrechtlichen Bedeutung auch die Verpfändung als einen Akt theilweiser Veräußerung mit umfaßt, glaubt aber die strafrechtliche Bedeutung des Wortes in angeblicher Übereinstimmung mit dem Sprachgebrauche des gemeinen Lebens in einem engeren Sinne als gleichbedeutend mit dem „Aufgeben des Eigentumes“ auslegen zu sollen.

Allein zunächst wird das Wort „veräußern“ auch im gewöhnlichen Sprachgebrauche bald in einem engeren, bald in einem weiteren Sinne benützt, wie denn beispielsweise das deutsche Wörterbuch von Adelung

(Bd. 4 S. 989) unter den in der allgemeinen Bezeichnung „veräußern“ inbegriffenen Bedeutungen auch das „versetzen“ anführt.

Abgesehen hiervon ist kein Grund ersichtlich, warum die rechtliche Bedeutung des Wortes im Strafrechte eine andere sein sollte, als im Civilrechte, insbesondere wenn es sich, wie in der Vorschrift des § 288, gerade ausdrücklich um den Schutz civilrechtlicher und civilprozessualer Verhältnisse handelt, daher eine Übereinstimmung in der Ausdrucksweise des Strafrechtes mit dem durch dasselbe zu schützenden Civilrechte besonders veranlaßt ist.

Überhaupt kann bei Auslegung des Gesetzes die Bedeutung solcher Worte, welche eine mehrfache Deutung zulassen, nur aus dem Zusammenhange der ganzen Gesetzesstelle, sowie mit Rücksicht auf deren Zweck und Bestimmung richtig aufgefaßt werden. Schon der Umstand, daß § 288 St. G. B. nicht nur die Veräußerung oder Beiseiteschaffung von Sachen, sondern von „Bestandteilen des Vermögens“ überhaupt, also auch von Forderungen mit Strafe bedroht, mußte dem vorigen Richter die von ihm angenommene Bedeutung des Wortes „veräußern“ zu eng erscheinen lassen.

Denn wenn er mit einer Begriffsbestimmung, deren Richtigkeit hier zunächst nicht in Frage steht, die erste Alternative des Beiseiteschaffens auf „Veränderung der räumlichen Verhältnisse von Sachen“ beschränkt und demnächst die zweite Alternative des Veräußerns auf „das Aufgeben eines Eigentumsrechtes“ reduziert, so müßte er auch die fraudulose Veräußerung von Forderungen, welche weder als Veränderung der räumlichen Verhältnisse einer Sache, noch als das Aufgeben eines Eigentumsrechtes, wenn auch als das Aufgeben eines Vermögensbestandteiles erscheint, straflos lassen, obschon kaum von irgend einer Seite bestritten werden wird, daß dieselbe unter dem Schutze des § 288 St. G. B. steht und stehen muß.

Der entscheidende Grund dafür, daß „Veräußerungen“ gemäß § 288 St. G. B. in einem weiteren Sinne aufzufassen sind, und daß darunter jeder Vermögensverlust, welcher in der Absicht des Berechtigten seinen Grund hat, bezw. jede Übertragung eines Vermögenswertes, also auch die Verpfändung von Vermögensobjekten, verstanden werden muß, liegt aber in dem bestimmten Zwecke der angeführten Gesetzesstelle, jede böswillige Vereitelung einer Zwangsvollstreckung zu hindern. In dieser Beziehung heben die Motive zum Entwurfe ausdrücklich hervor, daß nachdem es für nötig befunden worden sei, die Sicherung und Durchführung der Generalexekution (des Konkurses) unter dem Schutz des Strafgesetzes zu stellen, dieselben Gründe zutreffen, „die Verletzung des Kredites und Benachteiligung der Gläubiger, welche sich böswillige Schuldner im Hinblicke auf eine drohende Zwangsvollstreckung so vielfach zu Schulden kommen lassen.“ Weiter führen die Motive aus, daß die Strafbestimmung einen teilweisen Ersatz für die Befreiung des Schuldners von persönlicher Schuldhaft bieten sollen, und fügen bei, „auch habe es sich als ein praktisches Bedürfnis gezeigt, den vielfachen Hinterziehungen der Zwangsvollstreckung, durch welche böswillige Schuldner die Befriedigung des Gläubigers aus ihrem Vermögen zu vereiteln wissen, mit der Strenge des Gesetzes entgegenzutreten." Diesem vom Gesetzgeber anerkannten Bedürfnisse würde nicht genügt sein, wenn die Verbote der Veräußerung und Beiseiteschaffung von Vermögensbestandteilen in der engen Begrenzung aufgefaßt würden, wie dies vom ersten Richter geschah.

Dieselben müssen vielmehr im Sinne des Gesetzes so ausgelegt werden, daß sie jede Verfügung des Schuldners umfassen, welche die wirksame Durchführung der Zwangsvollstreckung in Betreff des bestimmten Vermögensbestandteiles auszuschließen geeignet ist, und begreifen deshalb ebenso Verkauf, wie Verpfändung von Sachen, Cession und Verpfändung von Forderungen, jede Art von Verheimlichung, von Scheingeschäften rc.

II. **Über Beiseiteschaffung von Vermögensbestandteilen** führt U. v. 16. II. 89. II. E. XIX, 26 aus:

Unter Beiseiteschaffung von Vermögensbestandteilen ist hier jede Behandlung von Vermögensbestandteilen zu verstehen, welche dieselben dem Zugriffe im Zwangsvollstreckungsverfahren entzieht, bewegliche Sachen also für den Gläubiger in diesem Verfahren unergreifbar macht. Was dabei aus den Bestandteilen wird, ist für den Thatbestand des Gesetzes gleichgültig. Insbesondere ist es unerheblich, ob sie dem Schuldner noch Nutzen gewähren können oder nicht. Bezüglich des letzten Punktes besteht auch kaum eine Meinungsverschiedenheit in der Auslegung des Gesetzes. Die allgemeine Überschrift des 25. Abschnittes: „strafbarer Eigennutz und Verletzung fremder Geheimnisse" — worauf die Revisionsbegründung hinweist — hat nicht den Zweck noch die Bedeutung, Thatbestandsmerkmale für die einzelnen Vergehen innerhalb des Abschnittes aufzustellen. Beispielsweise bedroht § 292 St. G. B.'s keineswegs nur den aus Eigennutz verübten Jagdfrevel.

Bezüglich der Zerstörung von Gegenständen findet sich allerdings die Ansicht vertreten, daß sie zum Beiseiteschaffen nicht gerechnet werden könne. Dem ist indeß für § 288 St. G. B.'s nicht beizupflichten. Hier kann dieselbe als Mittel der Beiseiteschaffung in Betracht fallen. Der für die Auslegung entscheidende Gesichtspunkt ist in den Motiven (S. 137) zum Entwurfe mit den Worten wiedergegeben:

> „Der Entwurf beruht hier auf der Erwägung, daß eine Bestimmung sich empfehle, welche die böswillige Vereitelung einer Zwangsvollstreckung mit Strafe bedroht."

Dieser Gesichtspunkt ist auch, wie schon ausgeführt, im Gesetze deutlich ausgeprägt, und damit gekennzeichnet, daß es nur auf die Frage einer Wegschaffung beweglicher Sachen — soweit solche in Betracht kommen — aus dem Bereiche der drohenden Zwangsvollstreckung ankommt, während aller weitere Verbleib gleichgültig ist. Es wird in der Doktrin zugegeben, daß eine der Beiseiteschaffung nachfolgende Zerstörung jener ihre Bedeutung nicht nehmen; allein es ist nicht abzusehen, warum nicht Beiseiteschaffung und Zerstörung sollten zusammenfallen können. Ein innerer Grund läßt sich dafür nicht auffinden, die wirksamste Form der Entziehung aus der drohenden Zwangsvollstreckung straflos zu lassen und es als Schuldausschließung zu behandeln, wenn ein Schuldner erfolgreich mit dem Entschluß thätig wird, Sachen, an die sich ein Gläubiger halten will, mit eigenem Verluste derselben zu beseitigen.

Wie in der vorzeitigen Einziehung von Forderungen, obwohl durch dieselbe das Forderungsrecht regelmäßig zerstört wird, ein Beiseiteschaffen gefunden werden kann,

vgl. Entsch. des R. G.'s in Strafs. Bd. 9 S. 231,

so kann solches auch in der Zerstörung anderer Vermögensbestandteile ohne Rechtsirrtum gefunden werden.

Zerstörung als Mittel der Beiseiteschaffung mag nur in seltenen Fällen in die Erscheinung treten, es mag auch in anderen Fällen als den vorliegenden schwierig sein, diese besondere Bedeutung der Zerstörung klarzustellen. In dieser Richtung ist aber hier vom ersten Richter jedes Bedenken durch seine thatsächliche Erwägung beseitigt.

§ 46.

Der Bankerott.

Berner S. 593. Binding Gr. II § 192. v. Liszt § 134. Meyer § 100.

I. **Wird bei dem Vergehen des einfachen Bankerottes ein Verschulden des Thäters vorausgesetzt?*)**

Während Rg. E. IV, 418 und V, 407 von jedem Verschulden absehen, hat Rg. in U. vom 18. II. 85 I. S. (E. XIII, 354) in Konsequenz des U. V. St. S. v. 9. I. 86 (E. III, 236) ein solches für erforderlich erachtet. Das U. v. 18. II. 85 in seinem hier in Betracht kommenden Teil lautet:

Gegen die Mitglieder des Vorstandes der Stuttgarter Volksbank, eingetragene Genossenschaft, Namens D., B. und K., wurde, nachdem der Konkurs über das Vermögen der Genossenschaft eröffnet worden war, das Hauptverfahren wegen einfachen Bankerottes eröffnet. Auch wurden dieselben zu Gefängnisstrafen verurteilt. Deren Revision wurde u. a. auf Verletzung der §§ 210 Ziffer 2, 214 K. O. und der Art. 29 bis 31 H. G. B.'s gestützt.

Insbesondere wurden die Feststellungen des ersten Urteiles in subjektiver Hinsicht angefochten. Jedoch vergeblich. Das Rg. führt aus:

Die Angeklagten gehen von der Auffassung aus, daß ihre Verurteilung eine Fahrlässigkeit in Beziehung auf die ihnen obliegenden Verpflichtungen oder eine schuldhafte Pflichtversäumnis voraussetze. Diese Auffassung, welche schon in dem oben erwähnten Urteile der vereinigten Strafsenate des Reichsgerichtes vom 9. Januar d. J. zur Anerkennung gelangt ist, muß gebilligt werden. Die Verurteilung zu einer Strafe setzt in der Regel ein strafrechtliches Verschulden (dolus oder culpa) voraus. Deshalb darf der Richter von diesem Erfordernisse nur da absehen, wo das Gesetz selbst in deutlich erkennbarer Weise zu erkennen giebt, daß die Strafe ohne Rücksicht auf ein Verschulden des Angeklagten zu erkennen giebt, sonach der objektive Thatbestand des in Frage stehenden Vergehens,

---

*) cf. dazu v. Liszt § 135 A 1.

bezw. der Übertretung genügen solle, um die Bestrafung zu rechtfertigen. Daß bei dem in § 210 K. O. vorgesehenen Vergehen des einfachen Bankerottes ein Verschulden des Thäters nicht vorausgesetzt werde, ist nicht anzunehmen. Zwischen der Zahlungseinstellung, bezw. Konkurseröffnung, welche vorliegen muß, damit § 210 zur Anwendung kommen kann, und den in den Ziffern 1—3 aufgezählten Handlungen oder Unterlassungen braucht allerdings ein ursächlicher Zusammenhang nicht zu bestehen.*) Der einfache Bankerott ist sonach nicht in dem Sinne als ein Fahrlässigkeitsvergehen anzusehen, daß die Zahlungseinstellung oder Konkurseröffnung durch ein fahrlässiges Verhalten des Schuldners herbeigeführt worden sein muß. Aber daraus folgt nicht, daß auch bei den sog. Bankerotthandlungen ein Verschulden des Thäters nicht vorausgesetzt wird. Bezüglich einzelner dieser Handlungen, nämlich soweit die Verheimlichung und Vernichtung von Handlungsbüchern in Frage steht, wird unzweifelhaft vorausgesetzt, daß dieselben vorsätzlich begangen wurden. Im übrigen, insbesondere soweit es sich um unordentliche Führung der Bücher und Unterlassung der rechtzeitigen Bilanzziehung handelt, muß aber angenommen werden, daß eine strafbare Handlung nur dann vorliegt, wenn dem Angeklagten ein Verschulden zur Last fällt, nicht wenn der unordentliche Zustand der Bücher, bezw. die Unterlassung oder Verspätung der Bilanzziehung in anderen Verhältnissen, welche derselbe nicht ändern konnte, ihren Grund hat. Nicht an die bloße Thatsache, daß die Bücher sich in unordentlichem Zustande befinden, oder daß die Bilanz nicht rechtzeitig gezogen wurde, ist die Strafandrohung des § 210 a. a. O. geknüpft. Vielmehr werden, damit diese Strafbestimmung zur Anwendung kommen kann, bestimmte Handlungen, bezw. Unterlassungen des Schuldners vorausgesetzt. Für diese kann derselbe aber nach den obigen Ausführungen nur dann strafrechtlich verantwortlich gemacht werden, wenn sie auf ein ihm zur Last fallendes Verschulden zurückgeführt werden können. Das Vorhandensein der schuldhaften Pflichtversäumung braucht zwar, da dieses Erfordernis im Gesetze nicht besonders hervorgehoben worden ist, nach allgemeinen prozessualischen Grundsätzen nur dann festgestellt zu werden, wenn der Angeklagte ausdrücklich geltend gemacht hat, daß ihm ein Verschulden nicht zur Last falle. Aber dasselbe bildet deshalb doch ein Thatbestandsmerkmal des in § 210 K. O. vorgesehenen Vergehens. Es muß deshalb immer geprüft werden, ob ein solches Verschulden vorliegt. Von besonderer Bedeutung ist die Frage des Verschuldens dann, wenn für die unordentliche Buchführung oder Unterlassung der rechtzeitigen Bilanzziehung mehrere geschäftsführende Handelsgesellschafter oder Vorstandsmitglieder von Aktiengesellschaften, bezw. eingetragenen Genossenschaften strafrechtlich verantwortlich gemacht werden. Sind diese auch nach dem Gesetze samt und sonders verpflichtet, für eine ordnungsmäßige Buchführung und rechtzeitige Bilanzziehung Sorge zu tragen, so ist doch die Möglichkeit vorhanden, daß der unordentliche Zustand der

*) So die herrschende Ansicht cf. v. Liszt § 134.

Bücher lediglich in dem Verschulden eines einzigen Gesellschafters oder Vorstandsmitgliedes oder mehrerer solcher Personen seinen Grund hat, bei anderen Gesellschaftern oder Vorstandsmitgliedern aber jede schuldhafte Vernachlässigung ihrer Pflichten ausgeschlossen ist. Das Reichsgericht hat bereits in einem Urteile vom 7. Januar 1880, vgl. Entsch. des R. G.'s in Straff. Bd. 1 S. 49, ausgesprochen, der wegen unordentlicher Buchführung strafrechtlich zur Verantwortung gezogene offene Handelsgesellschafter müsse mit der Entschuldigung gehört werden, daß er aus gerechter Ursache nicht in der Lage gewesen sei, den ihm obliegenden gesetzlichen Verpflichtungen in vollem Umfange zu genügen, und es könne ihm insbesondere eine Täuschung durch einen anderen Gesellschafter zur Entschuldigung gereichen. Aber auch abgesehen von einer derartigen absichtlichen Täuschung kann es vorkommen, daß ein Gesellschafter oder Vorstandsmitglied bezüglich der Buchführung Fehler begeht, ohne daß die anderen davon Kenntnis haben. In solchen Fällen können diese Personen dann für die unordentliche Buchführung nicht strafrechtlich verantwortlich gemacht werden, wenn sie ohne eigenes Verschulden nicht in der Lage waren, die von einem anderen Gesellschafter oder Vorstandsmitgliede begangenen Fehler zu verhindern oder die dadurch entstandenen Mängel zu beseitigen.

Den hier in Beziehung auf das Verschulden gestellten Anforderungen wird durch die Feststellungen des angefochtenen Urteils genügt.

II. **Die den Bestimmungen über Bankerott zu Grunde liegende legis ratio erörtert** das U. v. 1. IV. 81 II. (E. IV, 41) wie folgt:

Nach Ausweis des Protokolls über die Hauptversammlung hatte der Angeklagte der Anklage aus § 283 Nr. 2 und 3 St. G. B.'s gegenüber nur geltend gemacht, daß er zwar in den ersten Jahren von 1873 ab, aber nicht in den späteren Jahren, kaufmännische Geschäfte betrieben, in den späteren Jahren vielmehr sich nur mit der Bewirtschaftung von Landgütern beschäftigt habe.

Der Revision ist zunächst die Erheblichkeit dieser Einwendungen zuzugeben.

Die dem Angeklagten zur Last gelegten Handlungen fallen in die Zeit vor dem Inkrafttreten der Reichskonkursordnung, waren also, soweit letztere — was übrigens nicht der Fall — keine dem Angeklagten günstigere Bestimmungen enthält, nach den Vorschriften des Strafgesetzbuches über Bankbruch zu beurteilen. Die vom ersten Richter zur Anwendung gebrachte Vorschrift des § 283 St. G. B.'s erfordert den Nachweis, daß der Angeklagte als Kaufmann seine Zahlungen eingestellt und als Kaufmann sich der in Nr. 1 bis 3 das. bezeichneten Handlungen bezw. Unterlassungen schuldig gemacht habe. Damit ist zwar die Notwendigkeit eines zeitlichen Zusammentreffens des Betriebes eines kaufmännischen Gewerbes mit den sonstigen Thatbestandsmerkmalen nicht gegeben. Denn der Gesetzgeber kann unmöglich eine derartige Einschränkung gewollt haben, weil er es sonst für die überwiegende Mehrzahl der einschlagenden Fälle vom Belieben des Schuldigen abhängig gemacht hätte, durch Aufgabe des Geschäfts vor der Zahlungseinstellung oder vor den die Rechte der Gläubiger gefährdenden Handlungen den strafrechtlichen Schutz, welchen die Vorschrift bezweckt, zu vereiteln. Gleichwohl erlangt schon der Wortlaut des Gesetzes eine Beziehung zwischen dem kaufmännischen Gewerbebetrieb und den übrigen Thatbestandserfordernissen. Welcher Art diese Beziehung sein muß, kann nach dem Charakter und dem Zwecke der Vorschrift nicht zweifelhaft sein. Alle den Bankbruch betreffenden Strafandrohungen des Strafgesetzbuches richten sich, wie aus dem Inhalte der §§ 281 bis 283 erhellt und auch in den Motiven des Entwurfes S. 136 zum Ausdruck gebracht ist, gegen den Mißbrauch des für den Handel notwendigen kaufmännischen Kredits. In der Zahlungseinstellung liegt nur objektiv eine Verletzung von Rechtsverpflichtungen gegen die Gläubiger, denen in dem für sie günstigen Falle wenigstens ein Teil ihrer Aktiva lahm gelegt wird, aber nicht notwendig eine subjektive Verschuldung. Die vom Strafgesetze bedrohte Normwidrigkeit des Verhaltens liegt also in der Beeinträchtigung der Forderungsrechte der Gläubiger durch den Mißbrauch des Kredits und in der damit verbundenen über die Interessen der Nächstbeteiligten hinaus eintretenden Gefährdung des Kredits überhaupt. Die Erwägung, daß der Volkswohlstand durch den Mißbrauch des kaufmännischen Kredits in einem höheren Grade gefährdet wird, als durch sonstigen Kreditmißbrauch, war der vornehmlichste Grund zur Einschränkung der Vorschriften über Bankbruch auf Kaufleute.

Motive zu § 235, später § 259, des Entwurfs zum preußischen Strafgesetzbuche; Motive zum Entwurf des Reichsstrafgesetzbuchs S. 136.

Darnach hat der dem kaufmännischen Kredit gewährte strafrechtliche Schutz die Fortdauer einer im kaufmännischen Geschäftsbetrieb eingegangenen Verpflichtung zur Voraussetzung. Bei Aufgabe des kaufmännischen Geschäfts wird also für die Frage der Fortdauer der dem Kaufmann unter Strafandrohung auferlegten Pflichten wesentlich in Betracht kommen, ob eine Lösung der im früheren Gewerbe eingegangenen Verbindlichkeiten stattgehabt hat.

Von diesem Standpunkte aus hätte im vorliegenden Falle die Einwendung des Angeklagten, daß er sein kaufmännisches Geschäft mehrere Jahre vor der Zahlungseinstellung aufgegeben habe, geprüft werden müssen.

III. **Zahlungseinstellung bezw. Konkurseröffnung ist nicht Bedingung der Strafbarkeit*), sondern Thatbestandsmerkmal.** So E. II, 338, III, 350, VI, 94, XII, 41, XVI, 188, XXVII, 318.

IV. **Ist vor erfolgter Zahlungseinstellung ein Versuch des betrüglichen Bankerottes möglich?**)** U. v. 9. XI. 85. I. (E. XIII, 41).

Nach dem Spruche der Geschworenen hat der Angeklagte den Entschluß, am 28. Februar 1885 im Inlande als ein Schuldner, welcher seine Zahlungen

---

*) So von Liszt § 134.

**) Vgl. von Liszt § 134.

einstellen wollte, in der Absicht, seine Gläubiger zu benachteiligen, Vermögensstücke beiseite zu schaffen, durch Handlungen bethätigt, welche einen Anfang der Ausführung des Verbrechens des betrügerischen Bankerotts enthielten, und das Schwurgericht hat in dieser Feststellung den Versuch des betrügerischen Bankerotts erkannt. Die Revision bestreitet, daß es überhaupt einen Versuch des betrügerischen Bankerotts gebe, eventuell daß ein solcher ohne erfolgte Zahlungseinstellung möglich sei.

Daß dem Antrage entsprechend eine Hilfsfrage wegen Versuchen für zulässig erachtet wurde (§ 296 St. P. O.), „weil bei jedem Verbrechen der Versuch strafbar", kann mit Grund nicht angefochten werden. Der Umstand, daß der Thatbestand des § 209 K. O. das Vorhandensein zweier selbständiger Thatsachen verlangt, schließt nicht aus, daß der Entschluß, das Verbrechen zu verüben, durch Handlungen, welche einen Anfang der Ausführung desselben enthalten, bethätigt werden kann. Unbedenklich ist das anzunehmen, wenn die Thatsache der Zahlungseinstellung oder Konkurseröffnung eingetreten ist, mit Ausführung eines Beiseiteschaffens von Vermögensstücken, einer Aufstellung erdichteter Schulden oder Rechtsgeschäfte, einer Vernichtung oder Veränderung der Handelsbücher u. s. w. aber erst der Anfang gemacht und die Vollendung des Verbrechens deshalb nicht eingetreten ist, weil der Thäter an der Ausführung dieser Handlungen durch Umstände gehindert worden ist, welche von seinem Willen unabhängig waren. Die Annahme des Versuches bei solcher Gestaltung der Sachlage ist wohl auch kaum in der Doktrin oder Praxis bestritten. Aber auch in dem Falle wird mit Grund die Möglichkeit eines strafbaren Versuchs nicht zu bestreiten sein, wenn den gedachten nur im Zusammentreffen mit Zahlungseinstellung oder Konkurseröffnung durch § 209 a. a. O. für strafbar erklärten Handlungen, mit deren Ausführung erst der Anfang gemacht worden, eine Zahlungseinstellung oder Konkurseröffnung nicht vorausgegangen war.

Die Revision will die Unmöglichkeit eines Versuchs daraus folgern, daß der § 209 K. O. die darin unter Nr. 1—4 aufgeführten Handlungen nur dann für strafbar erkläre, wenn sie von einem Schuldner begangen werden, welcher seine Zahlungen eingestellt habe, oder über dessen Vermögen der Konkurs eröffnet worden sei. Dieses Moment in der Begriffsbestimmung des betrüglichen Bankerottes gehöre nicht zu der schuldhaften Handlung des Thäters, sondern sei eine außerhalb dessen Willenskreises liegende thatsächliche Voraussetzung der Strafbarkeit derjenigen Handlung, für welche derselbe nach dem Maße der Ausführung wegen Vollendung oder Versuches verantwortlich werde. Allein dieser Auffassung des Rechtsverhältnisses liegt der Irrtum zu Grunde, daß die Konkursordnung als Verbrechen die unter den Nr. 1—4 des § 209 aufgezählten einzelnen Handlungen aufstelle, während sie vielmehr den dolosen Bankerott, die vorsätzliche Beschädigung bezw. Gefährdung des Vermögens der Gläubiger desjenigen als kriminelle Schuld aufstellt, welche eine der vier Handlungen oder Unterlassungen verübt, weil in diesen jene schuldhafte Vermögensbeschädigung ohne weiteres gefunden wird. Die Herbeiführung des Konkurses ist die schuldhafte Handlung des § 209 a. a. O. und die Zahlungseinstellung oder Konkurseröffnung hat die Bedeutung der Fixierung des Zeitpunktes, in welchem das Gesetz ohne speziellen Nachweis einer Beschädigung dieselbe als existent annimmt.

Vgl. Urt. des R. G.'s in Straff. vom 22. Januar 1883 g. L. Rep. 3010/82.

Von dieser Auffassung aus hat das Reichsgericht, obgleich ein ursächliches Verhältnis der für strafbar erklärten Handlungen und der Zahlungseinstellung nicht erforderlich ist, gleichwohl die eine Zahlungseinstellung als die strafbare Handlung da, wo mit ihr eine Mehrheit der im § 209 genannten vier Arten von Handlungen zusammentrifft, angesehen und nicht eine Realkonkurrenz mehrerer von einem Kridar begangener Verbrechen angenommen, vgl. Entsch. des R. G.'s in Straff. B. 1, S. 101, Bd. 6, S. 94, sowie Urtt. vom 20. April 1880 g. W. Rep. 843/79 vom 5. Juni 1880 g. K. Rep. 1358/80, vom 3. November 1880 g. H. 2159/80 vom 15. Januar 1881 g. B. vom 20. Mai 1882 g. T. vom 17. Januar 1884 g. M. und vom 3. November 1884 g. G. Rep. 2400/84, und von dieser Auffassung aus steht auch nichts entgegen, einen Versuch des betrüglichen Bankerottes, wenn mit der Ausführung einer der unter Nr. 1—4 des § 209 K. O. genannten Handlungen in der Absicht, die Gläubiger zu benachteiligen, der Anfang gemacht ist, auch dann anzunehmen, wenn Zahlungseinstellung oder Konkurseröffnung nicht eingetreten ist; denn der Versuch verlangt nicht, daß ein Anfang der Ausführung aller Thatbestandsmerkmale vorliege, also bei dem betrüglichen Bankerott auch der Herbeiführung des Konkurses, sondern es genügt, daß der Thäter in Voraussicht oder Erwartung oder, wie hier festgestellt, mit dem Willen, die Zahlungen einzustellen, absichtlich zur Benachteiligung der Gläubiger Vermögensstücke beiseite schaffte oder zu schaffen versuchte.

V. **Giebt es eine strafbare Beihilfe zum Vergehen des einfachen Bankerottes?** U. v. 1. XI. 87. IV. (E. XVI, 277).

Die Ehefrau S. hatte im Jahre 1878, nachdem der Ehemann in Konkurs verfallen und wegen einfachen Bankerottes bestraft war, zu L. ein Geschäft mit Spezereiwaren, Kleidungsstücken rc. eröffnet. Sie selbst besorgte den Verkauf der Waren nur insoweit, als ihr die häusliche Beschäftigung Zeit übrig ließ, den sonstigen Geschäftsbetrieb versah der Ehemann in ihrem Auftrage, und namentlich führte derselbe die Bücher.

Als im Oktober 1885 der Konkurs über das Vermögen der Ehefrau des S. ausgebrochen war, stellte es sich heraus, daß die geführten Handelsbücher eine Übersicht des Vermögenszustandes nicht gewährten, und daß Bilanzen nur in den Jahren 1880 und 1883 gezogen waren. Die Strafkammer hat auf Grund dieser Thatsachen die Ehefrau S. wegen einfachen Bankerottes bestraft, indem sie davon ausgegangen ist, die Angeklagte sei für die Beobachtung der ihr als Kauffrau obliegenden Pflichten verantwortlich, und könne sich nicht damit entschuldigen, daß sie die Geschäftsführung ihrem Manne vertrauensvoll überlassen habe.

Dagegen hat der erste Richter den wegen strafbarer Beihilfe zu dem Vergehen seiner Ehefrau angeklagten Ehemann S. freigesprochen. Zur Motivierung dieser Entscheidung geht der Richter unter Berufung auf das Urteil des Reichsgerichtes vom 5. Dezember 1883, vergl. Entsch. des R. G.'s in Strafs. Bd. 10 S. 8, von dem Satze aus, der Begriff der Beihilfe setze voraus, daß der Hilfeleistende nicht blos objektiv die That des anderen gefördert, sondern auch den Willen gehabt habe, ein Verbrechen oder Vergehen zu fördern. Im Anschlusse daran heißt es sodann:

dafür, daß der Angeklagte, Ehemann S., in der Zeit vor der Konkurseröffnung, zu einer Zeit also, wo es noch ungewiß war, ob die Ehefrau eine Strafthat beging, diese Strafthat durch seine Buchführung und durch Unterlassung der Bilanzziehung habe fördern wollen, habe die Verhandlung keinen Anhalt gegeben.

Die von der Staatsanwaltschaft gegen die freisprechende Entscheidung eingelegte Revision wurde verworfen.

Der Revision ist nicht zuzugeben, daß das angefochtene Urteil auf einer Verletzung des § 49 St. G. B.'s und des § 210 K. O. beruht. Ihren Ausführungen liegt im wesentlichen die in dem Urteile des Reichsgerichtes vom 5. Dezember 1883, vgl. Entsch. des R. G.'s in Strafs. Bd. 10 S. 8, widerlegte Anschauung zu Grunde, daß zur Erfüllung des Thatbestandes der strafbaren Beihilfe schon eine wissentliche Förderung der äußeren Handlung des Thäters genüge. Wie jedoch das vorerwähnte reichsgerichtliche Urteil näher ausführt, erfordert der Begriff der Beihilfe außer dem wissentlichen Fördern, der äußeren Handlung des Thäters in subjektiver Beziehung auch den auf die Entstehung des Verbrechens gerichteten Willen des Hilfeleistenden und damit zugleich dessen Kenntnis von dem auf die Verwirklichung des Deliktsthatbestandes gerichteten Willen des Thäters. Da aber diese letztere Willenrichtung bei demjenigen, der sich eines Fahrlässigkeitsvergehens schuldig macht, fehlt, so ist nach der Annahme des Reichsgerichts, mit welcher auch die in der Theorie herrschende Auffassung übereinstimmt, **bei Fahrlässigkeitsvergehen eine strafbare Beihilfe nicht denkbar.**

Allein damit ist die Entscheidung des vorliegenden Falles noch nicht gegeben. **Denn das Vergehen des einfachen Bankerottes ist seiner gesetzlichen Konstruktion nach ein eigenartiges und entzieht sich der sonst üblichen Klassifikation der Strafthaten in vorsätzliche und Fahrlässigkeitsvergehen.** Das Gesetz führt in § 210 Nr. 1, 2, 3 verschiedene Einzelhandlungen auf, deren Strafbarkeit es von dem Eintritte einer anderen Thatsache — der Zahlungseinstellung oder Konkurseröffnung — abhängig macht, ohne jedoch einen Kausalzusammenhang zwischen den Einzelhandlungen und der die Strafbarkeit objektiv beginnenden Thatsache zu erfordern. Hieraus ergiebt sich, wie das Reichsgericht bereits mehrfach ausgeführt hat, daß das Vergehen des § 210 K. O. nicht ein eigentliches Fahrlässigkeitsdelikt ist, insofern als die Zahlungseinstellung oder Konkurseröffnung nicht durch eine Fahrlässigkeit des Schuldners verursacht zu sein braucht.

Vgl. Entsch. des R. G.'s in Straff. Bd. 13 S. 359.

Andererseits erfordert das Vergehen aber auch nicht mit Notwendigkeit strafbaren Vorsatz des Schuldners, vgl. Entsch. des R. G.'s in Straff. B. 13 S. 241, indem der bewußte Wille nicht auf die Zahlungseinstellung oder Konkurseröffnung gerichtet sein muß, und auch nicht alle der unter Nr. 1—3 aufgeführten Thätigkeiten oder Unterlassungen notwendig vorsätzliche zu sein brauchen. Läßt sich z. B. das Vernichten oder Verheimlichen der Handelsbücher nicht wohl anders als vorsätzlich begangen denken, so kann das Unterlassen der rechtzeitigen Bilanzziehung sowie die mangelhafte unordentliche Buchführung zwar auch auf Vorsatz beruhen, ebensowohl aber auch durch Vergeßlichkeit und, soweit es sich um die unordentliche Buchführung handelt, durch Mangel an Einsicht und genügender kaufmännischer Bildung veranlaßt sein.

Handelt es sich demnach in einem bestimmten Falle um solche im § 210 Nr. 1—3 K. O. vorgesehenen Thätigkeiten oder Unterlassungen, welche mit Vorsatz von dem Schuldner begangen sind, so würde auch vom Standpunkte der oben erwähnten Judikatur des Reichsgerichtes die Möglichkeit, daß zu solchen Handlungen wissentlich durch Rat oder That Hilfe geleistet worden sei, rechtlich nicht ausgeschlossen sein. Im vorliegenden Falle stellt nun aber der Vorderrichter nicht fest, daß die als Thäterin angeklagte Ehefrau S. die ihr zur Last gelegten Handlungen vorsätzlich begangen habe, vielmehr läßt der Zusammenhang der Urteilsgründe ersehen, daß nur eine, wenn auch nicht entschuldbare, so doch nicht absichtliche Verletzung der kaufmännischen Pflichten auf Seiten der Ehefrau angenommen worden ist; denn nach der Auffassung des Instanzgerichtes bestand ihre Verfehlung wesentlich nur darin, daß sie dem Ehemann die ganze Führung ihres Geschäftes vertrauensvoll überließ, ohne genügende eigene Fürsorge für die Buchführung und die Bilanzziehungen eintreten zu lassen. Handelte es sich aber danach bei der Hauptthat nicht um ein vorsätzliches Vergehen, so ergab sich daraus bei Anwendung der oben erörterten Grundsätze, daß der Angeklagte, Ehemann S., freigesprochen werden mußte, weil er das Bewußtsein von dem Dolus des Thäters und folglich den Willen, die „Strafthat" des anderen zu fördern, nicht haben konnte.

Es ist daher die Feststellung der Vorinstanz, daß dem Angeklagten S. der Dolus des Gehilfen gefehlt habe, im Ergebnisse rechtlich nicht zu beanstanden, wenn auch bei der Begründung der negativen Feststellung die Strafkammer mit Unrecht besonderes Gewicht darauf zu legen scheint, daß zur Zeit der schuldhaften Pflichtversäumnis der angeklagten Ehefrau es noch ungewiß gewesen, ob letztere eine Strafthat begehe, indem das Verhalten der Ehefrau erst durch die Zahlungseinstellung eine solche geworden sei.

§ 47.

Der Wucher.

Berner S. 608. Binding Gr. II § 199. v. Liszt § 142. Meyer § 102. Frank und Olshausen zu §§ 302a ff. St. G. B.

I. **Über Kredit und Sachwucher.** U. v. 26. IV. 94, I. E. XXV, 315*)

Die Meinung der Revision, der Ankauf von Forderungen sei kein „Wuchergeschäft, insofern durch dasselbe ein anderes Rechtsgeschäft, z. B. Darlehn, nicht verdeckt ist", entbehrt der Begründung. Schon der Wortlaut des § 302e (Gesetz vom 19. Juni 1893 Art. 1) steht einer derartigen Auslegung entgegen. Denn er spricht mit bestimmten Worten aus, daß die Strafe des gewerbs- oder gewohnheitsmäßigen Wuchers (§ 302d St. G. B.'s), also des Wuchers im Sinne des § 302a (zu vgl. Art. I des angeführten Gesetzes), denjenigen treffe, welcher mit Bezug auf ein Rechtsgeschäft anderer als der im § 302a bezeichneten Art gewerbs- oder gewohnheitsmäßig den Wucher treibt. Der § 302a in der Fassung des Gesetzes vom 19. Juni 1893 belegt aber den Wucher, welcher mit Bezug auf Darlehn oder auf die Stundung einer Geldforderung oder auf ein anderes zweiseitiges Rechtsgeschäft, welches denselben wirtschaftlichen Zwecken dienen soll, den sog. Kreditwucher, begangen wird, mit Strafe. Im Gegensatze zu dieser Art des Wuchers soll durch den § 302e auch derjenige Wucherer, welcher mit Bezug auf Rechtsgeschäfte anderer Art, als der auf den Kredit bezüglichen, Andere ausbeutet, dann von der Strafe getroffen werden, wenn er gewerbs- oder gewohnheitsmäßig diese Weise der wucherischen Ausbeutung betreibt. Gerade sie, den sog. Sachwucher, wollte der neugeschaffene Zusatz zum Strafgesetzbuche erreichen.

Dies erhellt auch mit klaren Worten aus den Motiven des Gesetzentwurfes, welche ausführen: durch § 302e wird der Thatbestand des Wuchers, wie ihn der § 302a für Kreditgeschäfte aufgestellt hat, sinngemäß auf Rechtsgeschäfte anderer Art ausgedehnt. Die unter der Herrschaft des Gesetzes vom 24. Mai 1880 gemachten Erfahrungen haben gezeigt, daß die wucherische Ausbeutung sich der verschiedenartigsten Rechtsgeschäfte bedient .... Erscheint hiernach eine Ausdehnung des Gesetzes dringend geboten, so wird sie sich auch nicht auf einzelne bestimmte Gattungen von Rechtsgeschäften beschränken. Zwar werden in den lautgewordenen Klagen gewisse Arten von Geschäften besonders namhaft gemacht, so der Aufkauf von Forderungen, die Viehleihe- und Viehkaufgeschäfte, ferner die Uebervorteilung anläßlich der Zerstückelung von Grundstücken. Allein es liegt in der Natur des Wuchers, der an bestimmte juristische Formen nicht gebunden ist, daß er, aus dem einen Gebiete verbannt, sich alsbald eines Anderen bemächtigt. Eine wirksame Abhülfe

*) cf. ausserdem E. XXVIII, 288.

kann deshalb nur von der Erstreckung des Wucherbegriffes auf Rechtsgeschäfte jeglicher Art erhofft werden.

Ebenso widerlegt eine Vergleichung der §§ 302a — 302d mit § 302e die Meinung der Revision. Denn die wucherische Hingabe eines Darlehns wird nach Maßgabe des § 302a bestraft, ohne daß diese Art des Wuchers, der Creditwucher, gewerbs- oder gewohnheitsmäßig betrieben wird; die Thatsache seines gewerbs- oder gewohnheitsmäßigen Betriebes bildet gemäß § 302d einen straferhöhenden Umstand. Der § 302e dagegen setzt als Strafbarkeitserfordernis die Gewerbs- oder Gewohnheitsmäßigkeit der wucherischen Ausbeutung voraus, und demzufolge bleibt, wenn dieses Erfordernis nicht bewiesen werden kann, der Sachwucher straflos. Nach den Motiven geschah die Aufnahme dieses Erfordernisses in dem § 302e deshalb, um nicht durch zu strenge Strafvorschriften auch dem reellen Geschäftsverkehr Gefahren zu bereiten. Aus dieser Verschiedenheit beider Gesetzesvorschriften erhellt, daß der Ankauf einer Forderung und die Hingabe eines Darlehns nicht in dem von der Revision angenommenen Verhältnisse ihrer Unterordnung unter die Strafbestimmungen wegen Wuchers, als wäre jener Ankauf nur dann strafbar, wenn durch ihn ein Creditgeschäft, insbesondere die Hingabe eines Darlehns, verdeckt werden sollte, stehen können. Die Hingabe eines verdeckten oder verschleierten Darlehns ist vielmehr aus § 302b zu bestrafen.

Dagegen könnte die Unterordnung der im gegebenen Falle vorliegenden Art der Bewucherung unter den Begriff des Sachwuchers Bedenken erregen. Zwar stellt das Urteil fest, daß der Angeklagte seit seiner letzten wegen Wuchers erfolgten Bestrafung sich vor den ihm gefährlichen Darlehnsgeschäften in Acht genommen, sein System geändert und sich nunmehr auf den Kauf von Forderungen verlegt habe; es erörtert ferner, daß das hier vorliegende zweiseitige Rechtsgeschäft, durch welches er die der Dienstmagd R. zustehende Forderung ihr um einen Schleuderpreis abgekauft habe, nicht als ein solches angesehen worden sein, welches, wirtschaftlich betrachtet, denselben Zwecken wie ein Darlehen oder die Stundung einer Forderung dienen sollte (§ 302a St. G. B.'s), weil der Handel Zug um Zug gegangen sei und der erzielte Vorteil sich nicht mit einem Zinse vergleichen lasse, sondern eben in der Differenz zwischen dem bezahlten Preise und dem wahren Werte des Vermögensstückes bestehe. Allein das Urteil erachtet zugleich als erwiesen, daß, wie der Angeklagte gewußt habe, die R. behufs ihrer Verehelichung bares Geld nötig hatte und deshalb zur Veräußerung ihrer Forderung schreiten mußte. Neben den Fällen des verschleierten Wuchers kommen nun aber, wie die Motive des Gesetzes vom 19. Juni 1893 ausführen, „zahlreiche andere vor, in denen der Zweck, Geld oder Stundung unter Ausbedingung wucherischer Vorteile zu gewähren, auf nur mittelbarem Wege erreicht wird, beispielsweise wenn dem Geldbedürftigen eine ihm gegen einen Dritten zustehende Forderung — die er sich oft erst durch Verkauf von Mobilien oder Grundstücksparzellen verschaffen muß — gegen bare Valuta, aber weit unter dem wahren Werte abgekauft wird." Ebenso wurde in der zur Beratung des Gesetzentwurfes gewählten Kommission des Reichstages darauf hingewiesen, wie es häufig vorkomme, daß im Falle eines Geld- oder Kreditbedürfnisses dasselbe nicht in der Form von Darlehen oder Stundungen, sondern unter Wahl eines anderen Rechtsgeschäftes befriedigt werde. Das wirtschaftliche Ziel, das Ziel der Geld- und Krediterlangung, sei aber bei solchen Geschäften ganz das gleiche, wie bei dem Darlehns- und Stundungsvertrage. Beispielsweise werde dieser Zweck in vielen Fällen dadurch realisiert, daß dem Geldbedürftigen eine diesem gegen einen Dritten zustehende Forderung gegen bare Valuta, aber weit unter dem wahren Werte abgekauft werde; das Geldbedürfnis werde durch den gezahlten Preis befriedigt; wirtschaftlich ständen diese Fälle auf der gleichen Basis wie Darlehns- und Gestundungsgeschäfte. Das Gesetz wollte nun aber in seiner neuen Fassung des § 302a St. G. B.'s durch die Worte: „mit Bezug auf ein anderes zweiseitiges Rechtsgeschäft, welches denselben wirtschaftlichen Zwecken dienen soll", gerade Geschäfte der bezeichneten Art, welche zwar nicht für die juristische, wohl aber für die wirtschaftliche Auffassung ihrem Zwecke und Ergebnisse nach dem Kreditwucher völlig gleichstehen, mit der Strafe des § 302a treffen. Im übrigen wurden auch für diese Erweiterung des Wucherbegriffes die Thatbestandsmerkmale des § 302a beibehalten. Demzufolge unterliegen Geschäfte der bezeichneten Art auch dann der Bestrafung, wenn sie nicht gewerbs- oder gewohnheitsmäßig betrieben werden, und sie sind im Falle eines gewerbs- oder gewohnheitsmäßigen Betriebes aus § 302d zu bestrafen. Im vorliegenden Falle würde jedoch, da der § 302e dieselbe Strafe androht, wie der § 302d, die Auffassung der That des Angeklagten als eines Kredit-, statt, wie das Urteil annimmt, eines Sachwuchers eine Aenderung der Strafbemessung zu Gunsten des Angeklagten nicht herbeiführen.

II. Lediglich Vermögensvorteil und Leistung des **Gläubigers** sind bei der Beantwortung der Frage nach dem Vorhandensein eines auffälligen Mißverhältnisses als Vergleichungsfactoren in Betracht zu ziehen. Die dem Schuldner erwachsenen Vermögensvorteile bilden zwar eine der Unterlagen für Bemessung des Wertes und die Bedeutung der Leistung des Gläubigers, sie können aber nicht in Vergleichung mit dieser gebracht werden.*) U. v. 5. I. 85, III. E. XII, 380.

§ 48.
Das Glücksspiel.

Berner S. 602. Binding Gr. II. § 188. v. Liszt § 143. Meyer § 102. Frank und Olshausen zu § 284 St. G. B.

I. **Über den Begriff des Glückspiels und den Unterschied von Spiel und Wette** handelt in grundlegender Weise das U. v. 29. IV. 82, III (E. VI, 173).

Die Angeklagten haben, nach vorgängiger Verabredung gemeinschaftlich handelnd, bei Gelegenheit eines in Magdeburg an zwei aufeinander folgenden Tagen (26. und 27. Juni 1881) abgehaltenen Pferderennen, vor oder bei

---

*) So auch Olshausen No. 9. A. M. v. Liszt § 142.

den an jedem der beiden Tagen stattgehabten einzelnen Rennen durch lautes Ausrufen das Publikum zum Setzen von Geldbeträgen auf den Ausfall des Rennens, zur Eingehung von ihnen sogenannter Wetten in betreff der bei dem Rennen konkurrierenden Pferde und zwar unter der Erklärung, daß sie Wetten auf jedes der an einem und demselben Einzelrennen beteiligten Pferde annehmen, aufgefordert, demnächst auch mit denjenigen Personen, welche auf jene Aufforderung dazu sich herbeiließen, Vereinbarungen geschlossen, wodurch sie für den Fall, daß das Pferd, in betreff dessen der andere das Anerbieten acceptierte, den Sieg gewönne, sich verpflichteten, dem anderen den Einsatz zurückzuzahlen und außerdem diejenige Summe, welche dem bei Abschluß der sogenannten Wetten festgesetzten Verhältnisse entsprach, an den anderen zu bezahlen, wogegen, wenn dasjenige Pferd, auf welches der andere gewettet, den Sieg nicht gewönne, der andere den gezahlten Einsatz an die Angeklagten verlieren sollte. Die einzelnen Einsätze und Gegeneinsätze wurden gebucht, die Einsätze der gegen die Angeklagten Setzenden bar an diese eingezahlt, die Einsätze der Angeklagten dagegen nur in dem von den letzteren gehaltenen Buche derartig eingetragen, daß beide Einsätze in der Form von Zähler und Nenner einen arithmetischen Bruch bildeten. Immer aber setzten die Angeklagten **gegen** die laufenden Pferde, und zwar gleichzeitig gegen mehrere, mitunter gegen alle im nämlichen Einzelrennen laufenden Pferde, niemals **für** eines derselben; sie sicherten sich also schon hierdurch die Chance, daß sie, falls sie auf zwei und mehrere konkurrierende Pferde Einsätze stehen hatten, nur einmal verlieren konnten, mehrmals dagegen gewinnen mußten. Aus diesem Verfahren der Angeklagten, namentlich dem Umstande, daß sie **unterschiedlos in Bezug auf mehrere, bezw. auf alle gleichzeitig laufende Pferde Einsätze annahmen**, hat der Instanzrichter die Ansicht entnommen, daß es den Angeklagten nicht um die Aufstellung und Aufrechterhaltung der Richtigkeit einer Behauptung zu thun gewesen sei, und daß sie nicht für den Fall, daß eine ihrerseits in betreff des Nichtsiegens eines bestimmten Pferdes aufgestellte Behauptung sich als unrichtig erweisen würde, um dieser Behauptung Nachdruck zu geben, eine im voraus bestimmte, als Konventionalstrafe sich darstellende Geldleistung übernommen, also keine Wetten im rechtlichen Sinne abgeschlossen hätten. Es wird dabei darauf hingewiesen, daß nach der Art und Weise, wie sie die sogenannten Wetten anboten, für sie hierbei nicht die Ansicht von der Tüchtigkeit des einzelnen Pferdes und des betreffenden Reiters bestimmend war. Es ist aus dem ganzen Verhalten der Angeklagten, indem sie die Entscheidung über Gewinn oder Verlust von dem Eintritte oder Nichteintritte eines, ihnen gegenüber wesentlich vom Zufalle abhängenden Ereignisses abhängig machten, und bei dem, was sie thaten, nur von der Absicht, Geld zu gewinnen, geleitet wurden, von dem Instanzrichter gefolgert worden, daß die Angeklagten ein Glücksspiel getrieben haben.

Die Versuche, welche in der Wissenschaft, (vgl. Thöl, Verkehr mit Staatspapieren S. 259 flg.; Thöl, Handelsrecht, 4. Aufl. Bd. 1 § 102 S. 560, Stobbe, Privatrecht, Bd. 3 § 193 S. 323 flg.) gemacht worden sind, um als Unterscheidungsmerkmal des Spieles von der Wette, unabhängig von der Willensrichtung der Kontrahenten, einen äußerlich erkennbaren Umstand aufzustellen und als solchen die Thatsache zu bestimmen, daß beim Spiele, im Gegensatze zur Wette, jeder der Kontrahenten, oder doch wenigstens einer von ihnen, zur Herbeiführung des die Entscheidung bedingenden Erfolges, nach gewissen vorher festgesetzten Regeln selbstthätig mitgewirkt haben müsse, sind verfehlt. Ebensowenig läßt sich der vermittelnden Meinung beitreten, welche (v. Gerber, Privatrecht 12. Aufl. § 195 S. 520 flg.) zwar an der Notwendigkeit einer mitwirkenden Thätigkeit festhält, dagegen die Voraussetzung aufgiebt, daß dieselbe von den Kontrahenten oder einem von ihnen entfaltet sein müsse. Diesen Ansichten steht entgegen, daß sie, lediglich ausgehend von dem eigentlichen wirklichen Spiele, die Umwandlungen verkennen, welche dasselbe in der jetzigen Gestaltung als Glücks- oder Hazardspiel erlitten hat, und die Thatsache außer Betracht lassen, daß die, solche Spiele Treibenden fortwährend neue Formen und Regeln sich schaffen, welche überall nur beherrscht werden von der Frage der Entscheidung über Gewinn und Verlust, die Mittel aber, durch welche diese Entscheidung herbeigeführt wird, ebensowohl aus dem Reiche der phänomenalen Erscheinungen, als aus dem Gebiete der menschlichen Thätigkeit, oder der Thätigkeit anderer lebender Wesen entnehmen können. Jene Auffassung von der Natur des Glückspieles hat auch, von der civilrechtlichen Anwendung abgesehen, in der Judikatur keinen Eingang gefunden.

Es ist vielmehr das Unterscheidungsmerkmal zwischen Glücksspiel und Wette ausschließlich in dem Vertragswillen der Kontrahenten und in dem Sinne zu suchen, in welchem sie den Vertrag vereinbart haben.*) Hiernach ist das Wesentliche der Wette, daß mehrere Personen, welche entgegenstehende Behauptungen aufgestellt haben, sich dahin vereinigen, daß derjenige, dessen Behauptung sich als eine irrige erweisen würde, zu einer bestimmten Leistung verpflichtet sein solle. Das Charakteristische ist das Interesse, welches jede von ihnen an der Bewährung der ihrerseits aufgestellten Meinung nimmt. Als ein Siegpreis für das Rechthaben soll das Versprochene oder Eingesetzte demjenigen von den Kontrahenten zufallen, dessen Behauptung sich als die richtige erwiesen hat, und der Unterliegende unterwirft sich im Voraus dem Verluste als Strafe für das Nichtrichtigwissen, das Nichtrechthaben (vgl. Wilda, Zeitschr. für deutsches Recht, Bd. 8, S. 200 flg. 211; v. d. Pfordten, Abhandlungen S. 330, Windscheid, Pandekten Bd. 2 § 419 S. 579, § 420 S. 585 Note 1). Bei der Wette hat also der Gewinn nur eine symbolische Bedeutung, er ist nicht Selbstzweck, sondern nur ein äußeres Zeichen für ein anderes, welches die Kontrahenten im Auge gehabt haben.

Beim Glücksspiel dagegen — wobei von den strafrechtlich überall nicht in Betracht kommenden Fällen, wo nur zum Zweck geselliger Unter-

*) Ebenso Olshausen No. 1 A. M. v. Liszt § 143 nach welchem der civilrechtliche Gegensatz von Spiel und Wette dem Strafrecht fremd ist.

haltung gespielt wird, abzusehen ist — unterwirft sich jede Partei unter einer Bedingung, deren Eintritt oder Nichteintritt ausschließlich oder doch wesentlich vom Zufall abhängig ist, der Möglichkeit eines Verlustes, um damit die Möglichkeit der Erlangung einer Leistung seitens des Gegners für den entgegengesetzten Fall zu erkaufen. Die Erzielung eines Gewinnes aus dem Spiele ist der Zweck und Gegenstand des Vertrages; die Aufstellung entgegenstehender Behauptungen über Eintreten oder Nichteintreten künftiger Ereignisse ist für sich allein nicht entscheidend. Die s. g. Wette ist nur eine Form, unter welcher sich ein Spiel verbirgt, wenn jene Aufstellung blos zu dem Zwecke geschieht, um wetten zu können. Liegt diese Absicht der Erlangung des Gewinnes als einzige Absicht vor, und ist der Eintritt oder Nichteintritt zufälliger Umstände als die Norm aufgestellt, von welcher die Entscheidung über Gewinn und Verlust abhängig sein soll, dann kann die willkürliche Bezeichnung der Verträge als Wetten ihre Unterstellung unter den Begriff des Glücksspieles nicht behindern. (Windscheid a. a. O., S. 585 Note 1.)

Nach alledem ist es nicht rechtsirrtümlich, wenn der Instanzrichter auf Grund der thatsächlichen Feststellung, daß es den Angeklagten bei dem, was sie gethan, nicht um Aufstellung von Behauptungen und Aufrechthaltung ihrer Wahrheit gegenüber von entgegengesetzten Behauptungen, sondern nur um Erlangung von Gewinn zu thun gewesen, und daß die Entscheidung hierüber von dem Eintritt oder Nichteintritt zufälliger, nicht in ihrer Hand gelegener Umstände abhängig gemacht worden, zu der Ansicht gelangt ist, daß die Angeklagten keine wirklichen Wetten abgeschlossen, sondern daß sie ein fortdauernd sich erneuerndes Glücksspiel getrieben haben. Die festgestellte Thätigkeit der Angeklagten ist ganz gleich derjenigen eines Bankhalters bei Karten-, Würfel- oder Kugelspiel, der Einsätze der Mitspielenden annimmt und von dem Fall der Karten, der Würfel oder der Kugel die Entscheidung darüber abhängig macht, ob ihm der Einsatz der Mitspielenden, oder diesen der Einsatz des Bankhalters zufällt. Die Revision war sonach zu verwerfen*).

II. Welches ist der Unterschied von Glücksspiel und Lotterie? Gehört zum Glücksspiel begrifflich gewinnsüchtige Absicht? Was ist maßgebend für die Bestimmung des Wertes des Spielgegenstandes?

Diese Fragen beantwortet das U. vom 11. I. 4. 89 IV. (E. XVIII, 342)**).

Die Vorinstanz hat für erwiesen erachtet, daß in dem Lokale des Angeklagten A. seit langer Zeit an allen Sonn- und Festtagen das Lotto in folgender Weise gespielt worden.

Jeder Mitspieler machte für je eine Lottokarte einen Einsatz von 5 Pfg. und wer zuerst die sämtlichen Nummern einer Karte besetzt hatte, gewann den Gesamteinsatz, dessen Höhe sich somit nach der Zahl der von den Mitspielern genommenen Karten richtete, und von welchem nur ein kleiner, an den Wirt zu zahlender und ein anderer, in seiner Höhe von dem Belieben des Gewinners abhängiger Teil für die Mitangeklagten M. und K. als

*) Ebenso E. VII, 21. XXI, 107.
**) Cfr. noch E. XVII, 379 XXVII, 47.

Leiter des Spiels abhing. Die Vorinstanz nimmt als erwiesen ferner an, daß das Spiel mit Wissen und Willen des A. gespielt worden ist.

Sie hat jedoch in dem Verhalten der drei Angeklagten den Thatbestand einer strafbaren Handlung überhaupt nicht gefunden, weil sie von der Annahme ausgeht, daß das Lotto in der Art, wie es gespielt worden, als ein Glücksspiel nicht angesehen werden könne und daher weder unter den engeren Begriff des Glücksspiels im Sinne der §§ 284, 285 St. G. B.'s noch unter den weiteren der Lotterie falle. Sie hat sonach die Freisprechung der Angeklagten auf rechtliche Erwägungen, insbesondere auf die Auslegung des Rechtsbegriffes „Glücksspiel" begründet.

Diese Begründung greift die Revision an, und mit Recht.

Allerdings wird, wie zugegeben, der Begriff des Glücksspieles im strafrechtlichen Sinne dadurch noch nicht erfüllt, daß der Ausgang des Spieles allein oder doch hauptsächlich vom Zufalle abhängt; vielmehr muß zu diesem Kriterium noch das weitere Moment treten, daß der Gegenstand des Spieles einen Vermögenswert repräsentirt, der nicht so geringfügig ist, daß er nach allgemeiner gesellschaftlicher Anschauung als solcher überhaupt nicht in Frage kommen kann. Dagegen irrt die Vorinstanz, wenn sie für den Thatbestand eines Glücksspiels das Erfordernis aufstellt, es müsse das Spielobjekt von so hohem Werte und von solcher Bedeutung sein, daß seine Erlangung als ein Gewinn betrachtet werde, und daß in der Rücksichtnahme auf ihn, also in der Hoffnung auf seine Erlangung, der Bestimmungsgrund des Spielens gefunden werden müsse. Denn ist es auch richtig, daß da, wo das Gesetz denjenigen bedroht, der aus dem Glücksspiele ein Gewerbespiel macht, wo also ein gewerbsmäßiges Handeln ein Thatbestandsmerkmal wird, auch die Gewinnsucht ein Erfordernis des Thatbestandes ist, so läßt doch gerade diese Vorschrift des § 284 St. G. B.'s erkennen, daß das Gesetz, indem es nicht jedes, sondern nur ein gewerbsmäßiges Betreiben des Glücksspieles für strafbar erklärt, die Gewinnsucht für ein essentielles Erfordernis des Glücksspieles nicht erachtet*).

Nun wird zwar an einer anderen Stelle der Urteilsgründe ausgeführt, es könnte auch unter der Voraussetzung, daß die Spieler dem Stande der geringeren Bürger, kleineren Beamten und Handwerker angehörten, ein allsonntäglicher Verlust von mehreren Mark dem Spiele noch nicht den Charakter eines unerlaubten Glücksspieles geben, viel weniger aber ein Verlust von höchstens 60 Pfg. Indem hieraus gefolgert wird, daß das Spiel nur ein Unterhaltungsspiel, kein Glücksspiel gewesen sei, könnte es scheinen, als habe die Vorinstanz die Eigenschaft des Spieles als Glücksspiel verneint, nicht weil den Spielern die Absicht zu gewinnen gefehlt habe, sondern weil nach der Anschauung der Kreise, aus welchen die Spieler hervorgegangen, eine Summe von 60 Pfennig keinen Vermögenswert im Sinne des Gesetzes repräsentiere. Sollte die vorinstanzliche Ausführung in diesem Sinne verstanden werden müssen, wofür allerdings der besondere Nachdruck spricht, den dieselbe auf den Stand der Spieler legt, so würde übersehen sein, daß bei der Bestimmung des Wertes des

*) A. M. Frank zu § 284.

Spielgegenstandes die **Vermögensverhältnisse der Spieler** im konkreten **Falle überhaupt nicht** maßgebend **sind**, noch weniger aber bei Anwendung des § 285 St. G. B.'s dem Inhaber eines öffentlichen Lokales die Befugnis zugestanden werden darf, die gesetzliche Zulässigkeit des Spieles von seinen Ansichten über die Vermögensverhältnisse der Spieler, von seiner Schätzung ihrer Wohlhabenheit und von seiner demgemäßen Meinung über die zulässige oder unzulässige Höhe der Einsätze abhängig zu machen.

Vgl. Rechtspr. Bd. 9 S. 547.

Hiernach hat die Vorinstanz ihren Ausführungen und ihrer Entscheidung eine Auslegung des Begriffes eines Glücksspieles zu Grunde gelegt, welche dem Gesetze nicht genügt. Es ist ihr aber auch nicht beizutreten, wenn sie die weitere Behauptung aufstellt, daß das Lotto, wenn überhaupt zu den Glücksspielen gehörig, nicht als ein Glücksspiel im engeren Sinne, sondern als eine Lotterie anzusehen sei, für welche der § 286 St. G. B.'s maßgebend werde.

Wenn in dem Urteile des Reichsgerichtes vom 29. September 1885 Entsch. d. R. G.'s in Strafs. Bd. 12 S. 389, welches die Vorinstanz zur Rechtfertigung ihrer Ansicht heranzieht, als ein unterscheidendes Merkmal zwischen dem Glücksspiele und der Lotterie angegeben wird, daß bei der letzteren eine Loosziehung über Einsatz und Gewinn entscheide und zwischen Einsatz und Loosziehung ein längerer Zeitraum zu liegen pflege, so haben damit nur einzelne, bei dem damaligen konkreten Falle in Frage kommende Verschiedenheiten, nicht aber ausschließlich maßgebende Unterschiede zwischen beiden Rechtsbegriffen bezeichnet werden sollen. Das wesentliche Unterscheidungsmerkmal ist vielmehr, wie das Reichsgericht in mehrfachen Entscheidungen auch anerkannt hat, darin zu suchen, daß bei der **Lotterie im allgemeinen sich die Zahl und der Verkauf der Loose, die Zahl und die eventuelle Reihenfolge, sowie die Höhe der Gewinne und die Ziehung der Loose nach einem bestimmten, vorher festgestellten Plane richtet.** Gerade dieses charakteristische Kennzeichen versagt hier beim Lotto. Nicht von einem vorher festgestellten Plane hing die Zahl der an dem Vorgange beteiligten Lottokarten und die Höhe des Gewinnes ab, sondern von der Anzahl der **zufällig** an dem Spiele teilnehmenden Personen und der Menge der von ihnen benutzten Karten. Ob das Lotto unter gewissen Voraussetzungen auch den Charakter einer Lotterie annehmen kann, bedarf der Erörterung nicht, da hier nur die Art und Weise in Frage steht, in welcher es im Lokale des Angeklagten A. gespielt worden. Nach ihr aber hat es die Natur und das Wesen einer Lotterie nicht gehabt. **Daß aber das Lotto als ein Glücksspiel ohne Rechtsirrtum angesehen werden kann**, dafür bietet auch die Entstehungsgeschichte des Gesetzes einen hinreichenden Anhalt. Die §§ 284, 285 St. G. B.'s sind den §§ 266, 267 preuß. St. G. B.'s mit der Maßgabe entnommen, daß dem Worte „Hazardspiel" der Ausdruck „Glücksspiel" substituiert worden. Das preußische Strafgesetzbuch aber hat sich an die Vorschriften des Allgemeinen Landrechtes angelehnt. Es hat insonderheit ebensowenig wie dieses, ausdrücklich bestimmt, was es unter einem „Hazardspiele" verstanden wissen will, hat somit seiner Vorschrift den Begriff untergelegt, den das gewöhnliche Leben mit dem Ausdrucke verbindet. Wenn auch das preußische sowohl, wie das Reichsstrafgesetzbuch in Abweichung vom Allgemeinen Landrechte davon abgesehen haben, diejenigen Spiele beispielsweise aufzuzählen, welche vor allen Dingen als Glücksspiele anzusehen, so darf doch aus der Entstehungsgeschichte gefolgert werden, daß eine Änderung des Begriffes des Hazardspieles und der Thatbestandsmerkmale desselben weder beabsichtigt noch eingetreten. Da nun § 1299 II. 20 A. L. R.'s unter den Spielen, welche zweifellos den Charakter eines Hazardspieles tragen, das Lotto aufführt, so erscheint der Schluß gestattet, daß das Spiel diesen seinen Charakter auch unter der Herrschaft des Reichsstrafgesetzbuches nicht verloren hat.

Zweiter Abschnitt.

Die Fälschungen.

§ 49.

Die Urkundenfälschung. — Fälschung von Legitimationspapieren.

Berner S. 581. v. Liszt § 160. Meyer § 137.
Frank und Olshausen zu §§ 267 ff. St. G. B.

I. **Was bedeutet die Rechtswidrigkeit der Absicht in § 267 St. G. B.'s?** In grundlegender Weise unter Betonung der ratio legis führt aus U. v. 13. II. 88 (E. XVII, 200).

Die Angeklagte Luise W. gewährte ihrer elternlosen, minderjährigen Nichte, der Angeklagten Elisabeth W., obwohl die letztere ein beträchtliches, in vormundschaftlicher Verwaltung befindliches Vermögen besaß, unentgeltlich Wohnung und Verköstigung, wogegen sie für ihre Barauslagen, welche durch Anschaffung von Kleidern ꝛc. für das Mädchen entstanden, Ersatz aus dem vormundschaftlichen Vermögen zu beanspruchen hatte. Der Vormund hatte jedoch erklärt, nur diejenigen Auslagen ersetzen zu können, welche durch quittierte Rechnungen der betreffenden Lieferanten nachgewiesen würden.

Die Luise W., welche es unterlassen hatte, sich für eine Reihe kleinerer Auslagen Quittungen ausstellen zu lassen, verfertigte nun, um gleichwohl Ersatz zu erlangen, im Einverständnisse mit ihrer Nichte fälschlich auf den Namen mehrerer Kaufleute vier Quittungen über die Bezahlung der für ihre Nichte angeschafften Waren, obwohl die letzteren von anderen Lieferanten bezogen worden waren.

Der Betrag der vier falschen Quittungen entsprach jedoch der Summe der von der Luise W. gemachten Auslagen. Die Quittungen wurden sodann von der Elisabeth W. dem Vormunde übergeben, worauf derselbe den Betrag ersetzte.

Das Instanzgericht sprach die beiden Angeklagten von der Anklage der gemeinschaftlichen Ausführung von vier Verbrechen der Privaturkundenfälschung (§ 268 Ziff. 1 St. G. B.'s) wegen Mangels einer rechtswidrigen Absicht frei. In den Urteilsgründen war ausgeführt: Die Angeklagten hätten das Bewußtsein, die Rechte des Vormundes zu verletzen, nicht gehabt, und die Luise W. sei sich auch nicht bewußt gewesen, die Rechte ihrer Nichte Elisabeth W. zu beeinträchtigen.

Auf die Revision der Staatsanwaltschaft wurde das Urteil aufgehoben.

Die Ausführungen des Landgerichtes sind nicht geeignet, die Freisprechung der beiden Angeklagten zu rechtfertigen. Es kann davon, daß das Instanzgericht nur die Frage einer Verletzung der Rechte der Elisabeth W. und ihres Vormundes, nicht aber auch die Frage einer Verletzung der Rechte derjenigen Personen, auf deren Namen, ohne ihr Wissen und Wollen, die falschen Urkunden angefertigt worden sind, in den Kreis seiner Erwägungen gezogen hat, abgesehen werden, *denn das Wesen des formalen Deliktes der Urkundenfälschung besteht überhaupt nicht in der Verletzung einer konkreten materiellen Berechtigung, sondern in dem dem objektiven Rechte zuwiderlaufenden Mißbrauche der Form der Beurkundung im rechtlichen Verkehre in den im Strafgesetze hervorgehobenen Fällen.*

Das Gesetz wollte die Beweiskraft der Urkundenform strafrechtlich schützen. Demgemäß setzt das zum Thatbestande der Urkundenfälschung gehörige Merkmal der rechtswidrigen Absicht nicht die Tendenz, einen *materiell rechtswidrigen Erfolg herbeizuführen, sondern nur den Willen voraus, durch die Fälschung oder Verfälschung einer Urkunde im rechtlichen Verkehre mittels Täuschung für die Thatsache Beweis zu erbringen.* Im Falle des Vorliegens dieser Voraussetzungen scheidet auch dann, wenn der Thäter durch seine Handlung eine wahre Thatsache erweisen, bezw. einen an sich erlaubten Zweck erreichen wollte, der Thatbestand der Urkundenfälschung nicht aus, denn auch in diesem Falle ist die Absicht eine rechtswidrige, weil ein Recht, durch gefälschte oder verfälschte Beweismittel jenen Erfolg herbeizuführen, nicht existirt.

Vgl. Entsch. des R. G.'s in Strafs. Bd. 2 S. 173 flg., 376 flg. Bd. 9 S. 399 flg., Bd. 12 S. 170; Rechtsp. des R. G.'s Bd. 1 S. 350.*) Im vorliegenden Falle handelt es sich um eine Privaturkundenfälschung.

Das Instanzgericht hat, abgesehen von der Rechtswidrigkeit der Absicht den Thatbestand jenes Deliktes, wenigstens im Sinne des § 267 St. G. B.'s festgestellt, indem für erwiesen erklärt wurde, daß die vier in Frage stehenden Rechnungen und Quittungen, welche als zum Beweise von Rechten und Rechtsverhältnissen erhebliche Privaturkunden zu betrachten, von den Angeklagten fälschlich angefertigt und zum Zwecke der Täuschung gebraucht worden seien. Die Freisprechung ist lediglich auf den Mangel der Rechts-

---

*) Ebenso E. XVII, 200 XXI, 69 XXII. 379 XXIII, 178 und Olshausen No. 46 v. Liszt § 160.

widrigkeit der Absicht gestützt worden, allein die diesfallsigen Ausführungen des Instanzgerichtes legen die Annahme nahe, daß jenes Merkmal deshalb verneint worden ist, weil das Gericht davon ausging, die Rechtswidrigkeit der Absicht setze das Bewußtsein des „Thäters, daß durch seine Handlung konkrete materielle Rechte eines Dritten verletzt werden“, voraus, ein solches Bewußtsein der Angeklagten treffe aber vorliegend nicht zu, weil die letzteren nur eine nach ihrer Ansicht begründete Forderung hätten realisieren wollen; und diese Auffassung des Instanzgerichtes ist, wie oben nachgewiesen worden, rechtsirrtümlich.

II. **Den Begriff der Urkunde** erörtert ausführlich das U. d. ver. II. u. III. St. S. v. 19. XII. 87 (E. XVII, 103).

Da Urkunden im Sinne des Civilrechtes und des Strafrechtes, demnach auch im Sinne des § 348 St. G. B.'s, Beweismittel sind, und da es zum Wesen jedes Beweismittels gehört, daß dadurch eine Thatsache in Gewißheit gesetzt oder zur Gewißheit derselben wenigstens beigetragen werden könne, so gehört es auch zum Wesen der Urkunde, daß sie zum Beweise einer Thatsache geeignet sei; dieses Erfordernis der Beweisfähigkeit, von welchem hier dahingestellt bleiben mag, ob es von der Beweiserheblichkeit, welche der § 267 St. G. B.'s bei Privaturkunden fordert, noch zu unterscheiden ist, hat auch die Rechtsprechung des Reichsgerichts oftmals anerkannt. Sodann hat man im Sinne des § 348 Abs. 2 a. a. O. den Begriff der Urkunde in der Richtung nicht einzuschränken, daß diejenige Thatsache, in bezug auf welche die Beweisfähigkeit vorhanden sein muß, nur eine rechtserhebliche sein dürfte, sondern es genügt auch jede andere Thatsache. Zum Begriffe jeder Urkunde, also auch der Urkunde im Sinne des § 348 a. a. O., ist dagegen außer der Beweisfähigkeit die weitere Eigenschaft notwendig, daß sie zum Beweise bestimmt ist.*) Dies ergiebt sich aus folgender Erwägung. Urkunden sind leblose Gegenstände oder Sachen. Nun existiert unter den leblosen Gegenständen auf der Erde kein einziger, der nicht unter Umständen beweisfähig für irgend eine Thatsache sein könnte, dem also nicht die Eigenschaft der Beweisfähigkeit oder des Geeignetseins zum Beweise mit den Urkunden gemeinsam zukäme. Gleichwohl hat nicht bloß der Sprachgebrauch des gewöhnlichen Lebens, sondern auch der des Rechtes in Ansehung der Urkundeneigenschaft einen Unterschied zwischen den Gegenständen, die zum Beweise geeignet sind, gemacht, und nur einen Theil derselben zu den Urkunden gerechnet, einen anderen Teil aber von den letzteren ausgeschlossen. Ein abgerissener Knopf, ein Blutfleck, Fußspuren, ein menschlicher Leichnam sind möglicherweise in Beziehung auf gewisse Thatsachen wichtige Beweismittel, also zum Beweise in hohem Grade geeignet, aber sie sind nicht Urkunden, gleichgültig, ob und inwieweit bei ihnen angenommen werden kann, daß sie durch menschliche Thätigkeit hervorgebracht worden sind. Vielmehr wird zum Begriffe

*) Uebereinstimmend v. Liszt § 159, Meyer § 138, Berner S. 583, A. M. Frank zu § 267 und früher R. G. E. I, 162 VI, 289 VIII, 92. Weitere Einzelfälle IV, 3 XIII, 71 XV, 214, XXII, 182, XXVIII, 152.

der Urkunde vor allem erfordert, daß ein Gegenstand nicht bloß seine eigene Existenz, seine natürlichen Eigenschaften als die eines bestimmten Körpers, sein Vorhandensein an einem bestimmten Orte, zu einer bestimmten Zeit erkennbar mache; dies alles macht er erkennbar oder beweist es als bloßes Augenscheinsobject. Um Urkunde zu sein, muß er aus sich menschliche Gedanken irgend welchen Inhalts, mögen sie Willensäußerungen, Zeugnisse oder Gutachten sein, erkennbar werden lassen; erst dann wirkt der Gegenstand nicht bloß als Augenscheinsobject auf die sinnliche Wahrnehmung, sondern darüber hinaus vermöge seines geistigen Inhaltes auf das Verständnis anderer von diesem Inhalte. Das Wesen des Urkundenbeweises besteht eben darin, daß ein Gegenstand lediglich nicht bloß als körperliche Sache, sondern vermöge eines darin verkörperten geistigen Inhaltes zum Beweise geeignet ist; besonders klar tritt dies darin hervor, daß selbst Gegenstände, die Urkunden sind, nicht in ihrer Eigenschaft als solche zum Beweise dienen, wenn sie nicht wegen ihres Inhaltes, sondern bloß wegen dessen benutzt worden, was an ihnen sinnlich wahrnehmbar ist, z. B. bloß zur Schriftenvergleichung. Es ist jedoch nicht möglich, daß ein Gegenstand vermöge des darin wiedergegebenen geistigen Inhaltes zum Beweise geeignet sei, wenn ihn nicht ein Mensch dazu geeignet gemacht hat, indem er an einem vorhandenen Gegenstande Veränderungen von solcher Art z. B. durch Anbringung von Schriftzügen, vornahm, daß dadurch Gedanken ausgedrückt wurden. Jede Urkunde als solche ist daher ein Produkt bewußter menschlicher Thätigkeit, die darauf ausgeht, oder, was dasselbe sagt, dazu bestimmt ist, in oder an einem Gegenstande Gedanken zum Ausdrucke zu bringen, und zwar in der Art, daß der Gegenstand die Existenz und den Inhalt dieser Gedanken erkennbar werden läßt oder dafür beweisfähig wird: Dieses Moment im Begriffe der Urkunde unterscheidet sie von den bloßen Augenscheinsobjekten; auch liegt darin schon das Merkmal einer Zweckbestimmung, die sich auf Beweis bezieht. Es genügt indessen noch nicht, um vom Begriffe der Urkunde alles dazu nicht gehörige auszuschließen. Wenn durch die Verkörperung eines Gedankeninhaltes in einem leblosen Gegenstande nichts weiter hat erreicht werden sollen, als das Erkennbarwerden der Thatsache dieses Gedankeninhaltes selbst, mag dabei auch die Absicht gewesen sein, dadurch in anderen irgend welche Gedanken und Empfindungen anzuregen, so wendet der Sprachgebrauch auf die Handlung der Herstellung eines solchen Gegenstandes noch nicht den Ausdruck „beurkunden“ und auf das entstandene Produkt noch nicht den Ausdruck „Urkunde“ an; beispielsweise entsteht dadurch, daß jemand ein Gedicht niederschreibt, an sich noch keine Urkunde, mag er auch beabsichtigt haben, daß das Gedicht gelesen werde. Es muß vielmehr der Zweck, wozu die urkundliche Fixierung von Gedanken dienen soll, darauf gerichtet sein, durch die darin liegende Gedankenäußerung das Vorhandensein oder Nichtvorhandensein einer Thatsache festzustellen, welche nicht lediglich in der Gedankenäußerung selbst besteht und dies muß zu dem Zwecke geschehen, damit die Thatsache für andere Personen glaubhaft werde. Nicht notwendig ist zwar, daß die

Thatsache völlig außerhalb der Äußerung liege, welche sich auf sie bezieht, denn bei der Äußerung dispositiver Willensakte in einem Schriftstücke fällt die Vollziehung des Willensaktes zum Teil mit seiner Äußerung zusammen; aber bewiesen werden soll durch das Schriftstück doch nicht bloß die Äußerung, sondern auch die Existenz des Willensaktes. Bei allen nicht dispositiven Urkunden wird die durch dieselben zu erweisende Thatsache außerhalb der in der Urkunde niedergelegten Äußerung stehen; hierher gehören namentlich die in Schriften oder auf andere Weise sachlich fixierten Zeugnisse über Wahrnehmungen eines Vorganges, die jemand gemacht hat; er will dann zunächst, daß die Schrift beweise, daß und welche Wahrnehmungen er geäußert hat, will aber ferner, daß die Thatsache, daß er seine Wahrnehmungen geäußert hat, zum Beweise dafür diene, daß der Vorgang sich ereignet hat.

Mit seiner auf diesen letzteren Zweck bei schriftlichen Zeugnissen gerichteten Willensbestimmung, ebenso bei den Dispositivurkunden mit der auf den Beweis der Existenz des Willensaktes gerichteten Absicht, ist der Begriff der Urkunde erfüllt, vorausgesetzt, daß auch die Eigenschaft der Beweisfähigkeit vorhanden ist.

Andere Merkmale können zu den genannten hinzukommen, sie dienen aber nur zur Unterscheidung der einzelnen möglichen Arten der Urkunden.

Dahin gehören namentlich die Merkmale, wodurch sich eine rechtserhebliche von einer nicht rechtserheblichen, eine öffentliche von einer privaten, eine beweiserhebliche von einer nicht beweiserheblichen Privaturkunde unterscheidet. Wichtig sind diese Merkmale besonders für die Frage, ob in bezug auf eine bestimmte Urkunde ein bestimmtes Delikt begangen werden könne; aber sie sind nicht von Belang für den Begriff der Urkunden überhaupt.

Hat man hiernach bei dem letzteren die Bestimmung zum Beweise, und zwar entweder zu sofortigem oder erst zu künftigem Beweise für ein notwendiges Merkmal zu erachten, so würde es doch unrichtig sein, zu fordern, daß diese Bestimmung einem Gegenstande, dessen Eigenschaft als Urkunde in Frage kommt, von Anfang an gegeben sein müsse. Vielmehr ist es sehr wohl möglich und kommt thatsächlich nicht selten vor, daß Gegenstände, z. B. Schriftstücke, die ursprünglich keinerlei Beweis, weder augenblicklichen noch künftigen, liefern sollten und deshalb ursprünglich keine Urkunden waren, später die Bestimmung zum Beweise erhalten und nunmehr, sofern sie übrigens den Erfordernissen der Urkunden Genüge leisten, zu solchen werden. Wenn jemand seine Wahrnehmungen, die er über irgend einen Vorgang zufällig gemacht hat, lediglich zu dem Zwecke niederschreibt, damit er sich dieselben, wenn es ihn einmal interessiere, genauer wieder in sein Gedächtnis zurückrufen könne, fertigt er durch die Schrift keine Urkunde an, denn die bezeichnete Bestimmung derselben ist von der Bestimmung, als Beweismittel zu dienen, wesentlich verschieden; übergiebt aber der Verfertiger der Schrift dieselbe später an andere Personen, für deren Rechtsverhältnisse der Vorgang wichtig wird, um denselben sein Zeugnis über den letzteren zu verschaffen, so wird hierdurch die Schrift zur Urkunde. Der Verfertiger eines Schriftstückes braucht auch nicht selbst dasselbe nachträglich zum Beweise zu bestimmen; häufig kommt es vor, daß ein Dritter z. B. eine zuständige Behörde, Schriften, die ursprünglich keineswegs Beweis liefern sollten, zu diesem Zwecke heranzieht, daß z. B. in einem strafrechtlichen Verfahren die Staatsanwaltschaft oder der Untersuchungsrichter Schriftstücke eines Angeschuldigten, um durch deren Inhalt denselben eines Verbrechens zu überführen, mit Beschlag belegt, während der Angeschuldigte sie weder zu diesem noch zu irgend einem andern Beweiszwecke hergestellt hatte; durch die Beschlagnahme werden die Schriftstücke zweifellos zu Urkunden. Hat jemand nur zu dem Zwecke, um sich in der Formulierung von Wechseln zu üben, ein Wechselformular ausgefüllt und sich selbst darin als Acceptant gezeichnet, so ist dieses Schriftstück in seiner Hand keine Urkunde, denn es war nicht zum Beweise bestimmt; wenn aber ein anderer ihm dasselbe entwendet und gegen ihn als Wechsel geltend macht, so kann selbst durch solchen widerrechtlichen Akt der Bestimmung des Schriftstückes zum Beweise die Urkundeneigenschaft entstehen. In welchem Zeitpunkte durch nachträgliche Beweisbestimmung diese Eigenschaft hervorgebracht wird, und auf welche Weise die nachträgliche Beweisbestimmung hervortreten muß, braucht hier nicht erörtert zu werden und läßt sich auch nur nach Maßgabe der konkreten Verhältnisse des Einzelfalles entscheiden.

III. **Liegt Urkundenfälschung in der Absendung einer rechtserheblichen falschen Depesche?** Diese Frage bejaht*) in ausführlicher Darlegung Vereinigte Strafsenate im U. v. 6. III. 83 E. VIII, 92.

Die Strafkammer hatte dem Eröffnungsbeschlusse entsprechend gegen den Angeklagten festgestellt, daß derselbe am 11. April 1881 in rechtswidriger Absicht eine Privaturkunde, welche zum Beweise von Rechten und Rechtsverhältnissen von Erheblichkeit ist, nämlich die Urschrift eines Telegrammes (Originaldepesche), welches lautete:

An
Herrn Baumann, Gnoien.
Meine Frau plötzlich krank, bitte kein Fleisch schicken.
Ferdinand B., Pücklerstraße 10.

fälschlich angefertigt und von derselben zum Zwecke einer Täuschung Gebrauch gemacht hat, und zwar in der ferneren Absicht, einem anderen Schaden zuzufügen. Dabei war folgendes als erwiesen angenommen:

Im August überließ die Ehefrau des Angeklagten Friedrich B., welche zu B. Naunynstraße 73 mit Beihülfe ihres Ehemannes ein Fleischwarengeschäft betrieb, dieses Geschäft der Frau Ferdinand B., Bruders des Angeklagten, zum unentgeltlichen Weiterbetrieb dergestalt, daß, wenn das Buttergeschäft, welches sie zu betreiben unternahmen, sich nicht rentieren würde, die Wiederabtretung erfolgen solle. Letzteres trat ein, und übernahm die Ehefrau des Angeklagten am 1. Dezember 1880 das frühere Fleischgeschäft

*) A. M. v. Liszt § 160. Mit R. G. übereinstimmend Olshausen § 267 No. 41 Frank zu § 267 VIII.

wiederum von der Ferdinand B., diese aber errichtete gleichzeitig ein solches Geschäft in dem gegenüberliegenden Hause Naunynstraße Nr. 17, in welchem ihr Ehemann ihr behilflich war. Die hierdurch begründete Konkurrenz beider Geschäfte gab Anlaß zu bitterer Feindschaft zwischen beiden Familien.

Frau Ferdinand B. hatte bei dem Schlächtermeister Baumann in Gnoien (Mecklenburg) für den 14. April 6 Zentner Kalbfleisch käuflich bestellt, welche indessen nicht abgesendet wurden, da Baumann am 14. April das bezeichnete, bei dem Postamte 34 zu B. aufgegebene, Telegramm erhielt. Das an Baumann adressierte Original der Depesche ist nicht von Ferdinand B., sondern dem Angeklagten Friedrich B. geschrieben und dem Telegraphenamte zur Beförderung übergeben worden, mit der Absicht, ein Konkurrenzunternehmen zur Ausführung zu bringen. Der Preis nämlich, welcher an Baumann zu entrichten gewesen wäre, betrug nur Mk. 0,25 für das Pfund Fleisch, während die Ehefrau Ferdinand B., da die Bestellung ausblieb, und sie ihren Bedarf anderweit decken mußte, nunmehr Mk. 0,50 zu zahlen hatte. Die Ehefrau des Angeklagten kam dadurch in die Lage, ihren Kundenkreis auf Kosten des anderen Geschäftes zu erweitern.

Die Strafkammer beurteilt die Handlung des Angeklagten zunächst nur von dem Gesichtspunkte, ob in der Überreichung der mit falscher Unterschrift versehenen Originaldepesche an die öffentliche Telegraphenanstalt behufs Abtelegraphierung die Urkundenfälschung enthalten sei.

Daß es sich bei der Originaldepesche um eine Privaturkunde handelt, welche zum Beweise von Rechten und Rechtsverhältnissen von Erheblichkeit ist, wird daraus gefolgert, daß aus der Bestellung der 6 Zentner Kalbfleisch und der Annahme dieser Bestellung der Adressat Baumann zur Lieferung an Frau Ferdinand B. verpflichtet war, die Depesche aber deren Ernstlichkeit und Wahrheit vorausgesetzt, bei Geltendmachung des Anspruches auf Lieferung oder auf Entschädigung seitens der Frau Ferdinand B., die Verweigerung der Lieferung oder Entschädigung zu Gunsten des Baumann voll beweisend unterstützt haben würde, mithin den Beweis der Aufhebung eines bestehenden Rechtsverhältnisses zu führen geeignet war. Der Begriff der Urkunde im Sinne des § 276 St. G. B.'s ist bei dieser Ausführung in keiner Weise verkannt, ebensowenig das Merkmal der Beweiserheblichkeit für Rechte und Rechtsverhältnisse, unter welche die Aufhebung eines bestehenden Vertragsverhältnisses unbedenklich subsumiert werden konnte.

Auch die fälschliche Anfertigung der Originaldepesche in rechtswidriger Absicht wird mit Recht bejaht, da der Angeklagte durch die Herstellung eines falschen Beweismittels eine Folge herbeiführen wollte, welche einem begründeten Rechtszustande zuwiderlief; und wenn die Strafkammer ferner annahm, daß Angeklagter seiner Schwägerin, der Konkurrentin seiner Ehefrau in deren Gewerbebetriebe, zur Erreichung eigenen Vorteiles, den ihr andernfalls aus dem Verkaufe der 6 Centner Fleisch gebotenen Nutzen entziehen wollte, so konnte hierin die für Anwendung des § 268 St. G. B. erhebliche Absicht, die Ehefrau des Ferdinand B. zu beschädigen, ebenfalls ohne Rechtsirrtum gefunden werden, da es sich um Entziehung eines durch Befriedigung der Kundschaft in Aussicht stehenden Gewinnes handelt, auf welche mittelbar die verehelichte Ferdinand B. bereits ein Recht erworben hatte. Denn sie konnte Lieferung des Fleisches seitens des Baumann zur bestimmten Zeit und zu dem bestimmten Preise von M. 0,25 für das Pfund verlangen, und dieses Recht, aus welchem der entgangene Geschäftsgewinn nach dem regelmäßigen Verlaufe der Dinge resultierte, wurde ihr verkümmert. Außerdem ergiebt das erste Erkenntnis, daß der verehelichten B. wenigstens für eine bestimmte Zeit die Kundschaft entzogen werden sollte; die Kundschaft eines Geschäftes aber bildet einen den Werth des letzteren wesentlich bestimmenden Faktor.

Vgl. Entsch. d. R. G.'s in Straff. Bd. 6 S. 77 (Erk. vom 3. März 1880).

Gegen die Ansicht, daß Angeklagter schon durch Uebergabe der Originaldepesche an das Telegraphenamt von einer falschen Urkunde zum Zwecke der Täuschung Gebrauch gemacht hat, sind dagegen Bedenken zu erheben.

Die Absicht, durch Uebergabe des Originales an die Telegraphenanstalt zu täuschen, ist an sich nur denkbar, entweder gegenüber dem Telegraphenbeamten selbst, oder gegenüber dem Adressaten. Den Letzteren anlangend, so ist die Urkunde ihrem Wesen nach ein körperlicher Gegenstand, welchem eine an das Aeußere desselben geknüpfte und daher nur mittels Vorzeigung oder auf einem der Vorzeigung gleich zu achtenden Wege zur Geltung zu bringende Beweiskraft innewohnt, und kann deshalb von einem Gebrauchmachen von der falschen Urkunde zum Zwecke der Täuschung nur gesprochen werden, wenn die Urkunde in ihrer Eigenschaft als Beweismittel, also die Urkunde im Originale, zur Täuschung benutzt ist. Zwar ist nicht schlechthin erforderlich, daß sie zu diesem Zwecke dem zu Täuschenden unmittelbar vorgelegt oder vorgezeigt wird; es kann genügen, wenn sie ihm durch Niederlegung am dritten Orte zur Disposition gestellt ist; immer aber muß dabei die Absicht bestehen, daß der zu Täuschende von der Urkunde selbst, also dem Originale derselben, Einsicht nehme.

Vgl. Entsch. d. R. G.'s in Straff. Bd. 7 S. 53 (Erk. vom 30. September 1882).

Die Annahme dieses subjektiven Momentes ist aber in Fällen der vorliegenden Art der Regel nach ausgeschlossen. Der Aufgeber der falschen Originaldepesche will den Adressaten nicht durch den Inhalt dieser, sondern durch den Inhalt der an ihn abzugebenden Depeschenausfertigung täuschen, er beabsichtigt nicht, daß diesem die Originaldepesche vorgelegt und von ihm persönlich oder durch eine Mittelsperson eingesehen werde, sondern geht gegenteilig davon aus, daß dieses nicht geschehe, weil sonst die Entdeckung der Fälschung erleichtert und eine wesentliche Voraussetzung für die Erreichung seines verbrecherischen Zweckes hinwegfallen würde.

Wenn dagegen das angefochtene Erkenntnis zunächst die Aufgabestation, was nichts anderes heißen kann, als die Beamten der Aufgabestation, welche die Depesche entgegennehmen und weiter befördern, als getäuscht ansehen will, so ist auch dies unzutreffend.

Richtig ist, daß durch § 10 der Telegraphenordnung für das Deutsche Reich vom 21. Juni 1872 (R. G. Bl. S. 213) ein Prüfungsrecht der Behörde bei Privatdepeschen hinsichtlich des gesamten Inhaltes in Beziehung auf dessen Übereinstimmung mit den Gesetzen und den Rücksichten des öffentlichen Wohles und der Sittlichkeit, sowie außerdem in Beziehung auf Echtheit der Unterschrift begründet und der Aufgeber verpflichtet wurde, auf Verlangen die letztere nachzuweisen. Richtig ist auch, daß dieses Prüfungsrecht eine Amtspflicht der Beamten dahin begründet, die Prüfung überall eintreten zu lassen und den Echtheitsbeweis zu verlangen, wo Zweifel über die Echtheit der Urkunde entstehen. Allein wenn hiernach auch die Absicht des Aufgebers einer fälschlich angefertigten Originaldepesche unzweifelhaft darauf gerichtet ist, den Telegraphenbeamten des Aufgabeortes über die Richtigkeit der Unterschrift zu täuschen, weil der Beamte, wenn er wußte, daß die Unterschrift gefälscht sei, die Beförderung ablehnen mußte, so genügt dies doch nicht zu der Annahme, daß ihm gegenüber von der gefälschten Urkunde zum Zwecke der Täuschung Gebrauch gemacht worden ist.

Der § 267 St. G. B.'s setzt voraus, daß von der Urkunde als solcher, also als Beweismittel für das in ihr verbriefte Recht oder Rechtsverhältnis, zum Zwecke der Täuschung Gebrauch gemacht wird. Die Absicht muß dahin gehen, in demjenigen, dem gegenüber von der Urkunde Gebrauch gemacht wird, den Glauben zu erwecken, die Urkunde als solche sei echt, d. h. derjenige, dessen Name durch die Unterschrift bezeichnet wird, habe sich durch letztere zu dem beweiserheblichen Inhalte der Urkunde bekannt, also das Recht oder Rechtsverhältnis zu beweisen, für dessen Beweis die Urkunde erheblich ist. Es muß eine Täuschung in Betreff der in der Urkunde enthaltenen Erklärung bezweckt sein, wenn es auch nicht erforderlich ist, daß durch den Gebrauch dasjenige Rechtsverhältnis, zu dessen Begründung die Urkunde dient, realisiert werden soll. Daß nun im vorliegenden Falle der Angeklagte über die Echtheit der von ihm gefälschten Urkunde, also darüber, daß Ferdinand B. eine frühere Bestellung widerrufe, den Adressaten B., für welchen die Erklärung bestimmt war, nicht aber den Telegraphenbeamten, für welchen der beweiserhebliche Inhalt der Urkunde ohne alles Interesse war, zu täuschen beabsichtigte, bedarf keiner Ausführung. Die Frage, über welche der Beamte zu befinden hatte, ob die Depesche im allgemeinen einen nach § 10 der Telegraphenordnung die Beförderung gestattenden Inhalt hatte, berührte selbstredend nicht den konkreten Beweisinhalt der Depesche, auf den es hier allein ankommt.

Vgl. Ensch. d. R. G.'s in Strafs. Bd. 3 S. 337, Bd. 5 S. 440, Bd. 7 S. 52.

Läßt sich hiernach der Begründung des ersten Richters, sofern sie auf ein Gebrauchmachen von der Originaldepesche gegenüber dem Telegraphenbeamten zum Zwecke der Täuschung das entscheidende Gewicht legt, als rechtsirrig nicht beitreten, so muß gleichwohl von einem anderen thatsächlichen Gesichtspunkte aus, welchen der erste Richter seinen Voraussetzungen nach ebenfalls geprüft und als durch Beweis begründet anerkannt hat, das erste Erkenntnis aufrecht erhalten werden.

Die Strafkammer hat nämlich zugleich als erwiesen angenommen, daß Angeklagter die Originaldepesche nicht blos zur Abtelegraphierung dem Telegraphenamte übergeben hat, sondern daß sie auch unbeanstandet geblieben, befördert und das ausgefertigte Ankunftstelegramm an B. abgegeben worden ist. Diese aus den Entscheidungsgründen sich ergebende Feststellung bildet eine geeignete Rechtsgrundlage für die erfolgte Annahme der Anfertigung und des Gebrauchmachens von einer falschen Urkunde. Auch kann nach diesem Sachverhalte kein Bedenken darüber obwalten, daß die Absicht des Angeklagten auf diesen Verlauf und dieses Ergebnis seiner Thätigkeit gerichtet gewesen ist, und steht die Dolusfrage daher auch in diesem Punkte fest.

Der Mechanismus bei Herstellung und Abgabe einer telegraphischen Depesche im Sinne der Reichstelegraphenordnung — und von solchen Depeschen ist nach Lage des Falles zunächst nur die Rede — besteht bekanntlich darin, daß der Wortlaut des aufgegebenen nach § 6 Abs. 1 der Telegraphenordnung schriftlich abzufassenden Originales mit Hülfe der Elektrizität von der Aufgabestation an die Ankunftstation befördert, dort in Zeichen reproduziert, die Reproduktion schriftlich in Worte redigiert und in dieser schriftlichen Ausfertigung dem Adressaten zugestellt wird.

Wer sich also des Telegraphen als Korrespondenzmittel bedient und zu diesem Zwecke eine schriftliche Depesche aufgiebt, bewirkt und will bewirken, daß an der Ankunftstation eine mit der aufgegebenen gleichlautende Schrift hergestellt und dem Adressaten behändigt wird. Diese im Texte und in der Unterschrift mit der Aufgabedepesche übereinstimmende Schrift, das am Ankunftsorte ausgefertigte Telegramm, muß aber als eine Urkunde angesehen werden, welche von dem Aufgeber selbst unter Benutzung des Telegraphen, also unter Benutzung von Naturkräften geschrieben und unterschrieben ist.

Bis zum Anfange der 1860er Jahre scheint in Doktrin und Praxis über die Urkundenqualität der Depeschenausfertigung kein Zweifel bestanden zu haben. Erst seit der Abhandlung Serafini's (1862), welcher in der Ausfertigung keine Urkunde, sondern nur eine einfache Niederschrift des Telegraphenbeamten erkennen wollte über diejenigen Telegraphenzeichen, welche demselben von einer Station zugegangen sind, wurde die Frage streitig, und die verneinende Ansicht gewann Anhänger.

Allein die Serafini'sche Definition paßt wohl, äußerlich betrachtet, auf die Depeschenbeförderung mittels des Morse'schen Schreibtelegraphen: sie trifft aber schon vollständig nicht mehr zu bei der in Deutschland thatsächlich vielfach bestehenden Verwendung des Hughes'schen Drucktelegraphen. Bei diesem wird durch die ein Tastenwerk in Bewegung setzende Thätigkeit des Beamten der Abgangsstation ein gleichlautender Abdruck der aufgegebenen Depesche auf der Abgangs- wie auf der Ankunftsstation erzeugt.

Der Abdruck der Ankunftsstation wird im Originale dem Adressaten ausgehändigt und jede reproduzierende, niederschreibende (dechiffrierende) Thätigkeit des Beamten der Ankunftstation fällt weg; denn das Aufkleben des unmittelbar durch den Apparat bedruckten Papierstreifens auf das dem Adressaten zuzustellende Papier wird sich als solche nicht bezeichnen lassen; der Adressat erhält hier im Originale das Ergebnis der Thätigkeit des Beamten der Aufgabestation. Völlig unzutreffend aber würde jene Definition werden, wenn die Reichstelegraphenverwaltung den Casellischen Pantelegraphen einführen und anordnen oder zulassen würde, daß der Absender die zu befördernde Depesche auf die unmittelbar hierzu präparirte, in den Telegraphenapparat der Aufgabestation aufzuführende Platte niederschriebe, von welcher aus sie durch Vermittelung der Elektricität mit autographischer Genauigkeit auf dem entsprechend präparirten Papiere im Apparate der Ankunftsstation reproduziert und in dieser Reproduktion ohne weitere Uebertragung dem Adressaten eingehändigt wird. Jede Thätigkeit der Beamten fällt hier weg, welche über das Einlegen und Herausnehmen der präparierten Platten und Papiere und Inthätigkeitsetzen des elektrischen Stromes hinausgeht. Daß rechtlich bei Beurteilung der That des Depeschenaufgebens eine andere Beurteilung einzutreten habe, je nachdem das eine oder andere System bei Herstellung der Ankunftsdepesche angewendet wird, läßt sich nicht zugeben. Auch bei der Verwendung des Morse'schen Schreibtelegraphen ist zur Herstellung der Urkunde an der Ankunftstation die Niederschrift des Beamten nicht einmal nötig. Schon der Papierstreifen, auf welchem der Apparat die Aufgabedepesche in Zeichen reproduziert, ist die vom Aufgeber mittels des Telegraphen hergestellte Urkunde und kann als solche, wenn die Zustellung an den Adressaten in dechiffrierter Form nicht erforderlich ist, benutzt werden. Erfolgt aber, wie dies regelmäßig der Fall, die Zustellung an den Adressaten in einer die Zeichen dechiffrierenden Niederschrift des Telegraphenbeamten, so ist die letztere keineswegs blos eine Mitteilung des Beamten, daß eine Depesche solchen Inhalts auf der Aufgabestation aufgegeben sei, sondern die Niederschrift enthält den Wortlaut und die Unterschrift der Aufgabedepesche, sie ist wie diese eine Urkunde, und zwar eine Urkunde des Aufgebers, der sie in Wirklichkeit durch Organe, die er als Werkzeug benutzt geschrieben hat.

Dabei ist, was das Verhältnis der Ankunftsdepesche zu der am Absendungsorte befindlichen Originaldepesche betrifft, hervorzuheben, daß die letztere zwar regelmäßig vorliegen wird, weil die Telegraphenordnung solche verlangt, daß es derselben als Vorbedingung für die Vollendung des Deliktes der Urkundenfälschung in der gegenwärtigen Form aber ebenfalls nicht bedarf. Wird die Originaldepesche blos mündlich aufgegeben, so ändert sich dadurch nichts hinsichtlich des Thatbestandes der Urkundenfälschung bei der Depeschenausfertigung. Nur die Art der Täuschung, welcher die betreffenden Telegraphenbeamten unterliegen, ist eine verschiedene. Während sie im ersten Falle annahmen, die Unterschrift unter der Originaldepesche sei eine echte, und dadurch zur Beförderung veranlaßt werden, befinden sie sich im letzten Falle in dem Irrtume, der Aufgeber sei in Wirklichkeit diejenige Person, als welche er sich ausgegeben hat; das Resultat, daß unter der Depeschenausfertigung ein falscher Name erscheint, ist in beiden Fällen dasselbe.

Schon nach der Auffassung des Verkehrslebens betrachtet der Empfänger eines Telegrammes, in welchem ihm eine Vertragsofferte oder eine sonstige rechtserhebliche Mitteilung gemacht wird, dieses nicht als ein bloßes Zeugnis der Telegraphenbehörde über die dieser am Aufgabeort gemachte Mitteilung oder über den Inhalt einer daselbst niedergelegten Originaldepesche, auch nicht als eine bloße Niederschrift in dem bezeichneten Serafinischen Sinne, sondern als die direkte, ihm gegenüber schriftlich abgegebene Willenserklärung des Absenders. Der zum Abschlusse eines Vertrages erforderliche Konsens der Beteiligten kann im Wege telegraphischer Korrespondenz hergestellt werden, und wird dieses täglich. Dieses aber geschieht vom Standpunkte des Vertragschließenden aus nicht durch gegenseitige Mitteilung von Zeugnissen über anderswo deponierte urkundliche Willensäußerungen, sondern durch direkten und unmittelbaren Austausch der in der Depeschenausfertigung selbst zum Ausdrucke gelangenden Willenserklärungen der contrahierenden Personen. Auch im Civilprozesse wird, sofern es sich um den Beweis des telegraphisch geschlossenen Vertrages und ähnliches handelt, die Eigenschaft der Depeschenausfertigung als urkundlichen Beweismittels anzuerkennen sein. Die Civilprozeßordnung unterstellt allerdings die Depeschenausfertigung wegen fehlender eigenhändiger Unterschrift des Ausstellers nicht der Beweisregel des § 381 a. a. O.; damit ist derselben jedoch die Eigenschaft einer Urkunde nicht abgesprochen, es unterliegt nur ihre Beweiskraft der freien Beweiswürdigung. Im Bestreitungsfalle bedarf allerdings die Depeschenausfertigung des Echtheitsbeweises, d. h. des Nachweises, daß die Person, auf welche die Unterschrift der Ausfertigung lautet, der Telegraphenverwaltung eine Willenserklärung des bestimmten Inhaltes zur Beförderung an den Adressaten aufgegeben hat, und dieser Beweis wird naturgemäß umfänglicher sein, als der gemäß §§ 404 flg. C. P. O. zu führende Echtheitsbeweis einer Originalunterschrift. Die Notwendigkeit und der Umfang jenes besonderen Beweises aber schließt die Eigenschaft der Depeschenausfertigung als einer Urkunde nicht aus.

In Uebereinstimmung mit der Anschauung des Verkehrs wird aber auch strafrechtlich die Depeschenausfertigung als direkte schriftliche Willensäußerung des Absenders, und dieser als Aussteller der Ankunftsdepesche angesehen werden müssen. Eine Urkunde verliert dadurch ihre Bedeutung als solche nicht, daß der Erklärende sie nicht selbst schreibt, sondern die Niederschrift als eigene durch die Hand eines Dritten veranlaßt. Es ist deshalb auch derjenige Fälscher, welcher die Fälschung durch eine willenlose oder mit dem verbrecherischen Willen des Thäters unbekannte Person oder durch eine Mehrheit von solchen Personen bewerkstelligen läßt. Dieses trifft zu, wenn der Aufgeber die mit der Falschheit der Namensangabe unbekannten und deshalb in iher Freiheit der Erwägung über

Annahme oder Ablehnung der Beförderung beschränkten Beamten der Aufgabe- und Ankunftsstation veranlaßt, zur Herstellung und Abgabe der Depeschenausfertigung mitzuwirken. Die Beamten sind nur als unbewußte Werkzeuge eines Dritten thätig, und wer rechtlich die Depesche befördert, ausfertigt und abgiebt, ist nicht der betreffende Beamte, sondern der Absender. Gestattet doch der Telegraph, wie erwähnt, sogar ein unmittelbares Schreiben auf weite Entfernungen, wie dasselbe vorliegen würde bei Mitteilungen, welche von Telegraphenanstalt zu Telegraphenanstalt bestimmt sind und an der Ankunftstation ohne besondere Ausfertigung vom Apparate direkt abgelesen werden. Ist dieses aber richtig, so kann es auch nicht bedenklich erscheinen, daß, wenn ein Dritter sich dieser Anstalten als Schreibmaschine bedient, er als der Anfertiger der Depeschenausfertigung sich darstellt.

Ist daher die Depeschenausfertigung aus Veranlassung des Absenders mit einem falschen Namen unterschrieben und infolge seiner Veranstaltung an den Adressaten übergeben, um bei ihm den Glauben zu erwecken, daß derjenige, auf welchen die Unterschrift hinweist, auch in der That die Person sei, welche die zum Ausdrucke gebrachte urkundliche Willenserklärung an ihn gelangen läßt, so stellt sich der Absender als Fälscher dieser Urkunde und zugleich als derjenige dar, welcher von derselben zum Zwecke der Täuschung Gebrauch macht. Daß das an der Ankunftsstation ausgefertigte in Wirklichkeit von dem Angeklagten fälschlich angefertigte, an den Adressaten ausgehändigte Telegramm seinem Inhalte nach zum Beweise von Rechten und Rechtsverhältnissen von Erheblichkeit war, ist bereits dargelegt, da das Telegramm mit der Aufgabedepesche gleichlautend war. Auch lag die auf Benachteiligung der verehelichten Ferdinand B. gerichtete rechtswidrige Absicht, welche den Angeklagten bei Aufgabe der Depesche leitete, nach der erstrichterlichen Feststellung auch der Anfertigung und dem Gebrauche der Depeschenausfertigung zu Grunde.

IV. Zu der lebhaft bestrittenen Frage nach dem **Versuch der Urkundenfälschung***) nimmt das Rg. Stellung in dem Urt. v. 27. V. 1887 (E. XVI. 123).

Die Vorinstanz stellt zwar fest, daß der Angeklagte das Accept des Gutsbesitzers K. ohne Wissen und Willen desselben auf den Wechsel über 320 Mk. gesetzt habe, sie findet hierin aber nur eine Vorbereitungshandlung und nicht den für den Thatbestand der versuchten Urkundenfälschung nach § 43 St. G. B.'s erforderlichen Anfang der Ausführung dieses Deliktes, weil der Angeklagte von jener Urkunde nicht unbedingt, sondern nur dann Gebrauch zu machen beabsichtigte, wenn die Prolongation des von ihm zuerst ausgegebenen falschen Wechsels notwendig und von dem Wechselgläubiger genehmigt würde.

Diese Ausführung und die fernere Bemerkung, daß man einen Anfang der Ausführung erst dann anzunehmen berechtigt sein würde, wenn der Entschluß des Angeklagten, von der Urkunde bestimmt und unbedingt

*) Nach von Liszt § 160 beginnt der Versuch im Falle des § 267 St. G. B. schon mit dem Beginn des Fälschens. Cfr. im übrigen Olshausen zu § 268 No. 7.

Gebrauch zu machen feststände, geben der Annahme einer rechtsirrtümlichen Auffassung des subjektiven Thatbestandes Raum, dessen es bedarf um einen strafrechtlich in Betracht kommenden Versuch für vorliegend erachten zu können. Die rechtliche Auffassung der Strafkammer kann dahin verstanden werden, daß, auch wenn der Entschluß des Angeklagten feststand, für den Fall des Eintritts der erwähnten Thatsachen (der Notwendigkeit einer Prolongation des Wechsels und der Einwilligung des Wechselgläubigers in dieselbe) von dem fälschlich angefertigten Accepte Gebrauch zu machen, und wenn der Angeklagte auch infolge dieses feststehenden Entschlusses die fälschliche Anfertigung des Accepts bewirkt hatte, dann gleichwohl in dieser fälschlichen Anfertigung ein Anfang der Ausführung der Urkundenfälschung nicht für vorliegend zu erachten war. Die Ansicht wäre als unrichtig zu bezeichnen. Allerdings muß der zum Thatbestande des Versuches erforderliche Entschluß auf die Begehung der strafbaren Handlung in allen ihren Thatbestandsmomenten, also in dem hier fraglichen Falle der Urkundenfälschung auf die fälschliche Anfertigung der Urkunde sowohl, wie auch auf das Gebrauchmachen zum Zwecke der Täuschung gerichtet sein. Die Richtung des Entschlusses auf das letztere Moment wird aber keineswegs dadurch ausgeschlossen, daß der Fälscher von der Urkunde nur unter gewissen thatsächlichen Voraussetzungen, deren künftiger Eintritt bei Fassung des Entschlusses noch ungewiß war, Gebrauch machen wollte. Der Entschluß gestaltete sich auch durch diesen Umstand allein nicht zu einem bedingten und unbestimmten. Die Unsicherheit des Eintritts jener thatsächlichen Voraussetzungen läßt das Vorhandensein des Entschlusses als solchen völlig unberührt, und vielmehr nur die Verwirklichung desselben ungewiß erscheinen. Sie beeinflußt daher zwar die Vollendung der Strafthat, hindert aber nicht einen auf deren Verübung gerichteten Versuch.*) Ein solcher liegt nach der Vorschrift des § 43 St. G. B.'s und in der Anwendung auf den hier in Rede stehenden Fall vor, wenn der Angeklagte in Bethätigung seiner auf Ausführung der Urkundenfälschung in deren vollem Umfange gerichteten, und nur das zur Vollendung der That erforderliche Gebrauchmachen an weitere Bedingungen knüpfenden Entschlusses das Accept fälschlich angefertigt hat. Denn unbedenklich ist in einer Handlung, welche, wie die Herstellung der falschen Urkunde, ein Thatbestandsmoment des Delikts nicht allein, — was an sich schon ausreichen würde — betrifft, sondern sogar gänzlich erfüllt, ein Anfang der Ausführung dieser Strafthat zu erblicken. Anders läge die Sache freilich, wenn der vorstehend vorausgesetzte Entschluß des Angeklagten nicht feststände, wenn etwa die Annahme statthaft wäre, daß der Angeklagte einen definitiven Entschluß, das von ihm fälschlich angefertigte und anzufertigende Accept zu gebrauchen, überhaupt noch nicht gefaßt, daß er sich nur mit dem verbrecherischen Gedanken beschäftigt, die Entschließung über Ausführung desselben aber bis dahin aufgeschoben hatte, wo die Notwendigkeit der Prolongation an ihn herantreten und der Gläubiger diese bewilligen

---

*) Diese Auffassung ist bestimmter als die in Rg. VII, 54 vertretene.

würde, daß infolgedessen das Accept auch nur mit Rücksicht auf die Möglichkeit eines künftigen Entschlusses des Gebrauchmachens angefertigt worden. Unter solchen Voraussetzungen würde bereits von einem vorhandenen, die wirkliche Ausführung der Urkundenfälschung in vollem Umfange umfassenden Entschlusse nicht die Rede sein, und in Ermangelung eines solchen auch in der fälschlichen Anfertigung des Acceptes eine jenen Entschluß bethätigende Ausführungshandlung nicht erblickt werden können. Von welcher der beiden in Frage kommenden thatsächlichen Auffassungen hinsichtlich des dem Angeklagten zur Last gelegten Entschlusses die Vorinstanz ausgegangen, ist aus dem Urteile nicht mit völliger Klarheit zu ersehen. Die Fassung spricht in hohem Maße dafür, daß das Gericht zu der Ueberzeugung gelangt ist, der Angeklagte habe das falsche Accept in Ausführung eines bereits definitiv, wenn auch nur für den Fall des Eintrittes der mehrgedachten Thatsachen gefaßten Entschlusses angefertigt. Dann aber war die hinsichtlich des Versuches getroffene Negativfeststellung nicht gerechtfertigt, und das führt zur Aufhebung des Urteiles, soweit der Angeklagte durch dasselbe von der Anklage der versuchten Urkundenfälschung freigesprochen worden ist.

V. **Das Wesen der sogenannten intellektuellen Urkundenfälschung***) behandelt grundlegend das U. v. 9. X. 1888 II. (E. XVIII, 145).

Der Angekagte hatte den Studenten D. schriftlich und mündlich aufgefordert, gegen eine Belohnung unter seinem, des Angeklagten, Namen die Prüfung für die Prima eines Gymnasiums und das Abgangszeugnis auf einem Gymnasium zu machen, damit der Angeklagte die erlangten Zeugnisse für sich Behörden gegenüber verwerten könne. Die Strafkammer sprach von der deshalb aus § 49a St. G. B.'s erhobenen Anklage frei, indem sie thatsächlich feststellte, daß dem Angeklagten selbst ein Vermögensvorteil durch die Zeugnisse habe erschafft werden sollen, auf seiten des D. aber die Absicht, sich einen Vermögensvorteil zu verschaffen, darin nicht fand, daß er das Vergehen gegen § 271 St. G. B.'s, wenn er es begangen, gegen Belohnung begangen haben würde.

Auf die Revision der Staatsanwaltschaft ist das Urteil aufgehoben worden.

Die Strafkammer geht richtig davon aus, daß, wenn D. die Prüfungen unter fremdem Namen abgelegt und die Zeugnisse erlangt hätte, er das Vergehen gegen § 271 St. G. B.'s begangen haben würde, das Ansinnen des Angeklagten an ihn daher die Aufforderung zu diesem Vergehen enthielt, die aber als Aufforderung zu einem Vergehen nach § 49a St. G. B.'s straflos war. Daß dies Vergehen bestimmt gewesen sei, dem Angeklagten einen Vermögensvorteil zu verschaffen — die Absicht, einem anderen Schaden zuzufügen, kommt überhaupt nicht in Betracht — und daß deshalb das Vergehen sich als Verbrechen im Sinne des § 272 St. G. B.'s charakterisiere, verneint das erste Urteil aus thatsächlichen Gründen, welche in dieser Instanz nicht anfechtbar sind.

---

*) Vgl. von Liszt § 161 Einzelfälle in E. VII, 373 XII. 315 XX, 249 XXII. 118 XXIV. 308 XXV, 127 XXVIII. 336.

Es fragt sich deshalb nur, ob das erschwerende Thatbestandsmoment des § 272 St. G. B.'s, welches das Vergehen des § 271 zu einem Verbrechen im Sinne des § 1 Abs. 1 § 49a St. G. B.'s gestaltet, die Absicht, sich einen Vermögensvorteil zu verschaffen, dadurch hergestellt würde, daß D. das Vergehen des § 271 gegen Belohnung beging. Dem steht der von der Gegenerklärung auf die Revision geltend gemachte Umstand, daß dann bei der mündlichen Aufforderung gegen Belohnung ein Thatbestandsmoment der strafbaren Aufforderung mit einem Thatbestandsmomente des Verbrechens, zu welchem aufgefordert, zusammenfallen würde, allein nicht entgegen.

Der § 49a St. G. B.'s straft allerdings nur die Aufforderung zu einem Verbrechen und setzt damit voraus, daß die Handlung, zu der aufgefordert wird, in derjenigen Gestaltung, in der sie in der Aufforderung erscheint, die Merkmale eines Verbrechens im Sinne des § 1 Abs. 1 St. G. B.'s trägt. Dies ist in Wirklichkeit aber auch der Fall, wenn die Handlung, zu der aufgefordert, durch die Begehung gegen Belohnung zum Verbrechen wird, und die Begehung gegen Belohnung in der Aufforderung dem Aufgeforderten angesonnen wird. Die Aufforderung selbst läßt in solchem Falle sowohl für den Auffordernden, wie für den Aufgeforderten die Merkmale des Verbrechens erkennen. Der Strafkammer ist aber auch darin nicht beizutreten, daß die Verübung des Vergehens der Urkundenfälschung im § 271 gegen Gewährung oder Zusage eines Lohnes nicht unter den § 272 St. G. B.'s fällt.

Das Wesen des Vergehens gegen den § 271 St. G. B.'s besteht darin, daß eine öffentliche Urkunde mit falschem Inhalte hergestellt wird. Das Gesetz straft denjenigen, der dies vorsätzlich, d. h. mit dem rechtswidrigen Wissen und Wollen bewirkt, daß etwas Falsches öffentlich beurkundet werde. Einen weitergehenden Zweck des Thäters fordert das Gesetz im § 271 nicht. Geht dagegen der rechtswidrige Wille des Thäters nicht bloß dahin, daß etwas Falsches öffentlich beurkundet werde, sondern dahin, sich oder einem Anderen einen Vermögensvorteil zu verschaffen, so straft das Gesetz im § 272 die That wegen dieses schwereren, gefährlicheren Dolus als Verbrechen, daß die Absicht, sich einen Vermögensvorteil zu verschaffen, im § 272 nur in dem Sinne aufzufassen, daß der Vermögensvorteil durch die Benutzung der falschen öffentlichen Beurkundung erstrebt sein, der Vermögensvorteil, falls er erreicht, in ursächlichem Zusammenhange mit dem falschen Inhalte der Beurkundung stehen muß, wie der erste Richter in Uebereinstimmung mit einer in der Litteratur und in der Praxis mehrfach aufgetretenen Ansicht, Goltdammer, Archiv Bd. 2, S. 266; Olshausen, Kommentar zum Strafgesetzbuche zu § 268, Anm. 2a E., zu § 272, Anm. 1, Abs. 2, annimmt, folgt weder aus dem Wortlaute des Gesetzes, noch aus dem strafrechtlichen Begriffe der Absicht, noch aus der besonderen Natur der im § 272 mit Strafe bedrohten That. Der Wortlaut des § 272 St. G. B.'s fordert weiter nichts, als daß die einfache That des § 271 vom Thäter in der Absicht begangen wird, sich einen Vermögensvorteil zu verschaffen, d. h. daß die That des § 271 nach dem Motive des Thäters bei ihrer Begehung dem Thäter als Mittel zur Erlangung eines Vermögensvorteiles dienen soll. Die That muß im Bewußtsein des Thäters im Zusammenhange stehen mit einem Vermögensvorteile, den er erstrebt, und ein solcher Zusammenhang liegt auch dann vor, wenn die Verübung der That die Gegenleistung für eine zugesagte, versprochene, gewährte Belohnung ist. Auch in solchem Falle ist der verbrecherische Wille auf den Erfolg des Vermögensvorteiles als ursächliche Folge der That gerichtet und damit der strafrechtliche Begriff der Absicht erfüllt. Daß der Vermögensvorteil durch die falsche öffentliche Beurkundung, d. h. das Produkt der strafbaren Thätigkeit im § 271, den falschen Inhalt, die Benutzung der falschen öffentlichen Beurkundung erstrebt sein müsse, sagt das Gesetz jedenfalls nicht. Sein Sinn oder die besondere strafrechtliche Natur der That des § 271 fordert eine solche einschränkende Auslegung des § 272 St. G. B.'s nicht. Das strafbare Moment in der That des § 271 liegt in der Gefährdung der Sicherheit und Glaubwürdigkeit öffentlicher Beurkundung. Diese Gefährdung durch die That des § 272 ist an sich unabhängig davon, ob von der falschen Beurkundung Gebrauch gemacht wird oder nicht, und zu welchem Zwecke von derselben Gebrauch gemacht werden soll. Das Gesetz fordert solch Gebrauchmachen denn auch für den Thatbestand des Vergehens im § 271 ebensowenig, wie im § 272 St. G. B.'s. Die Gefahr aus falscher öffentlicher Beurkundung kann wachsen und deshalb den Gesetzgeber zu schwererer Strafe bestimmen, wenn die Beurkundung zu gewinnsüchtigen Zwecken benutzt werden soll. Aber auch die Gefährdung aus gewinnsüchtigem Motiv, wie sie bei der Verübung der That des § 271 gegen Lohn vorliegt, konnte den Gesetzgeber zu einer schwereren Strafe bestimmen, um dem größeren Anreize zur That, welcher in der Aussicht auf den Lohn liegt, durch eine schwerere Ahndung entgegenzutreten, selbst abgesehen davon, daß strafbares Handeln gegen Lohn stets als eine verwerflichere Handlung erscheint. Deshalb sind auch nach dem inneren Grunde des Gesetzes beide Fälle unter die schwerere Strafvorschrift des § 272 zu stellen.

In dem ähnlichen Falle des § 349 St. G. B.'s hat das Reichsgericht deshalb keine Bedenken getragen, auf die Verübung der That des § 348 durch den Beamten infolge Bestechung die schwerere Strafvorschrift des § 349 anzuwenden. Vgl. Rechtspr. des R. G.'s Bd. 9, S. 713.

Diese Entscheidung tritt mit dem Urteile des Reichsgerichtes vom 21. Dezember 1881, Entsch. des R. G.'s in Straff. Bd. 5, S. 277, nicht in Widerspruch, weil es sich dort um das Vergehen des Betruges handelte, bei welchem das Thatbestandsmoment der Absicht, sich einen rechtwidrigen Vermögensvorteil zu verschaffen, mit den Thatbestandsmomenten der Täuschung und Vermögensbeschädigung in solchem Zusammenhange steht, daß es nur vorliegen kann, wenn der Vermögensvorteil auf Kosten des Betrogenen erstrebt wird, daher notwendig fortfällt, wo der Thäter (Betrüger) nicht solchen Vermögensvorteil, sondern lediglich die ihm von einem Dritten zugesagte Belohnung erlangen will.

VI. Welches ist der begriffliche Unterschied zwischen Urkundenfälschung und Fälschung von Legitimationspapieren? (E. VIII, 38.)

Das angefochtene Urteil hat thatsächlich festgestellt, daß der Angeklagte von einem fälschlich angefertigten, mit dem Beglaubigungsvermerke einer ausländischen Gemeindebehörde versehenen Arbeitszeugnisse wissentlich in der Absicht Gebrauch gemacht hat, Privatpersonen zu täuschen und dieselben zur Verabreichung sogenannter Ortsgeschenke zu bestimmen. Indem die Vorinstanz sodann thatsächlich erwogen, daß die Ortsgeschenke, welche auf der Grundlage einer organisierten Vereinsthätigkeit zur Abwehr der Haus- und Straßenbettelei von bestimmten Gabestellen ausgezahlt werden, die Natur freiwilliger Almosen und Bettelgaben behalten haben, ist in der vorbezeichneten Absicht nur der § 363 St. G. B.'s vorausgesetzte Zweck „seines besseren Fortkommens" erkannt und der Angeklagte nicht wegen gemeiner Urkundenfälschung im Sinne der §§ 267, 268, 270 St. G. B.'s, sondern nur wegen Uebertretung des § 363 St. G. B.'s verurteilt worden. Die Revision wurde verworfen.

1. Die Gesichtspunkte, welche nach dem Vorgange des französischen Code pénal die deutsche Strafgesetzgebung veranlaßt haben, aus dem Thatbestande des eigentlichen Fälschungsverbrechens eine wesentlich milder zu ahndende Unterart von Falsificationen auszuscheiden, liegen nicht sowohl auf dem Boden scharfer begrifflicher Unterscheidungen, als auf dem Gebiete praktischer Erwägungen und einer von Opportunitätsrücksichten geleiteten Kriminalpolitik. Man hatte sich mit der Thatsache abzufinden, daß gerade die außerordentlich zahlreichen und mannigfaltigen urkundlichen Ausweise, welche, zumal unter den früheren staatlichen Zuständen, über Identität, Leumund, Vorbildung, Dienst-, Arbeits- und Erwerbsverhältnisse des Vorlebens erfordert wurden, die Versuchung der Fälschung besonders nahe legten, daß diese Fälschungen regelmäßig aber nicht auf die Verletzung geschützter Privat- oder öffentlicher Rechte abzielten, sondern dem einzelnen Individuum mehr im Allgemeinen die Möglichkeit erbringen sollten, sei es, sich den die Freizügigkeit hemmenden polizeilichen Kontrollen zu entziehen, sei es, die Anknüpfung neuer Arbeits- oder Erwerbsverhältnisse zu erleichtern. Diese besonders häufigen, mehr polizeilich als kriminell gefährlichen, kleinen Fälschungen wollte man dem Bereiche der schweren Verbrechensstrafen entziehen. Um dieses zu erreichen, hatte die Gesetzgebung jedoch von Anbeginn an mit der Schwierigkeit der begrifflichen Determinierung der leichten Fälschungsdelikte zu kämpfen. Und zwar lag die Schwierigkeit darin, daß es ebenso mißlich erschien, das factum externum, die objektive Beschaffenheit der gefälschten Urkunden, wie das factum internum, Absicht und Zweck des Fälschers, zum unterscheidenden Kriterium zu erheben. Nachdem die §§ 254, 255 preuß. St. G. B.'s vom 14. April 1851, den Artt. 153, 154, 160 des Code pénal fast wörtlich entlehnt, unter Festhaltung des objektiven Standpunktes das Fälschungsdelikt auf Reisepässe und andere bestimmt qualifizierte öffentliche Urkunden ohne jede Unterscheidung des Vorsatzes beschränkt hatten, wurde dieser Standpunkt in Preußen schon durch die Novelle vom 14. April

1856 (G. S. S. 210) wieder verlassen; es wurden in dem die §§ 254, 255 zusammenfassenden neuen § 254 den öffentlichen Urkunden auch Privaturkunden ähnlichen Charakters hinzugefügt, nunmehr aber, um die verwischte objective Grenze nach der Seite der gemeinen Urkundenfälschung hin zu ersetzen, für den subjektiven Thatbestand das Fehlen der „Absicht, sich oder anderen Gewinn zu verschaffen oder anderen Schaden zuzufügen", ausdrücklich erfordert. In dieser Gestalt übernahm wörtlich der erste Entwurf des deutschen Strafgesetzbuches (§ 250) die fragliche Strafvorschrift, während der zweite Entwurf (§ 359) zwar die verschiedenen Kategorien der dem Delikte eigentümlichen Urkunden (Pässe, Legitimationspapiere, Arbeitsbücher, Zeugnisse ꝛc.) im wesentlichen bestehen ließ, den erforderlichen Vorsatz aber, in Anlehnung teils an § 313 sächs. St. G. B.'s, teils an das preußische Reskript vom 21. April 1828, durch das Begriffsmerkmal des bezweckten „besseren Fortkommens" bestimmte und die ganze Vorschrift unter die Uebertretungen verwies.

Der § 359 des zweiten Entwurfes entspricht genau dem § 363 des jetzigen Strafgesetzbuches. Wie hiernach jetzt die Gesetzesnorm lautet, erscheint es als ein vergebliches Bemühen, noch nach abstrakten Begriffsmerkmalen des objektiven oder subjektiven Thatbestandes die in den §§ 267, 268, 270 bezw. § 363 St. G. B.'s vorgesehenen strafbaren Handlungen mit absoluter Bestimmtheit von einander sondern zu wollen. Für eine große Zahl von in der Mitte liegender Fälle wird man sich begnügen müssen, wesentlich nach der ratio legis und nach der überwiegenden Verwandtschaft mit den zweifellos der einen oder der anderen Kategorie angehörigen Reaten die rechtliche Beschaffenheit derselben zu bestimmen.

Hiervon ausgehend, wird es zunächst nicht für bedenklich erachtet werden können, die Fälschung, Verfälschung oder den fälschlichen Gebrauch eines der im § 363 St. G. B.'s gedachten Atteste zwecks besserer Empfehlung beim Betteln mit unter die fragliche Strafvorschrift zu begreifen. Der § 255 preuß. St. G. B.'s in seiner früheren Fassung, ebenso wie der Code pénal führen unter den hier fraglichen Urkunden ausdrücklich auch solche öffentliche Atteste „über gute Aufführung, Armut oder sonstige Umstände" auf, „welche geeignet sind, die darin bezeichnete Person dem Wohlwollen anderer zu empfehlen und ihr Unterkommen oder Unterstützung zu verschaffen." Keinerlei Anhaltspunkte sprechen dafür, daß die spätere Gesetzgebung jemals beabsichtigt hätte, Urkunden dieses Charakters der milderen strafrechtlichen Auffassung zu entziehen. Insbesondere ist bei der Revision des preußischen Strafgesetzbuches im Jahre 1856 die frühere Fassung nur deshalb durch eine allgemeine Fassung ersetzt worden, weil man gefunden hatte, daß durch die erstere der Kreis der Fälle, in welchen eine strafbare Urkundenfälschung ohne betrügerische Absicht vorliege, nicht erschöpft sei.

Ob dabei der Bettler den Zweck verfolgt hat, sich unmittelbar materiell Mittel zum Lebensunterhalt zu verschaffen, welche im weiteren Sinne als rechtswidrige Vermögensvorteile bezeichnet werden können, kann nicht entscheidend sein. Als auf Vermögensvorteile im allgemeinen abzielend, wird sich auch die Absicht bezeichnen lassen, gewinnbringende Dienststellungen oder lohnbringenden Arbeitsverdienst zu erlangen. Und doch wird man unzweifelhaft solche Absicht unter dem Zweck „besseren Fortkommens“ im gesetzlichen Sinne begreifen.

Weshalb es aber einen fundamentalen, das Verbrechen von der Übertretung abgrenzenden Unterschied bedingen soll, ob der Fälscher eines Arbeitsbuches mehr darauf ausgeht, sich Unterstützung durch Almosen, als durch Zuweisung von Arbeitsverdienst zu verschaffen, ist nicht abzusehen. Es muß ferner im Auge behalten werden, daß der § 363 St. G. B.'s, verschieden von der Urkundenfälschung, überhaupt nicht den konkreten täuschenden Gebrauch der fraglichen Papiere und die thatsächlich durch Täuschung erlangten Vorteile, sondern schon die Fälschung als solche, auch ohne täuschenden Gebrauch, den Thatbestand erfüllen läßt. Deshalb ist das entscheidende Gewicht darauf zu legen, daß, sobald überhaupt die Fälschung eines der im § 363 St. G. B.'s aufgeführten Atteste in Frage steht, und der Fälscher nur in der unbestimmten, allgemeinen Absicht gehandelt hat, mit Hilfe der gefälschten Urkunde sich irgend welche günstigere Chancen für sein Fortkommen, für die Fristung seines Unterhaltes, für die Zuwendung von Unterstützungen u. dgl. zu verschaffen, eine derartige Fälschung gesetzlich nicht unter die §§ 267 flg. St. G. B.'s fallen soll. Das Gesetz nimmt teils auf Grund der objektiven Beschaffenheit der fraglichen Urkunde, teils auf Grund des eng damit zusammenhängenden Zweckes der Fälschung an, daß es sich hierbei nicht um eine tiefgreifende Verletzung konkreter Gerechtsame privater oder öffentlicher Natur handelt.

2. Diese Erwägungen treffen auch auf den obliegenden Fall zu. Der zufällige Umstand, daß das sogenannte Ortsgeschenk eine Vereinsgabe ist, daß die Ortsvereine die Erteilung solcher Gaben von dem urkundlichen Arbeitsnachweis abhängig gemacht haben, und daß der Angeklagte bei dem Gebrauche des gefälschten Arbeitszeugnisses die Zusendung solcher Vereinsgaben bezweckte, ändert, wie die Vorinstanz mit Recht hervorgehoben hat, daran nichts, daß jene Ortsgeschenke Almosen bleiben, welche freiwillig, aus Mildthätigkeit, gewährt werden, deren Gewährung oder Verweigerung im freien Belieben der fraglichen Ortsvereine liegt. Die von den letzteren zur Bedingung gemachte Beibringung eines Arbeitsnachweises ruht ganz auf der autonomen Willkür der Vereine, kann jederzeit, in jedem Einzelfalle geändert, beobachtet oder nicht beobachtet werden, und begründet für keinen Dritten irgend einen Rechtsanspruch auf das Ortsgeschenk. Die Sache liegt durchaus nicht so, als handelte es sich um die Erlangung oder Anerkennung konkreter, auf bestimmten Rechtstiteln ruhender Armenrechte oder Armenunterstützungen, welche rechtlich von der Erbringung gewisser äußerer Nachweise abhängig gemacht sind, und um die Fälschung solcher Nachweise zwischen dem hier fraglichen Arbeitszeugnisse und den fraglichen Ortsgeschenken besteht kein objectiver rechtlicher Zusammenhang.

Die durch das fragliche Zeugnis erhärtete Thatsache, daß der Angeklagte vom Juni bis November 1882 bei einem Schuhmacher M. in H. gearbeitet hat, war an sich rechtlich bedeutungslos, und blieb es, mindestens in ihren speziellen Beziehungen, auch für die Ortsvereine. Ob die letzteren, ob ein Privatmann, in einem Einzelfalle oder regelmäßig, die Gewährung frei bemessener Almosen von diesem oder jenem glaubhaften Nachweise der Identität, der Heimat, der früheren Arbeits- oder sonstigen Gewerbsverhältnisse abhängig machte, bleibt immer ein für das Recht unerreichbarer Ausfluß individueller Willkür. Das gefälschte Arbeitszeugnis, wie das gefälschte Arbeitsbuch fällt objectiv zweifellos unter die gesetzliche Kategorie der im § 363 St. G. B.'s aufgeführten Fälschungen, und die Absicht des Angeklagten, Behörden, Vereine oder Privatpersonen behufs Zuwendung von Almosen zu täuschen, steht in keinem begrifflichen Widerspruche zu dem Thatbestandsmerkmale des auf „besseres Fortkommen" gerichteten Zweckes.

§ 50.

Die Eidesdelikte.

Berner S. 417. v. Liszt § 178. Meyer § 140. Frank und Olshausen zu §§ 153 ff. St. G. B.

I. **Kann ein Eidesunmündiger oder ein zur Zeugnisablegung Unfähiger sich eines Meineides schuldig machen?** U. v. 26. III. 81. III. (E. IV. 32.)

Der Instanzrichter hat festgestellt, daß Angeklagte am 22. April v. J. nach ihrer Vereidigung als Zeugin vor einer zur Abnahme von Eiden zuständigen Behörde das in diesem Eide enthaltene Versprechen, nach bestem Gewissen die reine Wahrheit zu sagen, nichts zu verschweigen und nichts hinzuzufügen, durch eine bestimmte Aussage und durch Verschweigung einer bestimmten Thatsache wissentlich verletzt hat. Er hat jedoch von Anwendung des § 154 St. G. B.'s abgesehen, weil Angeklagte zur Zeit der Eidesleistung erst im fünfzehnten Lebensjahre gestanden hat.

Die gegen die Freisprechung von der Staatsanwaltschaft verfolgte Revision ist nicht für begründet erachtet worden.

Der von einem Eidesunmündigen geleistete Eid hat nicht die Bedeutung eines Eides im Sinne des § 154 St. G. B.'s, und die wissentliche Verletzung eines solchen Eides ist nicht Meineid im Sinne des Gesetzes.*) Nach § 56 Nr. 1 St. P. O. und § 358 Nr. 1 C. P. O. sind unbeeidigt zu vernehmen Personen, welche das sechszehnte Lebensjahr noch nicht vollendet oder wegen mangelnder Verstandesreife oder wegen Verstandesschwäche von dem Wesen und der Bedeutung des Eides keine genügende Vorstellung haben. Diese Zusammenstellung der Eidesunmündigen mit solchen Personen, welche wegen mangelnder Verstandesreife u. s. w. die Einsicht in die Bedeutung des Eides fehlt, läßt die Annahme des Gesetzgebers erkennen, daß die Eidesunmündigen diejenige Einsicht nicht haben, welche zur richtigen Auffassung und Erkennung des Eides gehört. Dieser Gesichts-

*) So die herrschende Ansicht A. M. Olshausen zu § 153, Meyer § 140.

punkt tritt auch in den Motiven zum Entwurf der Strafprozeßordnung deutlich hervor. Es wird hier ausgeführt, daß die Glaubwürdigkeit einer Aussage bei Kindern und Verstandesschwachen durch die Beeidigung nicht erhöht werden könne, und nach Vergleichung der damaligen landesrechtlichen Vorschriften über die Eidesmündigkeit die Altersgrenze bestimmt, von welcher ab erfahrungsmäßig die Fähigkeit vorhanden ist, die Bedeutung des Eides zu erkennen.

Die Motive sprechen auch von Eidesunmündigkeit und lassen im Zusammenhange ihrer Erwägungen keinen Zweifel darüber, daß sie den von ihnen für eidesunmündig Erklärten die richtige Einsicht in das Wesen und die Bedeutung des Eides nicht beimessen. Von diesem Standpunkte aus kann aber der Eid der Eidesunmündigen nicht als Eid, wie derselbe in § 154 St. G. B.'s vorausgesetzt ist, und die wissentliche Verletzung desselben nicht als Meineid aufgefaßt werden. Ganz anders*) liegt der Fall, wenn in Nichtbeachtung der Vorschrift des § 56 Str. 2 St. P. O. eine Person, welche nach den Bestimmungen der Strafgesetze unfähig ist, als Zeuge eidlich vernommen zu werden, mit dem Zeugeneide belegt wird und sich hierauf einer wissentlichen Verletzung des Eides schuldig macht. Zur Annahme eines Eides im Sinne des § 154 St. G. B.'s genügt die Beobachtung der für die Eidesleistung vorgeschriebenen wesentlichen Förmlichkeiten neben der Einsicht des Schwörenden in das Wesen des Eides, und wissentliche Verletzung eines solchen Eides ist Meineid, wenn auch der Schwörende infolge strafgerichtlicher Verurteilung die Fähigkeit verloren hat, als Zeuge eidlich vernommen zu werden.

II. **Wann ist eine Behörde als „zuständig zur Abnahme einer Versicherung an Eidesstatt" anzusehen?** Der Beschluß der Vereinigten Strafsenate vom 23. X. 89. (E. XIX. 414) führt in dieser Beziehung aus:

Es handelt sich um Auslegung des vom § 156 St. G. B.'s für die Strafbarkeit falscher eidesstattlicher Versicherungen aufgestellten Requisites, daß die fragliche Versicherung „vor einer zur Abnahme einer Versicherung an Eidesstatt zuständigen Behörde" abgegeben sein muß. Nun haben Gesetzgebung und Doktrin in Deutschland mannigfach darüber geschwankt, sowohl, ob derartige, eine Mittelstufe zwischen Meineid und einfacher Lüge einnehmende falsche Versicherungen überhaupt zu bestrafen, wie darüber, von welchen rechtlichen Voraussetzungen eventuell die Strafbarkeit abhängig zu machen sei. Vgl. Goltdammer, Materialien zum preuß. Strafgesetzbuche Bd. 2 S. 249 f.

Der § 129 preuß. St. G. B.'s, die Quelle des § 156 St. G. B.'s, beschränkte sich schließlich darauf, die Norm dahin zu fassen, daß alle „einer öffentlichen Behörde" gegenüber wissentlich falsch an Eidesstatt abgegebenen Versicherungen den Thatbestand des Deliktes erfüllen sollten. Nachdem auch hierüber wiederum in der preußischen Praxis Meinungsverschiedenheiten entstanden waren, ob nunmehr die rechtliche Erheblichkeit bezw. Zu-

*) Ebenso Olshausen No. 3 E. XXV, 30.

lässigkeit der fraglichen Versicherung nach Maßgabe des Gegenstandes und Verfahrens materiell gleichgültig sei und es nur noch formell auf den öffentlich-behördlichen Charakter der Instanz ankomme, welcher man irgend eine Thatsache wissentlich falsch an Eidesstatt versichert habe, wurde vom preußischen Obertribunale mittels Plenarentscheidung vom 24. September 1860 die Kontroverse dahin erledigt.

Der § 129 St. G. B.'s setzt eidesstattliche Versicherungen über einen Gegenstand voraus, bezüglich dessen eine solche Versicherung gesetzlich nicht ausgeschlossen ist. Vgl. Entsch. des Obertrib. Bd. 44 S. 52. Der Entwurf zum deutschen Strafgesetzbuche beließ es wörtlich bei der Fassung des § 129 St. G. B.'s. Erst im Reichstage wurde auf Antrag von Schwarze's beschlossen, die Worte einzuschieben „vor" (einer) „zur Abnahme einer Versicherung an Eidesstatt zuständigen (Behörde). Erkennbar wurde hierdurch zum Ausdrucke gebracht, daß in Übereinstimmung mit der im § 154 St. G. B.'s enthaltene Norm, nicht jede öffentliche Behörde genüge, um eine ihr gegenüber abgegebene Versicherung der Norm unterzuordnen, der § 156 St. G. B.'s vielmehr außer Anwendung zu bleiben habe, sobald die Abnahme der Versicherung, sei es an sich, sei es nach Maßgabe der behördlichen Kompetenz gesetzlich unstatthaft erscheint. Vgl. v. Schwarze, Kommentar zum Strafgesetzbuche S. 415. Es sollte denjenigen extensiven Auslegungen vorgebeugt werden, welche in der preußischen Praxis bis zu der vorerwähnten Plenarentscheidung des preußischen Obertribunales Vertretung gefunden hatten.

Rechtlich absolut indifferente oder schlechthin unstatthafte eidesstattliche Versicherungen fallen, auch wenn sie vor einer öffentlichen Behörde abgegeben worden sind, nicht unter § 156 St. G. B.'s. Wohl aber fallen sie hierunter, sobald nach dem Gegenstande bezw. dem Verfahren und nach den sich hieraus ergebenden, für die Behörde maßgebenden Zuständigkeitsnormen gesetzlich nicht ausgeschlossen ist, daß die fragliche Versicherung Rechtswirkungen auszuüben vermag. Vgl. Entsch. d. R. G.'s in Straff. Bd. 13 No. 52 S. 161 flg. Die gegen diese Begriffsbestimmung der „Zuständigkeit" im Sinne des § 156 St. G. B.'s gerichteten Zweifel nehmen ihren Ausgang wesentlich von dem Rechtssatze, es bedürfe stets einer ausdrücklichen und besonderen gesetzlichen Verfügung, um die Zuständigkeit einer Behörde zur Annahme eidesstattlicher Versicherungen zu begründen.

Es kann indessen nicht abgesehen werden, weshalb, wenn die fragliche Behörde auch nur nach Sinn und Zusammenhang der den Gegenstand des Verfahrens regelnden Bestimmungen nach Gewohnheitsrecht, Gerichtsgebrauch oder sonstigen Normen ungesetzten Rechtes materiell befugt erscheint, eidesstattliche Versicherungen mit rechtlicher Wirkung entgegenzunehmen, der Mangel einer positiven und ausdrücklichen Gesetzesvorschrift ein unbedingtes formales Hindernis der Zuständigkeit abgeben soll. Mindestens auf dem Boden der deutschen Civilprozeßordnung erscheinen jene Zweifel nicht von entscheidendem Gewichte.

Daß die Civilprozeßordnung weder im § 266, noch anderweit eidesstattliche Versicherungen als Beweismittel oder Mittel der Glaubhaftmachung zu erweisender Thatsachen besonders erwähnt, und daß sich auch aus den Motiven nicht darthun läßt, jene Versicherungen seien als zulässige Beweismittel ausdrücklich anerkannt worden, wird zuzugeben sein. Vgl. Entsch. des R. G.'s in Strafs. Bd. 7, S. 287 flg.

Auf der andern Seite bleibt aber auch nicht abzusehen, von welchem Gesichtspunkte aus die Civilprozeßordnung Veranlassung hätte finden können, die Statthaftigkeit eidesstattlicher Versicherungen für die Zwecke der Glaubhaftmachung besonders zu sanktionieren, wenn solche Statthaftigkeit im übrigen selbstverständlich erschien. Da die Civilprozeßordnung in ihrem Systeme keinerlei Beweisregeln kennt und die das Beweisverfahren bezüglich des Augenscheines, der Zeugen und Sachverständigen, der Urkunden und des Eides regelnden Prozeßvorschriften zweifellos hiermit Zahl und Umfang der überhaupt zulässigen Beweismittel nicht zu begrenzen beabsichtigen, kann die Bestimmung im § 266 C. P. O.:

> wer eine thatsächliche Behauptung glaubhaft zu machen hat, kann sich aller Beweismittel, mit Ausnahme der Eideszuschiebung, bedienen, auch zur eidlichen Versicherung der Wahrheit der Behauptung zugelassen werden,

keinesfalls dahin abzielen, das Verfahren der Glaubhaftmachung von irgend welchen materiellen Beweisregeln zu befreien oder auf die Benutzung der in der Civilprozeßordnung ausdrücklich anerkannten Beweismittel zu verweisen. Vielmehr muß die innere Bedeutung der vorerwähnten Prozeßnorm wesentlich nach der zweifachen Richtung hin gesucht werden: einmal, daß die Eideszuschiebung im Gegensatze zu „allen" übrigen Beweismitteln als für die Glaubhaftmachung unstatthaft ausgeschlossen werden sollte, und sodann, daß der noch nicht den Erweis, sondern nur das Glaubhafte einer Behauptung prüfende Prozeßrichter auch bezüglich des Beweisverfahrens nicht an die Formschriften der Civilprozeßordnung gebunden sei. Vgl. U. des I. Civilsenates vom 29. März 1884 (Deutsche Juristenzeitung Bd. 9 Seite 765); U. des II. Strafsenates vom 16. Dezember 1881 (Rechtspr. des R. G.'s Bd. 3 S. 801.)

Hält man aber dieses fest, daß der Prozeßrichter innerhalb des vom § 266 C. P. O. vorgesehenen Verfahrens befugt ist, Zeugen unbeeidigt zu vernehmen, wo im ordentlichen Beweisverfahren deren Beeidigung prozessualisch geboten ist, daß er ebenso beliebigen außergerichtlichen, in irgend welcher urkundlichen Form ihm produzierten Zeugnissen Beachtung schenken darf, so erscheint gewiß, daß es nicht im Geiste und Sinne der Civilprozeßordnung liegen kann, schriftliche und mündliche Zeugnisse Dritter von den zulässigen Mitteln der Glaubhaftmachung bloß nur unbedingt auszuschließen, weil sie mit der Bekräftigungsformel einer Versicherung an Eidesstatt versehen sind, oder dem Prozeßrichter etwa in Gestalt einer negativen Beweisregel zu verbieten, solchen Bekräftigungsformeln irgend welchen Einfluß auf seine Ueberzeugung einzuräumen. Dies muß um so gewisser angenommen werden, als der Gebrauch sowohl von Privatzeugnissen (testationes) behufs Erbringung eines Indizienbeweises, wie insbesondere derjenige eidesstattlicher Versicherungen zwecks vorläufiger „Bescheinigung" einer behaupteten Thatsache altem gemeinen deutschen Prozeßrecht entspricht, und sich bis zur Einführung der Civilprozeßordnung unbestritten im größten Teile Deutschlands in steter Übung befand. In diesem Zusammenhange aber kann allerdings einiger Wert auch darauf gelegt werden, daß die amtlichen Motive zwar davon sprechen, daß, wo der „Eid" als die solenne Form der Beweiserhebung vorgeschrieben sei, derselbe nicht durch das Surrogat einer eidesstattlichen Versicherung ersetzt werden dürfe, nirgends aber andeuten, daß da, wo das Verfahren bezüglich des Zeugenbeweises von den sonst geltenden Formvorschriften befreit ist (§ 266 C. P. O.) eidesstattliche Versicherungen Dritter gleichfalls als unstatthaft zu gelten hätten. Vgl. Entsch. des R. G.'s in Straff. Bd. 7 Nr. 87 S. 287 flg. Dem gegenüber könnte eingewendet werden, wie freilich der Prozeßrichter in der ihm durch § 266 C. P. O. eingeräumten freien Stellung nicht gehindert werden könne, eidesstattliche Versicheruugen Dritter, welche ihm schriftlich oder körperlichmündlich entgegengebracht würden, thatsächlich auf seine richterliche Ueberzeugung einwirken zu lassen, hieraus aber noch keineswegs die Unterordnungdieser Versicherungen unter die Strafbestimmung des § 156 St. G. B.'s folge. Einem derartigen Einwande liegt das de lege ferenda vielleicht berechtigte Bestreben zu Grunde, der Formlosigkeit eidesstattlicher Versicherungen entgegenzutreten und ihre Strafbarkeit an festere, formale Voraussetzungen — etwa eine Forderung der betreffenden Behörde oder dergleichen — zu knüpfen; in sich schlüssig nnd für die Auslegungdes § 156 St. G. B.'s verwendbar erscheint der Gedanke nicht. Denn so wie die Norm des § 156 St. G. B.'s gefaßt ist, kommt es für die vorliegende Frage darauf an, zu untersuchen, ob innerhalb des Rahmens der Civilprozeßordnung und nach Maßgabe des durch diese geordneten Verfahrens der Prozeßrichter überhaupt „eine zur Abnahme einer Versicherung an Eidesstatt zuständige Behörde" ist oder nicht. Besteht innerhalb der Civilprozeßordnung eine Verfahrensart, welche es dem Richter gestattet, eidesstattliche Versicherungen mit rechtlicher Wirkung entgegenzunehmen, dann besitzt der Civilprozeßrichter auch die hierfür erforderliche Zuständigkeit. Ob die letztere, indem er solchen Mitteln der Glaubhaftmachung Beachtung schenkt, sich des § 156 St. G. B.'s bewußt bleibt und die strafrechtliche Verantwortlichkeit, unter der hiernach die fragliche Versicherung steht, beweiswürdigend mitberücksichtigt, ist gleichgültig. Die strafrechtlichen Wirkungen der einmal zuständigermaßen vor dem Prozeßrichter zwecks Glaubhaftmachung einer Thatsache abgegebenen eidesstattlichen Versicherungen sind davon schlechthin unabhängig, wie der Prozeßrichter in concreto darüber geurteilt hat. Diese Wirkungen ruhen vollkommen selbständig auf der Norm des § 156 St. G. B.'s, welche jedermann unter Strafandrohung verbietet, die Wahrheit einer thatsächlichen Behauptung an Eidesstatt einer Behörde gegenüber wissentlich falsch zu versichern, sobald solche Versicherung nach dem Gegenstande des Verfahrens geeignet ist, rechtliche Wirkungen auszuüben, die Behörde also im allgemeinen Zuständigkeit besitzt, derartige Versicherungen abzunehmen.

III. Welcher Unterschied besteht zwischen dem **Unternehmen der Verleitung zur Begehung eines Meineides** und der **Verleitung zum Meineid?** U. v. 14. XII. 86. IV. (E. XV. 148).*)

Nach dem festgestellten Sachverhalte hat der Beschwerdeführer die beiden Mitangeklagten verleitet, ein Schriftstück vom 27. August 1885 zu unterschreiben, welches eine objektiv unrichtige Versicherung an Eidesstatt enthielt und behufs Erwirkung eines dinglichen Arrestes vom Beschwerdeführer dem Amtsgerichte in F. eingereicht ist. Weder von dem Inhalte des in deutscher Sprache, deren die Mitangeklagten nicht kundig waren, verfaßten Schriftstückes, noch davon, daß dasselbe dem Amtsgerichte eingereicht werden sollte, hatte der Beschwerdeführer die Mitangeklagten unterrichtet. Das ihn aus § 160 St. G. B.'s verurteilende Erkenntnis des Landgerichts ist aufgehoben worden.

Die Feststellung des ersten Richters, daß der Angeklagte B. die Mitangeklagten S. und J. zur Ableistung der falschen Versicherung an Eidesstatt in dem Schriftstücke vom 27. August 1885 verleitet hat, während die beiden der deutschen Sprache nicht kundigen Mitangeklagten den Inhalt des von ihnen unterschriebenen Schriftstückes nicht kannten, insbesondere nicht wußten, daß dasselbe eine dem Amtsgerichte zu P. abzugebende eidesstattliche Versicherung enthalte, beruht auf einer unrichtigen Anwendung des § 160 St. G. B.'s.

Während das Strafgesetz im allgemeinen „als Anstifter" denjenigen bestraft, der „einen anderen zu der von demselben begangenen strafbaren Handlung vorsätzlich bestimmt" (§ 48), durchbricht es diese Strafthaten in doppelter Richtung, indem es in § 159 auch die erfolglose Anstiftung, das Unternehmen der Verleitung zur Begehung eines Meineides, in § 160 die Anstiftung zu einer That, die als solche nicht strafbar, wenigstens nicht als vorsätzliche strafbar ist, zur Ableistung eines nur objektiv, nicht wissentlich falschen Eides als selbständige vollendete Strafthaten setzt. Der Thatbestand des § 159 a. a. O. setzt voraus, daß der zu Verleitende den Meineid nicht leistet, denn sonst würde Anstiftung zum begangenen Meineide, strafbar nach § 153 oder § 154 in Verbindung mit § 48 vorliegen. Der § 160 a. a. O. setzt dagegen, wie einerseits der Gegensatz des „Verleitens" zum „Unternehmen der Verleitung" in § 159, andererseits die besonders ausgesprochene Strafbarkeit des Versuches ergiebt, voraus, daß die That, zu welcher verleitet wird, auch wirklich begangen, nur von dem Thäter nicht als strafbar gewollt ist. Vgl. Entsch. d. R. G.'s in Strafs. Bd. 11 S. 418, Bd. 12 S. 254. Sind auch die äußeren Merkmale der That, Ableistung eines Eides, objektive Unrichtigkeit seines Inhaltes, nicht verwirklicht, so kann eben nur Versuch in Frage kommen.

Zu demselben Ergebnisse wie diese systematische Betrachtung führt die Textauslegung des § 160 a. a. O. Unter Verleiten ist die zu einer selbständigen Strafthat erhobene Anstiftung, vgl. Entsch. des R. G.'s in Strafs. Bd. 5 S. 125, die Einwirkung auf den Willen eines anderen zu

*) Vergl. ausserdem E. XXIII, 251 XXV, 213.

verstehen, welche zu dem beabsichtigten Erfolge führt, vgl. Entsch. des R. G.'s Bd. 12 S. 254, d. h. den anderen bestimmt, die von dem Verleitenden gewollte That zu verwirklichen, jedoch nicht als dessen That — dann wäre der Verleitende Thäter, der Verleitete Gehilfe —, sondern als eigene. Der Verleitete muß also, um den Thatbestand des § 160 a. a. O. zu vollenden, den Eid wirklich leisten, und zwar mit Bewußtsein und Willen, denn gerade die erfolgreiche Beeinflussung des Willens, das Bewirken, daß der andere die Eidesleistung will und bethätigt, erfüllt den Begriff „Verleitung". Nur ein Moment der objektiv verwirklichten Strafthat darf der Verleitetete nicht in sein Bewußtsein aufgenommen haben; die Unrichtigkeit des Eidesinhaltes, was durch das Fehlen des Wortes „wissentlich" in § 160 und durch den Gegensatz des falschen Eides (§ 160) gegen den Meineid (§ 159) zum Ausdrucke gebracht ist.

Nur der Mangel der Wissentlichkeit bei dem Schwörenden unterscheidet den Thatbestand des § 160 a. a. O. von der Anstiftung zum Meineide (§§ 153, 154, 48). Was vorstehend von der Verleitung zur Ableistung eines falschen Eides ausgeführt ist, gilt ebenso von der im § 160 St. G. B.'s abgesehen von dem Strafmaße, gleich behandelten Verleitung zur Ableistung einer falschen Versicherung an Eidesstatt.

Hat nun im vorliegenden Falle der Angeklagte B. die beiden Mitangeklagten zur Unterzeichnung des Schriftstückes vom 27. August 1885 verleitet, ohne ihnen dessen in einer ihnen fremden Sprache geschriebenen Inhalt mitzuteilen, haben die Mitangeklagten das Schriftstück unterschrieben, ohne zu wissen, daß dasselbe eine eidesstattliche Versicherung enthalte und an eine zur Abnahme solcher zuständige Behörde gelangen solle, so könnte ohne Verkennung der vorstehend richtig gestellten Bedeutung des § 160 a. a. O. nicht festgestellt werden, daß B. die beiden Mitangeklagten zur Ableistung einer falschen Versicherung an Eidesstatt verleitet hat, denn diese wollten überhaupt keine eidesstattliche Versicherung abgeben und B. hat ihren Willen in dieser Richtung überhaupt nicht, jedenfalls nicht mit Erfolg beeinflußt.

IV. **Liegt Unternehmen der Verleitung eines anderen zur Begehung eines Meineides vor, wenn der Thäter ohne Erfolg einen anderen zu bestimmen sucht, daß dieser einen Dritten zur Begehung eines Meineides verleitet?** U. v. 9. XI. 80. II. (E. III, 26).

Der erste Richter sieht als erwiesen an, daß der Angeklagte den Besitzer Karl J. erfolglos aufgefordert hat, seine, des J., Ehefrau zur Leistung eines Meineides, nämlich eines falschen Zeugeneides in einer wider die Ehefrau des Angeklagten schwebenden Untersuchung, zu verleiten. Er findet in dieser Handlung nicht den Thatbestand des § 159 St. G. B.'s, weil der Angeklagte nicht mit derjenigen Person, welche verleitet werden sollte, unmittelbar, sondern nur mit einer für ihre eigene Handlungen verantwortlichen Mittelsperson verhandelt habe, und er nur insoweit verantwortlich sei, als er entweder die Mittelsperson selbst zu einer Strafthat verleitet, oder durch deren Mitwirkung einen strafbaren Einfluß auf eine dritte Person ausgeübt habe. Beide Voraussetzungen lägen nach der thatsächlichen Annahme des ersten Richters nicht vor, da der Angeklagte den Ehemann J. nicht bewogen habe, seine Bemühungen anzuwenden, um seine Ehefrau im Sinne des Angeklagten zu einem Meineide zu überreden. Wäre dies geschehen, so würde nach der Ansicht des ersten Richters der J. sich des Verbrechens aus § 159 St. G. B.'s und der Angeklagte der strafbaren Theilnahme daran gemäß § 48 schuldig gemacht haben. Dieser Ausführung ist das Rg. nicht beigetreten.

Es kann zwar der von der Staatsanwaltschaft in der Revisionsbegründung aufgestellte Satz, daß auch derjenige nach allgemeinen strafrechtlichen Grundsätzen Thäter einer Missethat sei, welcher mit dem zum Thatbestand gehörenden Dolus es veranlaßt, daß ein anderer mit oder ohne Dolus die äußere Handlung vornimmt, in dieser Allgemeinheit für richtig nicht erachtet werden. Richtig ist der Satz nur insoweit, als der andere ohne Dolus gehandelt hat. Dagegen ist nach den Grundsätzen, welche im deutschen Strafgesetzbuch Anerkennung gefunden haben, derjenige, welcher einen anderen zu der von demselben begangenen dolosen strafbaren Handlung vorsätzlich bestimmt hat, nicht Thäter, sondern der Anstifter einer fremden Strafthat, wenngleich nach § 48 Abs. 2 St. G. B.'s seine Strafe nach demjenigen Gesetze festzusetzen ist, welches auf die Handlung Anwendung findet, zu welcher er wissentlich angestiftet hat. Diese Konsequenz dieses Grundsatzes müßte dahin führen, daß die mißlungene Anstiftung stets straflos bliebe, da nach § 48 a. a. O. eine von dem Angestifteten begangene strafbare Handlung die Voraussetzung für die Strafbarkeit des Anstifters bildet, diese Voraussetzung aber nicht vorliegt, wenn jener sich nicht bestimmen läßt und daher die Handlung weder ausgeführt noch versucht hat. Allein diese Konsequenz ist nicht überall gezogen, es haben vielmehr kriminalpolitische Gründe dahin geführt, teils die mißlungene Anstiftung zu einzelnen bestimmten mit Strafe bedrohten Handlungen, z. B. § 85 St. G. B.'s, teils die in einer bestimmten Form erfolgte mißlungene Anstiftung zu strafbaren Handlungen überhaupt (§ 111 Abs. 2), teils endlich mit gewissen Beschränkungen die mißlungene Anstiftung zu einem Verbrechen (§ 49a a. a. O.) für strafbar zu erklären.

Aus solchen Erwägungen ist auch der § 159 St. G. B.'s hervorgegangen. Derselbe bestraft denjenigen, der es unternimmt, einen anderen zur Begehung eines Meineides zu verleiten, d. h. auf die Willensbestimmung eines anderen zu dem Zwecke einzuwirken, daß er einen Meineid schwöre, sollte auch dieser Versuch erfolglos sein. Die Strafbestimmung erhebt also allerdings einen Fall der erfolglosen Anstiftung zu einem selbständigen Delikt. Sie enthält aber keine Andeutung dafür, daß ihr Thatbestand, das Unternehmen, einen anderen zum Meineid zu verleiten, auf den Fall der unmittelbaren Einwirkung auf den Willen des zu Verleitenden einzuschränken und die Fälle, in denen das Unternehmen auf eine mittelbare Einwirkung auf den zu Verleitenden, auf die Einwirkung durch eine Mittelsperson, mag diese mit der verbrecherischen Absicht des

Unternehmens bekannt oder unbekannt sein, angelegt ist, vom Thatbestande ausgeschlossen sein sollen.

Der Ausdruck „Unternehmen“ umfaßt nach seinem Wortverstande und nach der Absicht des Gesetzgebers alle zur Erreichung eines bestimmten Vorhabens, hier der Verleitung zum Meineide, vorgenommenen Handlungen, unangesehen, ob der Erfolg des Vorhabens erreicht wird, und in diesem Sinne ist die Aufforderung eines anderen, einen Dritten zum Meineide zu verleiten, eine auf Erreichung dieses verbrecherischen Vorhabens abzielende Handlung. Der Rechtsbegriff des Unternehmens beschränkt sich an und für sich nicht auf Handlungen, durch welche das Vorhaben unmittelbar zur Ausführung gebracht werden soll. Eine solche, offenbar den Begriff an sich nicht immanierende Einschränkung hat derselbe im Falle des § 82 St. G. B.'s bei dem Verbrechen des Hochverrates erfahren. Hier ist die positive Vorschrift aufgestellt, daß als ein Unternehmen, durch welches das Verbrechen des Hochverrates vollendet wird, nur Handlungen anzusehen sind, durch welche das Vorhaben unmittelbar zur Ausführung gebracht werden soll. In dieser Weise ist aber der Begriff in § 159 St. G. B.'s nicht eingeschränkt und es kann nicht als zulässig erscheinen, in der Bestimmung des § 82 a. a. O. eine generelle Definition des fraglichen Begriffes zu finden und den Worten des § 159 den Sinn beizulegen, in welchem das Wort „Unternehmen“ im § 82 speziell in Beziehung auf Handlungen gebraucht ist, durch welche das Verbrechen des Hochverrates vollendet wird. Auch derjenige, der einen anderen auffordert, einen Dritten zum Meineide zu verleiten, begeht somit eine Handlung, welche auf Erreichung seines Vorhabens, den Willen dieses Dritten zum Meineide zu bestimmen, abzielt, und unternimmt somit diese Verleitung zum Meineide, sollte auch der Aufgeforderte dieser Aufforderung nicht nachkommen.

Fällt aber diese Aufforderung unter den Thatbestand des im § 159 vorgesehenen selbständigen Delikts, so kommt es nicht darauf an, ob nach allgemeinen strafrechtlichen Grundsätzen die Aufforderung, einen Dritten zur Verübung eines Verbrechens zu bewegen, als erfolglose Anstiftung zur Anstiftung straflos bleibt, wenn der Aufgeforderte dieser Aufforderung nicht Folge leistet.*)

V. **Über den Rücktritt von dem Unternehmen, einen anderen zum Meineid zu verleiten,** handelt das Urt. vom 29. IV. 84 II. (E. X, 324).

Die Strafkammer hat als erwiesen angenommen, daß Beschwerdeführer, nachdem er anfänglich den Zeugen B. zum Zeugnisse über eine unwahre Thatsache aufgefordert, demselben später mitgeteilt hat, daß er seiner Aussage gar nicht bedürfen würde, da er bereits andere Zeugen gefunden habe. Hierin liegt nach Ansicht des Angeklagten ein Rücktritt von dem Unternehmen der Meineidsverleitung. Der Strafbefreiungsgrund aus § 46 St. G. B.'s habe zur Anwendung gebracht werden müssen.

---

*) Übereinstimmend Olshausen zu § 159 No. 3 und E. VII, 321 XV, 259.

Allein zunächst könnte von einem Rücktritte nicht die Rede sein, da nach Inhalt des Urteiles die Thätigkeit des Beschwerdeführers zur Gewinnung des falschen Zeugnisses des B. nach jener Äußerung noch fortgesetzt worden ist. Aber wäre dieses auch nicht der Fall, so würde die Voraussetzung unrichtig sein, wovon die Revisionsbegründung ausgeht, daß das Verbrechen aus § 159 a. a. O. begrifflich nichts anderes als ein Versuch sei, daher auch die auf letzteren bezüglichen Vorschriften darauf Anwendung finden müßten. Denn mag es auch nicht zu bestreiten sein, daß das Verbrechen des erfolglosen Unternehmens, zum Meineide zu verleiten (§ 159 St. G. B.'s), sich historisch und in Fortbildung des § 130 preuß. St. G. B.'s aus der Lehre von dem Versuche, welche früher diese That als straflos erkannt hatte, herausentwickelt hat, indem das fortschreitende Rechtsbewußtsein dahin drängte, dieselbe wegen ihrer Gemeingefährlichkeit unter Strafe zu stellen, so handelt es sich gegenwärtig eben nicht mehr um einen Verbrechensversuch, sondern um ein vollendetes Verbrechen, auf welches bloß mit Rücksicht auf seinen genetischen Zusammenhang mit der Versuchslehre deren Grundsätze nicht ohne weiteres Anwendung zu finden haben. Die Natur des Deliktes aus § 159 St. G. B.'s wird vielmehr zunächst aus sich selbst zu beurteilen sein, und von diesem Gesichtspunkte aus muß es für richtig erachtet werden, daß der § 46 a. a. O. darauf keinerlei Anwendung finden kann. Die Strafbefreiungsgründe des § 46 a. a. O. beruhen auf der kriminalpolitischen Rücksicht, daß auch dann, wenn der Thäter bereits mit der Ausführung einer strafbaren Handlung begonnen habe, das beabsichtigte Delikt aber noch nicht zur Vollendung gekommen ist, der Anreiz zur Vollendung der That, somit also auch des dadurch herbeigeführten schwereren Bruches der Rechtsordnung dadurch vermindert werden müsse, daß für das Aufgeben der That oder die Verhinderung des Erfolges Straflosigkeit zugesichert wird; das Fortschreiten des Versuches zur Vollendung soll dadurch gehindert werden. Hat aber, wie dieses bei § 159 St. G. B.'s der Fall, das Gesetz unter speziellen Voraussetzungen das Vorhandensein eines Versuches für ein so schweres Delikt angesehen, daß es sich veranlaßt fand, dasselbe aus dem Versuchssysteme herauszulösen und als neue Deliktspezies, welche davon, ob die Anstiftung gelungen und der falsche Eid geleistet worden ist, also von der accessorischen Natur der Anstiftung ganz absieht, mit einer besonderen Strafe zu belegen, so kann nicht davon die Rede sein, lediglich deshalb, weil die Bedingungen des § 46 a. a. O. vorliegen, die beabsichtigte Behandlung der That aus § 159 a. a. O. als selbständiges vollendetes Delikt wieder aufzuheben und letztere in die Kategorie der Versuchsverhandlungen zurückzuversetzen, aus welcher sie gerade hat entfernt werden sollen. Zu solcher Annahme würde es einer positiven Gesetzesvorschrift bedurft haben, welche nicht vorliegt.*)

*) Ebenso Olshausen zu § 159 No. 6, v. Liszt § 179.

Dritter Abschnitt.

Die Delikte gegen die Sittlichkeit.

§ 51.

Die Unzucht.

Berner S. 439, Binding Gr. II § 149, v. Liszt § 102 f., Meyer § 141 ff., Frank und Olshausen zu § 171 f. St. G. B.

Die Rechtsprechung des Reichsgerichts ist einig darüber, daß der Begriff der **„widernatürlichen Unzucht"** im Sinne des § 175 St. G. B.'s einer Begrenzung bedürfe, daß er insbesondere auf beischlafsähnliche Handlungen zu beschränken sei, somit alle Handlungen, welche diesen Charakter nicht trügen, auszuscheiden seien. So U. v. 15. XI. 92 II. E. XXIII, 291 und früher E. II, 237 VI, 211.

§ 52.

Die Notzucht.

Berner S. 454, Binding Gr. II § 152, v. Liszt § 104, Meyer § 143, Frank und Olshausen zu § 176 St. G. B.

I. **Das Wesen der Notzucht** erörtert das U. vom 17. III. 81 I. (E. IV, 23) anläßlich folgenden Falles.

Der Angeklagte hat die am 26. September 1876 geborene P. P. an sich gelockt, sie trotz ihres Schreiens auf den Rücken geworfen, ihr die Kleider aufgehoben, die Beine auseinander gerissen, sodann aber ihr, um sie am Schreien zu verhindern, den Mund zugehalten und seinen Geschlechtsteil mit Gewalt in denjenigen des Kindes hineingetrieben. Die hiernach von dem Staatsanwalte beantragte Verurteilung des Angeklagten wegen Notzucht wurde abgelehnt und die Strafe nur nach § 176 Ziffer 1 und 3 St. G. B.'s zugemessen, weil eine immissio seminis nicht stattgefunden habe.

Die immissio seminis ist indessen keineswegs ein Erfordernis der vollendeten Notzucht. Nicht allein die gegenwärtige allgemeine Rechtsüberzeugung und die bisherige Rechtsprechung verwerfen die entgegengesetzte Anschauung einer früheren Zeit, durch welche lediglich der Verhängung der dem vollendeten Delikte angedroht gewesenen exorbitanten Strafe vorgebeugt, dieselbe beziehungsweise auf die Strafe des Versuches zurückgeführt werden sollte, sondern es findet auch dieses Erfordernis in dem Strafgesetzbuche keine Begründung. Denn dasselbe verlangt zur vollendeten Notzucht nur den vollzogenen Beischlaf. Für den Begriff des Beischlafs aber ist die immissio seminis bedeutungslos. Nur für die Möglichkeit einer Schwängerung würde sie von Belang sein. Diese Möglichkeit braucht jedoch nicht untrennbar mit dem Beischlafe verbunden zu sein und ist jedenfalls von dem Strafgesetzbuche nicht als Voraussetzung der Anwendbarkeit des § 177 in Bezug genommen worden. Entfällt hiernach der Grund, aus welchem das Urteil die Strafe der Notzucht nicht ausgesprochen hat, so muß auch die nahe liegende Frage bejaht werden, ob denn überhaupt an einem vierjährigen Kinde rechtlich eine Notzucht ausgeübt werden könne. Geht man freilich davon aus, daß das Wesen der Notzucht in dem Beischlafe bestehe, welcher gegen den durch Gegenwehr kundgegebenen Willen der Frauensperson an derselben mit Gewalt vollzogen werde, und eine im Besitze der weiblichen Ehre sich befindliche Frauensperson voraussetze, so muß auch der von der Genotzüchtigten geleistete Widerstand gerade zum Schutze der weiblichen Ehre geleistet werden, und es kann dann allerdings ein Kind, welches noch kein Bewußtsein seiner weiblichen Ehre hat, darum aber in seinem sittlichen Selbstgefühle nach dieser Richtung nicht verletzbar ist, nicht Gegenstand des Verbrechens sein. Dieser Auffassung, welche in der Notzucht wesentlich eine der weiblichen Ehre und Würde zugefügte Injurie erblickt, hat sich jedoch das Strafgesetzbuch nicht angeschlossen. **Es betrachtet vielmehr die Notzucht als die schwerste Form des Verbrechens gegen die Sittlichkeit überhaupt** und hat darum dasselbe von der individuellen Beziehung zu der Genotzüchtigten losgelöst.

II. Der Thäter im Falle des § 176³ kann auch eine **unter 14 Jahr alte** Person sein.*) So U. 18. XII. 82 III E. VII, 352.

§ 53.
Die Blutschande.

Berner S. 446. Binding Gr. II § 159. v. Liszt § 110. Meyer § 143. Frank und Olshausen zu § 173 St. G. B.

Die dem § 173 St. G. B. zu Grunde liegende ratio bringt das U. vom 10. XI. 81 I (E. V, 159) bei Gelegenheit folgenden Falles zur Sprache:

Der Angeklagte, welcher seit 1875 in ehelicher Geschlechtsgemeinschaft mit der Tochter erster Ehe seiner 1874 verstorbenen Ehefrau lebt, ist von dem Vergehen aus § 173 St. G. B.'s freigesprochen worden, weil er, wie angenommen wird, bislang in dem guten Glauben gestanden hat, daß seine gegenwärtige Ehe eine rechtsgültige sei. Diese Entscheidung hat die Staatsanwaltschaft wegen Verletzung des genannten Paragraphen angefochten und mit Recht.

Die Freisprechung beruht auf dem im Urteil zu Grunde gelegten Syllogismus, die Bestrafung aus § 173 a. a. O. habe als zum gesetzlichen Thatbestand gehörig den Thatumstand zur Voraussetzung, daß zwischen Verschwägerten auf- und absteigender Linie ein außerehelicher Beischlaf stattgefunden habe, und daß, da der Angeklagte bei Vollziehung des geschlechtlichen Umganges mit der Tochter seiner verstorbenen Frau die Ungültigkeit der mit der ersteren eingegangenen Ehe nicht gekannt habe, ihm der Thatumstand des außerehelichen Charakters der Geschlechtsgemeinschaft nicht zuzurechnen sei. Diese Schlußfolgerung fällt mit der Unrichtigkeit des Vordersatzes, welcher dem § 173 rechtsirrtümlich eine zu enge Auslegung giebt. Der Wortlaut dieses Gesetzes giebt zu der gemachten Unterscheidung des darin ganz allgemein genannten „Beischlafes", je nachdem demselben ein Eheabschluß vorausgegangen oder nicht, auch nicht den ent-

*) **Übereinstimmend Binding Gr. II § 152, A. M. v. Liszt § 104, Olshausen zu § 176 No. 16.**

ferntesten Anhalt; aber auch aus dem Grunde und der Absicht des Gesetzes läßt sich für dieselbe mit nichten etwas entnehmen. Daß dem Gesetzgeber, wenn er auch dann den Beischlaf mit der Stieftochter als blutschänderischen strafen wollte, wenn eine Eheschließung mit derselben stattgefunden habe, eine Verkennung und Verletzung des Wesens der Ehe insofern zu imputieren sei, als bei dem Beischlaf unter Ehegatten es sich um die wechselseitige Leistung ehelicher Pflicht handle, ist darum unbegründet, weil vor dem Gesetze solche Konkumbenten trotz des Aktes der Eheschließung in Wahrheit Ehegatten nicht sind; und wenn weiter daraus, daß bei Erlaß des Strafgesetzes die Möglichkeit einer — erlaubten — Eheschließung zwischen Verschwägerten auf- und absteigender Linie in Deutschland gar nicht bestanden habe, hergeleitet wird, daß das Strafgesetz an den Fall einer Eheschließung gar nicht habe denken können, so ist auch abgesehen von der Frage, ob nicht im Auslande eine gültige Ehe zwischen solchen Personen geschlossen werden könne, und welchen Einfluß dieser Umstand auf die Fortsetzung der Ehegemeinschaft im Inlande haben würde, nicht zu erkennen, warum der Gesetzgeber nicht daran gedacht haben könne, daß dem allgemein bestehenden Verbote der Eheschließung zwischen Verschwägerten auf- und absteigender Linie gerade so gut, wie dem Verbote des § 173 entgegengehandelt werden und trotz der staatlichen Nichtanerkennung der Rechtsgültigkeit der Akt einer Eheschließung unter Umständen recht wohl vorkommen könne. — Der angenommene Irrtum des Angeklagten läuft in der That auf einen solchen über das Strafgesetz hinaus, indem er geglaubt habe, das Gesetz erkenne im § 173 eine rechtsgültige Eheschließung unter Verschwägerten auf- und absteigender Linie ersten Grades an und nehme den Beischlaf in solchem Falle von der Strafbarkeit aus.*)

§ 54.

Der Ehebruch.

Berner S. 443. Binding Gr. II § 158. v. Liszt § 114. Meyer § 142.
Frank und Olshausen zu § 172 St. G. B.

I. **Das Erfordernis der Ehescheidung ist Prozeßvoraussetzung,**) nicht Bedingung der Strafbarkeit***) oder Thatbestandsmoment.†)** U. v. 28. XII. 86 II, E. XV S. 123 führt aus:

Die neuere Doktrin führt mehrere Fälle auf, in welchen die Strafandrohung von dem Vorliegen äußerer, auf ein Verschulden des Thäters (Vorsatz oder Fahrlässigkeit) nicht zurückzuführender Umstände abhängig gemacht sein soll, und bezeichnet solche Umstände als objektive Bedingungen der Strafbarkeit oder als Bedingungen, die keinen Bestandteil der Norm bilden. Die Rechtsübung ist unzweifelhaft von dieser Doktrin beeinflußt

*) A. M. Frank zu § 173 IV.

**) Uebereinstimmend Olshausen zu § 172 No. 6, Binding Gr. II § 158 gegen Binding, Normen II, 464, ferner E. VII, 298 XV, 261, XXII, 135.

***) So v. Liszt § 114.

†) So Berner S. 444.

worden. So erklärt ein Urteil des III. Strafsenates des Reichsgerichts vom 2. Juli 1881 Rep. 1578/81 den Schlußsatz des § 102 Abs. 1 St. G. B.'s:

sofern in dem anderen Staate dem deutschen Reiche die Gegenseitigkeit verbürgt ist,

dahin, daß derselbe nicht eine prozessuale Voraussetzung für die strafrechtliche Verfolgung, sondern eine Bedingung für die Gestaltung der normwidrigen Handlung zum Verbrechen, somit eine Bedingung der Strafbarkeit selbst enthalte. Ebenso hat der II. Strafsenat in dem Urteile vom 28. September 1883,

Vgl. Entsch. des R. G.'s in Strafs. Bd. 9 S. 150,

in den Worten des § 186 St. G. B.'s:

wenn nicht diese Thatsache erweislich wahr ist,

eine objektive Bedingung der Strafbarkeit gefunden.

Vgl. Urteile des I. Strafsenates vom 30. Oktober 1882, Bd. 8 S. 171, des III. Strafsenates vom 8. Dezember 1884, Rep. 2816/84 und des IV. Strafsenates vom 10. Oktober 1884, Rep. 1931/84.

In dem Falle des § 186 a. a. O. tritt der Unterschied zwischen Bedingung der Strafbarkeit und Bedingung der Strafverfolgung besonders scharf hervor, da die Frage, ob die behauptete oder verbreitete Thatsache erweislich wahr ist, gewöhnlich erst im Laufe des Strafverfahrens zur Erörterung gelangt, die Strafverfolgung nicht also als bedingt gelten kann.

Was insbesondere den § 172 St. G. B.'s anbetrifft, so hat der III. Strafsenat des Reichsgerichtes im Urteile vom 3. Januar 1880,

vgl. Entsch. des R. G.'s in Strafs. Bd. 1 S. 44,

die Frage, ob die Beschränkung „wenn wegen des Ehebruchs die Ehe geschieden ist" eine Bedingung für die Strafbarkeit oder für die Statthaftigkeit der Strafverfolgung darstelle, zwar erörtert, aber unentschieden gelassen. Der I. Strafsenat des Reichsgerichtes ist in den Urteilen vom 23. März 1880,

vgl. Entsch. d. R. G.'s in Strafs. Bd. 2, S. 62,

und vom 1. Juni 1882,

vgl. a. a. O. Bd. 6, S. 334,

davon ausgegangen, daß das Erfordernis prozessualer Natur sei. In dem Urteile desselben Senates vom 6. November 1882,

vgl. Entsch. d. R. G.'s in Strafs. Bd. 7, S. 298,

ist ausgeführt, daß durch das Erfordernis nur ein Aufschub für das Eingreifen der Staatsgewalt zur Verwirklichung der Strafe angeordnet, keineswegs aber für den bereits an sich durch den Beischlaf abgeschlossenen strafrechtlichen Thatbestand ein außerhalb der strafbegründenden Handlung liegendes weiteres Merkmal für den materiellen Deliktsbegriff gesetzt sei. Dieser Auffassung schließt sich der zweite Strafsenat an.

Der in Rede stehenden Beschränkung des § 172 a. a. O. liegt offenbar der legislatorische Gedanke zu Grunde, daß die Strafgewalt des Staates innerhalb gewisser Grenzen vor den Rücksichten auf die sittliche

Würde und die Erhaltung der Ehe zurücktreten müsse. Der Ehebruch ist danach immer eine Strafthat, ein „Vergehen“ wie § 140 preuß. St. G. B.'s in den Worten:

der Ehebruch wird, wenn wegen dieses Vergehens die Ehe geschieden ist, ...

zum Ausdrucke bringt, nur die Strafverfolgung ist bei diesem Vergehen beschränkt. Andere deutsche Gesetzgebungen (Criminalgesetzbuch für Braunschweig 1840 Art. 188, für Lippe 1843 Art. 188, St. G. B. für Bayern 1861 Art. 218) hatten unzweideutig ausgesprochen, daß die stehende Ehe der Strafverfolgung entgegenstehe. Daß das Reichsstrafgesetzbuch von einer grundsätzlich verschiedenen Auffassung ausgegangen sei, ist aus den Materialien nicht zu entnehmen. Die Motive des Entwurfes (S. 100) verweisen lediglich auf die Bestimmung des preußischen Gesetzbuches, welche wörtlich wiederholt sei. Das ist, genau genommen, nicht richtig; denn an die Stelle der aus dem preußischen Gesetzbuche wiedergegebenen Worte ist schon im Entwurfe von 1870 die Wendung getreten;

wenn wegen desselben die Ehe. . . . .

Soviel ist indes klar, daß die Abweichung von dem Wortlaute des § 140 preuß. Gesetzbuches für ganz bedeutungslos erachtet ist. Die Bedenken, welche gleichwohl aus der Fassung des § 172 hergeleitet worden sind, werden durch folgende Erwägungen beseitigt.

Nachdem in den §§ 236, 237 St. G. B.'s die Strafen des Entführers festgesetzt sind, bestimmt § 238:

Hat der Entführer die Entführte geheiratet, so findet die Verfolgung nur Statt, nachdem die Ehe für ungültig erklärt worden ist.

Hier ist mit voller Deutlichkeit ausgesprochen, daß das die Ehe auflösende Urteil die Strafverfolgung bedinge. Die Vorschrift in § 238 beruht auf demselben Motive, wie die in § 172, und es ist kein Grund für die Annahme erkennbar, daß das Gesetz in der fraglichen Beziehung einen Unterschied habe begründen wollen.

Nach § 69 St. G. B.'s ruht ferner die Verjährung, wenn der Beginn eines Strafverfahrens von einer Vorfrage abhängig ist, deren Entscheidung in einem anderen Verfahren erfolgen muß. Zu diesen präjudiziellen Entscheidungen gehört auch die Entscheidung des Eherichters im Falle des § 172 a. a. O. Der Mangel der Entscheidung hemmt also „den Beginn des Strafverfahrens“, wird sonach als prozessuales Hindernis angesehen.

Ist sonach die in § 172 ausgesprochene Beschränkung prozessualer Natur, so liegt unzweifelhaft die Feststellung des Erfordernisses außerhalb des Bereiches der den Geschworenen nach § 81 G. V. G. und §§ 293—298 St. P. O. obliegenden Entscheidung.

II. Schließt die Einwilligung des verletzten Ehegatten in den Ehebruch die Strafbarkeit desselben aus?

Dies wird verneint im U. v. 7. VI. 86 III (E. XIV, 202).*)

Das Strafgesetzbuch, welches im Anschlusse an das preußische Recht (§ 140 preuß. St. G. B.'s) und abweichend von anderen, das Ehescheidungsverfahren erst nach Durchführung des Strafverfahrens zulassenden Rechtssystemen die Scheidung der Ehe wegen Ehebruchs als die Voraussetzung für die Statthaftigkeit der Strafverfolgung wegen des letzteren aufstellt, enthält keine Definition des Begriffes des Ehebruches, setzt denselben vielmehr als feststehend voraus. Derselbe erfordert weiteres nicht, als die Vollziehung des Beischlafes von seiten einer verheirateten Person mit einer Person anderen Geschlechts, welche nicht der Ehegatte der ersteren ist. Ob mit dem in § 172 St. G. B.'s aufgestellten, bereits erwähnten ferneren Erfordernisse: „daß die Ehe wegen des Ehebruches, der den Gegenstand der Aburteilung bildet, bereits geschieden sei", ein zum Thatbestande des Vergehens gehöriges Merkmal, eine Bedingung für die Strafbarkeit der Handlung, oder nur eine prozessuale Voraussetzung für das strafrechtliche Eingreifen der Staatsgewalt aufgestellt worden sei, ist bestritten. Vgl. Entsch. d. R. G.'s in Straff. Bd. 1 S. 46.

Das Reichsgericht hat der letzteren Rechtsmeinung sich angeschlossen. Vgl. Entsch. des R. G.'s in Straff. Bd. 7 S. 298. Für die Entscheidung der hier vorliegenden Frage bedarf es jedoch einer Erörterung dessen nicht. Handelt es sich dabei um ein Merkmal des materiellen Deliktsbegriffes, so ist als solches nur die Thatsache, daß wegen des konkreten Ehebruches die Ehe geschieden sei, nicht aber für die Strafbarkeit des Ehebruches als weiteres Erfordernis aufgestellt, daß ein Ehebruch vorliege, wegen dessen die Ehe nach dem maßgebenden Ehescheidungsrechte statthafterweise auch wirklich hätte geschieden werden dürfen. Wäre letzteres die Voraussetzung für die Strafbarkeit des Ehebruches, so würde im vorliegenden Falle der Thatbestand des Deliktes allerdings versagen, da nach gemeinem, wie nach dem hier maßgebenden partikularen Eherechte (Eheordnung vom 13. März 1837 § 200 herzoglich = sachsen = altenburgische Gesetzsammlung S. 81 flg.) die Verzeihung des Ehebruchs, wie dessen Veranlassung durch den andern Ehegatten, ihm die Eigenschaft eines Scheidungsgrundes entzieht. Indem aber das Strafgesetz nur die Thatsache, daß die Ehe wegen des Ehebruches geschieden sei, fordert, hat es die Geltendmachung derjenigen Thatsachen, welche dem begangenen Ehebruche die Wirkung eines gültigen Scheidungsgrundes nehmen, auf das Ehescheidungsverfahren beschränkt. Diesen Thatsachen ist hierdurch mittelbar eine Einwirkung anf die strafrechtliche Beurteilung insofern gesichert, als das Vorhandensein derartiger, die Ehescheidung auszuschließen geeigneter Thatsachen, soweit sie im Eheprozesse mit Erfolg geltend gemacht worden sind, zugleich die Möglichkeit einer strafrechtlichen Verurteilung wegen Ehebruches beseitigt. Dagegen ist diesen Thatsachen (vorausgegangene Ein-

*) Übereinstimmend v. Liszt § 114, Meyer § 142, A. M. Olshausen No. 1, Binding I, 715 und Gr. II, § 158.

willigung, nachträgliche Verzeihung, Kompensation mit dem von dem andern Gatten begangenen Ehebruche), sofern sie im Scheidungsverfahren nicht oder ohne Erfolg geltend gemacht worden sind, für den Thatbestand des Vergehens des Ehebruches Bedeutung versagt. Die Geschlechtsvereinigung eines Ehegatten mit einer dritten Person bleibt Ehebruch, auch wenn sie mit Zustimmung des anderen Ehegatten begangen oder von ihm verziehen ist, und es liegt, wenn deshalb die Ehe geschieden ist, der volle Thatbestand des § 172 St. G. B.'s vor, gleichviel, ob die Ehescheidung auf Grund einer der bezeichneten Thatsachen hätte versagt werden können oder müssen. — Noch viel weniger kann selbstverständlich bei der Auffassung des Erfordernisses erfolgter Ehescheidung als einer lediglich prozessualen Voraussetzung für die Strafverfolgung eine Einschränkuug des Thatbestandes des § 172 St. G. B.'s dahin angenommen werden, daß unter dem Begriffe Ehebruch, welcher solchenfalls die Definition des Thatbestandes erschöpfend enthält, derjenige Ehebruch nicht verstanden werden dürfe, welcher aus irgend einem Grunde zur Scheidung der Ehe zu führen an sich nicht geeignet gewesen wäre.

Sowenig aber hiernach die Thatsache vorheriger Zustimmung zu dem Ehebruche oder nachträglicher Verzeihung desselben, den Thatbestand des Ehebruches ausschließt, ebensowenig ist die Thatsache geeignet, dem anderen Ehegatten das Recht zur Stellung des Strafantrages zu entziehen. In denjenigen Fällen, in denen das Strafgesetzbuch die Strafverfolgung von dem Strafantrage eines Verletzten abhängig macht, kann das Unterbleiben der Strafverfolgung nur unter der zweifachen Voraussetzung stattfinden, daß entweder der Berechtigte den Strafantrag innerhalb der zu dessen Geltendmachung geordneten Frist nicht stellt, oder daß er den gestellten Strafantrag in denjenigen Fällen, in denen das Gesetz dies zuläßt, wieder zurücknimmt. Dagegen geht das Recht zur Stellung des Strafantrages dem hierzu Berechtigten weder durch Verzeihung der Strafthat noch durch einen von ihm erklärten Verzicht auf dessen Stellung verloren, und zwar gleichviel, ob Verzeihung oder Verzicht vor oder nach Beginn der Antragsfrist erfolgt ist. Dies ist vom Reichsgericht in konstanter Rechtsprechung anerkannt, vgl. Entsch. d. R. G.'s in Strafs. Bd. 3 S. 221, Urteil des II. Strafsenats vom 1. April 1881 g. B. Reg. 524/81, und es genügt, auf die Ausführungen in diesen reichsgerichtlichen Urteilen zu verweisen, gegen welche die Revision irgend etwas vorzubringen nicht unternommen hat. Es kann aber auch der thatbestandlich für den Begriff des Ehebruches unerheblichen Thatsache der vor Begehung des Ehebruchs ausdrücklich oder stillschweigend erklärten Zustimmung zu demselben auf dem Gebiete des Strafrechts eine weitere Bedeutung als die der Erklärung, künftig von dem Rechte zur Stellung des Strafantrages behufs Herbeiführung des Strafverfahrens keinen Gebrauch machen zu wollen und daher eines noch vor Begehung der Strafthat erklärten Verzichtes auf den Strafantrag nicht beigelegt werden. Wenn der Satz aufgestellt worden ist, die Einwilligung in die Begehung des Ehebruches vonseiten des anderen Ehegatten lasse das

Strafantragsrecht des Einwilligenden überhaupt „nicht zur Entstehung gelangen", so kann dies selbstverständlich nicht in dem Sinne gemeint sein, daß hier ein Fall vorliege, in welchem, weil zu dem Thatbestande der strafbaren Handlung ein Handeln wider den Willen eines anderen gehöre, die Einwilligung des letzteren die Existenz einer Strafthat überhaupt ausschließe, oder in welchem, weil die Einwilligung das Aufgeben eines durch Handlung angegriffenen, der Verfügung des Einwilligenden unterliegenden konkreten Rechtes in sich fasse, infolge der Einwilligung eine Rechtsverletzung überhaupt nicht vorliege und deshalb ein durch die Strafthat Verletzter nicht vorhanden sei. Daß die Einwilligung in die Begehung des Ehebruches diese Wirkung habe, davon kann keine Rede sein. Das Recht auf Bewahrung der ehelichen Treue ist nicht ein der Verfügung des einzelnen Ehegatten unterliegendes, dergestalt, daß der eine Teil mit rechtlicher Wirkung und in rechtlich zu beachtender Weise darauf verzichten und dadurch den Treubruch zu einer erlaubten oder auch nur strafrechtlich indifferenten Handlung machen könnte. Sieht man aber von Fällen der oben bezeichneten Art ab, so bedeutet der Satz, daß infolge der Einwilligung das Antragsrecht überhaupt nicht zur Entstehung gelange, etwas weiteres nicht, als daß der Einwilligende durch seine Einwilligung der Geltendmachung des an sich durch die Strafthat begründeten Rechtes zur Stellung des Strafantrages sich im voraus begebe, auf dasselbe verzichte — und dieser Verzicht ist eben nach dem Vorausgeführten rechtlich wirkungslos und nicht geeignet, dem nachmals gestellten Strafantrage seine Wirksamkeit zu entziehen. Zugegeben ist, daß dieses aus dem positiven Rechte folgende Ergebnis, wonach dem Ehegatten, der den Ehebruch des anderen Teiles genehmigt oder diesen sogar dazu angestiftet hat, dann, wenn dieser Umstand im Ehescheidungsprozesse nicht geltend gemacht worden und es zur Scheidung der Ehe wegen des Ehebruches gekommen ist, das Strafantragsrecht unverschränkt zusteht, das Rechtsgefühl zu verletzen geeignet ist. Auf der anderen Seite ist aber zu beachten, daß der Ehegatte, welcher den Ehebruch begangen hat, es sich selbst zuzuschreiben hat, wenn er im Eheprozesse den ihm gegen den Scheidungsantrag zustehenden Einwand der Einwilligung des klagenden Teiles nicht geltend macht und solchergestalt es herbeiführt, daß, obwohl er mit diesem Einwande die Scheidung der Ehe und damit die Voraussetzung für seine Bestrafung beseitigen konnte, die letztere dennoch einzutreten hat. Überdies aber würde die Zulassung des im Eheprozesse nicht geltend gemachten Einwandes der Einwilligung in den Ehebruch für das Strafverfahren Kollusionen für den Scheidungsprozeß Thür und Thor öffnen, welche das Gesetz im Interesse der Erhaltung der Ehen nicht zulassen kann.

III. **Die Frist zur Antragstellung beginnt erst mit dem Tage, seit welchem der zum Antrage Berechtigte von der die Verfolgbarkeit bedingenden Rechtskraft des Scheidungsurteils Kenntnis gehabt hat.** So gegen Meyer § 43, Frank zu § 172 IV. E. II, 62 XXVI, 116.

§ 55.

Die Doppelehe.

Berner S. 440, Binding Gr. II § 157, v. Liszt § 113, Meyer § 142, Frank und Olshausen zu § 171 St. G. B.

Über den guten Glauben in der Doppelehe führt das U. v. 31. III. 81 I (E. IV, 38) folgendes aus:

Die Angeklagte hat im Jahre 1859 den Einwohner K. geheiratet, ist im Jahre 1864 jedoch von demselben verlassen worden, ohne daß er bis jetzt wieder etwas von sich hätte hören lassen. Sie hat am 7. September 1880 eine anderweite Ehe abgeschlossen. Die hiernach erfolgte Verurteilung der Angeklagten wegen Bigamie wird näher mit der Erwägung begründet, daß sie weder den Tod ihres ersten Ehemannes, noch die Thatsache habe nachweisen können, ihre Ehe mit demselben sei sonstwie aufgelöst, für ungültig oder nichtig erklärt worden. Die Berufung der Angeklagten aber auf ihren guten Glauben, daß ihr erster Ehemann tot sei, könne keine Beachtung finden, weil diese bloße, durch Thatumstände nicht unterstützte Annahme eine Straflosigkeit nicht begründe, und der Dolus des Verbrechens der Bigamie nur das Bewußtsein, es liege keine Gewißheit über die in gesetzlicher Weise erfolgte Auflösung der früheren Ehe vor, voraussetze, welches Bewußtsein die Angeklagte gehabt habe. Die Revisionsschrift führt hiergegen aus, daß zur Bestrafung wegen Bigamie der Nachweis der noch fortbestehenden ersten Ehe erforderlich sei, welcher der Angeklagten nicht habe aufgebürdet werden dürfen, und daß ferner die Angeklagte das Bewußtsein der noch fortbestehenden Ehe gehabt habe. Der Vorderrichter habe hiernach das Erfordernis des Dolus in seinem Urteile verkannt. Die Revision ist für begründet erachtet worden.

Nach § 171 St. G. B.'s kann die Bigamie nur als vorsätzliches Delikt bestraft werden, und es ergiebt sich nicht, daß gerade hier der Dolus nicht nach den allgemeinen, für denselben geltenden Grundsätzen beurteilt werden soll.

Darum ist aber der § 59 St. G. B.'s auch auf den § 171 St. G. B.'s anwendbar, der Angeklagte also straflos, im Falle seine Überzeugung, seine erste Ehe sei in natürlicher Weise durch den Tod aufgelöst oder gesetzlich für ungültig oder nichtig erklärt worden, feststeht, mag auch diese Überzeugung eine der Wirklichkeit widersprechende sein. Daß außer dieser Überzeugung auch noch der Beweis dafür vorliegen müsse, das erste Eheband habe zur Zeit der Eingehung der zweiten Ehe in Wirklichkeit nicht mehr bestanden, wenn der Angeklagte soll freigesprochen werden können, entbehrt jeder gesetzlichen Bestätigung. Nun ist aber die Angeklagte gerade darum verurteilt worden, weil dieser Beweis nicht erbracht worden sei. Allerdings wird zur Begründung der Verurteilung der Angeklagten in dem Urteile noch weiter darauf Bezug genommen, sie habe keine Gewißheit darüber gehabt, daß ihre frühere Ehe „in gesetzlicher Weise“ aufgelöst worden sei. Allein vorliegend handelt es sich nicht um einen richterlichen Ausspruch, daß die frühere Ehe dem Gesetze nach ungültig oder nichtig gewesen sei, sondern um die natürliche Trennung dieser Ehe durch den Tod des einen Ehegatten. Daß insbesondere der Tod eines verschollenen Ehegatten vorerst durch förmliche Todeserklärung konstatiert worden sein müsse, bevor der andere Ehegatte zu einer weiteren Ehe schreiten könne, ist keine gesetzliche Vorschrift, aus deren Nichtbeachtung für denselben ohne weiteres die Bestrafung wegen Bigamie erwachsen könnte. Die Berufung der Angeklagten auf ihren guten Glauben an das erfolgte Ableben ihres ersten Ehemannes konnte hiernach nur durch die Feststellung widerlegt werden, sie habe gewußt, daß derselbe noch am Leben gewesen, oder doch wenigstens in dem Zweifel gestanden, ob derselbe bereits gestorben sei.

§ 56.

Die Verführung.

Berner S. 458. Binding Gr. II § 150. v. Liszt § 106. Meyer § 143. Frank und Olshausen zu § 182 St. G. B.

Es handelt sich hier um die in § 182 St. G. B.'s geregelte Verführung eines unbescholtenen Mädchens, welches das 16. Lebensjahr noch nicht vollendet hat.

I. **Über die Bedeutung des Wortes „Verführen"** führt das U. v. 23. III. 82 III (E. VI, 135) folgendes aus:

Der Angeklagte hat, begünstigt durch die späte Abendstunde, die auf dem Heimgang begriffene vierzehn Jahre alte Hulda E. verfolgt und sie nach vorausgegangenen Liebkosungen zur Beischlafsvollziehung aufgefordert. Dieses Vorhaben hat er auch, nachdem er ein entgegengetretenes Bedenken des Mädchens ihr ausgeredet, sofort ausgeführt.

Der Angeklagte wurde durch das Instanzgericht von der aus § 182 St. G. B.'s erhobenen ausschließlich auf sein Geständnis gestützten Anklage freigesprochen, ohne daß eine Vernehmung des 14 Jahre alten, bisher unbescholtenen, verführten Mädchens stattgefunden hatte. Die Revision der Staatsanwaltschaft rügte sowohl diese Unterlassung wie die Nichtanwendung des Gesetzes. Sie wurde nur in letzterer Beziehung für begründet erachtet.

Dagegen muß allerdings die dem Thatbestandsmerkmale „des Verführens" im Sinne des § 182 St. G. B.'s vom angefochtenen Urteile gegebene Begriffsbestimmung für unzutreffend und mit dem richtigen Verständnis des § 182 St. G. B.'s nicht für vereinbar erachtet werden. Die Vorinstanz verlangt zur Erfüllung dieses Merkmales, „daß die Verführte einen ernstlichen Widerstand leistet und eine erhebliche Anstrengung erforderlich ist, sie zur Einwilligung zu bewegen", und nur, weil jener Widerstand und diese Anstrengung vermißt wird, weil auch bei dem Akte der Beischlafsvollziehung selbst offenbar die volle Einwilligung der Verführten vorhanden war, wird der gesetzliche Thatbestand verneint. Dem kann nicht beigepflichtet werden. Von vornherein ist es verfehlt, zur Erklärung des Ausdruckes „verführen" mit der Vorinstanz die Frage so allgemein zu stellen, als handele es sich überhaupt nur um die Verführung eines Frauenzimmers zu Beischlaf.

Vgl. Preuß. A. L. R. II. 20. § 1050 und die Entstehungsgeschichte zu § 145 des früheren preuß. St. G. B.'s bei Goltdammer, Materialien Bd. 2 S. 310 flg.

Nicht darum handelt es sich, sondern um den wesentlich begrenzteren Thatbestand der Verführung eines unbescholtenen, noch nicht sechszehn Jahre alten Mädchens zum Beischlaf und um den Sinn, welchen das Strafgesetz in solcher Begrenzung mit dem Ausdrucke verbunden haben kann. Das Gesetz bezweckte gerade, die Unerfahrenheit und geringe Widerstandskraft der weiblichen Jugend gegen Korruption zu schützen und es hat in bewußter Abweichung von dem stuprum fraudulentum des älteren Rechtes und des § 179 St. G. B.'s davon abgesehen, für den hier fraglichen Thatbestand besondere Mittel der Verführung — Kunstgriffe, Täuschungen und dergl. — zu erfordern. Danach ist zwar anzuerkennen, daß nicht jede Beischlafsvollziehung mit einem unbescholtenen noch nicht sechszehnjährigen Mädchen auf seiten des Mannes schon den Thatbestand des § 182 St. G. B.'s erfüllt. Vorausgesetzt wird vielmehr, daß der Mann der verleitende und bestimmende Theil gewesen, daß er die geschlechtliche Unerfahrenheit und geringe Widerstandskraft des Mädchens mißbraucht hat. Mehr aber, als eine solche thätige Willensbeeinflussung im allgemeinen erfordert der Begriff des „Verführens" nicht. Verführen in der hier in Rede stehenden Beziehung bedeutet also nur, daß der Mann zur Befriedigung seiner sinnlichen Begierde den Beischlaf gewollt, daß er den Willen des Mädchens seinen Gelüsten dienstbar gemacht hat. Es scheiden folgeweise alle diejenigen Fälle aus, in denen das Mädchen entweder selbst zur Beischlafsvollziehung angeregt und den beiderseitigen Willen hierzu bestimmt hat, oder, ohne daß irgend eine Beeinflussung ihres Willens oder irgend ein Mißbrauch ihrer Unerfahrenheit erforderlich war, sich doch ohne Zaudern preisgegeben hat. Daß aber, wie das angefochtene Urteil dies verlangt, das Merkmal der „Verführung" von dem Maße des Widerstandes und der zur Überwindung desselben angewendeten Anstrengung begrifflich in der Weise abhängen soll, daß eine erhebliche Anstrengung, um einen ernstlichen Widerstand des Mädchens zu besiegen, notwendig gewesen sein müsse, erscheint verfehlt. Wie schon hervorgehoben worden, ruht die ratio des Gesetzes gerade auf der natürlichen Schutzlosigkeit halbwüchsiger Mädchen und der mühelosen Leichtigkeit ihrer Verführung.

Solcher Auslegung entspricht auch der gemeine Wortverstand wie die Auffassung des gewöhnlichen Lebens. Niemand wird, wenn er von der Thatsache der Konkumbenz zwischen einem Manne und einem unbescholtenen vierzehnjährigen Mädchen vernimmt, etwas anderes vermuten, als daß der erstere der „Verführer", die letztere die „Verführte" sei, ohne diese Beurteilung des Vorganges erst von dem Erweise des Aufwandes besonderer Willenskraft oder Verführungskunst abhängig zu machen. Weder das Gesetz noch die Auffassung des gewöhnlichen Lebens hat ein Interesse daran, nach den Mitteln zu fragen, welche die Verführung bewirkt haben.

Die Vermutung spricht nach dem natürlichen Verhältnis der Personen zu einander dafür, daß die Schwäche und Unerfahrenheit der Jugend durch die überlegene Willensenergie des Mannes mißbraucht worden ist, und die Erfahrung beweist zudem, daß die Mittel der Verführung oft von so langer Hand und in so versteckter Wirksamkeit angewendet werden, daß sie sich im einzelnen, wie in ihrer Kausalität jeder Feststellung entziehen. Am wenigsten kann es für den hier fraglichen Thatbestand, wo von Gewalt oder Zwang nicht die Rede ist, darauf ankommen, ob die Verführte dem Akt der Beischlafsvollziehung selbst noch körperlichen Widerstand entgegengesetzt hat.

II. **Ueber das Antragsrecht der Eltern** s. U. v. 25. IX. 88 IV E. XVIII, 101.

§ 57.

Die Kuppelei.

Berner S. 459. Binding Gr. II § 155. v. Liszt § 107. Meyer § 143. Frank und Olshausen zu §§ 180, 181. St. G. B.

I. **Ist die Kuppelei ein selbständiges Delikt oder nur eine besondere Form der Teilnahme an einem Unzuchtvergehen?** U. v. 14. VI. 81 II (E. IV, 252).*)

E. forderte die Wittwe L. auf, ihm ein junges und noch frisches Mädchen zu verschaffen, unter dem Versprechen, sie dafür anständig zu belohnen. Darauf hin beredete die L. die noch nicht 14 Jahre alte M., mit ihr nach einem Garten zu gehen und hier von dem Angeklagten E. unzüchtige Handlungen mit sich vornehmen zu lassen. E. hat dann dort in Gegenwart der L., welche inzwischen aufpaßte, mit dem Mädchen unzüchtige Handlungen vorgenommen, ohne jedoch von dem jugendlichen Alter desselben Kenntnis gehabt zu haben. Gegen die L. ist festgestellt, daß dieselbe zu C. im Frühjahr 1880 durch eine und dieselbe Handlung 1) aus Eigennutz durch ihre Vermittelung und durch Verschaffung von Gelegenheit der Unzucht Vorschub geleistet hat; 2) die damals noch nicht 14jährige M. zur Duldung unzüchtiger Handlungen verleitet hat. Dagegen hat der Vorrichter für nicht festgestellt erachtet, daß der Angeklagte E. zu C. im Frühjahre 1880 die Angeklagte L. zu der von derselben begangenen, oben unter 1) bezeichneten strafbaren Handlung vorsätzlich bestimmt hat.

Aber die für diese negative Feststellung gegebenen Gründe erweisen sich als nicht haltbar.

Der Vorrichter führt zunächst aus, im vorliegenden Falle habe die Vorschubleistung, zu welcher E. die L. bestimmt habe, darin bestanden, daß die L. dem E. das Mädchen zu unzüchtigen Handlungen, welche E. an dem Mädchen begehen wollte, zugeführt habe. Danach wäre E., wenn Anstiftung zur Kuppelei gegen ihn festgestellt würde, Anstifter zu einer strafbaren Handlung, die ohne seine Mitwirkung nicht vollendet werden könnte, ohne doch andererseits Teilnehmer an der strafbaren Handlung zu sein. Dieses Verhältnis erscheine juristisch nicht denkbar.

*) Ebenso XXIII, 69. Dagegen Binding Gr. II § 155.

Hiernach erachtet der Richter eine Teilnahme an der Kuppelei an sich für strafbar. Darin ist ihm beizutreten. Die Beförderung fremder Unzucht wird im § 180 St. G. B.'s unter den dort bezeichneten Voraussetzungen mit Strafe bedroht, ohne Unterschied, ob die Unzucht im einzelnen Falle zu den strafbaren Handlungen gehört oder nicht. Die Kuppelei ist sonach ein selbständiges Delikt. Durch die Aufstellung eines besonderen Deliktes der Kuppelei hat der Gesetzgeber gerade diejenigen Fälle mittreffen wollen, in welchen, wie nach der Annahme des ersten Richters im vorliegenden Falle, die Voraussetzungen einer strafbaren Teilnahme des Kupplers an der fremden Unzucht nicht zutreffen. Weil aber die Kuppelei ein selbständiges Delikt bildet, so müssen auch auf dieses Vergehen die den speziellen Teil des Strafgesetzbuches beherrschenden allgemeinen Regeln über die Strafbarkeit der Teilnahme in Anwendung gebracht werden, insoweit nicht eine Ausnahme begründet werden kann. Indem der Richter eine Ausnahme aus dem Umstande herleitet, daß die That ohne Mitwirkung des Anstifters nicht habe vollendet werden können, hat er offenbar einen Fall der sogenannten notwendigen oder begriffsmäßigen Teilnahme im Auge. Allein nach dem von ihm dargelegten Sachverhalte war zu der von dem Angeklagten E. beabsichtigten Verkuppelung des Mädchens eine Mitwirkung des Angeklagten nicht notwendig, denn die Kuppelei war, als die L. das Mädchen auf Verlangen des E. willfährig gemacht und dem letzteren zugeführt hatte, vollendet; es war damit der Unzucht durch Vermittelung und Beschaffung von Gelegenheit Vorschub geleistet, und die Verübung unzüchtiger Handlungen als Folge solcher Thätigkeit wird vom Gesetze nicht erfordert.

Weiter führt der Vorrichter aus: „sodann wird jemand zu einer strafbaren Handlung, zu deren Thatbestand der Beweggrund des Eigennutzes gehört, nicht bereits dadurch vorsätzlich bestimmt, daß der andere unter Benutzung des Eigennutzes des Handelnden letzteren durch Versprechen zu der erst durch das Hinzutreten des Eigennutzes strafbaren Handlung veranlaßt. Denn die Absicht dieses anderen geht in derartigen Fällen meist, insbesondere aber hier, nur dahin, daß die an sich ohne den Eigennutz straflose Handlung ausgeführt wird, nicht aber dahin, daß sie aus Eigennutz ausgeführt wird.

Über die bei der Anstiftung hervorgetretene Absicht hinaus kann aber der Anstifter für die Folgen der Anstiftung nicht verantwortlich gemacht werden. Diese Motivierung geht von der nach § 48 St. G. B.'s begründeten Ansicht aus, daß eine Anstiftung im Sinne des Gesetzes nur dann vorliege, wenn der Vorsatz des Anstifters dahin gegangen sei, daß der andere die That unter den ihre Strafbarkeit begründenden Voraussetzungen begehe.

Bei den weiteren Schlußfolgerungen verwechselt aber der Vorrichter „Vorsatz" und „Absicht", indem er unter letzterem Ausdrucke die Richtung des Willens auf einen über die Verwirklichung des Vorsatzes (Dolus) hinausgehenden Erfolg versteht. Die Absicht des E. ging nach Annahme des Vorrichters auf Vornahme unzüchtiger Handlungen an dem in Rede stehenden Mädchen, und es konnte ihm darum gleichgültig sein, ob die L. aus Eigennutz oder aus einem anderen Motive diese Absicht förderte. Die Absicht auf einen bestimmten Erfolg eines Deliktes ist aber, soweit das Gesetz nicht anders bestimmt, für den Thatbestand des Deliktes, welches als Mittel zur Verwirklichung der Absicht dienen soll, nicht von Belang. Die Anstiftung erfordert den Vorsatz, d. h. einen auf die Bestimmung des anderen zur Strafthat gerichteten Willen. Dagegen ist es unerheblich, ob nach der Absicht, welche durch das Delikt erreicht werden sollte, der Anstifter auf ein oder das andere Thatbestandsmerkmal einen größeren oder geringeren Wert legte, sofern er nur das Merkmal als einen Bestandteil der That, sei es auch als einen für den beabsichtigten Zweck gleichgültigen oder nicht wünschenswerten, gewollt und den anderen zur Verwirklichung desselben bestimmt hat.

Unterstellt man daher mit dem Vorrichter, daß den Absichten des Angeklagten E. eine uneigennützige Vermittelung der L. genügte, so trägt der erstere gleichwohl die strafrechtliche Verantwortlichkeit für das Motiv des Eigennutzes, aus welchem die That der letzteren hervorgegangen ist, sofern er, gleichviel aus welcher Absicht, dieses Motiv vorsätzlich in ihr hervorgerufen hat. Wenn die L. sich ohne Belohnung zu der von ihr verlangten That nicht verstand, so hat der Angeklagte, indem er ihr diese Belohnung zusicherte, hierdurch sie vorsätzlich zu der That bestimmt, die ohne seine diesfällige Zusage nicht ausgeführt worden wäre.

Die Schlußbemerkung des angefochtenen Urteiles: „die Sache würde anders liegen und eine Anstiftung zu einer strafbaren Handlung anzunehmen sein, wenn ein Ehemann seine Ehefrau zur Ermöglichung der Deckung gemeinschaftlicher Wirtschaftskosten zur Begehung einer Handlung der fraglichen Art veranlaßte“, kann, weil sie einen selbständigen Entscheidungsgrund nicht enthält, hier unerörtert bleiben.

Die Wahl des in dieser Bemerkung gegebenen Beispiels ist anscheinend von den Ausführungen der Verteidigung beeinflußt, welche auch in dieser Instanz geltend macht, Teilnahme an einer Kuppelei sei nur möglich, sofern bei dem Teilnehmer das Merkmal der Gewohnheitsmäßigkeit oder des Eigennutzes zutreffe. Diese Ansicht ist für Mitthäterschaft (St. G. B. § 47) richtig, nicht aber für Anstiftung und Beihilfe, da diese einen von dem des Thäters wesentlich verschiedenen Dolus voraussetzen (§§ 48 49 das.). Insbesondere gehört zum Dolus des Anstifters nicht der Dolus der That, zu welcher angestiftet wird, sondern nur der Vorsatz, den anderen zu der demnächst begangenen That zu bestimmen. Das Motiv, aus welchem der Anstifter handelte, kommt nur für die Strafzumessung in Betracht. Wenn die Verteidigung gegen diese Auffassung geltend macht, daß in Konsequenz derselben jeder Besucher eines Bordelles als Anstifter zur Kuppelei anzusehen sei, so kann die Richtigkeit der Folgerung nicht zugegeben werden, weil regelmäßig der Besucher zur Erreichung des unterstellten Zweckes einer Einwirkung auf den Willen des Wirtes nicht bedürfen wird. Daß endlich unzüchtige Handlungen, von besonderen Umständen abgesehen, nicht unter

Strafe gestellt sind, steht der Bestrafung von Delikten, welche unzüchtigen Handlungen als Mittel zum Zwecke dienen, nicht entgegen.

II. **Was ist unter Vorschubleistung zur Unzucht zu verstehen?** U. v. 23. IV. 83 I (E. VIII. 236).

Die Angeklagte ist wegen gewohnheitsmäßiger und eigennütziger Kuppelei bestraft worden, weil sie längere Zeit hindurch zwei Mädchen in Kost und Wohnung unter dem Übereinkommen bei sich aufgenommen habe, daß sie als Gegenleistung das Geld, welches sie bei dem ihnen zur Pflicht gemachten abendlichen Umherstreichen auf den Straßen durch geschlechtlichen Umgang mit Männern verdienen würden, an sie abliefern sollten, was auch von den Mädchen geschehen sei.

Die Revision erhebt die Beschwerde, es sei von dem Urteile nicht festgestellt worden, daß die Angeklagte irgend eine Unzucht mit irgend einer Mannesperson vermittelt, oder ihre Wohnung hierzu hergegeben oder auf irgend eine andere Art eine Gelegenheit zur Unzucht verschafft habe. Vielmehr sei nichts vorgekommen, als daß die betreffenden Mädchen Lohnhurerei getrieben hätten, um der Angeklagten einen Ersatz für die denselben gewährte Wohnung und Beköstigung leisten zu können, und es erscheine darum durch die stattgefundene Bestrafung wegen Kuppelei der § 180 St. G. B.'s als verletzt. Die Revision wurde verworfen.

Gemeinrechtlich war die Meinung die vorherrschende, daß zur vollendeten Kuppelei der Vollzug der Unzucht erforderlich sei, und es mußte sonach jede kausale Beförderung des Vollzuges als vollendete Kuppelei bestraft werden. Nach dem Strafgesetzbuche erscheint nun zwar dieser Vollzug der Unzucht nicht als zum Wesen der Kuppelei erforderlich, aber es bestraft auch andererseits nicht schon den bloßen Versuch, denselben zu befördern, als das vollendete Delikt. Vielmehr verlangt es zur vollendeten Kuppelei, daß der Unzucht durch Vermittelung oder durch Gewährung oder Beschaffung von Gelegenheit ein wirklicher Vorschub geleistet worden sei, mag derselbe dann auch nicht zum Vollzuge der Unzucht geführt haben. Die vorausgesetzte Wirksamkeit des Kupplers ist hiernach nicht nach dem etwa stattgefundenen Vollzuge der Unzucht zu bemessen, sondern lediglich mit dieser Vorschubleistung in Beziehung zu bringen. Darum darf aber auch, wie die Revision mit Recht annimmt, nicht jede beliebige Thätigkeit, durch welche der Vollzug der Unzucht wirksam befördert worden ist, als Kuppelei bezeichnet werden, sondern es ist nur diejenige Wirksamkeit als Kuppelei zu betrachten, welche gerade eine Vorschubleistung zur Unzucht durch Vermittelung oder durch Gewährung oder Verschaffung von Gelegenheit enthält, einerlei, ob es dann zum Vollzuge der Unzucht gekommen ist oder nicht. Unter dieser Vorschubleistung zur Unzucht ist nun, wie das Reichsgericht bereits in mehreren Entscheidungen, vgl. Urtt. v. 15. Mai 1880 g. B. u. 23. Septbr. 1880 g. W. in den Entsch. des R. G.'s in Straff. Bd. 2, S. 164, 258, ausgesprochen hat, die Herbeiführung bisher noch nicht vorhandener Zustände und Verhältnisse zu verstehen, welche den Vollzug der Unzucht ermöglichen. Die bloße, sei es auch gewohnheitsmäßige und eigennützige, Aufnahme prostituierter Frauenspersonen in die eigene Wohnung, welche nicht zu dem Zwecke geschieht, daß in dieser Wohnung auch die Unzucht ausgeübt werden solle, enthält, wie dies gleichfalls vom Reichsgerichte angenommen worden ist, vgl. Urtt. v. 20. Oktober 1880 g. J. Reg. 1920/80 und 10. Novbr. 1880 g. O. Reg. 2588/80 die Herbeiführung solcher Zustände und Verhältnisse zwar noch nicht, weil sie lediglich die Lebensfristung der Prostituierten ermöglicht. Allein vorliegend handelt es sich auch nicht allein um eine derartige Aufnahme in die eigene Wohnung, sondern zugleich darum, daß die Angeklagte den von ihr aufgenommenen Mädchen die Pflicht auferlegt hat, außerhalb der ihnen eingeräumten Wohnung Unzucht mit Männern auszuüben und ihr das hierbei vereinnahmte Geld abzuliefern. Muß nun angenommen werden, daß die Mädchen sich infolge der ihnen auferlegten Verpflichtung zur Ausübung der Unzucht Männern gegenüber bereit gezeigt haben, so darf auch nicht bezweifelt werden, daß von der Angeklagten vorher noch nicht vorhanden gewesene Zustände, welche die Ausübung der Unzucht ermöglichten, herbeigeführt worden sind. Denn es ist einmal nicht einzusehen, daß diese herbeigeführten Zustände nur in der herbeigeführten Gestaltung äußerer Verhältnisse und nicht auch in der Hervorrufung des vorher nicht vorhandenen inneren Zustandes der Geneigtheit und des Bereitzeigens zur Ausübung der Unzucht sollten gefunden werden dürfen, wie aber ferner auch in diesem Bereitzeigen der Mädchen gegenüber ihnen begegnenden Männern zur Ausübung der Unzucht insbesondere eine von der Angeklagten herbeigeführte Gelegenheit hierzu zu erkennen ist. Auch waren diese von der Angeklagten hervorgerufenen Zustände keineswegs, wie dies die Revision anzunehmen scheint, nur allgemeine, zu bestimmten Fällen der Unzucht außer Beziehung stehende. Allerdings kannte die Angeklagte die Männer nicht, mit welchen die Mädchen, wenn sie ihre Weisung befolgten, Unzucht treiben würden. Aber es ist auch nicht erforderlich, daß sich der Kuppler die Personen derjenigen, welche sich an der Ausübung der Unzucht beteiligen sollen, individualisiere. Vielmehr genügt es, wenn er sich in seiner Vorstellung auch nur ein der Wirklichkeit sich annäherndes Bild davon entworfen hat, in welcher Art und Weise die Ausübung der Unzucht, gleichviel mit welchen Männern oder Frauen, ihre Ermöglichung in seiner Vorschubleistung finden werde. Vorliegend aber war diese Vorstellung in dem Bewußtsein der Angeklagten, die beiden bei ihr sich aufhaltenden Mädchen würden sich bei ihrem nächtlichen Herumstreichen ihnen begegnenden Männern gegen eine Belohnung in Geld preisgeben, eine so konkretisierte, daß die Vorschubleistung derselben als eine bestimmte strafbare That angesehen werden kann.

III. **Eigennutz bedeutet das nur auf den eigenen Nutzen gerichtete Streben, welches den Geboten der Moral zuwider nicht die gebührende Rücksicht auf die Interessen anderer nimmt.*)** So E XXVI, 41 und früher E IX, 129 XVI, 56.

*) So auch Olshausen zu § 180 No. 11. Enger v. Liszt § 107. Berner § 485, wonach Eigennutz gleichbedeutend ist mit gewinnsüchtiger Absicht.

IV. **Ist die Betreibung einer polizeilich geduldeten Bordellwirtschaft als Kuppelei strafbar?***)

Diese lebhaft bestrittene Frage wird von dem Rg. bejaht im U. v. 29. I. 80 I (E. I 88).

Die Angeklagte begründete die Revision gegen das sie verurteilende Erkenntnis dahin, daß die Annahme der Strafbarkeit des Haltens eines polizeilich geduldeten Bordells als Kuppelei aus § 180 St. G. B.'s das Strafgesetzbuch mit sich selbst in Widerspruch setze, § 361 Nr. 6, daß die Kuppelei juristisch nichts anderes, als Teilnahme an der vorliegend nicht strafbaren Unzucht sei, daß die Entstehungsgeschichte des § 147 des preußischen Strafgesetzbuchs, welcher dem § 188 zu Grunde liege, erweise, daß man Bordelle nicht habe unter Strafe stellen wollen, und daß jedenfalls der Dolus, das Bewußtsein des rechtswidrigen Handelns, fehle. Das Rg. verwarf die Revision.

Die Begründung der Revision fußt auf der Annahme, daß das Halten eines Bordells mit polizeilicher Gestattung nicht unter die Strafbestimmung des § 180 St. G. B.'s falle. Mit Recht hat das angefochtene Urteil das Gegenteil angenommen. Die Wortfassung des § begreift recht eigentlich die Handlung solcher, die ein Erwerbsgeschäft daraus machen, Mädchen zu dem Zwecke zu halten, daß sie zur Ausübung der Unzucht gegen Lohn benutzt werden können, und das Strafwürdige solchen Geschäfts wird dadurch nicht berührt, ob die Polizei ihm Hindernisse bereitet oder nicht.

Mit Unrecht findet die Revision in der Bestimmung des § 361 Ziff. 6 St. G. B.'s ein Moment für eine beschränkende Auslegung des § 180; denn die Beförderung der Unzucht kann auch da, wo letztere selbst nicht unter Strafe gestellt ist, gar wohl strafwürdig sein; die gewinnsüchtige Ausbeutung sittlicher Verkommenheit unterliegt ganz anderen Rücksichten der Strafgesetzgebung, als die niedrige Gesinnung und Hingabe einer feilen Dirne. Es ist ein Irrtum, wenn die Revision in der Kuppelei nur eine besondere Form der Teilnahme an einem Unzuchtsvergehen erblickt, da ihre Voraussetzungen auch bei strafloser Unzucht zutreffen, der Grad ihrer Strafbarkeit gerade in solchem Falle um so höher sein kann. Und eine gegenteilige Argumentation aus der Entstehungsgeschichte einer entsprechenden Strafbestimmung des ehemaligen preußischen Strafgesetzbuchs kann schon darum nicht zu einem anderen Resultate führen, weil das Strafgesetzbuch für das deutsche Reich aus sich selbst erklärt werden muß und der Nachweis, daß einer Vorschrift desselben eine gleiche Bestimmung einer früheren Gesetzgebung zu Grunde liegt, nicht dahin führen kann, alle für die Auslegung der letzteren in Betracht kommenden Momente auch für das Verständnis jener Vorschrift entscheiden zu lassen.

Aber auch darin ist dem angefochtenen Urteile Recht zu geben, daß es in subjektiver Beziehung mehr nicht erfordert, als die Absicht, der Unzucht Vorschub zu leisten, das Bewußtsein der Rechtswidrigkeit solcher

---

*) cf. Olshausen No. 12.

Handlungsweise aber für den Thatbestand des Vergehens unerheblich erachtet und einem verzeihlichen Irrtum nur bei der Strafausmessung Berücksichtigung angedeihen läßt.

§ 58.

Die Erregung öffentlichen Ärgernisses.

Berner S. 463, Binding Gr. II. § 156, v. Liszt § 108, Meyer § 143, Frank und Olshausen zu § 183 St. G. B.

I. **Unter unzüchtigen Handlungen im Sinne des § 183 St. G. B.'s sind auch mündliche Aeußerungen zu verstehen.***) U. v. 6. V. 81 II E. IV, 130 führt aus:

Der erste Richter hat zwar für erwiesen genommen, „daß der Angeklagte am 10. Juni 1880 zu . . . . durch eine unzüchtige Redensart öffentlich ein Ärgernis gegeben habe“, jedoch nicht für festgestellt erachtet“, daß der Angeklagte durch eine unzüchtige Handlung öffentlich ein Ärgernis gegeben habe“, und demgemäß denselben von der Anklage des Vergehens gegen § 183 a. a. O. freigesprochen.

Dies hat er durch die Ausführung motiviert, daß bloße mündliche unzüchtige Äußerungen nicht unter „unzüchtigen Handlungen“ im Sinne des § 183 zu verstehen seien, wie aus den Bestimmungen der §§ 184, 174, 176 St. G. B.'s sich ergebe.

Diese Ansicht kann für begründet nicht erachtet werden. Schon nach dem allgemeinen, mehr noch nach dem juristischen Sprachgebrauche schließt das Wort „Handlung“ die „mündliche Äußerung“ nicht aus und die Terminologie des Strafgesetzbuches rechtfertigt die Annahme, daß es das Wort „Handlung“ zumeist in seiner allgemeinen Bedeutung gebraucht, darunter also jede nach außen sich kundgebende Thätigkeit eines Menschen, ohne Unterschied, ob sie mittels der Sprache oder in anderer Weise in die Erscheinung getreten ist, verstanden hat, und daß es jenes Wort nur da auf Handlungen im engeren Sinne, im Gegensatz zu mündlichen Äußerungen beschränkt hat, wo nach Natur des betreffenden Reates dessen Begehung durch bloße Äußerungen begrifflich unmöglich ist. Es bedarf in dieser Beziehung nur des Hinweises auf die §§ 2, 3, 43, 46—52, 55—59, 61, 71, 73, 74 St. G. B.'s. Zweifellos umfaßt in allen diesen Stellen das Wort „Handlungen“ nicht nur die Handlungen im engeren Sinne, sondern auch Äußerungen, sonst würde es für letztere an den betreffenden grundsätzlichen allgemeinen Bestimmungen im Strafrechte fehlen, obwohl dies vielfach durch Worte begangene Reate mit Strafe bedroht, z. B. mündliche Bedrohungen (§§ 147, 113, 114, 167, 241 St. G. B.'s), beschimpfende Äußerungen (166 a. a. O.), wörtliche Beleidigungen (§§ 185 flg. das.), aktive und passive Beamtenbestechungen, durch Fordern und Versprechen von Geschenken (§§ 331—334 a. a. O.).

---

*) Ebenso Olshausen No. 2, v. Liszt § 108, A. M. Meyer 747, Frank zu § 183 I.

Die in § 4 Nr. 1 und 2 St. G. B.'s erwähnten hochverräterischen Handlungen beziehen sich unbedenklich auch auf die im § 85 daselbst mit Strafe bedrohten Aufforderungen zur Ausführung einer nach § 82 strafbaren Hochverratshandlung. Der § 163 a. a. O. bezeichnet die Meineidsfälle der §§ 153—156 das. ausdrücklich als „Handlungen", obwohl der Eid der Regel nach mittels Nachsprechens oder Ablesens der die Eidesnorm enthaltenden Eidesformel geleistet wird (C. P. O. §§ 440—446). Im Gegensatze zu diesen angeführten Gesetzesbestimmungen beschränkt sich das an anderer Stelle gebrauchte Wort „Handlung" — z. B. bei dem Verbrechen und Vergehen wider die Sittlichkeit (§§ 174, 176, 178 St. G. B.'s, bei der Abtreibung der Leibesfrucht (§ 220), bei der Aussetzung (§ 221), bei der Körperverletzung (§ 223), bei der Vergiftung (§ 229), bei der Beschädigung, Zerstörung u. s. w. von Eisenbahnen, Telegraphenanstalten, Wasserleitungen, Feuerzeichen u. s. w. (§§ 315—319, 321, 322, 326 a. a. O.) — deshalb auf Handlungen im engeren Sinne, weil die dort vorgesehenen Handlungen durch mündliche Äußerungen nicht begangen werden können.

Hieraus erhellt, daß die Bezugnahme des ersten Richters auf die oben allegierten §§ 174, 176 St. G. B.'s dessen gegenteilige Ansicht nicht stützen kann, denn diese Paragraphen finden zwar allerdings auf mündliche unzüchtige Äußerungen keine Anwendung, der Grund dieser Beschränkung liegt aber eben keineswegs in dem dort gebrauchten Worte „Handlungen", sondern darin, daß sie die Vornahme unzüchtiger Handlungen mit oder an dritten Personen, also eine „thätliche" Einwirkung auf den Körper solcher Personen, voraussetzen. Unzutreffend beruft sich der erste Richter ferner auf § 184 St. G. B.'s, da dort das Wort „Handlung" überhaupt nicht vorkommt.

Hiernach folgt schon aus der Terminologie des Strafgesetzbuches, daß durch die im § 183 gebrauchten Worte „unzüchtige Handlungen" derartige Äußerungen sprachlich nicht von selbst ausgeschlossen sind, daß damit vielmehr auch letztere mit umfaßt werden können, da an sich zweifellos auch durch unzüchtige Äußerungen öffentlich ein Ärgernis gegeben werden kann.

Dazu kommt, daß auch ein innerer strafpolitischer Grund zum Ausschlusse der unzüchtigen Äußerungen vom Thatbestande des im § 183 vorgesehenen Vergehens nicht vorliegt, weil unter Umständen derartigen Äußerungen ein ebenso hoher Grad von Gefährlichkeit für die Sittlichkeit und von Verwerflichkeit der Gesinnung und des Dolus des Thäters beiwohnen kann, wie körperlichen unzüchtigen Handlungen. Dies erscheint um so zutreffender bei der Erwägung, daß der Gesetzgeber bezüglich „unzüchtiger Schriften, Abbildungen und Darstellungen" im § 184 a. a. O. einen besonderen strafbaren Thatbestand aufgestellt hat, daß er also bezüglich unzüchtiger Äußerungen eine unmotivierte Lücke in den im Abschnitt XIII St. G. B.'s abgehandelten Verbrechen und Vergehen wider die Sittlichkeit gelassen haben würde, wenn er den § 183 auf Handlungen im engeren Sinne beschränkt hätte.

Endlich wird auch durch die Entstehungsgeschichte des § 183 a. a. O. die hier entwickelte, und nicht die erstrichterliche Auffassung bestätigt.

Der § 139 des Regierungsentwurfs zum preußischen Strafgesetzbuch: „Wer öffentlich eine Verletzung der Schamhaftigkeit begeht, wird .... bestraft“, wurde in der den Thatbestand einschränkenden Kommissionsfassung als § 150 in das preußische Strafgesetzbuch von 1851 dahin aufgenommen: „Wer durch eine Verletzung der Schamhaftigkeit ein öffentliches Ärgernis giebt, wird mit Gefängnis von 3 Monaten bis zu 3 Jahren bestraft. Auch kann zugleich auf zeitige Untersagung der Ausübung der bürgerlichen Ehrenrechte erkannt werden.“

Verhandl. der I. und II. preuß. Kammer über den Entwurf des preuß. St. G. B.'s, Berlin 1851, S. 129, 279, 468.

Da § 150 a. a. O. das Mittel nicht bezeichnet, so konnte nach seinem Wortlaut das Ärgernis sowohl durch Handlungen im engeren Sinne, als auch durch mündliche Äußerungen begangen werden.

Goltdammer, Mat. zum preuß. St. G. B. Bd. 2, S. 311.

Beschl. des vorm. preuß. Obertribunals vom 10. September 1852 (Goltdammer Archiv. Bd. 1 S. 84);

Erk. desselben Gerichts vom 8. Juni 1860 und vom 10. Januar 1861 (Goltdammer Arch. Bd. 9 S. 208).

Es entstanden indes wegen der für nicht schwere Fälle schamverletzender Äußerungen zu harten Strafbestimmung, sowie hinsichtlich anderer Punkte, z. B. über die Begriffe und die Beziehung des Wortes „öffentlich“, sowie darüber, ob die Verletzung der Schamhaftigkeit eine geschlechtliche Beziehung haben müsse, Bedenken. Diese Bedenken wollte der § 183 St. G. B.'s von 1870 durch seine Fassung: „Wer durch „eine unzüchtige Handlung“ öffentlich ein Ärgernis giebt, wird mit Gefängnis bis zu 2 Jahren bestraft, auch kann auf Verlust der bürgerlichen Ehrenrechte erkannt werden“, beseitigen. Denn er ist in den Motiven dahin erläutert: „Der wegen seiner zu allgemeinen Begriffsbestimmungen viel angefochtene § 150 des preuß. St. G. B.'s ist dadurch geändert worden, daß der Entwurf als Kriterium für den Thatbestand einer strafbaren Verletzung der Schamhaftigkeit den Begriff einer „unzüchtigen Handlung“ aufstellt. Der Entwurf glaubt durch diese Änderung den langjährigen Beschwerden über die ungenügende Fassung der preußischen Strafvorschrift in einer Weise Abhülfe zu schaffen, daß damit einerseits dem wirklichen Bedürfnisse ein Genüge geschieht und andererseits verhütet wird, daß über das wirkliche Bedürfnis hinaus Strafverfolgungen eingeleitet und Strafen ausgesprochen werden, welche der inneren strafrechtlichen Berechtigung entbehren.“

Motive zu § 181 des Entw. von 1870 Anl.-Bd. S. 67.

Aus diesen ganz allgemein gefaßten Motiven geht wohl nicht, wie die Gegner der hier entwickelten Ansicht auszuführen versuchen, vgl. z. B. Erk. des vorm. preuß. Obertrib. vom 17. Mai 1871 und vom 1. Mai 1877 (Oppenhoff, Rechtspr. Bd. 12 S. 273 und Bd. 17 S. 303) mit zweifelloser Sicherheit hervor, daß man regierungsseitig durch die veränderte Begriffsbestimmung den Thatbestand des Vergehens „auf Handlungen“ im engeren Sinne habe einschränken, also mündliche Äußerungen von dem Vergehensbegriffe des § 183 a. a. O. habe ausscheiden wollen. Die Ersetzung der Worte „Verletzung der Schamhaftigkeit“ durch die Worte „unzüchtige Handlungen“ kann vielmehr auch nicht sowohl die äußere Form des Zuwiderhandelns gegen das Strafgesetz, als die Hervorhebung der geschlechtlichen Beziehung des Reates bezielt haben. Dafür könnte man neben der oben erörterten Terminologie des Strafgesetzbuches beim Gebrauche des Wortes „Handlung“ ferner den Umstand geltend machen, daß der Vertreter der Bundesregierungen in der Reichstags-Kommission bei der Beratung des Entwurfs des deutschen Strafgesetzbuches auf die an ihn gestellte Frage, ob in dem hier besprochenen Paragraphen unter „Handlung“ auch eine Äußerung begriffen sei, die Antwort gegeben hat: „Das werde von den Umständen des einzelnen Falles abhängen, ob man die Äußerung als Handlung bezeichnen könne; ausgeschlossen sei sie aber nicht. Im einzelnen Falle werde vielleicht die Äußerung als grober Unfug bezeichnet und beurteilt werden können; aber das sei Sache der richterlichen Erwägung im einzelnen Falle.“

Stenogr. Berichte über die Verhandlungen des deutschen Reichstages 1875/76 S. 1002; Friedr. Meyer, Komment. Nr. 2 zu § 183 St. G. B.'s.

Die Verhandlungen des Reichstages über das deutsche Strafgesetzbuch selbst ergeben nichts darüber, ob man mündliche Äußerungen vom Thatbestande des § 183 a. a. O. habe ausschließen wollen oder nicht.

Es bedarf jedoch einer Entscheidung dieser Kontroverse nach Maßgabe der Lage der früheren Gesetzgebung im vorliegenden Falle nicht. Denn jeder Zweifel daran, daß im § 183 a. a. O. unter Handlungen auch Äußerungen zu verstehen seien, ist jetzt durch die Novelle vom 26. Februar 1876 und deren Materialien behoben.

Der Entwurf der Novelle schlug für § 183 a. a. O. folgende Fassung vor: „Wer durch eine unzüchtige Handlung „oder Äußerung“ öffentlich ein Ärgernis giebt, wird mit Gefängnis bis zu zwei Jahren bestraft; auch kann auf Verlust der bürgerlichen Ehrenrechte erkannt werden. In minder schweren Fällen tritt Geldstrafe bis zu 500 Mark ein.“ Die beiden vorgeschlagenen Abänderungen des bisherigen § 183 — Einschaltung der Worte „oder Äußerung“ und Einführung der Geldstrafe für minder schwere Fälle — wurden in den Motiven dahin begründet: „Die Frage, ob unter „Handlungen“ auch mündliche Äußerungen, Gesänge u. s. w. zu verstehen seien, wurde einerseits .... verneint, andererseits .... bejaht. Bei der Wichtigkeit dieser Kontroverse für die Praxis empfehle es sich, eine gesetzliche Entscheidung eintreten zu lassen. — Es sei ein durch die Praxis widerlegter Irrtum, daß mündliche Äußerungen weniger geeignet seien, öffentliches Ärgernis zu geben, als Handlungen im engeren Sinne des Wortes. Es fordere daher schon die Konsequenz, unzüchtige Äußerungen den unzüchtigen Handlungen im engeren Sinne gleichzustellen, und sei demgemäß im Anschluß an den § 197 des neuesten österreichischen Entwurfes in den § 183 der Zusatz „oder Äußerung" aufgenommen. Die Zulassung von „Geldstrafen" für minder schwere Fälle beruhe auf der Erwägung, daß das Vergehen, zumal nachdem der Thatbestand auf Äußerungen erstreckt worden sei, in sehr leichten Gestaltungen vorkommen könne."

Samml. der Drucks. des deutschen Reichstages 1875/76 Nr. 54 S. 9. 46.

In den Reichstagsverhandlungen über diese Vorschläge der Regierungen beantragte zunächst ein Abgeordneter die Streichung des Zusatzes „oder Äußerung", indem er es für einen Mißgriff erklärte, wenn die Regierung auch eine „Äußerung", die man irgendwie als eine unzüchtige zu bezeichnen vermöchte, strafbar erachten wollte.

Ein zweiter Abgeordneter stimmte zwar mit der beantragten Streichung jenes Zusatzes überein, aber aus einem ganz anderen Grunde, nämlich deshalb, weil unter „Handlungen" nach Befinden auch Äußerungen zu verstehen seien, und weil man durch die ausdrückliche Aufnahme der Worte „oder Äußerung" die falsche Interpretation in das Gesetz hineintragen würde, daß an denjenigen Stellen im Strafgesetzbuch, wo von Handlungen die Rede sei — z. B. im § 4 a. a. O. —, hierunter eine Äußerung nicht mitbegriffen sei.

Demnächst erklärte der Kommissarius des Bundesrats: die verbündeten Regierungen legten allerdings dieser Bestimmung der Vorlage nur eine deklaratorische Bedeutung bei. Sie gingen ebenfalls davon aus, daß schon das gegenwärtige Gesetz unter den Handlungen auch unzüchtige Äußerungen verstanden wissen wolle. Es habe sich aber in der Praxis nach dieser Richtung hin eine Verschiedenheit der Meinungen herausgebildet, die zu Unzuträglichkeiten führe. Letztere seien vom Standpunkte der Regierungen aus im Wege der Deklaration nur durch ein neues Gesetz — wie vorgeschlagen — zu beseitigen. Die Regierungen gingen aber auch mit dem zweiten Abgeordneten davon aus, daß es zweckmäßig sei, wenn man einmal allgemein die Äußerungen hier mitgetroffen wissen wolle, auch Geldstrafe neben der Freiheitsstrafe einzuführen, schon aus dem einfachen Grunde, weil man sonst in Widerspruch komme mit § 184 a. a. O., welcher Geldstrafe zulasse.

Nachdem sodann noch zwei andere Abgeordnete ihre Ansicht dahin ausgesprochen hatten, daß auch Äußerungen unter Umständen Handlungen im Sinne des § 183 a. a. O. darstellen könnten, wurde zuvörderst der die Fassung des jetzigen § 183 St. G. B.'s enthaltene Antrag des vorerwähnten zweiten Abgeordneten zur Abstimmung gebracht und zwar nach der Verkündung des Präsidenten deshalb zuvörderst, weil bei dessen Annahme alle weiteren Abstimmungen wegfielen.

Gegen die vorgeschlagene Fragstellung wurde Widerspruch nicht erhoben und demnächst der gedachte Antrag angenommen, wodurch der Präsident nochmals alle übrigen Abstimmungen zu § 183 für beseitigt erklärte.

Aus diesen Materialien geht klar hervor, daß nicht blos die verbündeten Regierungen, wie deren Vertreter nach obigem ausdrücklich erklärt hat, sondern auch der Reichstag in seiner Mehrheit von der Ansicht ausgegangen sind, der Begriff „Handlungen" im § 183 a. a. O. umfasse auch „Äußerungen", da der angenommene zweite Antrag ausdrücklich auf diese Auffassung fußte, durch seine Annahme der Antrag des oben erwähnten ersten Antragstellers ohne Widerspruch für beseitigt erklärt wurde, auch die Aufnahme der Geldstrafe in das Gesetz lediglich auf derselben Ansicht von der Erstreckung des Thatbestandes auf Äußerungen beruht.

II. **Erfordert das Vergehen des öffentlichen Ärgernisses durch unzüchtige Handlungen, daß die letzteren eine geschlechtliche Beziehung haben?** U. v. 22. IX. 92 I E XXIII, 233.

Das Urteil betrachtet als erwiesen, daß die Angeklagten St. und F. durch ihre vor der Öffentlichkeit stattgefundene pantomimische Darstellung des Vollzuges des Beischlafes ein Ärgernis gegeben haben, und es sind dieselben hiernach in Gemäßheit des § 183 St. G. B.'s bestraft worden. Daß ihre Absicht hierbei auf die Erregung ihrer oder anderer Geschlechtslust gerichtet gewesen sei, ist von dem Urteile nicht bestätigt worden, und es kann das auch um so weniger als selbstverständlich betrachtet werden, als die Pantomime ersichtlich zur Verspottung eines Bäckermeisters in B. bestimmt war. Dennoch muß die hierauf gestützte Revisionsbeschwerde für unbegründet gehalten werden, weil der Begriff der Unzucht in dem § 183 St. G. B.'s mit demjenigen in den §§ 174, 176 nicht vollständig übereinstimmt. Gemeinsam ist allerdings beiden, daß nur diejenige Handlung als eine unzüchtige bezeichnet werden kann, welche sich auf das Geschlechtsleben bezieht. Die in den §§ 174, 176 mit Strafe bedrohten Handlungen charakterisieren sich aber dadurch, daß sie an individuell bestimmten Personen vollzogen wären und diesen gegenüber nur unter der Voraussetzung von geschlechtlicher Bedeutung sein können, daß sie auf die Befriedigung oder doch die Erregung eigener oder fremder Geschlechtslust gerichtet werden. Andernfalls mögen sie immerhin der guten Sitte zuwiderlaufen, aber sie sind dann, wenn nicht das Merkmal der öffentlichen Vornahme auf sie zutrifft, nicht strafbar, oder sie können sich dann doch nur als andersartige Delikte, insbesondere als dasjenige der Beleidigung erweisen. Der § 183 St. G. B.'s legt hingegen darauf das entscheidende Gewicht, daß durch die betreffende, auf das Geschlechtsleben sich beziehende Handlung die gute Sitte als solche verletzt werde, und er bestraft sonach nicht den Angriff auf ein bestimmtes Individuum, sondern den Angriff auf ein inpersonelles wesentliches Fundament der bürgerlichen Gesellschaft. Allein es würde zu einer unerträglichen Einmischung in die persönlichen privaten Angelegenheiten führen, wenn jede Verletzung der guten Sitte zur Bestrafung gezogen werden sollte, und es ergiebt sich hieraus mit Notwendigkeit das Merkmal, daß diese Verletzung eine öffentliche sein, die nichtöffentliche also der

Korrektur durch die Moral überlassen bleiben müsse. Außerdem wurde noch weiter zur Begründung der Strafe für geboten erachtet, daß diese öffentliche Verletzung der guten Sitte zugleich, wenn auch nur einer einzigen Person, wirklich ein Ärgernis gegeben habe. Daß aber die gute Sitte und das berechtigte Gefühl für dieselbe empfindlich durch öffentliche obscöne Darstellungen und Äußerungen verletzt werden, hängt davon nicht ab, daß durch dieselben die Geschlechtslust erregt werden soll, sondern kann in gleichem Maße auch dann eintreten, wenn diese Zweckbestimmung auch nicht vorgelegen hatte. Schon die äußere Form der Handlung, welche die Vorgänge, die nach dem Gebote der guten Sitte verborgen bleiben sollen, in dem Lichte der Öffentlichkeit erscheinen läßt, enthält vielmehr eine Verletzung derselben und kann ein berechtigtes Ärgernis hervorrufen. Handelt es sich etwa um den legitimen Beischlaf zwischen Ehegatten, so ist hierin eine Verletzung der guten Sitte nicht zu finden. Dem ungeachtet muß er jedoch nach § 183 St. G. B.'s bestraft werden, wenn er öffentlich vollzogen wird, und es ergiebt sich hieraus, daß es nicht die auf Erregung des Geschlechtstriebes abzielende Handlung ist, — denn dieselbe ist ja hier berechtigt, — welche die Anwendung des Gesetzes bedingt, sondern daß dieselbe lediglich in der äußeren Form des vor der Öffentlichkeit stattfindenden Geschlechtsaktes begründet ist.

Vierter Abschnitt.

Die Staatsverbrechen.

§ 59.

Beleidigung des Landesherrn.

Berner S. 364. Binding Gr. II § 138. v. Liszt § 167. Meyer § 119. Frank und Olshausen zu § 95 St. G. B.

Die Stellung der Majestätsbeleidigung im System und ihren Unterschied von der gemeinen Beleidigung behandelt U. v. 4. X. 81 II. (E. V, 46).

Gegen den Angeklagten ist als erwiesen angenommen, daß er in seiner Eigenschaft als verantwortlicher Redakteur der Zeitung „B. N." in No. 84 dieser Zeitnng die Verhandlung vor der dritten Strafkammer des Landgerichts I. zu Berlin gegen den Schlächtergesellen F. wegen Majestätsbeleidigung unter vollständiger Wiederholung der von diesem gebrauchten Schmährede zur Veröffentlichung gebracht habe. Die Strafkammer hat hierin nach der konkreten Sachlage eine abermalige Majestätsbeleidigung erkannt. Das Rg. ist dem beigetreten.

Die in dieser Beziehung behauptete Gesetzesverletzung durch Nichtanwendung des § 193 St. G. B.'s auf den vorliegenden Fall, kann schon aus dem Grunde nicht zutreffen, weil der § 193 auf Majestätsbeleidigungen keine Anwendung findet.*)

Hat zwar die Majestätsbeleidigung mit der gemeinen Beleidigung die allgemeinen Vorbedingungen, welche deren Strafbarkeit begründen, gemein, so ist ihr doch in dem Systeme des Strafgesetzes eine wesentliche andere Stellung eingeräumt, welche schon äußerlich eine völlige Analogie beider Delikte in ihrer strafrechtlichen Behandlung und ein Hinüberziehen der für die gemeine Beleidigung geltenden Sonder-Vorschriften des Abschn. XIV. T. II des Strafgesetzbuches auf das Gebiet der Beleidigung des Landesherrn (Absch. II das.) ausschließt. Es hat dieses seinen Grund in der besonderen Natur der Majestätsbeleidigung, welche, indem sie sich gegen die Ehre des Kaisers und des Landesherrn richtet, ein Rechtsgut verletzt, das, aus Gründen des öffentlichen Rechts und der staatlichen Wohlfahrt, eine besondere Rücksicht und einen erhöhten Schutz gegen Anfechtungen in Anspruch nehmen kann und nehmen muß, weil es sich dabei um die körperlichen Vertreter des Reichs- und Staatsgedankens, die Personifikation des Reiches und Staates selbst handelt. Diese Rücksicht, soweit dieselbe bereits in der großen Verschiedenheit der angedrohten Strafe für beide Deliktsarten Ausdruck gefunden hat, läßt es auch berechtigt erscheinen, daß die besonderen Ausnahmevorschriften hinwegfallen, welche im Interesse einer milderen Auffassung des Schuldmomentes und der Strafverfolgbarkeit bei der Privatbeleidigung zugelassen werden konnten. Rücksichtlich der Wahrheitseinrede (St. G. B. § 192) ist dieses bereits bei einer früheren Veranlassung von dem Reichsgerichte anerkannt. Vgl. Entsch. in Straff. Bd. 2 S. 213.**) Für die Anwendbarkeit des § 193 liegen innere Gründe ebenfalls nicht vor. Insoweit daselbst die allgemeinen Grundsätze über Dolus zu Gunsten der Privatbeleidigung eine Abschwächnng erfahren haben, finden sie nach den vorausgegangenen Erörterungen auf die Majestätsbeleidigung keine Anwendung.***)

Wollte man den § 193 hier zulassen, so würde mit demselben Rechte auch die Anwendbarkeit des § 194 St. G. B.'s behauptet werden können, in welcher Beziehung jedoch in Theorie und Praxis kein Streit darüber besteht, daß es für derartige Delikte eines Strafantrages nicht bedarf, weil hier nicht, wie bei der Privatbeleidigung öffentliche Interessen nur in zweiter Linie berührt werden.

Ergiebt sich hiernach aus der Unanwendbarkeit des § 193, daß bei der Majestätsbeleidigung nicht, wie die Revision behauptet, von einem

---

*) Übereinstimmend Olshausen No. 7, A. M. v. Liszt § 167, nach welchem alle Sätze, welche, sei es aus dem Begriff der Beleidigung, sei es aus den allgemeinen Begriffen des Strafrechtes sich ergeben, uneingeschränkt auf die Majestätsbeleidigung Anwendung finden müssen, mögen sie auch zufällig in dem XIV. Abschnitt des St. G. B. Aufnahme gefunden haben.

**) Übereinstimmend Olshausen No. 7, A. M. v. Liszt § 167.

***) Dass die gleichen Grundsätze auch auf die Beleidigung von Bundesfürsten Anwendung finden, führt das U. v. 25. I. 89, II (XVIII, 382) aus.

berechtigten Interesse, welches dadurch wahrgenommen werde, daß das Vorhandensein der Beleidigung aus der Form der Äußerung oder aus den sonstigen Umständen des Falles hervorgehe, so bedurfte es auch keiner Erörterung von diesem Gesichtspunkte aus, ob in dem Umstande, daß es sich um das Referat über eine öffentliche Gerichtssitzung handelte, ein berechtigtes Interesse der Presse an der Weiterverbreitung der als strafbar erkannten Äußerung zu finden sei. Nach den allgemeinen Grundsätzen aber, welche dabei entscheiden, muß allerdings anerkannt werden, daß nicht jede derartige Reproduktion eine Beleidigung bildet, daß aber, je nach Beschaffenheit des Falles, eine solche sehr wohl darin gefunden werden kann. Denn nach der objektiven Seite wird es kaum zweifelhaft sein, daß durch Weiterverbreitung der von einem Dritten verübten Majestätsbeleidigung die Ehre des Beleidigten von neuem und nach Umständen schwerer, als in dem abgeurteilten Falle verletzt werden kann, indem sie die Wirkungen des letzteren erweitert und durch Ausdehnung auf einen größeren Kreis der Kenntnisnahme verschärft. Es ist dieses nicht, wie die Revision glaubt, eine notwendige Folge des § 170 G. V. G's, indem die daselbst statuierte Öffentlichkeit der Gerichtsverhandlungen nicht zur weiteren Veröffentlichung der dortigen Vorgänge berechtigen kann, wenn und soweit dadurch die Ehre anderer und zumal jener unter dem erhöhten Schutze des Strafgesetzes stehenden Personen verletzt wird. Sache des Thäters ist es dabei, daß er im einzelnen Falle erwägt, ob die öffentliche Reproduktion der Beleidigung von seiten eines anderen eine neue Beleidigung des Betreffenden begründet, und diese Erwägung wird vielfach, wie auch im vorliegenden Falle von seiten des erkennenden Gerichts geschehen, zu der Bejahung führen, wenn ohne jeden sonst ersichtlichen rechtfertigenden Zweck die Beleidigung selbst ihrem schwer verletzenden Wortinhalte nach in die Publikation mit aufgenommen wird, während sich allerdings Fälle denken lassen, in denen in der Weiterverbreitung einer derartigen Äußerung eine neue Majestätsbeleidigung um deshalb nicht gefunden werden kann, weil mit Rücksicht auf den ersichtlichen Zweck der weiteren Verbreitung das Bewußtsein von dem ehrenkränkenden Charakter derselben für ausgeschlossen erachtet werden muß.

§ 60.

Widerstand gegen die Staatsgewalt.

Berner S. 376. v. Liszt § 170. Meyer § 121. Frank und Olshausen zu § 113 St. G. B.'s

I. **Welchen Einfluß auf die Strafbarkeit hat der Irrtum des Widerstand Leistenden? Gehört das Bewußtsein von der Rechtmäßigkeit der Amtsausübung zum Thatbestand des § 113 St. G. B.?** U. v. 5. XI. 80, II (E. II, 423).

Wenn die Nichtigkeitsbeschwerde geltend macht, Angeklagter habe sich in dem Glauben befunden, daß der Gerichtsexekutor K. nicht in der rechtmäßigen Ausübung seines Amtes handle, derselbe habe daher ohne das Bewußtsein, daß er dem K. in der rechtmäßigen Ausübung seines

Amtes Widerstand leiste, ohne strafbaren Dolus die ihm zur Last gelegte That begangen, so ist diesem Einwurfe ein Einfluß auf die Entscheidung nicht beizumessen, weil das Bewußtsein von der Rechtmäßigkeit der Amtsausübung zum Thatbestande des § 113 St. G. B.'s nicht gehört.*)

Allerdings stellt die Vorschrift des § 59 daselbst, wonach, wenn jemand bei Begehung einer strafbaren Handlung das Vorhandensein von Thatumständen nicht kannte, welche zum gesetzlichen Thatbestande gehören oder die Strafbarkeit erhöhen, ihm diese Umstände nicht zuzurechnen sind, einen das Strafrecht beherrschenden Grundsatz auf. Dies schließt aber nicht aus, daß der Gesetzgeber bei bestimmten strafbaren Handlungen den angegebenen Grundsatz für nicht anwendbar erklärt, und ebenso wenig greift derselbe da Platz, wo dessen Nichtanwendung als Wille des Gesetzgebers auch ohne ausdrücklichen Ausspruch desselben sich ergiebt. Letzteres ist aber der Fall in betreff des gedachten § 113 St. G. B.'s, insofern die Kenntnis, das Bewußtsein, von der Rechtmäßigkeit der Amtshandlung in Frage kommt. Daß die Strafbarkeit nach dem § 113 nicht von der Kenntnis — dem Bewußtsein, des Thäters von der Rechtmäßigkeit der Amtsausübung — hat abhängig gemacht werden sollen, ist mit Zuverlässigkeit aus der Entstehungsgeschichte des § 113 und aus der besonderen Natur und Bestimmung dieser Gesetzesvorschrift zu entnehmen.

Der § 111 des Entwurfs zum Strafgesetzbuche wollte gestraft wissen den durch Gewalt oder durch Bedrohung mit Gewalt geleisteten Widerstand und den thätlichen Angriff, welcher einem Beamten der bezeichneten Kategorie geschah „während einer Amtshandlung." Bei der zweiten Beratung des Entwurfes durch den Reichstag des norddeutschen Bundes (Stenographische Berichte Session 1870 Seite 428) stellte der Abgeordnete Planck den Antrag, die Worte: „während einer Amtshandlung" zu ersetzen durch die Worte: „während einer innerhalb seiner Zuständigkeit vorgenommenen Amtshandlung." Demgemäß wurde bei der zweiten Lesung beschlossen und das Amendement des Abgeordneten Fries auf Ersetzung durch die Worte: „während der gesetzmäßigen Vornahme einer Amtshandlung" verworfen. Beide Amendements gingen, wie auch die Verhandlungen über den § 108 des Entwurfes — jetzt § 110 — ergeben, aus der Rücksicht hervor, daß eine Amtshandlung, welche nicht innerhalb der Zuständigkeit des Beamten, beziehentlich nicht auf dem Boden des Gesetzes sich halte, einen Schutz durch das Strafgesetz nicht zu beanspruchen habe, während dieser Schutz unbedingt eintreten sollte, wo jene Bedingungen vorlagen. Demgemäß erklärte auch der Abgeordnete Meyer (a. a. O. S. 430), ohne daß dagegen ein Widerspruch erhoben wurde:

> Hier handelt es sich darum, inwieweit der Staatsbürger berechtigt sein soll, gegen einen gesetzwidrigen Angriff eines Beamten sich zu wahren. Denn daß, wenn der Beamte gesetzmäßig verfährt,

Übereinstimmend E. III, 14 XX, 158 A. M. Olshausen No. 28. v. Liszt § 170, Meyer § 121, Frank zu § 113 VI.

jeder Widerstand gegen ihn strafbar sein soll, darüber ist ja gar kein Streit; der Punkt, wo der Streit beginnt, ist nur der, wenn der Beamte irgendwie über die Grenze des Gesetzes hinausgeht.

Die gegenwärtige Gestalt mit den Worten: „in der rechtmäßigen Ausübung seines Amtes“, bei dem Widerstande und „während der rechtmäßigen Ausübung seines Amtes“ bei dem thätlichen Angriffe erhielt der § 113 durch das von dem Abgeordneten Lasker bei der dritten Lesung gestellte Amendement (a. a. O. S. 1168, 1169), zu dessen Begründung lediglich auf die im Vereinszollgesetze vom 1. Juli 1869 (B. G. Bl. S. 317) für den Fall des thätlichen Widerstandes gegen Zollbeamte gewählte Ausdrucksweise und das damit zum Ausdrucke gebrachte Prinzip Bezug genommen wurde. Die Worte: „bei rechtmäßiger Ausübung seines Amtes“ enthielt bereits der Entwurf des Vereinszollgesetzes (S. 19 der Anlagen zu den Verhandlungen des Deutschen Zollparlaments vom Jahre 1869 im § 160, jetzt 161). Dieselben sind weder in den Motiven dazu näher begründet, noch im Zollparlamente selbst Gegenstand von Erörterungen geworden.

Trotz der zu dem § 113 St. G. B.'s bei der dritten Lesung beschlossenen Fassungsänderung behalten die Verhandlungen der zweiten Lesung für die Auslegung ihre volle Bedeutung. Es ist daraus zu entnehmen, daß die Rechtmäßigkeit der Amtsausübung zwar objektiv eine Bedingung der Strafbarkeit des Widerstandes und thätlichen Angriffes ist, die Strafbarkeit aber nicht unter des Thäters Urteil über die Rechtmäßigkeit gestellt, dieselbe daher auch von dem Bewußtsein des Thäters von der Rechtmäßigkeit unabhängig ist und selbst durch die Meinung der Unrechtmäßigkeit nicht ausgeschlossen wird. Die staatliche Autorität erfordert es, daß einer rechtmäßigen Amtsausübung der Betreffende sich unbedingt unterwirft. Dem Beamten und dem hinter ihm stehenden Gesetze darf derselbe nicht sein eigenes Urteil entgegenstellen, um aus demselben heraus in die vorzunehmende Amtshandlung einzugreifen. Die Pflicht des staatlichen Gehorsams legt ihm auf, rechtmäßige Amtshandlungen geschehen zu lassen. Insofern er dabei zu einer Prüfung der Rechtmäßigkeit veranlaßt wird, trägt er für die daraus entnommene Entschließung die eigene Verantwortlichkeit, wenn er trotzdem, daß die Amtsausübung eine rechtmäßige ist, dem darin begriffenen Beamten durch Gewalt oder durch Bedrohung mit Gewalt Widerstand leistet oder denselben thätlich angreift. Wegen dieser bei der Prüfung und Beurteilung der Rechtmäßigkeit der Amtshandlung dem Betreffenden obfallenden eigenen Verantwortlichkeit ist die Rechtmäßigkeit der Amtsausübung kein solcher zum gesetzlichen Thatbestande des Vergehens gegen den § 113 St. G. B.'s gehörender Umstand, auf dessen Kenntnis das Gesetz Gewicht legt, weshalb nach dieser Richtung der § 59 das. nicht anwendbar ist.

II. **Welchen Einfluß hat der Irrtum des Vollstreckungsbeamten über die Rechtmäßigkeit der Amtsausübung?** U. v. 5. XI. 81, III (V, 296).

Der Gerichtsvollzieher S. hatte gegen den Schuster L. am 7. Februar 1881 wegen einer ausgeklagten Schuld desselben eine Pfändung vorzunehmen und fand in der Wohnung desselben nicht den Schuldner L., sondern nur dessen Ehefrau, welche behauptete, daß alle in der Wohnung vorhandenen Gegenstände ihr, nicht ihrem Ehemanne gehörten. Unter diesen Gegenständen befand sich auch ein verschlossener Schrank, der wegen einer anderen Schuld des L. früher gepfändet, von der Ehefrau als ihr Eigentum reklamiert worden war und derselben als solches später unter Entlassung aus dem Pfandnexus überwiesen wurde. Nachdem der Gerichtsvollzieher die Öffnung des Schrankes verlangt hatte, erklärte die Ehefrau L., alles darin Enthaltene stehe in ihrem Eigentum und ihrem Besitze, öffnete zwar nach anfänglicher Weigerung die Klappe des Schrankes mit dem in ihren Händen befindlichen Schlüssel, widersetzte sich aber gewaltsam, als der Gerichtsvollzieher die Pfändung durch Besitznahme eines Briefumschlages mit 12 Fünfmarkscheinen und eines Beutels mit 2 Zwanzigmarkstücken ausführen wollte. Das Geld war ihr Eigentum, stand auch wirklich in ihrer ausschließlichen thatsächlichen Innehabung; der Gerichtsvollzieher hatte jedoch mit Rücksicht auf frühere Vorgänge damals Grund, der Behauptung der L., sie sei Eigentümerin und Besitzerin des Geldes, zu mißtrauen: der Schrank als Ganzes war entweder im ausschließlichen Gewahrsam des Ehemannes derselben, oder in gemeinschaftlichem beider Eheleute.

Diese thatsächlichen Feststellungen lassen nicht ersehen, daß der vorige Richter, als er sie traf, von unrichtigen Rechtsanschauungen ausgegangen wäre, insbesondere wird der ausschließliche Besitz der Ehefrau L. an dem Gelde dadurch, daß sie den Schrank selbst nicht, oder nicht allein in ihrem Gewahrsam hatte, unter den hier erwiesenen Umständen, da der Schrank sich in der von ihr mitbenutzten Wohnung und der Schlüssel zu dem Teile desselben, worin das Geld lag, in ihren Händen befand, nicht ausgeschlossen, und ebenso verstößt die Annahme eines ausschließlichen Besitzes der Ehefrau an dem Gelde deshalb, weil dieses sich in der Wohnung des Ehemannes befand, gegen einen Rechtssatz des allgemeinen Rechts, namentlich gegen die praesumtio Muciana, welche letztere von der Thatsache des Besitzes der Ehefrau ausgeht, und derselben nur das Eigentum vermöge der Vermutung einer ungültigen Schenkung des Ehemannes bis zum Beweise eines anderweiten Erwerbes abspricht. Es ist ferner richtig, daß der Zwangsvollstreckung in körperliche Sachen nur diejenigen Sachen unterworfen sind, welche sich im Gewahrsam des Schuldners oder eines solchen Dritten befinden, der zur Herausgabe derselben bereit ist, während der hierzu nicht bereite dritte Besitzer der Pfändung zu widersprechen berechtigt ist (C. P. O. §§ 710, 712, 713, 745, 772). Nicht minder muß anerkannt werden, daß die objektiv rechtswidrige Handlung eines Beamten der in § 113 St. G. B.'s bezeichneten Kategorien nicht dadurch zu einer rechtmäßigen wird, daß der Beamte sie irrtümlicher Weise dafür hält. Vgl. Entsch. des Rg. in Strafs. B. 2 S. 245, Bd. 3 S. 17. flg. Der vorige Richter irrt aber, wenn er daraus, daß nach seiner Annahme das Geld der Pfändung nicht unterlag, ohne weiteres den

Schluß ziehen zu können glaubt, der Gerichtsvollzieher habe, indem er zur Pfändung schritt, nicht in derjenigen rechtsmäßigen Ausübung seines Amtes sich befunden, von welcher § 113 die Strafbarkeit eines dem Beamten mit Gewalt geleisteten Widerstandes abhängig macht. Wenn es sich bei den in § 113 genannten Beamten nicht um Vollziehung eines bestimmten Befehles eines dienstlichen Vorgesetzten handelt, sondern eine Amtshandlung in Frage ist, die innerhalb ihrer gesetzlichen Zuständigkeit liegt, deren sonstige formale Bedingungen gegeben sind, und deren Vornahme das Gesetz insofern in ihr Ermessen stellt, als es dieselbe von dem Vorhandensein gewisser materieller Voraussetzungen abhängig macht und dem Beamten die Prüfung zuweist, ob im konkreten Falle die Bedingung zutreffe, so ist der Beamte in rechtmäßiger Ausübung seines Amtes insolange begriffen, als er das ihm zur Pflicht gemachte Ermessen walten läßt, und nach dem Ergebnis der angestellten Prüfung sein amtliches Handeln einrichtet. Ein solches Verhältnis liegt hier vor. Es kann nicht davon die Rede sein, daß der Gerichtsvollzieher, wenn er auf Widerspruch seitens des Schuldners oder einer dritten Person stößt, durch denselben unter allen Umständen von Durchführung der Zwangsvollstreckung sich abhalten lassen müßte oder auch nur dürfte. Er hat pflichtmäßig zu prüfen, ob das ihm entgegengestellte Vorbringen glaubhaft und ob es erheblich sei. Wenn daher die Prozeßordnung nur die im Gewahrsam des Schuldners stehenden Sachen der Pfändung unterwirft, so ist der Gerichtsvollzieher verpflichtet, zu prüfen, ob eine Sache, die sich ihm zur Ausführung einer Pfändung darbietet, im Gewahrsam des Schuldners stehe, und von der Pfändung abzulassen, wenn er sich überzeugt, daß sie im Gewahrsam eines zur Herausgabe nicht bereiten Dritten*) stehe; führt ihn aber die angestellte Prüfung zu der An-

*) Unterläßt er diese Prüfung, befindet er sich in einem nicht entschuldbaren Irrtum, so ist der Widerstand berechtigt und straflos: so Rg. in U. v. 11. III 89 I (E. XIX, 69).

Das Instanzgericht versagte dem Gerichtsvollzieher M., gegen welchen der Angeklagte bei der Pfändung der Theaterkasse am 23. September 1888 Gewalt übte, den Schutz des § 113 St. G. B.s, weil der Gerichtsvollzieher nicht in der rechtmäßigen Ausübung seines Amtes begriffen, auch nicht in einem entschuldbaren Irrtum über die thatsächlichen Voraussetzungen seiner Amtshandlung sich befunden. Das Instanzgericht nahm an, daß der Gerichtsvollzieher, welcher im Auftrage des M. einen dinglichen Arrest gegen den Theaterdirektor J. L. zu vollziehen hatte, nach §§ 712, 713, 810 C. P. O. nicht befugt war, die im Gewahrsam des Angeklagten B. befindliche Kasse mit Inhalt gegen dessen Willen durch Besitznahme zu pfänden; daß der Angeklagte allein den Gewahrsam der Kasse samt Inhalt hatte, stellte das Instanzgericht thatsächlich ohne Rechtsirrtum fest; dasselbe ging hierbei von dem richtigen Begriffe des Gewahrsames als der körperlichen Innehabung, Detention, aus und leitete denselben aus dem Umstande ab, daß das Grundstück, auf welchem die Kasse sich befand, und die Kasse selbst Eigentum des Angeklagten ist und die Angestellte, welche die Kasse besorgte, im Dienste

nahme, daß der Schuldner im Besitze der Sache ist, so macht die materielle Unrichtigkeit dieser Annahme die Pfändung nicht zu einer unrechtsmäßigen Amtsausübung, die von ihm getroffene Entscheidung der Besitzfrage widerstreitet im Falle eines solchen Irrtumes zwar dem wirklichen Sachverhalt und infolge davon die Pfändung dem Rechte des dritten Besitzers, jedoch er ist befugt und verpflichtet eine vorläufige Entscheidung zu treffen und auf Grund derselben zu handeln und tritt ebendeshalb, trotz der objektiven Unrichtigkeit seines Verfahrens nicht über die Grenzen der rechtmäßigen

desselben stand und die Einnahme der Gelder für ihn, allerdings vorbehaltlich späterer Verrechnung und Teilung zwischen ihrem Dienstherrn und L. machte und nur den Weisungen des Angeklagten bezüglich des in ihren Händen befindlichen Geldes nachkam.

Diese thatsächliche Feststellung ist als solche unangreifbar; steht aber fest, daß Kasse und Geld im Gewahrsam des Angeklagten sich befanden, so durfte der Gerichtsvollzieher nach §§ 712, 713 C. P. O. diese Gegenstände nicht für eine Schuld des J. L. durch Besitzergreifung pfänden; diese Pfändung war gesetzwidrig, selbst wenn L. infolge des Gesellschaftsverhältnisses mit dem Angeklagten Miteigentum der Eintrittsgelder alsbald erworben; durfte der Gerichtsvollzieher nicht, wie er gethan, vorgehen, da § 712 C. P. O. ausschließlichen Gewahrsam des Schuldners voraussetzt, L. aber jedenfalls solchen nicht hatte und der Angeklayte, Innehaber nach § 713 C. P. O. zur Herausgabe nicht bereit war. Selbst beim Mitgewahrsam des L. durfte uicht nach § 712 C. P. O. verfahren werden. Vgl. Entsch. des R. G.'s in Civils. Bd. 14 S. 362 flg. Das Instanzgericht stellte sodann im Anschlusse an Entsch. d. R. G.'s in Straff. Bd. 5 S. 208 und Rechtsprechung Bd. 7 S. 238 weiter fest, daß der Gerichtsvollzieher bei fraglicher Pfändung durchaus nicht in einem entschuldbaren Irrtume über die thatsächlichen Voraussetzungen der Amtshandlung sich befunden, daß derselbe sich vielmehr jeder Prüfung der Frage, in wessen Gewahrsam sich die Kasse befunden, entschlagen, obwohl ihm die Ermittelung leicht gewesen und daß er sich lediglich an die Weisung des Schreibers des betreibenden Anwaltes, wonach er sich unter allen Umständen und ohne auf Einwendungen zu achten, in Besitz der Kasse setzen sollte, gehalten und dadurch auf grobe Weise seinen Amtspflichten zuwidergehandelt habe. Die Revision erhebt Bedenken gegen diese Auffassung der Stellung des Gerichtsvollziehers, welche das Urteil im Gegensatze zu dem Plenarbeschlusse der vereinigten Civilsenate Bd. 16 S. 396 zu erkennen gebe. Dieses Bedenken zerfällt jedoch; der Gerichtsvollzieher ist allerdings Mandatar des Gläubigers, aber er ist auch Beamter und in seinem Vorgehen gegen den Schuldner an Gesetz und Dienstanweisung gebunden, auch der Plenarbeschluß anerkennt ausdrücklich, daß die Weisungen des Gläubigers nur soweit für den Gerichtsvollzieher maßgebend sind, als dieselben mit den gesetzlichen Vorschriften über die Zwangsvollstreckung und mit dem Inhalte des Vollstreckungstitels nicht im Widerspruche stehen (S. 401 a. a. O.) und das von der Revision weiter angeführte Urteil Bd. 18 a. a. O. S. 389, 393 betont

Ausübung seines Amtes hinaus.*) Durfte aber der Beamte nach den seine Amtsbefugnisse regelnden Gesetzesvorschriften so handeln, wie von ihm geschehen, so muß ihm der strafgesetzliche Schutz dabei zur Seite stehen. Wenn eine von der Handlung betroffene Person sich gewaltsam widersetzt, so handelt sie unberechtigt und verstößt gegen die Pflicht, sich der durch den Beamten repräsentierten Staatsgewalt zu unterwerfen.

IV. **Das Verhältnis der §§ 113 und 114 St. G. B.'s****) erörtert das U. v. 8. XI. 89 IV E. XX, 35.

Der Gerichtsvollzieher hatte in der Wohnung des Angeklagten bei der dieselbe thatsächlich mitbewohnenden Schwester des letzteren eine Nähmaschine gepfändet, und vorläufig zwar im Gewahrsam der Schuldnerin belassen, dieser jedoch die Abholung der Maschine in Aussicht gestellt. Bevor der Gerichtsvollzieher diese bewirkte, schrieb ihm der Angeklagte einen Brief, in welchem er den Gerichtsvollzieher, falls derselbe zu diesem Behufe seine Wohnung betreten würde, mit einer Anzeige wegen Hausfriedensbruches bedrohte. Das Landgericht verneinte den Thatbestand des § 114 St. G. B.'s; sein freisprechendes Urteil wurde aufgehoben aus folgenden Gründen:

Nach der übereinstimmenden Rechtsprechung der Strafsenate des Reichsgerichtes, von welcher abzugehen der gegenwärtige Fall keine Veranlassung bietet, wird die strengere Strafvorschrift des § 114 St. G. B. durch die vorangehende mildere des § 113 ausgeschlossen, wenn Gewalt oder Drohung gegen einen der in § 113 näher bezeichneten Vollstreckungsbeamten gerichtet sind und die Amtshandlung, zu deren Unterlassung derselbe genötigt werden soll, bereits begonnen ist.

Vgl. Entsch. des R. G.'s in Straff. Bd. 3 S. 334. Bd. 4 S. 143, Rechtspr. des R. G.'s Bd. 9 S. 525, Bd. 10 S. 179.

Wenn auch in zwei dieser Entscheidungen die „unmittelbar bevorstehende Ausführung" dem Beginne der Amtshandlung gleichgestellt wird, so ergiebt doch eine nähere Betrachtung der Entscheidungsgründe, daß in dem Falle, in welchem § 113 für anwendbar erachtet wurde, der Beamte „im Begriffe war, bereits früher gepfändetes Mobiliar wegzunehmen,"

vgl. Entsch. des R. G.'s in Straff. Bd. 4 S. 143,

in dem anderen Falle aber auf die Anwendung des § 114 hingewiesen wurde, weil der Beamte blos erklärt hatte, daß er eine Anordnung künftig treffen werde.

Vgl. Rechtspr. des R. G.'s Bd. 10 S. 179.

Der Unterschied beider Fälle liegt wesentlich darin, daß § 113 die Thätigkeit, § 114 die Willensfreiheit des Beamten schützt. Der Vorderrichter stellt sich nun zwar anscheinend

---

ausdrücklich, daß nur die gesetzlich zulässige Pfändung Rechte gewährt. Selbstverständlich enthält auch die Geschäftsanweisung für die Gerichtsvollzieher keine anderweiten Bestimmungen; die von der Revision angeführten §§ 48, 51 derselben setzen gesetzlich zulässiges Verfahren voraus.

*) Übereinstimmend Olshausen No. 15, v. Liszt § 170, E. XXVI, 249.

**) s. die verschiedenen Ansichten bei Olshausen zu § 114 No. 7.

grundsätzlich auf denselben Standpunkt; seine Anwendung des Gesetzes auf den vorliegenden Fall beruht indes auf einer Verkennung des Unterschiedes der beiden Paragraphen, sowie des Begriffes der Amtshandlung im § 114 und der civilprozeßrechtlichen Begriffe der Zwangsvollstreckung und der Pfändung.

Der Vorderrichter betrachtet nämlich das Vorhaben des Gerichtsvollziehers, die von ihm gepfändete, aber im Gewahrsam der Schuldnerin belassene Nähmaschine abzuholen, als „eine von ihm bereits beschlossene und als solche in Aussicht gestellte Thätigkeit, welcher ein selbständiger Charakter in dem durchzuführenden Vollstreckungsverfahren nicht beigelegt werden kann". Allein, daß die Thätigkeit von dem Gerichtsvollzieher bereits beschlossen war, würde der Anwendung des § 114 St. G. B.'s nur dann entgegenstehen, wenn dessen andere Alternative, die Nötigung zur Vornahme einer Amtshandlung in Frage stände; die Nötigung zur Unterlassung erscheint im Gegenteil stärker, wenn sie gegen eine bereits beschlossene Amtshandlung gerichtet ist, als wenn sie sich einer erst zu beschließenden entgegenstellt. Unter § 113 fällt sie selbst dann nicht, wenn die Amtshandlung als bereits beschlossene in Aussicht gestellt ist, weil § 113 nur die schon begonnene Ausführung der Amtshandlung schützt. Vorliegend hatte der Gerichtsvollzieher mit der Thätigkeit des Abholens der Maschine ebenso wenig begonnen, als der Gutsjäger in dem Bd. 10 S. 179 der Rechtspr. des R. G.'s entschiedenen Falle mit dem Wegholen der vom Angeklagten entwendeten Tannen. Die Drohung, welche dem gegenwärtigen Angeklagten zur Last gelegt ist, richtete sich nach den erstrichterlichen Feststellungen nicht gegen den Gerichtsvollzieher, während derselbe, wie in dem Falle Bd. 4 S. 143 der Entsch. des R. G.'s in Straff., „in Begriff war", die gepfändete Maschine wegzunehmen, sondern wollte dessen Willen dahin beeinflussen, daß er den bereits gefaßten, dem gewöhnlichen Laufe der Zwangsvollstreckung entsprechenden Entschluß wider aufgebe. Der Gerichtsvollzieher hat allerdings die ihm aufgetragene und von ihm begonnene Zwangsvollstreckung bis zur Befriedigung des Gläubigers „auftrags- und amtsgemäß durchzuführen, ohne daß für die einzelnen Thätigkeiten ein neuer Auftrag des Gläubigers erforderlich wäre"; daraus ist indes nicht zu folgern, daß den einzelnen Vollstreckungshandlungen „ein selbständiger Charakter nicht beigelegt werden kann." So wenig es begrifflich ausgeschlossen ist, daß durch einen Antrag oder Auftrag eine Mehrzahl nach Zeit, Ort, Inhalt und Wirkung verschiedener, deshalb selbständiger Amtshandlungen veranlaßt wird, ebensowenig stehen dem die besonderen Vorschriften über die Zwangsvollstreckung entgegen. Die Civilprozeßordnung unterscheidet im Gegenteile die Pfändungshandlung von der Versteigerung derart, daß durch die erstere an und für sich ein Pfandrecht entsteht (§ 709), oder Eigentum übertragen wird (§ 716 Abs. 2), gleichgültig, ob ihr die Versteigerung thatsächlich folgt oder nicht, oder ob sie durch das Gesetz selbst ausgeschlossen ist (§ 716 Abs. 2, § 719); sie schreibt als Regel vor, daß die Versteigerung zu anderer Zeit und in einem anderen Raume als die Pfändung vorgenommen werde (§§ 712, 717,

725). Da schon durch das zeitliche Auseinanderliegen der Vollstreckungshandlungen die Möglichkeit geschaffen ist, daß der Gläubiger inzwischen befriedigt oder die Zwangsvollstreckung eingestellt wird, so hat der Gerichtsvollzieher nach geschehener Pfändung, selbst wenn er bei dieser schon den Versteigerungstermin bestimmt hat, die Zulässigkeit jeder weiter vorzunehmenden Vollstreckungshandlung zu prüfen. Man kann deshalb auch nicht mit dem ersten Richter sagen, daß zu den Folgen der Vollstreckungshandlungen „ein weiterer Entschluß des Beamten nicht erforderlich" ist. Selbst wenn der Gerichtsvollzieher im vorliegenden Falle die Abholung der gepfändeten, aber in Gewahrsam der Schuldnerin belassenen Maschine schon „angeordnet" hatte, konnte er bis zur Ausführung dieser Anordnung dieselbe wieder aufheben, sei es auf Grund gesetzlicher Notwendigkeit, sei es auch ohne solche auf Grund eigener freier Entschließung, sei es endlich infolge widerrechtlicher Beeinflussung seiner Willensthätigkeit. Mit letzterer ist aber der Fall des § 114 St. G. B.'s gegeben. Inhalt der „Drohung" im Sinne dieses Paragraphen kann auch eine an sich berechtigte Handlung sein.

Vgl. Rechtspr. des R. G.'s Bd. 6 S. 358.

§ 61.

Der Auflauf.

Berner S. 383. v. Liszt § 170. Meyer § 124. Frank und Olshausen zu § 116 St. G. B.

Genügt zum subjektiven Thatbestand des Auflaufs die durch Mitteilung Dritter erlangte Kenntnis von der Thatsache der dreimaligen Aufforderung? U. v. 6. XI. 90 III. (E. XXI, 154).

Gegen den Angeklagten H. ist festgestellt, daß er von der Thatsache, daß von dem zuständigen Beamten die in § 116 St. G. B.'s vorgeschriebene dreimalige Aufforderung, sich zu entfernen, an die auf öffentlicher Straße versammelte Menschenmenge erlassen worden, durch Mitteilung von Seiten der betreffenden Beamten Kenntnis erlangt, sich aber gleichwohl von der öffentlichen Straße, auf welche die Aufforderung sich bezog, nicht entfernt hat. Seine Revision wurde verworfen.

Der Thatbestand des strafbaren Auflaufs (§ 116 St. G. B.) wird auch dadurch nicht ausgeschlossen, daß der Angeklagte die dreimalige Aufforderung selbst nicht gehört hat. Die Revision irrt, wenn sie die Frage als bestritten bezeichnet, ob die nachträgliche Mitteilung davon, daß die in § 116 bezeichnete dreimalige Aufforderung erlassen sei, der Wahrnehmung der letzteren durch das eigene Gehör gleichstehe. In der Literatur*) ist nur Streit darüber, ob der Thatbestand des § 116 erfordere, daß der Thäter, sei es durch eigenes Anhören, sei es durch eine ihm gewordene Mitteilung, Kenntnis davon erlangt haben müsse, daß die Aufforderung, sich zu entfernen, zu dreien Malen ergangen sei. Dagegen ist nicht bestritten, und nach Wortlaut und Sinn des Gesetzes nicht zu bezweifeln,

*) s. Olshausen 513.

daß jede, auch die durch Mitteilung Dritter erlangte Kenntnis von der Thatsache der dreimaligen Aufforderung genügt, um nach dieser Richtung hin den subjektiven Thatbestand des Vergehens herzustellen. Daß der Thäter diese Aufforderung selbst gehört haben müsse, ist im Gesetze nicht gesagt. Nach allgemeinen Grundsätzen aber setzt der Vorsatz des Thäters nur dessen Kenntnis von denjenigen Thatumständen voraus, welche den gesetzlichen Thatbestand der Strafthat bilden, bei dem Vergehen gegen § 116 also die — irgendwie erlangte — Kenntnis der Thatsache, daß die dreimalige Aufforderung erfolgt sei. Die gegenteilige Annahme würde auch zu sachlich unannehmbaren Ergebnissen führen. Der § 116 will unter Strafe stellen die Unbotmäßigkeit gegen die darin bezeichnete, in der vorgeschriebenen Form kundgegebene amtliche Anordnung, die dreimalige, an die versammelte Menge gerichtete Aufforderung, von dem öffentlichen Platze rc., wo sie versammelt ist, sich zu entfernen. Die amtliche Anordnung und der ihr bezeigte Ungehorsam bleiben dieselbe, mag der Thäter auf Grund eigenen Hörens oder auf andere Weise von dem Vorliegen der ersteren Kenntnis erlangt haben. Ein Grund, aus welchem das Gesetz die Strafbarkeit dieses Ungehorsams von der Thatsache der Wahrnehmung der dreimaligen Aufforderung durch eigenes Hören hatte abhängig machen wollen, ist nicht erfindlich. Die Folge davon würde sein, daß derjenige straflos bleiben müßte, welcher erst nach ergangener öffentlicher Aufforderung den von dem Verbote der Ansammlung betroffenen Platz betritt, von ihm aber sich nicht entfernt, obwohl er von der Thatsache, daß die vorschriftsmäßige dreimalige Aufforderung vorher erfolgt war, Kenntnis erlangt —, eine Folge die offenbar vom Gesetze nicht gewollt sein kann.

§ 62.

Die strafbaren Aufforderungen.

Berner S. 377, v. Liszt § 173, Meyer § 124, Frank und Olshausen zu § 110 St. G. B.

I. **Welchen Einfluß hat die irrige Annahme des Thäters, daß die Obrigkeit für ihre Anordnung nicht zuständig gewesen sei?***) U. v. 10. II. 85, II E. XII, 6.

Die Freisprechung des Mitangeklagten M. von der Anklage eines Vergehens gegen § 110 St. G. B.'s ist darauf gestützt, daß M. bei seinen öffentlich vor einer Menschenmenge ausgesprochenen Aufforderungen zum Ungehorsam gegen die von der Gewerbedeputation des Berliner Magistrats getroffenen Anordnungen nicht das Bewußtsein gehabt habe, daß die Anordnungen innerhalb der Zuständigkeit jener obrigkeitlichen Behörde getroffen seien, Angeklagter vielmehr vom Gegenteile überzeugt gewesen sei.

Mit Recht wird von der Revision Verletzung des § 110 St. G. B.'s gerügt.

Nach dieser Vorschrift ist die öffentliche Aufforderung zum Ungehorsam gegen Gesetze oder rechtsgültige Verordnungen oder gegen die

*) Es handelt sich um die bereits in § 60 erörterte Frage.

von der Obrigkeit innerhalb ihrer Zuständigkeit getroffenen Anordnungen unter Strafe gestellt. Grund der Strafbarkeit ist offenbar die in der Aufforderung enthaltene Demonstrativ-Mißachtung der Gesetze ꝛc. und des in ihnen ausgesprochenen Willens der Obrigkeit. Daß hier — wie es in den § 85, 111 a. a. O. — die Öffentlichkeit der Aufforderung erfordert wird, findet seine Erklärung in der mit dem Hinzutreten dieses Merkmales beginnenden oder gesteigerten Gefährlichkeit der Handlung. Immer aber handelt es sich in den Fällen des § 110 a. a. O. um eine Verletzung der Pflicht zum Gehorsam gegen die Obrigkeit. Die Pflicht ist vorhanden, sobald die fragliche Anordnung von der Obrigkeit innerhalb ihrer Zuständigkeit getroffen ist. Die subjektive Auffassung des einzelnen aber von den Grenzen der Zuständigkeit kann für die Pflicht zum Gehorsam nicht maßgebend sein; denn dann wäre die obrigkeitliche Autorität dem Urteile des einzelnen untergeordnet. Auch besteht die Gefahr, welcher § 110 a. a. O. vorbeugen will, in gleichem Maße, ohne Unterschied, ob der Auffordernde die Frage, ob die Obrigkeit die fragliche Anordnung innerhalb ihrer Zuständigkeit getroffen hat, richtig oder unrichtig beurteilt. Danach ist das in § 110 a. a. O. mit den Worten „innerhalb ihrer Zuständigkeit" ausgedrückte Erfordernis kein Thatbestandsmerkmal, sodaß § 59 St. G. B.'s in Betracht kommen könnte, sondern es ist damit nur ein Strafausschließungsgrund gegeben, falls das Erfordernis objektiv nicht vorhanden ist.*)

Zu Gunsten der vorstehend entwickelten Ansicht greifen alle die Erwägungen Platz, welche für die vom Reichsgerichte konsequent festgehaltene Auffassung des Erfordernisses der „rechtmäßigen Amtsausübung" in § 113 St. G. B.'s maßgebend gewesen sind, insbesondere auch die aus der Entstehungsgeschichte der §§ 110, 113 a. a. O. gezogenen Folgerungen. Es kann in dieser Beziehung auf die Urteile vom 5. November und 30. Oktober 1880, vergl. Entsch. des R. G.'s in Straff. Bd. 2 S. 423, Bd. 3 S. 14, verwiesen werden, zumal letzteres Urteil die Entstehung des § 110. a. a. O. mit in die Erörterung zieht. Aus dieser Erörterung ergiebt sich, daß den vom Reichstage zu §§ 110, 113 des Gesetzes (§§ 108, 111 des Entwurfes) beschlossenen Änderungen genau dieselben Motive zu Grunde liegen, wie ja auch die Fassung des vom Reichstage in zweiter Lesung nach eingehender Debatte zu § 113 a. a. O. angenommenen Amendements (während der innerhalb seiner Zuständigkeit vorgenommenen Amtshandlung) sich mit derjenigen des in zweiter und in dritter Lesung zu § 110 a. a. O. angenommenen Antrages, hier die Worte „die innerhalb ihrer Zuständigkeit getroffenen" einzufügen, vollständig deckt.

Hiernach beruht die erstrichterliche Entscheidung auf einer irrigen Auffassung von dem zum Thatbestande des § 110 a. a. O. erforderlichen Dolus.

II. **Über die Aufforderung des § 49a** s. § 17. I.

---

*) A. M. Olshausen No. 23, v. Liszt § 173.

§ 63.

Der Arrestbruch.

Berner S. 402. v. Liszt § 174. Meyer § 124. Frank und Olshausen zu § 137 St. G. B.

I. Welchen Einfluß äußert der Irrtum des Thäters über die Rechtmäßigkeit der Beschlagnahme?

Abweichend von den bei § 113 St. G. B.'s entwickelten Grundsätzen hält das Rg. denselben für erheblich*) und begründet diese Ansicht im U. v. 13. VI. 84 (E. X, 425).

Liegt hiernach der objektive Thatbestand des Vergehens gegen § 137 St. G. B.'s unbedenklich vor, so geht der Vorderrichter doch bei Beurteilung des subjektiven Thatbestandes von rechtlich nicht zutreffenden Annahmen aus. Derselbe erklärt — neben der Vorsätzlichkeit der äußeren Handlung des Beiseiteschaffens — in subjektiver Beziehung das dem Angeklagten beigemessene Bewußtsein, daß er einer amtlichen Beschlagnahme entgegenhandle, für genügend und deshalb für unerheblich, ob der Angeklagte, wie er versichere und wie ihm zu glauben sei, die Beschlagnahme als gesetzlich nicht gerechtfertigt erachtet hat. Hierbei wird jedoch verkannt, daß der Dolus grundsätzlich auf alle in dem Deliktsbegriffe enthaltenen Umstände zu beziehen ist, was durch die Vorschrift des § 59 Abs. 1 St. G. B.'s noch besonderen Ausdruck erhalten hat, da danach, wenn jemand bei Begehung einer strafbaren Handlung das Vorhandensein von Thatumständen nicht kannte, welche zum gesetzlichen Thatbestande gehören oder die Strafbarkeit erhöhen, demselben diese Umstände nicht zuzurechnen sind. Wenn das Reichsgericht im Falle des § 113 und 117 St. G. B.'s vgl. Entsch. des R. G.'s in Straff. Bd. 2 S. 423, Bd. 3 S. 14, das Bewußtsein von der Rechtmäßigkeit der Amtsausübung als zum Thatbestande dieses Vergehens nicht erforderlich erachtet hat, so beruht dies auf Erwägungen, welche sich auf die Verhandlungen über das erst im Reichstage aufgestellte und in das Gesetz übergegangene Requisit der Rechtmäßigkeit der Amtsausübung gründen. Für den § 137 St. G. B.'s sind die allgemeinen Grundsätze über den Dolus maßgebend. Es muß sich daher zur Erfüllung des subjektiven Thatbestandes das Bewußtsein des Handelnden auch auf die Zuständigkeit der die Pfändung oder Beschlagnahme bewirkenden Behörden oder Beamten und, da die Zuständigkeit überhaupt nur bei einer an sich gesetzlich zulässigen Maßnahme in Frage kommen kann, auf diese gesetzliche Statthaftigkeit der Pfändung oder Beschlagnahme erstrecken. Es genügt indessen schon, wenn der Thäter über die gesetzliche Zulässigkeit der Pfändung oder Beschlagnahme und über die Zuständigkeit der Behörde oder des Beamten in Zweifel gewesen ist; denn in solchem Falle hat er immerhin mit dem eventuellen

---

*) cf. Olshausen No. 15, v. Liszt § 174. Anders liegt der im U. v. 11. III. 80 I. (E. I, 272) mitgeteilte Fall.

Dolus, die Pfändung oder Beschlagnahme nämlich auch alsdann, wenn dieselbe gesetzlich zulässig und von der zuständigen Behörde oder dem zuständigen Beamten vorgenommen ist, unwirksam zu machen, gehandelt.

Die Verurteilung des Angeklagten wegen Vergehens gegen § 137 St. G. B.'s ist daher nach der Begründung des angefochtenen Urteils nicht gerechtfertigt, während andererseits die Annahme, es habe der Angeklagte die Beschlagnahme als gesetzlich nicht gerechtfertigt erachtet, das Vorhandensein des gedachten eventuellen Dolus nicht unbedingt ausschließt.

Ergänzend und erläuternd führt das U. v. 27. V. 89 (E. XIX, 287) aus:

In der Revision des Angeklagten Sch. wird zunächst der subjektive Thatbestand bemängelt, weil das Bewußtsein sich auch auf die gesetzliche Zuständigkeit des Beamten, bezw. auf die gesetzliche Zuständigkeit der Pfändung erstrecken müsse, dieses Bewußtsein aber bei Sch. gefehlt habe, weil festgestellt sei, daß dieser Angeklagte ausdrücklich darauf hingewiesen habe, daß das Heu verkauft sei, er also die Pfändung für ungesetzlich halte. Diese Ausführungen vermögen die Revision nicht zu begründen und beruhen, insoweit sie auf ein reichsgerichtliches Urteil vom 13. Juni 1884, Entsch. des R. G.'s in Strafs. Bd. 10 S. 425 gestützt sein sollen auf irriger Auslegung des dort Erörterten. Allerdings gehört es zu den Voraussetzungen der Strafbarkeit aus § 137 St. G. B.'s, daß der Beamte, welcher eine Pfändung oder Beschlagnahme vorgenommen hat, sachlich und örtlich zuständig sei, und es ist richtig, daß derjenige, welcher sich in strafbarer Weise gegen diese Strafnorm verfehlt haben soll, sich auch bewußt gewesen sein muß, daß die Amtshandlung durch einen derart zuständigen Beamten vorgenommen sei. Wenn aber das angeführte reichsgerichtliche Urteil auch die Ueberzeugung von der gesetzlichen Unzulässigkeit einer Pfändung als ein die Schuld ausschließendes Moment anerkennt, so hat dasselbe, wie die dortigen Ausführungen unzweifelhaft erkennen lassen, nur solche Fälle im Auge, in welchen die Pfändung an sich als ein ungesetzlicher Akt erscheint, in welchen also nach den einschlägigen gesetzlichen Vorschriften eine Pfändung oder Beschlagnahme überhaupt niemals Platz greift oder vom Gesetze als wesentlich vorgeschriebene Förmlichkeiten nicht beobachtet sind (Urt. vom 25. Mai 1886 Entsch. d. R. G.'s in Strafs. Bd. 14 S. 151 flg.), nicht aber solche Fälle, in welchen eine Pfändung wegen etwaiger Außerachtlassung instruktioneller Vorschriften oder wegen etwaiger Ansprüche Dritter möglicherweise einer Anfechtung unterliegt. Es wird dort im Einklange mit einem früheren Urteile des Reichsgerichtes vom 3. Januar 1884 (Entsch. des R. G.'s in Strafs. Bd. 9 S. 403 flg.) sogar ausdrücklich betont, daß das Requisit der zuständigen Behörde in § 137 St. G. B.'s nicht zu identifizieren sei mit der Rechtmäßigkeit der Beschlagnahme im allgemeinen, daß vielmehr in § 137 nur vorausgesetzt werde, daß die an sich zu einer Beschlagnahme der fraglichen Art örtlich und sachlich zuständige Behörde (beziehentlich Beamte) dieselbe verfügt hat, nicht aber, daß im konkreten Falle auch alle gesetzlichen Voraussetzungen einer solchen Beschlagnahme (oder Pfändung) gegeben waren. Von einer solchen Zuständigkeit in abstracto könne aber nur die Rede sein, wenn die Maßregel an sich, wenn auch unter bestimmten Voraussetzungen, gesetzlich zulässig sei, weil die Frage der Zuständigkeit bei einer gesetzlich an sich unzulässigen Maßregel überhaupt nicht entstehen könne. Demnächst wird geprüft, ob die Maßregel der Beschlagnahme im ehrengerichtlichen Verfahren gegen Rechtsanwälte überhaupt zulässig sei und mit Rücksicht auf die Zweifelhaftigkeit der übrigens bejahten Frage zugegeben, daß bei bestimmter gegenteiliger Ueberzeugung das Bewußtsein, daß die Beschlagnahme von einer zuständigen Behörde ergangen sei, fehlen könne, während übrigens schon der Zweifel den eventuellen Dolus und damit die Strafbarkeit begründe.

Von einer derartigen Unzulässigkeit der Pfändung an sich und einer bezüglichen Auffassung des Angeklagten ist hier nicht die Rede. Vielmehr konnte die Zulässigkeit der Pfändung an sich angesichts des richterlichen Vollstreckungsbefehles in einer Forderungsache und seiner Ausführung durch einen Gerichtsvollzieher nicht zweifelhaft sein und wurde auch nach Inhalt des Urteils vom Angeklagten Sch. nicht bezweifelt. Ob aber die behaupteten Ansprüche eines Dritten auf die Pfandobjekte die Pfändung gerade dieser Gegenstände gerechtfertigt erscheinen ließen, war in das Ermessen des Gerichtsvollziehers gestellt, der nach den für ihn geltenden Vorschriften von der Pfändung in einem solchen Falle nur dann hätte abstehen dürfen, wenn hinreichende andere Pfandobjekte zur Verfügung gestanden hätten.

Vgl. die §§ 24, 34 der Bekanntmachung des Staatsministeriums der Justiz vom 30. September 1879 betr. die Ausführung der zur Geschäftsaufgabe der Gerichtsvollzieher gehörigen Zwangsvollstreckungen rc., J. M. Bl. S. 1494 flg.

Bei einer an sich gerechtfertigten, nur bezüglich bestimmter Voraussetzungen in das Ermessen des Beamten gestellten Amtshandlung kann aber eine der getroffenen Entscheidung entgegenstehende Auffassung der Beteiligten das Bewußtsein, daß es sich um die Amtshandlung eines zuständigen Beamten handle, und damit die Strafbarkeit einer gegen die Amtshandlung gerichteten That niemals ausschließen.

II. **Gehören zu den Sachen des § 137 auch Forderungen?** Die Frage wird nunmehr verneint*) im Beschluß der Vereinigten Strafsenate v. 8. III. 93 E. XXIV, 40.**)

Die Entscheidung der in Doktrin wie Rechtsprechung mannigfach umstrittenen Frage, ob zu den „Sachen", welche § 137 St. G. B. gegen vorsätzliche Eingriffe in die durch behördliche Verstrickung über sie verhängte Rechtslage zu schützen beabsichtigt, auch Forderungen zu zählen seien, wird überwiegend davon abhängen, welche Bedeutung man neben der Wortauslegung und der Entstehungsgeschichte der Norm ihrer inneren

*) Früher bejaht in E. XII, 184 und verneint in E. V, 204.
**) Übereinstimmend Olshausen No. 1, Berner 403, v. Liszt § 174.

Zweckbestimmung sowohl im Systeme des Strafgesetzbuches wie auf dem Boden des heutigen Prozeßrechtes einzuräumen geneigt ist.

Daß die Terminologie des Strafgesetzbuches den in seinen Normen vielfach wiederkehrenden Ausdruck „Sachen“ regelmäßig im Sinne körperlicher Sachen anwendet (§§ 124, 125, 136, 242, 243, 246, 249, 259, 265, 286, 289, 303, 304, 311, 324, 350, 366, Ziff. 8, 368 Ziff. 5, 6, 7), kann kaum in Zweifel gezogen werden. Ebenso gewiß ist, daß an den beiden Stellen, welche zweifellos über gegen Forderungen mögliche Rechtsverletzungen verfügen (§§ 266 Nr. 2, 288 St. G. B.'s), nicht der Ausdruck „Sachen“, sondern die unzweideutigen Bezeichnungen „Forderungen“, „Vermögensstücke“, „Bestandteile“ des „Vermögens“ gebraucht werden. Irgend eine Parallelstelle, in welcher das Wort „Sache“ schlechthin im körperlichen, wie unkörperlichen, auch Rechte und Forderungen umfassenden Sinne Anwendung gefunden hätte, ist im Strafgesetzbuche nicht nachweisbar. Auf die Fassung des § 266 Nr. 1 St. G. B.'s darf man sich für die gegenteilige Meinung nicht berufen. Denn, wenn auch hier, um den sprachlichen Gegensatz rein persönlicher und vermögensrechtlicher Interessen zum Ausdrucke zu bringen, das Gesetz den Vormündern, Kuratoren, Güterpflegern, Sequestern, Masseverwaltern, Testamentsexekutoren, Stiftungsverwaltern verbietet, absichtlich zum Nachteile „der ihrer Aufsicht anvertrauten Personen oder Sachen“ zu handeln, so ist doch klar, daß der Begriff „Sache“ hier im weitesten Sinne nur die unmittelbar vorher bezeichneten Vermögenskomplexe sprachlich zusammenfassen, nicht aber ohne weiteres Forderungen als unkörperliche Sachen hineinbeziehen will. Man spricht nicht vom „Anvertrauen“ oder „Beaufsichtigen“ einzelner Forderungen. Nach alledem darf mindestens behauptet werden, daß die Wortinterpretation überwiegend für die engere, nicht für die weitere Begriffsbestimmung des Ausdruckes „Sachen“ im § 137 St. G. B.'s ins Gewicht fällt.

Ähnlich verhält es sich mit der Entstehungsgeschichte der Norm. Die Quelle des § 137 St. G. B.'s ist § 272 des Preußischen Strafgesetzbuches vom 14. April 1851, und die Quelle des letzteren die für das Rechtsgebiet der preußischen Rheinprovinz ergangene preußische Kabinetsordre vom 11. Dezember 1833 (preuß. Ges. Samml. S. 296.)

Vgl. Goltdammer Materialien zum Strafgesetzbuche Bd. 2 S. 619 flg.

Ganz unbestritten hat die Kabinetsordre vom 11. Dezember 1833, wie aus den im Eingange derselben verlautbarten Motiven und dem Wortlaute klar erhellt, neben den „Früchten auf dem Halme“ lediglich bewegliche körperliche Sachen gegen Verletzung und Verstrickung schützen wollen und geschützt. Soweit sich aber an der Hand der Materialien durch die verschiedenen Entwürfe des preußischen Straf-Gesetzbuches hindurch verfolgen läßt, wie sich die Fassung der Kabinetsordre vom 11. Dezember 1833 zu der Verbotsnorm des § 272 des preußischen Strafgesetzbuches umgestaltete, ist auch nicht der geringste Anhalt für die Unterstellung nachweisbar, die preußische Gesetzgebung habe jemals bewußt oder unbewußt die Beschränkung des Verbotes auf körperliche Sachen fallen lassen wollen. Man beseitigte die Unterscheidung von „beweglichen Sachen“ und „Früchten auf dem Halme“ und sprach dafür schlechthin von Sachen; man löste den einfachen Begriff „der Beschlagnahme entziehen“ kasuistisch auf in konkretere Bezeichnungen („Verbergen“, „Verbringen“, „Zerstören“, „Beiseiteschaffen“); in allem übrigen aber blieb äußerlich wie innerlich die Grundlage der Kabinetsordre vom 11. Dezember 1833, insbesondere auch die für ihren Sinn so charakteristische verschiedene Richtung des Verbotes gegen den „Gepfändeten“ selbst, gegen dessen Ehegatten, Verwandte, Verschwägerte, gegen den bestellten Hüter“ und gegen Dritte, im Interesse des Gepfändeten Handelnde unverändert bestehen. — Als dann unter Beseitigung der letzterwähnten Distinktionen und Verschiebung der Stellung im Systeme der § 272 des preußischen Gesetzbuches (Novelle vom 21. April 1856) zum jetzigen § 137 des geltenden Strafgesetzbuches wurde, ist ebensowenig irgendwo oder irgendwie der Gedanke erkennbar hervorgetreten, das Verbot auf verstrickte Forderungen auszudehnen. Auch ist klar, daß, wenn den Redaktoren des § 137 die in dieser Beziehung innerhalb der preußischen Rechtsprechung entstandenen Zweifel bekannt waren, sie die Lösung dieser berechtigten oder unberechtigten Zweifel der Gestaltung des deutschen bürgerlichen Prozeßrechtes überlassen mußten. Der § 137 St. G. B.'s war sicherlich nicht der Ort, dafür Vorsorge zu treffen, unter welchen Voraussetzungen auch Forderungen als unkörperliche „Sachen“ gepfändet bezw. beschlagnahmt, ob und unter welchen Voraussetzungen sie etwa einer „Verstrickung“ entzogen werden könnten. Danach darf allerdings behauptet werden, daß alle durch die historische Entwickelung der hier anzuwendenden Norm an die Hand gegebenen Forderungen auf die Begrenzung des Begriffes „Sachen“ im Sinne körperlicher Sachen hinweisen.

Von entscheidender Bedeutung erscheint, wie schon oben angedeutet, die ratio legis. Der Rechtsgedanke, auf welchem der § 137 St. G. B.'s unverkennbar ruht, verdunkelt und verwirrt sich in der bedenklichsten Weise, sobald man Forderungen in „Sachen“ einbegreift. Denn unverkennbar will § 137 als Vorgehen „wider die öffentliche Ordnung“ anschließend an § 136 St. G. B.'s gewisse äußerlich in die Erscheinung getretenen Akte der staatlichen Autorität gegen Eingriffe sichern. Es ist der Besitzwille der öffentlichen Gewalt, welcher sich an die Stelle privaten Besitzstandes und privater Verfügungsgewalt durch Pfändung oder Beschlagnahme gesetzt hat und als solcher geschützt werden soll. Auf welchem Rechtsgrunde, welchem Motive diese Bethätigung obrigkeitlicher Gewalt innerlich ruht, ob die Pfändung oder Beschlagnahme präventiv-polizeilicher, strafprozessualer, administrativer, civilprozessualer oder anderer Natur ist, bleibt gleichgiltig: es genügt, daß an sich zuständige Organe des Staates ihren Besitzwillen formgemäß bethätigt haben, um den hierdurch geschaffenen Zustand der „Verstrickung“ unter den Schutz des § 137 zu stellen. Deshalb kann das Delikt des § 137 St. G. B.'s von jedermann, von dem Gepfändeten bezw. Arrestaten wie von jedem Dritten verübt werden. Und deshalb gehört zu den Begriffsmerkmalen dieses Deliktes grundsätzlich in keiner Weise die Verletzung irgend welcher Privatinteressen, welche etwa durch den obrigkeitlichen Verstrickungsakt mit geschützt oder gesichert werden sollen. Alle diese wesentlichen Gesichtspunkte verschieben sich gänzlich, sobald die Pfändung oder Beschlagnahme von Forderungen in Frage kommt. Zunächst schrumpft die reiche Mannigfaltigkeit der Motive, welche die Verstrickung körperlicher Sachen für Zwecke des öffentlichen Rechtes gebieten, zu dem alleinigen Rechtsgrunde zusammen, für den Privatverkehr im Zwangsvollstreckungsverfahren des bürgerlichen Prozesses dem Gläubiger Befriedigungsmittel gegen den Schuldner zu sichern. Daß Forderungen noch aus irgend einem anderen Rechtsgrunde gepfändet oder beschlagnahmt werden könnten, ist nicht denkbar. Will man ferner nicht zu den künstlichsten und gewagtesten Konstruktionen seine Zuflucht nehmen, so kann ein Eingriff in verstrickte Forderungen immer nur abseiten des Gepfändeten selbst, gar nicht abseiten eines Dritten verübt werden, die Verbotsnorm unter solcher Voraussetzung also auch nur gegen die einzelne Personenklasse der Gepfändeten gerichtet sein. Ganz unbrauchbar wird weiter der oben vorangestellte Grundgedanke des § 137, welcher den obrigkeitlichen Besitzwillen als solchen, in seiner äußeren Erscheinung, als Akt staatlicher Autorität gegen alle äußeren Angriffe und Eingriffe sichern will. An die Stelle dieser Verletzung der öffentlichen Ordnung tritt bei Ausdehnung des § 137 St. G. B.'s auf Forderungen, die mehr oder weniger empfindliche Schädigung irgend welcher privater Interessen.

Denn bei der unkörperlichen und ungreifbaren Natur von Forderungen versagt selbst mit Zuhilfenahme von Fiktionen die Möglichkeit einer unmittelbaren Depossedierung des Forderungsberechtigten durch Besitzergreifung der öffentlichen Gewalten. Nach Maßgabe des heute geltenden gemeinen Prozeßrechtes (§ 729 flg. C. P. O.) kann man nicht einmal sagen, daß bei der Modalität der Pfändung oder Beschlagnahme von Forderungen im Wege der Zwangsvollstreckung solche Besitzentsetzung überhaupt beabsichtigt wird. Es ist nur der Schein von alters her sich fortfristender Förmlichkeiten, welcher hierüber zu täuschen geeignet ist. Dahin gehört vor allem das in Gemäßheit der §§ 730, 810 C. P. O. an den Gläubiger (Exequendus) zu erlassende Verbot, „sich jeder Verfügung über die Forderung, insbesondere der Einziehung derselben zu enthalten". Unbestritten ist dieses Verbot ein vollkommen unwesentlicher und irrelevanter formaler Bestandteil der Pfändung oder Beschlagnahme. Die letztere wird um nichts weniger wirksam, auch wenn dem Gläubiger, etwa weil er latitiert, oder aus anderen Gründen das fragliche Verbot gar nicht zugestellt werden kann. Und ist es ihm zugestellt worden, so ist er hierdurch seiner Gläubigerbesitzrechte so wenig verlustig gegangen, daß er anerkannten Rechtens nach wie vor unbehindert bleibt, die Forderung — den Klagantrag auf Hinterlegung statt Zahlung gerichtet — selbst einzuklagen.

Vgl. Entsch. des R. G.'s in Civils. Bd. 17 S. 292.

Überhaupt vollzieht sich nach der unzweideutigen Vorschrift des § 730 Abs. 3 C. P. O. die Pfändung oder Beschlagnahme von Forderungen gar nicht in den Händen dessen, der sie als Gläubiger besitzt, sondern allein in der Person dessen, welcher als Schuldner dem Gläubiger verpflichtet ist. In dem dem Drittschuldner intimierten Verbot, „an den Schuldner zu zahlen", erschöpft sich formell wie materiell die ganze Rechtswirksamkeit der fraglichen „Verstrickung" von Forderungen. Und selbst dieses Zahlungsverbot hat nicht den peremptorischen Charakter einer unbedingt zu respektierenden obrigkeitlichen Maßregel. Will der Drittschuldner trotz des Verbotes an den Schuldner zahlen, so kann er dies straflos auf seine Gefahr hin thun, und es kann nicht zweifelhaft sein, daß in den Beziehungen zwischen dem Drittschuldner und seinem ursprünglichen Gläubiger der letztere die Zahlung als Schuldtilgung wird gelten lassen müssen. Nur in den Beziehungen zwischen dem Drittschuldner und dem Pfändungspfandgläubiger erklärt das Recht, jeder solcher Zahlung die Anerkennung versagen, sie als nicht geschehen und die Forderung als nicht getilgt behandeln zu wollen. Dieser Rechtssatz in seinem absoluten Walten kann aber kein Gegenstand eines deliktischen Angriffes sein.

In Anerkennung dieser Rechtslage ist denn auch die gegenteilige Ansicht zu dem Zugeständnisse gedrängt worden, daß allerdings gewöhnliche, der Regel des § 730 C. P. O. unterliegende, Forderungen, weil sie der Verstrickung gar nicht entzogen werden können, nicht unter die „Sachen" des § 137 St. G. B. fielen. Anders aber soll es liegen, sobald Forderungen in Frage stehen, welche partikularrechtlich erst nach erfolgter Eintragung der Pfändung in das Hypothekenbuch als gepfändet bezw. beschlagnahmt gelten (§ 731 C. P. O.). Weil in solchen und ähnlichen Fällen der Drittschuldner trotz des gehörig erfolgten Zahlungsverbotes von dem bona fide-Erwerber einer mit dem eingetragenen Pfändungsvermerk noch nicht belasteten Forderung zur Zahlung gezwungen werden kann, deshalb, so wird argumentiert, sei hier die Möglichkeit gegeben, gepfändete Forderungen durch Abtretung an einen gutgläubigen Dritten mit Erfolg der Verstrickung zu entziehen, und deshalb müsse hier § 137 St. G. B. Anwendung finden. Das letzte Glied dieser Folgerung ist offenbar unschlüssig. Giebt man einmal zu, daß die unkörperliche Natur eines Forderungsrechtes an sich die Möglichkeit ausschließt, dasselbe mittels Pfändung oder Beschlagnahme obrigkeitlich derartig in Besitz zu nehmen, wie dies § 137 St. G. B. von körperlichen Sachen voraussetzt, dann trifft dies notwendig für alle Forderungen zu, mögen sie sonst dem § 730 oder dem § 731 C. P. O. unterliegen. Verordnet das Recht selbst für eine gewisse Klasse von Forderungen, daß trotz Beobachtung aller im § 730 C. P. O. vorgesehenen Förmlichkeiten die Pfändung, d. h. das an den Drittschuldner ergangene Zahlungsverbot zu Gunsten der bona fide-Erwerber rechtsunwirksam und erst durch hypothekarische Eintragung des Pfändungsvermerkes rechtsbeständig werden soll, dann darf mit Grund bezweifelt werden, ob auf dem Boden dieser positiven Rechtsverordnung vor Eintragung des Pfändungsvermerkes überhaupt eine vollständige Verstrickung einer Forderung im Sinne des § 137 St. G. B.'s vorliegt. Ist der Pfändungsvermerk gehörig eingetragen, dann ist die praktische Möglichkeit, solche Forderungen der Verstrickung zu entziehen, gerade so unbedingt ausgeschlossen wie bei allen gewöhnlichen, dem § 730 C. P. O. ausschließlich unterliegenden Forderungen. Alles also, was durch den Hinweis auf § 731 C. P. O. und auf die positiven Vorschriften einzelner Landesgesetze folgerichtig erwiesen werden kann, beschränkt sich auf die Thatsache, daß Fälle denkbar sind, in denen die Beobachtung der im § 730 C. P. O. vorgesehenen Förmlichkeiten den Pfändungspfandgläubiger noch nicht davor schützt, seine Gerechtsame durch eigenmächtige Verfügung des Schuldners zu Gunsten gutgläubiger dritter Erwerber geschädigt zu sehen. Solche Schädigung privater Interessen ist nicht gleichbedeutend mit derjenigen Verletzung der öffentlichen Autorität, welche § 137 des St. G. B. im Auge hat. Glaubt man, daß auch solche Schädigungen als Delikte behandelt werden müssen, und vermeint man, daß die §§ 263, 288 St. G. B. hiergegen keinen genügenden Schutz gewähren, so ist mit alledem noch immer nicht dargethan, daß gerade § 137 St. G. B. dazu bestimmt sei, die hier vermeintlich vorhandene Lücke zu schließen.

Dennoch wird von anderer Seite gerade diese Aufgabe des § 137 St. G. B.'s hergeleitet aus dem Verhältnisse der Norm der §§ 288, 137 St. G. B.'s zu einander. Man findet es rationell, daß bei nur drohender Zwangsvollstreckung die Veräußerung einer Forderung nach § 288 strafbar, nach bereits erfolgter Pfändung in Gemäßheit des § 137 St. G. B.'s straflos sein soll. Demgegenüber kommt in Betracht, daß § 288 St. G. B.'s, dessen Norm sowohl dem preußischen Strafgesetzbuche wie dem ersten Entwurfe des deutschen Strafgesetzbuches unbekannt war, wegen dieser seiner späteren Einschiebung in das System von vornherein wenig dazu tauglich ist, zum Ausgangspunkte weiterer Deduktionen benutzt zu werden. Wie mißlich die ganze obige Argumentation ist, erhellt auch daraus, daß § 137 St. G. B.'s nicht etwa, wie man danach erwarten sollte, die härtere, sondern umgekehrt die erheblich mildere Strafsanktion enthält. Während § 288 St. G. B.'s ein Strafmaximum von zwei Jahren Gefängnis androht, begnügt sich § 137 St. G. B.'s mit nur einem Jahre Höchstbetrag. Ob im Uebrigen der Zustand „drohender Zwangsvollstreckung" im Sinne des § 288 St. G. B. sich einer Forderung gegenüber nicht so lange fortsetzt, bis in Gemäßheit des § 736 C. P. O. die Einweisung des Gläubigers in die Forderung erfolgt ist, kann hier unerörtert bleiben.

Die Rechtsprechung des vormaligen preußischen Obertribunales, welche § 272 des preuß. Strafgesetzbuches und § 137 des deutschen Strafgesetzbuches im weiteren, auch Forderungen umfassenden Sinne verstanden wissen wollte, war nicht dazu angethan, Zweifel gegen die hier vertretene einschränkende Auslegung des § 137 St. G. B.'s hervorzurufen. Denn diese Praxis war in ihrer Begründung wie in ihrer Conklusion schwankend, durch vermeintliche Grundsätze des preußischen allgemeinen Landrechtes und der altpreußischen Gerichtsordnung wesentlich beeinflußt und selbst vom preußisch-rechtlichen Standpunkte den stärksten Anfechtungen unterworfen. Nachdem man etwa fünf Jahre hindurch den § 272 des preuß. Gesetzbuches auf verstrickte körperliche Sachen beschränkt hatte, wurden seit der Plenarentscheidung vom 31. März 1856 unterschiedlos alle Forderungen den „Sachen" subsumiert. Durchaus vorherrschend blieb dabei der Gedanke, daß nicht das an den Drittschuldner erlassene Zahlungsverbot, sondern allein das dem Schuldner intimierte Verfügungsverbot den Verstrickungszustand schaffe und das Handeln gegen das letztbezeichnete Verbot das Delikt darstelle. Ob diese Anschauung auch nur auf dem Boden preußischen Partikularrechtes richtig war, braucht hier nicht untersucht zu werden. Daß sie thatsächlich bestand, ist unbestreitbar.

Vergl. Urtt. des preuß. Obertribunales vom 8. Juni 1859 (Goltdammer's Archiv Bd. 7 S. 561), vom 26. Februar 1863 (a. a. O. Bd. 11, S. 283), vom 16. September 1864 (a. a. O. Bd. 12 S. 854) u. a. m.

Nachdem das deutsche Strafgesetzbuch eingeführt worden, und nachdem man sich von der Unhaltbarkeit der bisherigen alle Forderungen gleich behandelnden Meinung hatte überzeugen müssen, erging unter dem 3. Juli 1871 ein neues Plenarurteil, welches nunmehr zu unterscheiden anfing zwischen dem Exekutionssucher schädlichen, solchenfalls strafbaren und zwischen dem Exekutionssucher unschädlichen, solchenfalls straflosen Verfügungen über verstrickte Forderungen, im übrigen aber an dem Satze, daß zu den „Sachen" auch Forderungen gehörten, festhielt. Die gewöhnlichen, nicht hypothekarisch versicherten Forderungen wurden wie eine Art Ausnahme von der Regel behandelt und die ratio legis des § 137 St. G. B.'s nicht in dem Bruche der öffentlichen Ordnung, sondern in der Schädigung der Gläubigerrechte gesucht.

Vgl. Oppenhoff, Rechtspr. des Obertribunals Bd. 12 S. 360 und die dort abgedruckte, unwiderlegt gebliebene Kritik des Generalstaatsanwaltes gegen die bisherige Rechtsprechung des preußischen Obertribunales.

Was gegen die Richtigkeit und Haltbarkeit der Vordersätze spricht, von denen die Rechtsprechung des preußischen Obertribunales ausging, ist oben dargelegt worden. Daß diese wechselnden Gesichtspunkte früherer preußischer Praxis nicht geeignet befunden werden konnten, die hier vertretene Rechtsansicht zu erschüttern, bedarf hiernach keiner weiteren Ausführung.

Fünfter Abschnitt.

Delikte wider den öffentlichen Frieden.

§ 64.

Der Zweikampf.

Berner S. 489. Binding Gr. II § 121. v. Liszt § 93. Meyer § 75.
Frank und Olshausen zu § 201 St. G. B.

I. **Ist die studentische Schlägermensur ein Zweikampf im Sinne des Gesetzes?**

Diese Frage wird von dem R. G. **bejaht** im U. d. Vereinigten Strafsenate v. 6. III. 83 (E. VIII, 87)*).

Durch das Urteil der Strafkammer war der Angeklagte K. von der gegen ihn erhobenen Anklage eines Vergehens des Zweikampfes freigesprochen, der Angeklagte R. dagegen eines Vergehens der gefährlichen Körperletzung unter mildernden Umständen schuldig befunden und deshalb zu Mk. 40 Geldstrafe bezw. acht Tagen Gefängnis verurteilt worden.

Beide Angeklagte hatten nach den Feststellungen des Urteiles am 4. Februar 1882 zu Erlangen nach feststehenden Regeln — dem Erlanger Komment — eine sog. Konvenienzpaukerei ausgefochten, in deren Verlauf K. von seinem Gegner leicht an der linken Wange verwundet wurde. Die Duellanten hatten sich der gewöhnlichen geschliffenen Studentenschläger und der herkömmlichen Schutzmittel bedient, nur blieben die Köpfe, abgesehen von der Brille unbedeckt.

Das Instanzgericht erachtete den Thatbestand des § 205 St. G. B.'s nicht für gegeben, weil ein geschliffener Studentenschläger weder die **Bestimmung** hat, noch unter den hier festgestellten Umständen **geeignet** war zur Beibringung tötlicher Verletzungen, daher nicht als tötliche Waffe erscheine. Es wurde dann weiter ausgeführt, daß die angewendeten Schutzvorrichtungen jede tötliche Verletzung der geschützten Körperteile, — welche allein bei einem solchen Kampfe gefährlich bedroht seien, — ausschließen und daß auch auf dem freigebliebenen Kopfe nur unter außergewöhnlichen Umständen eine lebensgefährliche Verletzung beigebracht werden könne; dagegen wurde angenommen, daß sich der Angeklagte R., welcher seinem Gegner eine Verwundung beigebracht hatte, des Vergehens der Körperverletzung mit einer Waffe schuldig gemacht habe, während bei seinem Gegner in dieser Beziehung nur ein strafloser Versuch vorliege.

Die Revision des Staatsanwaltes rügte unrichtige Anwendung des Gesetzes, weil nicht gegen beide Angeklagte § 205 St. G. B.'s angewendet worden sei, da die gebrauchten Studentenschläger tötliche Waffen im Sinne des angeführten Gesetzes seien.

Derselben wurde stattgegeben.

Richtig ist, daß zum Thatbestande des § 205 St. G. B.'s ein Zweikampf „**mit tötlichen** Waffen" gehört; denn wenn auch dieses Thatbestandsmoment nur in § 201 a. a. O. bei der Herausforderung zum Zweikampfe ausdrücklich angeführt ist, so kann doch darüber kein Zweifel bestehen, daß derselbe für den ganzen vom Zweikampfe handelnden 15. Abschnitt des Strafgesetzbuches und insbesondere für die Strafnorm des § 205 a. a. O. ebenfalls stillschweigend vorausgesetzt wird.**) Rechtsirrtümlich aber ist die Annahme, daß eine Waffe schon deshalb nicht als eine tötliche erscheine, weil sie nicht die Bestimmung habe, tötliche Verletzungen herbeizuführen, oder, weil sie unter den festgestellten konkreten Umständen nicht hierzu geeignet gewesen sei.

---

*) Ebenso Olshausen No. 11.

**) Hier sind sämmtliche Schriftsteller einig, cf. v. Liszt § 93.

1. Die Entstehungsgeschichte des vormaligen preußischen Strafgesetzbuches, dessen Vorschriften in der Materie des Zweikampfes nahezu unverändert in das Reichsstrafgesetzbuch übergegangen sind, läßt entnehmen, daß das Beiwort „tötlich“ den Waffen um deswillen beigesetzt wurde, um gegenüber älteren Bestimmungen des Allg. preußischen Landrechtes, welche von „sich auf den Stock oder andere minder gefährliche Werkzeuge herausfordern oder schlagen“ gesprochen hatten, den Zweikampf auf die Waffen im technischen Sinne, Schuß-, Hieb-, Stich- oder Stoßwaffen, welchen man ohnehin die Eigenschaft der „Tötlichkeit“ beimaß, zu beschränken. Es handelt sich also nicht um Waffen, welche gerade zum Töten bestimmt sind,*) sondern nur um technische Waffen überhaupt, welche als solche bei bestimmungsgemäßem Gebrauche geeignet sind, tötliche Verletzungen herbeizuführen.**)

Nicht minder ergeben die bei Revision der früheren Entwürfe des preußischen Strafgesetzbuches gemachten Äußerungen, daß nach der Intention des Gesetzgebers der Begriff „tötlich“ nur nach der Beschaffenheit der Waffe an sich, der ihr zukommenden Eigenschaft, in abstracto tötlich zu wirken, bemessen, keineswegs aber durch wechselnde konkrete Umstände, wie Art des Kampfes und der Ausrüstung des Duellanten, beeinflußt werden soll. Demgemäß kann auch den bei den studentischen Duellen herkömmlichen Schutzvorrichtungen ein Einfluß auf die Qualität der im Kampfe gebrauchten Waffen nicht eingeräumt werden; denn die schützende Beschaffenheit derartiger Vorrichtungen, welche zudem keineswegs überall gleich sind, ermöglicht wohl, im einzelnen Falle festzustellen, daß die tötliche Wirksamkeit der Waffen für die Duellanten durch die Schutzvorrichtungen aufgehoben worden sei, keineswegs kann aber hieraus der Schluß gezogen werden, es sei die Eigenschaft der Waffe verändert und mit an sich nicht tötlichen Waffen gekämpft worden.***)

2. Dafür, daß die Gesetzgebung den Ausdruck „tötlich“ im abstrakten Sinne gebraucht hat, spricht weiter der Umstand, daß das Gesetz an der einzigen Stelle, wo es sich des Beiwortes tötlich im 15. Abschnitte bedient, nämlich im § 210 St. G. B.'s, dieses in Verbindung, nicht mit dem Zweikampfe selbst (§ 205 a. a. O.), sondern lediglich mit der Herausforderung zum Zweikampfe gethan hat. Schon die Herausforderung soll die Tötlichkeit der Waffe erkennen lassen. Damit kann aber nur die Tötlichkeit der Waffengattung als solcher gemeint sein, nicht die konkreten Modalitäten der Kampfesart, da solche nicht regelmäßig schon bei der Herausforderung, sondern häufig erst später durch die Sekundanten festgestellt werden.

Nicht minder spricht für die abstrakte Bestimmung des Begriffes der Tötlichkeit, daß, wenn eine Strafnorm von „tötlichen Waffen“ schlechthin spricht, und den Zweikampf als solchen unter Strafe stellt, ohne Rück-

---

*) So Olshausen No. 11.

**) So schon R. G. I, 443 und die herrschende Ansicht.

***) A. M. Meyer § 75, nach dem nicht mehr ein Kampf mit derartigen Waffen als solchen vorliegt.

sicht auf den Ausgang des Kampfes und auf die Wirkungen der Waffen, sie eben nur die Waffengattung in abstracto, nicht ihre, von den verschiedensten zufälligen Umständen bedingte konkrete tötliche Wirksamkeit im Auge haben kann.

3. Auch die Konsequenzen, welche sich aus einer konkreten Beurteilung des Waffenbegriffes ergeben, und welche dazu führen würden, daß in jenen Fällen, in welchen mit Rücksicht auf Schutzvorrichtungen und sonstige Umstände „nicht tötliche Waffen“ angenommen werden, für die im Zweikampfe zugefügten Verletzungen die Strafen der Körperverletzung verhängt werden müßten, sind so abnorm, daß sie nicht als vom Gesetzgeber beabsichtigt angesehen werden können.

Abgesehen davon, daß bei Zweikämpfen mit tötlichen Waffen, somit unter der Voraussetzung, daß auch Zweikämpfe mit nicht tötlichen Waffen vorkommen könnten, in den schwereren Fällen die Strafen der Tötung und Körperverletzung gemäß § 207 St. G. B.'s nur gegen diejenigen verhängt werden sollen, welche die Duellregeln vorsätzlich übertreten, also sich der milderen Bestrafung durch die Duellgesetze unwürdig gemacht haben, sollen in den leichtesten und relativ ungefährlichsten Fällen immer die Strafen der Körperverletzung angewendet werden, welche bei einem immerhin nicht ausgeschlossenen schweren Erfolge (§ 224 St. G. B.'s) sogar in Zuchthausstrafe bestehen können.

Es erscheint kaum annehmbar, daß derselbe Zweikampf, welcher mit denselben Waffen und nach denselben Kampfesregeln durchgefochten wird, mit allen seinen möglichen Folgen bald als ein wirkliches Duell, bald als eine gewöhnliche Rauferei behandelt werden soll, je nachdem durch die Schutzvorrichtungen die Gefahr eines tötlichen Ausganges näher oder ferner gerückt ist, und daß überdies ersteren Falles die zugefügten, einfachen wie schweren Verletzungen durch die Duellstrafen absorbiert, letzteren Falles als allgemeine Körperverletzungen im Sinne der §§ 223 flg. a. a. O. bestraft werden sollen.

Als besonders unzukömmlich tritt aber die Thatsache hervor, daß das Strafgesetzbuch selbst bei den lebensgefährlichsten Zweikämpfen Sekundanten und Ärzte, sowie unter Umständen auch Kartellträger straflos läßt, während bei leichten studentischen Duellen, sobald die in denselben zugefügten Verletzungen wegen Mangels der Qualität der „tötlichen Waffen“ nach dem 17. Abschnitte des Strafgesetzbuches bestraft werden müßten alle diese Personen als Teilnehmer an den vorgekommenen Körperverletzungen zu behandeln sein würden.

Wenn für die Straflosigkeit der Studentenduelle geltend gemacht wird, daß diese während der Herrschaft des preußischen Strafgesetzbuches unter besondere, dort vorbehaltene, disciplinäre Reglements gefallen seien, und deshalb auch jetzt nicht dem gemeinen Strafrechte unterstellt werden dürften, so geht diese Ansicht von der irrigen Voraussetzung aus, als habe während der Geltung des preußischen Strafgesetzbuches neben dem gemeinrechtlichen Thatbestande des Zweikampfes jemals ein besonderer Thatbestand für Studentenduelle, etwa für Zweikämpfe mit nicht tötlichen Waffen oder dergleichen bestanden.

Dies ist aber keineswegs der Fall. Alle Besonderheiten, welche den Studentenduellen in Preußen eingeräumt waren, hingen untrennbar mit dem persönlichen eximierten Gerichtsstande der Studenten, niemals mit Unterschieden in den Merkmalen des Thatbestandes zusammen. Das Studentenduell mit den hier in Rede stehenden Schutzvorrichtungen war immer ein Zweikampf mit tötlichen Waffen, der nur je nach dem Erfolge, je nachdem eine erhebliche Verwundung eingetreten war oder nicht, der Bestrafung seitens der ordentlichen Gerichte auf Grund des § 168 St. G. B.'s unterfiel oder der Ahndung seitens der akademischen Disziplinargerichte überlassen blieb. Die Unterscheidung kam mit Emanation des Reichsstrafgesetzbuches in Wegfall, da bei diesem von einem stillschweigenden Vorbehalte, wie ihn Preußen bei Einführung seines Strafgesetzbuches für seine akademische Gerichtsbarkeit gemacht hatte, nicht die Rede sein konnte. Auch hat Preußen selbst in dem Gesetze vom 29. Mai 1879 über die Disciplin an den Landesuniversitäten die Exemtion der Studierenden von der Anwendung der allgemeinen Strafgesetze jeglicher Art in Wegfall gebracht. Seit dem Inkrafttreten des Reichsstrafgesetzbuches unterstehen daher alle dem Thatbestande des 15. Abschnittes des Strafgesetzbuches entsprechenden Duelle der Studierenden dem gemeinen Rechte, sobald sie also nur mit Duellwaffen im technischen Sinne, d. h. mit solchen Waffen ausgefochten werden, welche an sich und ohne Rücksicht auf die konkreten Umstände des Kampfes zur Beibringung tötlicher Verletzungen geeignet sind.

Auf den vom ersten Richter für erwiesen angenommenen Thatbestand findet daher der § 205 St. G. B.'s Anwendung. Weder von einem Spezialdelikte, für welches den Landesgesetzgebungen überlassen bliebe, die geeignet scheinenden Strafnormen festzusetzen, noch von einer im Reichsstrafgesetzbuche stillschweigend sanktionierten gänzlichen Straflosigkeit kann bei einem Zweikampfe der festgestellten Art die Rede sein, bei welchem durch Anwendung von Schutzvorrichtungen vielleicht die Lebensgefahr, nicht aber die Möglichkeit der schwersten körperlichen Verletzungen ausgeschlossen wird.

II. **Über die Straflosigkeit bei freiwilliger Zurückziehung der Herausforderung** führt das U. v. 28. IV. 81 I (E. IV, 113) folgendes aus:

Der Angeklagte A. hat schriftlich seine Herausforderung des B. zum Zweikampf zurückgezogen. Vorher war jedoch von B. die Herausforderung abgelehnt worden. Das Gericht I Instanz wandte deshalb § 204 St. G. B.'s nicht an und das Rg. hat sich dem angeschlossen mit folgender Begründung.

Zwar erfordert § 201 St. G. B.'s nicht, daß die Herausforderung angenommen worden, und setzt ebenso § 204 St. G. B.'s nicht voraus, daß bereits ein Zweikampf vereinbart worden, und kann daher ein freiwilliges Aufgeben des Zweikampfes im Sinne und mit der Wirkung des § 204 auch dann eintreten, wenn erst eine Herausforderung zum Zweikampf vorliegt. Gleichwohl kann, wenn auf die Herausforderung zum

Zweikampf bereits eine Ablehnung erfolgt ist, eine erst nach feststehender Ablehnung des Zweikampfes erfolgte Zurückziehung der Herausforderung nicht die Wirkung des § 204 St. G. B.'s für sich beanspruchen. Wie die Strafbestimmung des § 201 St. G. B.'s in der Absicht des Gesetzgebers beruht, möglichst wirksam dem Zweikampf entgegen zu treten, so beruht § 204 St. G. B.'s auf der Erwägung, die Verwirklichung des Zweikampfes zu verhindern; das Gesetz will dies erreichen, indem es Straflosigkeit daran knüpft, daß durch freiwilliges Thun der Parteien die Verwirklichung des Zweikampfes unterblieben ist. Den Gegensatz zur Nichtverwirklichung des Zweikampfes infolge freiwilligen Thuns der Parteien bildet dessen Verhinderung durch einen von dem Willen der Partei unabhängigen Vorgang. Ist sonach der Verwirklichung des von dem Herausforderer gewollten Zweikampfes bereits ein von seinem Willen unabhängiger Vorgang hindernd entgegengetreten, ist schon hierdurch die Verwirklichung vereitelt worden, so ist eine nachherige, aus dem Willen des Herausfordernden hervorgegangene Thätigkeit, welche auf Nichtvornahme des Zweikampfes gerichtet ist, einflußlos.*) Sie wird nicht mehr Ursache der Nichtverwirklichung des Zweikampfes, weil bereits in dem vorausgegangenen Vorgang die Ursache der Nichtverwirklichung liegt; das Gesetz hat daher auch keinen Anlaß, dieser nachherigen Willensäußerung noch die Gunst der Straflosigkeit der Herausforderung zum Zweikampf zu teil werden zu lassen. Nun ist aber durch die Ablehnung des Zweikampfes von seiten des Herausgeforderten bereits die Nichtverwirklichung des Zweikampfes erreicht und diese Ablehnung bildet einen vom Willen des Herausforderers unabhängigen Vorgang; die nachherige Zurückziehung der Herausforderung von seiten des Herausforderers wird daher nicht Ursache der Nichtverwirklichung des Zweikampfes und kann seine Strafbarkeit aus § 201 St. G. B.'s für die von ihm vorgenommene Herausforderung zum Zweikampf nicht beseitigen.

Es kann zwar zugegeben werden, daß die Ablehnung des Zweikampfes von seiten des Herausgeforderten nach Umständen nicht ein endgültiges Hindernis gegen den Zweikampf bildet, daß sie insbesondere nicht eine nachträgliche Annahme des Zweikampfes von seiten des Herausgeforderten ausschließt. Allein § 204 St. G. B.'s führt an sich nicht zu einer endgültigen Beseitigung des Zweikampfes überhaupt, da z. B. auch eine vom Herausfordernden freiwillig vor einer Erklärung des Gegners auf die Herausforderung zurückgezogene und deshalb unter § 204 St. G. B. fallende Herausforderung nachträglich von ihm erneuert werden kann. Sodann liegt auch gegenüber einer durch nachträgliche Annahme einer Herausforderung von seiten des Herausgeforderten veränderten Sachlage wieder Raum für die Bethätigung eines freiwilligen Abstehens vom Zweikampfe von seiten des Herausfordernden und damit für die Anwendbarkeit des § 204 St. G. B.'s auch zu Gunsten des Herausfordernden vor. Es kann deshalb weder aus der auf Verhinderung des Zweikampfes gerichteten

*) A. M. v. Liszt § 93, der auch in diesem Falle Straflosigkeit eintreten lässt.

Absicht des Gesetzgebers, noch aus der Billigkeit die Notwendigkeit abgeleitet werden, dem Herausforderer die Wohlthat des § 204 St. G. B.'s auch dafür angedeihen zu lassen, daß er nach bereits erfolgter Ablehnung der von ihm ausgegangenen Herausforderung seinerseits die Herausforderung selbst zurückzieht.

Die bisherigen Erwägungen stehen auch im Einklang damit, daß § 167 des preußischen Strafgesetzbuchs, dessen Bestimmung § 204 St. G. B.'s (unter Ersetzung der Worte des § 167 „aus eigener Bewegung" durch das Wort „freiwillig") nachgebildet ist, dem Grundsatze des § 31 des preußischen Strafgesetzbuchs Ausdruck geben wollte, und treffen ebenso zu, wenn man § 204 St. G. B.'s mit § 46 das. in Vergleichung zieht.

III. Geht das in § 203 St. G. B.'s bedrohte Vergehen des Kartellträgers bei Vollziehung des Zweikampfes in dasjenige der Teilnahme an demselben über?

Diese Frage wird verneint*) im U. v. 4. XII. 84 I. (E. XI, 279).

Die Revision der Staatsanwaltschaft macht geltend, daß § 203 St. G. B.'s auf den Kartellträger nur dann Anwendung finde, wenn es nicht zum Zweikampfe gekommen, daß dagegen, wenn der Zweikampf ausgeführt worden, der Kartellträger als Gehilfe nach §§ 205, 49 a. a. O. zu bestrafen sei. Das Rg. ist dem nicht beigetreten.

Zunächst muß betont werden, daß die Bestimmungen des Strafgesetzbuches in der ganzen Materie vom Zweikampfe mehrfache Abweichungen von allgemeinen Normen darbieten, veranlaßt durch die thatsächlichen Anschauungen und Bedürfnisse des Lebens, und daß die Einzelheiten der Bestimmungen des Strafgesetzbuches in der Materie vom Zweikampfe mehr eine Richtung der Milde, als der Strenge zeigen. Es ist dies zum Ausdrucke gelangt in den Sätzen der Motive zu §§ 196—205 des Entwurfes des Strafgesetzbuches:

„Der Versuch der Gesetzgebung, das Duell in eigenen Mandaten zu behandeln und mit exzeptionell harten Strafen zu bedrohen, hat sich ebenso unwirksam erwiesen, als der andere: Das Duell als ein besonderes Verbrechen ganz zu ignorieren und seine Bestrafung stillschweigend den über Mord, Totschlag und Körperverletzung gegebenen Vorschriften zu überlassen. Die Sitte, oder wenn man lieber will, die Unsitte des Duells, hat sich noch immer stärker erwiesen, als das geschriebene Gesetz, und diesem bleibt somit nichts anderes übrig, als sich gut oder übel mit der Aufgabe abzufinden, seine Vorschriften über das Duell so einzurichten, daß sie einerseits mit den Geboten der Gerechtigkeit nicht in allzuschroffen Widerspruch treten, und andererseits dem Bedürfnisse des Lebens ein wenigstens annäherndes Genüge leisten. Die in dem preußischen Strafgesetzbuche enthaltenen Duellvorschriften entsprechen dieser Anforderung, soweit dies eben überhaupt möglich, wenigstens annäherungsweise, und der

*) Übereinstimmend Meyer § 75.

Gesetzentwurf hat darum nichts richtigeres thun zu können geglaubt, als sie ihrem wesentlichen Inhalte nach in sich aufzunehmen."

Aus diesen Sätzen geht ferner hervor, daß das deutsche Strafgesetzbuch sich in der Materie vom Zweikampfe im wesentlichen dem preußischen Strafgesetzbuche anschließen wollte. Für die Auslegung der Bestimmungen des Strafgesetzbuches in dieser Materie ist daher die vorhin erwähnte Auffassung und Richtung des Gesetzes, sowie der Sinn, welchen das preußische Strafgesetzbuch mit den einzelnen Bestimmungen verband, von besonderem Gewicht. Der erwähnten Auffassung und Richtung des Gesetzes entspricht nun die Anschauung, daß die in § 203 St. G. B.'s enthaltene Bestimmung bezüglich der Bestrafung der Kartellträger diese Bestrafung auch für den Fall regeln wollte, wenn die Herausforderung zum wirklichen Zweikampfe geführt hat, daß insbesondere auch für einen solchen Fall der in § 203 St. G. B.'s festgesetzte Strafrahmen vollkommen genüge. Die Anschauung lag aber auch dem § 166 preuß. St. G. B.'s, mit welchem § 203 St. G. B.'s übereinstimmt, zu Grunde. Aus der Entstehungsgeschichte des § 166 preuß. St. G. B.'s, welche aus Goltdammer, Materialen Bd. 2 § 166 ersichtlich, geht hervor, daß die Norm des § 166 den Gesichtspunkt über Hilfeleistung beim Zweikampfe ins Auge faßte und sie sonach offenbar auch den Fall mittreffen sollte, wenn der Zweikampf wirklich stattgefunden hat, nicht etwa für den Fall, daß der Zweikampf wirklich stattgefunden, die Strafe des Kartellträgers nach §§ 168, 34 Ziffer 2, 35 preuß. St. G. B.'s bemessen wissen wollte. Eine Strafbemessung des Kartellträgers bei stattgefundenem Zweikampfe nach letzteren Bestimmungen würde ferner die Bestrafung des Kartellträgers mit Einschließung auf die Dauer von zwölf Jahren ermöglicht haben; soweit wollte jedoch der preußische Gesetzgeber hinsichtlich des Maßes der Strafe des Kartellträgers inhaltlich der bezeichneten Entstehungsgeschichte augenscheinlich nicht gehen, wenngleich die Immediatkommission von 1843, welche in Abänderung der die Sekundanten und die Kartellträger in der Bestrafung gleichstellenden ersten Entwürfe die Straflosigkeit der Sekundanten beschloß, die Strafbarkeit der Kartellträger deshalb aufrecht erhielt, „weil durch ihre Vermittelung in der Regel das Duell erst zustande komme, weil sie häufig statt zur Versöhnung sogar zum Anreize wirkten."

Den nach dem bisherigen sich für die Anschauung, daß § 203 St. G. B.'s auf den Kartellträger auch für den Fall des erfolgten Zweikampfes Anwendung finde, sich ergebenden Erwägungen steht auch nicht etwa die äußere Ordnung der in den §§ 201—210 St. G. B.'s enthaltenen Bestimmungen entgegen.

Die Bestimmung in § 203 St. G. B.'s reiht sich in natürlicher Weise den Normen über die Bestrafung der Herausforderung zum Zweikampfe an, weil ihr Inhalt sich auch mit einem auf die Herausforderung bezüglichen Sachverhalte befaßt; aus dieser Anreihung ergiebt sich jedoch kein Beweisgrund für eine gleiche rechtliche Natur der Norm des § 203 mit jener des § 201 St. G. B.s, insbesondere dafür, daß § 203 nur die Vorbereitung zum Zweikampfe treffe, dagegen seine Anwendbarkeit dann wegfalle und vielmehr jene des § 205 in Verbindung mit § 49 gegen den Kartellträger eintrete, wenn ein Zweikampf stattgefunden hat. Ebenso beruht die Zusammenfassung in § 204 St. G. B.'s nur darauf, daß der gleiche äußere Umstand (freiwilliges Aufgeben des Zweikampfes durch die Parteien vor dessen Beginn) zum gleichen Ergebnisse (Straflosigkeit) führt.

Wenn ferner der Umstand, daß Kartellträger ernstlich bemüht gewesen sind, den Zweikampf zu verhindern, erst in § 209 St. G. B.'s erwähnt und bezüglich seiner strafrechtlichen Wirkung geregelt wird, so erklärt sich dies daraus, daß es dem Gesetzgeber, welcher hier auch einen solchen Fall der Straflosigkeit des Kartellträgers mit regeln wollte, wo es bereits zu einem Zweikampfe gekommen, angemessen erscheinen mochte, die Regelung äußerlich an Bestimmungen bezüglich solcher Fälle, wo ein Zweikampf stattgefunden, anzureihen; nicht aber hat er damit notwendig zu erkennen gegeben, daß er in § 209 a. a. O. voraussetze, ein solcher Kartellträger, welcher zu einem nachher wirklich stattgefundenen Zweikampfe den Auftrag zur Herausforderung übernommen und ausgerichtet habe, falle unter andere Strafbestimmungen, als jene des § 203, nämlich unter jene der §§ 205—208 a. a. O. Würde der Gesetzgeber bei der auf den Kartellträger bezüglichen Bestimmung des § 209 von der obenerwähnten Voraussetzung ausgegangen sein, diese Bestimmung sonach auch nur bei stattgefundenem Zweikampfe Anwendung finden, so würde dies ferner dazu führen, daß, wenn aus Gründen, die nicht in einem für die Anwendung des § 204 erforderlichen freiwilligen Aufgeben des Zweikampfes vonseiten der Parteien wurzeln, ein Zweikampf nicht stattgefunden hat, der Kartellträger trotz ernstlicher Bemühung, den Zweikampf zu verhindern, strafbar wäre, während, wenn ein Zweikampf stattgefunden hat, die ernstliche Bemühung des Kartellträgers, ihn zu verhindern, ihm Straflosigkeit gewährte. Ein solches Ergebnis hat der Gesetzgeber jedenfalls nicht gewollt, und ist daher auch aus diesem Grunde zu entnehmen, daß auch § 209 St. G. B.'s vielmehr von der Voraussetzung ausging, es finde auf den Kartellträger auch für den Fall des erfolgten Zweikampfes nicht §§ 205—208, sondern § 203 St. G. B.'s Anwendung (sofern er überhaupt als strafbar erscheine). Daß der Gesetzgeber durch die Verbindung der in § 209 a. a. O. hinsichtlich der Kartellträger getroffenen Bestimmung mit der darin hinsichtlich der Sekundanten (Zeugen, Ärzte und Wundärzte) enthaltenen Straflosigkeitsbestimmung nicht auf einen stattgefundenen Zweikampf als in beiden Fällen notwendige Voraussetzung hinweisen wollte, geht auch daraus hervor, daß in dem preußischen Strafgesetzbuche die auf die Straflosigkeit der Sekundanten (Zeugen, Ärzte und Wundärzte) bezügliche Bestimmung in § 172 und die auf die Straffreiheit jener Kartellträger, welche ernstlich bemüht gewesen, den Zweikampf zu verhindern, bezügliche Bestimmung hiervon gesondert, nämlich in § 173 a. a. O. enthalten war; die Vereinigung in einen Paragraphen im deutschen Strafgesetzbuche entsprang augenscheinlich lediglich aus dem rein äußerlichen Bestreben nach größerer Kürze, welchem bei Weglassung der in § 172 preuß. St. G. B.'s hinsichtlich der Sekundanten, Zeugen, Ärzte und Wundärzte enthaltenen weiteren Bestimmung: „auch sind dieselben nicht verpflichtet, über den beabsichtigten oder ausgeführten Zweikampf der Staatsbehörde anders, als auf deren Aufforderung Anzeige zu machen“, Rechnung getragen werden konnte.

IV. **Der Begriff des Sekundanten** im Sinne des St. G. B.'s ist auf diejenigen von den Duellanten erwählten Personen zu beschränken, welche jenen bei Austragung des Zweikampfes selbst Beistand leisten und deren Aufgabe im wesentlichen darin besteht, die Beobachtung der verabredeten oder hergebrachten Kampfesregeln auf dem Kampfplatz zu sichern. U. v. 16. I. 94. IV. E. XXV, 82.

§ 65.

Der Hausfriedensbruch.

Berner S. 387. Binding Gr. II. § 129. v. Liszt § 117. Meyer § 108. Frank und Olshausen zu § 123 St. G. B.

I. **Den subjektiven Thatbestand des Hausfriedensbruches** bestimmt U. v. 22. I. 86 II (E. XIII, 313) dahin:

Das Vergehen des § 123 St. G. B.'s kann, wie aus der Wortfassung erhellt, nur vorsätzlich verübt werden, setzt also voraus, daß zur Zeit der That der Thäter sich solcher Umstände bewußt sei, welche den einzelnen gesetzlichen Merkmalen der für strafbar erklärten Handlung entsprechen. Wer keine Vorstellung davon hat, an oder in einer Wohnung sich zu befinden, kann somit das Vergehen des § 123 St. G. B.'s nicht in der Gestalt des Wohnungsfriedensbruches begehen.

Hat er diese Vorstellung, so ist es allerdings ohne Belang, ob er sich zugleich bewußt ist, den Hausfrieden zu brechen, oder ob er hierüber Ansichten hegt, welche dem geltenden Strafgesetze widerstreiten.

II. **Den Begriff des befriedeten Besitztums** entwickelt dasselbe Urteil wie folgt: (E. XIII, 314)

Als Besitztum kann nach dem Sprachgebrauche allerdings auch ein Schiff, gleich anderen beweglichen Gegenständen, bezeichnet werden; als „befriedetes Besitztum“ im Sinne des § 123 St. G. B.'s hat aber nur unbewegliches Gut in Betracht fallen sollen. Das erhellt aus der Entstehungsgeschichte der Vorschrift.

In Anlehnung an zahlreiche Satzungen des älteren deutschen und auch des römischen Rechtes gab das preußische Allgemeine Landrecht Teil II. Tit. 20 in den §§ 525—532 nähere Bestimmungen über Verletzungen des „Hausrechtes“, dieselben wurden mehrfach über die Grenzen des Hauses hinaus auf das freie Feld ausgedehnt. Bei den Vorberatungen zum Strafgesetzbuche vom 14. April 1851 wurde auf den dieserhalb anderweitig, insbesondere durch die Feldpolizeiordnung vom 1. November 1847 gewährten Schutz hingewiesen und aus diesem Grunde unter die besondere Strafdrohung des § 214, bezw. 346 daselbst neben der Wohnung „das befriedigte Besitztum“ gestellt.

Vgl. Goltdammer, Materialien Bd. 2 S. 455, 456. Ohne die Absicht, eine sachliche Änderung zum Ausdrucke zu bringen, ist bei den

Vorarbeiten zum Reichsstrafgesetzbuche das Wort „befriedigt“ ersetzt durch das Wort „befriedet“, nachdem verschiedene deutsche Strafgesetzbücher der Wohnung nur den dazu „gehörigen umschlossenen Bezirk“ gleichgestellt hatten. Vgl. Entsch. d. R. G.'s in Strafs. Bd. 11 S. 294. Überall handelte es sich demnach nur um eine mehr oder minder erhebliche örtliche Ausdehnung des Hausfriedens. Das Reichsstrafgesetzbuch weist darauf auch noch durch die Kennzeichnung des Vergehens als „Hausfriedensbruch“ ausdrücklich hin.

Hätte in der Absicht des Gesetzes gelegen, bewegliches Besitztum als solches dem Strafschutze zu unterstellen, so würde es im Hinblicke auf die Vorgeschichte der Bestimmung unerläßlich gewesen sein, dies ausdrücklich zu sagen und näher zu bestimmen. Es erhellt indes nicht, daß dies auch nur angeregt wäre.

Das Erfordernis der Unbeweglichkeit haftet allerdings nicht am Begriffe der Wohnung, und das Gleiche gilt vom Geschäftsraume.

Wie das Schiff, so kann unter Umständen ein Wagen für herumziehende Personen als Wohnstätte auch zur Nacht dienen; er genießt dann als Wohnung den Schutz, welchen § 123 St. G. B.'s gewährt.

Nicht minder kann der Betrieb von Geschäften unter Umständen in Räumen unternommen werden, welche beweglich sind. Es kann der Ausführung des preußischen Obertribunals in dem Beschlusse vom 27. April 1876, vgl. Oppenhoff, Rechtsprechung Bd. 17 S. 286 beigepflichtet werden, welche zu den Geschäftsräumen im Sinne des § 123 St. G. B.'s den Wagen des Landmannes zählt, von welchem aus derselbe seine Waren auf dem Markte verkauft. Gleichwohl kann nicht jeder zum Aufenthalte von Menschen geeignete, zu geschäftlichen Zwecke dienende Raum für einen Geschäftsraum im Sinne des § 123 St. G. B.'s erachtet werden. Zu solchen Zwecken dient beispielsweise der Wagen eines Lohnfuhrmannes, auch das Coupé eines Eisenbahnwagens. Sie bilden Transportmittel, aber nicht Räume, in denen Geschäfte zu betreiben sind. Mag auch dem Verfügungsberechtigten die Befugnis beiwohnen, andere von der Benutzung dieser Räumlichkeiten auszuschließen und sie daraus wegzuweisen, so folgt daraus noch keineswegs, daß der Strafschutz des § 123 St. G. B.'s darauf ausgedehnt werden müßte; denn auch für unbewegliches Gut ist dieser Schutz keineswegs gegeben, um jener Befugnis schlechthin zur Deckung zu dienen; derselbe bleibt vielmehr auf die im § 123 angeführten Gegenstände beschränkt, während andere Vorschriften anderweitige Bestandteile des Grundeigentums gegen unbefugtes Betreten zu schützen bestimmt sind; so § 368 Nr. 9 St. G. B.'s, in Preußen auch §§ 9, 10, 36 des Feld- und Forstpolizeigesetzes vom 1. April 1880.

Es kann demnach auch ein unbewohnter Passagierdampfer nicht im ganzen Umfange als Geschäftsraum im Sinne des § 123 St. G. B.'s angesehen werden. Insbesondere gilt dies vom Decke, insofern es dem Publikum zur Fahrt eingeräumt wird, mag dort auch, worauf die Staatsanwaltschaft im vorliegenden Falle hinweist, das Passagiergeld eingesammelt werden.

Wohl aber können einzelne Räumlichkeiten auf dem Dampfer zu Geschäftsräumen gezählt werden; so die Kajüte des Kapitäns, ein besonderes Büffetzimmer, ein besonderes Kassenzimmer und dergleichen mehr, also Räumlichkeiten, die zum Betriebe gewisser Geschäfte bestimmt sind.

Ergänzend führt U. v. 12. XII. 84 II (E. XI, 293) aus:

Das Reichsstrafgesetzbuch hat nicht, wie einzelne ältere deutsche Strafgesetzbücher (vgl. Altenburg 110, Württemberg 193, Braunschweig 180, Hessen-Darmstadt 165, Nassau 163, Thüringen 117, Königreich Sachsen — 1855 — 151), den Schutz auf „eines anderen Wohnung, Geschäftslokal oder dazu gehörigen geschlossenen Bezirk" beschränkt, sondern ihn neben der Wohnung auch dem befriedeten Besitztum — in Anlehnung an das preußische Strafgesetzbuch von 1851, §§ 214, 346, bezw. schon § 531 A. L. R.'s II. 20 — gewährt. Ein äußerlich erkennbarer Zusammenhang mit der Wohnung des Eigentümers, bezw. berechtigten Inhabers ist also nicht unbedingt erforderlich; es genügt, wenn der Eigentümer, bezw. berechtigte Inhaber das in unbeweglichem Gute bestehende Besitztum befriedigt, d. h. in äußerlich erkennbarer Weise mittels zusammenhängender Schutzwehren gegen das beliebige Betreten durch andere gesichert hat. Es kann insbesondere kein Bedenken haben, einen durch den Bau eines Hauses, hier einer Scheune, umgrenzten Raum zum befriedeten Besitztume dann zu rechnen, wenn zugleich die Benutzung desselben zur Aufbewahrung von Feldfrüchten für den Haus- oder Wirtschaftsgebrauch den Willen des Eigentümers, diese dort unter dem Schutze zu halten, den ein Haus, bezw. das Hausrecht gewährt, außer Zweifel stellt.

III. **Liegt ein „Eindringen" erst in dem Eintreten gegen den wirklich vermuteten Willen oder bereits gegen den zu vermutenden Willen des Berechtigten?** Das Rg. schwankt.

In dem ersteren Sinne entscheidet sich U. v. 30. IX. 81 II (E. V, 109),*) im letzteren Sinne U. v. 16. IV. 85 I (E. XII, 132).

a) U. v. 30. IX. 81:

Die Angeklagten hatten gegen ihren Dienstherrn S. auf dem Hofe desselben einen Exzeß, welcher zu ihrer Verurteilung wegen Nötigung geführt hat, begangen. S. erklärte denselben, daß er sie aus dem Dienst entlasse und daß sie in die Stube zum Empfang des Lohnes kommen sollten. Als sie demnächst dort erschienen waren und ihren Lohn empfangen hatten, wurden sie von ihrem bisherigen Dienstherrn aufgefordert, sofort den Hof zu verlassen. Die Angeklagten leisteten der Aufforderung keine Folge, blieben vielmehr bis zum andern Tage auf dem Hofe.

Die Strafkammer findet in diesem Verhalten der Angeklagten nicht die Thatbestandsmerkmale des Hausfriedensbruchs, weil die Berechtigung der Angeklagten, auf dem Hofe zu bleiben, nach ihrer Ablöhnung erst mit dem Augenblick der Anweisung seitens des S., den Hof zu verlassen, aufhört, und es einer nochmaligen Aufforderung zum Verlassen des Hofes

*) Übereinstimmend v. Liszt § 117, Meyer § 108, Olshausen No. 5, Frank 1.

bedurft hätte, um ihr weiteres Verweilen daselbst als Hausfriedensbruch erscheinen zu lassen.

Diese Aufforderung beruht auf der in der Doktrin allerdings vielfach vertretenen Auffassung, daß der Zustand des unbefugten Verweilens bereits eingetreten sein müsse zu der Zeit, wo die Aufforderung des Berechtigten sich zu entfernen, an den Betreffenden ergeht, daß daher diese jenem Zustande nachfolgen müsse. Wenn deshalb jemand zum Eintritt in eine Wohnung befugt war, so höre diese Befugnis erst auf mit der Aufforderung sich zu entfernen, und bedürfe es nunmehr noch einer zweiten Aufforderung, um das unbefugte Verweilen zu einem aus § 123 St. G. B.'s strafbaren zu machen.

Man kann zugeben, daß diese Ansicht, welche freilich in ihren Konsequenzen zu einem vom legislatorischen Standpunkt aus kaum zu rechtfertigenden Formalismus führen würde, sich möglicher Weise mit dem Wortlaute des § 123 St. G. B.'s vereinigen läßt, wenn man lediglich den Wortlaut der zweiten Alternative dieser Straffatzung ins Auge faßt. Die Unrichtigkeit derselben ergiebt sich aber, sobald man auch die erste Alternative und ihr Verhältnis zur zweiten für die Interpretation der letzteren heranzieht. Der § 123 lautet in seinem hier in Betracht kommenden Teile: „Wer in die Wohnung — eines anderen — widerrechtlich eindringt, oder wer, wenn er ohne Befugnis darin verweilt, auf die Aufforderung des Berechtigten sich nicht entfernt, wird — bestraft." Das Wort „eindringen" in der ersten Alternative bezeichnet das Eintreten mit dem Bewußtsein, daß dasselbe wider den Willen des Berechtigten geschieht.*) Da es sich hier um ein doloses Vergehen handelt, so würde es an sich der Hervorhebung des weiteren Erfordernisses, daß das Eindringen „widerrechtlich" geschehen sein müsse, nicht bedurft haben, da derjenige, welcher ein Recht hat, trotz des ihm bekannten entgegenstehenden Willens des Wohnungsinhabers in die Wohnung eines anderen einzudringen, z. B. in den Fällen des § 7 des preuß. Gesetzes zum Schutz der persönlichen Freiheit vom 12. Februar 1850 (G. S. S. 45) und der §§ 102—104 St. P. O., den Hausfrieden nicht bricht, das Recht des Wohnungsinhabers auf Schutz des Hausfriedens vielmehr in solchem Falle gesetzlich nicht besteht. Wenn trotzdem der Gesetzgeber das Wort „widerrechtlich" hinzugefügt hat, so ist dies offenbar geschehen, einesteils um allen Mißverständnissen vorzubeugen und anzudeuten, daß es ein absolutes Recht auf den Schutz des Hausfriedens nicht giebt, anderenteils um den Richter in jedem Falle zu der ausdrücklichen Feststellung zu nötigen, daß das Eindringen ein widerrechtliches gewesen sei.

Die zweite Alternative korrespondiert genau mit der ersten. Wie hier das Eindringen, d. h. das Eintreten wider den Willeu des Berechtigten, so wird dort das Verweilen wider den Willen des Berechtigten unter Strafe gestellt. Damit aber derjenige, welcher befugter Weise in eine fremde Wohnung eingetreten ist, darüber außer Zweifel gesetzt werde,

*) A. A. Rg. XII, 132 s. unter b.

daß sein Verweilen dem Willen des Berechtigten zuwider laufe, erfordert das Gesetz, daß er aufgefordert werden soll, sich zu entfernen. Bei der ersten Alternative bedurfte es einer derartigen Aufforderung nicht, da schon durch das Wort „eindringen" das subjektive Moment, nämlich das Bewußtsein des Eintretenden, daß sein Eintritt gegen den Willen des Berechtigten erfolge, zum Ausdruck gebracht wird. Was sodann die Worte „wenn er ohne Befugnis darin verweilt" anlangt, so entsprechen dieselben dem Worte „widerrechtlich" in der ersten Alternative. Würden diese Worte fehlen, so könnte auch hier das Mißverständnis entstehen, daß unter allen Umständen das weitere Verweilen in der Wohnung nach der Aufforderung, dieselbe zu verlassen, einen strafbaren Hausfriedensbruch in sich schließe, während es doch Fälle geben kann, in welchen das weitere Verweilen nach Maßgabe der Bestimmungen des öffentlichen Rechts oder wegen eines bestehenden Privatrechts nicht als ein unbefugtes erscheinen kann. Die fraglichen Worte bedeuten daher sachlich dasselbe wie das Wort „widerrechtlich" in der ersten Alternative. Hier wie dort bilden sie eine Voraussetzung für die Strafbarkeit, welche neben dem „Eindringen" bezw. neben der „Aufforderung sich zu entfernen" vom Richter ausdrücklich festgestellt werden muß.

b) U. v. 16. IV. 85 I (E. XII, 132):

Die Angeklagten halfen den Mühlburschen bei der Arbeit und benutzten des Nachts die Gelegenheit, in den der bei der Müllerfamilie bediensteten Magd angewiesenen Schlafraum einzudringen, um mit dieser unzüchtige Handlungen zu verüben. Aus § 123 St. G. B.'s verurteilt, wenden sie ein, daß sie nur die Erlaubnis des Wohnungsinhabers ausgenutzt hätten, während die Dienstmagd nicht zur Wahrung des Hausrechtes berufen gewesen sei.

Dem gegenüber führt das erwähnte Urteil aus:

1. Mit Recht hat der erste Richter angenommen, daß ein angebliches Herkommen, welches den Angeklagten gestattete, „in die Mühle zu kommen, um den Mühlburschen zu helfen oder mit diesen zusammen zu sein," noch keineswegs einen nächtlichen Besuch in den von der Mühle getrennten Wohnräumen, und insbesondere in dem Schlafraum einer im Dienste des Müllers stehenden Frauensperson als einen rechtmäßigen und erlaubten erscheinen lasse, da selbst eine beschränkte Befugnis zum Betreten bestimmter Räume die Widerrechtlichkeit des Eindringens und damit den Thatbestand des Hausfriedensbruches nicht ausschließt, wenn deren Betreten mit bewußter Überschreitung der erteilten Ermächtigung erfolgt, hier aber eine solche Überschreitung nach Annahme des ersten Richters nicht nur objektiv, sondern auch im Bewußtsein der Thäter vorlag, ganz abgesehen davon, daß die Räume, auf welche sich hier die beschränkte Zulassung bezog, gar nicht identisch zu sein scheinen mit dem Raume, in welchen eingedrungen wurde.

2. Auch daß das Zimmer, in welchem die Margareta L. damals schlief, nicht ausschließlich diesem Zwecke diente, und daß die L. nicht in erster Linie zur Wahrung des Hausrechtes berufen war, vermag die An-

geklagten nicht zu entlasten. Wenn § 123 St. G. B.'s zunächst das Eindringen in die Wohnung eines anderen mit Strafe bedroht, so versteht das Gesetz unter Wohnung den Inbegriff derjenigen Räumlichkeiten, welche einer Einzelperson oder einer zusammengehörenden Mehrheit von Personen, einer Familie, zum ständigen Aufenthalte dienen oder zur Benutzung freistehen. Der eigentliche Träger des Hausrechtes ist allerdings das Familienhaupt als Inhaber der Gesamtwohnung, und alle Angriffe auf das Hausrecht erweisen sich als Eingriffe in seine Rechtssphäre. Insofern aber bestimmte Räume ausschließend oder zu bestimmten Zwecken einzelnen Personen aus dem Hausstande des Wohnungsinhabers zur Benutzung angewiesen sind, erscheinen diese Personen während der Dauer der Benutzung als die natürlichen Stellvertreter des Wohnungsinhabers und sind berechtigt, während sie solche Räume inne haben und benutzen, unbefugten Dritten gegenüber als Stellvertreter des Wohnungsinhabers oder Hausherrn dessen Hausrecht auszuüben. Es ist daher rechtlich in keiner Weise zu beanstanden, wenn bei einem noch dazu nächtlichen Eindringen in das Schlafzimmer einer Dienstmagd diese — überdies bei Abwesenheit des Dienstherrn vom Hause und räumlicher, eine Intervention ausschließender Trennung der Hausfrau — als die zur Wahrung des Hausrechtes befugte Person angesehen wurde, da sie bei solcher Sachlage als die zur Innehaltung des Raumes Berechtigte erscheint und jedenfalls ihr an demselben ein näheres Recht zustand, als den Friedensbrechern.

3. Demgemäß konnte darin, daß die Angeklagten sich wider den Willen der Margareta L. in deren Schlafzimmer begaben, um an derselben unzüchtige Handlungen zu verüben, und daß sie sich bewußt waren, daß ihr Eintreten zu dem gedachten ungehörigen Zwecke wider den Willen der L. geschah, mit Grund ein widerrechtliches Eindringen im Sinne des § 123 St. G. B.'s gefunden werden. Denn ein „Eindringen“ ist nicht nur anzunehmen, wenn dem Eintritte entgegenstehende Hindernisse überwunden werden, sondern auch dann, wenn der Eintritt gegen den bekannten oder auch nur vermuteten oder zu vermutenden Willen des Berechtigten oder seines Stellvertreters geschieht, und „widerrechtlich“ ist die Handlung stets dann, wenn sie ohne ein dem Eindringenden zustehendes stärkeres Recht mit Verletzung des Hausfriedens und des Rechtes auf ungestörte Innehabung von seiten des Wohnungsinhabers und der zu seiner Familiengemeinschaft gehörigen Personen geschieht.

4. Mit Grund konnte übrigens der erste Richter auch den unerlaubten Zweck der Verübung unzüchtiger Handlungen bei Feststellung des Thatbestandsmerkmales des widerrechtlichen Eindringens verwerten. Zwar genügt ein widerrechtlicher Zweck für sich allein noch nicht, um bei sonst vorhandener Berechtigung das Eindringen zu einem widerrechtlichen zu machen. Allein regelmäßig und wenn ein entsprechendes Recht zum Betreten der fremden Wohnung nicht besteht, wird ein unerlaubter Zweck, zu dessen Erreichung eine fremde Wohnung betreten werden soll, die Zustimmung des Berechtigten zu diesem Betreten ausschließen, darum auch

dem Thäter notwendig zum Bewußtsein bringen, daß er die fremde Wohnung nur gegen den Willen des Berechtigten betreten kann und deshalb zur Begründung der Widerrechtlichkeit objektiv, wie subjektiv geeignet sein.

Die Feststellung des Instanzrichters, daß die Angeklagten in das Schlafzimmer der Margareta L. widerrechtlich eingedrungen waren, läßt es auch gleichgültig erscheinen, daß sich dieselben auf den ihren unzüchtigen Angriffen entgegengesetzten Widerstand und die energische Aufforderung der Angegriffenen wieder aus dem Zimmer entfernten; denn die erste Alternative des § 123 St. G. B.'s war mit dem widerrechtlichen Eindringen erschöpft, die zweite Alternative, ob sich die Angeklagten trotz ergangener Aufforderung des Berechtigten nicht entfernten, war aber nicht Gegenstand der Anklage.

IV. **Den Begriff der Waffe** bei § 123 Abs. 3 erörtert U. v. 11. I. 83 III. (E. VIII 47).

In der neueren Doktrin ist vielfach die Ansicht aufgestellt worden, daß in § 123 Abs. 2, wie in anderen Stellen des Strafgesetzbuches, wo von Waffen ohne nähere Bezeichnung die Rede ist (§ 243 Nr. 5: Diebstahl mit Waffen, § 250 Nr. 1: Raub mit Waffen, und § 362 Abs. 2: Betteln mit Waffen) unter „Waffen“ nur solche im technischen Sinne dieses Wortes verstanden werden dürfen. Diese Meinung läßt sich nicht für richtig erachten.

Der Sprachgebrauch des Strafgesetzbuches ist kein so fest bestimmter, daß mit demselben Worte auch jedesmal derselbe Begriff verbunden werden muß. Wenn wegen der eigentümlichen Natur des Zweikampfes der § 201 auf Waffen im technischen Sinne zu beschränken ist, so folgt daraus kein zwingender Grund, das gleiche für ganz andere Delikte anzunehmen. Deshalb kann auch ein Argument nicht aus den Bestimmungen des Strafgesetzbuches über Delikte politischer oder polizeilicher Natur — in § 90 „Vorräte von Waffen, Schießbedarf oder anderen Kriegsbedürfnissen“ und in § 367 Nr. 9 über Feilhalten und Tragen verborgener Waffen — entnommen werden.

Dagegen bietet § 117 St. G. B.'s ein Beispiel, daß andere gefährliche Werkzeuge den Waffen gleichgestellt sind.

Eine gleiche Auffassung enthält für den bewaffneten Diebstahl der Art. 159 C. C. C. „mit Waffen, damit er jemand verletzen möchte“; und für das im Jahre 1870 publizierte Strafgesetzbuch ist erheblich, daß die damalige Doktrin und die partikularrechtliche Gesetzgebung (z. B. württemb. St. G. B. Art. 136, Braunschweig § 80: Waffen sind Werkzeuge, deren gewöhnliche Wirkung bei gewaltthätigem Gebrauch eine lebensgefährliche ist) ganz überwiegend für Delikte der hier fraglichen Art, nicht Waffen im technischen Sinne gefordert haben.

Nach den Motiven zum Entwurfe des St. G. B.'s S. 88 ist in § 123 Abs. 2 „seiner Gefährlichkeit wegen der Fall, wenn die Handlung von einer mit Waffen versehenen Person verübt wird, mit erhöhter Strafe bedroht.“

Die Gefährlichkeit, welche den Grund der erhöhten Strafbarkeit bildet, liegt nicht bloß dann vor, wenn der Thäter mit Waffen im technischen Sinne versehen ist, sondern auch dann, wenn er andere gefährliche Werkzeuge bei sich führt. Das gleiche Argument läßt sich auch für Diebstahl, Raub und Betteln mit Waffen verwerten, da auch bei diesen Delikten der Grund des Gesetzes in der erhöhten Gefährlichkeit des Thäters und der That besteht.

Es ist anzuerkennen, daß die mehrere Jahre nach dem Strafgesetzbuch erlassene Novelle vom 26. Februar 1876 keine direkte Anwendung zur Interpretation der davon nicht betroffenen Bestimmungen des Strafgesetzbuches finden darf; doch ist es immerhin bemerkenswert, daß in diesem Gesetze im neuen § 223a a. a. O. und in dem Zusatze zu § 367 Nr. 10 a. a. O. durch die Worte „einer Waffe“ insbesondere eines Messers oder eines anderen gefährlichen Werkzeuges der Begriff von Waffen dahin erläutert ist, daß darunter auch Messer und andere gefährliche Werkzeuge zu verstehen sind. Das neue Gesetz hat also für seine Fälle derjenigen Anschauung Ausdruck verliehen, welche bei Emanation des St. G. B.'s die herrschende war.

Aus allen diesen Gründen erscheint es als gerechtfertigt, das Wort „Waffen“ in § 123 Abs. 2 a. a. O. nicht im technischen Sinne, sondern in der weiteren Bedeutung zu nehmen, wie sie der Sprachgebrauch des Lebens kennt, und darunter auch a n d e r e g e f ä h r l i c h e W e r k z e u g e zu verstehen.

Ergänzend führt U. v. 17. III. 96 IV, (E. XXVIII) S. 272 aus:

Nun wird zwar in der Theorie noch als ein ferneres Merkmal für die Anwendbarkeit des Abs. 3 des § 123 a. a. O. gefordert, daß dem in seinem Hausfrieden Bedrohten in irgend einer Weise erkennbar geworden, es sei der Thäter mit einer Waffe versehen. Es wird für diese Ansicht geltend gemacht, daß der Umstand, es sei der Thäter mit einer Waffe versehen, erst dann das Friedensgefühl des Berechtigten schwerer zu schädigen und die That für ihn zu einer gefährlicheren zu machen geeignet sei, wenn er sich der Möglichkeit gegenüber sehe, daß der Thäter von der Waffe gegen ihn Gebrauch machen könne. Der Ansicht ist jedoch nicht beizutreten. Das Gesetz hat keine sie unterstützende Fassung, sondern erachtet zur Qualifizierung der That das Versehensein des Thäters mit einer Waffe für ausreichend. Offenbar ist der gesetzgeberische Grund hierfür darin zu finden, daß das bewußte Mitsichführen einer Waffe bei der Begehung des Hausfriedensbruches für eine wesentlich größere Intensität des verbrecherischen Willens zeugt und zugleich auch objektiv die Gefährlichkeit der That erhöht und somit den Bruch der Rechtsordnung vergrößert. Beide Erwägungen greifen aber auch dann Platz, wenn der in seinem Hausfrieden Gestörte keine Kenntnis davon hat, daß der Thäter mit einer Waffe versehen ist.

---

*) Übereinstimmend Frank V.

Sechster Abschnitt.

Die Religionsdelikte.

§ 66.

Die Gotteslästerung.

Berner S. 432. Binding Gr. II § 142. v. Liszt § 115. Meyer § 144. Frank und Olshausen zu § 166 St. G. B.

I. **Die dem § 166 R. G. B. zu Grunde liegende legis ratio** erläutert das U. d. B. II u. IV St. S. v. 10. X. 87 (E. XVI, 247) dahin:

Der § 166 St. G. B.'s fordert außer der öffentlichen Lästerung Gottes zum vollen Thatbestande des von ihm mit Strafe bedrohten Vergehens, daß durch diese öffentliche Lästerung Gottes Ärgernis gegeben ist, und dies Thatbestandsmoment fehlt hier, da, wie festgestellt, die Verbreitung des die Lästerung enthaltenen Artikels durch den Angeklagten den verbrecherischen Inhalt desselben zur Kenntnis irgend einer Person mit dem Willen des Angeklagten nicht gebracht hat, Ärgernis also durch die Verbreitung nicht erregt sein kann.

Die Ansicht, daß das Gesetz, indem es Ärgerniserregung durch die Lästerung Gottes fordere, nur voraussetze, daß die öffentliche Lästerung objektiv so beschaffen, daß sie Ärgernis zu erregen g e e i g n e t sei, eliminiert nicht bloß ein vom Gesetze ausdrücklich aufgestelltes Erfordernis des Thatbestandes, sondern übersieht auch die inneren Gründe, welche den Gesetzgeber zur Aufstellung dieses Erfordernisses geführt haben.

Die Motive bemerken in letzterer Beziehung ausdrücklich, daß, wie unwiderlegbar es auch sei, daß Gott nicht als durch eine menschliche Handlung verletzbar gedacht werden könne und darum auch nicht der Sicherung durch menschliche Strafen, wie eine beleidigte irdische Person, bedürfe, doch die nicht wegzuleugnende Thatsache bestehen bleibe, daß jede Gotteslästerung eine Verletzung des religiösen Gefühles anderer enthalte, und daß dieses Gefühl schon deshalb auf den Schutz des Gesetzes Anspruch machen dürfe, um nicht die Meinung aufkommen zu lassen, daß der Staat an der Erhaltung dieses religiösen Gefühles im Volke keinen Anteil nehme.

Das Gesetz straft also nach seinem inneren Grunde die Verletzung des religiösen Gefühles derer, die Gott verehren, welches durch die Lästerung verletzt und in einer diesem Gefühle feindlich entgegen tretenden Weise erregt wird.

Diesen Gedanken ist durch den Gesetzgeber mit dem Erfordernisse der Ärgerniserregung Ausdruck gegeben. Ihm wird durch die Beschränkung des Erfordernisses auf die objektive Geeignetheit der beschimpfenden Äußerung zur Ärgerniserregung weder genügt, noch bleibt dabei verständlich, weshalb der Gesetzgeber dann das Erfordernis überhaupt aufzustellen Veranlassung gehabt hätte. Denn es leuchtet ein, daß jede beschimpfende, Gott lästernde Äußerung an sich notwendig geeignet sein muß, Ärgernis zu erregen, jedenfalls bei einem sittlichen Menschen, und nur mit solchen kann der Gesetzgeber rechnen, nicht mit den unsittlichen

Menschen, gegen dessen verletzende Handlung das Strafgesetz zu schützen bestimmt ist.

II. Hinsichtlich der **Beschimpfung von Religionsgesellschaften** vergl. E. II, 428 IX, 158 XXII, 238. In letzterer die Ausstellung des heiligen Rockes zu Trier behandelnden Entscheidung*) heißt es:

Allerdings folgt nun daraus, daß der mehrerwähnte Gegenstand eine Reliquie ist, keineswegs, daß jede Beschimpfung desselben oder einer zu seinem Kultus gehörenden Ausstellung unter den § 166 St. G. B.'s falle. Die Fassung wie die Entstehungsgeschichte dieses Paragraphen ergiebt, daß nicht, wie im § 135 des preußischen Strafgesetzbuches die einzelnen Gegenstände der Verehrung unter strafrechtlichen Schutz haben gestellt werden sollen. Es läßt sich aber nicht bezweifeln, daß in der Beschimpfung eines einzelnen Gegenstandes der Verehrung auch eine Beschimpfung des zu Grunde liegenden Gebrauches der Religionsgemeinschaft liegen kann.

Vgl. Rechtspr. des R. G.'s Bd. 1 S. 521.

Diese Annahme ist dann gerechtfertigt, wenn nach dem erkennbaren Willen des Thäters die einzelne Erscheinung nicht als solche, sondern als Ausfluß des allgemeinen Gebrauches getroffen werden sollte. Ob dies nach Lage der Umstände anzunehmen, oder nicht, ist eine lediglich thatsächliche Frage.

§ 67.

Störung des Gottesdienstes.

[Berner S. 432. Binding Gr. II § 142. v. Lizt § 115. Meyer § 144. Frank und Olshausen zu § 166 St. G. B.

Über Notwehr gegen beleidigende Aeußerungen des Geistlichen und Einfluß derselben auf die Strafbarkeit aus § 167 St. G. B's. handelt U. v. 24. XI. 90 I E. XXI, 168.

Siebenter Abschnitt.

Die Amtsdelikte.

§ 68.

Die Bestechung.

Berner S. 652. v. Liszt § 176. Meyer § 121. Frank und Olshausen zu § 331 ff. St. G. B.

Das Verhältnis der §§ 331, 332 St. G. B. zu § 333 St. G. B. bespricht folgendes U. v. 17. XII. 85 I (XIII, 181).

Der Angeklagte B. wurde wegen Bestechung nach § 332 St. G. B.'s zu einer Gefängnisstrafe verurteilt, weil er in seiner Eigenschaft als Eisenbahnschaffner einen Reisenden ohne Billet mitfahren ließ, dafür aber ein Geschenk von 60 Pfg. annahm. Bezüglich des Mitangeklagten S., der diese

*) Gegen dasselbe u. a. Binding Gr. II § 143, vergl. noch E. XXIV, 12.

60 Pfg. hingab, nahm die Strafkammer an, der Thatbestand des in § 333 St. G. B.'s vorgesehenen Vergehens liege nicht vor, weil der Angeklagte nicht in der Absicht gehandelt habe, B. zu einer pflichtwidrigen Handlung zu bestimmen, bestrafte denselben aber wegen Teilnahme an der (passiven) Bestechung des B. Auf Revision des S. wurde das angefochtene Urteil aufgehoben und die Sache zurückverwiesen.

Nach dem Strafgesetzbuche ist das Anbieten bezw. Gewähren von Geschenken oder anderen Vorteilen, durch welche Beamte oder Mitglieder der bewaffneten Macht zu einer Handlung bestimmt werden sollen, welche eine Verletzung ihrer Amts- oder Dienstpflicht enthält, nicht als Teilnahme an dem Amtsverbrechen der passiven Bestechung anzusehen. Vielmehr bildet die aktive Bestechung ein besonderes Vergehen, dessen Thatbestand in § 333 dieses Gesetzbuches geregelt worden ist. Daraus ergiebt sich, daß die in diesem Paragraphen mit Strafe bedrohten Handlungen nur insoweit als strafbar erscheinen, als die Voraussetzungen der erwähnten Vorschrift vorliegen, und daß es nicht neben § 333 noch die Bestimmungen der §§ 331, 332 St. G. B.'s in Verbindung mit den Vorschriften der §§ 48, 49 auf die Handlung zur Anwendung gebracht werden dürfen, in welcher das Anbieten, Versprechen oder Gewähren eines Geschenkes gefunden wird. Wie derjenige, der einem Beamten für eine in dessen Amt einschlagende, an sich nicht pflichtwidrige Handlung Geschenke oder andere Vorteile anbietet, verspricht oder gewährt, nicht wegen Teilnahme an dem in § 331 a. a. O. vorgesehenen Vergehen bestraft werden kann, so darf derjenige, der sich einer der in § 333 vorgesehenen Handlungen schuldig macht, nicht wegen aktiver Bestechung und Teilnahme an dem Amtsverbrechen oder -vergehen der passiven Bestechung bestraft werden, wie es regelmäßig geschehen müßte, wenn nicht das Verhalten der Schenkenden, soweit es sich um die Bestechung handelt, lediglich nach § 333 St. G. B.'s zu beurteilen wäre. Sofern die Handlung, zu welcher der Beamte bestimmt wurde, nicht blos eine Verletzung der Amts- oder Dienstpflicht enthält, sondern als strafbar erscheint, kann in der, den Thatbestand der aktiven Bestechung bildenden Handlung zugleich eine Teilnahme an jener strafbaren Handlung des Beamten zu finden sein. Aber die aktive Bestechung darf nicht als Teilnahme an der passiven Bestechung nochmals mit Strafe belegt werden. Aus diesen Grundsätzen ergiebt sich, daß derjenige, der einem Beamten, ohne die Absicht, denselben zu einer pflichtwidrigen Handlung zu bestimmen, ein Geschenk angeboten, versprochen oder gewährt hat, ebensowenig wegen Teilnahme an dem in § 332 a. a. O. vorgesehenen Verbrechen, wie wegen aktiver Bestechung bestraft werden kann.

§ 69.

Die falsche Beurkundung.

Berner S. 661. v. Liszt § 177. Meyer § 131. Frank und Olshausen zu § 348 St. G. B.

I. **Was ist unter „vorsätzlich" in § 348 St. G. B.'s zu verstehen?** U. v. 9. VI. 81 (E. IV, 277).

Der § 348 Abs. 1 St. G. B.'s verbindet nach seinem von § 267 St. G. B.'s abweichenden Wortlaute und nach dem Zwecke der Gesetzesbestimmung mit dem Worte „vorsätzlich" keineswegs den gleichen Begriff wie § 267 mit den Worten „in rechtswidriger Absicht"; es kommt daher für die Anwendbarkeit des § 348 Abs. 1 nicht darauf an, ob der falsch beurkundende Beamte damit eine rechtswidrige Absicht verband. Entscheidend ist vielmehr nur, ob der Handelnde die von ihm vorgenommene Handlung (Beurkundung) gewollt hat, und ob er sich bewußt war, daß das Beurkundete sich nicht zugetragen habe, daß die Beurkundung unrichtig sei, wobei weiter in Betracht kommt, ob die zu beurkundende Thatsache rechtlich erheblich und der Beurkundende sich der rechtlichen Erheblichkeit bewußt war.*)

Unter der Voraussetzung auch des letzteren Umstandes kann daher bei dem Angeklagten auch bei den in den Entscheidungsgründen dargestellten Verhältnissen der Thatbestand des § 348 Abs. 1 St. G. B.'s vorliegen und wird derselbe insbesondere nicht durch die in den Entscheidungsgründen hervorgehobene Erwägung ausgeschlossen, daß es dem Angeklagten bei Ausfertigung der eine objektiv falsche Beurkundung enthaltenen Pfändungsprotokolle „nur darauf angekommen sei, den Erfordernissen der neuen Gesetzgebung formell nachzukommen und daß er lediglich in diesem Sinne die Protokolle anfertigte".

II. **Eventualdolus genügt.** U. v. 6. VI. 85 III. E. XII, 297.

III. Streit ist über den **Begriff der Urkunde im Sinne des § 348 Abs. 2.** Das Rg. schwankt. Während das in § 49 II mitgeteilte Urteil des V. II u. III St. S. von 19. XII. 87 (E. XVII, 103) Beweisfähigkeit verlangt und es dahin gestellt sein läßt, ob dieselbe zu unterscheiden sei von der Beweiserheblichkeit, welche § 267 R. G. B.'s bei Privaturkunden fordere, führt das U. v. 23. I. 80 II (E. I, 162) aus:

Das Strafgesetzbuch hat die Begriffsbestimmung in § 247 Abs. 2 des preußischen Strafgesetzbuches, an welches es sich in dieser Lehre der Hauptsache nach angeschlossen, nicht mit übernommen. Es hat vielmehr, wie die Motive des Entwurfes S. 131, 132 klar aussprechen, die allgemeine Begriffsbestimmung, wie sie als bekannt und feststehend vorausgesetzt war, zum Ausgangspunkte genommen und von diesem Gesichtspunkte aus diejenigen Urkunden bezeichnet, welche als Gegenstände des Verbrechens im einzelnen Falle erscheinen konnten. In diesem gemeinen Sinne sind Urkunden leblose von Menschenhand gefertigte Gegenstände, welche zum Beweise von Thatsachen geeignet sind, gleichgiltig, ob es sich dabei um Vorgänge des äußeren Lebens oder um sog. innere Thatsachen, die der Gedankenwelt angehören, handelt.

Sowie nun einzelne Bestimmungen des Strafgesetzbuchs solche Urkunden nur alsdann strafrechtlich in Betracht ziehen, wenn sie daneben noch weitere specielle Eigenschaften an sich tragen, namentlich das Verbrechen der Urkundenfälschung aus § 267 St. G. B.'s nur an öffentlichen

*) Ebenso E. XIII. 123.

oder solchen Privaturkunden begangen werden kann, welche zum Beweise von Rechten und Rechtsverhältnissen von Erheblichkeit sind, so ergiebt sich daraus andererseits mit Notwendigkeit, daß, wo es bei der Legaldefinition eines Delikts an dem Erfordernisse solcher besonderen Eigenschaften fehlt, soweit das Gesetz nicht Anhaltspunkte für eine abweichende Auffassung an die Hand giebt, nur der gemeine Urkundenbegriff ohne das Erfordernis rechtlich erheblicher Thatsachen gemeint sein kann.*) Daß bezüglich des hier gegen den Angeklagten zur Anwendung gebrachten Abs. 2 des § 348 St. G. B.'s ein Abgehen von der Regel beabsichtigt sei, läßt sich nicht anerkennen. Zunächst spricht dagegen der Wortlaut des § 348 selbst. Denn da derselbe im ersten Satze Urkunden im Auge hat, welche sich auf rechtlich erhebliche Thatsachen beziehen, so muß Abs. 2, welcher der rechtlich erheblichen Thatsachen nicht erwähnt, dahin verstanden werden, daß diese Eigenschaft für die darunter fallenden Urkunden nicht verlangt werde. Auch die etwa heranzuziehende Analogie der Urkundenfälschung trifft hier nicht zu. Denn es handelt sich in § 348 nicht ausschließlich um das Moment der Urkundenfälschung durch einen Beamten derart, daß das Beamtenverhältnis als solches für sich allein und ohne Rücksicht auf die besondere amtliche Stellung des Thäters zu der Entstehung oder Aufbewahrung der Urkunde den Ausschlag giebt. Entscheidend vielmehr ist, daß letztere dem Beamten amtlich anvertraut oder zugänglich war, also das Vertrauensverhältnis, welches einen Beamten verpflichtet, für die Intakterhaltung des ihm anvertrauten Gutes Sorge zu tragen, und diese Rücksicht muß bei jeder Urkunde Platz greifen, auch wenn sie ihrer sonstigen Beschaffenheit nach als unerheblich für den Beweis von Rechten und Rechtsverhältnissen der Gegenstand einer Fälschung seitens eines Nichtbeamten nicht würde sein können. Das Alinea 2 korrespondiert in dieser Beziehung genau mit Alinea 1 daselbst.

Dieses bezieht sich auf einen Beamten, welcher zur Aufnahme öffentlicher Urkunden befugt ist und diese Beurkundung falsch bewirkt, jenes betrifft den Beamten, zu dessen Dienstkreis die Entgegennahme und Aufbewahrung von Urkunden, sei es schlechthin und regelmäßig oder im einzelnen Falle, gehört und welcher dieser Verpflichtung durch Verletzung der Urkunde in ihrer Existenz, Gebrauchsfähigkeit oder materiellen Richtigkeit entgegen handelt. In beiden Fällen bildet die Außerachtlassung einer besonderen Vertrauenspflicht in Beziehung auf die Herstellung oder Erhaltung einer konkreten Urkunde den Grund der Strafandrohung im Gegensatz zu dem § 267, welcher den Beweisschutz für Rechte und Rechtsverhältnisse vorzüglich im Auge hat und daher sich nur auf solche Urkunden bezieht, welche dieses Beweisschutzes besonders bedürfen.

IV. **Über den Begriff des Beiseiteschaffens** U. v. 29. IV. 92 IV E XXIII,101.

Das angefochtene Urteil stellt zwar unangefochten und bedenkenfrei fest, daß der Angeklagte Beamter war und als solcher die ihm amtlich

*) Hieran hat das Rg. auch später festgehalten, z. B. U. v. 21. II. 88 IV (E. XVII, 169).

anvertrauten oder doch zugänglich gewesenen, als Belege für die Buch- und Kassenführung dienenden, also Urkundenqualität besitzenden Liquidationen heimlich von ihrem amtlichen Aufbewahrungsorte für einen gewissen nicht ganz unbedeutenden Zeitraum entfernt und aus dem amtlichen Gewahrsam in den privaten eigenen Gewahrsam gebracht hat. Es stellt auch ferner fest, daß der Angeklagte dies gethan hat, obwohl er sich vollbewußt gewesen, daß diese Änderung des Gewahrsams von den zuständigen Beamten nicht geduldet worden wäre. Aber hiermit allein ist der Begriff des vorsätzlichen Beiseiteschaffens und der Thatbestand des § 348 Abs. 2 St. G. B.'s noch nicht gegeben. Die Strafbestimmung des letzteren trifft nicht schon jedes bewußt unberechtigte Ansichnehmen der Urkunde und insbesondere die lediglich nicht zum Zwecke eines augenblicklichen unbefugten Gebrauches bewirkte Wegnahme. Sie verlangt vielmehr zur Unterscheidung vom bloßen Disziplinarvergehen, die Vernichtung, Beiseiteschaffung, Beschädigung oder Verfälschung der Urkunde und läßt durch diese Nebeneinanderstellung keinen Zweifel, daß sie unter dem Beiseiteschaffen nur eine solche Verfügung über die Urkunde versteht, welche gegen die durch die amtliche Verwahrung gewährte Sicherheit für die Erhaltung der Integrität und Gebrauchsfähigkeit der Urkunde gerichtet und diese aufzuheben oder doch zu beeinträchtigen bestimmt ist. Dieser Erfolg muß die Gewahrsamsentziehung nicht blos begleiten, sondern durch sie bezweckt und beabsichtigt sein, wenn sie den Begriff des Beiseiteschaffens erfüllen soll. Danach genügt für denselben nicht schon die vorsätzliche Gewahrsamsentziehung und das Bewußtsein der damit verbundenen Aufhebung der Verfügungsgewalt des Gewahrsamsberechtigten; es bedarf noch außerdem des subjektiven Momentes, daß der Thäter auch den bezeichneten Erfolg in seinen Willen mit aufgenommen hat und sein Vorsatz darauf gerichtet ist, gerade die amtliche Aufbewahrung als solche und die davon abhängige jederzeitige Gebrauchsbereitschaft der Urkunde durch Unzugänglichmachung derselben auszuschließen. Erst dies subjektive, auf die Gebrauchsvereitelung abzielende Moment gestaltet die Gewahrsamsentziehung zu einem Beiseiteschaffen und begründet für den Beamten diejenige Pflichtverletzung, welche ihn über eine bloße Disciplinarahndung hinaus der kriminellen Bestrafung unterwirft, weil er, wie im Falle des § 133 Abs. 1 St. G. B.'s, sich gegen die öffentliche Ordnung vergangen hat, während ihm die besondere Beamtenpflicht oblag, für die Erhaltung dieser Ordnung seinerseits Sorge zu tragen. Dabei ist es freilich gleichgültig, zu welchem eigenen Gebrauche und Endzwecke er die Urkunde aus dem amtlichen Gewahrsam an sich genommen hat, und ob die Gebrauchsvereitelung und Beseitigung eine dauernde oder nur eine vorübergehende gewesen ist. Es liegt dies außerhalb des Thatbestandes und kann nur für die Strafzumessung von Bedeutung sein. Insoweit ist es also auch vorliegend nicht ausschlaggebend, ob der Angeklagte — wie die Revision behauptet, das Urteil aber nicht feststellt — die fraglichen Liquidationen nur Sonntags, wo sie nicht gebraucht worden seien, mit sich nach Hause genommen, und ob er dabei die Absicht gehabt hat, sie nach Fertigung der Abschriften der bisherigen amtlichen Verwahrung wieder zurückzugeben. Beides schließt jenes subjektive Moment und damit den Begriff des Beseiteschaffens an sich notwendig nicht aus. Aber andererseits enthält auch das erste Urteil keine Feststellungen, aus denen das Vorhandensein des angegebenen notwendigen Thatbestandserfordernisses mit Sicherheit entnommen werden könnte. Es ist deshalb der Revision darin beizutreten, daß der festgestellte Sachverhalt die Anwendung des § 348 Abs. 2 St. G. B.'s nicht rechtfertigt.

V. **Das Verhältnis des § 348 St. G. B.'s zu § 271 St. G. B.'s** behandelt eingehend U. v. 19. X. 85 III (E. XIII, 52).

Das Strafgesetzbuch enthält besondere Strafbestimmungen einerseits in § 348 gegen den Beamten, welcher, zur Aufnahme öffentlicher Urkunden befugt, innerhalb seiner Zuständigkeit vorsätzlich eine rechtlich erhebliche Thatsache falsch beurkundet oder in öffentliche Register oder Bücher falsch einträgt, andererseits in § 271 a. a. O. gegen den Nichtbeamten, welcher vorsätzlich bewirkt, daß Erklärungen, Verhandlungen oder Thatsachen, welche für Rechte oder Rechtsverhältnisse von Erheblichkeit sind, in der vom Gesetze näher bezeichneten Weise in öffentlichen Urkunden, Registern oder Büchern wider die Wahrheit beurkundet werden. Bestritten ist die Frage, ob gegen den dritten Nichtbeamten, welcher durch Einwirkung auf den beurkundenden Beamten die Vornahme einer falschen Beurkundung herbeiführt, der § 271 a. a. O. auch dann zur Anwendung zu gelangen habe, wenn der Beamte infolge der vorsätzlichen Einwirkung des Dritten und, wie letzterer weiß, mit Kenntnis von der Unwahrheit des Beurkundeten die falsche Beurkundung vornimmt, wenn also in dessen Handlung der Thatbestand des § 348 a. a. O. sich erfüllt, oder ob die Anwendung des § 271 dann ausgeschlossen sei, wenn die Handlung des dritten in einer Teilnahme an dem von dem Beamten begangenen Vergehen gegen § 348 a. a. O. besteht. Die Frage ist mit der Vorinstanz und in Übereinstimmung mit der herrschenden Ansicht im letzteren Sinne zu beantworten.

An sich folgt aus den Bestimmungen des allgemeinen Teiles des Strafgesetzbuches, daß eine strafbare Beteiligung des Nichtbeamten an dem von dem Beamten begangenen Amtsvergehen des § 348 a. a. O., sei es in der Form der Anstiftung, sei es als wissentliche Beihilfeleistung, nach den allgemeinen Grundsätzen über die Teilnahme an einer strafbaren Handlung (§§ 48, 49 St. G. B.'s) unter Zugrundelegung der Strafbestimmung des § 348 a. a. O. zu bestrafen ist. Es ist aber nicht anzunehmen, daß mit der Vorschrift in § 271 a. a. O. dergestalt eine lex specialis habe gegeben werden sollen, daß jede Thätigkeit eines Nichtbeamten, welche unter den Begriff eines „Bewirkens der falschen Beurkundung“ subsumiert werden kann, schlechthin und also auch dann nach § 271 a. a. O. zu beurteilen sei, wenn diese Thätigkeit des Dritten in einer Teilnahme an dem von dem Beamten vorsätzlich begangenen Delikte besteht. An sich wird von einem „Bewirken der falschen Beurkundung“ seitens des Dritten überhaupt nicht oder doch nur unter ganz besonderen

Voraussetzungen dann die Rede sein können, wenn dessen Mitwirkung bei dem Amtsdelikte sich auf die bloße Beihilfeleistung beschränkt. Eher kann als ein „Bewirken“ die Anstiftung, die intellektuelle Beeinflussung des Beamten, welche ihn zur Vornahme der Beurkundung bestimmt, bezeichnet werden, wenngleich auch hier schon bei Zugrundelegung des gewöhnlichen, sprachgebräuchlichen Wortsinnes der Zweifel entstehen kann, ob nicht der Begriff des „Bewirkens“, mit welchem der § 271 a. a. O. die Handlung des Thäters bezeichnet, auf das unmittelbare und ausschließliche Verursachen eines Erfolges hinweist, wie solches bei der Anstiftung des selbst mit dem strafbaren Dolus handelnden Beamten nicht vorliegt. Ganz abgesehen aber von diesen sprachlichen Bedenken erscheint die Annahme, daß die Strafvorschrift des § 271 St. G. B.'s auch die strafbare Teilnahme an dem Amtsdelikte des § 348 a. a. O. umfasse, aus innerem Grunde, wie aus der Entstehungsgeschichte der Vorschrift ausgeschlossen. Gegen diese Annahme spricht schon der bereits erwähnte Umstand, daß keinesfalls jede Art der Teilnahme an dem Vergehen des § 348 a. a. O. als ein „Bewirken der falschen Beurkundung“ bezeichnet werden könnte, daß daher eine für die Handlung des Beamten nicht kausale Beihilfe entweder straflos sein oder der härteren Strafbestimmung des § 348 verbunden mit §§ 40, 44 St. G. B.'s unterliegen müßte. Das erstere kann das Gesetz nicht gewollt haben; das letztere würde dazu führen, daß die für das Amtsvergehen kausale, die schwerere Form der Teilnahme in sich fassende Anstiftung unter eine mildere Strafbestimmung als die bloße Beihülfe fallen würde. Es fehlt aber auch an jedem erkennbaren legislatorischen Grunde, welcher dazu geführt haben könnte, für die Teilnahme an dem Vergehen des § 348 a. a. O. eine besondere, die allgemeinen Grundsätze ausschließende Strafsanktion zu geben. Im Gegenteile würde bei Subsumtion der Handlung des Teilnehmers unter die Vorschrift im § 271 a. a. O. die auch dieser Handlung anhaftende Richtung gegen die Integrität des von dem Beamten, als dem Thäter, bekleideten öffentlichen Amtes außer Berücksichtigung bleiben, während im Hinblicke auf die erhebliche Gefährdung der Rechtsordnung, welche die sog. intellektuelle Urkundenfälschung in sich faßt, genügender Grund vorhanden war, durch besondere Strafbestimmung auch die That des Nichtbeamten unter Strafe zu stellen, welcher unter Verhältnissen, unter denen dem Beamten ein kriminell-strafbares Verschulden nicht zur Last fällt, namentlich also durch Täuschung des Beamten, den Erfolg einer solchen Beurkundung herbeiführt. Soviel dagegen die Entstehungsgeschichte der in Rede stehenden Vorschriften anlangt, so entsprechen die §§ 271 flg. deutsch. St. G. B.'s in den bei der vorliegenden Frage in Betracht kommenden Beziehungen den §§ 252 flg. preuß. St. G. B.'s in dessen durch das Gesetz vom 14. April 1856 (G. S. S. 210) vervollständigter Fassung. Daneben stellte der § 323 preuß. St. G. B.'s das von dem Beamten begangene Verbrechen der sog. intellektuellen Urkundenfälschung fest. Daß die Beteiligung dritter Personen an diesem Amtsverbrechen nach den allgemeinen Grundsätzen über Teilnahme zu beurteilen sei, schrieb § 331 Abs. 2 a. a. O. ausdrücklich vor. Nach dem preuß. Gesetze war daher die Subsumtion einer solchen Teilnahmehandlung unter die Vorschriften in §§ 252 flg. durch besondere Bestimmung ausgeschlossen. Demgemäß ist auch unter der Herrschaft des preußischen St. G. B.'s nie bezweifelt worden, daß die §§ 252 flg. zu ihrer Anwendung voraussetzten, daß der Beamte, welcher die falsche Beurkundung vorgenommen, nicht selbst dolos gehandelt habe, und daß, wenn dies der Fall war, der Dritte, welcher ihn dazu bestimmt oder anderweitig zu seinem Verbrechen mitgewirkt, als Teilnehmer an dem Amtsverbrechen zu bestrafen sei. Vgl. Oppenhoff, Rechtsprechung des Obertribunals Bd. 10 S. 301 flg.; Goltdammer, Materialien Bd. 2 S. 579 Anm. 1; desselben Archiv Bd. 12 S. 793 flg. Daß aber hieran bei der Herübernahme der betreffenden Bestimmungen in das Strafgesetzbuch für den Norddeutschen Bund etwas habe geändert werden sollen, dafür liegt irgend ein Anhalt nicht vor.

Die vorstehend dargelegten Grundsätze rechtfertigen aber in ihrer Anwendung auf den festgestellten Sachstand nicht die Freisprechung des Mitangeklagten Kr. Die Vorinstanz stellt fest, daß der Notar M. in einer objektiv den Thatbestand des § 348 a. a. O. erfüllenden Weise rechtlich erhebliche Thatsachen falsch beurkundet habe; sie bezeichnet es aber als nicht erweisbar, ob er dies vorsätzlich, d. i. in Kenntnis von der Falschheit der von ihm beurkundeten Thatsachen gethan habe. Hiermit war die Freisprechung des Angeklagten M. wegen des Vergehens gegen § 348 a. a. O. geboten, und es fiel damit zugleich die Anklage gegen den Mitangeklagten Kr., soweit sie diesem strafbare Beihilfe zu diesem Vergehen gemäß §§ 348, 49 St. G. B.'s zur Last legte. Dagegen ist wider den letzteren festgestellt, daß sein Wille auf Herbeiführung der falschen Beurkundung gegangen sei, gleichviel ob der Notar M. dieselbe mit oder ohne Kenntnis von der Falschheit der zu beurkundenden Thatsachen vornehmen werde, daß also der Vorsatz des Kr. alternativ oder eventuell auf die wissentliche Leistung von Beihilfe zu dem von M. zu verübenden Vergehen gegen § 348, wie auf die selbständige Begehung des Vergehens gegen § 271 a. a. O. sich gerichtet habe. Es ist ferner ein Verhalten des Kr. festgestellt, welches objektiv zweifellos unter den Begriff des Bewirkens einer falschen Beurkundung im Sinne des § 271 a. a. O. fällt. Hiermit sind die Voraussetzungen für die Anwendung dieser Strafbestimmung gegeben. Aus dem oben dargelegten Verhältnisse, in welchem die §§ 271, 348 a. a. O. zu einander stehen, folgt, daß die Anwendung des § 271 nur ausgeschlossen wird, wenn die ein Bewirken der falschen Beurkundung enthaltene Handlung zugleich eine Teilnahme an dem von dem Beamten begangenen Amtsdelikte in sich faßt. Daraus aber ergiebt sich unmittelbar, daß, um die gedachte Strafbestimmung zur Anwendung zu bringen, weiteres nicht zu erfordern ist, als daß das Vorliegen einer Teilnahme an dem Amtsvergehen nicht festzustellen sei, daß also nur der positive Nachweis, daß solche sich in der Handlung verkörpere, nicht aber schon die Nichterweislichkeit der Thatsache, ob das Bewirken der falschen Beurkundung unter Verhältnissen geschehen sei, welche es als Teilnahme an dem Amtsdelikte erscheinen ließe, der Subsumtion der That unter § 271 a. a. O. entgegensteht. Insbesondere ist weder aus dem Wortlaute dieser Strafvorschrift, welche denjenigen bedroht, welcher „vorsätzlich bewirkt“, daß der Urkunde bei ihrer Ausstellung ein falscher Inhalt gegeben werde, ohne hinsichtlich des Mittels, das zu jenem Zwecke angewendet sein müsse, etwas zu bestimmen, noch aus dem Sinne der Strafvorschrift zu entnehmen, daß deren Anwendung die positive Feststellung voraussetze, es sei die falsche Beurkundung durch Täuschung des Beamten herbeigeführt worden.

Hiernach erscheint es rechtsirrtümlich, wenn die Vorinstanz, obwohl sie objektiv den Thatbestand des § 271 a. a. O. und subjektiv den jedenfalls eventuell auf Begehung dieses Deliktes gerichteten Vorsatz festgestellt, aus der bloßen Nichterweislichkeit der Thatsache, ob der Notar M. vorsätzlich gehandelt habe, und aus der nach ihrer Ansicht deshalb vorliegenden Ungewißheit, ob der Thatbestand des § 348 oder der des § 271 a. a. O. gegeben sei, die Nichtanwendbarkeit der letzteren Strafbestimmung gegen Kr. gefolgert hat.

VI. **Kann sich ein Nichtbeamter der Anstiftung eines Beamten zu der in § 348 Abs. 1 St. G. B.'s mit Strafe bedrohten Handlung schuldig machen?*)** U. v. 22. VI. 82 I (E. VI, 414).

Die Strafkammer des Landgerichts hat unter der Annahme, „daß A. K., Steuererheber in B., im Sommer 1879 als zur Aufnahme öffentlicher Urkunden befugter Beamter innerhalb seiner Zuständigkeit in einem von ihm dem Angeklagten M. K. ausgestellten Transportschein vorsätzlich die rechtlich erhebliche Thatsache, Küfer L. habe ein größeres Quantum Wein von Z. an einen außerhalb des Großherzogtums (Baden) wohnenden Abnehmer abgesandt, falsch beurkundet, und daß M. K. den Steuererheber zu dieser Handlung durch Überredung vorsätzlich bestimmt hat“, auf Grund der §§ 48 und 348 St. G. B.'s den Angeklagten M. K., Weinhändler in O., wegen Anstiftung zur falschen amtlichen Beurkundung verurteilt. Die Revision des Angeklagten M. K. macht geltend, die Strafkammer habe mit Unrecht angenommen, daß der Angeklagte als Nichtbeamter sich der Anstiftung zu einem Beamtendelikte habe schuldig machen können, und habe damit § 48 St. G. B.'s verletzt. Die Revision wurde verworfen.

Nach § 48 Abs. 1 St. G. B.'s wird als Anstifter bestraft, wer einen andern zu der von demselben begangenen strafbaren Handlung vorsätzlich bestimmt hat. Das Gesetz hat hiernach zum strafrechtlichen Begriff der Anstiftung nur gefordert, daß jemand durch seine Thätigkeit vorsätzlich die Ursache der von einem anderen begangenen strafbaren Handlung geworden ist, nicht aber, daß bezüglich seiner diejenigen persönlichen Eigenschaften vorhanden sind, welche etwa erforderlich sind, *um die strafbare Handlung als Thäter begehen zu können*. Es ist daher der Begriff der Anstiftung auch zu einem Beamtendelikte nicht dadurch ausgeschlossen, daß derjenige, welcher den Beamten zu dem Beamtendelikte

*) Cfr. das in § 17 I mitgeteilte Urteil vom 29. IV. 86 I (E. XIV, 102).

vorsätzlich bestimmt hat, seinerseits, weil er nicht selbst die Beamteneigenschaft besitzt, das Beamtendelikt als Thäter nicht hätte begehen können.

Bezüglich der Strafe des Anstifters ist in § 48 Abs. 2 St. G. B.'s als Regel aufgestellt, daß sie nach demjenigen Gesetze festzusetzen sei, welches auf die Handlung Anwendung findet, zu welcher er wissentlich angestiftet hat. Von dieser Regel ist in § 50 St. G. B.'s eine Abweichung dahin getroffen, daß, wenn das Gesetz die Strafbarkeit einer Handlung nach den persönlichen Eigenschaften oder Verhältnissen desjenigen, welcher dieselben begangen hat, erhöht oder vermindert, diese besonderen Thatumstände dem Thäter oder demjenigen Teilnehmer (Mitthäter, Anstifter, Gehilfe) zuzurechnen sind, bei welchem sie vorliegen (vgl. hierüber auch die Motive zu dieser Gesetzesstelle — § 48 des Entwurfs — und die Motive zu § 217 St. G. B.'s — § 212 des Entwurfes). Die Bestimmung des § 50 St. G. B.'s ist jedoch auf ihren Wortlaut zu beschränken: sie trifft daher dann nicht zu, wenn erst durch das Vorhandensein gewisser persönlicher Eigenschaften oder Verhältnisse die Strafbarkeit der Handlung des physischen Thäters an sich begründet wird, sie also ein notwendiges Merkmal der Strafthat bilden. Im Falle des § 348 Abs. 1 St. G. B.'s ist nun aber für die dort bezeichnete physische That die Eigenschaft eines zur Aufnahme öffentlicher Urkunden befugten Beamten eine notwendige Voraussetzung der Strafbarkeit der Handlung des physischen Thäters überhaupt, nicht etwa ein blos die Strafbarkeit des physischen Thäters erhöhender Umstand.

Wie das Reichsgericht schon angenommen hat, daß auch ein Dritter sich der Anstiftung zu der in § 218 Abs. 1 St. G. B.'s mit Strafe bedrohten, bezüglich der physischen Thäterschaft eine Schwangere voraussetzenden That (Entsch. des R. G.'s in Strafs. Bd. 3 S. 163, 164, Bd. 4 S. 306), und daß ein Gläubiger sich der Anstiftung zu der in § 211 K. O. mit Strafe bedrohten, bezüglich der physischen Thäterschaft einen Schuldner voraussetzenden That schuldig machen könne, kann sich daher auch ein Nichtbeamter der Anstiftung eines Beamten zu der in § 348 Abs. 1 St. G. B.'s mit Strafe bedrohten Handlung schuldig machen.

Achter Abschnitt.

Gemeingefährliche Delikte.

§ 70.

Die Brandstiftung.

Berner S. 621. v. Liszt § 148. Meyer § 146. Frank und Olshausen zu §§ 306—312 St. G. B.

I. Ein Gebäude ist nur dann als in Brand gesetzt zu erachten, wenn das Feuer auf die Substanz des Gebäudes derart übertragen ist, daß es aus eigener Kraft ohne die äußere Einwirkung neuen Zündstoffes sich selbständig fortzuentwickeln vermag. E. VIII, 131 XV, 329 XVIII, 355.

II. **Über die in § 310 St. G. B.'s normierte Straflosigkeit** handelt U. v. 3. I. 89 III E. XVIII, 355*).

Der Angeklagte hat sich am 30. Mai 1888 in Gesellschaft des damals noch strafunmündigen Hütejungen Heinrich F. bei einer in den Urteilsgründen näher beschriebenen, dem Dienstherrn beider Knaben gehörigen Hütte befunden. Die Eigenschaft des letzteren als einer Hütte im Sinne von § 308 St. G. B.'s ist von der Revision nicht in Zweifel gezogen, und die ihre Beschaffenheit betreffenden Feststellungen geben hierfür zu keinen Bedenken Anlaß. Der Angeklagte hat dem F. auf dessen Bitten von sieben Streichhölzern, die er bei sich hätte, fünf gegeben. F. rieb eines der Streichhölzer an, hielt es an das Strohdach der Hütte, welches zu brennen begann, schlug dann aber das Feuer wieder mit seinem Stocke aus. F. wiederholte dies noch zwei mal, wobei es ihm immer gelang, das Feuer des in Brand geratenen Daches wieder auszuschlagen. Da überkam den Angeklagten die Lust. es dem F. nachzumachen; er entschloß sich, auch seinerseits das Dach der Hütte anzustecken, um dann, wie ersterer, das Feuer wieder auszuschlagen. Er rieb daher die beiden noch in seinem Besitze befindlichen Streichhölzer nacheinander an und führte sie mit der Hand brennend an das Strohdach; sie wurden aber beide durch den Wind ausgeweht, ehe noch das Dach Feuer gefangen hatte. F. steckte sodann das Dach von neuem an; diesmal gelang es ihm aber nicht, das Feuer wieder auszuschlagen; die Hütte stand bald in hellen Flammen und ist gänzlich niedergebrannt. Auf Grund dieses Sachstandes hat der Vorderrichter festgestellt, daß Angeklagter den Entschluß, die in fremdem Eigentum stehende Hütte in Brand zu setzen, durch Handlungen, welche einen Anfang der Ausführung einer Brandstiftung enthalten, bethätigt und sich damit eines Versuches des Verbrechens gegen § 308 St. G. B.'s schuldig gemacht habe.

Die Revision bestreitet nicht, daß, w e n n der Vorsatz des Angeklagten auf Inbrandsetzung der Hütte gerichtet gewesen, in dem Hinanbringen des brennenden Zündstoffes an das in Brand zu setzende Strohdach eine Versuchshandlung im Sinne von § 43 St. G. B.'s, ein Anfang der Ausführung des Verbrechens selbst enthalten ist; ferner wird von derselben nicht geltend gemacht, daß Angeklagter sich im Irrtum über die Eigenschaft der Hütte als eines der in § 308 St. G. B.'s bezeichneten Gegenstände, oder darüber, daß dieselbe in fremdem Eigentume gestanden, befunden habe. In dieser Beziehung giebt auch das Instanzurteil zu keinerlei Bedenken Anlaß. Dagegen sucht die Revision auszuführen, daß durch die festgestellte Absicht des Angeklagten, „das an der Hütte angelegte Feuer sofort wieder zu löschen", der subjektive Thatbestand versuchter vorsätzlicher Brandstiftung ausgeschlossen werde, eventuell aber dem Angeklagten der Strafausschließungsgrund des § 310 St. G. B.'s zu

---

*) Cfr. ausserdem E. XIX, 394 mit Beziehung auf fahrlässige Brandstiftung.

gute kommen müsse. In beiden Beziehungen ist der Revision Erfolg zu versagen gewesen.

Der strafbare Versuch setzt den Entschluß voraus, ein Verbrechen oder Vergehen zu verüben. Der Vorsatz ist hiernach bei dem Versuche begrifflich kein anderer, als bei der vollendeten Strafthat. Wie einerseits in beiden Fällen der Grundsatz gilt, daß eine vorsätzlich begangene strafbare Handlung überhaupt nur insoweit denkbar ist, als der Vorsatz reicht, so ist andererseits der Dolus beim Versuche bedingt, aber auch hergestellt durch den auf Verübung des vollendeten Verbrechens oder Vergehens gerichteten Willen; er liegt vor, wenn die vorsätzlich ausgeführte Handlung nach dem Willen des Thäters in ihrem geplanten Fortschreiten zu der vollendeten Strafthat geführt haben würde, die letztere aber, — von dem Falle freiwilligen Rücktrittes abgesehen — nur deshalb nicht zur Vollendung gelangt ist, weil sich der Ausführung Umstände entgegenstellten, welche vom Willen des Thäters unabhängig waren. Nach den getroffenen Feststellungen unterliegt nun die Annahme keinem Bedenken, daß dasjenige, was Angeklagter gethan, wenn es zu dem von ihm beabsichtigten Erfolge geführt hätte, den Thatbestand vollendeter Brandstiftung erfüllt haben würde, die Verübung dieses Verbrechens also von ihm gewollt war. Worauf der Vorsatz des Angeklagten gerichtet war, ergiebt sich aus demjenigen, was der Knabe F. nach den Feststellungen gethan hat. Das, was dieser gethan, wollte Angeklagter nachmachen, es also seinerseits gleichfalls thun. F. hatte das brennende Streichholz an das Dach der Hütte gehalten, dieses hatte zu b r e n n e n a n g e f a n g e n, es war in B r a n d geraten; es ist aber dem F. gelungen, das F e u e r des in Brand geratenen Daches wieder auszuschlagen. Diese Feststellung rechtfertigt die Annahme, daß F. damit vollendete Brandstiftung begangen hatte, und von ihm nur nachträglich der bereits ausgebrochene Brand wieder gelöscht worden ist. Das Gesetz setzt das Vollendungsmoment in das „Inbrandsetzen“ eines der in den §§ 306—308 bezeichneten Gegenstände. Es hat, wie es die Motive ausdrücklich aussprechen, davon abgesehen, den Begriff des „Inbrandsetzens“ gesetzlich zu definieren. Im wesentlichen ist damit die Frage, ob ein solches im einzelnen Falle vorgelegen habe, dem Gebiete der thatsächlichen Beurteilung unter Zugrundelegung der Bedeutung, welche im gewöhnlichen Leben mit dem Begriffe „Brand“ verbunden wird, überwiesen. Nach dieser Bedeutung liegt ein Inbrandsetzen vor, wenn der betreffende Gegenstand wirklich g e b r a n n t hat, wenn ihm das Feuer durch den Zündstoff in einer Weise mitgeteilt ist, welche ein Fortbrennen des Gegenstandes ermöglicht, auch wenn der Zündstoff entfernt ist.

Vgl. Entsch. des R. G.'s in Straff. Bd. 7. S. 131.

Dies war aber durch die Handlung des F. offenbar eingetreten. Das nach den Feststellungen einen wesentlichen Bestandteil der Hütte bildende Strohdach hatte infolge des Daranhaltens des brennenden Streichholzes bereits Feuer gefangen, es hatte gebrannt, das Feuer ist ihm in einer das Fortbrennen ermöglichenden Weise mitgeteilt gewesen. In dem Wiederauslöschen durch Ausschlagen mit dem Rocke dagegen war nur die nachträgliche Wiederbeseitigung des vorher absichtlich herbeigeführten, die Vollendung des Verbrechens in sich fassenden Erfolges enthalten. Ist aber der Wille des Angeklagten darauf gerichtet gewesen, dasselbe zu thun und denselben Erfolg herbeizuführen, wie F., so hat auch er den Vorsatz gehabt, das Dach und damit die Hütte in Brand zu setzen und solchergestalt das Verbrechen vorsätzlicher Brandstiftung zu begehen; und die von Anfang an gehegte Absicht, das entstandene Feuer wieder auszuschlagen, hat gleichfalls weiteres nicht enthalten, als die Absicht nachträglicher Wiederbeseitigung des Erfolges, den der Thäter als einen solchen, welcher eintreten werde, sich vorstellte. Diese Absicht schloß das Vorhandensein des Willens, den Erfolg zunächst herbeizuführen, und damit den auf Verübung des vollendeten Verbrechens gerichteten Vorsatz nicht aus.

Mit Unrecht versucht die Revision, letzteres zu bestreiten. Sie sucht zunächst auszuführen, mit der Absicht das Feuer wieder auszulöschen, sei der Vorsatz, die Hütte als solche in Brand zu setzen, unvereinbar. Dies würde zutreffen, wenn der Thatbestand der Brandstiftung objektiv die völlige Vernichtung des Gegenstandes durch Brand und subjektiv den hierauf gerichteten Vorsatz voraussetzte, was nicht der Fall ist. Die Revision vermag sich hierbei mit Grund auch nicht auf das von ihr angezogene Urteil des Reichsgerichts vom 8. Febrnar 1882, Entsch. des R. G.'s in Straff. Bd. 6 S. 22, zu berufen, welches einen ganz anderen Fall betrifft. Dort ist ausgeführt, daß, sofern das Gesetz als Objekt der Brandstiftung in § 308 eine „Waldung" bezeichne, der Vorsatz bei der Inbrandsetzung einer solchen „auf dieses Ganze" bestimmt oder doch unbestimmt, gerichtet sein müsse, hierzu aber es nicht genüge, wenn die Absicht, ausschließlich nur auf das Anzünden eines Strauches, einer kleinen mit Gras bewachsenen Fläche, eines einzelnen Baumes ging und der Thäter die Inbrandsetzung der Waldung auch nicht bedingt in seinen Willen aufgenommen hatte. Das Verhältnis, in welchem eine Waldung als solche zu einzelnen in ihr befindlichen Gegenständen der bezeichneten Art steht, ist aber ein ganz anderes, als das zwischen der hier fraglichen Hütte und ihrem, einen wesentlichen Bestandteil derselben bildenden Dache. Es erscheint deshalb unstatthaft, die letzteren in einen solchen Gegensatz zu einander zu bringen, wie es in jenem Falle mit Recht geschehen ist. Danach ist es aber auch nicht rechtsirrtümlich, wenn der Vorderrichter in der festgestellten Absicht, das Dach in Brand zu setzen, die Absicht auf Inbrandsetzung der Hütte selbst gefunden hat. Im übrigen aber beruhen die hierher gehörigen Ausführungen der Revision nur auf der rechtsirrtümlichen Identifizierung der Absicht, des Angeklagten, den erzeugten Brand nachträglich wieder zu löschen, mit der Absicht, einen solchen überhaupt nicht zu erzeugen.

2. Ebenso unhaltbar ist die weitere Annahme der Revision, die Absicht des Angeklagten, nur einen Brand zu erzeugen, dessen Bewältigung er noch in seiner Hand gehabt haben würde, schließe den auf Begehung

vollendeter Brandstiftung gerichteten Vorsatz aus, da die letztere die Herbeiführung eines Brandes voraussetze, den der Thäter allein nicht mehr zu löschen vermöge. An sich kann von einer Absicht, nur einen Brand der bezeichneten Art zu erregen, in einem Falle, der wie der vorliegende gestaltet ist, überhaupt nicht wohl gesprochen werden; denn ob es gelingt, den erzeugten Brand in den angegebenen Grenzen zu halten, hängt nicht unter allen Umständen allein von dem Willen des Thäters, sondern von äußeren Umständen ab, wie der Erfolg des von F. zuletzt unternommenen Brandstiftungsaktes zeigt. Die Revision befindet sich aber hierbei auch im Rechtsirrtume über die Erfordernisse der Vollendung der Brandstiftung. Der Gesetzgeber hat nach den Motiven davon abgesehen, hierzu das Vorliegen besonderer Gefährlichkeit gesetzlich vorzuschreiben, vielmehr es der Beurteilung des Einzelfalles überlassen, ob „schon in dem Ausbruche der Flamme oder in solcher Ausbreitung derselben, daß die gewöhnliche Hilfe des einzelnen zu ihrer Unterdrückung nicht mehr hinreicht, die That vollendet worden sei." Und ebenso ergiebt sich gerade aus der von der Revision für das Gegenteil geltend gemachten Bestimmung in § 310 St. G. B.'s, daß es dem Gesetzgeber ferngelegen hat, grundsätzlich die Annahme der Vollendung deshalb auszuschließen, weil der Thäter imstande gewesen ist, den Brand selbst wieder zu löschen. Die Revision befindet sich auch hier in offenbarem Rechtsirrtume, wenn sie meint, § 310 setze nicht vollendete Brandstiftung, sondern, wie § 46 Nr. 2 St. G. B.'s, den beendeten Versuch derselben voraus. Ganz abgesehen davon, daß, wenn § 310 nur die Anwendung des § 46 Nr. 2 auf den besonderen Fall der Brandstiftung enthielte, es der ersteren Bestimmung gar nicht bedurft hätte, daß ferner die Motive zu § 310 ausdrücklich hervorheben, es sei dabei das freiwillige Unschädlichmachen einer bereits vollendeten Brandstiftung, nicht das freiwillige Abstehen vom Versuche oder die Abwendung des außerdem eingetretenen Erfolges bei dem versuchten Verbrechen in Frage, so ergiebt sich dies direkt und unzweifelhaft aus dem Wortlaute des Gesetzes, welcher als Voraussetzung für das Eintreten der Straffreiheit das Wiederlöschen des „Brandes" bezeichnet, bevor — — ein weiterer als der durch die bloße „Inbrandsetzung" bewirkte Schaden entstanden war. Damit ist gefordert, daß der nach dem Gesetze die Vollendung enthaltene Akt bereits vorliegen müsse. Die Folgerungen, welche die Revision aus ihrer rechtsirrtümlichen Auffassung zu ziehen versucht, erledigen sich damit von selbst. Soviel ergiebt sich aber gerade aus § 310, daß, wenn das Löschen des bereits erzeugten Brandes durch eigene Kraft des Thäters die Strafe der vollendeten Brandstiftung nachträglich beseitigen soll, der Gesetzgeber von der vollendeten Brandstiftung nicht den Fall prinzipiell hat ausschließen wollen, daß der Thäter zu solchem Wiederlöschen sich imstande befand. Die Annahme des Vorderrichters, daß in dem, was Angeklagter gethan, der Versuch der Verübung einer — vollendeten Brandstiftung enthalten gewesen sei, unterliegt hiernach keinem Bedenken. So wenig aber die Absicht, den eventuell erzeugten Brand wieder zu löschen, den Thatbestand strafbaren Versuches objektiv und subjektiv ausschließt, ebensowenig ist das bloße Vorhandensein dieser Absicht geeignet, die Anwendbarkeit des in § 310 gegebenen Strafausschließungsgrundes zu rechtfertigen.

Wie bereits erwähnt, kann an sich überhaupt nicht von dem Willen im eigentlichen Sinne, den Brand wieder zu löschen, sondern nur von dem Willen gesprochen werden, die nicht vom Thäter allein abhängige Wiederbeseitigung des Brandes zu versuchen. Das Gesetz aber verleiht nicht dieser Absicht, sondern der Thatsache der Beseitigung des Brandes die Wirkung eines Strafausschließungsgrundes. Der § 310 enthält nicht eine durch die allgemeiue Rechtskonsequenz gebotene, sondern eine mit dieser im Widerspruche stehende singuläre Vorschrift. Während im allgemeinen nach Vollendung der Strafthat der nachträglichen Aufhebung des rechtsverletzenden Erfolges durch den Thäter jede Bedeutung für den Thatbestand und die Strafbarkeit an sich — abgesehen von der Strafzumessung — versagt ist, gewährt hier das Gesetz aus rein kriminalpolitischen Gründen der sog. thätigen Reue die Wirkung nachträglicher Strafausschließung. Diese Wirkung ist aber eben unter gewissen sonstigen Voraussetzungen nur der Thatsache der Wiederbeseitigung des Brandes beigelegt, nicht schon der Absicht, dies zu thun. Daher muß aber die Anwendbarkeit des § 310 bei blos vorliegendem Versuche der Brandstiftung überhaupt versagen, da die Voraussetzung dazu — Eintritt der Vollendung und Wiederbeseitigung des eingetretenen Erfolges — bei einer im Stadium des Versuches gebliebenen Handlung überhaupt nicht zutreffen kann.

Daß danach Angeklagter in Strafe verfällt, während er straflos sein würde, wenn statt des Versuchs die vollendete Strafthat vorläge, dem Angeklagten aber die Ausführung seiner Absicht, das Feuer wieder zu löschen, gelungen wäre, ist zuzugeben. Das anscheinend Auffällige, was hierin liegt, vermag aber nicht dahin zu führen, einen Strafausschließungsgrund zur Anwendung zu bringen, dessen positiv rechtlich gegebene Voraussetzungen nicht vorliegen und nicht vorliegen können.

§ 71.

Die Eisenbahngefährdung.

Berner S. 629. v. Liszt § 149. Meyer § 136. Frank und Olshausen zu § 316 St. G. B.

I. **Den Begriff der Eisenbahn** im Sinne des § 316 erörtert ausführlich U. v. 19. V. 85 II E. XII, 205.

II. **Über den Begriff der Transportgefährdung** U. v. 30. X. 84 I E. XI, 205*).

In der Nacht vom 26. auf den 27. Januar 1884 setzte sich ein Wagenzug, bestehend aus 17 leeren verkuppelten Eisenbahngüterwagen ohne Lokomotive

---

*) A. M. Frank II.

und Tender, welcher am 26. Januar Vormittags in N. in Elsaß angekommen, dort behufs Beladung und späterer Weiterbeförderung abgehängt und auf dem Geleise II der genannten Station aufgestellt war, in Folge eines heftigen Sturmes in Bewegung, gelangte auf das Hauptgeleise und rollte auf diesem etwa 7 km in der Richtung nach Sch. weiter, bis er auf dem Hauptgeleise von selbst zum Stehen kam. Obgleich eine Beschädigung an dem Eisenbahnkörper oder den Bahnwagen nicht erfolgte, wurde der Stationsverwalter F. von N. wegen „Gefährdung eines Eisenbahntransportes“ vor Gericht gestellt, und auch nach § 316 Abs. 2 St. G. B.'s verurteilt. Zur Begründung der von demselben eingelegten Revision wurde geltend gemacht, die Strafkammer habe die angeführte Gesetzesbestimmung verletzt, insbesondere den Begriff des Transportes auf einer Eisenbahn verkannt.

Soweit es sich um den Begriff des „Transportes“ auf einer Eisenbahn handelt, liegt den Ausführungen des Angeklagten die Auffassung zu Grunde, § 316 Abs. 2 St. G. B.'s könne nur dann zur Anwendung kommen, wenn ein bestimmter genau zu bezeichnender Eisenbahnzug in Gefahr gesetzt worden sei. Dieser Auffassung kann aber nicht beigetreten werden. In § 315 und in § 316 Abs. 1 St. G. B.'s ist davon die Rede, „der Transport“ in Gefahr gesetzt wird, bezw. jemand durch eine der im Gesetz bezeichneten Handlungen „den Transport auf einer Eisenbahn in Gefahr setzt.“ Hier fehlt jeder Anhaltspunkt, dafür, daß nur die Gefährdung eines bestimmten Eisenbahnzuges oder bestimmter Zug- oder Transportmittel der in Frage stehenden Strafbestimmungen rechtfertigen solle. Vielmehr führt die Fassung des Gesetzes zur Auslegung, daß unter „Transport“ die Benützung der Eisenbahn zu den ihr eigentümlichen Zwecken, d. h. zur Beförderung von Personen und Gütern, verstanden wird, und daß eine Gefährdung dieser Beförderung oder des Betriebes der Eisenbahn genügt, um die Anwendung des Strafgesetzes falls alle übrigen Voraussetzungen desselben vorliegen, zu rechtfertigen. Nach dieser Auffassung bedeutet Gefährdung des Transportes dasselbe wie Gefährdung des Eisenbahnbetriebes im Allgemeinen. Wird schon durch die Fassung der angeführten Paragraphen nicht die Annahme gerechtfertigt, die Bestrafung solle von dem Nachweise abhängig gemacht werden, daß ein genau zu bezeichnender Eisenbahnzug gefährdet worden sei, so spricht gegen die beschränkende Auslegung ferner der Grund des Gesetzes, durch das offenbar der Eisenbahnbetrieb im allgemeinen gegen vorsätzliche wie gegen fahrlässige Gefährdungen geschützt werden sollte. In § 316 Abs. 2 St. G. B.'s ist nun allerdings nicht von Gefährdung des Transportes sondern davon die Rede, daß ein „Transport“ in Gefahr gesetzt worden ist. Dieser Gebrauch des unbestimmten Artikels scheint zu dem Schlusse zu berechtigen, daß hier in einem andern Sinne von Eisenbahntransport gesprochen wird, als im ersten Absatz des § 316 und in § 315 a. a. O. Aber eine nähere Betrachtung ergiebt, daß die Folgerung nicht gerechtfertigt ist, vielmehr nur eine Ungenauigkeit in der Fassung vorliegt. Es ist von vornherein schwer erklärlich, wie man hätte dazu kommen sollen, bei der Gefährdung der Eisenbahn durch Pflichtverletzung von seiten der bei derselben angestellten Beamten nur für den Fall Strafe anzudrohen, daß ein bestimmter Eisenbahnzug in Gefahr gesetzt wird, bei dem im § 316 Abs. 1 a. a. O. vorgesehenen Fahrlässigkeitsvergehen dagegen jede Gefährdung des Betriebes mit Strafe zu ahnden. Ein Grund zu einer so abweichenden Behandlung der zwei in einem Paragraphen zusammengefaßten nahe verwandten Vergehen ist umsoweniger ersichtlich, als auch die in Abs. 2 bezeichneten Beamten sich einer Gefährdung aus Fahrlässigkeit schuldig machen können, und eine Vernachlässigung der diesen obliegenden Pflichten nicht weniger schwer ins Gewicht fällt als eine Fahrlässigkeit. Weiter kommt in Betracht, daß, wenn eine solche Unterscheidung gewollt worden wäre, dringende Veranlassung bestanden hätte, die dazu führenden Gründe bei den Gesetzgebungsverhandlungen mitzuteilen und darzulegen, daß das Wort „Transport“ in § 316 Abs. 2 einen ganz anderen Sinn habe, als im ersten Absatz dieses Paragraphen und in § 315, indem es hier nicht die Beförderung auf der Eisenbahn oder den Betrieb derselben, sondern die zu transportierenden Gegenstände und Transportmittel bezeichne. In der Vorgeschichte des Gesetzes findet sich aber nirgends eine Andeutung dafür, daß bei der Pflichtverletzung der Beamten vom Transport auf der Eisenbahn in einem anderen Sinne gesprochen werde, als sonst. Die Vorschriften der §§ 315 und 316 St. G. B.'s entsprechen den Bestimmungen der §§ 295 und 296 des früheren preußischen Strafgesetzbuches, in welches sie aus dem preußischen Gesetze vom 30. November 1840 (G. S. 1841 S. 9) übergegangen sind. Schon in § 5 dieses Gesetzes und in § 295 Abs. 2 des preußischen Strafgesetzbuches wird von „einem“ Transport gesprochen, während im übrigen der bestimmte Artikel gebraucht wird. Weder in den Materialien zu diesem Gesetzbuch, noch in denjenigen zum deutschen Strafgesetzbuch findet sich aber eine dafür sprechende Äußerung, daß das Wort „Transport“ in verschiedenen Bedeutungen gebraucht werde. Es ist deshalb anzunehmen, daß der Unterschied in der Fassung, der zwischen Abs. 1 und Abs. 2 des § 316 St. G. B.'s besteht, nicht in einer materiellen Verschiedenheit des Inhalts, sondern in einer ungenauen Ausdrucksweise seinen Grund hat. Unter der Herrschaft des preußischen Strafgesetzbuches ging denn auch die herrschende Ansicht dahin, daß der Begriff „Transport“ in den §§ 295, 296 überall derselbe sei. Man kann nun zwar geltend machen, daß die beschränktere Begriffsbestimmung mit Rücksicht auf die in § 316 Abs. 2 gewählte Fassung allen den verschiedenen Vorschriften des Gesetzbuches, in welchen vom Transport auf einer Eisenbahn die Rede ist, zu Grunde gelegt werden könne. Aber gegen diese Auffassung spricht außer dem bereits oben dargelegten Grunde des Gesetzes der Umstand, daß in mehreren Bestimmungen ganz allgemein von „dem Transporte“ auf einer Eisenbahn gesprochen wird und dieser Ausdruck vielmehr geeignet ist, die auf der Eisenbahn stattfindende Beförderung, als die zu transportierenden Gegenstände und Transportmittel zu bezeichnen. Hiernach ist anzunehmen, daß es nicht blos nach §§ 315 und 316 Abs. 1 St. G. B.'s, sondern auch nach Abs. 2 des letzteren Paragraphen lediglich darauf ankommt, ob der Eisenbahnbetrieb als solcher,

d. h. die Benutzung der Eisenbahn zu den ihr eigentümlichen Zwecken gefährdet wurde. Die in dem angefochtenen Urteile enthaltene Feststellung genügt aber dann, um die Anwendung des § 316 Abs. 2 a. a. O. zu rechtfertigen, da es nach dem Inhalte der Urteilsgründe als festgestellt anzusehen ist, es seien dadurch, daß der in Frage stehende Wagenzug auf das Hauptgeleise rollte und auf demselben stehen blieb, die Züge, welche dasselbe am nächsten Morgen befahren sollten, gefährdet worden. Es wird hiernach ohne Grund gerügt, daß § 316 Abs. 2 St. G. B.'s verletzt worden sei.

III. **Über das Begriffsmerkmal der Gefahr** U. v. 11. III. 84 II E X, 175.

Das Begriffsmerkmal der „Gefahr" und des „Ingefahrsetzens" in den §§ 315, 316 St. G. B.'s entzieht sich einer scharfen Abgrenzung. Die Begriffe sind dem allgemeinen Sprachgebrauche entnommen. Man bezeichnet damit einen Zustand, in welchem nach den zur Zeit bekannten Verhältnissen der Eintritt eines Schadens als wahrscheinlich zu gelten hat, oder, was dasselbe sagen will, eine naheliegende Möglichkeit, eine begründete Besorgnis eines Schadens vorliegt. Das Gesetz hat sich einer Definition enthalten. Daß eine Abweichung von dem gemeinen Sprachgebrauche nicht beabsichtigt worden ist, ergeben sowohl die Motive des Entwurfes zum preußischen Strafgesetzbuche in der Motivierung zu den §§ 259 bis 263 (§§ 285—289 preuß. Strafgesetzbuches) als auch die Motive des Entwurfes zum Reichsstrafgesetzbuche S. 141. Erstere sprechen davon, ob „der Tod von Menschen als wahrscheinlich vorausgesehen werden konnte;" letztere bezeichnen die gemeingefährlichen Verbrechen und Vergehen als diejenigen, „mit deren Begehung die Wahrscheinlichkeit einer allgemeinen Gefahr für Menschen oder Sachen gegeben ist."

Danach genügt zur Annahme einer Gefahr nicht die bloße, vielleicht noch so entfernte Möglichkeit, daß infolge einer Handlung ein Schade eintrete. Hätte der Gesetzgeber die bloße Möglichkeit eines Schadens für ausreichend erachtet, so hätte er in § 316 Abs. 2 St. G. B.'s von dem Begriffsmerkmale der Gefahr absehen können; denn es läßt sich kaum eine Pflichtvernachlässigung der dort bezeichneten Beamten denken, welche bei der Leitung von Eisenbahnfahrten oder bei der Aufsicht über die Bahn und den Beförderungsbetrieb vorkommt und nicht in abstracto die Möglichkeit eines Schadens mit sich bringt.

Andererseits verlangt das Gesetz nicht einen hohen oder überhaupt einen bestimmten Grad der Wahrscheinlichkeit eines Schadens.

Eine feste, für die unendliche Zahl aller denkbaren Fälle durchgreifende Abgrenzung zwischen der Möglichkeit und der Wahrscheinlichkeit eines Schadens läßt sich nicht ziehen, es muß daher im allgemeinen dem Thatrichter überlassen werden, unter Erwägung aller Umstände des Einzelfalles zu entscheiden, ob eine Gefahr als vorhanden anzunehmen ist.

IV. **Die in dem § 316 Abs. 2 St. G. B. bedrohte Fahrlässigkeit ist nicht identisch mit krimineller Fahrlässigkeit.**

Diesen Satz begründet das R. G. im U. v. 22. II. 83, III (E. VIII, 66 in Übereinstimmung mit der herrschenden Meinung*) wie folgt:

*) Ebenso Olshausen No 5, A. M. v. Liszt § 149.

Verfehlt ist die Beschwerde des Angeklagten G., welche auszuführen versucht, daß, auch wenn einem der in § 316 Abs. 2 a. a. O. bezeichneten Beamten neben der daselbst gedachten Vernachlässigung seiner Pflichten noch eine Fahrlässigkeit im eigentlichen strafrechtlichen Sinne zur Last fällt, durch welche der Tod eines Menschen verursacht wird, nur die Strafbestimmung in § 316 a. a. O. anwendbar sei, dagegen durch diese Vorschrift die Subsumtion der That unter § 222 St. G. B.'s bezw. in ideeller Konkurrenz mit § 316 Abs. 2 a. a. O. ausgeschlossen werde. Die im § 316 Abs. 2 a. a. O. gedachte Pflichtvernachlässigung ist nicht identisch mit krimineller Fahrlässigkeit. Die letztere setzt neben dem objektiv pflichtwidrigen oder sonst den Anforderungen sorgfältiger und gewissenhafter Handlungsweise zuwiderlaufenden Verhalten subjektiv die Zurechenbarkeit des durch dieses Verhalten herbeigeführten schädigenden Erfolges zur Schuld voraus, und hierzu ist erforderlich, daß der Thäter den Eintritt dieses Erfolges bei Anwendung pflichtmäßiger Sorgfalt auch hätte voraussehen können oder müssen. Der Thatbestand der in § 316 Abs. 2 a. a. O. gedachten Transportgefährdung, durch welche der Tod eines Menschen verursacht worden, dagegen ist schon gegeben, wenn der eingetretene Tod eines Menschen objektiv im Kausalzusammenhange mit der Pflichtvernachlässigung und der durch letztere veranlaßten Transportgefährdung steht; er erfordert auf Seite des Thäters nicht die Vorhersehbarkeit dieser Folgen, er deckt sich daher keineswegs mit dem allgemeinen Thatbestand der durch Fahrlässigkeit verursachten Tötung eines Menschen (§ 222 a. a. O.). Enthält aber die Pflichtvernachlässigung zugleich eine im obigen Sinne zurechenbare Fahrlässigkeit, so konkurriert neben der Vorschrift in § 316 Abs. 2 a. a. O. zugleich die Vorschrift in § 222 a. a. O. Daß die Anwendung der letzteren Bestimmung solchenfalls ausgeschlossen sei, ist weder aus dem Wortlaute des Gesetzes, noch aus inneren Gründen, und namentlich nicht aus den allgemeinen, die Lehre von der Konkurrenz der Delikte beherrschenden Grundsätzen zu folgern. Die von der Revision vertretene Ansicht würde aber auch zu dem widersinnigen und deshalb vom Gesetzgeber keinesfalls gewollten Ergebnisse führen, daß, während die fahrlässige Tötung eines Menschen, wenn dabei zugleich die Verletzung einer besonderen Berufspflicht vorliegt, nach § 222 Abs. 2 St. G. B.'s mit Gefängnis bis zu fünf Jahren bedroht ist, der gleiche Thatbestand dann, wenn die Verletzung der Berufspflicht in der Vernachlässigung der in § 316 Abs. 2 a. a. O. bezeichneten Dienstpflichten besteht, im Strafmaximum mit einer nur dreijährigen Gefängnisstrafe bedroht sein würde.

Sachregister.

(Die Zahlen bezeichnen die Seiten.)

A.

Aberratio ictus, Wesen und Unterschied vom error in persona 25.
Abgeordneter, seine Ausnahmestellung im St. G. B. 6.
Abirrung 25 s. aberratio ictus und error in persona.
Ablationstheorie beim Diebstahl 163.
Absicht, Zweck; Motiv 183; bei der Beleidigung 149; beim Betruge 168; bei der Untreue 183; gewinnsüchtige beim Glücksspiel 214; rechtswidrige bei der Urkundenfälschung 218.
Absorptionsprincip, 81.
Abtreibung, Wesen der 129; Versuch der 130.
Abwendung des Erfolges beim Versuch 42, 296, 320.
Ärgernis, öffentliches, Begriff des 265; durch unzüchtige Handlungen 265.
Affekt bei der Tötung 127.
Alsbaldiger Verbrauch, beim Mundraub 163.
Alter strafrechtliche Unverfolgbarkeit von Kindern, die das 12te Lebensjahr noch nicht vollendet haben 12; Teilnahme an den Handlungen solcher Kinder 9; Beleidigung von Kindern 150.
Amtsdelikte 310.
Amtsausübung, Bewußtsein von der Rechtsmäßigkeit der 273, Irrtum des Vollstreckungsbeamten über die Rechtsmäßigkeit der 275.
Analogie im Strafrecht 1.
Androhung s. Bedrohung.
Anfang der Ausführung eines Verbrechens oder Vergehens 38.
Anfertigung, fälschliche von Urkunden 218; von Legitimationspapieren 235.
Angriff bei der Notwehr 43; beim Widerstand gegen die Staatsgewalt 273.
Anordnung einer Behörde, Irrtum über die Zuständigkeit 282.
Anreizen zum Ungehorsam 282; zum Zweikampf 298.
Anschuldigung falsche, Begriff der 155.
Ansichbringen durch Hehlerei 193.
Anstiftung, Wesen der 60, Unterschied von der nach 49a St. G. B.'s strafbaren Aufforderung 62; eines Beamten durch einen Nichtbeamten 318; zu dem Versuche einer strafbaren Handlung 63; zu einem Fahrlässigkeitsvergehen 66; Widerruf der — und ihren Einfluß auf die Strafbarkeit des Anstifters 67.
Antrag, Wesen des 107; Berechtigung zur Antragstellung 109; Stellvertretung im Willen 109; Stellvertretung in der Erklärung 109; Erfordernisse des Strafantrages 112; Hinzufügung von Bedingungen, Beschränkungen oder Vorbehalten 114; Beginn der Antragsfrist 119; beim Ehebruch 255.
Anzeige s. falsche Anschuldigung.
Apprehension beim Diebstahl 163.
Arrestbruch, Einfluß des Irrtums über die Rechtmäßigkeit der Beschlagnahme 284; Begriff der „Sachen" in § 137 St. G. B. 286.
Aufforderung, strafbare 62, 282; Unterschied von der Anstiftung 62; Einfluß der irrigen Annahme, daß die Obrigkeit für ihre Anordnungen nicht zuständig gewesen sei 282; beim Auflauf 281.

Auflauf 281.
Aufrechnung einer von einem Abgeordneten in Ausübung seines Berufs gethanenen Äußerung gegen eine andere Beleidigung 6.
Ausbeutung der Notlage beim Wucher 212.
Ausübung des Amtes s. Amtsausübung.

B.

Bankerott, Verschulden beim 202; legis ratio der Bestimmungen über 204; Versuch der betrüglichen — vor erfolgter Zahlungseinstellung 205; Beihilfe zum einfachen 207.
Beamter, Anbieten von Geschenken 310; Fälschung öffentlicher Urkunden durch 311; Anstiftung eines — durch einen Nichtbeamten 318; Irrtum des — über die Rechtmäßigkeit der Amtsausübung 275.
Bedrohung, Wesen der 147; bedingte Drohungen 147.
Befriedetes Besitzthum, Begriff des 301.
Begünstigung, Unterschied von der Hilfeleistung 76; dolus bei der Begünstigung 77; Begünstigung gleich Beihilfe 78.
Behandlung, Körperverletzung mittels einer das Leben gefährdenden 135.
Behörde, Beleidigung einer 151; Zuständigkeit zur Abnahme einer Versicherung an Eidesstatt 239.
Beihülfe, Unterschied von Anstiftung 72; dolus des Gehilfen 69; Beihilfe zu Fahrlässigkeitsdelikten 72; Beihilfe zu dem Versuche eines Verbrechens oder Vergehens 74; Beihilfe zur Anstiftung 75.
Beischlaf, Bedeutung der immissio seminis für den 248; außerehelicher bei der Blutschande 249; beim Ehebruch 250; Verführung zum — einer noch nicht 16 Jahre alten Frauensperson 257.
Bekanntmachung der Verurteilung, Charakter der öffentlichen 103.
Beleidigung 149; von Kindern und unzurechnungsfähigen Personen 150; von kollektiven Personeneinheiten 151; einer Behörde 151; Wahrnehmung berechtigter Interessen bei der 152; bei der Majestätsbeleidigung 272; Unterschied der gemeinen von der Majestätsbeleidigung 271.
Besitzesentziehung, rechtswidrige 166.
Besitztum, Begriff des befriedeten 301.
Bestechung, aktive und passive 310.
Betrug, Absicht beim 168; Vermögensbeschädigung bei dem 169; Vermögensvorteil bei 177; Irrtumserregung beim 181.
Betteln, Ankauf einer durch Betteln erlangten Sache 187.
Beurkundung, falsche 311.
Beweiserheblichkeit einer Urkunde 220, 312.
Bewußtsein der Rechtswidrigkeit s. dolus.
Bigamie s. Doppelehe.
Blutschande 249.
Bordellwirtschaft, Betreibung einer polizeilich geduldeten als Kuppelei strafbar 264.
Brandstiftung 319; Straflosigkeit bei der 320.
Buße, Charakter der 100.

C.

Concursus delictorum s. Konkurrenz.
Culpa s. Fahrlässigkeit.

D.

Delikte, Amtsdelikte 310; Dauerdelikte 80; Freiheits- 144; gemeingefährliche 319; Kollektiv- 80; Sittlichkeits- 248; Vermögens- 160; Religionsdelikte 309.
Diebstahl, dolus bei dem 160; Zueignung, diebische 160; Vollendung des 163; Unterschied des von Unterschlagung 163; Unterschied des vom Mundraub 163.
dolus, Begriff des 12; eventualis 22; im einzelnen: bei Abtreibung 129; Aergerniserregung durch unzüchtige Handlungen 265; Anschuldigung, falsche 155; Anstiftung 60; Arrestbruch 284; Aufforderung zum Ungehorsam 282; Auflauf 281; Bankerott 202; Bedrohung 147; Begünstigung 77; Beihilfe 69; Beleidigung 149; Bestechung 310; Betrug 168; Beurkundung, falsche 311; Brandstiftung 319; Diebstahl 160; Doppelehe 256; Erpressung 167; Freiheitsberaubung 148; Glücksspiel 212; Hausfriedensbruch 301; Hehlerei 187; Kuppelei 259; Meineid 238; Mitthäterschaft 57; Nachrede, üble 154; Nötigung 145; Unterschlagung 166; Untreue 182; Urkundenfälschung 218; Widerstand gegen die Staatsgewalt 273; Wucher 210.
Doppelehe, über den Einfluß des guten Glaubens in der 256.

Drohende Zwangsvollstreckung, Vereitelung der 199.
Drohung s. Bedrohung.
Duell s. Zweikampf.

E.

Ehebruch, Einfluß der Einwilligung des verletzten Ehegatten in den — auf die Strafbarkeit 252; Bedeutung der vorgängigen Scheidung 250; Frist zur Antragstellung 255.
Ehre, Kränkung der 149.
Ehrverletzung 149.
Eidesbruch s. Eidesdelikte.
Eidesdelikte 238.
Eigennutz, Kuppelei aus 263.
Einwilligung des Verletzten in die Körperverletzung 137; des verletzten Ehegatten in den Ehebruch 252.
Eisenbahn-Gefährdung 324; Fahrlässigkeit bei der 321.
Entwendung von Nahrungs- und Genußmitteln s. Mundraub.
Erpressung, Unterschied von Raub 167.
Erregung öffentlichen Aergernisses 265.
Error in objecto — in persona 25.
Eventueller dolus s. dolus.
Excess bei der Amtsausübung 275.

F.

Fälschung von Legitimationspapieren 235 von Urkunden s. Urkundenfälschung, Unterschied von — und Urkundenfälschung 235.
Fahrlässigkeit, Wesen der 26; Einfluß auf die Unterbrechung des Kausalzusammenhanges 33, Unterschied von der in § 316 Abs. 2 St. G. B. bedrohten 327.
Falsche Anschuldigung s. Anschuldigung, falsche.
Forderungen, Gegenstand des Arrestbruchs 286.
Fortdauerndes Verbrechen, Wesen 80.
Fortgesetztes Verbrechen, Wesen 80; Unterschied von der Realkonkurrenz 80; Teilnahme an einem 87.
Frauensperson, Notzucht 248; Verführung 257.
Freiheitsberaubung, Begriff der 148.
Freiwilligkeit der Aufgabe eines Versuchs 42; eines Zweikampfs 296.

G.

Gefahr, Begriff der 327.
Gefährdung eines Eisenbahntransportes 324.
Gehülfe s. Beihülfe.
Gemeingefährliche Delikte 319.
Genußmittel s. Mundraub.
Gesammtstrafe, Zulässigkeit der Anwendung 96.
Gesetzeskonkurrenz, Begriff der 86.
Gestattung von Glücksspielen 212.
Gewahrsam beim Diebstahl 160.
Gewerbsmäßiges Verbrechen, Wesen des 80.
Gewohnheitsmäßiges Verbrechen 80.
Glücksspiel, Begriff des 212. Unterschied von Spiel und Wette 213, Unterschied von Lotterie 215, Unterschied von Lotto 215.
Gottesdienst, Störung des 310.
Gotteslästerung 309.
Grenzen der Herrschaft der Strafgesetze, zeitliche 1; örtliche 2; nach der Person 6.

H.

Handlung, Begriff 3, 8; ein und dieselbe Handlung Begriff 83; unzüchtige 265.
Hausfriedensbruch 301 ff.; in subjektiver Beziehung 301; Begriff des befriedeten Besitztums 301, Eindringen beim 303; Begriff der Waffe beim 307.
Hehlerei, Wesen der 187; Ankauf erbettelter Sachen 187; Ankauf der vom angestifteten Diebe gestohlenen Sachen 193.
Herausforderung zum Zweikampf 292.
Herrschaft der Strafgesetze in räumlicher Beziehung 2; zeitlicher Beziehung 1; nach der Person 6.
Hülfe s. Beihülfe.

J.

Idealkonkurrenz, gleichartige 1, 83; Schuldigererklärung und Verurteilung bei der 85; Bestrafung bei 81.
Immissio seminis, kein Erfordernis der vollendeten Notzucht 248.
Interessen, Äußerungen zur Wahrnehmung berechtigter 152.
Irrtum, Einfluß desselben im Allgemeinen 24; beim Widerstand der Staatsgewalt auf Seiten des Widerstand Leistenden 273; auf Seiten des Vollstreckungsbeamten 275; bei der strafbaren Aufforderung 282; über die Rechtsmäßigkeit der Beschlagnahme beim Arrestbruch 284; s. error in persona und aberratio ictus.
Jugendliches Alter s. Alter.

K.

Kaiser, Beleidigung des s. Majestäts-Beleidigung.
Kartellträger 298.
Kausalität der Unterlassung 34.
Kausalzusammenhang, Wesen desselben 29; Unterbrechung des 33.
Kinder, strafrechtliche Unverfolgbarkeit derselben 9; Teilnahme an den Handlungen von 9.
Körperverletzung 133; der Einwilligenden 137; Einfluß des aberratio ictus und des error in persona 137; Einfluß des Züchtigungsrechts 137; Leben gefährdende Behandlung 135; zum Zweck des Heilverfahrens 137.
Kollektiv-Delikte s. Delikte.
Konkurrenz s. Zusammentreffen.
Kreditwucher 210.
Kumulationsprinzip 81.
Kuppelei, Wesen der 259; Vorschubleistung zur Unzucht 262; Betreibung einer polizeilich geduldeten Bordellwirtschaft 264.

L.

Landesstrafrecht, Verhältnis des — zum Reichsstrafrecht 6.
Legitimationspapiere, Fälschung derselben 235.
Lehrer, Züchtigungsrecht des 137.
Lotterie, Unterschied von Glücksspiel 215; Unterschied von Lotto 217.
Lotto, Unterschied von Glücksspiel 217; Unterschied von Lotterie 217.

M.

Mädchen, Verführung eines noch nicht 16 Jahre alten 257.
Majestätsbeleidigung, Stellung der — im System und Unterschied von der gemeinen Beleidigung 271; Wahrnehmung berechtigter Interessen bei der 272.
Meineid, kann ein Eidesunmündiger oder ein zur Zeugnisablegung Unfähiger sich eines — schuldig machen 238; Unternehmen der Verleitung zur Begehung eines — 243; Verleitung zum — 243; Rücktritt von dem Unternehmen der Verleitung 246.
Mittel, Versuch mit untauglichen 38.
Mitthäterschaft, Theorie über das Wesen 57; Unterschied von Beihilfe 58.
Mord, Merkmale des 127.
Motiv, Absicht, Zweck 183.
Mundraub, Wesen des 163; Unterschied des vom Diebstahl 163.

N.

Nachrede, üble, Begriff der 154.
Nahrungs- o. Genußmittel s. Mundraub.
Nötigung, Wesen der 144; Begriff der Gewalt bei der 145; Begriff der Widerrechtlichkeit bei der 144.
Notstand 49.
Notwehr, Einfluß des Irrtums 49; Einfluß der Möglichkeit, sich dem Angriff durch die Flucht zu entziehen 43; gegenüber einem unzurechnungsfähigen oder in unvermeidbarem Irrtume handelnden Menschen 45.
Notzucht, Wesen der 248.
Nulla poena sine lege 1.

O.

Objekt, untaugliches 38.
Onanie 248.
Ort, der That 2.

P.

Partirerei 191.
Personeneinheit, Beleidigung von 117.
Personalitätsprinzip 2.
Preßvergehen, Verschuldung bei 14.
Privatgenugthuung s. Buße.
Putativnotwehr 49.

R.

Raub, Unterschied des v. d. Erpressung 167.
Realkonkurrenz, Wesen der 89; Unterschied vom fortgesetzten Verbrechen 89. Bestrafung 96.
Realprinzip 2.
Rechtmäßigkeit der Amtsausübung s. Amtsausübung.
Rechtsirrtum 24.
Rechtswidrigkeit, Bewußtsein derselben 12.
Reichsstrafrecht, Verhältnis zum Landesstrafrecht 6.
Religionsdelikte 309.
Reue, sog. thätige 42.
Rücktritt, des Thäters, Einfluß auf den Teilnehmer 42; vom Versuch 42; vom Zweikampf 247; von dem Unternehmen, einen anderen zum Meineid zu verleiten 246.
Rückwirkende Kraft der Strafgesetze 1.

S.

Sachbeschädigung, Begriff der 196.
Sachwucher 210.
Scheidung, Bedeutung der vorgängigen für die Strafbarkeit des Ehebruchs 250.
Schuld s. dolus.
Sittlichkeits-Delikte 248.
Spiel, Unterschied von Wette 212; Unterschied von Glücksspiel 215.
Staatsgewalt, Widerstand gegen die 273.
Störung des Gottesdienstes 310.
Strafe, Lehre von der 100; Wegfall der verdienten 107.
Strafgesetz, die Lehre vom 1; Herrschaft der — in zeitlicher Beziehung 1; in räumlicher Beziehung 2; Geltungsgebiet der — nach der Person 6; Rückwirkung der 1.
Strafverfolgung, Verjährung der s. Verjährung.
Strafvollstreckung, Verjährung d. s. Verjährung.
Studenten, Schlägermensur der 292.
Subjektionsprinzip 2.
Sekundanten, Begriff des 301.

T.

Täuschung beim Betruge 81.
Territorialitätsprinzip 2.
That, Ort der begangenen 2.
Thatirrtum 24.
Teilnahme 57; Unteilbarkeit des Strafantrages, am Zweikampf 298; s. Anstiftung, Beihilfe Begünstigung.
Tod, Verursachung desselben durch Fahrlässigkeit 33.
Tötung 125.
Transportgefährdung, Begriff der 324.

U.

Ueberlegung beim Morde 137.
Unerfahrenheit der weiblichen Jugend, Schutz der 257.
Ungehorsam, Auffordern zum 282.
Untaugliche Mittel und Objekte s. Versuch.
Unterbrechung der Verjährung s. Verjährung; Unterbrechung der 124; Unterbrechung des Causalzusammenhanges 33.
Unterlassung, Causalität der 134.
Unternehmen der Verleitung zur Begehung eines Meineides, Unterschied des — von der Verleitung zum Meineid 243.
Unterschlagung, Begriff der 166; Einfluß der unbefugten Verpfändung 167; Unterschied vom Diebstahl 166.
Untreue, subjektiver Thatbestand 182, objektiver Thatbestand 185; Eventualdolus 185.
Unzucht, widernatürliche 248.
Urkunde, Begriff der 220, 262 ff.
Urkundenbeweis, Wesen des 183.
Urkundenfälschung, Rechtswidrigkeit der Absicht bei der 218; intellektuelle 232; Unterschied von Fälschung von Legitimationspapieren 235; Rechtswidrigkeit der Absicht bei 218; Absendung einer rechtserheblichen falschen Depesche 223; Versuch der 230.
Ursache und Veranlassung 40; der Irrtumserregung beim Betruge 181.

V.

Veranlassung u. Ursache 40; der Irrtumserregung beim Betruge 181.
Veräußern, Bedeutung von in § 288 St. G. B. 199.
Vereitelung drohender Zwangsvollstreckung 199.
Verfälschen von Urkunden s. Urkundenfälschung.
Verfolgung s. Strafverfolgung.
Verführung, Wesen der 257.
Verjährung der Strafverfolgung, ihr Charakter 120; ihre Folgen 121; Beginn der 121; Einfluß der — auf die Teilnahme 121; der Strafvollstreckung 121.
Verleitung zum Meineid, Unterschied der — von dem Unternehmen der Verleitung zur Begehung eines Meineides 143.
Vermögensbeschädigung, Begriff der 169.
Vermögensvorteil Begriff des 177; Rechtswidrigkeit des 177; beim Wucher 212.
Verpfändung, bei der Unterschlagung 167.
Verschuldung 12.
Verschuldung bei Preßvergehen 14.
Versicherung an Eidesstatt, Zuständigkeit einer Behörde zur Abnahme einer 239.
Versuch, Wesen des 38; Strafbarkeit des absolut untauglichen 38; Unterschied von Versuchs- und Vorbereitungshandlungen 42; Anstiftung zu dem Versuche einer strafbaren Handlung 63.
Verursachung 29.
Vorbereitungshandlungen, Abgrenzung derselben von Versuchshandlungen 42.

Vorsatz, Begriff des 12; das Bewußtsein der Rechtswidrigkeit beim 12; beim Morde 127; Bedeutung des — bei der falschen Beurkundung 311; s. im übrigen sub dolus.

W.

Waffe, Begriff der 307; beim Zweikampf 294.

Wahrnehmung berechtigter Interessen bei der Beleidigung 152.

Weltrechtsprinzip 2.

Wette, Begriff der 212; Unterschied von Glücksspiel 212; Unterschied von Spiel 212.

Widernatürliche Unzucht 248.

Widerstand gegen die Staatsgewalt 273; gegen einen ausländischen Staatsbeamten 273; Einfluß des Irrtums des Widerstandsleistenden 273; Einfluß des Irrtums des Vollstreckungsbeamten 275; Verhältnis der §§ 113 und 114 St. G. B. 279.

Wucher, 210; Vermögensvorteile beim 212; Kredit und Sachwucher 210.

Z.

Zeitliches Geltungsgebiet der Strafgesetze 1.

Züchtigungsrecht, Einfluß auf die Strafbarkeit wegen Körperverletzung 137.

Zueignung, diebische, Begriff der 160.

Zurechnungsfähigkeit 8.

Zusammentreffen strafb. Handlungen 89.

Zwangsvollstreckung, Vereitelung drohender 199.

Zweck, Absicht, Motiv 183 s. dolus.

Zweikampf 292; die studentische Schlägermensur ein 292; Straflosigkeit bei freiwilliger Zurückziehung der Herausforderung 296; Teilnahme am 298.

Zwischengesetze 1.

Druck von Albert Koenig in Guben.

In J. J. Heine's Verlag, Berlin W. 57, ist ferner erschienen:

Die von K. Parey im Jahre 1886 begründete Sammlung:

Die Rechtsgrundsätze des Königl. Preuß. Ober-Verwaltungsgerichts

wird, nachdem Herr Verwaltungsgerichts-Direktor Parey von der Leitung zurückgetreten ist, in **dritter, gänzlich neu bearbeiteter und bis zur Gegenwart ergänzter Auflage**

von den Herren

F. Kunze, Ober-Verwaltungsgerichtsrat und **Dr. G. Kautz,** Regierungsrat

herausgegeben.

Da die offizielle Ausgabe der „Entscheidungen des Ober-Verwaltungsgerichts" durch den nunmehr auf 35 Bände angewachsenen Umfang an Übersichtlichkeit und damit auch an Handlichkeit naturgemäß eingebüßt hat, und da ihr hoher Preis die Anschaffung dieser offiziellen Sammlung für Behörden wie für Private erschwert, so haben die neuen Bearbeiter besonderen Wert darauf gelegt,

durch eine kurze, nur den Kern der Sache treffende Darstellung der einzelnen Erkenntnisse und ihrer Begründungen das zeitraubende Nachschlagen zu vereinfachen und das Verständnis zu erleichtern.

Denn dem vielbeschäftigten Verwaltungsbeamten oder Anwalt ist meist gar nicht daran gelegen, eine Entscheidung in ihrer ganzen Breite, die Gründe in ihrer ganzen Ausführlichkeit kennen zu lernen. Ihnen genügt der Kern der Entscheidung, der Rechtsgrundsatz mit der zu seinem Verständnisse unbedingt notwendigen Begründung; doch dürfte ihnen auch die systematische Zusammenstellung der in den 35 Bänden zerstreuten Entscheidungen — ein weiterer Vorzug der Kunze & Kautz'schen Rechtsgrundsätze — das Nachschlagen angenehm erleichtern.

Dieselben bilden somit in zwei handlichen Bänden eine Gesamt-Darstellung der seitherigen Rechtsprechung des Ober-Verwaltungsgerichts (aus Band I—XXIX der Entscheidungen des O. V. G. und aus Band I—V der Entscheidungen in Steuersachen sowie zahlreicher nicht veröffentlichter Erkenntnisse).

FSC
www.fsc.org
MIX
Papier | Fördert gute Waldnutzung
FSC® C083411

Kolibri 360 GmbH
Ferdinand-Jühlke-Straße 7
99095 Erfurt, Deutschland
produktsicherheit@kolibri360.de